当代桥梁美学

Contemporary Bridges Aesthetics

徐利平　编著

同济大学出版社・上海

内容提要

本书汇集了世界范围内多个优秀桥梁作品，以及桥梁领域关于桥梁美学理论与实践，较完整地反映了当代桥梁美学的主流和全貌。书中阐述了桥梁美学的理论体系、桥梁工程科技发展的内在动力、工程师与建筑师合作的直接路径、从现代走向当代的历程先锋实践、美学思想的碰撞以及理论的探索，集中体现了世界范围内当代桥梁美学理论和实践的行业基础、时代特色。通过当代桥梁美学主流思潮和特征，例如，结构的优雅和精致，彰显地方特征培育地方精神，创造自然化形态、人性化功能，展示结构魅力与技术审美，新的结构艺术与装饰艺术等美学内容，以及多个优秀方案创作和工程设计实践案例，进一步印证当代桥梁美学的理论和实践意义。本书可供桥梁专业及相关工程技术人员参考。

图书在版编目(CIP)数据

当代桥梁美学 / 徐利平编著. -- 上海：同济大学出版社，2022.9

ISBN 978-7-5765-0369-2

Ⅰ. ①当… Ⅱ. ①徐… Ⅲ. ①桥—建筑美学 Ⅳ. ①U44-05

中国版本图书馆 CIP 数据核字(2022)第 162351 号

2022 年度同济大学重点课程建设项目

当代桥梁美学

徐利平 **编著**

责任编辑 马继兰 **责任校对** 徐春莲 **封面设计** 陈益平

出版发行 同济大学出版社 www.tongjipress.com.cn
(地址：上海市四平路 1239 号 邮编：200092 电话：021-65985622)

经 销 全国各地新华书店
制 作 南京月叶图文制作有限公司
印 刷 上海安枫印务有限公司
开 本 787mm×1092mm 1/16
印 张 24.25
字 数 605 000
版 次 2022 年 9 月第 1 版
印 次 2022 年 9 月第 1 次印刷
书 号 ISBN 978-7-5765-0369-2

定 价 198.00 元

序　言

桥梁的核心当然是结构和工程技术，但是由于桥梁的功能、体量、造型以及所处的环境，其美学意义与工程技术上的意义是显而易见的，也必然涉及美学问题，由此产生了桥梁美学。桥梁美学大体上可以说是结构的哲学，属于技术美学的范畴，技术美学又称工程美学，涵盖了机械设计、器皿设计、汽车设计、飞机设计、船舶设计、建筑设计、室内设计、桥梁设计、家具设计、灯具设计、日用品设计、环境设计、视觉传达设计等众多的领域。工程美学已经成为人类生活的重要组成部分，越来越受到人们的重视。

随着城镇化的快速发展，当代中国新建了各种结构类型的桥梁，桥梁工程技术得到飞速的发展，然而对于桥梁美学的研究却鲜有出现，我们会质疑缺乏美学的工程是否是优秀的，我们会反思一味追求指标的先进是否体现了桥梁的先进性。徐利平教授的《当代桥梁美学》让我们欣喜不已地发现，我们的结构工程师一直在关注桥梁的美学问题。

按照美学理论体系，《当代桥梁美学》将桥梁美学划分为近代桥梁美学、现代桥梁美学和当代桥梁美学，可惜没有将古代桥梁美学纳入研究。不过，书中阐述的近代、现代和当代桥梁美学已经充分介绍了当代桥梁美学体系，超越了经典美学理论。作者将桥梁美学与建筑美学作为一个整体来研究，拓展了经典桥梁美学的范畴，其核心实质上就是结构的美。《当代桥梁美学》引证了世界上的优秀桥梁案例。

自古以来桥梁就是大地景观的组成部分，605—617年在河北赵县建造的安济桥、北宋《清明上河图》中的飞虹桥就是工程技术与艺术的完美结合，我国古代的拱桥已经成为城市和园林的地标。意大利工程师和建筑师奈尔维曾经指出："一个技术上完善的作品，有可能在艺术上效果甚差，但是，无论是古代还是现代，却没有一个从美学观点上公认是杰作而在技术上却不是一个优秀的作品的。看来，良好的技术对于良好的建筑来说，虽不是充分的，但却是一个必要的条件。"

结构设计与工程技术有着密切的联系，并在很大程度上涉及艺术。桥梁的美是力学、功能、结构、材料、技术、建造、环境和造型的完美统一，桥梁的造型必须是美的，正如西班牙工程师特罗哈所说："可以看到的结构体必须是美的。即使是结构体被隐藏起来，作品整体美的价值也在某种程度上由内部结构的承载力、经济性体现出来。骨架本身虽然没有什么魅力，但是它用自身所具有的间接的表现形式来提高整体建筑的诗意。"

中国科学院院士
同济大学教授
2021 年 11 月 26 日

前　言

桥梁美学属于人文学科，以桥梁工程技术发展成就为条件，以人类社会政治、经济、哲学思想的发展以及审美理念为背景，以桥梁与建筑整体视野下的桥梁工程美学实践和理论成就为研究对象。本书以时间为线索，将桥梁美学理论体系分为近代（1660—1945 年）、现代（1945—1980 年）和当代（1980 年至今）3 个历史时期。

在近现代桥梁工程科学技术发展的基础上，随着各种桥型结构被发明创造并趋于成熟，去除装饰，呈现桥梁结构自身形态的结构美、比例美，让世人耳目一新。1982 年，弗里茨·莱昂哈特在《桥梁美学与设计》著作中提出了目的与功能的满足、比例、序列、精练的形式等 10 个方面的美学特性引导的设计准则。现代桥梁美学在时间上、审美理念上与现代主义是一脉相承的。现代主义从 20 世纪初一直延伸到 20 世纪 70 年代，反对装饰，提倡“形式追随功能”，功能主义成为现代主义思想的核心。

20 世纪 80 年代以后，随着欧美发达国家城市改造和城市品质提升，人们对城市桥梁的文化艺术、景观造型等方面的需求越来越高。一些熟知结构的建筑师直接参与桥梁方案设计，一些具有艺术素养的桥梁工程师努力适应时代的需求，将建筑学专业的设计逻辑、方法以及各种建筑美学思想和理念，不断地在世界各地桥梁工程中进行实践和探索，涌现了一批为人们所赞赏的桥梁作品。40 多年来，在桥梁领域积累和形成了一系列来自建筑又区别于建筑，和现代桥梁美学既有紧密关系又具有全新内涵的美学思想、风格流派、创作理论和实践，构成了当代桥梁美学的主流思潮和特征。当代桥梁美学是桥梁工程师和建筑师合作的产物，也是桥梁工程和建筑学两大专业融合的产物。

本书集中了世界范围内较多优秀的桥梁作品，引用了国内外同行们关于桥梁美学理论与实践的文章和报告，旨在较完整地反映当代桥梁美学的主流和全貌。第 1 章桥梁美学理论体系，基于桥梁与建筑整体视野，构建桥梁美学理论体系，提出和划分 3 个历史时期。第 2 章当代桥梁美学形成的历史背景，阐述了城市和交通建设提质升级为外在需求，桥梁工程科技发展为内在能力，工程师与建筑师合作为直接路径。第 3 章桥梁美学从现代走向当代的历程，先锋的实践、思想的碰撞和理论的探索，集中体现了世界范围内业内同行的实践、观点和理念，展示了同行们的思想和共识，体现了当代桥梁美学理论和实践的行业基础、时代特色。第 4 章当代桥梁美学主流思潮和特征，包括结构的优雅和精致，彰显地方特征、培育地方精神，创造自然化形态、人性化功能，展示结构魅力与技术审美、新的结构艺术与装饰艺术等美学内容。第5章方案创作与工程设计实践，进一步印证当代桥梁美学的理论和实践意义。

当代桥梁美学始于欧美国家，盛于中国。在我国城市化建设强大外在需求和桥梁工程科技进步发展内在能力持续提升下，在工程师和建筑师们的共同努力下，相信在不远的将来世界上会不断地涌现出更美的桥梁。

徐利平

2021年11月

目　录

序　言
前　言

第 1 章　桥梁美学理论体系　1
1.1　关于桥梁美学　1
1.1.1　桥梁美学学科属性　2
1.1.2　桥梁美学的任务　5
1.1.3　传统桥梁美学及其历史背景　6
1.2　桥梁美学研究需要基于桥梁与建筑整体视野　8
1.2.1　美学思想有其广泛而深刻的社会基础　8
1.2.2　工程师与建筑师合作实现两大专业思想妥协与结合　10
1.2.3　专业结合双重身分实现两大专业思想融合与再生　11
1.3　近代以来桥梁美学的三个历史时期　13
1.3.1　近代桥梁美学(1660—1945 年)　13
1.3.2　现代桥梁美学(1945—1980 年)　17
1.3.3　当代桥梁美学(1980 年至今)　20
本章参考文献　25

第 2 章　当代桥梁美学形成的历史背景　26
2.1　城市和交通建设提质升级触发外在需求　26
2.1.1　高标准高水平城市规划建设　27
2.1.2　城市更新优化空间焕发活力　31
2.1.3　综合立体交通规划与品质工程　34
2.2　桥梁工程科学技术发展与进步积聚内在能力　36
2.2.1　材料技术发展进步　36
2.2.2　桥型、结构体系及关键技术创新发展　40
2.2.3　桥梁结构计算分析软件与 BIM 技术在桥梁领域的应用与发展　58
2.2.4　施工技术与施工设备发展　60
2.3　专业合作和“双重身份”的创新实践成为直接路径　66
2.3.1　具有艺术素养的工程师创新实践　67

2.3.2 桥梁美学设计在专业合作磨合中升华 …… 70
2.3.3 具有结构专业背景的建筑师创新实践 …… 72
本章参考文献 …… 75

第 3 章 桥梁美学从现代走向当代的历程 77

3.1 桥梁美学先锋的实践 …… 77
3.1.1 美学思想的“渐变” …… 78
3.1.2 新思路、新结构和新功能 …… 81
3.1.3 欧美国家的千禧年桥 …… 85
3.2 思想的碰撞 …… 88
3.2.1 “美观何价”及其讨论 …… 88
3.2.2 桥梁结构的形式及其优雅性 …… 91
3.2.3 再议是工程师还是建筑师进行桥梁方案创作设计 …… 94
3.3 桥梁美学理论的探索 …… 97
3.3.1 桥梁美的历史和理论 …… 97
3.3.2 现代设计理论与方法 …… 100
3.3.3 当代桥梁美学“三个阶段” …… 105
3.4 高水平竞赛成为当代桥梁美学“竞技场” …… 110
3.4.1 关于桥梁方案设计竞赛 …… 111
3.4.2 挖掘和构建桥梁群与城市之间的非物质关系 …… 114
3.4.3 方案竞赛促进结构创新、技术进步 …… 119
3.4.4 方案竞选展现新理念、新思想 …… 126
3.4.5 方案竞赛点燃城市建设激情 …… 131
本章参考文献 …… 135

第 4 章 当代桥梁美学主流思潮和特征 136

4.1 结构的优雅和精致 …… 137
4.1.1 优雅新几何 …… 137
4.1.2 诗意空间 …… 143
4.1.3 与自然界的有机关联 …… 146
4.2 彰显地方特征，培育地方精神 …… 157
4.2.1 本土化审美和建立新的时代品质 …… 157
4.2.2 历史文脉的有机关联 …… 162
4.2.3 古典艺术传承与革新 …… 167
4.3 创造自然化形态，人性化功能 …… 170
4.3.1 功能与形式的理性关系 …… 171
4.3.2 有机性表现的审美理念 …… 176
4.3.3 自然化生态化审美 …… 178

4.4 展示结构魅力与技术审美 …… 182
4.4.1 精湛的结构技术 …… 182
4.4.2 时代感的空间意向 …… 185
4.4.3 光技及其美学 …… 189
4.4.4 创建时代地标 …… 191
4.5 新的结构艺术与装饰艺术 …… 196
4.5.1 装饰艺术和结构艺术的历史变革 …… 196
4.5.2 桥梁结构与装饰艺术的新融合 …… 200
4.5.3 桥梁装饰艺术的功能美学 …… 203
4.5.4 装饰结构的艺术 …… 205
本章参考文献 …… 210

第 5 章 方案创作与工程设计实践 211
5.1 台州市椒江二桥 …… 211
5.1.1 项目概况 …… 211
5.1.2 索塔造型设计研究 …… 215
5.1.3 新型半封闭钢箱组合梁设计研究 …… 222
5.1.4 超长嵌岩端承桩设计研究 …… 225
5.1.5 多级多功能防船撞系统设计研究 …… 229
5.2 衢州市书院大桥 …… 230
5.2.1 项目概况 …… 231
5.2.2 方案创作构思 …… 232
5.2.3 推荐方案结构研究与设计 …… 237
5.3 常州市西仓桥 …… 245
5.3.1 工程概况 …… 246
5.3.2 项目背景 …… 247
5.3.3 隧道方案设计 …… 251
5.3.4 桥梁方案创作思考 …… 253
5.4 深圳市坝光环坝路葵坝路跨线桥 …… 258
5.4.1 项目概况 …… 258
5.4.2 自然人文与片区规划 …… 262
5.4.3 方案研究与创作构思 …… 266
5.4.4 结构研究与设计 …… 270
5.5 东莞市滨海湾新区滨海湾大桥方案 …… 285
5.5.1 相关规划和建设条件的分析理解 …… 285
5.5.2 桥梁方案整体考虑和总体设计 …… 292
5.5.3 桥梁建筑景观方案和结构方案 …… 294
5.5.4 主桥结构计算和投资估算 …… 303
5.6 上海市嘉松公路黄浦江大桥 …… 308

5.6.1 项目概况 …… 309
5.6.2 城市规划情况 …… 310
5.6.3 方案构思与创作 …… 314
5.6.4 结构详细设计 …… 320
5.7 衢州市霞飞路衢江大桥 …… 326
5.7.1 项目概况 …… 326
5.7.2 方案构思与创作 …… 329
5.7.3 结构研究与详细设计 …… 343
5.8 泰州市老城区护城河三座桥梁 …… 348
5.8.1 项目分析研究 …… 348
5.8.2 邑庙街桥梁方案构思创作 …… 354
5.8.3 五一路桥梁方案构思创作 …… 357
5.8.4 暮春街桥梁方案构思创作 …… 362
5.8.5 三座桥梁方案构思创作汇总与综述 …… 366
本章参考文献 …… 368
图片来源索引 369
后　记 376

第 1 章　桥梁美学理论体系

近代以来，桥梁美学问题、桥梁建筑艺术问题，一直伴随着土木工程学科进步、工程实践发展的全过程。作为一门学科、一个研究领域被正式提出，大约从 1936 年德国的弗里茨·莱昂哈特（Fritz Leonhardt，1907—1999 年）等旨在对当时在德国开始兴建的高速公路上的许多桥梁设计提供帮助而出版《桥梁造型》算起，已有 85 年的历史。直至 20 世纪 70—80 年代，在莱昂哈特等人的努力和推动下，传统桥梁美学迎来了发展的辉煌时期。

但是，进入 20 世纪 80 年代以来，面对世界范围内城市化建设高潮和城市更新，城市对桥梁造型艺术要求越来越高，许多建筑师积极参与桥梁方案的创作，将建筑美学思想、建筑艺术创作融入桥梁工程领域，融入桥梁作品之中，给桥梁美学带来了新气象、新风貌，同时，让人们对传统桥梁美学产生种种疑问。为此，需要面向社会发展、城市和交通建设实践，捕捉桥梁美学的新动向，剖析其来龙去脉，建立桥梁美学理论体系，构筑当代桥梁美学主流思潮和特征，反过来指导桥梁美学的实践并使其健康发展。

本章首先从美学学科属性出发，阐述桥梁美学作为一门人文学科，它的研究对象、它的共性和特殊性以及它的任务，并引出传统桥梁美学及其历史背景。

其次，提出了桥梁美学研究需要基于桥梁与建筑整体全局的视野，从 3 个方面阐述了这样做的理论与现实原因，美学思想有其广泛深刻的社会基础，工程师与建筑师合作实现两大专业思想妥协与结合，专业结合双重身份实现两大专业思想融合和再生。

在上述分析推演基础之上，结合近代以来桥梁工程科学技术发展进程，建筑美学思潮进步与变革，以及桥梁领域工程师与建筑师合作实践等多方面因素，提出了近代以来桥梁美学划分的 3 个历史时期，即近代桥梁美学（1660—1945 年）、现代桥梁美学（1945—1980 年）和当代桥梁美学（1980 年至今），并在此基础上构建桥梁美学理论体系。

1.1　关于桥梁美学

桥梁美学很重要，一座优美的桥梁建成后，除了满足人们必不可少的交通出行外，还以其比任何艺术品都巨大的尺度和影响力矗立在人们生活的空间中，长久地直接影响着人们的生活环境。

一直以来，有些桥梁工程师认为桥梁美学的内容不具有系统性和理论性。由于桥梁美学既包含普遍规律的美学准则，又有各种桥型结构的美学问题，所以有些桥梁工程师认为，桥梁美学是关于桥梁美学问题的全部内容，而排斥建筑设计中的美学思想和各种流派。有些建筑师因为专注于桥梁结构简洁明了的形式和比例协调等，常常诟病桥梁美学不具时空性，因失去场所感而乏味，变得千桥一面。出现这些偏颇观点的主要原因在于，国内土木工程专业在讲解桥梁美学内容时，主要依据莱昂哈特教授的《桥梁美学与设计》一书，以及国内外围绕这一相关内容而展开的关于桥梁美学的研究、论著和案例，这使得许多桥梁工程师认为这些经典的桥梁美学内容及其美学法则是关于桥梁美的全部知识。面对近现代以来，特别是当代许多建筑师创作的桥梁，则认为其是建筑师的建筑美学思想的作品，将建筑创作和桥梁美学设计二者割裂开来。

这些狭隘片面的桥梁美学认知，不利于桥梁美学领域面向时代需求的创新和发展，也不符合美学自身的理论和学科属性。作者将桥梁与建筑作为一个整体的大视野，构建桥梁美学理论体系，按时间顺序分为近代桥梁美学、现代桥梁美学和当代桥梁美学 3 个不同历史时期、不同内涵的美学体系。

1.1.1　桥梁美学学科属性

桥梁美学属于特殊(应用)美学，由于各类桥梁美学专著有不同的侧重面和逻辑线索，所以单看各类桥梁美学专著和文章时，容易迷失桥梁美学的方向和任务，因此，这里先简述一下一般美学的学科属性。

1. 美学学科

美学(Aesthetic)的概念是德国哲学家亚历山大·戈特利布·鲍姆嘉通(Alexander Gottlieb Baumgarten)在 1750 年首次提出来的，他认为需要在哲学体系中给艺术一个恰当的位置，建立了一门学科研究感性的认识，并称其为“Aesthetic(感性学)”。鲍姆嘉通提出了感性认识的完善就是美的观点，他所指的感性认识实质上是指依赖于感觉、想象的“文学艺术”，“完善”是指内容、秩序、表现力等因素的和谐统一。

历史上，关于美学研究对象的问题大致存在三种观点。

第一种观点认为美学研究艺术，美学就是艺术哲学。鲍姆嘉通明确认为“美学是作为艺术理论”，黑格尔认为美学研究“美的艺术的哲学”，朱光潜认为美的本质最集中地反映在艺术中。第二种观点认为美学就是研究美的科学，1858 年出版的《新亚美利加百科全书》中的“美学”条目：美学是研究自然和艺术中美的科学。因为美不限于艺术。第三种观点是将美学看作审美心理或审美经验的研究。19 世纪末 20 世纪初，德国哲学家费希纳提出以审美经验的研究取代传统的纯哲学思辨的美学的意见得到认可，使西方美学从古典的形态进入现代的形态。

以上三种观点都有其合理性，但也有其局限性。现在一般认为，美(美的哲学)、艺术与审美心理都是人类的审美(现象)关系的组成部分，都应纳入美学研究范围。我国 20 世纪 80 年代，美学原理基本上被认为由美的哲学、审美心理学、艺术社会学三个部分构成。

在这个美学原理的共识之下，存在着各种不同的美学体系形态，主要在着眼点和侧重面方面存在差别，其所确定的逻辑起点不同(王旭晓《美学原理》)。

以美或艺术的哲学探讨作为研究的逻辑起点，使美学体系具有思辨的特性，人类的审美实践活动在这种体系中只是作为从属于理论观点的证明而受到关注，使得美学研究几乎无异于哲学研究。以人类的审美经验作为美学研究的逻辑起点，使美学体系具有实证的特点，但经验来源的局限性，使得这种实证存在片面性。审美关系不是预成的，它有一个建立的过程，所以把审美关系作为逻辑起点难以解决审美关系何以产生的问题。因此，确定美学研究的逻辑起点，要从最基本的、最初的事实出发，这样才能使由此展开的美学体系具有一个稳固的立足点。

根据上述对一般美学的研究对象、体系形态的简要叙述，再来看作为特殊美学(应用美学)的桥梁美学的基本属性和理论体系。

桥梁工程师非常熟悉“桥梁美学”这个名词，许多高校也开设了桥梁美学这门课程。“桥梁美学”顾名思义与它的研究对象、方法和体系形态相关，研究对象和体系形态不同，它的内涵和定义也就不同，如果要精确给出定义，就要弄清它的研究对象、方法和体系形态。

2. 桥梁美学具有一般美学的共性

从研究的侧重面看，桥梁美学的研究对象涵盖以下三个方面：第一方面是桥梁的艺术问题，或结构的艺术、桥梁的造型，等等，如德国卡尔・舍希特勒(Karl Schacchterle)和弗里茨・莱昂哈特的《桥梁造型》，美国戴维・P.比林顿(David P. Billington)的《塔和桥——结构工程的新艺术》，日本伊藤学(刘健新，和丕壮翻译)的《桥梁造型》等作品中都有这方面的阐述。第二方面是从哲学高度来研究桥梁美学，如唐寰澄在《桥梁美的哲学》中提出桥梁美学的东西方哲学基础、桥梁美学的范畴等，严格地讲，哲学基础还不能说是桥梁美学直接的哲学研究。第三方面是桥梁审美，如徐风云和陈德荣在《桥梁审美原理》中、盛洪飞在《桥梁建筑美学》中提出桥梁建筑审美的内容和特点，等等。

从研究体系形态看，根据其所确定的逻辑起点或线索不同，桥梁美学主要有三种体系形态：第一种，以桥梁美或艺术的哲学探讨作为桥梁美学的逻辑起点，如唐寰澄在《桥梁美的哲学》中提出了桥梁美学的东西方哲学基础、桥梁美学的范畴等。建筑美学较多呈现这一体系，万书元在《当代西方建筑美学思潮》中阐述了新现代主义、新古典主义等流派的哲学思潮理论论辩。第二种，以人类审美经验作为桥梁美学研究的逻辑起点，较为全面系统地阐述要数莱昂哈特的《桥梁建筑艺术与造型》(*Bridge Aesthetics and Design*)，在阐述了一般美学基础之后，详细叙述了拱桥、梁桥、斜拉桥、悬索桥和桁架桥等桥梁美学设计准则，以及人行桥、立体交叉桥、高架道路、大跨度桥梁、大跨度拱桥和刚构桥、斜拉桥、悬索桥等内容，通过大量具体的桥梁个案来辨析哪些桥梁是美的，哪些桥梁设计得不美。第三种，以人们对桥梁的审美关系、审美规律作为研究的线索，这些审美关系和审美规律来自人们对美的桥梁的思考总结，以及借鉴建筑学专业的审美规律、美学要则。如莱昂哈特的《桥梁建筑艺术与造型》、唐寰澄的《桥梁美的哲学》等提炼梳理的美学准则、美学法则等审美关系、审美规律。如盛洪飞在《桥梁建筑美学》中提出的桥梁建筑造型形体构成、造型美的法则等。

无论以何内容作为桥梁美学研究的主体，无论以何作为桥梁美学研究的逻辑起点，大部分研究都结合了审美经验，提出一些桥梁美学基础、法则(原则)，再落到具体桥型结构、工程案例的美学辨析。

3. 桥梁美学有非常鲜明的特殊性

特殊之一，桥梁美学几乎完全是桥梁结构的美学，一座桥梁的所有结构构成了桥梁造型，包括结构的空间位置和相互关系，结构的长短、直曲等形态，构件的材料、截面的尺寸和形状等，这些从技术上组成桥梁结构的全部要素直接地构成桥梁造型——桥梁美学所关注的对象。

特殊之二，桥梁美学是力学之美，它诠释了桥梁结构及其形式的来源和存在的意义。上述桥梁结构的所有要素都是保证结构安全受力所需，许多时候缺少一个都不可以，甚至构件截面尺寸修改一点都不行。许多索结构桥梁缺少 1 根拉索就会危及桥梁安全，甚至导致桥梁垮塌。

来自特殊的力学行为的桥梁结构有其特殊的结构体系、结构类型、构件形式和结构布置方式，区别于同属土木工程的房屋结构，这些专业知识许多是源于近现代桥梁技术发展，特别是近代以来桥梁工程理论与实践积累的宝贵财富，需要我们继承和不断发展。

鉴于上述两个特殊之处，似乎桥梁美学完全由桥梁结构主导，桥梁美学只是桥梁结构的附属品、装饰品。其实不然，这两项特殊性不是绝对的，在不同时期、不同地方，针对不同的工程条件、不同的跨径、不同的桥型等，桥梁美学也会发生变化，也存在着相对性，这取决于桥梁美学、桥梁技术二者之间的力量强弱对比关系。一般地，当桥梁美学弱、桥梁技术弱时，二者表现为无所需、无所求；当桥梁美学强、桥梁技术强时，二者之间表现为美学思想和技术思想强烈，灵感不断，创意不断，桥梁结构有求必应，应付自如，出现许多好作品、原创作品；当桥梁美学强、桥梁技术弱时，桥梁结构自身难保，无暇顾及；当桥梁美学弱、桥梁技术强时，桥梁结构成为脱缰的野马，不受约束而呈现疯长之势。

这一方面的关系及其变化，回顾我国桥梁美学、桥梁技术的发展过程，便可一目了然。新中国成立初期，我国桥梁技术相对落后，也很少关注桥梁美学问题，城市化程度也较低，一般情况下建成一些简单结构的中小跨径梁桥已实属不易。20 世纪 50—60 年代举全国之力建成武汉长江大桥、南京长江大桥，并精心设计了体现时代风貌、地方风格的桥头堡建筑。改革开放以来，特别是自 90 年代以来，桥梁技术得到了快速发展，本领域开始重视桥梁美学。那时候的桥梁美学大多是建筑师配合桥梁工程师做一些桥梁结构的“美学处理”：防止“肥梁胖柱”，对结构尺寸提出一些局部的调整建议，对构件的截面提出一些设置倒角等美化处理。进入 21 世纪，我国的桥梁技术得到了长足的发展，各类桥型结构的跨江跨海大桥建设方兴未艾，对桥梁美学的要求也越来越高，各类大跨径、地标性桥梁不断被成功建成，呈现出桥梁美学弱、桥梁技术强的态势。由于桥梁美学理论研究滞后，桥梁工程师桥梁美学素养欠缺等各种原因，其中也出现了为人们所诟病的不美的桥梁：奇奇怪怪的桥梁和丑的桥梁。

就当前而言，面向迅速发展的桥梁工程科学技术，加强桥梁美学理论研究，提高桥梁美学理论层级，极大地提高桥梁工程师的桥梁美学水准，使我国的桥梁建设向更高美学水准、更大创新能力迈出坚实的步伐。

4. 桥梁美学涉及的区间

就桥梁美学涉及的桥梁科技与美学艺术之间的区间范围来看，如果说桥梁科技是桥梁工程建设的关键技术“硬核”，那么，桥梁美学理论是桥梁工程建设的“发动机”。实现桥梁科技强、桥梁美学强，强强互动的态势，使在这一独特的文科与工科结合的领域，呈现文科与工科直接作用、互相促进的局面。需要抓住桥梁美学学科本质属性，不断拓展桥梁美学的研究涉及领域，不断加强桥梁美学理论纽带作用，推动桥梁美学理论和实践发展。

桥梁美学研究涉及领域，应该是在桥梁的科学技术与美学艺术二者之间及其自身的全区域。

桥梁技术方面，涵盖桥梁结构全领域，无论大、中、小跨径桥梁，无论是城市桥梁还是公路、铁路桥梁，无论是人行桥还是各类高架桥、立交桥以及跨海大桥，都是桥梁美学需要涉及的领域。我们建造的每一座桥梁都应该是美的。关于这方面，常有一些片面的观点，比如美学设计适合中小跨径桥梁，对于大跨径桥梁来说，主要是结构设计问题；比如景观桥梁需要进行造型设计，不是每一座桥梁都需要设计成景观桥梁等。这些把桥梁美学片面化、景观造型极端化的观点都是错误的。在桥梁美学艺术方面，也应该涵盖桥梁美的哲学理论、造型艺术、审美关系等多个层面的发展和创新，以适应交通建设、城市建设对桥梁美学的新要求、高标准。

许多时候因为美学理论研究滞后于实践，因而觉得美学理论仅仅是实践的总结，仅仅是一些空洞的说辞，丧失了指导实践的理论价值，面对特定的工程没有美学思想的策略和对策。发挥桥梁美学理论在桥梁科学技术与美学艺术之间强大的纽带作用，通过这根强大的"纽带"，发挥桥梁美学理论对桥梁工程建设的驱动作用，这是一种文科对工科的"砍"作用，也是大作用。改变以往桥梁科学技术与美学艺术之间的那种"弱联系"——桥梁美学似乎是可有可无、没有什么作用的局面。

1.1.2　桥梁美学的任务

桥梁美学属于人文学科，应充分发挥人文学科在这一领域对桥梁美学理论研究、桥梁工程建设乃至桥梁科技发展的强大推动作用。认为学习了桥梁美学就能设计好方案，就能使项目中标，这种对桥梁美学带有强烈的实用主义、功利性要求的观点是不可取的，也是错误的。因此，走向另一个极端，认为桥梁美学可有可无，这种观点同样也是错误的。为此，有必要明确桥梁美学的任务，防止任何夸大和贬低其作用的倾向。

1. 提高工程技术人员美学艺术人文素养

美学从其作为一门人文学科的角度看，关系着人类自身的生存和发展。桥梁美学研究的是关于桥梁结构技术的美的哲学、艺术社会学和审美心理学，其多学科融合交叉的研究内容决定了它对完善工程技术人员美学艺术人文综合素养的重要作用和意义。

桥梁美学有助于提高工程技术人员美学艺术人文素养，不仅仅表现为桥梁美学使我们懂得人文哲学美学知识，丰富拓展工科学生的知识领域；不仅仅表现为使我们书写更具思想性、更具哲理性、优美流畅的文章；不仅仅表现为工科学生由此便可以涉猎这些人文学科的领地，比如阅读美学哲学书籍，欣赏美术书法等各类艺术作品。

更为重要的和更深层次的是，审美活动对人的改变是深刻的，是具有稳固性和延续性的，它是靠对人的陶冶而不是靠一种外在的规范和限制来达到改造的目的。工程技术人员担负着改造建设人们赖以生存的物质世界的重任，美学引导人类建设美好世界的同时，也在改造我们自己，不断向善、向真。同时在这个过程中，不断享受美好的生活。这二者循环往复，螺旋上升，使人们进入工作生活的佳境，促进人类社会向更高层次发展。

2. 指导桥梁审美实践

审美活动是人类的一种基本实践活动，它渗透在人类的各种实践活动中。所以，不管人们具有什么专业背景，从事什么工作，在各自的工作、生活实践中形成和积累了一些朴素的、零碎的美学观点，似乎都能进行桥梁审美活动。由于桥梁美学的特殊性和专业性，这样自由、散漫的桥梁审美，往往会产生审美实践不得要领，甚至影响审美实践的结果。针对不同人群，开展一些不同程度的桥梁美学专业知识的科普活动，提高人们的审美理论水平，就显得尤为重要了。

这种桥梁美学科普活动，有助于人们在日常生活中发现、欣赏美的桥梁。

另外，一座优美的桥梁不仅与设计工程师直接相关，还与参与工程建设的政府主管、建设管理部门等所有人员，甚至全社会民众都有关系。他们不同程度地参与了桥梁方案决策、方案评选、打分投票等评价过程，这种桥梁审美活动直接或间接地对桥梁的最终方案造成不同程度的影响，因此，这种桥梁审美活动需要桥梁美学的专业指导。

实现桥梁美学指导审美实践，需要加强和普及桥梁美学专业知识，开展多种形式的活动，除了举办面向社会大众的科普活动外，高校内面向桥梁专业、相关专业以及其他专业学生开设桥梁美学相关课程，管理部门、建设单位以及设计院等机构举办桥梁美学专业讲座、培训等活动，都是行之有效的工作。特别地，设计人员对桥梁方案进行汇报介绍，简明并精彩地阐述美学思想、设计理念、构思过程等方案创作成果，实际上也是潜在地指导审美实践的活动。当然，这个汇报的专业水准、被大家接受的程度，是这种指导审美实践的活动是否成功的关键。

3. 为创作实践奠定美学理论基础

桥梁美学作为一门人文学科，也是关于桥梁美的理论研究学科，其不能直接被用来进行创作实践。莱昂哈特在《桥梁建筑艺术与造型》中也指出，不要以为学习了桥梁美学法则就能设计出优美的桥梁。不少人有这种错误认识，学习桥梁美学是为了将来在工作中可以设计出优美的桥梁，结果发现学习了桥梁美学并不能达到这样的目的，因而产生了另一种错误认识，认为桥梁美学没有用。

实践是理论的应用，桥梁美学不同于一般学科和工程理论的应用，理论直接被用于计算推演，得到我们所需要的结果。要使桥梁美学理论能成功应用于实际工程，还需要两项专业技能，一项是桥梁工程专业基础，另一项是建筑创作的专业技能，二者缺一不可。建筑创作的专业技能是基于建筑设计系统的综合能力，包含了功能、美学、艺术等方面的综合创作。正是基于这样一个目标，作者于 2016 年开设了桥梁与建筑的交叉课程“城市桥梁美学创作”，并随后出版了《城市桥梁美学创作》《城市桥梁建筑理论》两本作为教材使用的专著。

桥梁工程专业基础与建筑创作两项专业技能中，建筑创作是连接桥梁工程和桥梁美学之间的“桥梁”，是从桥梁工程专业基础达到桥梁美学的必由之路；桥梁工程专业基础是经过建筑创作到达桥梁美学的核心和关键，缺乏桥梁工程（桥梁技术）支撑的桥梁美学不是真正有价值的桥梁美学。这就解释了许多掌握了桥梁工程专业基础的桥梁工程师始终不能达到桥梁美学的彼岸，许多有志于从事桥梁工程建筑创作的建筑师常常达不到预期的原因。

1.1.3 传统桥梁美学及其历史背景

20 世纪 70—80 年代，在莱昂哈特等人的努力和推动下，传统桥梁美学迎来了发展的辉煌时期。1978 年国际桥梁与结构工程协会（International Association for Bridge and Structural Engineering，IABSE）根据莱昂哈特的建议，创建了“结构工程美学”特别小组；1982 年出版的《桥梁建筑艺术与造型》广泛收集了世界发达国家中著名桥梁的大量资料与图片，论述美学设计上的认识和体验，以作为对桥梁建筑艺术的贡献。同时，也对当前世界桥梁建筑艺术水平做了全面的评价。1991 年，美国国家研究学会出版了由全世界 16 个国家的著名桥梁和美学专家写作的《世界桥梁美学》一书。在世纪之交的 1999 年，英国《桥梁设计与工程》（*Bridge Design and Engineering*）杂志编辑部邀请了 30 位国际知名的桥梁学者、工程师和建筑师，举行了一次20世纪“世界最美桥梁”的评选活动，最终有15座桥梁被提名。

1. 传统桥梁美学

桥梁工程领域关于桥梁美学方面的专著不少，正如前文所述，专家、学者根据不同逻辑线索，从不同的侧重面展开阐述和分析，下面简述具有代表性和较大影响力的几本专著，从中可以感悟到行业内传统桥梁美学的主要研究方向、方法和内容。

我们所熟悉的传统桥梁美学始于20世纪40年代莱昂哈特关于桥梁美的问题的一系列研究，研究对象是桥梁，他的思想与方法来自建筑、艺术美学领域，他用自然科学的方法从中精练出桥梁美学的设计与科学准则、观点，以及关于拱桥、梁桥、斜拉桥、悬索桥和桁架桥等的桥梁美学设计准则，给出的由美学特性引导的设计准则可以为桥梁美学设计提供帮助。分章节分析各类桥型的审美经验，包括人行桥、立体交叉桥、高架道路、大跨度桥梁、大跨度拱桥和刚构桥、斜拉桥、悬索桥等大量具体的桥梁个案，辩析哪些桥梁是美的，哪些桥梁设计得不美。

虽然，美学研究对象包含关于美的哲学不是一般的具有普遍性的哲学基础，但是，人类的世界观、价值观源自许多哲学基础思想的长期“陶冶”，它们也是直接形成关于美的哲学思想的根源。唐寰澄在《桥梁美的哲学》中提出了桥梁美的哲学就是桥梁美学的概念，并指出“不提高到哲学高度就不懂美学，不上升为理论，不能指导实践”。书中叙述了西方美学、东方美学的哲学基础，阐述了桥梁美学中形式和内容、善和美、真和美、饰和美、新和美等诸多范畴，提出了桥梁美学中的普遍法则，包括多样与统一、协调与和谐以及比例、对称、韵律等，并以此作为审美关系、审美经验运用的桥型赏析。

桥梁美学的研究对象包含了造型艺术，日本伊藤学的《桥梁造型》以桥的构造形式来看桥的造型。指出了桥在造型上和一般的建筑是不同的，桥原本就是用桥结构物本身以及桥的构件形态感染人们的。桥在形态上的一个特征是构造形式的多样化。虽然建筑物也包含拱、悬吊结构等各种各样的结构形式，但桥却将其表面化，再加上由于跨度、自然环境等条件的制约，不同构造形式的桥自然而然地就有了不同的适用范围，因此，桥型的多样性是非常引人注目的。书中从结构形式的视角阐述了梁桥、桁架桥的形态，斜拉桥的再生和发展，古典拱桥的源流，近代拱桥，大跨度桥梁的辉煌——吊桥等。

2. 传统桥梁美学与建筑美学

桥梁美学与建筑美学属于应用美学（或特殊美学），即在某一特殊领域的美学，它的研究对象是桥梁或建筑，是一般美学理论和方法在特殊领域的功利性应用、发展，所以它仍然需要符合一般美学的学科属性，诸如感性、思辨性等哲学的、抽象的思想文化属性。

建筑美学是关于建筑、艺术与哲学的一门学问。它的研究对象是建筑，核心是技术与艺术，方法与成果形式更具普遍性、原则性、方法性，兼具思想性、技术性、艺术性与可操作性。曾坚等所著的《建筑美学》将建筑美学定义为：“建筑美学是研究建筑及其环境美的本质及其规律，分析建筑相关要素之间的审美关系，以研究建筑审美经验为中心内容，探索建筑艺术实践方法的一门学科。”根据这个定义，建筑美学的研究范畴应包括四个层次的内容：第一层次属于“美的哲学”层面；第二层次属于“艺术社会学”层面；第三层次属于“审美心理学”层面；第四层次属于“艺术实践”层面。同济大学万书元在《当代西方建筑美学新潮》中写道：“建筑美学不只是一种形式美学或形态学，它同时也是一种功能美学、一种包含了伦理学的生态学”。“当代建筑美学是一门以功利性审美客体为研究对象的美学，是一门融合了艺术美学和技术美学的精髓的美学”。

二者相较，从内容上看，传统桥梁美学侧重结构技术性、经济性和合理性，注重结构比例和形式美学；建筑美学侧重艺术性、思想性，呈现多元性、普遍性特点，既注重形式美学，也关注功能美学、艺术美学与技术美学。从时间上看，传统桥梁美学的时间主要在 1945—1980 年，这一时期正处于建筑设计的现代主义建筑美学思潮盛行的历史时期。从 20 世纪 20 年代起，装饰在桥梁上的使用明显减少，对技术性、经济性和简洁性的追求成为桥梁设计的价值追求，也是现代主义建筑美学思潮在桥梁工程领域的反映和再现。建筑领域现代主义从 20 世纪初开始，一直延伸到 20 世纪 70 年代，而 20 世纪 50—70 年代被建筑史家称为现代主义时期中的国际主义风格时期，功能主义成为现代主义设计思想的核心。

可见，传统桥梁美学是在一个特定的历史时期诞生和发展起来的，体现了桥梁结构简洁、协调、稳定的结构美学思想精髓，在世界范围内被桥梁工程师广泛接受和应用。即便在建筑领域现代主义建筑美学审美理念过时时，就桥梁结构简洁合理、力线明确、比例协调等一系列审美主张而言仍然是适用的，从而成为经典。

1.2 桥梁美学研究需要基于桥梁与建筑整体视野

纵观自 1660 年以来桥梁工程 360 多年的发展，无论土木工程和建筑学学科如何发展，在工程实践中，桥梁工程师和建筑师的配合与合作谱写了世界桥梁的辉煌历史。在世界各地每一座著名的桥梁中，我们不但能了解到工程技术进步的足迹，更能感受到不同时期、不同地域美学艺术和历史文化的璀璨结晶，以及二者融合后的巨大创造力。

桥梁工程发展的历史清晰地告诉我们，研究桥梁美学理论体系，一是需要纵观整个历史发展时期，二是需要将桥梁与建筑作为一个整体的系统来考察和分析。

1.2.1 美学思想有其广泛而深刻的社会基础

桥梁美学研究需要综合面对关于桥梁美的哲学、造型艺术和审美关系三方面的问题，这是由美学学科属性所决定的。单单就桥梁论桥梁美学，由于视野的局限，容易一斑窥豹，有失偏颇。因为美学面对的问题大多有其深刻的社会、经济根源及其背景，特别是关于美的哲学、审美社会学等内容，与社会历史发展息息相关。在人类赖以生存的环境中，各类建筑技术、功能及其美学要比桥梁技术、桥梁美学与社会、政治、经济、人文的关系更紧密、更广泛、更深刻，相互影响也更及时。再者，桥梁的美学问题更多地来自参与桥梁设计的建筑师、艺术家们的美学思想和工程实践。所以，将桥梁与建筑作为一个整体进行考察，特别是其中的美的哲学、审美关系等问题，能够更准确地反映美学思想真实情况及其发展线索。这样做，才能回归桥梁美学的本质，抓住桥梁美学的来龙去脉。

例如，“新艺术”运动是 19 世纪末 20 世纪初在欧洲和美国产生并发展的一次影响力相当大的“装饰艺术”的运动。新艺术运动的创始人之一，菲尔德（1863—1957 年）原是画家，19 世纪 80 年代致力于建筑艺术革新的目的是要在绘画、装饰与建筑上创造一种不同于以往的艺术风格。当时新艺术运动在绘画与装饰主题上喜欢用自然界生长繁盛的草木形状的线条，于是建筑墙面、家具、栏杆及窗棂等也莫不如此。由于铁材料便于制作成各种形状的曲线，因此在建筑装饰中大量应用铁构件。新艺术运动是一次内容广泛的、设计上的形式主义运动，涉及十多个国家，从建筑、家具、产品、首饰、服装、平面设计、书籍插画一直到雕塑和绘画艺术都受到影响，新艺术运动延续长达十余年，是设计史上一次非常重要的形式主义运动。

自然的或者抽象的曲线、图案和雕塑被用于桥梁建筑立面的造型装饰中。这些造型大多并不是直接模仿自然的形态，而是经过艺术家的艺术加工和提炼得到的。这些源于自然的造型，多是流动的形态和蜿蜒交织的线条，充满了内在活力，反映了植物和动物生长、发展的内在过程，成为自然界生命的象征和隐喻。1900 年建成的法国亚历山大三世大桥，是钢拱肋坦拱拱桥，跨越塞纳河，采用大量的植物图案和动物雕塑来巧妙地装饰整座大桥，使整座大桥显得富丽堂皇，充满艺术气息。

例如，解构主义是 20 世纪 60 年代后期源于法国的一种哲学思想，20 世纪 70 年代，西方建筑师把解构主义理论引入建筑领域，用解构主义哲学观念向古典主义、现代主义和后现代主义提出质疑。1988 年，菲利普·约翰逊等 7 人在现代艺术博物馆举办了一次解构主义建筑作品展，该展览得到人们的认可，他们的设计思路和方法也广泛受到建筑界的关注。

20 世纪 70 年代末，扎哈·哈迪德（Zaha Hadid）在伦敦著名的建筑联盟学院（AA School of Architecture）学习期间接触到苏联的构成主义等先锋艺术思潮并深受其影响，设计的作品天马行空，极具幻想风格，被评论者列入“解构主义”行列。解构主义打破了长期以来一直占据绝对话语权的“中心主义”传统，消解了现代主义建筑的结构主义，以先锋性的姿态拓展了建筑创作，获得了更为丰富而有想象力的建筑形式与审美模式。

哈迪德始终遵循着纯感觉至上的感性逻辑，在创作实践中追求纯净的感情与纯粹的形式表现，因此在她的作品中形式与色彩总是如抽象画一般直观纯粹而又充斥着情感的表达，而体验者只有接受哈迪德感性随意的构思与表达方式，才能真正理解她的作品所映射的美学内涵。而哈迪德自己认为，“建筑设计如同艺术创作，你不知道什么是可能，直到你实际着手进行。当你调动一组几何图形时，你便可以感受到一个建筑物已经开始移动了”。

受苏联前卫艺术思潮构成主义的启发，哈迪德认为，形式色彩的动态表现相对于静态形象来说有着更为重要的地位，她的作品总是通过流动性的曲线形态来表现不规则几何形体之间的动态形式关系，从而呈现出全新的空间感觉与构造逻辑，视觉上则常常能够给人以一种漂浮、反重力的艺术感觉。哈迪德说：“过去我认定有无重力的物体存在，而现在我确信建筑是无重力的，是可以漂浮的。”

对完整、和谐的形式系统的解构，不是一种表面上的破坏和推翻，不是为了解构而解构，解构是一种创新的手段，解构是为了创新。经典解构成“即兴”、完整解构成“拼凑”等，都是一种创造新形式的哲学逻辑、美学逻辑。传统桥梁结构中存在着许多完整、和谐的形式系统，诸如拱桥结构体系、斜拉桥结构体系与悬索桥结构体系等，从某种意义上说，都是一种或一组完整、和谐的形式系统，运用解构主义建筑美学思想进行“解构”，可以获得桥梁创作的新空间、新思路。当然，这种“解构”不能违背桥梁结构的技术逻辑，或者说需要高超的结构工程技术解决好“解构”后的重新布置问题、受力问题和安全问题。

我们可以从哈迪德为西班牙 2008 年世界博览会设计的萨拉戈萨桥，以及阿布扎比的扎耶德大桥（Sheikh Zayed Bridge，2010 年）等桥梁作品中感受这种设计思想、审美理念。

1.2.2 工程师与建筑师合作实现两大专业思想妥协与结合

从1660年开始，土木工程作为一门学科，随着结构理论、材料科学和计算机技术等的发展而飞速发展。然而，桥梁工程专业与建筑学专业的分离并不影响工程师与建筑师的合作，在桥梁工程实践中，桥梁工程师与建筑师的合作、技术与艺术的配合从未间断过。只是在360多年桥梁工程发展的历史进程中，这种配合与合作基于不同的历史背景，呈现不同的方式和特点。

近代桥梁早期(1660—1765年)技艺不分家，工程师和建筑师通力合作，建筑艺术在桥梁中得以被充分地表达和展现；随着土木工程的发展，特别是近现代桥梁从进步走向成熟的发展时期，由工程师主导桥梁工程设计，建筑师同心协力配合，或装饰美化，或针对构件进行造型艺术设计，或对桥梁结构比例仔细推敲并对细部进行美学设计。20世纪80年代以后特别是进入21世纪以来，人们对桥梁的美学艺术要求不断提高，越来越多的建筑师参与到桥梁方案的创作竞赛中，甚至在桥梁方案设计过程中建筑师唱主角、桥梁工程师甘当配角。纵观历史可以看到，基于特定的桥梁技术历史条件、特定的建筑艺术审美思潮背景、特定的桥梁，对于特定的工程师和建筑师而言，他们之间的合作没有间断过，这正是将桥梁与建筑作为一个整体分析的史实依据，也体现出这一分析思路的合理性和必要性。

正是这一工程师与建筑师、技术与艺术合作的历史，我们可以从近现代以来无数的桥梁工程案例中获得工程技术与建筑艺术的思想及精髓，这是将桥梁与建筑作为一个整体来分析其可行性和可预见性。

1963年，德国费马恩海峡桥(图1-1)以其合理受力和创新布置完美结合的提篮拱桥形式，成为20世纪最美桥梁之一，成为莱昂哈特桥梁美学的最佳诠释。20世纪40年代，莱昂哈特开启了“桥梁美学”理论研究及工程应用的先河。同时，请建筑师做参谋的工作方式成为这一时期的主流合作方式。莱昂哈特在他的专著里详细描写了这种合作的过程，当工程师完成了某座桥梁的方案，绘制了一定比例的图纸之后，如果这个工程师没有良好的天赋艺术感，或者没有受过这方面的训练，那么，他现在就应该聘请具有桥梁建筑经验的建筑师来当顾问，提供美学设计方面的意见。否则，他将给这个世界增加一座设计蹩脚的桥梁，这将使他长期受到指责。

关于建筑师与工程师的合作，莱昂哈特有其深刻的见解，他在科隆工作时与建筑师葛格·洛默尔(Gerd Lohmer)的合作中提到：“他是一位非常好的参谋，他给了我许多很有价值的启示。”同时，他也指出了这种合作应该注意的问题，他坦率地说“工程师必须阻止建筑师创作无用的东西”。

莱昂哈特所描述的正是工程师与建筑师合作的过程，我在几十年的桥梁工程设计工作中感同身受。工程师与建筑师的合作就是在这样一种磨合、碰撞中，将桥梁技术思想和建筑创作、美学思想在坚持和妥协中结合在了一起，结晶于桥梁作品中，成就了不少成功的桥梁案例。20世纪90年代，同济大学桥梁设计分院和建筑系陈久坤老师合作，进行苏州太湖大桥的方案设计竞赛，获得了成功。和建筑系王伯伟老师合作，对桂林解放桥原先的风帆塔形斜拉桥方案造型进行了反复打磨。后来在太原汾河上的多座桥梁等其他项目，也和建筑系的许多老师有过合作。

1988年，上海市建设委员会决定自主建造南浦大桥，采用同济大学李国豪教授与项海帆院士提出的结合梁斜拉桥方案,郑时龄院士带领团队接受了南浦大桥整体建筑设计的任务,他们参考国外案例,专门研究了“桥梁美学”。2 个月后,9 位建筑、结构专家组成的评审委员会对同济大学、市政院、华东院、民用院和船舶九院共 5 家单位设计的 22 个桥塔方案进行评审,最终选择了在此前日本工程师提出的“H”形桥塔方案基础上改良的设计方案。原来的直线形桥塔因为结构主要落在桥面人行道上,破坏了大桥整体造型的流畅性,好像是“断桥”。竖向桥塔塔身被改成折线形后,800 多米长的桥面从东西两座塔之间穿过,大桥悬浮于江面之上,充分表现出斜拉桥的特征。建筑师们还和工程师一起对主塔的比例进行了研究,将塔柱的一个侧面设计成带槽的菱形,造成直冲云霄的态势。建筑师和工程师的合作使上海黄浦江上第一座大桥成为经典之作(图 1-2)。

图 1-1 德国费马恩海峡桥

图 1-2 上海南浦大桥

1.2.3 专业结合双重身份实现两大专业思想融合与再生

莱昂哈特不仅指出了工程师和建筑师合作的重要性,也指出了这类合作经常出现的弊端,以及如何克服这些问题的思路。他在 1999 年接受《桥梁工程与设计》杂志专访时表示,建筑师和工程师二者应该合作——该过程他非常熟悉,但是他更希望看到这两种专业的结合。

桥梁与建筑专业结合,设计师团队具有工程师与建筑师的双重身份,能将形体与结构的关系作为一个整体来考虑,对结构和建筑美学之间的互动有着准确的掌控,创作出富有创意的、得到人们称颂的作品。这种“专业的结合”“双重身份”展现了全新的局面。具有艺术素养的杰出结构工程师和具有结构专业背景的优秀建筑师,他们集技术创新能力与艺术创意素养于一身,具有极大的创造力和无限的可能性。

1992 年,西班牙阿拉米罗大桥(图 1-3),展翅欲飞的天鹅造型,原创的无背索斜拉桥,成为桥梁发展历程中技术与艺术综合创作时代的开端。参与桥梁方案创作的建筑师中,有世界上著名的美籍建筑师贝聿铭、西班牙建筑师圣地亚哥·卡拉特拉瓦(Santiago Calatrava)、伊拉克裔英籍女建筑师扎哈·哈迪德、英国建筑师诺曼·福斯特(Norman Foster)和法国建筑师马克·曼朗等。他们设计的桥梁,充满着建筑的艺术性和思想性,许多作品成为美学思想的风向标,成为城市里耀眼的风景。其中,代表桥梁作品中有获得 2002 年国际桥梁与结构工程协会(IABSE)(以下简称“国际桥协”)杰出结构奖的日本美秀美术馆大桥(建筑设计由著名建筑师贝聿铭完成)、获得 2005 年国际桥协杰出结构奖的英国盖茨黑德千禧大桥[英国威尔金森·艾尔建筑事务所(Wilkinson Eyre Architects)与吉福德

(Gifford)公司共同完成]、获得2006年国际桥协杰出结构奖的法国米洛高架桥[法国工程师米歇尔·维洛热(Michel Virlogeux)、英国建筑师诺曼·福斯特合作设计]等。

上　图1-3　西班牙阿拉米罗大桥
下　图1-4　阿布扎比的扎耶德大桥

专业结合、建筑师与结构师的双重身份实现桥梁技术和建筑创作思想、美学思想的融合和再生，它不同于也不能像房屋建筑那样由结构配合建筑设计，也不同于工程师和建筑师在合作过程中的相互妥协与磨合。位于阿布扎比的扎耶德大桥是扎哈·哈迪德建筑事务所设计完成的项目(图1-4)。这座桥长842 m，高64 m，宽61 m，将阿布扎比岛和大陆连接起来，整个桥墩结构是由几个钢筋混凝土波浪状拱构成的，用来支撑起四车道的桥面。桥面结构悬挑在箱型钢拱肋结构的两侧，主桥拱结构升起高出水面60 m，桥面高出平均水平面20 m。

扎哈·哈迪德沿用了她一贯的设计手法，采用看似一组随意、即兴的水平延伸的连续折线成就了大桥的承重结构——折线形拱肋。扎哈·哈迪德深谙拱桥拱轴线力学规律，但是她故意为之，一反常规地布置拱桥及拱肋线形的思路，形成了吊杆、拱肋与主梁在纵桥向、横桥向的三角形拱肋支承关系等技术思想，使大桥呈现出一种全新的、充满动感和韵律的、一气呵成的结构气势与美学效果。

桥梁整体形式上有着强烈的非匀质的流动特点，好像游弋在某种虚幻空间中，加上绚丽的色彩灯光效果，给人以非物质的错觉。扎耶德大桥体现了哈迪德结构追随想象的非理性思维方式，那些被看作是严重违背结构逻辑的荒谬手法，在哈迪德这里却成为创作表达时惯用的设计策略。

1.3　近代以来桥梁美学的三个历史时期

由上述分析可知，我们以桥梁工程技术发展历史为条件，以桥梁美学、建筑美学及其关系为背景，以桥梁与建筑作为整体视野下的桥梁工程实践和美学理论成就为脉络在时间轴上进行梳理。参考项海帆院士在《桥梁概念设计》中关于近现代桥梁发展的时间划分，将桥梁美学理论体系分为近代（1660—1945 年）、现代（1945—1980 年）和当代（1980 年至今）3 个历史时期。

有意思的是，按照近代以来桥梁美学的 3 个历史时期的划分，我们熟悉的 20 世纪最美的桥梁，其一百年时间跨度刚好横跨 3 个历史时期，展现出三段桥梁美学历史时期不同的美学思潮和表现特征。

1.3.1　近代桥梁美学（1660—1945 年）

研究桥梁美学艺术历史，离不开桥梁技术。技术成就桥梁结构，也改变着桥梁艺术及其审美理念。因此，根据这一时间跨度内的桥梁技术背景、设计思想、美学艺术特色等方面的内容，以及建筑美学艺术历史脉络，横跨古典艺术与技术萌芽（1470—1760 年）、技术进步与复古思潮（1760—1910 年）、新艺术新探索（1850—1920 年）、现代建筑运动催生结构艺术（1910—1950 年）等 4 个历史时期。通过对文艺复兴以来欧美主要国家各历史时期桥梁技术、设计理念、艺术思潮的研究，梳理出桥梁美学艺术发展历程，为当代桥梁提供历史研究基础史料和现实创作理论支撑。

古典艺术与技术主要萌芽于土木工程基础理论奠基时期，桥型结构主要为石拱桥形式。这一时期的桥梁艺术以继承和发展传统形式为主导，在不同的时期、不同的地点，与建筑一起经历了文艺复兴、巴洛克、法国古典主义等艺术形式盛行时期。现代建筑运动开始时期主要影响建筑领域的审美思想，普遍对桥梁审美产生影响相对滞后一个时期，所以，在近代后期，桥梁审美取向展露了现代主义美学的雏形。因此，近代桥梁美学产生较大、较广影响的主流思潮与特征主要在技术进步与复古思潮（1760—1910 年）、新艺术新探索（1850—1920 年）和现代建筑运动催生结构艺术（1910—1950 年）等 3 个历史时期。

这个时期，在关于美的哲学基础发生了重大变革的同时，在造型艺术上也发生了重大变化，从在桥梁结构上附加装饰向根据结构形式的造型艺术设计变化，体现了桥梁的造型、桥梁的审美关系与建筑有越来越多的区别，桥梁的特殊性越发显著，也越来越被重视。

1. 桥梁技术发展背景

近代土木工程从 17 世纪中叶至 20 世纪中叶约 300 年实践，从建立材料的力学和强度概念、应力和应变的胡克定律、力学的三大定律等理论奠基开始，一直到钢桥、悬索桥、钢筋混凝土桥诞生，形成了迅速发展的局面。

金属材料逐渐代替天然石料和木料，成为主要建筑材料，于是铸铁和钢桥诞生。1779 年，英国工程师亚伯拉罕・达比三世（Abraham Darby Ⅲ）设计建造了世界上第一座跨度

30.65 m 的铸铁拱桥——英国大铁桥(Iron Bridge)。随后,英国工程师托马斯·特尔福德(Thomas Telford)建造了多座跨度更大的铸铁拱桥。英国于 18 世纪后半叶开始了建造近代悬索桥的尝试。19 世纪初,由英国工程师约翰和威廉·史密斯(John & William Smith)兄弟设计建造了主跨 260ft(约 79.25 m)的苏格兰 Dryburgh Abbey 桥,该桥用熟铁眼杆做主缆。此后,熟铁眼杆悬索桥逐渐向欧洲、美洲各国传布,桥梁跨度达 100～340 m,成为 19 世纪欧美铁桥建设的重要成就。

1874 年,美国用钢材代替锻铁建造了第一座钢拱桥,开启了大跨度钢桥建设的新时代。1890 年,英国建成了跨度达 521.2 m 的英格兰福斯桥。1909 年,美国建成了连接纽约长岛和曼哈顿的昆斯桥,该桥是一座主跨达 360.4 m 跨越东河的悬臂桁架桥。1869—1883 年,移居美国的德国工程师罗布林一家开始建造主跨 486 m 的纽约布鲁克林大桥,第一次使用冷拔钢丝代替熟铁眼杆作为主缆,成为近代钢悬索桥的代表作。

20 世纪初,奥地利工程师米兰(J. Melan)于 1888 年创立的悬索桥挠度理论开始引起人们的注意。1912 年,移居纽约的立陶宛工程师莫西夫(L.S. Moisseiff)第一次用挠度理论设计了曼哈顿桥并获得成功。此后,1926—1940 年间由莫西夫设计或咨询,采用挠度理论建成了包括金门大桥(主跨 1280m)在内的多座大跨度悬索桥。

1875 年,法国工程师 Joseph Monier 建造了第一座跨度 13.8 m、宽 4.25 m 的钢筋混凝土人行桥。直至 1943 年建造的跨度达 178.4 m 的瑞士桑多桥(Sando Bridge),成为近代钢筋混凝土拱桥的代表作。

2. 建筑美学复古思潮

18 世纪末 20 世纪初,建筑的发展经历了古典主义复兴、浪漫主义和折中主义三个阶段。尽管古典主义复兴、浪漫主义和折中主义在各个国家都有体现,但是由于每个国家的历史背景不同,体现的程度也不同。总的来说,古典主义复兴以法国为中心,浪漫主义以英国为中心,折中主义以美国为中心。古典主义复兴和浪漫主义始于 18 世纪下半叶,终于 19 世纪下半叶;折中主义始于 19 世纪上半叶,终于 20 世纪初。

1) 古典主义复兴

18 世纪的启蒙运动始于法国,强调“法律面前人人平等”,强调个人主义是资产阶级精神的核心,而个性解放、“人类只因感情而伟大”等一系列论断,也为个人的自我发展和表现提供了思想依据,这些理论在艺术形态上都非常自然地倾向于古罗马的传统,而这一倾向在文化上、思想上、艺术和建筑上为古典主义风格奠定了思想基础。通过对古代建筑比例的进一步研究,揭示了建筑比例的依据首先是视觉的合适而不是数学和几何的计算,从而将比例与人的审美联系起来。

2) 浪漫主义

浪漫主义的范围非常广泛,在文学、诗歌、美术、建筑、音乐等领域都有体现。在浪漫主义早期,桥梁建筑以中世纪寨堡风格和哥特风格为主,方法以借用和模仿为主。中世纪寨堡风格的桥梁建筑一方面借用寨堡形式用于桥梁桥塔、桥台和桥墩,另一方面中世纪寨堡风格惯用粗石的做法也被用于石拱桥中。19 世纪 30 年代以后,形式变化较少、外观朴实刚硬的寨堡风格和哥特风格被扬弃,新哥特风格进入了创作的高峰,成为浪漫主义后期风格的代表。新哥特风格不再简单模仿中世纪的哥特式建筑,而是以桥梁结构为依托,创作自由、大胆、新颖的桥梁建筑。这一时期的桥梁建筑风格也更加统一,哥特式建筑语汇与桥梁结构融为一体，这也意味着浪漫主义桥梁建筑的盛期。

托马斯·特尔福德(Thomas Telford)设计的康威城堡桥建成于1826年，正处于英国浪漫主义建筑风格的初期，作为初期锻铁眼杆悬索桥，桥塔采用中世纪寨堡风格造型，并与康威城堡(Conwy Castle)——一座中世纪寨堡互相呼应，成为英国威尔士著名的景观。采用这种寨堡形式，一方面与桥址地理位置的景观特点相统一，另一方面与当时的建筑设计潮流相一致(图1-5)。

3) 折中主义

随着资本主义在西方的发展，大部分生产已经商业化，建筑也毫无例外地需要丰富多彩的式样来满足资产阶级的需求。于是，在19世纪上半叶至20世纪初，折中主义建筑风格在欧美某些国家流行。折中主义建筑师模仿历史上各种建筑风格，或自由组合各种建筑风格形式，也称模仿主义建筑。他们不讲究固定的法式，只讲究比例均衡，注重纯形式美。折中主义建筑思潮依然是保守的，没有按照当时不断出现的新建筑材料和新建筑技术去创造与之相适应的新建筑形式。折中主义在欧美的影响非常深远，持续时间也比较长。19世纪中叶以法国最为典型；19世纪末20世纪初又以美国较为突出，这一方面与美国建国以来试图摆脱英国影响而通过公共建筑来表达国家原则和立场有关，另一方面是因为美国历史相对较短而不得不学习和借鉴各种式样的欧洲建筑。

图1-5 英国康威城堡桥

图1-6 英国威斯敏斯特大桥

例如，英国伦敦塔桥的桥塔采用花岗岩砌筑，桥塔的装饰极其烦琐，是新哥特风格的典型建筑样式。再如英国威斯敏斯特大桥(1862年)是桥长250 m、桥宽26 m的7跨锻铁拱桥，其建筑设计由Charles Barry(威斯敏斯特宫的设计者)完成。椭圆坦拱、桥面檐口的下部和桥墩围合成的弧边三角形区域成为装饰的重点，哥特式花饰成为主要的装饰手法。桥墩立柱是由中世纪石拱桥桥墩逐渐发展而来的，不过在这里已经成为一种装饰了。栏杆的图案是整齐排列的哥特式建筑花饰，与整座桥风格统一(图1-6)。

3. 工艺美术运动和“新艺术”运动

19世纪下半叶盛行的矫饰、烦琐的设计风潮受到建筑理论家的质疑。1850年，伦敦世博会召开，大量装饰烦琐的工业产品遭到设计理论家的反对。以拉金斯为代表的设计理论家开始著书立说，宣传设计的功能性、形式与功能的统一、设计为大众服务等观点。在这些观点的影响下，设计领域掀起了两项运动——“工艺美术运动”和“新艺术运动”，建筑设计成为展示其思想主张的主要方式。新建筑运动一直持续到20世纪初，随着现代主义建筑的兴起而结束。

1）工艺美术运动

工艺美术运动是19世纪下半叶起源于英国的一场设计改良运动。工业革命以后大批量工业化生产和烦琐装饰两方面造成设计水准急剧下降，英国一些设计家主张在设计上回溯中世纪的手工艺传统，明确反对机械化的生产，提倡哥特式等中世纪风格，主张设计的诚实、质朴，装饰上推崇自然主义和东方装饰。工艺美术运动不是一种特定的风格，而是多种风格的并存，从本质上来说，它是通过艺术和设计来改造社会，并建立起以手工艺为主导的生产模式的试验。工艺美术运动并不主张直接套用传统建筑语汇，而是以功能和需求为中心灵活应用。传统风貌模仿的是中世纪的桥梁以及砖石结构、材料完全裸露的特点。

2）新艺术运动

新艺术运动是19世纪末20世纪初在欧洲和美国产生并发展的当时影响相当大的一次装饰艺术的运动，是一次内容广泛的、设计上的形式主义运动，涉及十多个国家，从建筑、家具、产品、首饰、服装、平面设计、书籍插画一直到雕塑和绘画艺术都受到影响，延续长达十余年，是设计史上一次非常重要的形式主义运动。新艺术运动的主要特点是：强调手工艺，反对工业化；完全放弃传统装饰风格，开创全新的自然装饰风格；倡导自然风格，强调自然中不存在直线和平面，装饰上突出表现曲线和有机形态；探索新材料和新技术带来的艺术表现的可能性。

图1-7　美国布鲁克林大桥

例如，美国工程师罗布林在桥梁设计中对技术极其推崇，而这也是他的社会理想。罗布林认为“一个在技术生产方面臻于完善、能将生活融于艺术的国家在社会进步以及政治力量方面也一定排在前列”。在设计中强调桥塔不应过于装饰，而应“简化、粗大和有强度”，他也强调设计的公众性，以及在设计艺术性而不是装饰性上的投入。罗布林设计的布鲁克林大桥桥塔采用空心塔架，应用了哥特式建筑的重要建筑形式——尖拱与扶壁，不仅增加了美观，更节省了材料(图1-7，1869—1883年)。

4. 现代建筑运动与结构艺术

从19世纪中叶钢铁开始应用于桥梁建设起，伴随着新材料、新技术和新结构的应用，建筑工程的“3E原则”凸显其设计思想的重要意义，诞生了全新的“结构艺术”。20世纪初，功能主义思想开启了现代建筑运动的道路，追求结构理性与效率的机器美学、追求符合自然规律的有机建筑等美学思想的形成，使结构艺术呈现出完整的技术体系与美学艺术思想。

机器美学起源于意大利的未来主义，未来主义的核心人物马里内蒂在未来主义宣言中《人的增殖与机器的统治》(1910年)明确使用了“机械美”。1923年，勒·柯布西耶通过著作《走向新建筑》赞美了“机器美”，首次将建筑纳入机器美学的视野。机器美学肯定了机器、构筑物通过推敲比例、材料和体型的创作过程是新的美学实践。机器美学将精确化、标准化和逻辑性的概念带入建筑中,不追求建筑造型模拟机器,而是强调理性和效率。

路易斯·沙利文在19世纪末折中主义盛行时期积极投身于探求新建筑运动中,成为有机建筑开拓性的人物。他认为建筑应该与大自然一样"通过结构和装饰显示自己的艺术美","装饰,当符合其使总体生动活泼的精神时,并不表现为接受这种精神,而是通过不同的发展来表达它"。他提出形式追随功能的观点。弗兰克·L.赖特在继承老师沙利文的思想基础上,提出了更加完善的有机建筑思想。他对"有机"的解释为事物固有的本质,"'有机建筑'便是按着事物内部的自然本质,从内到外创造出来的建筑;它既然是从内而外的,因而是完整的。在'有机建筑'中,其局部对整体即如整体对局部一样:在'有机建筑'中,材料的本性,意图的本质,以及整个实施过程的本质,都像不可缺少的东西似的一目了然"。赖特的有机主义强调了建筑与环境方面的和谐、整体性(连续性)准则、形式追随功能、尊重材料的天然属性以及装饰与建筑的统一。流水别墅是赖特有机主义的经典作品,完整地表达了其"有机建筑"的哲学思想。

罗伯特·马拉尔(Robert Maillart)毕业于苏黎世联邦理工,是混凝土结构的先驱。他赋予了混凝土结构灵性和活力,发明了三铰拱结构、桥面加劲拱、无梁楼盖和蘑菇柱帽。他设计建成的索尔吉纳托贝尔桥(Salginatobel Bridge)(1930年,图1-8)和施万德巴赫桥(Schwandbach Bridge)(1933年)在桥梁工程界反响巨大。马拉尔重视桥梁的整体性和构件的统一性,善于从受力和美观的角度综合考虑桥梁的造型,注重桥梁与环境的和谐共处。马拉尔在设计中尊重材料意志,曾有言"仅仅创造新的形式并不那么困难,真正困难的是从根本上尊重材料的意志,与材料的性质相结合,即创作出与物质的生命相结合的造型"。

图1-8 索尔吉纳托贝尔桥

1.3.2 现代桥梁美学(1945—1980年)

在近代桥梁工程技术发展的基础上,包括近代材料和力学理论、钢桥、钢悬索桥和钢筋混凝土桥的发明和成功建设,以及现代桥梁工程以预应力技术及有关施工方法、现代斜拉桥的复兴和流线型扁平钢箱梁悬索桥的问世促进了桥梁标志性成就的飞速发展。现代工程材料的广泛应用和各种桥型结构发明创造并趋于成熟,去除装饰,呈现大跨桥梁结构自身形态的力学美、结构美让世人耳目一新。这样一种审美取向与同时期战后现代主义建筑美学反对装饰,提倡"形式追随功能"的功能主义、纯净主义审美理念一脉相承,这也是社会政治经济发展、科学技术成就和人类审美变迁相互作用的历史必然,构成了桥梁与建筑整体视野下的人类社会审美共识——现代桥梁美学。

1. 桥梁科技飞速发展日益成熟

技术发展与进步是桥梁美学思想繁荣、艺术呈现多元化的基础。20世纪中叶，钢与组合结构桥梁技术的发展，斜拉桥等新结构形式的诞生，宣示了桥梁技术的蓬勃发展并日趋成熟的势头。

1）钢与组合结构桥梁技术的发展

1950年，德国建成的Kurpalz桥是世界上第一座采用正交异性钢桥面板的实腹钢梁桥。1951年，德国复建完成的Dusseldorf-Neuss连续钢箱梁桥第一次采用钢桥面板充当主梁上翼缘，实现200 m的跨径突破。1954年，德国修建的科隆罗登教堂桥是第一次采用闭口加劲肋的正交异性钢桥面的钢板梁，标志着正交异性钢桥面板技术的成熟和广泛使用。20世纪70—80年代，钢结构的设计与计算理论开始走向成熟。1971年，英国莫里逊教授提出了极限状态设计法、加劲肋的验算方法和有限元计算板件的方法，对钢箱梁的发展做出了卓越贡献。

欧美等发达国家从1950年前后开展组合梁研究，到20世纪70年代在大量基础性研究的基础上制定了一系列的规范，大致从80年代开始，组合结构桥梁开始广泛应用。组合结构桥梁以其整体受力的经济性，发挥了两种材料各自优势的合理性以及便于施工的突出优点，在桥梁建设中占有重要地位。

2）结构体系创新

1956年，由Dischinger设计的主跨183 m的瑞典斯特罗姆桑德桥(Strömsund Bridge)的建成拉开了现代斜拉桥发展的序幕。此桥第一次系统地将索力计算贯穿整个架设过程，系统地进行了与施工有关的计算。1956年以后的十年是斜拉桥稀索体系的发展阶段。1967年，在德国波恩建成了Friedrich Ebert桥，该桥主跨280 m，双塔单索面，标准索距2.24 m，开创了密索体系的先河。1972年，在法兰克福建成的第二美茵河桥首次将密索体系与混凝土加劲梁相结合，从此，混凝土加劲梁密索体系斜拉桥逐渐得到发展。

1966年，英国修建的塞汶桥首次采用扁平流线型钢箱梁代替桁架梁，既减轻了主梁自重，提高了经济性，又能保持良好的空气动力特性。现代悬索桥的面内强度要求已退居其次，取而代之的是刚度、抗风和侧向受力等问题。

借助施工技术的进步，拱肋与主梁的相对位置和角度变化，受力体系的组合，引出了多种新颖的拱桥体系，如提篮式拱桥、飞鸟式拱桥、斜靠式拱桥、单肋拱桥等。20世纪50年代初期，悬臂浇筑法在德国得到发展，应用于巴尔杜因施泰因桥(主跨62 m，1950年)和沃尔姆斯桥(主跨114.2 m，1953年)等的平衡悬臂施工。1963年，葡萄牙利用悬臂扣挂及大件吊装施工技术建成主跨270 m的阿拉比迪桥。1964年，澳大利亚使用拱架建成主跨305 m的格来兹维尔桥。1956年，意大利设计师在南非建成主跨100 m的暴雨桥，首次采用竖向转体施工，转体施工开始成为拱桥施工的重要方法。1980年，南斯拉夫社会主义联邦共和国利用悬臂拼装与预制节段施工建成主跨390 m的柯尔克(Krk)桥。至此，现代钢筋混凝土拱桥的施工技术基本成型，悬臂拼装/浇筑、支架法、转体/吊装成为拱桥施工的主要方法。

1961年，英国建成主跨330 m的钢桁拱-钢桁梁组合体系桥——二十五周年纪念桥；1963年，德国建成主跨248.5 m的费马恩海峡桥，为下承式尼尔森体系提篮钢箱梁系杆拱桥；1973年，美国建成主跨382.6 m的弗里蒙特桥，为三跨连续刚性梁柔性拱桥；1976年，美国建成主跨 518.3 m 的新河谷桥，为上承式钢桁肋拱桥。

3）预应力混凝土的运用

预加应力材料及预加应力方法是预应力混凝土的关键。法国的佛来西奈提出了预应力混凝土必须采用高强钢材和高强混凝土，这是预应力混凝土的关键突破。1938 年，德国的 E.Hojer 成功研究了不靠专用锚具传力而利用钢丝与混凝土黏结力、无锚具的先张法工艺，并用于世界上第一座有黏结预应力混凝土桥梁，为预应力混凝土构件工厂化生产提供了简单可靠的方法。1939 年锥形锚、双作用千斤顶的发明，1940 年 Magnel 锚固体系的发明，促进了预应力技术的发展和被大范围使用。尤其是在第二次世界大战以后，由于钢材的紧缺，预应力混凝土得到蓬勃发展。

2. 建筑领域现代主义从盛行到终结

1871 年，美国芝加哥为建筑师提供了大量全新设计的机会，并形成了芝加哥建筑学派。路易斯·沙利文提出“形式追随功能”“功能不变，形式就不变”的论断，为功能主义建筑思想开启了发展道路。

德国工业水平发展迅速，于 1907 年成立“德国工业同盟”，“德国工业同盟”受到芝加哥学派功能主义思想影响，在各界推广工业设计思想，推进“工业产品的优质化”。其重要人物彼得·贝伦斯设计的建筑体现了超乎寻常的立方体式的简洁，建筑骨架清晰、外形简洁明快，虽然还称不上空间创作，但已经蕴含了现代主义简洁、清晰和技术至上的思想倾向。

1919 年，瓦尔特·格罗皮乌斯(Walter Gropius)在德国魏玛创立公立包豪斯学校，它汲取了新艺术思潮、“德国工业同盟”和芝加哥学派的思想，以“功能主义”思想开展设计教育。包豪斯的建立标志着现代主义设计思想的正式确立，功能主义成为现代主义设计思想的核心。

现代主义从 20 世纪初开始，一直持续到 20 世纪 70 年代，而第二次世界大战之后的 50—70 年代被建筑史学家称为国际主义风格时期。罗小未在《外国近现代建筑史》中指出 20 世纪 40—70 年代的建筑思潮为现代建筑派的普及与发展时期。从全球来看，通过 20 世纪上半叶现代主义建筑运动的开展和全球广泛而深入的文化交流，建筑脱离地域和文化的环境，开始表现出显著的趋同性。

现代主义所遵循的“形式追随功能”“少即是多”的纯净主义以及设计构图上呆板的几何和模数原则，把建筑引向非形式的牢狱和无意义的深渊。路易斯·康(Louis Kahn, 1901—1974 年)与其学生罗伯特·文丘里(Robert Venturi, 1925—2018 年)属于最早预见现代主义美学的灾难性后果的一批先知。他们率先对现代主义美学这种无意义的循环发起进攻。

实际上，现代主义发展到后期，所处的社会结构和经济状况发生了改变。随着社会经济的恢复，家境殷实的中产阶级成为社会的核心，现代主义原来的服务对象不存在了。在这种背景下，功能主义的“形式追随功能”已经不再适用，现代主义开始逐渐远离功能这个中心，向着形式的方向发展，最终导致现代主义的终结。

3. 现代桥梁美学成为行业与社会的审美共识

1936 年，德国卡尔·舍希特勒和弗里茨·莱昂哈特出版了《桥梁造型》，旨在对当时在德国开始兴建的高速公路上的许多桥梁设计提供帮助。1942 年，日本鹰部屋福平编撰了《桥梁美学》，1965 年出版了《桥：美的条件》。1978 年，国际桥梁与结构工程协会(IABSE)根据莱昂哈特的建议，创建了“结构工程美学”特别小组，通过小组的工作，在世界范围为推进结构工程美学的发展。

1982 年,《桥梁: 美学与设计》(*Bridge: Aesthetics and Design*)出版(1988 年,由人民交通出版社引进出版《桥梁建筑艺术与造型》)。莱昂哈特在序中写道:"在本书中,将讨论我们从美学上的优秀设计中所得到的认识和经验,以作为对桥梁建筑艺术的贡献。同时,也试图对当前世界桥梁建筑艺术水平做一次全面的评价。"这本广泛发行的桥梁美学设计书不仅对当时有非常重要的影响,而且至今仍被许多桥梁设计者所推崇。

桥梁从仅仅关注结构技术和使用安全,到系统全面地注重"桥梁美学",进行桥梁美学设计,莱昂哈特开启了现代桥梁美学的先河。他在《桥梁造型与艺术设计》中写道:"五十多年来,我关心和阅读了许多关于建筑方案的美学设计问题,并对不同的表演艺术领域中的作品进行了美学质量的评价。""我的美学思想,大部分依据我个人的观察和多年来对'为什么我觉得这个美,而那个丑?'这样一个问题不断思索的结果,也是我与建筑师朋友们所进行的不计其数的讨论的结果。""本书试图鼓励人们用自然科学家的方法去研究美学问题(观察、试验、分析、假定、定义),以重新恢复其在许多文化领域中所应得到的尊重和价值。"

弗里茨·莱昂哈特在《桥梁建筑艺术与造型》中阐述了美学基础,强调了"比例在不同文化阶段中的作用"以及"我们如何理解几何比例"。"为了清除今天建筑的弊病而有'重新发现'的是我们熟知的安德烈·柏拉弟奥(Andrea Palladio)"。"柏拉弟奥的建筑和设计证明,当机灵的大师运用这些和谐的比例时就可以创造出美丽的结构"。"我们可以看到古典建筑师们,尤其是在文艺复兴时代,他们是如何完全被和谐比例所支配的"。"过去五十年中建筑师们曾大大地放弃使用和谐比例,结果使那些建筑师设计的许多建筑物因为以直觉上不合适的比例作为他的艺术敏感性而使艺术质量不佳"。莱昂哈特给出了目的与功能的满足、比例、序列、精炼的形式、与环境相结合、表面质地、色彩、特性、复杂性与多变性的魅力、组合的自然界等 10 个方面的美学特性引导的设计准则,以及关于拱桥、梁桥、斜拉桥、悬索桥和桁架桥等的桥梁美学设计准则。

著名桥梁专家唐寰澄编著的《桥梁美的哲学》是国内研究桥梁美学方面众多参考资料、文献中具有较大影响和代表性的著作。唐寰澄运用哲学、历史和美学原理,提出了桥梁美学中的普遍法则,包括多样与统一、协调与和谐、比例、对称、韵律等。

现代桥梁美学充分体现桥梁结构简洁、比例、稳定的结构美学思想精髓。

1.3.3 当代桥梁美学(1980 年至今)

20 世纪后期,首先在欧美发达国家出现了这一现象,在建筑界现代主义逐渐退出历史舞台、各种后现代主义美学思潮不断涌现的背景下,随着欧美发达国家城市改造和城市品质的提升,人们对城市桥梁的文化艺术、景观造型等方面的需求越来越多、越来越高。一些熟知结构的建筑师直接参与桥梁方案设计,一些具有艺术素养的桥梁工程师努力适应时代的需求,将建筑学专业的技术逻辑、设计方法以及各种建筑美学思想和理念,不断地在世界各地桥梁工程中进行实践和探索,并获得了成功,涌现了一批为人们所赞赏的桥梁作品,开启了建筑美学思想在当代桥梁工程上的华丽转身,这种"转身"已不是近代桥梁美学那种装饰艺术和构件造型设计,也不是现代桥梁美学那种桥梁局部和附属设施的美学设计,而是针对桥梁结构的技术与艺术的综合创作。我国大致于 21 世纪后,各地城市化建设掀起了高潮，各方对城市桥梁的景观造型越来越重视，对桥梁的艺术文化品质要求越来越高。

40 年以来，建筑界积累并形成了一系列来自建筑又区别于建筑，和现代桥梁美学既有紧密关系又具有全新内涵的美学思想、风格流派、创作理论和实践。主要表现为结构的优雅和精美、彰显地方文化特色、创新服务城市功能、展示结构技术魅力和新的结构装饰艺术等多个方面的美学思想、方法和成功实践，这构成了当代桥梁美学的主流思潮和特征。当代桥梁美学是桥梁工程师和建筑师合作的产物。

1. 当代桥梁的结构创新和造型创新

桥梁的造型艺术更多的是结构艺术，简单地说，桥梁的结构就是造型，造型就是结构。所以桥梁美学艺术必须基于结构的科学技术，不能脱离技术而随心所欲。正是基于此，在充分遵循桥梁结构科学技术规律的基础上，桥梁造型艺术具有不同于建筑艺术的无限的可能性和技术的创新性，这正是桥梁造型、美学创作的魅力所在。

当代各类令人称赞的优美桥梁中，那些结构创新的桥梁，更能成为当代桥梁美学中的佼佼者。桥型结构的造型需要建立在功能的需求、技术的合理、造型的优美、结构的安全稳妥等多个方面综合考量的基础上，结构创新是技术进步的体现。桥型结构的创新体现在多个方面，可以是结构体系的变革而引起桥梁力学行为、结构性能发生变化，可以是重要构件的创新而带来的结构体系的变革。造型创新是仅次于结构创新的一类方案创作中常见的现象，通过一些构件形式或构件布置方式的变化，虽然总体上并不改变（有的是局部改变）既有结构的体系和力学行为，却能展现出一种新的造型。一般地，结构创新的桥梁都属于造型创新，造型创新的桥梁不全都属于结构创新。桥型结构创新、桥型结构多样性、桥梁造型创新，既是技术进步的要求、美学创作追求的目标，也是我们生活环境改善、品质升级的要求。

比如斜拉桥的桥塔形式及其布置方式的变化，以及斜拉索布置改变，带给我们许多令人惊喜的、优美的好作品。我们熟悉的桥塔形式如 A 形、倒 Y 形、H 形以及钻石形索塔，许多时候让我们产生审美疲劳，觉得毫无新意。西班牙的阿拉米罗桥——无背索倾斜索塔斜拉桥，实现了设计者美学创作的意图——充满动感的展翅欲飞的天鹅，同时，它又是一种全新造型的创新结构形式，具有了技术创新的意义。我国香港的昂船洲大桥，烟囱型独柱超大跨度斜拉桥，技术上颠覆了人们之前普遍认为的超大跨度斜拉桥技术复杂、采用常规桥塔造型结构稳定、技术成熟的观点。而且，独柱塔带来的分体钢箱梁形式具有抗风性能的技术优势。造型上更是展现了一种全新的大跨斜拉桥独有的气势——一柱擎天的气概。

拱形桥塔斜拉桥简洁流畅大气，一改传统塔形的阴霾，成为造型创新的一个好案例。马鞍山长江大桥右汊主桥（图 1-9，2013 年）为三拱形桥塔斜拉桥，跨径布置为 38 m＋82 m＋2×260 m＋82 m＋38 m。顺桥向采用三个不等高的拱形桥塔，横桥向采用曲线线型，中塔总高 106 m，桥面以上高 76 m，边塔总高 88 m，桥面以上高 61 m。杭州之江大桥（钱江七桥）主桥（图 1-10，2013 年）为双塔双索面钢箱梁斜拉桥，采用拱形门式索塔，远看为拱起的两个红色的圆拱形，被誉为“钱塘之门”，其跨径布置为 116 m＋246 m＋116 m，主桥采用拱形门式索塔，索塔塔高 90.5 m，主桥宽 40.5 m。

斜拉索的布置与结构受力和造型艺术直接相关，常见的有扇形索面、竖琴形索面和星形索面等形式。空间扭转曲面布置了拉索，拉索连接塔和梁的顺序与常规布置相反，索塔高处拉索与主梁近塔位置连接，索塔低处拉索与主梁远塔位置连接。受力方面，这种拉索布置方式虽然在主梁受力方面并不有利，但是，对于一般跨径不大的斜拉桥来说未尝不可。造型方面，这种空间扭转曲面的拉索空间造型，改变了以往斜拉索索面刚劲挺拔的审美感觉，变得柔美，甚至有些梦幻般的视觉感受，因此而受欢迎。

美国达拉斯市玛格丽特·亨特·希尔(Margaret Hunt Hill)大桥(图 1-11，2012 年)，是一座拱形钢塔和扭转曲面空间拉索布置的独塔斜拉桥，是卡拉特拉瓦在美国设计的第一座公路桥，也是他在三一河(Trinity River)上设计的一系列大桥中的第一座，大桥全长 570 m，主桥长 365 m(独塔两跨)，桥塔高 122 m。桥梁的拉索结构支撑了 1 870 英尺(1 英尺≈0.304 8 m)长的桥身，由高 400 英尺的钢拱塔和扭曲缠绕的空间拉索组成，和桥下弯曲的塔架相连的 58 根白色的拉索沿桥面中心线锚固。从城市所有的中心区都能看到这座标志性桥梁，同时它还连接了达拉斯西部和市中心，成为定义达拉斯这座城市的新标志。

1890 年英国建成跨度达 521.2 m 的英格兰福斯桥，1909 年美国建成主跨 360.4 m 的悬臂桁架桥昆斯桥，从此开始了钢桁架桥梁的新篇章。钢桁梁桥有三种基本形式，即悬臂桁梁、连续桁梁与简支横梁。莱昂哈特认为华伦式桁架比较优美、传力明确、设计经济、施工简单。大跨桁梁的上、下弦杆采用密封式焊接箱型截面，并在箱型截面的内部焊接水平加劲肋和横隔板，外形简洁。日本港大桥(1974 年)为双层三跨悬臂桁架桥，跨径布置为 235 m＋510 m＋235 m，主桁间距 22.5 m。挂孔上、下弦杆采用了 1.4 m×1.4 m 箱型断面，支点下弦杆采用了 2.2 m×2.2 m 箱型断面。

日本东京京门大桥(图 1-12，2012 年)是日本现代大跨钢桁架桥的典型代表。对比日本早期、近期钢桁架桥可以看出，新建的京门桥采用了一字风撑、大尺寸杆件、稀索布置，配以创新的结构外形设计使古老桁架桥型焕发了青春的活力。

1. 图 1-9 马鞍山长江大桥右汊主桥
2. 图 1-10 杭州钱塘江之江大桥
3. 图 1-11 美国玛格丽特·亨特·希尔大桥

图 1-12　日本东京京门大桥

2. 从当代建筑美学到当代桥梁美学

在现代主义美学退出的建筑舞台上，同时或相继出现过各种形式的新的建筑美学观念和流派，比如后现代主义、新现代主义、新理性主义和解构主义等，这些流派中的大多数至今仍然还很活跃。因此，当代建筑领域不再存在一种像现代主义那样独霸天下的单一美学观。

路易斯·康提出"形式唤起功能"，"建筑是有思想的空间创造"。从功能与形式的二元对立到对空间创造的关注，显示了当代建筑师从封闭走向开放的美学观。同时，它也有效避免了极端的功能主义或极端的形式主义。文丘里从审美体验和审美鉴赏的角度，提出了一系列长期为现代主义所忽略或轻视的美学问题，如建筑的通俗趣味、双重译码、装饰主义、文脉主义、历史主义等，为重新认识建筑历史、为当代建筑的多元、为兼容的美学风尚奠定了基调。

研究当代建筑美学的理论专著很多，这里主要根据同济大学人文学院万书元《当代西方建筑美学新潮》等著作，研究理论包括新古典主义建筑美学、新现代主义建筑美学、有机建筑与有机主义建筑美学、地域主义建筑美学、高技派与技术主义建筑美学等当代主流建筑美学。通过分析建筑美学理论与桥梁之间的内在关联性，从思想与理论、艺术与形式、方法与技巧三个层面进行剖析和梳理，将建筑美学创造性地运用到桥梁中去，形成一系列针对桥梁结构的当代美学思想理论，包括桥梁对城市文脉和地方文化的解读、桥梁对功能与环境的态度、桥梁对结构与技术的策略等多方面的思想和方法，最终形成当代桥梁美学。

我国台湾淡江大桥主桥采用独塔非对称斜拉桥，跨径布置为 2×75 m＋450 m＋175 m＋75 m＋70 m＝920 m，满足桥下航道净空需求(宽 400 m，高 20 m)，创下世界独塔斜拉桥最大跨径纪录。桥面总宽 44 m，配合中间塔柱设置空间需求，主梁采用两侧分离式钢箱梁，中间以横梁连接，梁高约 4 m，以流线型钢箱梁降低风阻力。

淡江大桥以偏淡水侧不对称跨径布置完美呈现结构功能，不仅保证了河道通航能力，同时还大幅度降低对日落美景的影响。人字形桥塔的双柱柔化了视野，使视觉聚焦在主塔结构体的边缘，从塔底内缘一直延伸到塔顶外缘，突显桥塔的纤细精致。流线型桥塔的设计灵感源于舞者曼妙舞动的躯体向天空伸展的情景，除了保持大桥结构合理及简洁的特点之外，期望为邻近的云门剧场及观赏日落的游客带来美好的回忆。

就建筑美学思想与方法而言，该桥塔应用非线性建筑参数化设计技术，创造了哈迪德标志性风格。具有柔和空间曲面形式的塔柱，从江面的分叉向上逐渐合龙，挺拔、有力，直冲云霄，体现了结构受力的合理性。整座大桥干练、通透，刚中带柔，柔中带刚。同时，惟妙惟肖地隐喻着台湾文化云门舞集的舞蹈，在光影婆娑中，似乎隐约可见舞者悦动的舞姿(图1-13)。

图 1-13　台湾淡江大桥夜景效果图

建筑师运用地域主义建筑美学隐喻地表达了地方文化，纤细的桥塔、绷紧的拉索融合了技术主义美学思想，呈现出充满时代感、崇尚科学技术的审美情结，带给人们一种兼容了当代科技的力量与地方文化艺术的综合审美体验。建筑师运用非线性参数化设计手法、娴熟老道的设计策略，将结构主义、地域主义等多元的建筑美学思想融入了淡江大桥，这是一座散发着当代桥梁美学思想光芒的大桥。

随着世界范围内近 40 年的工程实践，源自建筑的当代建筑美学思想、风格、流派及其表现手法逐渐地与桥梁结构相融合，运用符合力学原理的结构去实现设计师的创作意图和思想。这些遍布世界各地的工程实践和理论总结，形成了建筑美学思想理论与当代桥梁相结合的产物——当代桥梁美学，其崭新的内涵既区别于原来的建筑美学本身，也区别于单纯注重结构形式的现代桥梁美学。

3. 构建当代桥梁美学具有理论和实践意义

从理论上讲，构建当代桥梁美学既是对建筑美学理论的丰富和拓展，也是对桥梁美学研究的完善和发展。在深入研究建筑美学理论、思想的基础上，与桥梁结构的技术规律紧密结合，由于桥梁在结构、表现等诸方面极具有别于一般建筑的特殊性，势必将在桥梁创作实践中不断形成新理念、新思想、新方法和新成果，从而形成美学理论上的关于当代桥梁的创新成果。

同时，在建筑美学思想与理论的影响下，优秀的桥梁作品中蕴含着丰富的建筑美学思想。建筑美学理论在桥梁领域的创新发展，为桥梁工程师提供了一个全新的、艺术的、综合的鉴赏优秀城市桥梁的视角。一改以往桥梁只能就技术论技术的局限性，而是进一步发展成为关于技术与艺术及其二者关系的综合的理论问题的研究和讨论，为开辟桥梁评论研究提供了丰富的研究对象和强有力的理论支撑。

从工程实践上讲，建筑美学理论在桥梁领域的创新发展，形成了既有丰富的哲学思想与理念，又有实用性、功利性的方法、技巧与造型创意的新的设计系统和语汇，从而成为桥梁创作一个重要的工具宝库。不少建筑师在桥梁方案创作实践中，积累了丰富的思想理念、方式方法及优秀作品，为这一领域的逐步形成不断完善，以及为越来越多的专业人员所接受和认可做出了贡献。

本章参考文献

[1] 徐利平.基于桥梁与建筑整体视野下的桥梁美学理论研究[J].公路，2021(3)：78-85.

[2] 王晓旭.美学原理[M].上海：上海人民出版社，2005.

[3] 徐利平.城市桥梁美学创作[M].上海：同济大学出版社，2017.

[4] 曾坚，蔡良娃.建筑美学[M].北京：中国建筑工业出版社，2010.

[5] 万书元.当代西方建筑美学新潮[M].上海：同济大学出版社，2012.

[6] 徐利平.城市桥梁建筑理论[M].上海：同济大学出版社，2018.

[7] 莱昂哈特.桥梁建筑艺术与造型[M].徐兴玉，高言洁，姜维龙，译.北京：人民交通出版社，1988.

[8] 唐寰澄.桥梁美的哲学[M].台北：明文书局，1994.

[9] 伊藤学.桥梁造型[M].刘健新，和丕壮，译.北京：人民交通出版社，1998.

[10] 林长川，林琳.桥梁设计美学[M].北京：中国建筑工业出版社，2014.

[11] 陈艾荣，盛勇，钱锋.桥梁造型[M].北京：人民交通出版社，2005.

[12] 徐风云，陈德荣.桥梁审美原理[M].北京：人民交通出版社，2007.

[13] 盛洪飞.桥梁建筑美学[M].北京：人民交通出版社，1999.

[14] 徐利平.当代建筑美学在桥梁领域的探索和发展[M]//第二十四届全国桥梁学术会议论文集.北京：人民交通出版社，2020.

[15] 华霞虹，郑时龄.同济大学建筑设计院60年(1958—2018)[M].上海：同济大学出版社，2018.

第 2 章　当代桥梁美学形成的历史背景

当代桥梁美学形成有其历史的必然性，是多方面因素相互作用的产物，其形成的主要历史背景包括如下三个方面。

一是桥梁外在需求方面，城市化和交通建设高标准、大规模、高速地展开，形成了对桥梁美学造型、艺术文化等强烈的需求，并且，创新性、地标性桥梁与当代城市景观空间品质构成了相互作用、循环促进的良性互动作用。我国的城市化建设、高标准城市更新后来居上，规模大、体量大、水准高的新城新区规划建设不断推高了对城市桥梁景观性、艺术性、文化性、标志性等方面的要求。

二是桥梁工程内在能力方面，在近现代桥梁技术进步发展的基础上，短短 40 年时间，桥梁科学技术取得了快速进步。尤其是我国近 40 年来，在理论和实践上取得了长足进步，跨江大桥、跨山谷大桥、跨海大桥建设热火朝天，超千米斜拉桥、超两千米悬索桥、超大跨径拱桥，以及新材料、新结构、新技术、新施工工法和设备、计算方法和 BIM 技术方面进步显著，成果丰硕。这些进步和发展都为工程师应对大跨桥梁、复杂结构积聚了强大的内在能力。

三是桥梁方案创新实践的直接路径方面，这是上述两方面汇聚后的出口，是上述两方面推动的必然结果。单一依靠只具备土木工程结构技术的工程师，或者只具备现代建筑学专业的建筑师都难以胜任强大的外在需求。需要二者通力合作，即所谓专业合作，这是当前行业内主要的创作方式，虽然这种合作对双方都有很多要求，合作中有很多磕磕碰碰的难题。另外两种创作创新实践是具有艺术素养的工程师创新实践，以及具有结构专业背景的建筑师创新实践，这是精品、精英路线，也是被世界性桥梁精品工程实践所证明了的。前者更是从现代桥梁美学延续传承至今，后者从 20 世纪末至 21 世纪初开始显现出巨大创造力和创新力的“双重身份”跨学科人才。这是我国当前在高校内开展交叉学科、培养复合型创新人才所努力的方向。

外在需求、内在能力和实践路径三方面联合作用，缺一不可，推动了当代桥梁美学从零星实践到星火燎原的大趋势。并且，随着三方面要素相互不断的循环作用，共同向更高层次发展，当代桥梁美学也将不断向前发展。

2.1　城市和交通建设提质升级触发外在需求

无论是新建城市（区）高标准、高规格规划建设，还是既有城市更新改造、优化城市功能、提升城市形象，桥梁无疑是被城市建设者、使用者寄予厚望的重要角色之一。人们希望桥梁具有地方文化特色，具有新颖优美的艺术造型，也希望桥梁是标志性建筑，等等，人们对桥梁的要求不仅仅满足于结构的、交通的功能，而是赋予其更多的、更高标准的美学、艺术、文化的内涵。

在新建城市(区)规划建设时,将城市桥梁、桥梁群体的交通功能、造型景观、人文历史纳入城市规划建设的总体考量中,使其成为整个城市系统的有机组成部分。城市更新改造是一个持续性过程,不同时期解决不同的问题,实现不同的更新改造目标,对桥梁的美学、品质的要求形成了一个循序渐进、深入持久、持续提升的过程。

高标准城市规划建设、城市持续更新改造,综合立体交通建设、国际性交通枢纽城市集群等大型系统工程,成为强劲的、持续不断的当代高品质桥梁美学的外在需求。外在需求是当代桥梁美学理论与实践不断发展的动力和源泉。

2.1.1　高标准高水平城市规划建设

随着欧美国家城市化建设率先发展,我国城市化率不断提高,城市规划设计理论水平、城市建设标准和愿景在人类社会的经验教训中不断探索、不断提高、不断完善,向着更合理空间、更自然生态、更宜居环境,以及健康、安全、韧性等城市规划建设理念发展。城市规划建设由粗放型向系统性、精细化方向发展,宏观与微观,整体与局部,总体与个体,在宏观的、理论的城市规划和微观的、具体的城市建设系统中实现有机统一,践行理想城市的理念。

高标准、高水平的城市规划建设自然对桥梁提出了更高、更多的要求。桥梁不仅仅以跨越障碍、满足交通功能的需要而存在于城市中。桥梁需要与时俱进,以其社会属性、技术属性和艺术属性,顺应城市发展的大趋势。桥梁更以地方文化、人文艺术、人性化功能、地标性景观等多方面的要求,体现其艺术性、文化性、景观性和标志性。桥梁以其庞大的结构尺度存在于城市空间中,与城市的风貌、空间环境相融合,为城市增光添彩。

在下面三个不同时期不同地域的城市规划建设案例中,作者参与了分期分批实施的郑东新区龙湖、龙子湖、如意湖的桥梁群体规划和单体方案设计与建设,龙湖桥梁群规划设计建设在国内属于较早开始桥梁美学、景观设计工作的项目;作者还参与了雄安新区启动区、容东片区、昝岗片区的 59 座桥梁方案国际征集的中期评审和终期评审工作。我们可以从这些宏大的规划建设中体会和感受到对桥梁方案创作的要求。

1. 河南郑东新区——一个有生命力的城市

郑东新区位于郑州市区东部,是郑州市的城市新区。2000 年 6 月,时任河南省省长的李克强提出加快开发郑东新区。在 2002 年 12 月的世界建筑师联盟年会上,郑东新区概念规划荣获中国首个“城市规划设计杰出奖”。规划范围西起中州大道、东到万三公路、北至黄河、南达陇海铁路,管辖面积 260 km^2,规划控制面积 370 km^2。郑东新区鸟瞰实景如图 2-1 所示。

2001 年 8 月,郑东新区总体规划开始对外征集方案,日本黑川纪章事务所、法国夏氏事务所、美国 SASAKI 公司、中国城市规划设计院等 6 家单位参与规划设计竞争。经国际征集、专家评审、市民投票和依法确认等 4 个环节,最终日本黑川纪章事务所的总体概念规划方案获多数专家认可,并在市民投票中获得了 90%以上市民的支持。

该规划方案提出并成功实践了一些新的规划理念和城市设计方法。

新陈代谢城市:新陈代谢城市是郑东新区重要的规划理念。借用生物学的概念,通过组团式发展,营造良好的生态系统,促进城市的可持续发展。保持平衡状态下成长的线性城市轴线，成长中防止交通向中心区域集中的环形系统，整个区域是由可成长代谢的整体式组团系统组成，这些都体现了新陈代谢的理念。

环形城市：中央商务区(CBD)是郑东新区的核心区，CBD 是由两圈共 60 栋高层建筑群组成的环形城市，内环建筑高 80 m，外环建筑高 120 m，两环之间是繁华、舒适的商业步行街，整体形成一个内低外高、多姿多彩的环形多维城市。金融、商务、办公、住宅、旅游、娱乐、服务、信息和研究等多功能复合的土地利用方式，使 CBD 具有“24 小时城市”的功能。环形建筑群的中间是椭圆形的中心公园，有环湖绿地、郑州国际会展中心、省艺术中心周边绿地，面积为 43.5 万 m^2。如意湖和三大标志性建筑被绿地环绕，其中如意湖湖区面积约 160 亩(1 亩≈666.67 m^2)，郑州国际会展中心总建筑面积 22.7 万 m^2，省艺术中心建筑面积约 5.5 万 m^2，郑州国际会展中心宾馆建筑面积约 25 万 m^2，高 280 m(图 2-2—图 2-4)。

地域文化城市：规划体现了东方文化特别是中原文化特色，根据龙的传说及湖的形态，把规划中的人工湖取名为龙湖；CBD 和 CBD 副中心两个环形城市，通过运河连接，构成象征吉祥和谐的巨型“如意”；六棱塔形的会展宾馆及引入我国传统的“四合院”“九宫格”式建筑理念的商住建设等，彰显出浓厚的传统文化内涵和独特的城市空间，突出鲜明的城市个性。

1
2 | 3 | 4

1. 图 2-1　郑东新区鸟瞰实景　　2. 图 2-2　众意西路跨昆丽河桥

3. 图 2-3　九如东路跨昆丽河桥　　4. 图 2-4　通泰路跨熊耳河桥

2. 雄安新区规划建设——城市发展千年大计

2017 年 4 月，国务院批准设立国家级新区——河北雄安新区。2018 年 4 月，《河北雄安新区规划纲要》被批复，同年 12 月，《河北雄安新区总体规划(2018—2035 年)》被批复。2020 年，雄安新区《启动区控详规》《起步区控规》成果被公布。

雄安新区不同于其他城市新区的意义，它的定位是疏解北京非首都功能集中承载地，以“四区”为发展定位，即绿色生态宜居新城区，创行驱动发展引领区，协调发展示范区，开放发展先行区。

整个区域由雄县、安新县和容城县及周边部分区域组成，三县区域中间还包括一个白洋淀景区，规划面积有 1 770 km^2，区位优势在交通上十分明显，生态环境资源也十分丰富。

1）构建城乡空间布局和功能布局

雄安新区可以概括为“一主、五辅、多节点”。“一主”是雄安新区的三城区，是指将容城县、安新县交界区域作为起步区，按照组团式布局，最先开始启动建设。“五辅”是将雄县、容城县、安新县城、寨里和昝岗五个城市组合在一起，在起步区之间建设成生态隔离带。“多节点”就是将周边若干具有特色的城镇乡村按照分类发展，划定出特色小城镇的开发边界，其中禁止开发房地产。

主城区布局规划也分成三部分。北城：充分利用地势较高的北部区域，将五个功能相对完善的城市组团，这些城市之间由绿廊、湿地和滨水隔离。中苑：利用地势低洼的中部区域，营造湿地与城市能够和谐共存的特色生态景观。南淀：即南部临淀区域，利用白洋淀富足的生态资源和燕南长城遗址文化资源，打造出一个具有特色、生态的白洋淀滨水岸线。

2）塑造城市特色风貌

坚持现代化城市建设和中国特色相结合，形成鲜明的新时代中国特色风貌。坚持中西合璧、以中为主、古今交融，保护弘扬中华优秀传统文化，传承中华文化基因，彰显地域文化特色，借鉴现代国际城市规划建设的成功经验，加强城市的空间立体性、平面协调性、风貌整体性和文脉延续性，塑造城市特色空间骨架，实施城市风貌管控，加强建筑设计引导，以创造历史、追求艺术的精神，塑造中华风范、淀泊风光、创新风尚的城市风貌。

3）打造优美自然生态环境

坚持生态优先、绿色发展，尊重自然、顺应自然、保护自然，充分考虑区域水资源条件，统筹生态功能修复和城市景观建设，整合各类生态资源要素，强化用地管控，构建以生态绿环、绿心、绿廊、绿网为支撑的绿色空间结构，形成功能多元、布局合理的生态空间系统。

3. 超出中心城建设标准和水平打造上海“五个新城”

2021 年年初，上海市提出加快推进嘉定、青浦、松江、奉贤、南汇“五个新城”建设。

立足长三角视野，上海主城区已经扮演着类似伦敦、纽约在各自城市群和都市圈中的角色。因此，“五个新城”也应转变定位，与长三角城市群其余 40 多个城市一样，建成现代化的大城市和长三角的增长极，与中心城区一起，率先形成上海都市圈的“核心内圈”。“五个新城”新的定位不再是卫星城和郊区新城，而是建设“独立的综合性节点城市”，既包括产业、交通、居住、公共服务等基本功能，也要凸显各新城的特色功能。

至 2035 年，五个新城各集聚约 100 万常住人口，基本建设成为长三角区域具有辐射带动作用的综合性节点城市。至 2025 年，每个新城基本形成独立的城市功能，在长三角城市网络中初步具备综合性节点城市的地位，五个新城常住人口总规模 360 万左右，新城所在区的 GDP 总量达到 1.1 万亿元。

“五个新城”要打造“一城一名园”“一城一枢纽”“一城一意象”。面向“十四五”推进新一轮的新城规划建设，聚焦“独立的综合性节点城市定位”，建设成为引领高品质生活的未来之城、全市经济发展的重要增长极、推进人民城市建设的创新实践区、城市数字化转型的示范区和上海服务辐射长三角的战略支撑点。

“五个新城”将突出空间品质，按照超出中心城建设的标准和水平，将新城建设成为对标最高标准、展现最新理念的示范和样板。将以“迈向最现代的未来之城”作为目标愿景，围绕“最具活力”“最便利”“最生态”“最具特色”四项空间品质的基本要求，突出四个方面的空间策略。

强化汇聚共享，以高能级功能聚集融合、人性化活力街区、复合高效的空间利用来吸引和支撑人口集聚，使更多优秀人才将新城作为入沪就业生活的首选地。例如，打造功能聚集的繁荣都市，推进形成功能融合、空间复合的产城格局，塑造高品质空间，综合利用地下空间，建设立体城市。

突出高效智能，注重智慧科技在城市交通、公共服务、基础设施等领域的深度融合、迭代演进，加强规划空间应对，建设更高效智能的新城。例如，强化对外快捷、对内便利并营造更方便优质的出行体验；推进街坊公共服务优质功能，打造未来社区；系统推进并实施新基建，加快数字化转型。

坚持绿色低碳和安全韧性，把绿色低碳和安全韧性放在更加突出的位置，从被动应对灾害转向安全健康可持续发展，率先打造韧性城市、低碳城市建设的示范区。例如，构建优于中心城的蓝绿交织、开放贯通的“大生态”格局；构建安全韧性、弹性适应的空间新模式；构建绿色低碳发展的新样板。

塑造个性魅力，尊重新城的自然山水格局，挖掘历史文化内涵，聚焦门户、地标、轴线等关键空间要素，通过城市设计、强化空间特色，形成“一城一意象”的城市名片。例如，塑造尺度宜人、疏密有致的整体空间格局，避免走中心城空间“过高过密”的老路，合理控制新城基准高度，构建整体舒缓的空间基底；突出历史保护，彰显文化特色，形成“嘉定教化城、青浦江南风、松江上海根、奉贤贤者地、南汇海湖韵”等新城名片(图 2-5)。

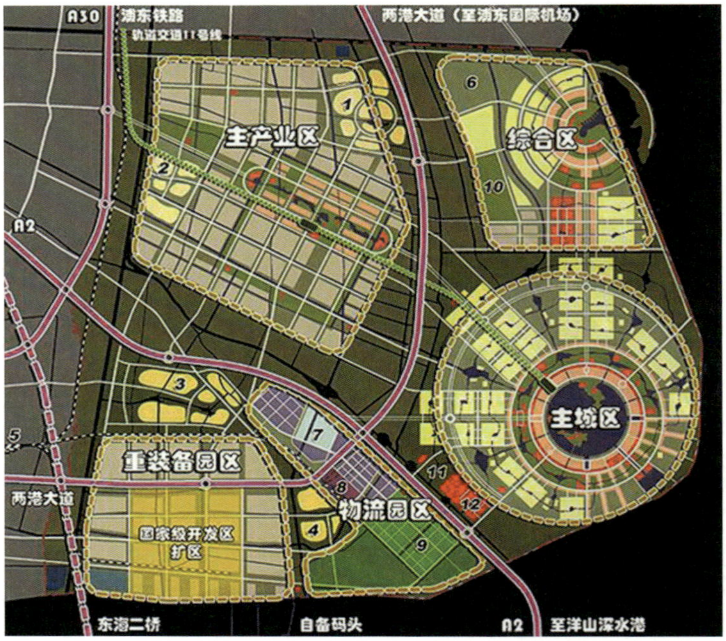

图 2-5　南汇新城规划

2.1.2 城市更新优化空间焕发活力

城市更新在当下是一个热门话题。英国罗伯茨(Roberts)给出城市更新的定义是：用一种综合的、整体性的观念和行为来解决各种城市问题；针对城市在经济、社会、物质环境等方面做出长远的、持续性的改善和提高。通常的理解主要包含基于拆旧重建的再开发和具有保护价值的治理、改造两种形式。

欧美发达国家城市化建设较早，城市化率也高，既有城市的改造升级建设实践于 20 世纪陆续开始。

我国大规模的新城新区建设始于 20 世纪末 21 世纪初，一方面学习发达国家城市建设的经验，另一方面进行城市建设理论和实践的探索。近年来，无论新城新区建设还是既有城市改造升级，在城市功能、空间品质和技术创新等方面都有了极大的能级提升，随之而来的是对城市桥梁提出了更多、更高的要求。既有桥梁改扩建，个别旧桥拆除重建，完善路网补充新建桥梁等，成为城市更新课题下针对桥梁的行动特点。在城市更新中，对桥梁的功能、美学、景观等方面的要求更具体，目标更明确，期望值也更高。

1. 英国盖茨黑德码头区为重点的城市改造

英国多年来在城市更新的机制研究及其实施模式上一直很有建树，对世界各国的城市规划和建设都始终有巨大影响，在很多方面具有国际引领地位。从 20 世纪 90 年代末起，英国推行的城市复兴政策旨在实现一个以设计为先导的综合性城市更新，尤其注重围绕消费和房地产的发展实施相关的经济和物质战略，追求地区形象效应，修建许多旗舰性标志建筑，推动城市文化发展。

英国盖茨黑德市位于泰恩(Tyne)河南岸，盖茨黑德市是英格兰东北部的一个旧工业城镇。工业革命时期，该地区曾辉煌一时，成为英格兰北部煤炭出口的主要港口之一。但从 20 世纪 70 年代起，随着北部煤矿纷纷关闭，盖茨黑德市的经济也进入衰退时期，成为英格兰人均收入最低的地区，许多家庭依靠政府救济，失业率居高不下，年轻人纷纷离乡寻求发展机会，盖茨黑德市的形象一落千丈。在 20 世纪 90 年代，盖茨黑德市政府制定了凭借文化艺术重振城市的发展规划，大力兴建文化工程，打造城市新形象。短短 10 年间，盖茨黑德市旧貌换新颜，以崭新的姿态出现在世人面前。

盖茨黑德市中心城区的泰恩河上已经建有 6 座桥梁，其中 3 座具有重要历史意义和工程价值，分别是 1849 年建成的由罗伯特 · 斯蒂芬松(Robert Stephenson, 1803—1859 年)设计的纽卡斯尔高层桥(Newcastle High Level)(双层公铁两用桥)；1876 年完工的由 Armstrong 设计的旋转式开启桥，以及 1928 年通车的由 David Anderson 设计的两铰钢拱桥(图 2-6)，这 3 座桥都代表了当时的最新技术成就和杰出工程创新。在 20 世纪 90 年代中期，盖茨黑德市政厅提出了关于重建河边及邻近的废弃区并将其与泰恩河边纽卡斯尔的码头相连接的计划，通过全世界获邀参加的 6 支队伍设计的方案竞赛，产生了千禧桥设计方案(图 2-7)。

与千禧桥毗邻的则是波罗的海当代艺术中心，当代艺术中心共 7 层，拥有 5 个展馆，面积3 000 m^2，是当时欧洲最大的当代艺术中心之一。当代艺术中心由一个废弃的面粉作坊改建而成，耗资 4 600 万英镑。

圣盖茨黑德(The Sage Gateshead)音乐厅是由英国建筑大师诺曼 · 福斯特设计的现代

图 2-6 钢拱桥(1928)与音乐厅

图 2-7 千禧桥、音乐厅与远处的钢拱桥

化国际音乐厅,造价 12 700 万美元。音乐厅紧挨泰恩河,河北岸就是纽卡斯尔,因此与泰恩河上的 7 座大桥群组合成别致的风景区。音乐厅的造型远远看去就好像一个巨大的银色花生壳,音乐厅的周身由一面面正方形的大镜子组成,在河水的映衬下银光闪闪。临河的一面又镶嵌了几何形状的透明玻璃,远看仿佛是河对岸建筑的反射,因此将建筑本身与环境非常巧妙地结合起来,现代化的造型与千年古城融洽相处。

盖茨黑德市政府负责人麦克・亨利说,市政府当初以盖茨黑德码头区为重点进行城市改造、沿码头重建一个新城区的决策是明智的,千禧桥、波罗的海当代艺术中心和大型国际音乐厅,这三大标志性建筑将彻底改变了城市的形象。

2. 桂林市拆除重建的解放桥

1999 年,广西壮族自治区桂林市结合城市改造,根据交通量需要,将解放东路拓宽。桂林市政府决定拆除混凝土双曲拱桥老桥,在旧址上重建新解放桥,新解放桥桥宽由原先的 15.5 m 拓宽到 45 m。解放桥同文昌桥、龙隐桥的重建以及民主路改造等被一并纳入解放桥的改造重建系统工程中。

解放桥桥址东连七星区自由路,西接秀峰区解放东路,地理位置和城市景观相当重要,最初是在众多的方案中选中了风帆形塔斜拉桥方案(图 2-8),寓意漓江上的帆与影,勾勒出现代城市、山水漓江的美景。但是,在征询各方意见和讨论时,有意见者认为:近处象鼻山高度不高,高高的桥塔似有喧宾夺主之嫌,更何况,远处七星岩轮廓不应被任何建筑遮挡。

建设者非常重视各方意见,专门放置了与索塔同标高的大型气球,从各个角度观察对周围近处、远处环境的影响。最后,建设者接受了这个意见,并希望解放桥毗邻象鼻山,其视野可远眺七星岩,其品位与桂林山水相映称,其造型与桂林山水融合,其风格与桂林文化底蕴匹配。基于这样的理念,设计者构思了上承式连拱拱桥的方案:第一,桥梁无上部结构,使桥上视线无遮挡,远处山景特别是著名的七星岩轮廓完全展现在桥梁背景上;第二,连拱及其腹拱结构充分展现出我国经典的拱结构文化,延续和回忆双曲拱老桥;第三,连拱和腹拱勾勒出的轮廓,极其巧妙地吻合了背景上七星岩的山脊线轮廓,使人造建筑物和自然景观完美融合在一起(图 2-9)。

2001 年 9 月,新建解放桥正式通车。新解放桥主桥为 5 跨空腹式箱型连拱桥,长 284 m,宽 45 m,其中机动车道宽 22 m,双向 6 车道,两侧人行道,分三幅桥布置。

图 2-8　风帆形塔斜拉桥方案效果图

图 2-9　桂林解放桥

新建成的解放桥更加大气开阔，结构简约流畅，深受市民和旅游者的称赞。在夜晚，桥上和桥两侧的灯光均会被开启，市民们都喜欢到此散步，旅游者则喜欢在桥端两侧拍照留念。

3. 上海黄浦江两岸滨江 45 km 贯通工程

2017 年 12 月，徐汇区滨江 4.5 km 龙水南路—徐浦大桥段、浦东新区滨江 7 km 川杨河—塘桥段等建成，黄浦江两岸从杨浦大桥至徐浦大桥 45 km 岸线公共空间宣告贯通。市民可在两岸绵延 45 km 色彩、材质统一的“三道”——漫步道、跑步道、骑行道上或漫步，或休闲，或观光(图 2-10)。

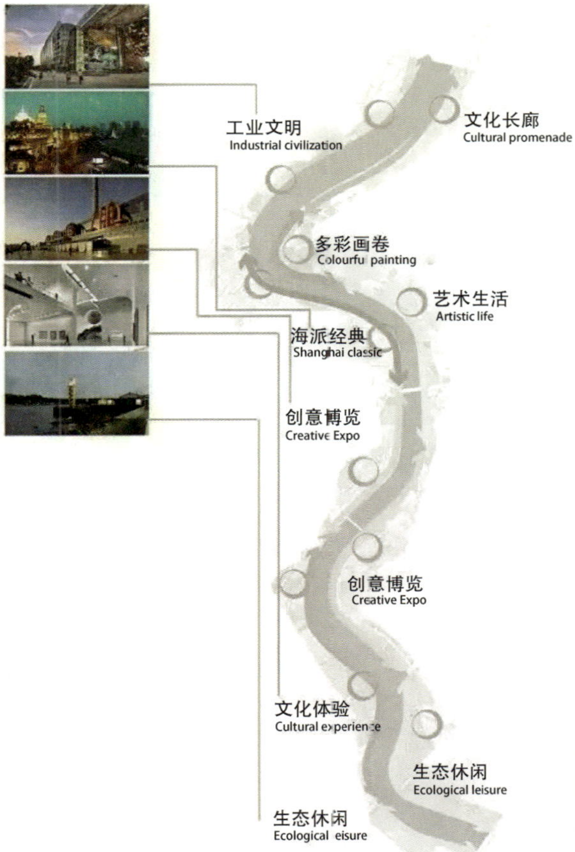

图 2-10　滨江 45 km 贯通工程示意图

图 2-11　春申港桥(上)、龙华港桥(中)和日晖港人行桥(下)

滨江 45 km 贯通工程历经了 15 年。2002 年正式启动，通过动迁企业、新建绿地、新增亲水岸线、新建桥梁等措施，并集中建设一批高品质的公共空间，在实现了公共景观空间还江于民的同时，也将黄浦江两岸滨江地区打造成了世界级的滨水公共开放空间。

核心段公共空间的贯通，为体育、文化、旅游等功能进一步积聚创造了条件，进一步提升了滨江区域的活力。比如，滨江五区健身大联动、上海马拉松、上海杯帆船赛等重大体育活动在滨江举行，篮球场、小型足球场等一系列体育设施沿江实现布局；浦东老白渡艺仓美术馆、民生城市空间艺术季等文化展览积聚了人气，杨浦烟草仓库、永安栈房和黄浦"江南造船厂"等一批工业遗产启动保护设计方案，徐汇区滨江传媒港等功能项目有序实施，西岸艺术与设计博览会、西岸音乐节、秋冬文化艺术季等一系列活动顺利举行。

在滨江 45 km 贯通工程中，桥梁设计建设成为这一工程的难点、重点，最后却成为亮点，成为贯通工程的名片。沿江的龙腾大道自北往南，春申港桥、龙华港桥、张家塘港桥、日晖港人行桥和淀浦河桥……一座座精巧别致、自成一景的桥梁，成为江畔的艺术空间(图 2-11)。

2.1.3 综合立体交通规划与品质工程

国家立体综合交通规划展现了一幅未来更高层次、更高标准的立体综合交通网络和国际性城市集群枢纽交通的宏图。综合提升桥梁工程品质，发扬工匠精神，打造百年工程。打造品质工程的源头在工程设计——桥梁创作。综合立体交通规划与品质工程建设成为我国进军世界桥梁强国的有利契机，预示着未来的桥梁建设将会达到更高的创新水平和美学品质。

项海帆院士在《桥梁概念设计》前言中指出："克服中国桥梁在创新理念、工程质量和美学考虑三方面的不足，为中国在 21 世纪通过自主创新的努力，从桥梁大国走向桥梁强国贡献一份力量。"

业内有些误区，认为讲工程质量、品质，就不要讲或少讲桥梁美学、桥梁景观，认为强调桥梁景观会影响工程安全，将二者对立起来。其实，桥梁美学是品质工程的组成部分，二者是统一的，项海帆院士倡导桥梁工程设计始于桥梁概念设计，概念设计是设计之魂，桥梁概念设计、桥梁美学创作是品质工程的源头和核心。

1. 国家综合立体交通网规划纲要

2021 年，中共中央国务院印发了《国家综合立体交通网规划纲要》(以下简称《纲要》)，《纲要》对未来交通建设、城市集群建设提出了更高标准、更大愿景的宏伟规划，综合交通立体化网络、国际性城市集群交通枢纽等宏观布局，以高规格、高起点引领城市集群和立体交通建设。到 2035 年，基本建成便捷顺畅、经济高效、绿色集约、智能先进、安全可靠的现代化高质量国家综合立体交通网，实现国际国内互联互通、全国主要城市立体畅达、县级节点有效覆盖，支撑"全国 123 出行交通圈"，即都市区 1 小时通勤、城市群 2 小时通达、全国主要城市 3 小时覆盖。支撑"全球 123 快货物流圈"，即国内 1 天送达、周边国家 2 天送达、全球主要城市 3 天送达。《纲要》还提出到 21 世纪中叶，全面建成现代化高质量国家综合立体交通网。实现"人享其行、物优其流"，全面建成交通强国，为全面建成社会主义现代化国家当好先行。

《纲要》提出建设多层级一体化国家综合交通枢纽系统，建设综合交通枢纽集群、枢纽城市及枢纽港站"三位一体"的国家综合交通枢纽系统。建设面向世界的四大国际性综合交通枢纽集群。加快建设 20 个左右国际性综合交通枢纽城市以及 80 个左右全国性综合交通枢纽城市。推进一批国际性枢纽港站、全国性枢纽港站建设。

四大国际性综合交通枢纽集群包括以北京、天津为中心联动石家庄、雄安等城市的京津冀枢纽集群，以上海、杭州、南京为中心联动合肥、宁波等城市的长三角枢纽集群，以广州、深圳、香港为核心联动珠海、澳门等城市的粤港澳大湾区枢纽集群，以成都、重庆为中心的成渝地区双城经济圈枢纽集群。

20 个左右国际性综合交通枢纽城市包括北京、天津、上海、南京、杭州、广州、深圳、成都、重庆、沈阳、大连、哈尔滨、青岛、厦门、郑州、武汉、海口、昆明、西安、乌鲁木齐等。

2. 品质工程

品质工程(Quality Engineering)，是由日本学者田口玄一创立的工程方法，包含实验设计、品质工程、商业资料分析、部门评价法与图形辨识等。品质工程已经在诸多领域逐渐被推广和应用。

无论是赵州桥、都江堰，还是南京的明城墙，都是我国的典范工程。《吕氏春秋》曰："物勒工名，以考其诚；功有不当，必行其罪。"勤劳、勇敢、智慧；责任、敬畏、信仰；精雕细琢、精益求精的工匠精神，与"差不多就行""抄一把就走""低质低价"以及浮躁、失信、投机形成强烈对比。

兰州黄河铁桥由德国泰来洋行承建，1909 年建成。合同规定，黄河铁桥完工之日起保证坚固 80 年。1949 年，在解放兰州的战役中，铁桥桥面木板被烧，纵梁上留下了弹痕，但桥身安稳如常。1989 年，距离铁桥建成整整 80 年的时候，德国有关方面专程来兰州对铁桥进行检查，并提出加固建议，同时申明合同到期。桥梁工程品质事关交通大动脉畅通、人民生命财产安全，是名副其实的百年大计。

2016 年，《交通运输部关于打造公路水运品质工程的指导意见》指出，品质工程包括一个追求、四个目标、六个具体内涵，即追求工程内在质量和外在品位的有机统一，目标为优质耐久、安全舒适、经济环保、社会认可。在建设理念、管理举措、技术进步方面有新作为，在工程质量、安全、可持续发展方面取得新成效。

优质耐久是工程项目建设的基本要求，是基础。要经得起时间和历史检验，体现对工程质量的不断提升，体现精益建造、注重细节的"工匠精神"，体现科学规划、精心设计、精心施工、精准管理、精心维护。安全舒适是工程项目建设的目的，是交通人不断的追求，贯穿于公路水运工程全生命周期，包括施工、维护、使用的安全，以及人和设施的安全。经济环保是发展转型的必然选择，要坚持生态环境优先，坚持因地制宜、量力而行，走质量效益型发展道路，实现绿色可持续发展。社会认可是交通基础设施建设的根本评价标准，要最大限度地满足人民群众的需求，获得人民群众的认可和支持。

我们应该从 7 个方面实现品质工程的提升，包括工程设计水平、工程管理水平、科技创新能力、工程质量水平、安全保障水平、绿色环保水平和软实力。其中工程设计水平是整个品质工程的龙头，是基础，所以提升工程设计水平是品质工程重中之重的工作。

一是要强化系统设计，包括以耐久性为核心的全生命周期设计；应具有可施工性、可维护性、可拓展性；生态环境优先，提升工程防灾减灾能力；优化设计，提高服务水平。

二是要强化统筹设计，包括推进模块化建设，深化、优化标准化设计；树立宽容设计理念，体现人文关怀。

三是要强化设计创作。桥梁工程师需要在每一项工程设计中努力进行技术改进、提高和创新，不能满足于照抄照搬别人的设计。工程设计需要从概念设计开始，始于创新理念、技术思想进步的综合方案构思和研究。

2.2 桥梁工程科学技术发展与进步积聚内在能力

从总体来看，随着结构理论和数值分析能力的发展，大型装备和施工技术的进步，材料科学的创新发展，桥梁工程得到了长足的发展。工程师应对大跨度、复杂和创新结构的能力越来越强大，结构的安全、耐久、稳定、防灾等性能获得了充分的保障。

面对跨江大桥、山区桥梁和跨海大桥等复杂地质水文条件、海洋环境、强震强风、深水、高墩等桥址，工程师应对难题、提出解决方案的能力越来越强。面对城市对桥梁的造型艺术、标志性建筑、原创结构等许多苛刻要求，工程师信心满满。许多时候真有点“不怕做不到，就怕想不到”的感觉，创作出业主满意的好方案成为难住工程师的一道坎。

工程科学技术的进步是循序渐进、不断积累的，同时也是不断推陈出新、不断改进、不断发展的。工程实践越多，行业内各项技术进步越快。反过来，对于具有相当专业水准的工程师群体来说，具有向大跨度、复杂结构挑战的愿望和勇气。

总之，20 世纪 80 年代以来，世界范围内，桥梁工程科学技术进步呈现加速状态。同时，在掌握了先进技术和丰富工程经验的工程师和技术科研人员那里积聚起强大的能量，去不断攻坚克难，取得突破，摘取创新成果，并取得经济效益。

2.2.1 材料技术发展进步

材料技术发展进步对桥梁工程技术进步起着重要的支撑作用和推动作用，轻质高强材料的研发一直是桥梁工程向大跨度、新结构发展的方向。近年来，高强度钢丝、高强度钢材、超高性能混凝土、碳纤维材料等新材料的研发，在实际桥梁建造中的应用推广呈现日益迅猛之势。在行业内，相关的结构试验研究、计算理论研究、试验性工程实践和规范规程编制等成为技术发展的热点。

1. 高强度钢材

高强度钢(High Speed Steel, HSS)通常指名义屈服强度 460 MPa 以上的钢材。由于其强度高，部分减少了结构的截面尺寸和自重，从而节省了材料，使结构更轻，能实现更快速的运输和吊安。

美国现在常用高性能钢的等级有 HPS 50 W、HPS 70 W 和 HPS 100 W，在大气环境下具有耐候性、更好的焊接性和韧性(表 2-1)。

表 2-1　　美国高性能钢的物理机械特性

ASTM 牌号	抗拉强度		屈服强度		最小延伸率(2 英寸内)/%	ASTM 牌号第一次采用年份/年
	ksi	MPa	ksi	MPa		
A709HPS50W(345)	70	485	50	345	21	1998
A709HPS70W(485)	85～110	585～760	70	485	19	1996
A709HPS100W(690)	110～130	760～895	100	690	18	2002

注：1 ksi＝6.895 MPa；1 英寸＝2.54 cm。

日本钢桥的建设需求促进了高性能钢、高强钢丝和高强螺栓的发展。日本焊接工程学会(WES)于 1964 年完成了焊接结构用高屈服强度钢的标准。1966 年和 1967 年，分别完成了 600 MPa 级 HSS(SM58)和耐候高强度钢(SMA50、SMA58)的规范。20 世纪 80 年代，日本开始发展超高纯度光纤，1983 年日本工业标准(JIS)将 800 MPa 级 HSS 定为更高等级(表 2-2)。

表 2-2　　日本高性能钢的强度特性

常规高强度钢			桥梁高性能钢		
品级	厚度/mm	屈服强度/MPa	品级	厚度/mm	屈服强度/MPa
JIS G 3106	$t \leqslant 16$	≥460	JIS G 3140	$6<t\leqslant 100$	≥500
SM570	$16<t\leqslant 40$	≥450	SBHS500		
JIS G 3114	$40<t\leqslant 75$	≥430	SBHS500W		
SMA570W	$75<t\leqslant 100$	≥420			
JIS G 3128	$6<t\leqslant 50$	≥685	JIS G 3140	$6<t\leqslant 75$	≥700
SHY685	$50<t\leqslant 100$	≥665	SBHS700		
JIS G 3102	$8<t\leqslant 50$	≥685	SBHS700W		
HT80	$50<t\leqslant 75$	≥665			

使用抗拉强度 1 800 MPa 的高强钢丝极大地降低了工程施工成本和自重。高抗拉强度螺栓的发展使大型钢桥的施工成为可能。1958 年，日本首次用高抗拉强度螺栓代替铆钉。目前已研制出抗拉强度达 1 400 MPa 的超高压螺栓。

我国钢材的发展经历了低碳、低合金、高强度和高性能阶段。现阶段普遍采用 Q345，Q370 桥梁钢，而 Q420q，Q500q 钢处于推广使用阶段。例如，南京大胜关长江大桥采用了 Q420q 钢板；沪通长江大桥采用了强度等级更高的 Q500q 钢材，验证了钢板在横、纵两个方向上的拉伸检验均需满足屈服强度不小于 500 MPa、抗拉强度大于 630 MPa 的要求。随着大跨度桥梁的兴建，高强度钢材的应用需求量越来越大，700 MPa 级钢材目前正处于研发阶段，环氧树脂涂层钢筋和不锈钢钢筋正逐步得到应用。

在缆索材料方面，1 770 MPa 钢丝和 1 860 MPa 钢绞线已实现国产化并在工程中得到应用。2 000 MPa 钢丝(锌铝合金)也被成功研发并得到应用。

武汉江汉七桥采用了更高强度的 Q690qE 钢材。沪苏通长江公铁大桥、芜湖长江三桥采用了 2 000 MPa 高强度斜拉索。

2. **超高性能混凝土(UHPC)**

超高性能混凝土(Ultra-High Performance Concrete, UHPC)，是抗压强度在150 MPa 以上，具有超高韧性、超长耐久性的水泥基复合材料的统称。其中，最具代表性的超高性能混凝土材料为活性粉末混凝土(Reactive Powder Concrete, RPC)，最早由法国学者于 1993 年提出。其主要由硅灰、水泥、细骨料及钢纤维等材料组成，依照最大密实度原理研制，从而使材料内部的缺陷(孔隙与微裂缝)减至最少。UHPC 材料组分内不包含粗骨料，颗粒粒径一般小于 1 mm。研究表明，UHPC 材料耐久性可达 200 年以上，由于 UHPC 中分散的钢纤维可大大减缓材料内部微裂缝的扩展，从而使材料表现出超高的韧性和延性性能。

目前,澳大利亚、法国、日本、美国、中国、瑞士等国家已相继颁布了 UHPC 材料或结构的相关规程。UHPC 被认为是 20 世纪最具创新性的水泥基工程材料之一,其优异的性能及其在桥梁领域的应用可能导致现有技术的重大突破。

在桥梁结构中,UHPC 已被广泛应用于主梁结构、拱桥主拱、华夫板桥面结构、桥梁接缝及旧桥加固等多方面。目前,世界各国已有超过 200 座采用 UHPC 作为主要或部分建筑材料的桥梁。

1) 人行桥

1997 年,在加拿大魁北克省舍布鲁克市建成了世界上第一座 UHPC 人行桥——Sherbrooke 人行桥(图 2-12)。该桥为预应力 UHPC 空间桁架结构,跨径 60 m。桥面板采用 3cm 厚 UHPC 板,桁架腹杆采用直径 15cm 的钢管 UHPC,下弦采用 10 m 预制 UHPC 梁节段,节段内未配置普通钢筋,仅采用后张预应力拼装而成。

图 2-12　加拿大 Sherbrooke 人行桥

图 2-13　日本 Sakata-Mirai 人行桥

2002 年,日本建成了第一座 UHPC 人行桥——Sakata-Mirai 人行桥(图 2-13)。该桥主跨跨径 49.2 m,主梁截面形式为箱梁,采用预制拼装法施工,预制梁段间采用预应力张拉拼接完成。

2002 年,韩国建成的和平人行桥(Sunyudo Footbridge)是一座主跨为 120 m 的 UHPC 拱桥。该桥由 6 个预制后张预应力 π 形节段组成,截面高 1.3 m。该桥是世界上目前已建成的跨径最大的 UHPC 桥梁。

2007 年,德国卡塞尔市(Kassel)建成了第一座多跨 UHPC 桥,即加特纳普拉兹(Gärtnerplatz Brücke)人行桥。该桥为人行和自行车行两用桥,共有 6 跨,总跨径 132 m,跨越富尔达(Fulda)河(图 2-14)。结构为 UHPC -钢桁架组合结构,为世界上首座 UHPC -钢组合桥梁。

2) 公路桥梁

法国是首个将 UHPC 成功商业化的国家,2001 年,建成了世界上最早的 UHPC 公路桥——Bourg-lès-Valence OA4 和 OA6 跨线桥。跨线桥主梁为跨径 22.5 m 的 π 形 UHPC 梁,梁高 0.9 m,宽 2.4 m,UHPC 桥面板厚仅 11 cm,梁自重约 37 t。

2006 年,美国在艾奥瓦州建成了第一座 UHPC 公路桥——Mars Hill 桥,2008 年又在弗吉尼亚州和艾奥瓦州各建成一座 UHPC 公路桥,三座桥的主梁截面分别为 I 形、T 形和 π 形。

2010 年,奥地利建成世界上第一座采用 UHPC 拱肋的公路桥——维尔德桥(Wild Bridge)(图 2-15)。该桥总长 154 m,主拱跨径 70 m,矢高 18 m。主拱由 2 根单箱单室拱肋组成，拱肋间采用横系梁连接。

马来西亚于 2014 年建成的 Batu 6 桥，主跨 100 m，主梁为箱型截面，箱梁顶板和底板宽度分别为 5 m 和 2 m，高度为 4 m，底板厚度为 25 cm，其余板厚均为 15 cm；结构采用预制节段拼装法施工，即先预制 UHPC 箱梁节段，运至施工现场进行拼装后，采用后张预应力连接预制节段成桥（图 2-16）。

1	2
3	
4	5

1. 图 2-14　德国加特纳普拉兹人行桥
2. 图 2-15　奥地利维尔德桥
3. 图 2-16　马来西亚 Batu 6 桥（左图为其预制箱梁节段）
4. 图 2-17　上海市袁家河桥
5. 图 2-18　广州英德北江四桥

2017 年，国内首座 UHPC 预制 π 梁＋钢筋混凝土桥面板的公路桥——上海市袁家河桥建成。桥梁跨径 22 m，桥宽 17.75 m，单片 UHPC 预制 π 梁长 22 m，宽 2.5 m，高 0.93 m，顶板最薄处仅 5 cm，重 34 t，仅为相同桥面面积刚接空心板梁自重的 60%。每片梁的平均架梁时间仅为 20 min，在 2.5 h 内完成了 7 片梁的吊装（图 2-17）。

2021 年，广州英德北江四桥大站镇侧跨堤引桥上部结构采用单跨预应力 UHPC 简支箱梁方案，跨径为 102 m。这是国内首座采用全 UHPC 超高性能混凝土设计和施工、建设的大跨径箱梁桥(图 2-18)。

3) 大跨度钢桥 UHPC 组合桥面板

为整体解决钢桥面疲劳开裂和铺装易损坏的难题，2010 年，湖南大学邵旭东团队提出了具备独立知识产权的正交异性钢板-薄层 UHPC 轻型组合桥面结构。将这种新材料称为超高韧性混凝土(Super Toughness Concrete, STC)(图 2-19)。STC 既属于 UHPC，但在抗裂、收缩等方面又优于市场上的 UHPC。形成了设计施工与检验验收的完整技术，颁布了相关地方标准。

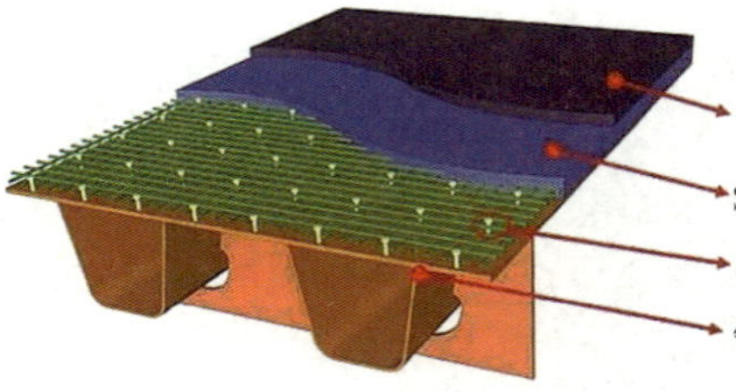

图 2-19　超高韧性混凝土桥面结构

马房大桥第 11 跨首次应用该技术，运营 4 年后，STC 轻型组合桥面结构运营状态良好，无任何病害。目前，已有包括主跨 1 480 m 的洞庭湖二桥悬索桥等 20 余座桥梁决定采用此技术。

2.2.2　桥型、结构体系及关键技术创新发展

项海帆院士在《桥梁概念设计》一书中梳理了一系列现代桥型结构创新实例(1945—2008 年)：斜拉桥，带挂孔混凝土斜拉桥，提篮拱桥，流线型钢箱梁悬索桥，密索体系斜拉桥，无风撑拱桥及斜拉桥，混合桥面斜拉桥，悬带桥，脊骨梁桥，倾斜索面斜拉桥，单索面混凝土斜拉桥，连续刚构桥，矮塔斜拉桥，斜拉-刚构协作体系，波折钢腹板组合梁桥，无背索斜拉桥，斜拉-悬索协作体系等各类创新桥型结构。

桥型结构创新对桥梁工程技术的发展起着重要的推动作用，国际桥协(IABSE)从 2000 年起设立杰出结构奖(Outstanding Structural Awards)，表彰最显著的(remarkable)、最有创新的(innovative)、最具创意的(creative)或者是既明智(wise)又刺激(stimulating)的新建结构。如 2001 年瑞士桑尼伯格桥、2002 年日本美秀美术馆大桥、2005 年英国盖茨黑德千禧大桥、2006 年法国米约大桥、2008 年中国上海卢浦大桥等获得表彰。

各种材料、结构形式的桥型结构、结构体系及其关键技术方面的创新表现为：从无到有，从有到优，从优到丰富，以满足各种自然条件的经济合理安全和不同跨度的需求，以及社会人文等城市景观方面的需求。

20 世纪 80 年代以来，桥型结构、结构体系及其关键技术的创新呈现更快速的发展态势，而且，中国明显已经成为桥梁快速进步的发展中大国，成为技术创新的主场。

1. 梁桥

1890 年，英国建成跨度达 521.2 m 的英格兰福斯桥；1909 年，美国纽约建成主跨 360.4 m的钢悬臂桁架梁昆斯桥。1973 年，脊骨梁桥旧金山机场高架桥建成。1979 年，连续刚构桥瑞士 Feigire 桥建成。1987 年，波折钢腹板组合梁桥法国 Maupre 桥建成。继近现代桥梁梁桥桥型方面的创新成就之后，梁式桥型结构及其关键技术主要集中在钢-混凝土组合桥梁、钢-混凝土混合结构、上承式梁拱组合体系、大跨度钢桁架桥梁，以及 UHPC 新材

料研发与工程应用推广方面。

1）波折钢腹板组合梁桥——法国 Maupre 桥（1987 年）

法国 Maupre 桥是波折钢腹板 7 跨连续箱梁桥，桥面宽 10.75 m，跨径组合：40.95 m＋47.25 m＋53.55 m＋50.40 m＋47.25 m＋44.10 m＋40.95 m。该桥用钢管代替混凝土底板，与倾斜 45°的两块波折钢腹板及其混凝土顶板形成三角形箱型截面。采用波折钢腹板及钢管作为梁杆件使用，不仅技术含量高，而且包括桥墩在内的整体造型美观新颖（图 2-20）。

2）UHPC 公路桥梁——法国 UHPC 箱型梁公路桥（PS34 跨线桥）（图 2-21）（2005 年）

2005 年，法国建造了跨径 47.4 m 的 UHPC 箱型梁公路桥（PS34 跨线桥），UHPC 箱型主梁顶板宽 4.4 m，高度1.63 m。UHPC 桥面板上不铺设防水层和沥青混凝土铺装层，厚度 14 cm 的箱梁顶板既是桥面板也是行车道路面板。

上　图 2-20　法国 Maupre 桥

下　图 2-21　法国 UHPC 箱型梁公路桥（PS34 跨线桥）

3）世界跨径记录的钢-混凝土混合梁连续刚构桥——重庆新石板坡桥（2006 年）

主跨 330 m 连续刚构桥，通过在主跨中间段引入 108 m 钢箱梁节段，330 m 混合梁的等效跨径是 269 m。标准横断面为直腹板箱型梁截面。底板宽 9 m，顶板总宽为 19 m，每侧翼缘宽 5 m。整个钢箱梁节段在工厂制作，以驳船形式拖到现场，整体吊装就位（图 2-22）。

4）高强钢-超高性能混凝土新型组合梁桥——法国一座三跨连续梁桥案例（2010 年）

该桥梁由三跨组成（95 m＋130 m＋95 m），桥面板总宽 21.5 m，四车道设计。钢主梁采用 S460 级钢和 S690 级钢，主梁中心间距离 14.3 m，每侧桥面板悬臂长 3.6 m。

板的材料采用的是超高性能纤维加强混凝土，高强钢纤维的含量大约为 200 kg/m^3，抗压能力达到 150 MPa。这种混凝土板的灵感来自法国国家项目 MIKTI 的肋板 1(图 2-23)，板宽 12 m，为了便于运输将其分成 2.5 m 宽的单元。纵横向肋板中心间距为 0.6 m。桥面板总厚度 0.38 m，由 0.33 m 的肋高和 0.05 m 的板高组合。肋板底部宽 0.07 m，肋板顶部宽 0.10 m(图 2-24)。

图 2-22 重庆新石板坡大桥

图 2-23 法国 MIKTI 工程(在 LCPC 实验室试验)

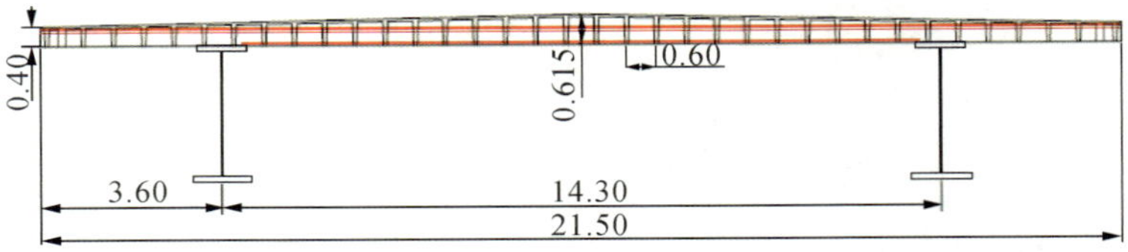

图 2-24 桥梁横断面(含有预应力束)(单位：m)

为了抵抗横向弯矩，在整个桥面板宽度范围内每一个肋中设置了 5 根 T15S 体内预应力钢绞线，其中有两根钢绞线没有张拉到外侧悬臂部分。在纵向设 30 根 12T15S 钢束，并在内部支座 1.2 m 高处张拉。

5) 上下承混合式三跨钢桁架连续梁桥——日本东京港临海大桥(2012 年)

该桥跨径为 160 m＋440 m＋160 m，桥下是东京港的航路，航道宽 310 m，高 52.5 m。由于桥梁上方是羽田机场的航路，高度受到限制，所以不能采用吊桥或斜拉桥等形式。主跨下承式，边跨上承式，一种创新的上下承混合式桁架梁桥，巧妙地满足了航道净空高度和降低结构高度的航空要求，产生了一种桁架梁桥的新造型。全桥分成 4 个大桁架，远观像一对昂首相望的恐龙屹立在水面上(图 2-25)。

6) 可更换桥面板组合梁——德国 Talbrücke Nuttlar 大桥(2015 年)

本桥隶属于 A46 联邦高速一段，全桥长 660 m，桥宽 28.6 m。上部结构采用连续单箱单室带撑杆槽型组合梁，下部结构桥墩采用柱式墩加扩大基础(个别采用承台加桩基础)。最大墩高 115 m，为该地区最高的桥梁。配跨：77 m＋2×95 m＋115 m＋2×97.5 m＋83 m。用钢量大约 430 kg/m^2(图 2-26)。

梁高 5.3 m，跨度 115 m，长细比为 21.7。顶板通过焊钉与桥面板连接，由于顶面采用整体式钢盖板，有利于运营期间更换面板。横坡 4%，底板水平设计方便顶推。两端悬臂约为 2.54 m，主梁腹板与外侧纵梁间距为 5.65 m，桥面板板厚 25～40 cm。

对运营期间“4＋0”模式换板进行验算，分别考虑外侧 6 m 和中间 8.25 m 宽（预制加现浇湿接缝），长 15 m 桥面板更换工况如图 2-27 所示。

7）大跨度连续钢桁梁桥——宁波三官堂大桥（2020 年）

三官堂大桥主桥一跨跨过涌江，三跨连续钢桁架结构（160 m＋465 m＋160 m），为同类型桥梁世界第一。两片主桁中心间距 33.7 m，桥面全宽 45.9 m，为变高度、N 形桁架，跨中桁高 14.5 m，边墩处 15.0 m，中墩处 42.0 m，标准节间 15.0 m，桁架主体采用 Q420qE 钢（图 2-28）。

1
2 | 3
4 | 5

1. 图 2-25　日本东京港临海大桥
2. 图 2-26　德国 Talbrücke Nuttlar 大桥
3. 图 2-27　整体组合梁更换桥面板示意图
4. 图 2-28　宁波三官堂大桥
5. 图 2-29　重庆礼嘉嘉陵江大桥

8）上承式梁拱组合体系预应力混凝土刚构桥——重庆礼嘉嘉陵江大桥（2021 年）

上承式梁拱组合体系刚构＋变截面连续梁组合结构桥梁，是在常规连续刚构桥、空腹式连续刚构桥形式上的新改良桥型。借用下弦梁受压的特点，改善了连续刚构桥在服役期间极其容易出现跨中下挠、腹板开裂等病害。主桥全长 785 m，采用 5 跨连续布置，最大跨径 245 m，跨径布置为 140 m+245 m+190 m+130 m+80 m，两幅布置，单幅宽 18 m(图 2-29)。

2. 拱桥

1890 年，奥地利工程师米兰(J. Melan)发明了用劲性骨架为拱架、浇筑钢筋混凝土拱桥的工法，使拱桥的跨度超过了 100 m。1917 年，美国纽约建成狱门四线铁路、中承式双铰桁架拱桥，开启了混凝土拱桥和钢拱桥的篇章。美国 1931 年建成主跨 503.6 m 贝永钢桁拱桥，1977 年，建成主跨 518.2 m 新河谷桥。我国 2003 年建成主跨 550 m 的上海卢浦大桥，2009 年建成主跨 552 m 的重庆朝天门大桥，2020 年建成主跨 575 m 的广西平南三桥，刷新了拱桥的世界纪录。

同时，钢与混凝土复合桥面拱桥、高强度混凝土(C75)拱肋、三片主桁六跨连续钢桁梁拱桥、连续刚构-柔性拱组合结构等拱桥技术不断创新发展。

如果说德国莱昂哈特设计的德国 Fehmarnsund 海峡桥提篮拱桥(1963 年)是现代拱桥美学设计的代表，那么，卡拉特拉瓦为巴塞罗那奥运会设计的西班牙巴塞罗那博览会桥(斜靠拱桥)则开启了当代拱桥美学创作的时代。之后，形式多样的拱桥应运而生，倾斜拱曲线桥面竖向旋转开启人行拱桥、上承式自平衡连拱拱桥、斜跨拱桥、不对称外倾拱肋钢拱桥、三角形折线形连续拱桥、下承式网状吊索组合梁拱桥等。

1) 斜靠拱桥——西班牙巴塞罗那博览会桥(Bach de Roda—Felipe Bridge)(1984 年)

拱桥净跨 52 m，桥面宽 25.8 m，主拱肋通过与副拱肋连接增强桥梁抗扭转、抗倾覆能力。副拱肋向内倾斜，由短肋与主拱肋连接，担负旁边人行道和阶梯的荷载。阶梯附于副拱肋上，浑然天成(图 2-30)。

2) 钢与混凝土复合桥面拱桥——法国 Chateaubriand 大桥(1991 年)

大桥横跨法国布列塔尼兰斯河，上承式有推力结构体系，桥长 424 m，宽 12 m，钢筋混凝土拱跨 260 m，复合桥面由两个 1.1 m 高的钢板梁和 20～40 cm 厚的混凝土板组成。大桥由法国工程师 Jacques Mathivat 设计(图 2-31)。

图 2-30　西班牙巴塞罗那博览会桥

图 2-31　法国 Chateaubriand 大桥

3）单承载面下承式系杆拱桥——西班牙路西塔尼亚桥（1992 年）

路西塔尼亚（Lusitania）桥为下承式单承载面系杆拱桥，主跨 189 m，拱高 34 m。主梁采用预应力混凝土结构，脊骨型大挑臂断面，脊骨箱梁高 4.5 m，顶面宽度 5.5 m 为人行道，并高出两侧车行道路面，悬臂的车行道桥面通过预制的“混凝土翅膀”采用预应力筋穿过箱梁对拉安装并与箱梁连成整体。主拱圈是由 3 根钢管组成、断面呈三角形的桁架，宽 5 m，高 2.5 m（轴线中到中），钢管桁架拱肋长度为 131 m。主拱圈近拱脚和桥面处长 29 m 采用预应力混凝土，人行道在混凝土拱脚中间开孔通过（图 2-32）。

4）倾斜拱曲线桥面竖向旋转开启人行桥——英国盖茨黑德千禧桥（2000 年）

为了既保证通航时的 25 m 净空要求，又满足码头周围只能高出水面 4～5 m 的要求，盖茨黑德千禧桥呈现了一种创新的开启形式，即在与行人方向垂直的竖直平面内旋转——所谓的第五度空间。抛物线形的钢拱由在平面和立面都逐渐变细的风筝形断面组成，桥面板的立面为抛物线形，平面则是曲线，它展现了一种最复杂的几何变形形状。2005 年，该桥获得了国际桥梁与结构工程协会颁发的杰出结构奖（图 2-33）。

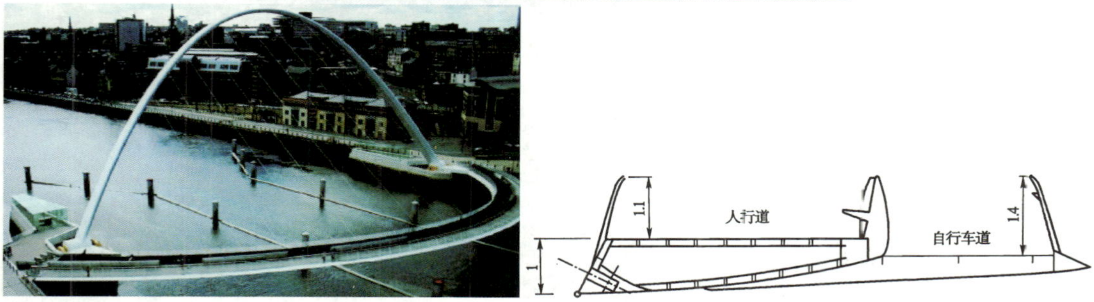

上　图 2-32　西班牙路西塔尼亚桥

下　图 2-33　英国盖茨黑德千禧桥及桥梁横断面

5）上承式自平衡连拱拱桥——桂林解放桥（2001 年）

桂林市解放桥跨径组合为41.0 m＋61 m＋72 m＋61 m＋41.0 m，全长 276.0 m（不含桥台）。桥梁全宽 45.0 m，分为三幅桥，即两侧的非机动车道桥各宽 9.0 m，中间的机动车道桥宽 23.0 m，机动车道桥与非机动车道桥之间设 2.0 m 的分隔带。为平衡拱脚的水平推力，除采用推力基础抵抗部分水平力外，在上部桥面纵梁箱内设预应力体外束，体外束贯穿全桥，两端锚固在岸跨梁的端部（图 2-34）。

6）斜跨拱桥——巴西 JK 总统大桥(2002 年)

JK 总统大桥被称为儒塞利诺库比契克大桥，横跨巴西利亚联邦区帕拉诺阿湖。单跨跨径 240 m，拱高 60 m。设计者是建筑师亚历山大·陈及结构工程师马里奥·维拉·沃德(图 2-35)。

7）全焊钢结构中承式箱型拱桥——上海卢浦大桥(2003 年)

卢浦大桥主桥为空间提篮中承式拱梁组合体系钢拱桥，两边跨端横梁之间布置强大的水平拉索，以平衡中跨拱肋的水平推力。跨径布置为 100 m+550 m+100 m，矢跨比 1/5.5。大桥拱肋顶宽 5 m，底宽 3 m，平面倾斜度 1∶5，拱脚横桥向间距 51 m，拱顶横桥向间距为 11 m。中跨系梁为开口钢箱梁通过吊杆支撑于拱肋之上，两端则通过支座与中跨拱梁结合段横梁相连接。桥面总宽 29.8 m，为双向六车道。2008 年作为中国第一个项目获国际桥协杰出结构奖(图 2-36)。

8）不对称外倾拱肋拱桥——天津大沽桥(2003 年)

大沽桥为三跨连续系杆拱桥，桥跨布置为 24 m+106 m+24 m，全桥长 154 m。拱肋采用敞开式、非对称空间拱设计，大沽桥设计构思为“日月拱”，由两个不对称的拱圈构成，大拱圈拱高 39 m，面向东方，象征太阳；小拱圈拱高 19 m，面向西方，象征月亮；“日月拱”预示天津美好的未来与日月同辉(图2-37)。

1 | 2
3 | 4

1. 图 2-34　桂林解放桥　　2. 图 2-35　巴西 JK 总统大桥

3. 图 2-36　上海卢浦大桥　　4. 图 2-37　天津大沽桥

9）高强度混凝土拱肋、钢混组合桥面拱桥——加那利群岛拉帕尔马(Arco de los Tilos)大桥(2004 年)

上承式有推力拱桥，跨度 255 m、高度 50 m 的拱截面尺寸仅为 6 m×3 m，拱肋由高强度混凝土(C75)制成，12 m 宽的桥面由两个 1 m 高的钢箱梁和 26cm 厚的混凝土板组成(图

3-38）。

10）三角形折线形连续拱桥——阿布扎比的扎耶德大桥（2010 年）

位于阿布扎比的扎耶德大桥（Sheikh Zayed Bridge）是扎哈·哈迪德建筑事务所 2010 年完成的一个项目。这座桥长 842 m，高 64 m，宽 61 m，将阿布扎比岛和大陆连接起来，整个桥墩结构是由几个钢筋混凝土波浪状拱构成的，用来支撑起四车道桥面。桥面结构悬吊在箱型钢拱肋结构的两侧，主桥拱结构升起高出水面 60 m，桥面高出平均水平面 20 m（图 2-39）。

11）首次采用三片主桁承重结构——南京大胜关长江大桥（2011 年）

南京大胜关长江大桥为 6 跨连续钢桁梁拱桥，主桥长 1 615 m，跨度布置为108 m＋192 m＋336 m＋336 m＋192 m＋108 m，建成当时是世界首座六线铁路大桥。主跨 336 m，钢桁拱矢高 84.2 m，矢跨比 1/4，抛物线形拱轴线。主桥钢梁首次采用了 3 片主桁承重结构、正交异性钢桥面板，主桁中心间距 15 m，全桥宽 41.6 m。首次采用了 Q420 级高强度、高韧性与良好焊接性能的新型钢材（图 2-40）。

12）连续刚构－柔性拱组合结构——崔家营汉江特大桥（2019 年）

跨径布置为135 m＋2×300 m＋135 m，连续刚构-柔性拱新型组合结构桥梁，武汉至十堰铁路段，该桥的成功使高速铁路混凝土梁跨度由 200 m 提升到 300 m，创造了世界纪录。由拱作用并通过吊杆调整主梁受力，将徐变控制在 16 mm，解决了大跨度预应力混凝土梁徐变控制的难题。该桥获得 2021 年国际桥梁大会（IBC）铁路桥奖（图 2-41）。

| 1 | 2 |
| 3 | 4 |

1. 图 2-38　加那利群岛拉帕尔马大桥　　2. 图 2-39　阿布扎比扎耶德大桥

3. 图 2-40　南京大胜关长江大桥　　4. 图 2-41　崔家营汉江特大桥

13) 世界最大跨度拱桥——广西平南三桥(2020 年)

中承式钢管混凝土桁架拱桥,主拱跨度 560 m(拱跨桥面长 575 m),桥面全宽 36.5 m。桥梁主拱为双侧四肢钢管混凝土 N 形桁架结构,矢跨比 1/4,拱轴系数 1.5,主拱中心距 30.1 m,拱顶桁高 8.5 m,拱脚桁高17.0 m。弦杆钢管采用高强抗层状撕裂钢材 Q420qD - 25Z,弦管内填充 C70 自密实无收缩复合膨胀混凝土(图 2-42)。

14) 三跨连续下承式网状吊索组合梁拱桥——齐鲁黄河大桥(2022 年)

齐鲁黄河大桥主桥采用网状吊索下承式组合梁拱桥,跨径布置为(95+280)m+420 m+(280+95)m=1 170 m,双向 8 车道+两侧人非通道+预留轨道交通。主梁为钢-混凝土组合梁结构,全宽 60.7 m,梁高 4.12 m,其中钢梁高 4 m,混凝土桥面板厚度为 0.12 m,混凝土桥面板与钢梁之间通过剪力钉连接。3 跨拱肋矢跨比均为 1/6,采用提篮形拱。吊索采用网状布置,斜吊索与水平线夹角约 60°,规格为Φ15.2 - 55,抗拉强度 1 860 MPa(图 2-43)。

图 2-42 广西平南三桥

图 2-43 齐鲁黄河大桥

3. 斜拉桥

自 1956 年瑞典斯特罗姆桑德桥作为现代斜拉桥第一桥建成以来,1967 年建成密索体系斜拉桥,1977 年建成单索面混凝土斜拉桥,1987 年建成组合梁斜拉桥,1994 年法国建成混合梁斜拉桥诺曼底大桥,1998 年日本建成多多罗大桥。2008 年我国苏通长江公路大桥主跨 1 088 m,2009 年香港独柱塔分体箱昂船洲大桥主跨 1 018 m。2012 年俄罗斯建成主跨 1104 m 的 Russky 大桥,2020 年三索面三主桁公铁两用沪苏通长江大桥主跨 1 092 m 等相继建成。在向跨径记录冲刺的同时,造型优美独特的地标性桥梁也大量涌现,1992 年无背索斜拉桥西班牙阿拉米罗桥,1996 年折线鹅型塔斜拉桥荷兰伊拉斯缪斯大桥,2008 年七塔斜拉桥法国米约高架桥,以及异型钢结构格构型塔斜拉桥太原祥云桥、拱形索塔斜拉桥美国希尔大桥等。在短短 70 年时间内,特别是 20 世纪 90 年代以来,斜拉桥技术的发展可谓突飞猛进。

图 2-44 西班牙阿拉米罗桥

1) 无背索斜拉桥——西班牙阿拉米罗桥(1992 年)

西班牙阿拉米罗桥横跨 Meandro San

Jeronimo 河，无背索斜拉桥，全长 200 m，塔高 142 m，倾斜约 58°，布置 13 对斜拉索。桥梁由六边形钢箱梁作为主脊，拉索锚固在主脊上，从主脊上向两侧悬挑出两个侧翼，成为机动车道桥面。中间的步行道和自行车道路面宽 3.75 m，比机动车道高约 1.6 m。整座大桥犹如一把竖琴，典雅美观，散发着高雅的神韵(图 2-44)。

2) 超大跨径斜拉桥塔梁间动力阻尼＋静力限位约束体系——苏通长江公路大桥(2008年)

苏通长江公路大桥主桥为双塔双索面钢箱梁斜拉桥，采用 100 m＋100 m＋300 m＋1 088 m＋300 m＋100 m＋100 m 跨径布置。超大跨径斜拉桥采用一种首创的塔梁之间纵向约束体系——动力阻尼＋静力限位约束体系。大桥在温度作用时，“约束”呈现出飘浮体系的特性；在纵向风力作用时，塔梁之间相对位移达到±750 mm 时，“约束”显现出强大刚性连接的特性。在地震等动力作用时，“约束”显现阻尼约束特性(图 2-45)。

图 2-45　苏通长江公路大桥以及塔梁之间阻尼限位装置

3) 首座超大跨径烟囱型独柱塔，分体钢箱梁斜拉桥——香港昂船洲大桥(2009年)

香港昂船洲大桥位于青沙管制区内，横跨蓝巴勒海峡，连接长沙湾及青衣，全长 1 596 m，当中有 1 018 m 主桥主跨跨越海面，双向 6 车道。桥塔高度 298 m，从塔底至塔高 175 m 段为混凝土结构；175～293 m 段为钢-混凝土组合结构，外层表面采用不锈钢材料；再向上 5 m 至塔顶外装玻璃的通透钢结构。大桥通航航道净高 73.5 m，净宽 900 m，可让超级货柜轮船经过，驶入葵涌货柜码头(图 2-46)。

图 2-46　香港昂船洲大桥

4) 斜拉索分组多束集中锚固形式斜拉桥——韩国 Geo Geum 大桥(2009 年)

主桥跨径布置 119 m＋198 m＋480 m＋198 m＋119 m 钢混结合桁梁斜拉桥，上层公路，下层行人。斜拉索采用单索面布置，建筑师要模拟太阳光从云层中穿过的情景，工程师把斜拉索分成 3 组，每组 7 根拉索，在桥塔的钢横梁和钢-混桁梁上面多束集中锚固。桁梁顶宽15.3 m，底宽 8.2 m，桁高 6.5 m(图 2-47)。

5）空间三肢弯曲塔柱组成整体格构桥塔斜拉桥——太原祥云桥（2010 年）

太原市祥云桥主桥为独塔钢混组合梁斜拉桥，跨径组合为 36.59 m＋57 m＋155 m＝248.59 m。塔梁之间采用支座连接。主梁边跨为混凝土箱梁，中跨为封闭钢箱梁，主梁标准宽度为 50.6 m。主跨侧为双索面，塔端锚固在两个边塔柱；边跨采用单索面，塔端锚固在中塔柱。索塔由三根弯曲的塔柱组成，空间呈火炬状造型，索塔全高 100.5 m。主梁以上部分的桥塔采用钢结构，在梁底以下的部分为混凝土塔柱（图 2-48）。

6）外倾索塔斜拉桥——西班牙来依达维亚纳王子桥（2010 年）

西班牙来依达维亚纳王子桥（Princep de Viana bridge in Lleida，2007—2010 年），由纳瓦拉·哈维尔·门特洛尔（Navarre Javier Manterol）设计，是一个由 V 形塔构成的斜拉索桥，塔的双臂高 39 m，由 30 根钢索悬吊着桥面。它是世界上唯一向外张开双臂的斜拉桥。桥长 197 m，宽 21.2 m，两侧各有 4 m 宽的人行道（图 2-49）。

7）曲线斜拉桥——法国特瑞纳斯（Térénez）桥（2011 年）

该桥位于法国 Alder 峡谷，连接 Crozon 半岛和 Finistèr。这个位置原有一座建于 1951 年的混凝土悬索桥，老桥已经损坏到无法修复的地步，市政委员会在 1995 年决定新建一座桥梁（即现在的特瑞纳斯桥），新桥在 2007 年开始建设，于 2011 年 4 月 16 日建成。

1 | 2
3 | 4

1. 图 2-47 韩国 Geo Geum 大桥
2. 图 2-48 太原祥云桥
3. 图 2-49 西班牙来依达维亚纳王子桥
4. 图 2-50 法国特瑞纳斯桥

该桥是世界上跨度最大（285 m）的斜拉弯桥。设计团队在做设计时并不只是考虑了造型，而是不希望像老桥那样使车辆在上桥的过程中要经过一个近乎 90°的大弯道，于是设计者在引桥设置了 200 m 半径的弧度，在桥梁主跨设置了 800 m 半径的平曲线，提高了车辆行驶的舒适度(图 2-50)。

8) 原创半封闭钢箱组合梁斜拉桥——台州市椒江二桥(2014 年)

椒江二桥位于浙江省台州市东部临海市和椒江区境内，在椒江口老鼠屿处跨越椒江，主桥采用半封闭钢箱组合梁，跨径布置为 70 m＋140 m＋480 m＋140 m＋70 m＝900 m，索塔采用钻石形，索塔总高 152 m。

在加劲梁概念设计时，建设者们为了充分利用组合梁的经济性和桥面铺装的耐久性等优点，解决以往板式断面组合梁抗风性能不能满足桥址风速要求的难题，提出了外形为流线型的半封闭钢箱组合梁概念。最终新型组合梁主要轮廓尺寸为：含风嘴全宽约42.5 m，不含风嘴顶板宽 39.6 m。单侧边箱底板宽为：3.22 m(斜底板)＋4.26 m(水平底板)。中心线处加劲梁高度 3.5 m(不含铺装)(图 2-51)。

9) 交叉索布置三塔斜拉桥——英国昆斯费里大桥(2017 年)

昆斯费里大桥位于英国北部的爱丁堡城西北的福斯河河口，三塔斜拉桥，跨径布置为 104 m＋223 m＋650 m＋650 m＋223 m＋104 m，桥宽 39.8 m。竖琴形单索面布置，纵向三塔索面交叉布置，中塔高度 210 m(图 2-52)。

10) 索塔同向回转锚索系统——芜湖长江公路二桥(2017 年)

芜湖长江公路二桥为双塔五跨四索面全漂浮体系斜拉桥，三跨 806 m(图 2-53)。

1
2 | 3

1. 图 2-51　台州市椒江二桥以及该桥半封闭钢箱组合梁示意图
2. 图 2-52　英国昆斯费里大桥
3. 图 2-53　芜湖长江公路二桥

鞍座由锚体、导管、过渡管和延伸管组成。锚体位于圆弧段，由外壳、分丝管、限位板、填充料组成；在限位板上开孔，分丝管穿过限位板对应孔位被固定，限位板与锚体外壳相连，在锚体内分丝管间隙灌注填充料。

锚体构成新型鞍座的核心，可为索股提供更有效的夹持和防护。锚体内平行设置的异型截面不锈钢分丝管在摩擦系数相同时，对索股产生双倍的摩擦力。分丝管之间用灌浆料灌填，为拉索通过鞍座时产生的径向压力提供传递路径(图 2-54)。

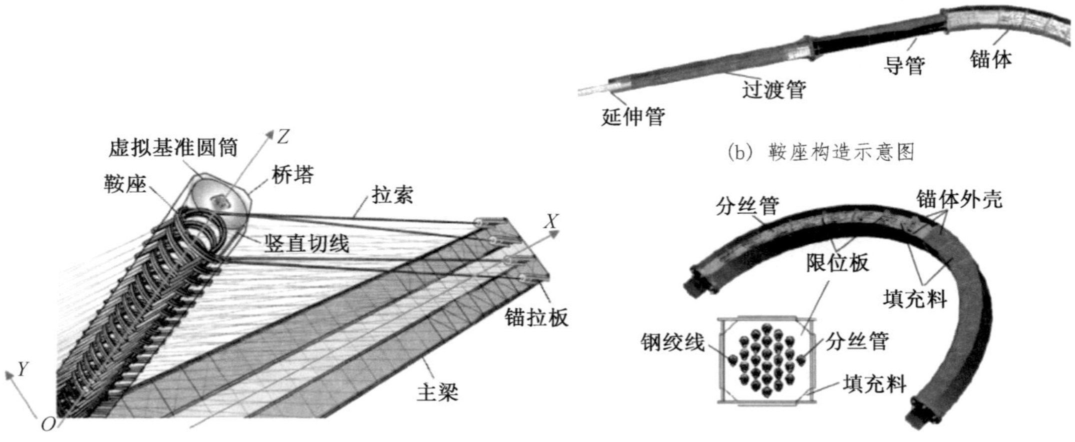

(a) 锚索系统布置示意

(b) 鞍座构造示意图

(c) 锚体构造示意图

图 2-54　同向回转锚索系统布置示意以及鞍座、锚体示意

11) 桥塔内穿三分箱钢箱梁斜拉桥——加拿大新尚普兰大桥(2019 年)

该桥主跨径布置为 80.4 m+124 m+240 m+84.4 m，独塔斜拉桥，主梁采用三分箱分体式箱梁，为公铁合建桥梁。桥塔高度为 170 m，横向双肢塔柱穿过三分箱，上横梁外形像蝴蝶结。拉索采用竖琴形双索面布置。主梁采用钢-混凝土结合梁，横梁采用钢横梁，斜拉索锚固在钢横梁上，位置靠近铁路主梁的腹板。斜拉索和桥塔采用预埋在混凝土中的索鞍锚固(图 2-55)。

12) 刚性拉索斜拉桥——秘鲁 Puente Pachitea 桥

该桥跨径布置为 88 m+180 m+88 m(356 m)，桥宽 14.25 m，钢结构索塔桥面以上高 27 m，每个索塔左右各设置一对钢结构刚性拉杆，拉杆间距 56 m。索塔、吊杆杆件宽度 1.3 m，吊杆高度 1.3～2 m。主梁采用双边箱钢主梁，梁高 3.5 m，宽度 1.3 m，纵向间距 4 m 设置 1 道钢横梁，横梁上设置压型钢板，钢板上方设置 22 cm 混凝土桥面板(图 2-56)。

13) 双 V 形矮塔斜拉桥——宁波中兴大桥(2020 年)

连接江北和鄞州的中兴大桥及接线工程，南起中兴路与江南路交叉口，北至青云路(规划)。工程长约 2.62 km，其中桥长约 1.7 km。主桥设两层，即上层通车，下层供行人和非机动车通行。大桥为主跨 400 m 的矮塔斜拉桥，主体结构以钢结构为主(图 2-57)。

14) 粗骨料活性粉末混凝土(UHPC)及扁平钢箱组合梁三塔斜拉桥——南京江心洲长江五桥(2020 年)

三塔两主跨中央双索面组合梁斜拉桥，桥跨布置为 80 m+218 m+2×600 m+218 m+80 m，长度为 1 796 m，三桥塔均为纵向钻石形，组合结构的内外钢壳内填充混凝土。主梁采用流线型组合箱梁截面，顶板为 17 cm 和 20 cm 厚的粗骨料活性粉末超高性能混凝土板，桥面宽 35.6 m(图 2-58)。

1 | 2
3 | 4

1. 图 2-55　加拿大新尚普兰大桥　2. 图 2-56　秘鲁 Puente Pachitea 桥

3. 图 2-57　宁波中兴大桥　4. 图 2-58　南京江心洲长江五桥

15）钢箱钢桁架结合加劲梁——芜湖长江三桥（2020 年）

芜湖长江三桥为双塔双索面高低塔钢箱钢桁组合梁斜拉桥，上层桥面通行公路桥面，下层桥面通行客运专线、市域轨道交通线。主桥采用 99.3 m＋238 m＋588 m＋224 m＋85.3 m 的跨径布置，宽 45.2 m，其中上层桥面宽 35.00 m，下层桥面总宽 45.20 m；主梁 2 片主桁节间长度为 14 m，主桁桁高 15 m。主梁上层为板桁结合，下层为钢箱梁结合钢桁梁。首次采用单个锚点最大索力（16 000 kN）的高强度（2 000 MPa）耐久型平行钢丝斜拉索（图 2-59）。

16）三索面三主桁公铁两用斜拉桥——沪苏通长江公铁大桥（2020 年）

沪苏通长江公铁大桥主航道桥是主跨 1 092 m 的公铁两用钢桁梁斜拉桥，跨径布置为 140 m＋462 m＋1 092 m＋462 m＋140 m。大桥上层为双向六车道高速公路，下层为双向四线铁路。为此桥成功研发了强度达 500 MPa 的高强度钢和 2 000 MPa 的斜拉索（图 2-60）。

图 2-59　芜湖长江三桥

图 2-60　沪苏通长江公铁大桥

17）温度自适应塔梁纵向约束体系——常泰长江大桥（在建）

常泰长江大桥是世界上首座集高速公路、城际铁路、一级公路为一体的过江通道，其主航道主跨1 176 m的斜拉桥将刷新公铁两用斜拉桥的世界纪录。

设计采用了“温度自适应塔梁约束体系”，即将梁上约束点设在主梁温度不动点（A 点），采用温度敏感性极低的碳纤维复合材料（CFRP）连杆 AB 和 AC 作为纵向约束，改变了风荷载与活载的传力路径，降低了主塔弯矩，同时不增加温度荷载产生的内力，实现塔梁约束体系对温度的完全自适应（图 2-61）。

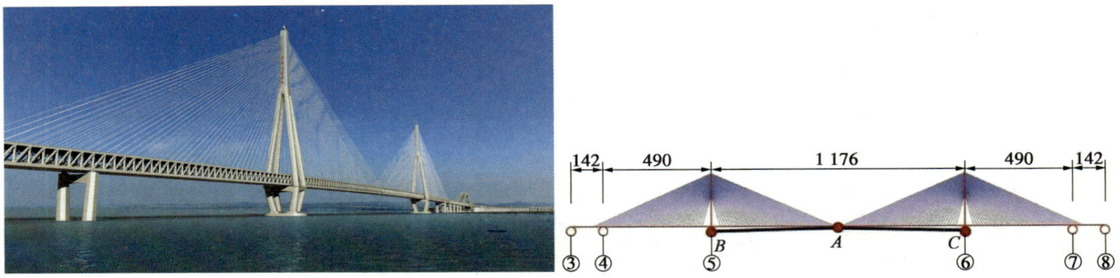

图 2-61　常泰长江大桥以及该桥温度自适应塔梁约束体系示意图

4. 悬索桥

悬索桥是一种古老的桥型，悬索桥的跨径记录被不断刷新。从 1883 年建成的作为近代钢悬索桥的代表作纽约布鲁克林大桥算起，至今已有近 140 年了。布鲁克林大桥跨径 486 m。20 世纪 30 年代，美国乔治 · 华盛顿大桥（主跨 1 067 m）、金门大桥（主跨 1 280 m）等多座悬索桥建成，一直到 1998 年丹麦建成（主跨 1 624 m）的大贝尔特海峡桥、日本建成（主跨 1 991 m）的明石海峡大桥。2019 年我国建成主跨 1 700 m 的杨泗港长江大桥，2020 年建成跨度1 092 m 的公路高铁两用五峰山长江大桥。2022 年土耳其建成主跨 2 023 m 的 1915 恰纳卡莱大桥。2021 年我国开工建设的江苏省张皋长江大桥主航道桥主跨 2 300 m。

与此同时，多种结构形式和结构体系的悬索桥技术也得到快速发展。人字形中塔三塔悬索桥、刚性混凝土中塔三塔悬索桥、地锚自锚混合悬索斜拉协作体系桥梁等大桥相继建成。自锚悬索桥在桥型方面呈现多样化发展，如单索面 A 形索塔自锚悬索桥、独柱塔空间主缆分体钢箱梁自锚悬索桥、三塔六跨连续自锚公轨合建悬索桥等。

1）单索面 A 形索塔自锚悬索桥——日本大阪此花大桥（Konohana）（1990 年）

此花大桥位于大阪港北部，跨境布置为 120 m＋300 m＋120 m，单根主缆，采用斜吊杆系统可增加结构的刚度并增强动力抗地震能力。主缆垂跨比 1/6，采用 30 束 184 丝的平行钢丝束。主梁采用倒梯形双室钢箱梁，全宽 26.5 m，索塔为柔性 A 形塔（图 2-62）。

2）三塔悬索桥（人字形中塔）——泰州长江公路大桥（2012 年）

该桥北汊跨江主桥采用最大跨径（2×1 080 m＝2 160 m）的三塔双跨钢箱梁悬索桥。桥面宽 33 m。中塔采用纵向人字形、横向门式框架型钢塔，沉井基础。锚碇为沉井基础重力式锚碇，设计和施工技术含量高（图 2-63）。

3）独柱塔空间主缆双索面、双分体钢箱梁自锚悬索桥——美国奥克兰新海湾东桥（2013 年）

美国奥克兰新海湾东桥，主桥独柱塔双索面自锚悬索桥，主跨 385 m，边跨 180 m。桥塔高 160 m，塔由 4 柱组成，每根柱为钢箱断面，柱间有间距 3 m 的横隔梁作为剪力键连接。上部结构为两个具有各向异性桥面板的钢箱梁，箱梁间用宽 10 m、高 2.5 m、间距 30 m 的横梁连接，该横梁承受吊杆横向 72 m 跨的荷载，保证两箱在荷载、特别是风和地震荷载时的整体作用。吊杆设在两箱的外侧，形成两空间索面（图 2-64）。

4）钢-混凝土组合梁的大跨度悬索桥——武汉鹦鹉洲长江大桥（2014 年）

该桥主桥采用（200 m＋2×850 m＋200 m）三塔四跨组合梁悬索桥，桥面宽 38 m，加劲梁采用组合梁，工字型钢板梁高 2.423 m，混凝土桥面板厚 20cm，是世界上首座采用钢-混凝土组合梁作为加劲梁的大跨度悬索桥（图 2-65）。

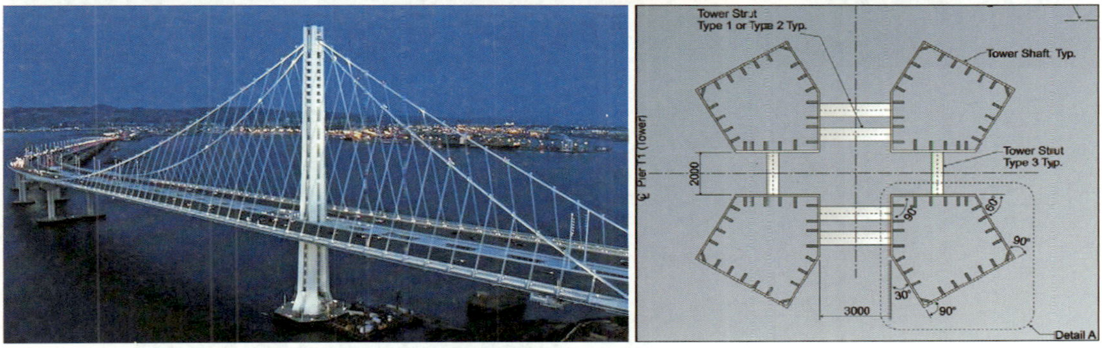

1	2
3	
4	

1. 图 2-62　日本大阪此花大桥　　2. 图 2-63　泰州长江公路大桥

3. 图 2-64　美国奥克兰新海湾东桥以及该桥剪力键连接抗震桥塔

4. 图 2-65　武汉鹦鹉洲长江大桥以及桥中的工字型钢板组合梁

5）地锚自锚混合、悬索斜拉协作体系桥梁——土耳其博斯普鲁斯三桥（2016 年）

大桥主跨 1 408 m，采用斜拉-悬索协作体系。传统悬索桥桥面刚度较小，为了满足列车对桥面刚度的要求，提出了高刚度悬索桥（high rigid suspension bridge）——斜拉悬索协作体系结构。中跨斜拉索在外侧，悬吊索在内侧；边跨斜拉索在内侧。边跨斜拉索采用两种锚固方式，部分锚固在边跨主梁上，部分地锚。

由让·弗朗索瓦·克莱恩(Jean-Francois Klein)和米歇尔·维洛热(Michel Virlogeux)设计。这座桥的设计创造了多项纪录：最高桥塔(322 m)，最宽主梁(58.5 m)，最大跨径(1 408 m)，以及最长的斜拉索(597 m)(图 2-66)。

6）混凝土塔顶鞍座悬索桥——韩国千四大桥(2019 年)

三塔地锚悬索桥，主桥总长 1 750 m，主跨 2×650 m，主缆垂跨比为 1/8，主缆直径 309.4 mm。塔顶鞍座的主体部分采用混凝土现场浇筑，仅鞍座的槽是钢材制成的。主缆采用 1 960 MPa 高强钢绞线。该桥入围 2020 年度 IABSE 杰出结构奖(图 2-67)。

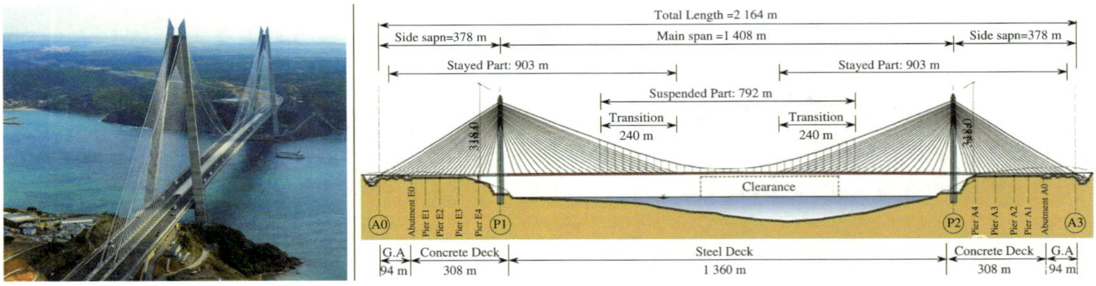

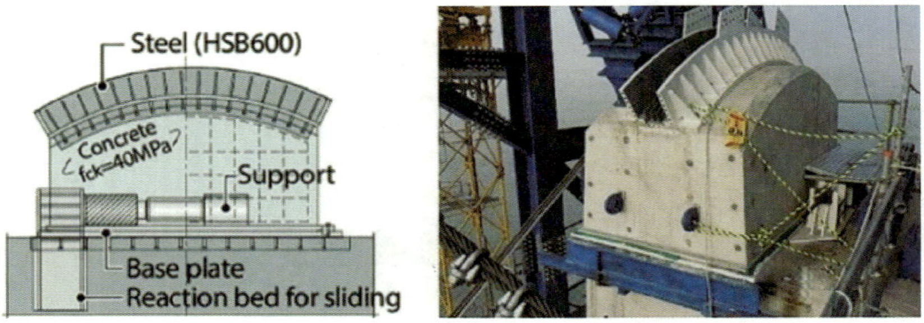

上　图 2-66　土耳其波斯普鲁斯三桥以及桥立面布置示意图

下　图 2-67　韩国千四大桥塔顶鞍座

7）最大跨度公路高铁两用悬索桥——五峰山长江大桥(2020 年)

双层桥面钢桁主梁跨度布置为 84 m+84 m+1 092 m+84 m+84 m，主缆垂跨比1/10。两根主缆直径约1.3 m，采用锌铝合金镀层平行钢丝索股，钢丝标准强度 1 860 MPa。主桁高 16 m，两片主桁中心间距 30 m，节间长(吊杆中心距)14 m，标准吊装节段长 28 m。桁梁主要采用 Q370qE 钢材(图 2-68)。

8）跨度最大的 V 形塔单侧悬索曲线型人行桥——厦门山海健康步道“和美桥”(2020 年)

桥梁总长 234.7 m，桥面曲线半径 167.7 m，主跨 216.7 m(曲线距离)，V 形桥塔高度 52 m，主梁采用近似三角形带风嘴全封闭钢箱梁，梁宽 4.4 m，高 1.2 m(图 2-69)。

9）三塔自锚悬索桥——济南凤凰路黄河大桥(2022 年)

大桥主桥采用三塔自锚式悬索桥，跨径布置为 70 m+168 m+428 m+428 m+168 m+70 m。公轨合建桥梁，双向 8 车道，单幅机动车道宽 15.5 m，中间设 10.2 m 轨道交通预留空间，两侧各设 3 m 非机动车道和 1.75 m 人行道，桥面总宽 61.7 m。两个 70 m 锚跨的设置起到主缆锚固压重作用，并使梁端转角大幅度减小，以满足轨道交通列车通行要求。主梁为箱型断面，梁高 4 m，车行道范围为组合桥面。主缆中跨矢跨比约为 1/6，吊索标准间距 9 m。A 形索塔两个塔柱从车行道与轨道交通之间穿过，为钢与钢混组合形成的混合桥塔结构。本工程把中央扣构造首次引入三塔自锚式悬索桥，明显改善了结构的受力性能(图 2-70)。

1. 图 2-68　五峰山长江大桥
2. 图 2-69　厦门山海健康步道“和美桥”
3. 图 2-70　济南凤凰路黄河大桥

10) 刚性混凝土中塔结构三塔悬索桥——浙江温州瓯江北口大桥(2022 年)

温州瓯江北口大桥是甬台温复线与南金公路跨越瓯江的控制性工程，主跨为 800 m+800 m。首座三塔四跨双层钢桁梁悬索桥结构，北口大桥项目引领了整个行业多塔连跨悬索桥的建设；首次在多塔连跨悬索桥结构体系中采用了刚性混凝土中塔结构；首次在强潮河口深厚软土地层中修建超大型沉井基础，将沉井基础的适用范围由内陆延伸至近海。

中塔高摩擦性能索鞍鞍体采用铸焊结合结构，设置 14 道竖向摩擦板，板厚 12～16 mm，高 726～929.5 mm，索槽宽 61 mm(图 2-71)。

图 2-71　浙江温州瓯江北口大桥以及该桥中塔高摩擦性能索鞍鞍体示意

2.2.3 桥梁结构计算分析软件与 BIM 技术在桥梁领域的应用与发展

桥梁结构计算分析软件给桥梁工程科学技术发展插上了腾飞的翅膀，给工程师配备了强大的“助攻武器”，可以应对几乎所有的大跨度结构、复杂结构。在不久的将来，建筑信息模型(BIM)技术为桥梁在项目规划、设计、施工、运维等各阶段的工作走上信息化、智能化的道路描绘了光明的前景。

1. 计算分析软件

桥梁结构分析软件是以桥梁工程、结构力学、有限元分析等多个学科为理论基础的仿真 CAE 软件。20 世纪 70 年代，逐步出现大型商用结构分析软件，如 ANSYS(1970)，NASTRAN(1970)，SAP(1970)，TDV(1970)，ADINA(1975)，ABAQUS(1979)，LUSAS(1982)，MIDAS(1989)等，有限元法开始应用于桥梁设计分析。伴随勘察设计行业的高速发展，国外商用软件推广使用越发普及，尤其韩国的 MIDAS/Civil 和奥地利的 TDV 软件以其丰富的单元类型、非线性和动力力学分析等优势，逐渐在国内复杂桥梁的总体计算中占据主导地位。而桥梁局部复杂节点的分析，则基本采用美国的 SAP2000、ANSYS、ADINA 和法国 ABAQUS 等软件。

20 世纪 70 年代末期，由交通部组织全国桥梁电算专家联合攻关，开发完成的公路桥梁综合程序 GQZJ 并投入使用，实现了预应力混凝土连续梁的计算。20 世纪 90 年代，伴随着硬件水平和操作系统的进步，计算机技术迅猛发展并开始全面普及。我国很多桥梁设计单位以此为土壤，开发了许多优秀桥梁结构分析软件，例如广东省公路院开发的 3D-BSAA、孙广华博士开发的曲线梁桥 CAD 以及北京市政院研发的 ASBEST 等，为曲线或异型梁桥设计做出巨大贡献。与此同时，国内高校也积极投入到桥梁结构分析软件研发工作中，如同济大学研发的桥梁博士(V1.0～V3.X)、西南交通大学研发的桥梁结构分析系统 BSAS。其中，桥梁博士(V1.0～V3.X)以其可视化性、兼容性和通用性等优点在行业内得到了广泛应用；BSAS 以服务铁路桥梁为主，为当时铁路桥梁的建设提供了有力的技术支撑。

交通运输部公路科学研究所开发的 GQJS 软件，继承了公路桥梁综合程序 GQZJ 的核心计算理念，并紧跟规范的发展陆续完善了混凝土收缩徐变计算、组合截面和新设计荷载等桥梁专业计算功能。西南交通大学编制的 BNLAS，采用非线性有限元理论，以改进的增量迭代法为非线性迭代格式，以不平衡力和相对位移误差的无限范数作为迭代收敛检查准则，可考虑空间单元的大位移、大转动影响，并采用高精度的方法计算单元的内力及变形；可按施工步骤自动形成各阶段的计算图示。

上海慧加软件有限公司研发的 WISEPLUS 采用了先进的桥梁分析理论，其特色包括七自由度梁单元分析、折面梁格分析、空间网格分析、索力优化与调整、体外预应力分析、活载影响面动态规划加载法、空间配筋等，全面解决了异型桥梁的空间问题(剪力滞效应、薄壁效应与各腹板的受力分配)。

中交公路规划设计院有限公司自主研发的桥梁三维非线性分析软件 OSIS 适用于梁桥、斜拉桥和悬索桥等多种桥型，能够精确进行特大跨度斜拉桥及其他各类桥型的成桥分析及施工全过程分析。

2. 桥梁 BIM 技术

《建筑信息模型应用统一标准》将 BIM 定义为“在建设工程及设施全生命期内，对其物理和功能特性进行数字化表达，并依此设计、施工、运营的过程和结果的总称”。建筑信息模型(BIM)技术为桥梁解决项目规划、设计、施工、运维等阶段的信息数据化及其贯通提供了一种重要的技术路线。

美国是 BIM 技术发源地，2003 年美国总务管理局 GSA 提出 3D-4D-BIM 计划，挑选 BIM 试点项目。英国是全球 BIM 技术发展最快的国家，2011 年政府建造战略提出目标：政府工程项目成本降低 15%～20%，由政府主导推广 BIM 技术，2010 年清华大学 BIM 课题组发布《中国建筑信息模型标准框架研究》，2016 年住建部颁布《2016—2020 年建筑业信息化发展纲要》对 BIM 使用提出明确目标。

1）参数化模型

BIM 的核心是信息模型，模型作为信息的载体贯穿项目全生命周期。

创建一体化程序的关键是严格的参数化描述结构模型。这种智能的数据结构可以轻松地进行数据合并及修改，也可以直接用于许多不同的应用程序中，如可视化、数据采集、结构分析、强度和适用性评估等程序。

参数化描述模型的优点是可以将一个项目的工程参数，通过简单的修改和调整就能应用到另一个类似的项目上。同时，可以将数据传输到通用的 BIM 平台上，快速而准确地重新计算详细的桥梁几何图形。此外，模型中不仅包含三维几何数据，还包含详细的施工进度计划等时间参数。Allplan Bridge 可以从参数化描述的桥梁模型自动创建出对应的结构模型。

智能化设计的目的是实现快速建模、快速修改，提高设计效率，目前主要体现在参数化建模。

2）BIM 正向设计

为提升特大跨桥梁和复杂结构桥梁设计效率，提高工程设计质量提供保障，基于 BIM 的桥梁正向设计已在多个工程中得到试点运用。

BIM 正向设计之所以要强调“正向”，是为了与“BIM 翻模”进行区分。BIM 设计，重要的是数据本身，模型作为数据信息的载体贯穿始终，下游各参建方可以完全以交付的 BIM 模型作为依据指导生产、施工和运维。

BIM 正向设计可以让设计师从繁重的二维工作中得以解脱。

基于 BIM 的桥梁结构分析系统更为图形对接结构分析打通了通道。

3）应用案例

湘潭昭华大桥(悬索桥，2020 年 4 月 30 日通车)：利用 BIM 技术克服了多专业、多团队交叉设计中的协调、统筹和管理难题；利用 MicroStation 和 ProStructures 软件，对曲线造型的莲花桥塔、钢梁、索鞍、索夹等异型构件进行三维模型设计；利用 OpenRoads Designer 等专业软件，定义参数化的路线要素和结构断面模板；通过 LumenRT 软件结合 VR 技术进行涂装的展示与比选，快速确定了涂装方案。实现了异型结构 100%模型出图；钢箱梁、钢混结合段等其他主体结构出图率约 75%；通过施工模拟和三维技术交底，发现了碰撞 26 处，避免了 13 项设计变更，节省工期近 4 个月。

郑州市四环线及大河路快速化改造工程：项目团队通过综合利用 Bentley 系列软件，使设计方案更加适合于现场条件，减少征地面积达 2 298.2 亩，节约了 40%的成本，同时优化了整体设计品质和土地利用效率，最终大幅提升了项目运维价值。

2.2.4 施工技术与施工设备发展

施工技术与施工设备的发展进步是桥梁工程整体技术发展的重要组成部分，也是桥梁工程整体技术先进的标志之一。先进的施工技术、大型的施工设备是大跨度桥梁、严峻自然条件桥梁、复杂结构桥梁建造不可或缺的核心技术。近年来，预制装配技术、结构整体运输安装技术、液压同步顶推提升技术，以及大型施工设备等成为施工技术领域的热点和亮点。

1. 预制装配技术

2016 年年初，中共中央、国务院《关于进一步加强城市规划建设管理工作的若干意见》中提出大力推广装配式建筑，加大政策支持力度。为进一步推动全国装配式建筑发展，同年 9 月国务院办公厅发布《关于大力发展装配式建筑的指导意见》。提升公路混凝土桥梁建造技术，推动公路建设高质量发展，大力发展预制装配技术成为我国交通建设重要发展方向。

1）预制节段箱梁桥和快速施工装配式桥梁（ABC）

随着我国快速的城市化建设，快速施工桥梁（Accelerated Bridge Construction，ABC）正得到行业较为积极的推动。ABC 桥梁较为强调桥梁结构的所有构件均采用预制方法，故一般又可称为全预制施工方法。它将整个桥梁划分成若干构件，各构件均移至场外预制工厂中提前预制完成，然后运输至现场拼接，如图 2-72 所示。其主要目的在于加快桥梁建设速度，保障工程质量，最大限度地减少对既有交通和环境的不利影响，目前我国许多地区均在推进建设。

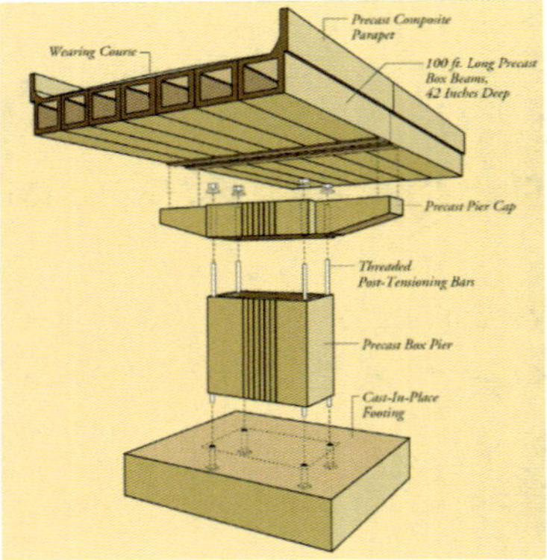

图 2-72 全预制桥梁示意

图 2-73 苏通大桥深水区段引桥预制节段施工

实际上，ABC 桥梁的建设概念起源于法国的桥梁建设。E. Freyssinet 采用纵向预制梁段（1945 年）和匹配接缝（1952 年）的方法进行预应力混凝土桥梁施工。J. Muller（1979 年）在美国佛罗里达的两座长桥（Long Key，Seven Mile）的设计中，将预制与现代机械技术结合，在工艺上取得了较大的进步。从此，节段预制拼装预应力混凝土桥梁被世界各地广泛应用，如美国 Mid-Bay 和 Garcon-Point 跨海大桥（1990 年），韩国汉城（现为首尔）内环线（1996 年），曼谷曼纳高速高架桥（2000 年），等等。

我国预制节段施工桥梁在 21 世纪以前仅有非常零星的应用，但步入 21 世纪，预制节段施工方法和体外预应力技术在我国得到越来越多的关注和肯定。上海浏河桥（2001 年）采用体外预应力预制节段逐跨施工方法，并在国内公路桥中首次使用上行式架桥机。随后上海沪闵线二期工程（2003 年）的设计中也采用了此技术。苏通长江公路大桥的深水区段跨径 75 m 引桥(2003 年)中采用预制节段悬臂拼装施工方法,该桥是国内首次大规模采用预制节段施工的桥梁(图 2-73)。之后国内许多跨江大桥的引桥中均采用了这种施工方法。

相对上部结构的预制拼装技术而言,下部结构的预制拼装发展较晚,其难点在于接缝的抗震性能。第一座采用预制拼装桥墩技术建造的典型桥例是美国 1978 年开始建造的 Linn Cove 高架桥。该桥下部桥墩预制节段采用有黏结后张预应力筋连接,环氧接缝构造,可增强其耐久性,通过采用预制拼装技术顺利解决了环境制约与工程进度等问题,成为预制拼装技术应用的一个典型工程范例。随后,在美国、加拿大一些地震危险性低的地区,预制拼装桥墩技术应用逐渐增多。例如,位于美国科罗拉多州的 Vail Pass 桥梁的下部桥墩就采用了有黏结后张预应力筋连接。随着人们对预制拼装立柱抗震性能的进一步研究,立柱的预制拼装技术开始在一些地震危险区应用。2011 年建成的美国 1-5 Grand Mount to Maytown I/C 2-span Precast Girder Bridge 是第一座考虑抗震性能的采用预制拼装技术建造下部桥墩的桥梁工程。

目前,国内外采用的立柱预制拼装技术大致有以下几种：采用有黏结后张预应力筋连接构造、灌浆套筒连接、灌浆金属波纹管连接、插槽式连接、钢筋焊接或搭接并采用湿接缝和承插式连接。

2) 港珠澳大桥承台、墩身预制安装创新技术

(1) 埋床法全预制墩台设计与施工技术。为使全桥桥隧组合轴线断面阻水率满足不大于 10%的要求,需将全部非通航孔桥的承台埋于海床面以下。同时,在项目设计理念指导下,设计采用了埋床法全预制墩身和承台构造方案(图 2-74)。墩身根据吊装能力分成 1～3

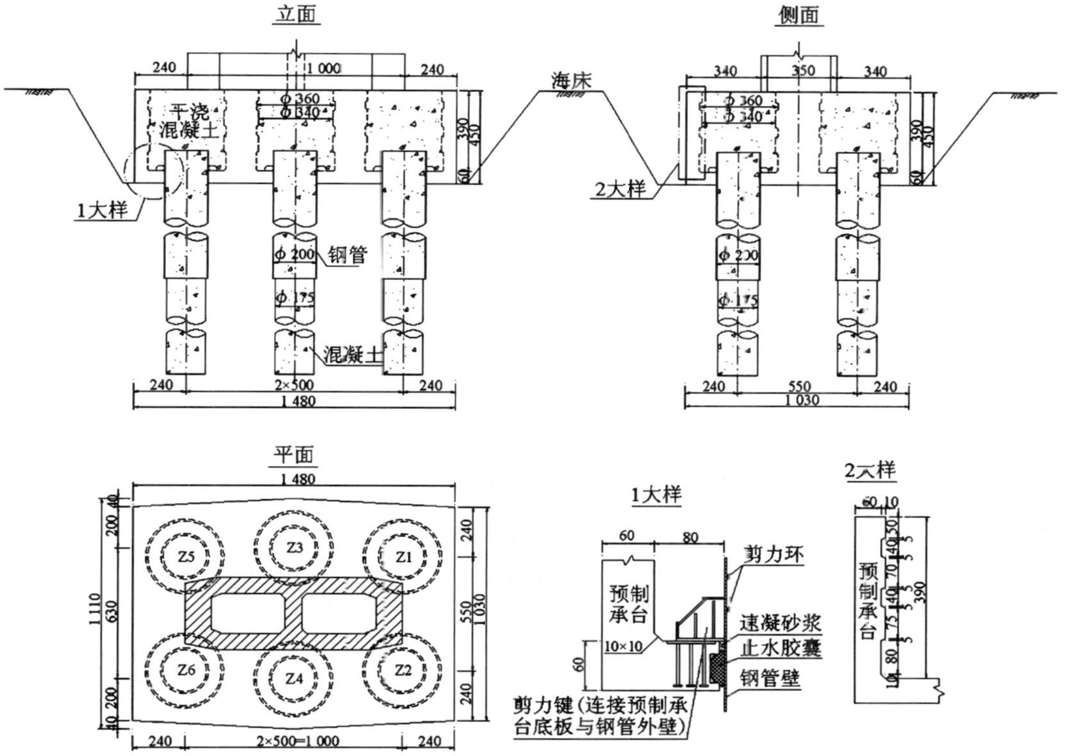

图 2-74　埋床法全预制墩身和承台构造(单位：cm)

节预制拼装，承台随同首节墩身一同预制，预留桩位孔洞和后浇混凝土空间。桩位孔洞用以实现止水、桩基与预制承台临时连接；后浇混凝土空间在抽水后浇筑后浇混凝土，实现承台与桩基的整体化。预制承台既是承台主体结构，又是实现承台与桩基连接的围堰结构，除附着于预制承台之上的临时周转使用的围堰设施外，承台本身施工不需要额外的围堰结构。下节段墩身及承台整体最大吊装重量约 2 850 t，最大高度约 27 m。

(2) 预制墩身连接技术及 Φ75 mm 预应力螺纹粗钢筋研发。港珠澳大桥全桥桥墩均采用工厂预制、现场安装。其中，青州航道桥、江海直达船航道桥、深水区非通航孔桥的墩身根据吊装能力采用节段预制，并通过预应力筋进行连接，墩身接缝采用干接缝，设置匹配的凹凸剪力键，接缝处涂抹满足技术要求的环氧树脂。经技术经济综合比较，并重点考虑施工的可操作性、寿命保证的可靠性，预应力确定采用全螺纹粗钢筋体系。由于受力所需及墩身断面限值，粗钢筋直径需达 75 mm。鉴于《预应力混凝土用螺纹钢筋》(GB/T 20065—2006)最大规格仅 50 mm，为此，在广泛调研国内外相关技术水平及市场情况的基础上，确定采用 Φ75 mm 预应力螺纹粗钢筋(该技术在国内已研发成功并应用到项目中，钢筋屈服强度 830 MPa，抗拉强度 1 030 MPa)连接墩身节段。要求所采用的精轧螺纹钢筋或滚压连续外螺纹粗钢筋均符合国内外相关规范规定的尺寸、外形及技术性能要求。连接墩身节段的预应力粗钢筋采用“电隔离防护＋真空灌浆”措施进行防腐，并进行了详细的防腐构造细节设计。

2. 结构整体运输安装技术

大型结构整体运输安装技术是一项集制作、组装、运输和整装的集成技术，需要多项技术和大型设备的全流程综合配套。对于因航道繁忙或结构复杂，无条件或不利于选择现场支架作业的桥梁，结构整体运输安装是保证工程质量、保护工程现场环境的先进技术工法。

1) 爱尔兰塞缪尔·贝克特桥工厂制作整体浮运安装

爱尔兰塞缪尔·贝克特桥(Samuel Beckett Bridge)主跨 123 m，梁宽 28～33 m，钢弯桥塔高 46 m，桥塔为倾斜式独柱塔，桥塔基础避开利菲河的主航道，距离利菲河的南护岸 28 m。桥塔由厚钢板焊接而成，截面为箱型变截面，河面以上塔高 48 m，桥面以上塔高 46 m。25 根主跨侧拉索沿主梁中心线锚固，2 组背索(每组布置 3 根)锚固于边跨的梁端，前索和背索均为 60 根钢绞线组成的密封式斜拉索。

2007 年 5 月，塞缪尔·贝克特桥的节段在鹿特丹开始生产，8 个钢结构节段组合形成 123 m 长的桥梁主梁。一座 46 m 高的钢结构弯曲桥塔也是在工厂预制的，并与主梁和 25 根主跨侧拉索以及 6 根背索连接起来，形成主要的上部结构。通过货船，经过了 628 英里(1 英里＝1.609 km)的航程抵达目的地(图 2-75)。

图 2-75　塞缪尔·贝克特桥整体浮运

图 2-76　港珠澳大桥钢箱梁安装

2）港珠澳大桥超大尺度钢箱梁的制作与安装

港珠澳大桥超大尺度钢箱梁的制作与安装，深水区非通主梁架设采用大节段整孔逐跨吊装方案，标准节段长 110 m，吊重约 2 300 t，最长节段长 133 m，最大控制吊装重量约2 750 t。通航孔桥边跨无索区大节段长度 134.5 m，采用浮吊整体吊装，吊装重量约 3 580 t（图 2-76）。

3）多瑙河两跨拱桥采用浮运和拖拉法架设

塞尔维亚-匈牙利多瑙河公铁合建桥位于塞尔维亚。主桥为两孔主跨（177 m＋219 m）简支系杆拱桥，桥梁承载两线铁路、两车道公路和人行道，总宽 35.0 m。桥梁采用索网吊杆体系以减小主拱肋的弯矩。主拱肋采用钢箱结构，系杆采用钢箱系杆，行车道采用钢-混凝土结合梁。混凝土板厚 35 cm。桥梁在两岸支架上完成后，采用浮运和拖拉法架设到位（图 2-77）。

4）将军澳大桥主跨钢拱桥整体水运定位安装

将军澳大桥位于香港将军澳海湾，是连接将军澳和蓝田隧道的重要跨海通道。大桥主体为一条横跨将军澳海湾的高架桥，桥长约 1.8 km，主桥桥面宽约 35.8 m。主桥为外倾式蝴蝶钢拱桥结构。

在经过了前期充分准备和连续 6 h 作业后，振华重工承制将军澳大桥主跨钢拱桥完成整体定位安装，顺利落墩。首先，锚机将运输船移进桥位进行大致对位后，精调位置。再根据潮水涨落，在锚机和千斤顶的配合下，运输船连续进行压载作业，确保桥位安装作业环境平稳可控。最后，运输船与近万吨的主跨钢拱桥分离并顺利移出安装位置（图2-78、图2-79）。

1
2 | 3

图 2-77　在岸上安装后浮运和拖拉架设就位
图 2-78　将军澳大桥整体水运
图 2-79　将军澳大桥水运就位

不同于以往的浮吊和桥吊机等海上安装方式,本次安装创新采用了浮托安装的方式。

3. 液压同步顶推提升技术

瑞士 VSL 公司自 20 世纪 70 年代开始使用液压整体提升技术在世界各地进行大型构件的施工、安装。我国从 80 年代末开始,液压同步提升技术先后应用于电厂钢烟囱顶升、北京西站主站房 1 800 t 钢门楼整体顶升,以及之后的 1999 年广州丫髻沙大桥平转+竖转施工、2005 年广州新光大桥主拱肋整体提升等一系列重大建设工程中,获得了巨大的成功,取得了显著的社会效益和经济效益。

1) 顶推施工技术

法国米约大桥(Millau Bridge,2004 年)在长度 2.5 km 和高差 275 m 的河谷上布置一座多跨纤细的优美桥梁,并兼顾采用合理的施工方法。连续斜拉桥顶推施工,即梁端带一个索塔和部分拉索的加劲梁,从两端向中间顶推。为了减小跨度,除了塔恩(Tarn)河合龙跨之外,都设置一个钢管桁架结构的中间临时墩。为了控制最大悬臂长度不超过 150 m,中间临时墩上设两个跨距为 12 m 的支点(图 2-80)。

2) 转体施工技术

桥梁转体施工技术是指将桥梁结构在非设计轴线位置制作(浇筑或拼接)成形后,通过转体就位的一种施工方法。它可以将在障碍上空的作业转化为岸上或近地面的作业。根据桥梁结构的转动方向,它可分为竖向转体施工法、水平转体施工法(简称“竖转法”“平转法”)以及平转与竖转相结合的方法,其中以平转法应用最多。转体系统由下转盘、上转盘、球铰、滑道、牵引系统组成,转体过程一般通过千斤顶对拉牵引索,形成旋转力偶而实现转体。

2016 年,在两台 350 t 连续式千斤顶牵引下,自重达 2.48 万 t 的山东菏泽丹阳路立交桥东侧主桥逆时针转动 81.67°,与引桥实现精准对接。2015 年,山东邹城独塔双柱平行双索面斜拉桥成功转体 97.3°,与边跨现浇段合龙,转体长度达 198 m,转体重量达 2.24 万 t。转体角度、转体长度及转动球铰直径等多项技术指标均创世界第一(图 2-81)。

图 2-80 法国米约大桥

图 2-81 山东邹城独塔双柱双索面斜拉桥转体施工

4. 大型施工设备

20 世纪 60—70 年代,德国顶推法、移动模架现浇法、移动托架拼装法、法国预制节段架桥机拼装法、丹麦梁上运梁法等一系列架桥工法和设备成功研发应用,1990 年丹麦建造天鹅号浮吊,经改造最大起重能力 9 000 t,并且可以自行提起大型桥梁构件,不需要其他驳船辅助。

1）整体化大型浮吊

1997 年，丹麦、瑞典联合建造厄勒海峡大桥，主航道桥跨径布置 140 m＋160 m＋490 m＋160 m＋140 m＝1 090 m，为钢桁组合梁结构，公路铁路两用双层桥面，桥下通航净高 57 m。主塔为 H 形桥塔，斜拉索采用竖琴形平行索（图 2-82）。梁节段长度 140 m，重 7 000 t，包含上层公路混凝土桥面板和下层铁路混凝土槽形梁，用平底驳船运到桥址，由大贝尔特西桥用的最大起重能力 9 000 t 的天鹅号起重船吊装到桥墩上。引桥也是与主桥加劲梁具有相同高度和结构的钢桁组合连续梁，每孔跨径 140 m。同样采用整孔吊装（图 2-83）。

图 2-82　厄勒海峡大桥

图 2-83　大型浮吊整孔吊装

2002 年我国建造东海大桥等跨海大桥时，也面临需要大型浮吊吊装的要求，当时我国水上运输市场上能找到的可以用于桥梁施工的浮吊，最大起重吨位为 2 500 t，可以用于非通航孔 70 m 跨度、约 2 000 t 的箱梁起吊安装。在东海大桥的建造过程中，我国自行研制了“四航奋进”号、“小天鹅”号等两艘大型浮吊，起吊能力分别是 2 600 t，2 500 t。为了架设杭州湾大桥高墩区 70 m 箱梁，中铁大桥工程局建造了“天一”号浮吊，起吊能力 3 000 t。

水上打桩必须使用打桩船，海力 801 采用可回转桩架，定位精度 60 mm，是目前世界上最先进的大型打桩船之一，可沉桩长 80 m，桩径 2.5 m。三航桩 18 打桩船可沉桩长 80 m，桩径 3.0 m。

2）大跨度桥梁各类大型施工设备

大跨度桥梁的建造离不开大型施工设备，大型施工设备主要包括步履式架梁起重机、桅杆式架梁起重机、全回转架梁起重机、爬坡式架梁起重机、缆载吊机、缆索吊机等。

步履式架梁起重机主要用于斜拉桥钢梁节段的悬拼安装，目前世界额定起重量最大的为沪苏通长江公铁大桥 1 800 t 步履式架梁起重机（图 2-84）。

桅杆式架梁起重机具备±90°回转和变幅功能，适用于钢桁梁杆件或整体桁片的吊装。目前国内额定起重量最大的为铜陵长江公铁大桥 400 t 桅杆式架梁起重机。

全回转架梁起重机具备 360°回转和变幅功能，适用于钢桁梁杆件的吊装。目前国内额定起重量最大的为珠海洪鹤大桥 100 t 全回转架梁起重机。

图 2-84　沪苏通长江大桥整节段架设法

图 2-85　五峰山长江公铁大桥缆载吊机法

爬坡式架梁起重机具备爬坡、调平、回转功能，主要用于钢桁拱桥梁的架设。目前国内额定起重量最大的为武汉江汉七桥 100 t 爬坡式架梁起重机。

缆载吊机是悬索桥钢梁节段安装的专用设备，其跨于悬索桥主缆上对钢梁节段进行提升，目前世界额定起重量最大的是五峰山长江公铁大桥 2×900 t 缆载吊机(图 2-85)。

缆索吊机具备吊装、带载行走的功能，常用于施工场地钢梁运输条件较差的山区桥梁架设。

2.3　专业合作和"双重身份"的创新实践成为直接路径

工程师和建筑师的合作带来了桥梁工程与建筑学两大专业的融合、设计方法与过程的创新、建筑美学思潮和现代桥梁工程的合体，给桥梁工程专业在桥梁设计与美学领域带来了崭新的局面，主要表现在两大专业内涵发展、两大专业技术人员专业界限、桥梁建筑物多元效果展现等多个方面。

(1) 两大专业内涵发展方面，越来越多人涉足两大专业交叉领域的研究工作，研究成果一方面直接用于工程实践；一方面建设交叉学科课程，开设桥梁与建筑的交叉课程，学生可以通过主修一两门课程，达到学习涵盖两大专业相关领域的目的。

(2) 两大专业技术人员专业界限方面，有些工程师主动学习建筑创作、建筑美学等建筑专业知识，有些建筑师主动钻研桥梁结构知识，了解熟悉桥梁结构的力学原理。工程师与建筑师的专业交叉逐步加深和扩大，一部分人向着结构与建筑专业结合、双重身份方向发展。

(3) 桥梁建筑物多元效果呈现方面，桥梁已不再是仅仅具有交通功能的结构物，而是能展现丰富的美学思想、景观效果的建筑物，成为城市标志性建筑，成为城市的名片、城市的记忆，注入了城市的人文历史元素和情感。

20 世纪 80 年代以来，随着城市和交通的发展、桥梁工程科学技术的进步，对桥梁美学、景观方面的要求不断提高，桥梁工程师与建筑师的合作方式和过程正在悄悄地发生着变化。刚开始，建筑师当参谋，配合工程师进行美学设计。在长期的合作磨合过程中，建筑师积累了经验，熟悉了一些桥梁结构知识，当面对业主对桥梁有更高的要求时，一部分建筑师逐渐由“配角”转化为“主角”，从“后台”走向了“前台”，化身成为“专业结合”“双重身份”设计师。

即便存在这种发展变化，工程师与建筑师合作以及“专业结合”“双重身份”设计师独立创作桥梁方案这两种情况也一直平行存在着。不管哪一种创作，其结果都是直接将建筑美学思想、艺术创作灵感注入作品之中，成为当代桥梁美学形成、壮大，从零星、散发到成风、成气候的直接路径。

2.3.1 具有艺术素养的工程师创新实践

在现代一大批杰出的桥梁工程师中，有不少人集技术创新与美学思想于一身，他们的作品从现代延续至当代，他们的技术与美学成就成为当代桥梁美学中具有重要影响力的组成部分，成为 20 世纪与 21 世纪两个世纪的接力棒。比如美籍华裔林同炎（T. Y. Lin，1912—2003 年）、德国弗里茨·莱昂哈特、法国让·穆勒（Jean Muller，1925—2005 年）、瑞士克里斯蒂安·梅恩（Christian Menn，1927—2018 年）、德国乔格·西拉斯（Jörg Schlaich，1934—2021 年）、法国米歇尔·维洛热（Michgel Virlogeux，1946 年至今），等等，他们中有人至今仍活跃在国际桥梁工程界。

让·穆勒，克里斯蒂安·梅恩，乔格·西拉斯，他们在 20 世纪末和 21 世纪初的一些技术创新和美学成就方面的代表性作品，作为具有艺术素养美学思想的桥梁工程师创新实践的典型案例。

1）凭借高超的技术设计，建造了结构和美学都有新意的桥梁

让·穆勒推动了悬臂拼装法施工预应力混凝土桥的发展，在桥梁分段预制拼装施工、体外预应力桥梁、结合梁等方面做出了杰出的贡献，尤其是跨海大桥方面。

1986 年创建了以他的名字命名的国际公司（JMI），公司凭借高超的技术设计以及建造了结构和美学都有新意的结构，参与了斜拉桥、悬索桥、拱桥、组合结构等多种桥型的桥梁设计和建造工作。让·穆勒也获得了许多国际大奖。

在众多桥梁中，尤以多种体系和结构形式的预应力混凝土单索面斜拉桥的技术和美学成就而影响卓著。直到现在，国内外许多人仍然钟情于这种结构简洁、刚劲挺拔的美学效果。

第一座是 1977 年建成的布鲁顿（Brotton）桥，跨越塞纳河，双塔单索面预应力混凝土斜拉桥，主跨为 320 m，箱梁高 3.80 m，宽 19.20 m。结构体系为塔梁固结、梁墩铰接（图 2-86）。

图 2-86 法国布鲁顿桥

图 2-87 美国阳光航线桥

第二座是 1986 年建成的美国佛罗里达州阳光航线桥(Sunshine Skyway),跨越塔帕海湾。最大主跨为 365.8 m,双塔单索面预应力混凝土公路斜拉桥,主梁梁高 4.30 m,梁宽 29 m。结构体系为塔梁墩固结的刚构体系,主梁全部采用预制拼装法施工(图 2-87)。

第三座是 1989 年建成的美国弗吉尼亚州詹姆斯桥(James),双塔单索面斜拉桥,主跨 192 m,全宽 38.3 m。它的独特之处在于,采用两个单箱单室预应力混凝土箱梁通过中间的三角形构架,连接成为桥宽达 38.3 m 的单索面整体主梁截面,梁高 3.65 m,塔柱布置于桥面中央分隔带。

第四座是 1995 年建成的美国切萨比可-特拉华运河桥(Chesapeake & Delaware Canal)。该桥是全预制悬臂拼装施工的双塔单索面预应力混凝土斜拉桥,主跨 229 m,桥宽 38.8 m。采用预制三角桁架、倒梯形双箱梁节段、空心薄壁墩节段等新技术,工期短、造价低、外形美观。

2) 对于预应力混凝土和斜拉桥技术的娴熟应用更使他的设计出奇美丽

克里斯蒂安·梅恩是瑞士杰出的桥梁工程师,他设计建成的桥梁有 100 多座,最具代表性的作品是甘特桥(Ganter Bridge, 1980 年)和桑尼伯格大桥(Sunniberg Bridge, 1998 年)。体现了预应力混凝土和斜拉桥技术的娴熟应用,其美学理念深远地影响着后来的桥梁工程师们。

克里斯蒂安·梅恩最初的设计深受罗伯特·马拉尔(Robert Maillart)的影响和启发,同时他进一步深化了马拉尔的思想,设计了许多拱圈和主梁都非常轻盈的桥梁。他第一次展示自己的设计风格是设计甘特桥,后来发展成为部分斜拉桥。而最能突显其美学理念的,还数他自己设计的桑尼伯格大桥。该桥获得 2001 年国际桥协杰出结构奖。在国际桥协"20 世纪 15 座世界最美桥梁"评选活动中,桑尼伯格大桥位列其中。评委们形容它就像丛林中的一道彩虹,盛开在山谷中,充满活力(图 2-88)。

图 2-88　瑞士桑尼伯格大桥

桑尼伯格大桥位于瑞士的克劳斯特斯(Klosters)镇附近,是一座 4 塔斜拉桥,主桥跨径为 59 m+128 m+140 m+134 m+65 m,最高桥墩为 62 m,桥面以上塔柱高 15 m,最大跨度/塔高=9.3 m。

克劳斯特斯镇位于格劳宾登州，是世界著名的滑雪胜地。桑尼伯格大桥在建设过程中，综合地理位置和环境景观的多重因素，设计方案几经修改，历经 20 多年，直到 1998 年才建成。

为了尊重当地居民希望这座桥的建设可以尽可能地保留河谷原有的独特美丽景色这一要求，梅恩博士在设计时采用了矮塔、细长桥墩和薄曲线型桥面等要素，从而使大桥的存在做到最大限度地"透明"。

桑尼伯格大桥简单独特的结构形式赋予了 20 000 t 混凝土难得的精致和典雅。设计时降低桥面以上桥塔的高度，下小上大的喇叭形状桥塔，与竖琴式的拉索相结合被广泛认为是一种结构艺术的表现，具有高于平均水平的美学质量。

再者，桑尼伯格大桥没有设缝，虽然桥的总长度有 526 m，但因其平面是弧形(曲率半径为 500 m)，由四季温差引起的变形，混凝土的收缩、徐变都可以通过弧形桥面弧度的变化得到释放。梅恩把桥墩设计为框架式，两侧混凝土薄墙呈抛物线形，由下至上逐步展开，与桥架的喇叭状相结合展现了极致优美的形态。

3) 以结构工程师的方式创造出真正的典雅和优美

乔格 · 西拉斯是德国享誉世界的结构工程师，也是一位卓越的教育家。在他 26 年的教学中，他把学生引入了结构设计和创作的世界，并创立了驰名国际土木工程界的"斯图加特"学派。建筑师安东尼 · 亨特(Anthony Hunt)从建筑的角度来看乔格 · 西拉斯的作品："这些工程实践是富于冒险精神和革新性的，他们采取的先进技术，不是为了展示技术本身，而是为了以结构工程师的方式创造出真正的典雅和优美。"

关于艺术和技术的关系，他曾指出，艺术和技术无论如何都不能相互排斥，他很难想象一个结构有缺陷的建筑在艺术上却是美的。换句话说，偶尔的例外只能进一步证明这个道理，比如约翰 · 伍重的悉尼歌剧院。当结构形式是扭曲的，不符合结构特征，形式不是合乎逻辑地源自它的意图，且设计也不合乎自然性时，相信任何人，只要他对于技术有一点点的感知，都能感觉到这一点，并且拒绝这样的建筑。

关于方案创作，他曾指出，德国作家斯蒂芬 · 茨威格曾说过"创造是一种负担"。很自然地，你会有一些无意识的念头，这是因为某种东西存储在你的记忆深处，偶然灵机涌现。但是通常来说，获得快乐的过程是艰辛的：现场踏勘、思索、画草图，评估设计方案，找出优点；一张又一张的草图，不满意就推翻设计，同它斗争，思考新方案，向他人请教，直到最后的解决方案从许多选择中跃然纸上。任务越困难，某些独一无二的解决方案被选择的机会就越大。随着时间的流逝，你会开发出一定的设计策略。首先解决一个复杂任务中最困难的问题，但是尽可能使用最简单的方法，这样其他未解决的问题就成为一些不是很困难的问题，最后就可以提出一个全面的、连贯的解决方案来。

乔格 · 西拉斯设计了多座著名的斜拉桥，以及一些非常轻盈优美的人行索结构桥梁，包括印度胡格力二桥(Hooghly Bridge Second，1993 年)、希腊埃弗里布斯桥(Evripos Bridge，1992 年)、香港汀九桥(1997 年)、澳门澳氹第二桥(1994 年)等。

1989 年建成麦克斯埃斯人行悬索桥(Max Eyth Pedstrain Suspension)，三跨连续，主跨 144 m，跨越奈卡河。主缆采用空间索面斜吊杆，重力锚。两根钢管桥塔位于桥梁外侧，塔底和基础铰接，桥塔另设锚固与地面的稳定索(图 2-89)。

2003 年建成的波鸿加伦索大街人行桥(Bridge over Gahlensche Strasse Bochum)，主跨

130 m 人行悬索桥，桥塔采用钢管结构，主梁采用三角形桁架。行人和自行车可以通过一条活泼有趣的 S 形天桥穿过波鸿的公路和铁路抵达自然形态的西区公园，穿行这座曲线平面桥梁的同时体验这座只有单边塔柱支撑的悬索桥，这给人留下了极其深刻的印象（图 2-90）。

图 2-89 波鸿加伦索大街人行桥

图 2-90 麦克斯埃斯人行悬索桥

2.3.2 桥梁美学设计在专业合作磨合中升华

桥梁美学设计是行业内一直延续、传承下来的做法。20 世纪中期，德国莱昂哈特倡导的工程师与建筑师合作，请建筑师当参谋。随着时代的变迁，人们对桥梁美学、景观的要求越来越高，建筑师的角色越来越重要，对建筑师的要求也越来越高，以往的桥梁美学设计渐渐演变成当前的专业合作——建筑师和工程师在方案构思、创作全过程中的合作。

在桥梁美学设计一般工作流程中，工程师根据建桥技术条件，从桥梁工程专业角度出发构思和布置桥型方案，再请建筑师做一些美化、修饰的工作，即所谓的建筑师配合当参谋的工作。在这个过程中，当建筑师提出更多的想法时，往往不被工程师所接受。此外，建筑师提出的想法也常常确实不合乎结构的原理。长此以往，很多建筑师会厌倦这种合作，使得这种合作不可持续，难以为继。

正如米歇尔・维洛热所说："当然，如果工程师设计了不美观的桥梁，公众自然会呼唤建筑师。建筑师将建造出一些绝对疯狂的东西，这就形成了一种恶性循环。"

但是，如果工程师努力涉猎本专业以外的学科，比如建筑学、美学等一些专业知识，有助于开阔视野，提升设计、建造优美创新桥梁的能力。建筑师勇敢地涉足桥梁专业领域，了解一些桥梁结构的力学原理。这种情况下，经过一段时间的磨合，使得工程师与建筑师的合作完全变成另外一种局面，一种全新的专业合作模式。

以往的桥梁美学设计模式自然地演变成如今的专业合作模式，工程师和建筑师可以在方案构思、创意形成、结构布置等，全过程进行充分商讨和合作。

工程师和建筑师紧密合作，创造了许多优秀的桥梁作品的同时，也逐渐丰富了当代桥梁美学的理论内涵与外在特征。

1. 轻盈的桥体糅合在高原风情之中

法国米约高架桥（Millau Viaduct）因坐落在法国西南的米约市而得名，2004 年建成通车(图 2-91)。1990 年,米歇尔·维洛热提出一个七塔八跨漂浮体系斜拉桥方案,后来经过详细分析和修改,形成了多塔预应力混凝土斜拉桥方案和多塔钢箱梁斜拉桥方案。

图 2-91　法国米约高架桥

图 2-92　米约高架桥塔墩细部

米约高架桥建造之初曾引起不小的争议,有人担心它会破坏塔恩河谷周围的景观,但英国建筑师诺曼·福斯特选择钢为主要建材,运用其独特的设计理念,对塔、梁、墩等主要构件进行了完美的细节设计,让这座大桥完工后看起来显得结构精巧细致却不失坚固,与周围的环境协调一致(图 2-92)。

大桥全长 2 460 m,跨径组合为 180 m＋6×320 m＋180 m,七塔八跨单索面钢箱梁斜拉桥,塔梁固结,塔墩铰接。由于地质原因,全桥位于半径为 20 km 的平曲线上,在行车过程中能够欣赏到大桥的雄姿。

米歇尔·维洛热说:"建筑师诺曼·福斯特在看完我们第一次准备的模型后,他想把桥梁缩小成最简约的直线,其实这也是我最初的想法。在他的推动下,我们去掉了原先设计的小桥墩和边跨。但这使得技术难点更大,桥梁被简化为直线和 7 个相同的塔。他大大地改进了桥梁的设计。"

面对建成后的大桥,诺曼·福斯特自豪地说,人造的工程必须与大自然融合,桥墩必须看起来像"天工",就像是从地上生长出来。按照法国当地媒体的评价,大桥前卫的设计体现了钢铁和水泥的巧妙组合,将轻盈的桥体结构和谐地糅合在法国南阿弗翁地区的高原风情之中。米约高架桥是一件艺术与科技完美结合的建筑杰作,它仿佛飞翔于山谷之间,蔚为壮观,车行其间犹如穿越云端一般。

2. 用桥塔和主梁勾勒出云门舞姿

台北淡江大桥位于台北港渔人码头和八里之间,桥梁承载双向 8 车道公路和两线城市轨道交通。桥梁结构为主跨 450 m 的独塔斜拉桥,桥塔高度为 175 m,该桥为目前世界最大跨度的独塔斜拉桥(图 2-93)。

图 2-93　台北淡江大桥

英国扎哈·哈迪德建筑团队设计灵感采自云门舞集的舞蹈,云门舞集是台湾的现代舞蹈第一个职业舞团,桥上光影的流动就像舞者的舞姿。桥塔和主梁勾勒出夜半舞者婀娜身姿的总体造型，大桥酷似一位身着大摆裙的舞者在夜半翩翩起舞，而桥梁纵向的灯杆由桥塔向两侧逐渐降低，好似大摆裙逐渐向两侧延伸，给旁观者无限的遐想。

当夕阳西下，淡水河口那道令人陶醉的景致，轻盈的舞者瞬间宛如害羞的新娘，在晚霞中红透了脸颊，仿佛低声诉说着这座大桥和这方水土那永恒的魅力。当夜幕低垂，淡水河口那令人遐想的一幕，内敛的白色舞者在周边宁静的夜风中，眉眼生风，顾盼自如，御风而舞，向水而歌！

结构团队的对策和创新：倒 Y 形独柱桥塔，变宽度分体式钢箱梁。

德国的莱昂哈特公司(LAP)和我国台湾中兴工程顾问公司的结构设计团队和监造团队，为了实现建筑团队的总体创意，采用中间单柱式桥塔，在桥梁的纵向形成倒 Y 形，既保证了大桥舞者的造型，又能提供轨道交通需要的刚度。主梁承载 8 车道公路和两线城市轨道交通荷载，主梁平层布置的最宽处近 60 m。为了能让桥塔从主梁处穿出来，主梁采用分体式钢箱梁，钢箱梁之间的横梁跨度从桥塔向交界墩逐渐减小。轻轨交通布置在钢箱梁的内侧，公路车道布置在钢箱梁的中间，钢箱梁边上是人行道和斜拉索锚固区。这样整个桥梁脱离了轨道交通桥梁厚重的结构外形。一个夜半舞者的纤细、轻盈的舞姿和倩影被建筑和结构两个专业团队塑造得惟妙惟肖。

淡江大桥于 2019 年 3 月开工建设，预计 68 个月内完工，2024 年通车。

2.3.3 具有结构专业背景的建筑师创新实践

这是一个先有美学思想、创意和理念，再回归至桥梁结构的创作过程。这种美学思想和创意不同于纯艺术创作，可以天马行空、海阔天空，而是一种建立在对桥梁结构认知基础上的美学和创意构思，并且最后需要回归桥梁结构检验其合理性、经济性和可行性。这也是创新实践路径的创造性和无限可能性的根源所在，即所谓对形体与结构的关系进行整体思考，对结构和建筑美学之间的互动可以准确掌控。

具有结构专业背景的建筑师创新实践会将更丰富的建筑美学、建筑创作思想直接输入桥梁作品之中。

1. 由创意“找”结构

由创意生成造型，然后在既有的各类桥型结构中，去“寻找”匹配的结构形式，这是一种简单、高效地从创意回归桥型结构的技术路线。因为，如果“寻找”成功，就意味着创意落地成功了，而且“寻找”既有的桥型结构，还意味着结构的合理性和可行性是有保障的。要提高创意成功“寻找”到桥型结构的概率，需要设计师具有结构的专业基础。结构的专业基础一方面有助于生成的创意具有一定的结构理性，而不是“天马行空”；另一方面有助于掌握更多的桥型结构类型，对桥型结构储存着“活跃的思想”具有很大的灵活性。

例如台湾大鹏湾桥(2011 年)，位于台湾屏东县大鹏湾风景区，跨越大鹏湾出海航道，主桥为独塔混凝土斜拉桥，主跨跨径 100 m，与主跨相邻的一跨引桥为开启桥，供帆船通行。主跨斜拉桥采用独塔非对称布置，斜拉索均锚固在桥面中线上，上部结构采用预应力混凝土箱梁，箱梁高 3 m，混凝土桥塔高 72.9 m，采用正面为 A 形、侧面为风帆造型的空间结构(图 2-94)。

大桥位于出海航道意味着大船经常出海或进港。桥梁具有船帆的造型，寓意一帆风顺，一路平安。船帆形态，联想到斜拉桥的桥式，但是桥塔造型需要与常规斜拉桥桥塔不同，需要契合本项目创意，形成巧妙隐喻本项目创意的桥塔造型，如图2-95所示。

图2-94　台湾大鹏湾桥

图2-95　帆的形状和斜拉桥产生关系

例如衢州书院大桥(2017年)，衢州文化底蕴深厚，最早始建于479～502年的8座古舍书院，更是彰显衢州重学尚学的人文历史特色。书院大桥西起西区亭川东路与九华北大道交叉口，穿越衢州职业技术学院，跨越衢江，在主城区与书院西路相接。

方案构思时考虑运用“书”的元素或符号，这一点一定会有许多设计者考虑到的，因为衢州“书”的文化与历史太突出了，并且东面就是书院路，有书院建筑，西面有学校。

在思考方案时，作者由翻开着的书本造型，想到了V形墩梁桥。但是，如果仅仅是V形墩梁桥，很难在三维空间形成书的“意境”。于是想到，何不将V形部分横桥向的尺寸加宽，使其宽出桥面，这样书的形态在三维空间中就形成了。但是，如果加宽了的“书”仅仅是为了造型，也不能算是一个成功的构思，可否使这个加宽的“书”还具有使用功能呢？何不增设一条玻璃人行步道到达“书”的两个页面，作为一个观光平台。在书的斜面的页面部位通过浮雕、文字介绍衢州古舍书院或有关人文历史，这样游客在观景的同时可以领略衢州深厚的历史文化(图2-96、图2-97)。

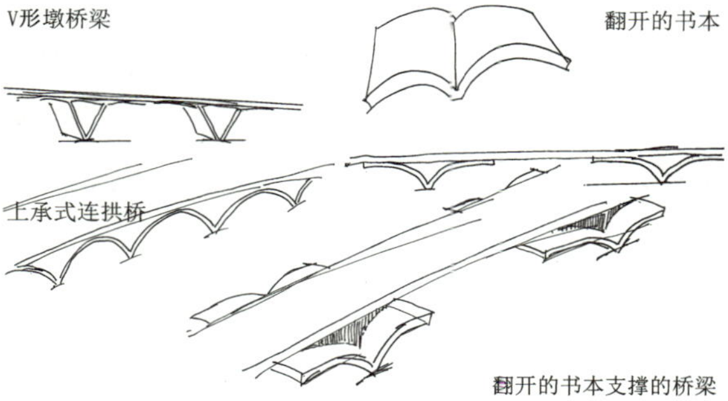

图2-96　由书的创意联系到V形墩梁桥

图2-97　衢州书院大桥

2. 由创意“造”结构

通过基地分析，基于桥梁结构知识，冥思苦想形成的创意如果“寻找”不到可以匹配的满意的桥型结构，那么此时你是放弃原先满意的创意呢，还是坚持自己的创意，走上另一条更艰难也许更有成就的道路——创造创新你需要的桥型和结构。

当然,创造桥梁结构是一项艰巨而重要的工作。桥梁结构主要承担汽车等活荷载的作用,结构的安全事关重大,承载能力、动力性能、疲劳性和耐久性问题、抗风抗震问题、施工建造问题,等等,面对一个创新的结构,解决一大堆难题需要花费极大的人力物力。但是,一个创新的结构,它的重大意义也是不言而喻的。

作者于 2013 年开始桥梁与建筑交叉课程教材编写工作,2016 年秋季学期开设面向土木和建筑城规两大学院的硕士研究生专业选修课程。2017 年申请并获批了为期三年的同济大学交叉课程建设项目,其目的就是希望培养工程技术与艺术创作的综合思维,形成美学创作与结构技术创新的相互作用和相互推动力,成为培养工科学生创新思维、创新能力的一条有效路径。

圣地亚哥·卡拉特拉瓦(Santiago Calatrava)是西班牙著名的建筑与土木工程师,他创造性的设计给世界人民留下了属于他的独特印记。

1992 年,西班牙塞维利亚世博会,为了连接市区和拉卡图嘉半岛(Isla de La Cartuja)上的世博园区,当地政府将这座重要的桥梁委托给卡拉特拉瓦进行设计。作为一张独特的城市名片,这座新桥将迎接来自全世界的宾客,而卡拉特拉瓦也有着比以往更多的自由去发挥他的结构美学。

卡拉特拉瓦设计出一座极为壮观的创新结构的斜拉桥。受到大自然的启发,卡拉特拉瓦将这座桥描绘成一只翱翔天际的天鹅,远远望去,142 m 高的白色塔架直冲天际,它向后倾斜,仿佛是天鹅的羽翼,固定在塔架上的 13 对钢索拉住近 250 m 长的白色桥面,宛如天鹅的身躯。由于其独特的构造,整座桥不需要额外的锚固就可以达到平衡(图 2-98、图 2-99)。

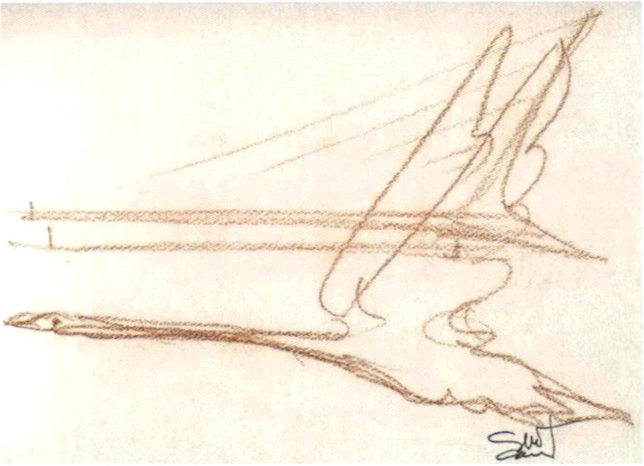

图 2-98 阿拉米罗桥构思创意

图 2-99 建成后的阿拉米罗桥

阿拉米罗桥在建成后,遭到了塞维利亚当地人的强烈质疑:高昂的建造费用与它的跨度和通行能力不成正比。但这并不能阻止外界对它的喜爱和称赞,它被誉为全世界最美斜拉桥。

1992 年西班牙建成通车的路西塔尼亚(Lusitania)桥,也是卡拉特拉瓦设计的另外一座桥,该桥为主跨 189 m 系杆拱桥。构思创意受西班牙公牛头的启发,创造性地设计出一种拱桥主梁截面——脊骨形主梁,主梁中间为主结构箱梁,脊骨箱梁高 4.5 m,顶面宽度 5.5 m 作为人行道。脊骨箱梁作为纵桥向加劲梁,并具有强大的抗扭能力,横向向两侧布置带肋预应力大悬臂结构，形成车行道桥面，这样的主梁形式使得桥梁外观特别轻盈简洁(图 2-100—图 2-102)。

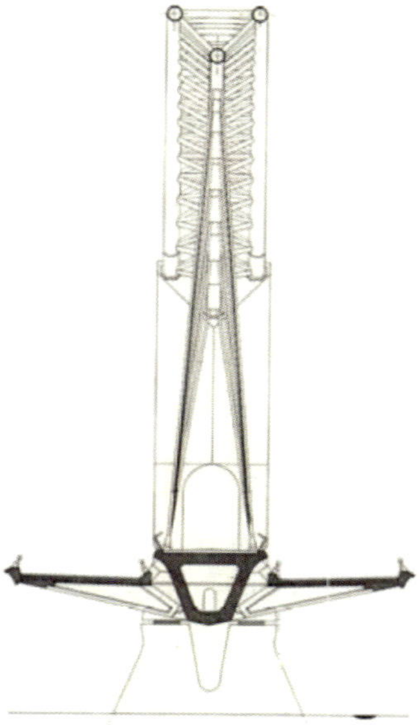

图 2-100　路西塔尼亚主桥横断面图

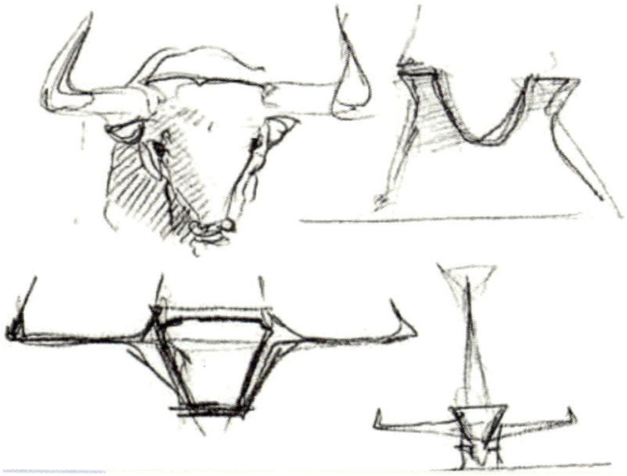

图 2-101　路西塔尼亚主桥、主梁与桥墩构思

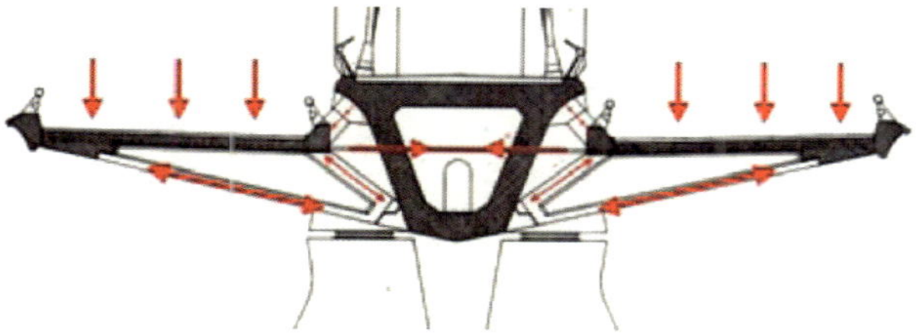

图 2-102　路西塔尼亚桥主梁横断面受力与构造

该桥主拱跨度 189 m，拱肋高 34 m，两侧边跨各长 144 m，跨径为 45 m，全桥长 465 m。主拱圈也是整座桥梁的亮点，主拱圈是由三根钢管组成的、断面呈三角形的桁架，宽 5 m，高 2.5 m(轴线中到中)，钢管桁架拱肋长度为 131 m。主拱圈近拱脚和桥面处采用预应力混凝土，各长 29 m，人行道在混凝土拱脚中间开孔通过。

本章参考文献

[1] Zhou Xuhong, Zhang Xigang. Thoughts on the Development of Bridge Tschnology in China [J]. Engineering, 2019, 5(6): 1120-1130.

[2] 项海帆，肖汝诚，徐利平，等.桥梁概念设计[M].北京：人民交通出版社，2011.

[3] 肖汝诚.桥梁结构体系[M].北京：人民交通出版社，2011.

[4] 孟凡超，刘明虎，吴伟胜，等.港珠澳大桥设计理念及桥梁创新技术[J].中国工程科学，2015，17(1)：27-35.

[5] 邵旭东.基于 UHPC 的桥梁新结构：有望突破现有桥梁的多个技术瓶颈[J].桥梁，2016(4)：42-45.

[6] 张国学.BIM 正向设计：桥梁设计 · 制造 · 施工全过程指导[R].2021.

[7] VANJA SAMEC.因 BIM 而变：创建混凝土结构分析设计模型[R].2021.

[8] 徐栋.预制构件装配式桥梁理论完善和未来发展[J].桥梁,2019,5(91)：64-69.

[9] 周良,闫兴非,李雪峰.桥梁全预制拼装技术的探索与实践[J].城市道路与防洪,2018(9)：38-41.

[10] 王员根.大型化、多样化、智能化钢桥专用设备的发展趋势[J].桥梁,2020,6(98)：48-51.

[11] 刘晓光,卢春房,鞠晓臣,等.我国铁路钢结构发展回顾与展望[J].中国工程科学,2020,22(3)：117-124.

[12] Myint Lwin.美国桥梁中的“钢元素”[J].桥梁,2018(3)：34-39.

[13] Yozo Fujino, Dionysius Siringoringo. Historical and Technological Developments of Steel Bridges in Japan-A Review[J]. Steel Construction,2020,35(1)：34-58.

[14] Xu Liping, Dai Limin, Guo Long. New Type of Composite Girder Design and Research on Key Mechanical Behavior of JiaoJiang Second Bridge[C]. 2019 International Conference on Composite Material, Polymer Science and Engineering (CMPSE2019)：165-173.

[15] Xu Liping, Wang Qingquan, Wang Anmin. Key Design Technologies of New Cable-Stayed and Steel Truss Composite Bridge[C]. 2020 4th International Conference on Mechanical Engineering and Applied Composite Materials (MEACM2020)：75-87.

[16] Cid C, Baldomir A, Hernández S. Optimum crossing cable system in multi-span cable-stayed bridges [J]. Engineering Structures, 2018(160):342-355.

[17] Michel Virlogeux, Martine Motard, Emmanuel Bouchon, et al. Design of the Terenez curved cable-stayed bridge[C]. The International Federation for Structural Concrete (fib),Symposium, Avignon France, 2004.

[18] Rusev Rusi, Foster Rufus, Abbott Tim. River Irwell Crossing-UK's First Network Arch Bridge[J]. Structural Engineering International. 2019, 29(2)：306-314.

[19] Beade-Pereda Hector, McElhinney John, Barbulescu Bogdan. St. Philips footbridge in Bristol：A holistic design as a driver for urban regeneration[J]. Bautechnik. 2019, 4(96)：133-140.

[20] 秦顺全,徐伟,陆勤丰,等.常泰长江大桥主航道桥总体设计与方案构思[J].桥梁建设,2020,50(3)：1-10.

[21] 王应良,高宗余.欧美桥梁设计思想[M].北京：中国铁道出版社,2008.

[22] 潘春华,周宗涛,张杨永,等.国产桥梁设计软件发展现状及最新研发成果介绍[C]//中国公路学会桥梁和结构工程分会 2019 年全国桥梁学术会议论文集,2019：213-217.

[23] 韩厚正,郭政瑞.国产桥梁结构分析软件的发展及展望[C]//中国公路学会桥梁和结构工程分会 2020 年全国桥梁学术会议论文集,2020：226-230.

[24] 周洋.他设计的桥像丛林中的一道彩虹,盛开在山谷中,充满活力[EB/OL].(2018-07-26)https://www.sohu.com/a/243505427_317644.

第 3 章 桥梁美学从现代走向当代的历程

当代桥梁美学不是一朝一夕突然形成的，它的形成和变迁离不开美学学科属性及其发展规律，即美的哲学、艺术社会学、审美心理学、艺术实践等方面相互作用，循序渐进的沿革和变迁。依次从桥梁美学先锋的实践、思想的碰撞、理论的探索及桥梁方案竞赛梳理桥梁美学的历史脉络和逻辑线索，从而逐步理清当代桥梁美学发展的理论基础和社会基础。桥梁方案竞赛作为思想和理论的"大舞台""竞技场"，起到了实践检验和理论发展及二者之间相互促进的作用。

21 世纪 10 年代，我国的城市化建设进入高潮，大量的新城及桥梁建设取得了一些成绩，也暴露了一些问题。2012 年全国桥梁会议上邓文中《美观何价》的报告引起了思想碰撞的大讨论，这种讨论促进了行业的思考和思想交流，并朝着逐步取得共识的方向发展。之后，经过大约 10 年的再实践和沉淀，2018 年、2019 年桥梁杂志举办的桥梁工程美学论坛及 2020 年国际桥梁工程美学线上论坛，同行们在美学理论和实践上取得了更大的进步，达成了更多的共识。

从桥梁美学发展的历史进程中可以看到：一是当代桥梁美学始于欧美，盛于我国；二是国内外同行们全程参与其中，无论是思想碰撞还是理论探索，无论是工程实践还是方案竞赛；三是工程实践贯穿整个发展进程，实践推动了理论的发展；四是桥梁美学思想的变革既来自建筑美学，又滞后于建筑美学思潮，呈现一种"渐变"的态势。

3.1 桥梁美学先锋的实践

先锋是新美学思想的开拓者、实践者。先锋并不是谁任命的，而是通过他们的探索实践，美学风尚得到社会的认可，成为一种普遍性的审美趋势。

先锋的实践在时间上大多处于当代桥梁美学的早期，即 20 世纪末 21 世纪初的大约 20 年时间。从 20 世纪最美桥梁中选取世纪末 20 年的 7 座桥梁，以及具有建筑美学思想萌芽的西班牙巴塞罗那博览会桥（1984 年）等几座桥梁，可以感受到不同于 20 世纪中早期的桥梁的美学思想、整体风格的变化，以及新的创作思路和方法对桥梁结构形式、功能的影响和变化。欧美国家的千禧年桥更是较系统和深刻地探索了桥梁除了具有交通功能之外，作为造型艺术和非物质文化的纪念性建筑作用。

有了上述美学思想"渐变"和创新实践，才有了后来较大范围的审美变迁和社会认可。我国的桥梁美学实践稍稍滞后于欧美国家的实践，20 世纪末，开始有某些桥梁实践取得了成功。同济大学桥梁设计院在这方面的工作起步比较早，如苏州太湖大桥（1992 年）、杭州钱塘江三桥（1996 年）、桂林解放桥（2001 年）等获得了较好的美学效果和社会影响。之后，在全国范围有越来越多的设计院参与，桥梁工程师主动学习建筑创作、建筑美学，努力与建筑师交流沟通、紧密合作，当代建筑美学的各种思潮、风格、流派越来越多在桥梁上成功实现，推动了桥梁美学理论的发展和工程实践的进步。

3.1.1 美学思想的"渐变"

在建筑领域，路易斯·康和其学生文丘里属于最早预见现代主义美学灾难性后果的先知，他们率先对现代主义美学发起挑战。20 世纪 70 年代以后，现代主义美学退出历史舞台，后现代主义的各种思潮纷纷登场，后现代主义、新现代主义、新理性主义、解构主义等流派中的大多数至今仍然很活跃。

不同于建筑领域美学思想变革的轰轰烈烈、大张旗鼓，在桥梁领域，随着社会的发展、建筑美学的变革，桥梁美学思想变革是一种"渐变"，主要表现为两方面的特征。

一是桥梁从关注技术到综合技术与艺术，从关注结构比例和谐的现代桥梁美学到多元美学思想的"萌芽"，呈现一种潜移默化、和风细雨的变化过程。在世界各地，从零星几个建筑师、几座桥梁作品开始，展现这种美学思想的变迁。这也许是由于桥梁在城市中的密度本来就远小于建筑的密度，桥梁的总量远小于建筑的原因所致，等到桥梁被发觉"千桥一面"的局面或者新美学思想崭露头角，需要时间的沉淀，以弥补空间上的不足。

二是时间，如果说建筑历来被视为一种变革相对滞后的艺术形式，那么，桥梁在时间上更滞后于建筑领域美学思想更替。世界上较早几座桥梁展现新美学思想的时间大致在 20 世纪 80 年代以后，明显滞后于建筑美学思想的变革和更替。这大概由于桥梁的美学思想创作需要借助建筑师的帮助，大多借由先锋建筑师在桥梁上创新实践，才得以将建筑美学各种思潮移植并创新发展到桥梁中，从而形成桥梁所特有的美学思想及其区别于建筑的新形式。

1. 从 20 世纪最美桥梁中选取世纪末 7 座桥梁剖析美学思想变迁

我们从 20 世纪最美桥梁入选的 15 座桥梁中选取 7 座桥梁，并以时间顺序排列，非常有意思地发现美学思想"渐变"的脉络。

(1) 瑞士甘特桥(Ganter Bridge)(图 3-1)，曼恩设计(1980 年)，这是一件真正的艺术品，一种桥梁体系的创新。

(2) 德国克希汉姆跨线桥(Kirchleim Bridge)(图 3-2)，乔格·西拉斯(Jörg Schlaich)设计(1993 年)，该桥梁体的流线型外形与内力弯矩图相似，给人以力度感。

(3) 法国诺曼底大桥(Normandy Bridge)(图 3-3)，米歇尔·维洛热(M. Virlogeux)设计(1994 年)，这是一座和当地景观完美协调的斜拉桥。

(4) 瑞士桑尼伯格桥(Sunniberg Bridge)(图 3-4)，曼恩(C. Menn)设计(1997 年)，这是一道优美的彩虹，是桥梁建筑的精品。

(5) 丹麦大贝尔特桥(Great Belt Bridge)(图 3-5)，COWI 公司 K. Ostenfeld 设计(1997 年)，该桥虽然不是 20 世纪最大跨度的悬索桥，但独特的桥塔、独特的锚碇设计给人深刻的印象。

(6) 日本多多罗大桥(Tatara Bridge)(图 3-6)，本四桥梁工团设计(1998 年)，这是 20 世纪最大跨度斜拉桥，具有东方神秘的美感。

(7) 中国香港汀九桥(图 3-7)，德国施莱希工程设计咨询有限公司(sbp)设计(1998 年)，这是混合结构的杰作，是艺术和技术的统一。

1	2
3	4
5	6
7	

1. 图 3-1　瑞士甘特桥
2. 图 3-2　德国克希汉姆跨线桥
3. 图 3-3　法国诺曼底大桥
4. 图 3-4　瑞士桑尼伯格桥
5. 图 3-5　丹麦大贝尔特桥
6. 图 3-6　日本多多罗大桥
7. 图 3-7　中国香港汀九桥

上述 7 座桥梁的建筑时间跨度从 1980—1998 年，正好是 20 世纪的最后 20 年。上述桥梁呈现两条平行的线索，一条是技术线索。甘特桥是跨越山谷的板拉桥，这是一种桥梁体系的创新，是后来的矮塔斜拉桥的雏形。诺曼底大桥和多多罗大桥分别是当时建成时的最大跨度斜拉桥，为后来超千米斜拉桥的开拓者。桑尼伯格桥和汀九桥都是多塔斜拉桥，前者是多塔矮塔斜拉桥，后者是三塔加稳定索斜拉桥。丹麦大贝尔特桥是建成时世界上最大跨度悬索桥。从技术线索方面可以看出这些桥在技术进步方面的里程碑意义。

桥梁专业领域关注更多的是它们在技术创新方面的贡献，即便关注桥梁美学，也仅仅停留在现代桥梁美学领域关注跨径布置的比例、结构的韵律、构件尺度的和谐等方面的美学问题。虽然在相关桥梁的评语中已然注入了建筑美学思想及其感情的成分，但没有系统地基于桥梁与建筑整体视野剖析它们的美学思想及其设计细节。

另一条是美学线索，这7座桥梁体现了关注空间意识、关注地方情感等多元审美理念。在桥梁这样一个特殊的领域，有美学理论家称之为新现代主义流派，由现代主义发展而来，但是，改变了现代主义风格的几何构图，代之以灵活的、多变的、简洁的和富有韵味的新几何构图，注重精雕细刻，推敲总体造型及其细节设计。

克希汉姆跨线桥梁体的流线型外形和弯矩图相似，呈现的是简洁流畅的动感。桑尼伯格桥和地形的和谐关系已超越了技术层面，更多的是在美学层面给人深刻印象，加之塔、梁等主要结构的总体形态及其截面几何图式（细节），使桥梁与地形的关联、桥梁的整体和构件的局部处理关系，都达到了无可挑剔的完美程度。

大贝尔特桥的桥塔、三角形镂空锚碇以及其上部、中部和承台部位的三道横梁不同于一般桥塔的布置位置，除了给人比例协调的感觉外，更多的是呈现一种清新优雅的几何构图。特别是下塔柱根部的尺寸变化，不仅符合桥塔横桥向受力要求，更赋予了其独一无二的造型，区别于世界上任何一座桥塔。

多多罗大桥桥塔虽然是斜拉桥中常用的一种塔形——钻石形索塔，但是其垂直部分的上塔柱以及倾斜部分的中塔柱、下塔柱之间的总体比例协调且过渡自然，加之塔柱截面和横梁布置等细节设计，使常见的塔形呈现一种全新的形态，并且赋予了情感，正如评语所说具有东方神秘的美感。

2. 建筑创作过程中多元美学思想的“萌芽”和“曙光”

20世纪后期，现代主义之后，功能主义的“形式追随功能”已经不再适用，现代主义开始逐渐远离功能这个中心，向着形式的方向发展。路易斯·康提出“形式唤起功能”“建筑是有思想的空间创造”，显示了从功能与形式的二元对立到对空间创造的关注。在后现代主义时期，多元建筑美学思想纷纷出现，与多元的审美理念充分契合。

从功能与形式二元论到空间意识，营造诗意空间。新现代主义是20世纪最后一批完美主义者，一方面，他们采用几何学形式，对细部精心推敲，对整体审美效果的把握，绝不弱于新古典主义。另一方面，利用光学塑造优美的光空间。R.迈耶说过：“我所要求的是，追求对现代建筑的温和的限制，追求用光塑造美。我希望在纯形式原则内，创造一种空间的抒情诗。”

1）新现代主义修辞学家对细部的推敲和桥面空间的打造

西班牙巴塞罗那博览会桥白色的主、副拱肋，以及横向连系的短肋、吊索、桥面、栏杆、阶梯等一起，在蓝天、绿地衬托下，共同组成了一幅充满诗情画意的结构美景。远眺，简洁而优雅，近看，带圆弧边缘的三边形拱肋截面，不管是在白天的太阳光下，还是在夜晚的灯光下，它们都是光影清晰，明暗强烈。在桥面上，主副拱肋及其吊杆围合成的空间具有诗情画意，桥面上休闲的人们久久不愿离去（图3-8）。

2）有机主义寻找一种最能体现生命规律和自然法则的结构方法

有机主义注重建筑中的“有机性”，主要表现为舍弃规则的几何形体，对自然形体的推崇。卡拉特拉瓦还设计了不少灵感来自大自然生命体及其运动瞬间的形态的桥梁，如大家熟知的西班牙阿拉米罗（Alamillo）桥（1992 年），主梁断面寓意模仿与当地文化传统契合的公牛头型，桥的整体立面效果像飞翔的天鹅。

3）高技派是实现更加广泛的可能性的一种手段

高技派技术主义通过抽象的语汇和机器构造的方式，充分体现了社会的进步与科技的发展，表现了建筑师们对科技发展的坚定信念，洋溢着乐观主义精神。索结构桥梁通过拉索悬吊起大跨度桥面，充分表现出千钧一发的豪迈气概。精心布置的拉索形成别致的曲面空间，在桥面上的行人仰头望见拉索组成的空间扭转曲面，充分显示了技术与力学之美。

西班牙莱雷斯河（Lerez）桥（1995 年），独柱塔后倾 18°，主跨 125 m，中跨单索面，边跨双索面。边跨双索面锚在地锚平衡重加岩锚上，边跨锚索在塔上沿垂直线布置，而在地锚块体上沿垂直于桥梁的水平线布置，因而各形成一个壮丽的扭转的空间曲面，给人新颖的感觉，增添了桥梁的美观（图 3-9）。

图 3-8　主副拱肋及其吊杆围合成的桥面空间

图 3-9　边跨两侧拉索形成扭转的空间曲面

3.1.2　新思路、新结构和新功能

这里主要展现 20 世纪末、21 世纪初的 20 年左右时间内，结构形式的创新成果。既是世纪更替的时间，又是现代桥梁美学向当代桥梁美学发展的时期，从这些新桥型、新结构体验当代桥梁美学的新气象、新面貌的雏形。

对当代桥梁工程设计来说，在这个先锋实践的时期，结构形式的创新是一种开拓和引领。沿袭技术创新之路的结构创新和新辟创作之路的结构创新，成为两条平行的路线。无论工程师的技术路线还是建筑师的创作路线，合理巧妙的结构、艺术优美的造型都是需要兼顾的，不可偏废，二者缺一不可。

1. 技术创新之新结构

这是一条近现代以来，桥梁工程专业领域内技术创新之路的延续。在这条道路上，先辈们的努力获得了许多创新成果，为后人铺就了一条技术发展的金光大道。技术创新发展主要包括这几个情景：新材料的研发应用对应着桥型结构创新，既有技术在工程实践中出现问题需要改进，由此带来结构形式创新，碰到新的建桥条件（地形、地质、水文、气象、地震等）需要新的技术，由此带来桥型结构创新，既有技术需要不断优化，从而需要新的结构形式，等等。近年来，随着桥梁工程技术的进步，技术越来越成熟，工程实践不断积累，各类桥型结构不断得到拓展和优化，各类桥型结构越来越丰富、越来越完善。这也意味着桥型结构创新越来越困难，创新空间越来越小，即便如此，20 世纪末近 20 年来，桥梁结构创新成果依然丰硕，许多新桥型、新结构给桥梁专业带来了新面貌。

源于技术路线的新结构，还需兼具原创的造型艺术和美学品质，否则难以成为让人们真正称赞的桥梁、长久不忘的桥梁。

(1) 矮塔斜拉桥——瑞士甘特桥(Ganter Bridge)，由曼恩设计(1980 年)。1956 年，现代斜拉桥诞生后，矮塔、刚性板拉结构刚构桥成为一种新的结构形式，成为日后拉索体系矮塔斜拉桥的先声。

(2) 单索面 A 形塔自锚式悬索桥——日本大阪此花大桥，Konohana(1990 年)。将近一个世纪的悬索桥样式，门式桥塔双主缆索面悬索桥之后，钻石索塔、单根主缆、斜吊杆单承载面悬索桥，呈现一种新体系。

(3) 单承载面下承式系杆拱桥——西班牙路西塔尼亚桥，由卡拉特拉瓦设计(1992 年)。单片拱肋、单承载面拱桥，简洁通透的结构形式，成为单承载面斜拉桥、悬索桥之后的首座单承载面拱桥。

(4) 倾斜拱曲线桥面竖向旋转开启人行桥——英国盖茨黑德市千禧桥，由 Wilkinson Eyre+Gifford Ltd.设计(2000 年)。一座将两片拱肋采用独特方式连接起来的优美的曲线人行桥，并通过旋转开启能够满足通航要求。

(5) 上承式部分自平衡连拱拱桥——桂林解放桥，由同济大学桥梁设计院设计(2001 年)。下承式系杆拱桥、中承式系杆拱桥之后，上承式部分自平衡预应力混凝土连拱拱桥，优雅地成为桂林山水的有机组成部分。

(6) 全焊钢结构中承式箱形拱桥——上海卢浦大桥，由上海市政工程设计院设计(2003 年)。过去 500 m 左右拱桥的形式均为钢桁架拱，杆件小而多。卢浦大桥成为 21 世纪首座在上海软土地基上跨越黄浦江的中承式系杆索自平衡体系拱桥，大型全焊钢结构箱型截面拱肋，迎来了大跨度拱桥的新形式。

2. 美学创作之新结构

美学关系着人类自身的生存与发展，体现出对人的整体性关怀。桥梁美学是人类社会赖以生存环境的重要组成部分之一，优美的桥梁是人类社会进步向更高层次发展的必需品。无论城市还是乡村，美好优质的生活需要优美、安全、生态的生活环境。不断提高要求的优美桥梁是桥梁美学、桥梁创作设计的必然趋势，绝不是自找麻烦。

当桥梁美学和景观要求不断提高时，建筑创作的工作方式引入桥梁方案设计。建筑创作为我们提供了一条桥型结构创新的新路线，根据对基地及其历史人文的深度思考和挖掘，形成创作思想和想要表达的创意雏形，再去构思、勾画可以落实和匹配的桥型结构，经过这样一番逻辑演绎和艺术创作，直至最后得到满意的结果。

源自艺术创作创意的造型，需要深植于结构技术，需要具有结构的技术合理性、创新性，否则即便创意再精彩、故事再动人，最终都难以成为好方案、好作品。

(1) 斜靠拱桥——西班牙巴塞罗那博览会桥(Bach de Roda-Felipe Bridge)，由卡拉特拉瓦设计(1984 年)。

以往拱桥依靠两片铅垂布置的拱肋之间设置横向的风撑，保证拱肋结构的稳定，莱昂哈特创造出提篮拱，以造型优美的提篮拱代替了大量风撑，巧妙地解决了拱肋稳定问题。这里，通过设置主副拱肋，主拱肋垂直布置，副拱肋倾斜至拱顶与主拱肋连接，形成一种斜靠拱的形式，解决拱肋平面外稳定问题，同时营造出人行道桥面优美的诗意空间效果。

(2) 无背索斜拉桥——西班牙阿拉米罗桥，由卡拉特拉瓦设计(1992 年)。

斜拉桥桥塔依靠两侧的拉索平衡实现完美的力的传递和平衡。出于“飞翔的天鹅”这一构思创意的需要，结构上一反传统，利用倾斜的混凝土桥塔的重力作用，巧妙地平衡主跨悬吊桥面的拉索荷载，实现了力学和艺术完美的融合。

(3) 中跨单索面边跨地锚双索面后倾独塔斜拉桥——西班牙莱雷斯河桥，由 Leonardo Fernandez Troyano＋Javier Manterola 设计(1995 年)。

该桥的结构布置方式又是一种违反传统斜拉桥，平衡主跨单索面的边跨斜拉索分成两个索面，且锚固与地锚结构，在桥头地面广场上形成扭转的拉索空间曲面新结构，这种新结构呈现一种全新的拉索造型艺术空间。

(4) 蝴蝶拱桥——英国贝德福德(Bedford)人行桥(1997 年)。

一种新的拱肋布置方式，两片钢管拱肋向外倾斜，像蝴蝶翅膀一样敞开着，人们在这样的桥面上行走逗留，心情格外愉悦。

(5) S 湾平面单侧布置倾斜钢塔和斜拉索人行桥——英国伦敦南码头步行桥(图 3-10)，由 Wilkinson Eyre Achitects＋Gifford Ltd.设计(1997 年)。

两根倾斜的钢塔，两个弧形的桥面组成 S 形，一段固定，一段可以平转开启。倾斜的索面张拉在弧形桥面的一侧，看上去极富动感(图 3-11)。

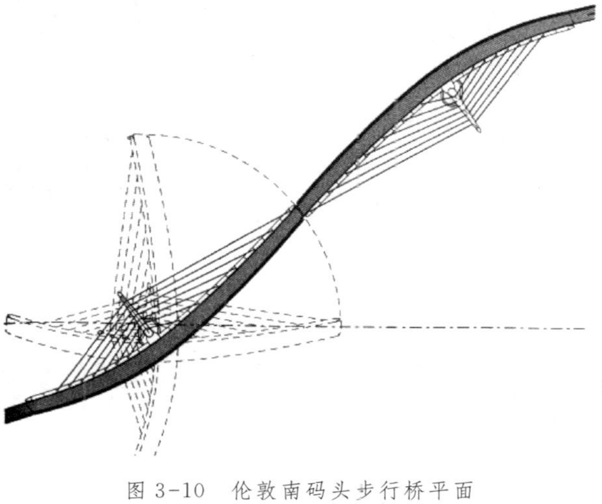

图 3-10　伦敦南码头步行桥平面

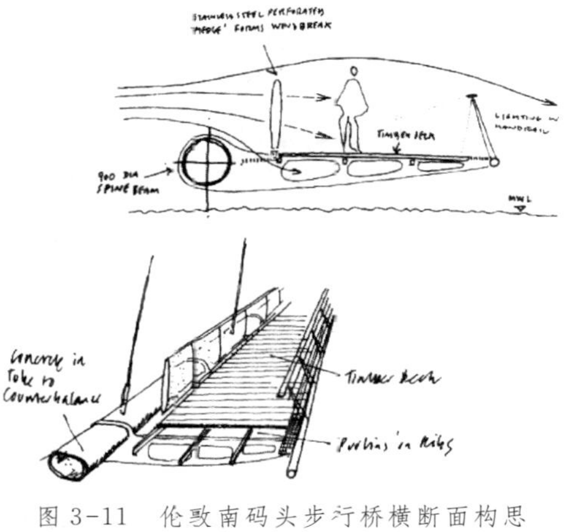

图 3-11　伦敦南码头步行桥横断面构思

(6) 斜跨拱桥——巴西巴西利亚 JK 总统大桥，由亚历山大·陈设计(2002 年)。

拱肋斜跨桥面，一种拱肋和桥面主梁的新的布置关系，悬吊起桥面主梁结构。建筑师希望避免采用直线的桥面，以突出巴西利亚迷人的落日。

3. 新思路之新功能、新布局

从下面的例子可以看到，桥梁工程师和建筑师很早就已经发觉，桥梁不仅仅具有跨越障碍，供人和车辆在桥面通行的功能，当然这个功能非常重要。桥梁应该更好地服务于人们，使人们觉得桥梁是具有多种功能的，人们在桥上行走、逗留、观光，具有非常宜人的环境，而不是非得与车水马龙为伴，在汽车噪声尾气的环境里。新思路形成了新功能、新布局，人行道和车行道分上、下两层布置，人行道和车行道被布置成分离的两个结构，利用桥塔结构，在塔顶设置观光厅，供游客旅游观赏城市风光等。新的功能也丰富了桥梁的造型。这些布置方式直到现在还被人们津津乐道。

(1) 下层桥面悬臂设置人行道，人车分离，塔顶设置观光厅——捷克斯洛伐克布拉迪斯拉法新大桥(Most SNP)(1972 年)。

捷克斯洛伐克建成的 Most SNP 桥，采用中央索面倾斜桥塔斜拉桥。在塔顶设置具有游客观光休息功能的飞碟形观光厅，使多瑙河两岸的旖旎风光尽收眼底。此外，箱梁主体为单箱双室矩形钢箱梁，顶面悬臂正交异性钢桥面布置车道，下层设悬臂人行道，车流与人流分开，为行人提供了更好的通行环境(图 3-12)。

(2) 沿拱脚设置上下桥梁人行梯道——斜靠拱桥，西班牙巴塞罗那博览会桥，卡拉特拉瓦(1984 年)。西班牙巴塞罗那博览会桥通过将人行梯道结构和辅拱的结合，改变了人行道附属建筑的地位，方便行人上下桥(图 3-13)。

(3) 人行道设置在桥面中间高出车行道桥面——西班牙路西塔尼亚桥，卡拉特拉瓦(1992 年)。人行通道布置在桥面中间，并高出车行道桥面，在桥面处拱脚开设供行人通行的门形孔洞，形成一种有趣的行走体验(图 3-14)。

1	2
3	4

1. 图 3-12　Most SNP 桥　　2. 图 3-13　巴塞罗那博览会桥
3. 图 3-14　西班牙路西塔尼亚桥　　4. 图 3-15　德国格拉茨桥

（4）人行道与机动车桥面分离设置——德国格拉茨（Glacis）桥（1999 年）（图 3-15）。该桥位于德国 Ingol 市，跨越多瑙河，由乔格·西拉斯（Jörg Schlaich）设计。格拉茨桥是斜腿刚构和悬带桥，两种都不能独立承受荷载的结构组合，形成了细长且透明度通透的大桥。中间斜腿刚构桥为车行桥结构，两侧悬带桥为人行道，人车分离设置，结构协同工作。

3.1.3　欧美国家的千禧年桥

对人类社会而言，世纪之交的时间节点重要性不言而喻，用桥梁作为人类社会历史进程中的一种标志、一种纪念，记录跨入 21 世纪的历史大门。起到了物质交通的功能作用、非物质的人类社会历史记录和纪念作用，这是桥梁在重大历史事件中作为纪念碑、雕塑艺术，首次在世界各地出现和采用，称为"千禧桥现象"。体现了桥梁作为一种交通功能性建筑物的另外一种具体的、非物质的人类社会历史文化功能，一种纪念建筑。

"千禧桥现象"体现了桥梁对于城市发展的重要意义，展现其具有创新性、唯一性、标志性、纪念性的一面。它也包含了美学思想的突破、结构形式的创新和多元功能的拓展。

下面是欧美国家 9 座千禧年桥的简介，除了西班牙奥伦塞千禧年桥和西班牙萨拉戈萨第三千禧年桥，其余都是人行桥，其中，有个别桥梁如英国伦敦千禧桥等尚存在刚度小、振动大等缺陷，经过加固后重新开放交通。

（1）美国芝加哥千禧年露天音乐厅步行桥（Millennium Park Footvridge），弗兰克·盖里（Frank Gehry）（1999 年）（图 3-16）。芝加哥千禧年露天音乐厅步行桥全由空间曲面镜面不锈钢板构成，一直延伸到路面，迂回曲折，蜿蜒连接起千禧园和它东边的广场。桥面设置 5% 无障碍坡道，步行桥除了作为人行通道外，还起到隔绝交通噪声的作用。设计者弗兰克·盖里是后现代一位具有独特风格的著名建筑师，这座桥是他设计的唯一一座桥梁。

（2）英国盖茨黑德千禧桥（Gateshead Millennium Bridge），Wilkinson Eyre＋Gifford Ltd.（2000 年）（图 3-17）。既要保证通航的 25 m 净空要求，又满足码头周围只能高出水面 4～5 m 的要求，通过盖茨黑德市千禧桥创造性地提出了一种新的开启形式，即在与行人方向垂直的竖直平面内旋转——所谓的第五度空间。抛物线形的钢拱采用风筝箱形断面，18 根镀锌钢丝拉索连接拱肋和平面曲线形桥面。桥面是由作为人行步道的钢箱结构及横向悬出大约 3 m，并沿曲线向外伸出，支撑轻质的铝制桥面板作为自行车道。沿着桥长该自行车道具有常宽，并且比邻近的人行道低 300 mm，这样使具有不同需求高度的人行护栏和车行护栏在同一断面上调节成统一的高度。桥梁每日白天和夜间的开通仪式都成为一景。

（3）英国伦敦千禧桥（Millennium Bridge），Norman Foster ＋ Arup Associates（2000 年）。

伦敦千禧桥是百年来第一座横跨泰晤士河的新桥，全长 325 m，连接了圣保罗大教堂（St. Paul's Cathedral）和对岸的泰特现代艺术馆（Tate Modern gallery）。跨径布置为 81 m＋144 m＋108 m，全长 333 m，桥面宽 4 m，Y 形桥墩的两臂上面支撑着 8 根拉索，拉索张拉力达 2 000 t。托举起像"光刃"一样的空前通透、超薄的桥体。2000 年 6 月 10 日正式开放，但由于大桥出现摇摆及振动问题又对其进行了加固，两年后重新开放。

该设计表现出英国皇家的传统风格，这种"没有结构"的桥面是平整的，它与圣保罗大教堂的路面一样平齐（图 3-18）。

（4）英国兰卡斯特千禧年桥，Whitby Bird and Partners（2000 年）。

这座桥桥面布置呈 Y 形，分别连接堤岸、高架桥和邻近的码头，使得在河两岸兰卡斯特和莫凯姆之间步行或骑行都很方便。桥梁的双桅杆塔十分醒目，唤起人们对先前这里码头桅船的记忆。桅杆高度 40 m，主通道刚刚超过 30 m。由于它的两个桅杆类似于"V"形标志，许多兰卡斯特人称它为"宣誓桥"（图 3-19）。

1	2
3	4

1. 图 3-16 芝加哥千禧年露天音乐厅步行桥
2. 图 3-17 英国盖茨黑德千禧桥
3. 图 3-18 英国伦敦千禧桥
4. 图 3-19 英国兰卡斯特千禧年桥

（5）英国曼彻斯特索尔福德千禧年开启桥（Salford Quays Millennium Footbridge），Carlos Fernandez Casado（2000 年）（图 3-20）。

该桥是一座竖直的开启桥，跨度 95 m，竖直提升高度 18 m，横跨曼彻斯特运河。大桥的主跨为洛斯拱（Lohse Arch），两片主拱在拱顶像树冠一样相连。升降机由四个白色钢管桁架构成，它的最大特点就是不像门式开启桥在城市里成为一个庞然大物遮挡了人们的视线。曼彻斯特索尔福德开启桥使运河空间开阔透明。

（6）英国约克千禧年桥（York Millennium Bridge），Whitby Bird and Partners（2001 年）（图 3-21）。

约克千禧年桥总长 150 m，拱形跨为 80 m，桥面为梯形钢箱梁，稍微倾斜地向外悬臂伸出。拱肋在竖直方向后倾 40°，吊索为直径 19 mm 的不锈钢索。桥面两边各设有一排较粗的钢缆吊在距桥中心 1 m 的位置，两排钢索保证了拱桥桥面的悬臂平衡。西侧边跨有 4 个桥墩过渡，将引桥与正桥相接。该桥在设计时进行了模型计算机动力分析，以检验在行人和风荷载下的振动。为了有效地减小振动，设计约克千禧年桥时增加了质量调谐阻尼器。

(7) 西班牙奥伦塞千禧年桥(Purnte del Milenio en Ourense)，卡拉特拉瓦(2001 年)。

该桥位于圣地亚哥附近奥伦塞，跨越米尼奥河桥，长 275 m，宽 23 m，双向四车道，两边设置人行道，最外侧架立环形步梯。大桥主体结构为倾斜双塔单索面斜拉桥，主梁为等截面预应力箱型曲梁，索塔与桥墩铰接。主跨跨中为张弦梁结构，主梁下的张弦梁加劲与步梯结构组成一体。然而这个披巾似的环形步梯似乎违背了桥梁美学的基本原理，使结构繁杂、凌乱(图 3-22)。

1 | 2
3 | 4

1. 图 3-20　英国曼彻斯特索尔福德千禧年开启桥
2. 图 3-21　英国约克千禧年桥
3. 图 3-22　西班牙奥伦塞千禧年桥
4. 图 3-23　法国塞纳河西蒙娜·德·波伏瓦步行桥

(8) 法国塞纳河西蒙娜·德·波伏瓦步行桥(Passerelle Simone de Beauvoir)，Dietmar Feichtinger(2006 年)(图 3-23)。

该桥全长 304 m，主跨长度 190 m，宽 15～20 m，是由钢悬带桥和曲弦桁梁组合体系人行桥。桥梁分上、下两层，分别与左右两岸的图书馆、公园台地以及沿江公路衔接，行人可以从桥头两端的上层或底层直接上桥。整座桥梁犹如两条凌空缠绕的藤蔓，并在桥中央形成一个被称作“镜眼”的椭圆，组成一个可供行人驻足停留、欣赏江景的“双层空间广场”。

以名著《第二性》的作者西蒙娜·德·波伏瓦的名字作为正式桥名。

(9) 西班牙萨拉戈萨第三千禧年桥(Puente del Tercer Milenio), Juan Jose Arenas (2008年)(图3-24)。

该桥为八字撑式系杆拱桥,跨度216 m,桥宽44 m,白色混凝土拱高36 m,拱截面宽6 m,厚2 m。桥面分成12段,逐段向前推进架设。该桥是同类型桥中跨度最大的一座桥。

图3-24 西班牙萨拉戈萨第三千禧年桥

3.2 思想的碰撞

从学习欧美国家的桥形,到结合建桥条件自主创作创新,经过几十年的工程建设实践,预示着我国当代桥梁美学雏形正在逐渐形成。

由于我国桥梁建设的数量多,规模大,思想碰撞的主"战场"自然在国内外一些著名桥梁工程师和建筑师都参与其中。处于美学思想变革的时代,在缺乏当代桥梁美学系统性、理论性指导的工程实践,各种观点的交锋,思想的碰撞是一种很好的行业交流,经过多方交流,逐步取得共识,为形成系统美学理论奠定了基础。

2012年,第20届桥梁学术会议上,邓文中先生的主题报告《美观何价》,桥梁杂志组织的第3、4期《桥梁会客厅》栏目进行了讨论,2018年、2019年桥梁发展科技创新大会暨桥梁创新成果展桥梁工程美学分会场论坛的参会者进行了桥梁美学专题报告交流。我们共同走过了从思想的碰撞到当代桥梁美学理论的思考、探讨以及工程实践成果的交流,这是一条共同成长、成熟的道路,也是从实践摸索到理论思考的道路。

3.2.1 "美观何价"及其讨论

项海帆院士在《中国桥梁》(2014)的"城市桥梁篇"引言中写道:"在2012年第20届桥梁学术会议上,邓文中先生的大会主题报告'美观何价'引起了争论。城市桥梁作为一种景观标志,其美学价值应当比一般的公路桥梁有更高的要求和考虑。由于城市桥梁的跨度相对较小,投资也较低,为了使桥梁的景观给人以美感或希望成为城市的标志,会选择并非最经济的方案,也增加了结构和施工费用。邓文中先生在结语中强调'美观不是怪异,美观不一定昂贵'。在一座城市的许多桥梁中,从整体规划出发,为个别桥梁的标志性景观要求,适当增加美的附加费用,并且为专家和市民所接受,是值得的。"

桥梁杂志在会后又约请了一些专家在《桥梁会客厅》栏目进行了讨论。总的看来,首先,专家们都反感怪异,怪异不是美;其次,对桥梁的美学考虑要"适当",要有一个度,以旧金山新海湾大桥为例,市民募集了一定的附加费用,要求设计得美一些,也是有度的,只占总造价的很小比例;再次,标志性工程只能是"个别"的,不能每座桥都要求标志性,大多数桥梁是强调经济性与功能性的统一;最后,城市桥梁的美学价值应当由使用它的市民来评判,要尊重市民的意见,而且桥梁还必须经得起时间的检验。

针对邓文中院士的《美观何价》报告专家进行了讨论,通过外引欧美国家的经验,内举已建桥梁的工程实例,从哲学、美学、历史、人文、经济多角度思考和探索美观价值所在。经过专家们不断深入讨论,行业内人士对桥梁美的认识也在不断深入和提高,并逐步有了共识。

1. 美观何价

邓文中院士的《美观何价》收录在桥梁会议论文集中。《美观何价》直截了当地点明了当前桥梁领域美观和价值(价格)两大问题。这里摘录一些核心思想和精彩论述。

"一座桥是组成一座城市的一部分。世界上没有一座美丽的城市可以容纳一座丑陋的桥梁。我们把'美的附加费用'简称为'美观价',是'为美观所付出的代价'。那么,什么是适当的美观价?这里其实是两个问题:第一,怎样量化美观值多少钱?第二,怎样的经济情况下该为美观花多少钱?"

"美观不一定昂贵,美最重要的是造型和比例,在许多情况下,一座简单的桥梁可能会更恰当更好看。例如在美国佛罗里达州 Jacksonville 的阿考斯塔桥(Acosta Bridge),当时大家对美观很重视,那时正流行斜拉桥,许多人认为应该建一座斜拉桥。但是,我觉得这里的环境很休闲、宁静,应该建一座优美低调的连续梁桥,结果得到了很成功的效果。"

"桥梁是城市的一部分。每个城市的整体规划就应该包括桥梁的规划,哪一座桥应该是代表城市的名片,哪些桥应该比较平淡低调,这样搭配起来才能使整座城市舒适和漂亮。如在旧金山的海湾大桥,当地居民愿意为美观付出 2.30 亿美元,作为工程师,我们的责任就是在这个价格内造一座最令人满意的桥梁。工程师的责任是服务,工程师不是业主,不是决策者!"

大家熟悉的几座国外比较著名的桥梁,表 3-1 是这些桥梁的数据,这些桥的单价(以 2011 年 7 月汇率计算,1 美元=6.5 元人民币)大致都在每平方米 10 万人民币之上,有些还高过 20 万元人民币。

国内近年也建造了一些景观桥。例如广西的南宁大桥,笔者近年去了几次南宁,发觉南宁大桥是一座很多老百姓都引以为豪的大桥。(这座桥是林同炎先生退休后为南宁市所做的方案。)公司在国内也应业主要求设计了几座景观桥,其中天津市大沽桥单价最高,如果不包括两岸绿化、堤岸和其他与桥结构本身没有关联的费用,桥梁的造价是 1.21 亿元,每平方米 1.7 万元左右。

表 3-1　　国外几座景观桥梁造价

桥　名	长度/m		宽度/m	面积/m^2	工程造价	单价/(万元·m^{-2})	建成年代
	全长	主跨					
英国盖茨黑德千禧桥 Gateshead Millennium Bridge	126	105	8.00	1 008	2 200 万英镑	22.0	2002
意大利威尼斯主运河桥 Quarto Ponte sul Canal Grande	101	81	6.50	656	1 200 万欧元	15.5	2009
美国甲鱼湾日晷桥 Turtle Bay Sundial Bridge	230	150	7.00	1 610	2 600 万美元	10.5	2004
加拿大卡尔加里和平桥 Peace Bridge	130	130	6.20	806	1 800 万美元	14.5	2010
英国伦敦千禧桥 London Millennium Bridge	370	144	4.00	1 480	2 300 万英镑	15.5	2001

工程师的每一件工作都在影响着大自然环境，所以，美化生活环境也是工程师的责任。工程师设计桥梁，不能只考虑交通，其服务对象不是车辆，而应该是“人”。桥梁是为人而建的！所以，在设计桥梁的时候，我们必须考虑“人”的意愿。尽力把它建造得漂亮，使大家生活在其中觉得更舒适和美好。

值得提及的是：①美观和怪异完全是两码事，不能混淆了，美观是有价值的，怪异不但没有价值，甚至会适得其反。②美观不一定昂贵，美最重要的是造型和比例，镶金挂银不是美，奢侈也不是美；在许多情况下，一座简单的桥梁可能会更恰当、更好看。③在特殊情况下，造一座比较昂贵的景观桥作为城市的亮点无可厚非，但除非是有特殊的目的，花高代价把每座桥都造成景观桥也许不一定恰当，这应该是城市整体规划的一部分。④决策者建造桥梁是花市民的钱，决定建造多漂亮的桥梁需要在这方面有一定的认知，多接纳市民和专家的意见应当是一个好办法。

无论如何，我们正遇上一个千载难逢的大建设时机，将来中国是什么样子跟我们今日的取舍有极大的关系。这个责任不容忽视。

2. 从很少关注美观到在重视美观的变革中成长成熟

国内较大范围的实践实际上始于 21 世纪初，行业内涉及美学理论的大范围关注讨论是在 20 世纪 10 年代之后。需要面对一定时间的实践，取得了成就，也暴露了问题。

关于美观的问题，郑皆连院士认为，我国现行评价桥梁的标准“适用、安全、经济、美观”应该贯彻在桥梁的评审、奖励、宣传中。

美观，对桥来说应该指的是结构本身的美，并非其在造型方面的美。结构应尽量简洁，看起来是自然美。

刘正光介绍了香港这方面的经验，桥梁结构物和社会大众息息相关，其外观也日益引起市民的关注，也成为报纸媒介的标题。香港也兴建过拙劣的桥梁，为了改善这一问题，香港路政署在 1984 年成立了桥梁及有关结构物外貌审核委员会，审核所有的桥梁及有关结构物，如隧道、大型挡土墙等设计，有关设计方案必须在初步设计时提交审核，获得批准后才可以建造。自此，设计者对桥梁外观更为关注，而市民的满意度也大为增加。

讲到技术合理和美观的相互关系时，刘正光介绍了香港昂船洲大桥的做法，在大桥国际比赛时，大家在制定比赛评分标准时，也讨论“技术分数”和“美观分数”间的适当比例。刘正光当时是技术审核专家组组长，最后将“技术分数”和“美观分数”的比例定为 70：30。这个平衡点是否合适？事后分析，把百分比向上或向下调整 10%，都不影响比赛结果。

他认为，美观和价值间的平衡点在每项工程都不尽相同，而取决于工程本身的特殊性。

3. “美观价”应有“度”与“美观无价”的辩证关系

美观的桥梁有时会增加投资，有时不一定增加投资。为美观增加多少投资是合适的问题，也经常在行业内引起不同意见和不同看法。

肖汝诚教授听了邓文中院士《美观何价》的报告后，非常赞赏他的某些观点和理念：“美”是有价的，“该花钱时不花钱也是一种浪费”。我们在工程建设中总会遇到个别对美学、造型有特别要求的项目，要求将“美观”放在“经济”前面，用一定的代价来实现“美观”和“功能”的双重效益，但是必须强调，这类工程是“个别”的。当一个城市中每座桥梁都要建成“标志性”工程时，不仅会造成巨大的浪费，而且也会使我们再也找不到城市“标志”了！

从实际投资角度出发，这是输入端，陈宝春教授觉得“美观价”应有“度”。首先，“美观价”应该是花在有共识的“美观”上。其次，这个“度”应包含百分数和总价两个指标。一般来说，大桥的比例要小，而小桥或人行桥比例可以大些，但总价都应该有控制要求。

从输出端，柴瑞从美观的桥梁给社会带来的无形资产角度出发，认为“美观无价”。这样的表述符合人们的一般生活体验。“穷则少花，富则多花，没有则不花”，但这不妨碍人们对“美”的追求。“美观无价”论至少有两点正确，一是“美观的桥梁”是很难得到的，都不一定是花钱多与少的事情；二是“美观的桥梁”给人的精神享受是无限的，更不是金钱可以计算的。

3.2.2　桥梁结构的形式及其优雅性

桥梁结构的形式及其优雅性，这里包含了大家关心的两个问题。

由于桥梁在许多时候结构就是造型，造型就是结构，从关注桥梁的美观问题深入下去，自然关注到桥梁的结构形式。结构形式不能违背结构受力的需要，这是一条原则性和基础性的准则。其次，结构需要优雅性(elegancs)是桥梁美学的问题和品质的问题。

1. “优雅”是高品质结构的重要组成部分

Mike Schlaich(德国施莱希工程设计咨询)对结构的优雅做了阐述，认为虽然优雅这个词有点抽象，但是作为“美”的一个元素，它是高品质结构的重要组成部分。

美国工程师 David Billington 在 20 世纪 80 年代发明了“结构艺术”一词，意指与建筑艺术并驾齐驱的结构工程艺术。他认为理想的结构艺术应该是高效的、经济的、优雅的。

日本建筑师 Tadao Ando 在写日本人生活方式中的优雅和简约美时，将美阐述为“Wabi Sabi”，即谦逊而历经风霜，精减至极致，直至仅剩下功能和美。

当代德国建筑师 Volkwin Marg 将建筑设计称为“在锁链上跳舞”，因为有太多的边界条件让“跳舞”变得异常艰难。对于工程师来讲更是如此，无数规范和标准的限制就是他们放弃“跳舞”的理由。如果学会了如何“在锁链上跳舞”，那么离“优雅”就不远了。

综上所述，优雅带给人的感觉是轻松自如的。当我们认为一件事物只是单纯的美并为了实现它付出了很多，它给人的感觉便是优雅的。当结构在所有不同的部位能够保持统一的高品质时，这个结构整体同时变得更为优雅。

结构设计不仅是遵照准则设计，它还是一项有意识的行为，一项融合考量当地环境和边界条件后寻求解决方案的行为，那些边界条件可能是地质方面的、生产技术方面的，抑或是政治文化方面的。值得注意的是，一个优秀结构中力的传导通常是清晰可读的。

结构除了“坚固”和“实用”之外还必须是美的，这样实现的建筑在整体上才是一个好的结构。好的结构激发好的生活，提升生活品质。当好结构的准则被看上去毫不费力地实现时，优雅就诞生了；当艰难的挑战被轻松自如地应对时，优雅就诞生了。实现高品质的生活是一项艰难的挑战，但我们仍旧希望优雅地生活。优雅的结构无疑成为优雅生活的一分子。

2. 桥梁结构的形式服从结构受力的功能

王应良认为，桥梁的设计应按照结构功能和高效地表达外形的方法进行，现代材料的应用使桥梁更加轻盈和优雅，而不是不考虑其结构功能来塑造结构外形。形式服从功能，这是桥梁设计的基本原则，真正的环境保护方式是用最有限的材料来设计和建造在其设计寿命内经久耐用的工程。

1）真实和虚假的拱

多个世纪以来，拱是人们喜爱的结构形式并用于许多重要桥梁。这不仅是建立在美学基础上，而且拱是一种更高效的结构形式。采用的材料能更好地传递压力，例如石头、铸铁和素混凝土等材料。

当拱采用有足够抗拉强度的材料，拱圈的截面形式可以采用钢桁架、钢板梁和钢箱梁等。最近，拱变得再次流行，但是选择它仅仅是因为其美学价值而没有考虑其结构形式和效率的关系，结果是导致没有足够结构设计能力的人设计的虚假拱桥。

在实际工程中，选择拱轴形式的原则是非常简单的。在少数的集中力作用下，合理拱轴是折线；在变化的竖向均布荷载作用下，合理拱轴是悬链线；在径向均布力作用下，合理拱轴是圆弧线。但是在只有少数几个点承受集中力时并不是这样的情况。从结构的观点来看，图 3-25 所示的一座西班牙的铁路拱桥，其拱轴的形式是正确的。当从侧面呈一定角度看时，多边形的拱轴更易于理解，图 3-26 为仅跨中承受集中力的正确的拱轴形式。

在径向均布力作用下，合理的拱轴是圆弧，如图 3-27 所示的德国某铁路索网拱桥，采用割圆拱是真实的。一个拱桥要达到创新和令人激动的外形，不一定要采用低效的结构形式。例如图 3-28 所示的西班牙巴尔盖塔桥，其拱轴的形式在结构上是完全正确的。对于靠近跨中的区域，其荷载基本是均匀分布的，拱轴采用曲线。对靠近支座的区域，没有直接的竖向荷载，采用两个直线的压杆直接跨过桥面和支座处的支撑杆相连。

2）桥梁是外形源于力线的、清楚的、高效的结构

桥梁的外形选择应按照结构功能和高效地表达外形的方法进行，现代材料的应用使桥梁更加轻盈和优雅，而不是不考虑其结构功能来塑造结构外形。

桥梁建筑、桥梁景观和桥梁的优雅性是工程师要考虑的问题，不能把大部分的工作留给建筑师，选择桥梁结构建筑师做不到，设计桥梁结构是驾驭力，这不是建筑师的工作。

工程师必须优先选择一个外形源于力线清楚的并且高效的结构形式。其独创性不能采用高效性和经济性证明的。离开了结构高效和美观的独创性就偏离了桥梁创作的核心。

1 | 2
3 | 4

1. 图 3-25　采用折线形拱轴的铁路拱桥
2. 图 3-26　仅跨中承受集中力的正确的拱轴形式
3. 图 3-27　德国某铁路索网拱桥
4. 图 3-28　西班牙巴尔盖塔桥

桥梁是最诚实的，桥梁设计中的错误在使用过程中将被清楚地展示出来。这对任何设计师来说都是公平的，而且也是一种警示和威慑！任何装饰几乎都不能掩盖或挽救一个平庸或拙劣的设计。

3. 轻型结构

我们都知道，世界著名的工业设计师迪特·拉姆斯有十条关于优秀设计的准则：创新的、实用的、唯美的、可理解的与诚恳的、不突兀的、耐用的、重视细节的、环保的并尽可能少的“设计”。

创新：创新不是瞬间的灵光乍现，而是对已知事物一步步地探究和再创造的过程。

可理解的与诚恳的：一个诚恳的结构体系，使用的构件数量是恰到好处的，且每个构件都具有适合的尺度。而精心设计的细节更能增加结构的美感。

环保的：最优地利用材料的强度特性来减少建筑中使用的自然资源。

轻型结构：从生态学的角度看，轻型结构节省材料，因为它尝试最优地利用材料的强度特性，以减少自然资源的浪费。从社会学的角度看，轻型结构能创造更多的工作机会，所增加的脑力劳动要多于体力劳动。从文化的角度看，轻型结构可以有效地丰富建筑语言。无论如何，相对于沉重、笨拙、生硬，轻盈、通透和柔软给人的感觉更加舒适。David Sommer（德国施莱希工程设计咨询公司）通过两个步行桥的实例详解了轻型结构和适合于项目的美的含义。

在上海张家塘港人行桥的设计和建造过程中，我们亲身体会了轻型结构在上述三方面的影响。最终竣工的人行桥，优雅地展现了它的文化效果——桥上和桥下，有的人在观察结构间力的传递，有的人在研究索结构，有的人则在思索着这些结构暴露但设计精良的节点，而更多的人在享受经过精心设计的步行桥所带来的愉悦感(图 3-29)。

尝试减少构件数量，优化结构体系，去掉不必要的构件，使每个构件都清晰地各司其职。图 3-30 是德国盖尔森基兴人行桥，它的结构体系包含一个环形主梁，主梁悬挂在一个由两条主索和多条辅索组成的索结构上，两条主索锚固在 1 根桅杆和背面的两条索上。我们可以清晰地看到，每个结构构件都必不可少，对于确保结构的稳定都至关重要。

图 3-29 上海张家塘港人行桥

图 3-30 德国盖尔森基兴人行桥

3.2.3 再议是工程师还是建筑师进行桥梁方案创作设计

18 世纪中叶，土木学科开始形成并发展迅速，工程界便有了工程师与建筑师是合作还是分家的问题。所以关于是由工程师还是由建筑师进行桥梁方案设计的问题，是 3 个世纪以来争论的老问题，但同时也是一个新问题，因为不断有新情况、新变化。面对 20 世纪末以来，城市对桥梁的美学艺术、景观造型、文化等方面的要求越来越高。再延续 20 世纪工程师与建筑师合作、建筑师当参谋的方式难以为继了。面对新需求，当许多工程师无能为力的时候，建筑师便自告奋勇进行桥梁方案设计，这中间有成功的例子，同时也暴露了很多问题。便有了谁进行桥梁方案设计？工程师，还是建筑师？所以，这事实上是一个新问题。

米歇尔·维洛热提出“桥梁建筑、桥梁景观、桥梁的优雅性是工程师的问题”。邓文中认为桥梁的主要设计师必须是工程师，作为折中，建筑师在桥梁设计的概念阶段和工程师一起工作。

刘正光在讨论美观与价值问题时说，长久以来，大家都已习惯了建筑师和工程师间的良性争论和摩擦，这情况是永远存在的，而且会不断继续下去。

作者在《基于桥梁与建筑交叉学科的桥梁美学创作理论与实践》中提出了在高校内开设桥梁与建筑的交叉课程，让建筑城规学院和土木桥梁的学生一起修这门课，培养桥梁专业学生的建筑创作、建筑美学等艺术素养，培养建筑学专业的学生桥梁结构的一些专业知识，并在期末，他们分组合作一起完成桥梁方案创作的设计作业。这些有益的探索获得了学校和学生的欢迎。

1. 工程师选择结构类型，建筑师细化形状设计

米歇尔·维洛热举了两座桥的例子。一座是西班牙塞维利亚的阿拉米罗大桥，由屡获殊荣的建筑师圣地亚哥·卡拉特拉瓦设计。这是一个非常昂贵的结构，这是一座无背索的

斜拉桥，原计划修建两座，但后来因为造价太高（造价高达 6 500 万美元），不得不取消了另一座桥的修建。

另一座是由 Juan Jose Arenas 设计的 Barqueta 桥。相反，这座桥是外形和力线传递完全符合的桥梁。中间的拱肋在拱脚附近分为两肢，另外在拱脚处采用一个斜撑杆和水平撑杆，把拱肋中的水平推力传递到主梁中，形成系杆拱。对于桥墩来说，其主要承受竖向力，因此桥墩可以设计得纤细美观。整个桥梁显得纯粹、简约而清晰（此桥总造价仅为 1 100 万美元）。

图 3-31　西班牙 Barqueta 桥

米歇尔·维洛热说："当然，如果工程师设计了不美观的桥梁，公众自然会呼唤建筑师。""当我们需要在某个地方建造一座桥梁时，就必须满足当地的功能需求和桥位景观的需要"。米歇尔·维洛热认为，工程师可以用合理的成本，设计出优雅的桥梁。在最便宜的解决方案和米约大桥现在的方案之间，成本可能增加 10%～15%，而不是 3 倍。这是我们可以非常轻松能做到的。

2. 在桥梁设计的概念阶段与建筑师一起工作

邓文中在《桥梁形态与美学》（2018）提出了问题：谁在设计桥梁——工程师还是建筑师？桥梁不是雕塑；除却迷人的设计之外，桥梁还必须兼顾安全性、功能性和经济性。而这些问题最好由工程师处理。把所有的桥梁美学问题留给建筑师去解决并不是一个好主意；建筑师不能将一座完整的桥概念化，因为他们并没有接受足够的结构工程培训来使其完成这项任务。在工程师完成结构设计后再交付建筑师或许也不是个好主意，尽管许多工程师都这样做并尝试让建筑师来美化桥梁，但那时，建筑师能做的只是为桥梁添加装饰，而这些装饰可能并不适宜。

美学不是桥梁的补充，而是桥梁设计的一个组成部分。在桥梁设计的概念阶段，我们必须同时将其结构配置与美学元素考虑在内。为了完成这样的任务，桥梁工程师必须对结构理论和桥梁美学同时具有深刻的理解。不幸的是，大多数工科学校不开设美学课程。桥梁工程师必须学习美学，无论是在其受教育期之内还是之外。通常，桥梁的主要设计师必须是工程师。他（她）应当将桥梁概念化并满足所有的结构与功能要求并适当考虑美观。作为折中，他（她）也可以在桥梁设计的概念阶段与建筑师一起工作。

3. 基于桥梁与建筑交叉学科的理论研究与创作实践

同济大学为进一步深化教育教学改革，围绕学校"双一流"、新工科建设工作及一流本科人才培养目标，推动学科交叉、融合，积极探索拔尖创新、交叉复合型人才培养模式。鼓励设置融合同济学科特点、彰显同济学科优势的有特色的交叉课程，鼓励跨学科门类交叉。本科生院启动 2017 年度本科交叉课程建设项目，城市桥梁美学创作作为桥梁与建筑的交叉课程建设项目，内容紧紧围绕当代城市建设发展对城市桥梁的工程技术、景观艺术等方面的新需求。为了使城市桥梁研究与创作满足和引领城市建设实践发展，需要从桥梁工程与建筑学学科交叉的视角探索和建立城市桥梁的理论体系和技术路线问题，这是因为：

一是技术与艺术、结构与建筑的关系问题由来已久，伴随着 17 世纪中开启的 350 多年的近现代桥梁工程专业发展和工程实践的全过程，经历了技艺不分探索、创作、建设桥梁结构建筑，技艺分离专注于桥梁结构计算理论、计算手段、材料技术、施工技术等科学技术研究，工程师和建筑师合作创作设计优美的桥梁，即技艺合作三个历史时期的发展演变。在当今土木工程科学技术发展背景下，面对城市建设发展日新月异的新局面，建立桥梁与建筑这两传统优势学科在新背景、新条件下的新的交叉反应与融合，构建城市桥梁理论体系和研究架构，实现跨学科创新发展，从基础理论上解决桥梁结构专业在现代城市建设中遇到的新情况、新问题和新需求。

二是将近现代桥梁工程专业，特别是最近20多年在世界范围内不断涌现的优秀桥梁作品以及这些方案创作思想、理念、方法，其中也不乏不同观点的批评、争论和讨论。在桥梁与建筑交叉学科的理论高度与专业深度将这些不同国家、不同地方、不同时期的个人的、经验的、零碎的、个案的理论和实践财富集成起来，转化为系统性理论化的学科成果，开辟城市桥梁的概论、历史、美学、结构创作和评论等理论问题研究，凝聚专业共识，引导创作实践向更高层次发展，实现这一交叉学科的可持续、专业化发展。

三是以社会需求为导向，将桥梁工程专业内传统的“桥梁工程师＋建筑师”合作模式创新发展为“桥梁工程专业＋建筑学专业”的交叉学科模式，即将“建筑师配合工程师的合作设计方式”转化为“基于桥梁与建筑学等交叉学科的当代城市桥梁技术艺术综合创作”。这也是当代世界范围内那些具有艺术素养和创造力的杰出的结构工程师和具有结构专业背景的优秀建筑师及优秀作品给我们的启迪和引领的结果。建立城市桥梁理论与创作基础等系列专业知识作为这一新领域、新方向的学科架构，为培养城市桥梁研究和创作专业人才服务，为桥梁与建筑专业的交叉课程建设做一份贡献。

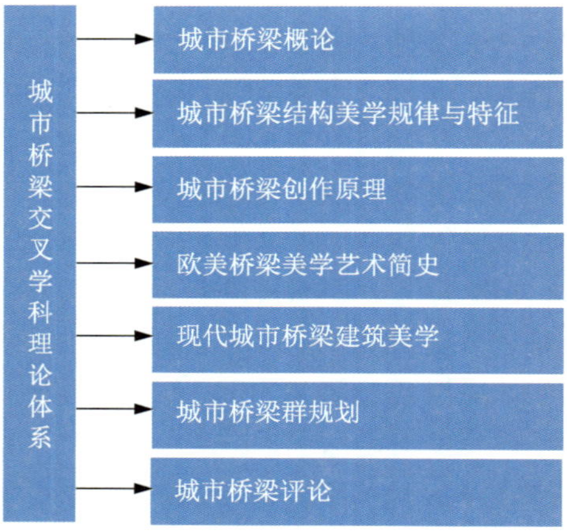

图3-32 城市桥梁交叉学科理论体系

构建城市桥梁建筑理论与美学创作理论体系，形成交叉课程系统、完整的理论体系和教学体系，它包括了城市桥梁概论、城市桥梁结构美学规律与特征、城市桥梁创作原理、欧美桥梁美学艺术简史、现代城市桥梁建筑美学、城市桥梁群规划和城市桥梁评论等7个部分(图3-32)。

方案创作需要扎实的桥梁专业基础和创新能力，需要系统的交叉学科理论学习和基础训练，作者于2016年秋季学期首次开设研究生选修课程，至今已完成了面向建筑城规学院和土木工程学院五届硕士研究生的教学，获得了满意的教学效果。2021年完成了2018年开始的为期三年的同济大学城市桥梁美学创作交叉课程建设项目。相信桥梁与建筑两个不同学院的优势学科强强联手，在教学研究、理论创新与社会实践三个方面的工作基础上，夯实了这一交叉学科的理论基础和学科体系，使桥梁与建筑这一历经几个世纪、随着科学技术发展而被分割的学科关系呈现出崭新的交叉融合发展态势。为培养年轻的工程师和桥梁专业学生跨学科的理论研究、方案创作和技术创新能力，具有强大创作能力的建筑师正确理性地涉足桥梁方案创作，解决谁来进行桥梁方案创作设计的世界难题。

3.3 桥梁美学理论的探索

从欧美国家先锋实践，国内同行学习和摸索、到总结经验教训和技术交流、思想碰撞，再到理论探索，这是认识事物和创新发展的客观过程。在短短的世纪之交的30—40年间，我们在学习、实践的过程中，从未停止过对桥梁美学理论的探索。

这里从桥梁美的历史演变、现代设计理论与方法、当代桥梁美学理论探索等三方面进行梳理归纳。从中体会到，关于桥梁美学理论问题探索及其发展进步的重要意义。

3.3.1 桥梁美的历史和理论

桥梁形态来自桥梁结构，桥梁结构属于工程技术问题，桥梁形态形成了桥梁之美的美学理论问题，由此而来的桥梁美学理论、桥梁美学规则与审美评价等一系列理论问题，建筑美学与桥梁美学的历史渊源和发展现状，以及解决当前桥梁美学理论发展和实践问题的建议和方法探讨。

1. 桥梁之美是什么？

桥梁之美是什么？邓文中在《桥梁形态与美学》中认为，一处成功的桥梁设计必然是自然的、简单的、原创的，并与周围环境相得益彰。与其周围的建筑相比，桥梁通常是一个引人注目的庞然大物。因此，它应当更自然且能充分适应周围的地貌环境，其设计也应简洁而非肤浅。如果一处设计可以通过便于理解的形象向公众传达其工作原理，那么其设计就会看起来更加自然。

1）关于美学规则

大多数学者认为美学是没有规则的，然而，尽管并非所有人都同意。3000年前，希腊人为美学投入了大量的时间。他们极其精心地设计、雕琢其建筑，帕特农神庙被认为是历史上最完美的建筑。研究发现帕特农神庙的每一个细部构造都经过了仔细推敲，以弥补人眼造成的错觉。例如，帕特农神庙的所有“水平线”均微微向上弯曲，这样人眼看到的线是绝对水平的。石柱之间的间距也不尽相同，以保证视觉效果上间距相同。为了使石柱显得均匀，石柱的直径也并不完全相同。尽管这些技术细节是基于常识而不是基于规则，但它们仍然受到了特别关注。

许多学者试图建立结构美学的规则，但都没有成功。例如，“黄金分割”被认为是最好看的矩形的比例，多年来一直被建筑师研究和推广。然而，即使在经过几个世纪的研究与辩论之后的今天，没有人能够确凿地说两条边的比例为$\boldsymbol{\Phi}$($\boldsymbol{\Phi}=1.618\ 03$)的矩形在所有情况下是否均明显好于方形。

一般而言，美学是关于比例、平衡与和谐的问题。意大利文艺复兴时期的建筑师阿尔伯蒂将美定义为“所有部分的和谐”。当人们观察一个物体时，一般不会通过逻辑推导来确定它是否美观，人们的反应是一种更为自发的反应。虽然人类的感知往往随着时间而变化，但真正的美是超越时间与风格限制的。一座美丽的桥可以是引人注目的、大胆的，也可以是典雅的、诗意的。桥梁设计的基本思想是激发观众的情绪反应，甚至给人一种惊喜的感觉。

2）每座桥梁都应是独一无二的

对于艺术品而言，唯一性是一项重要因素。同样，每座桥梁本身都应是独一无二的。每一处结构设计都与其本身的需求和特殊的环境相适应。而每座桥梁的设计都应基于其特定的条件。因此，每座桥都应当是原创的，有自己的风格、特色和设计。与画作相似，只有一座原创的桥才是有价值的。

与周围环境相和谐并不一定意味着桥梁必须迎合环境、追求完全融合，而更意味着建筑应当与环境相适宜，如果设计得当，常常会使桥梁从周围环境中脱颖而出。另外，在使用过程中，桥梁会被全视角观察，因此，仅仅从单一角度看起来不错的设计是远远不够的。

2. 桥梁美的理论与评价

尹德兰（林同棪国际工程咨询（中国）有限公司）从桥梁的功能、桥梁美的定义及桥梁审美等视角阐述桥梁美的理论与评价。

1）桥梁美的定义

16 世纪，意大利建筑师柏拉弟奥用下列叙述为桥梁做了定义："首先应该考虑桥梁的实用性……桥梁是道路的一个部分。因此，桥梁应该首先具备道路的功能。其次，由于桥梁与跨越的河流和深谷通常是人们的视线焦点，因而应该对景观协调有足够的考虑。这就是它们应该方便、美观、耐用。"

1900 年的英国土木工程师学会会刊，首次在结构杂志上刊登关于桥梁美观的讨论，文章认为美观的桥梁应该是自然、简洁以及适当的表面装饰使整体协调。1984 年，费里茨·莱昂哈特在《桥梁美学》中定义的桥梁美，是"完美实现功能、比例均衡、构造有序、形式精致、表面的质感和色彩以及结构特征与环境协调、独特的个性"。

从广义上，建造桥梁是为了促进人类福祉，因而桥梁应该既有实用价值，又有艺术价值。科学原理是实现桥梁价值的手段，桥梁美观的实现，会受到设计原理的制约，受到建造材料特性的制约，但科学原理不是桥梁价值的最高判据。桥梁设计的科学原理是近代的成果，而审美的基本原则既适用于古老的石桥、中世纪大教堂，同样适用于现代钢桥和混凝土桥。

美不是自动的，技术的完善是技术美，不一定具备艺术美。可以肯定，历代的桥梁大师都不会是前人经验的奴隶，不是计算公式、设计规范的奴隶，而是一位艺术家。他吸收前人经验的精华，洞悉科学原理，有效地利用建筑材料的特性，将艺术品位用结构造型表现出来。

2）桥梁审美

审美是依赖心理活动的主观体验，与审美者的文化修养密切关联。美学命题不同于经验命题，经验命题可以通过观察、实验或者前人的积累解决；它也不同于数学命题，数学命题跟下棋或任何其他有规则可依的游戏或程序一样，可以通过演绎方法解决。桥梁审美，既是科学的，又是人文的。了解桥梁设计的一般原则，肯定对全方位欣赏一座桥梁大有裨益；人文熏陶，可以使观赏者超然于物质之外，充分调动个人的想象力，在一座人造构筑物上，看见和谐与诗意。

美是一种无限的、难以捉摸的品质。它是材料、结构、形式与环境的完美结合。完美是一切都恰到好处。人们很容易指出导致一件作品不美的缺憾，却很难找出使一件作品完美的单一理由。桥梁的"美"，最有效的评判是岁月的洗礼。丑陋的设计会被淘汰，而优雅的作品会被效仿，获得更广阔的存在空间和持久延续的生命。

3. 从建筑美学看桥梁美学

李亚东从建筑美学看桥梁美学，系统分析了建筑美学和桥梁美学的历史、内容及其差异，提出了形成适应社会多元化发展的当代桥梁美学等三项建议。

1）建筑美学

建筑美学是建筑学的重要分支。早在公元前 1 世纪末，古罗马建筑师维特鲁威就编写了《建筑十书》。维特鲁威总结了希腊时期以来的建筑实践，第一次提出了“坚固、实用、美观”的建筑三原则。到了文艺复兴时期，意大利建筑师阿尔伯蒂在 1485 年出版了《阿尔伯蒂建筑十书》，在建筑三原则的基础上提出了建筑“和谐”美的设计原则。

西方建筑美学经历了不同的发展阶段。第一次工业革命以来，伴随着工业化的快速发展，西方建筑美学得到蓬勃发展，逐步形成了今天异彩纷呈的建筑流派。

按时代划分，建筑美学可分为传统建筑美学、现代建筑美学和后现代（当代）建筑美学。在各类建筑美学中，发展出了不同的建筑流派。

传统建筑美学主要指传统农业和手工业时代的建筑美学，包括西方古典建筑美学和东方自然主义美学。现代建筑美学主要指在工业时代（19 世纪末至 20 世纪中期）的建筑美学流派，包括功能主义美学、表现主义美学等。当代建筑美学主要指在后工业时代（20 世纪 60 年代后），在艺术观念和审美观念上有所突破、拓展乃至变异的建筑美学，包括高技术建筑美学、解构主义美学等。

建筑美学的历史演变，与社会、文化、科技的发展密切相关。建筑与信息科技、生态意识的密切融合，是当代建筑美学的发展趋势。

2）桥梁美学

从第一次工业革命到 20 世纪中期的两百多年间，工程科技发展突飞猛进，在桥梁领域发生了翻天覆地的变化。一批卓越的桥梁结构大师，如英国的托马斯・特尔福德、布鲁奈尔和罗伯特・史蒂文森，美国的罗布林家族和约瑟夫・施特劳斯、法国的埃菲尔、瑞士的罗伯特・马拉尔等，设计建造了一批蜚声世界的、力学与美学完美结合的著名桥梁，为桥梁美学的发展奠定了坚实基础。

1991 年，美国交通运输研究委员会下属的桥梁美学分委会出版了《世界桥梁美学》一书，这是全球 16 个国家 24 位桥梁美学专家（包括唐寰澄先生）的合著。在世纪之交，全球掀起了一股建造千禧桥的风潮，这为桥梁美学在人行桥上的应用提供了空间和舞台。近 20 年来，随着社会审美需求的不断提高，桥梁美学日益受到重视。

最有代表性的桥梁美学设计原则，是莱昂哈特教授提出来的 10 条原则，同时，他指出，不能想当然地认为，这些规则的简单应用就会产生美的桥梁。比林顿教授建立了与建筑艺术平行的“结构艺术”概念。

对比建筑美学与桥梁美学的发展历程，可以看出，开展桥梁美学系统化研究与实践的时间并不长。

总体而言，尽管已存在桥梁美学设计的原则和指南，但与前述建筑美学的内容对比，可以看出：目前的桥梁美学设计，主要以西方古典建筑美学的形式美原则为基础，并明显受到功能主义和技术美学的影响。另外，桥梁美学并没有形成不同的风格或流派，这大概是因为桥梁功能的相对单一、构造形式的多样性相对不足所致。

3）几点建议

建议立足于工程哲学、技术美学和可持续发展，构筑起桥梁美学的理论基础；提炼整理传统的桥梁美学原则，形成适应社会多元化发展的当代桥梁美学；同时，宜努力营造桥梁美学评价的社会氛围，从心理学层面引导公众的审美取向。

经济性是应用桥梁美学时必须考虑的因素。桥梁美学的运用，不宜一刀切，不宜硬性规定“一桥一景”。假设以美学应用的程度来分可将其分为常规、适度、强化三个层次。

当前，建筑界正在实践“建筑一结构”一体化的集成设计方法。这种方法基于设计过程的非线性理念，依赖于跨学科的团队协作、采用先进的建筑结构设计、优化和表达技术，做出从项目概念到完成的决策。开发“桥梁一建筑”一体化的集成设计方法，这值得期待。

3.3.2　现代设计理论与方法

当下的桥梁方案创作与设计除了在美学理论、思想上需要革新外，在设计理论与方法上同样需要革新，借助相关专业的经验和长处，提升自身的创作设计理论和方法，满足城市基础设施建设对桥梁美学、桥梁设计的新需求。重庆交通大学曾强根据多年的教学实践认为，“桥梁工程＋艺术”的交叉专业理论与教学体系，符合跨界设计人才培养的教学理念。作者研究了桥梁美学创作与结构创新之间的相互作用关系，黄劭暐从建筑师的视角思考了桥梁设计的新方法新手段，以及桥梁功能与周边环境、城市演化的逻辑关系。

1. 包豪斯现代设计与桥梁艺术

德国包豪斯作为现代设计历史上著名的学院，其现代设计美学思想和现代设计教育理念改变了世界的面貌，对于我国桥梁艺术创意设计和桥梁工程设计人才的培养，具有深刻的现实价值和广泛的启示意义。在我国践行自主建设和创新发展之路的今天，在满足结构的合理性、功能的适用性的基础上，可以解决设计品质滞后、审美欠缺的发展短板，从而满足人们对美好交通的需求，实现桥梁综合设计水平的提升。

1）包豪斯的现代设计体系价值

追溯历史，包豪斯作为一种设计体系诞生于1919年满目疮痍的德国，是倡导“技术＋艺术”融合的首个现代设计学院。虽然它的存在时间仅有14年，且在14年间三迁校址，历经三任校长，但是，包豪斯现代设计体系真正实现了现代工业文明与产业革命的高速发展，至今已深刻影响了世界100年，还将持续创造奇迹。

作为工业时代的产物，包豪斯主张是将“美”融合在功能之中，体现在结构之中。这是和传统设计的“美”一贯注重外在的装饰、繁复的样式、贵重的材质有着截然不同。这一现代设计理念的核心是与当时工业化的生产目标相适应的，包豪斯主张围绕功能理性，以形式的简洁、功能的纯粹解决了何谓工业时代的美；以设计的低成本和批量化、标准化推动了社会工业化的发展，也让设计走近了普通民众的生活。秉持着这一设计主张，在包豪斯的办学理念、课程设置、“双轨制”教师配置的各个环节中，全面地贯彻了艺术与技术相统一的教育特色，将以工业化为特征的美学精神落实到人才培养中。

1933年，包豪斯设计学院在纳粹的压力下被迫关闭，但它的现代设计体系却经由包豪斯设计学院师生将它传播到了美国，并辐射到世界各地。在近百年的演变中，包豪斯成为一种设计范式，那就是优秀的设计应该是使用价值和美学价值的完美融合；包豪斯也成为一种象征，那就是设计的本质在于为适应时代的发展需要，努力为大众的生活服务。

2）桥梁工程与艺术结合

桥梁工程与艺术结合的正确方向应该是“用艺术沟通结构，用结构创造美学”。而包豪斯作为现代主义设计的巅峰，其所倡导的形式美的法则和功能主义，正好可以帮助设计者们把美的问题与功能的问题统一起来。包豪斯倡导的形式上的非装饰性的理性化几何造型；结构上简化体系与精简构建；没有多余的装饰；崇尚新材料、新技术的运用，从而顺应社会的工程化和现代化；等等；这些设计思想和设计手法，都能够帮助我们实现桥梁力学和美学的融合创新。

经由包豪斯把艺术与技术融为一体，促使现代设计教育体系质的变革后，国外的设计人才培养一直贯彻着工程与艺术的融合之路。如从英国AA建筑学院走出的扎哈·哈迪德，正是跨界设计的典范，其所倡导的形式美和功能主义，在产品设计、建筑设计、桥梁设计中得到了贯彻实施。

当桥梁工程与艺术的结合成为行业发展的必然趋势，艺术性、审美性与工程技能兼备的“桥梁工程＋艺术”复合跨界设计人才的培养极为迫切。在此宏观背景下，艺术设计学科与交通工程学科的交叉融合具有时代的必然性。

2. 桥梁美学与结构创新之间的相互作用

桥梁结构是技术与艺术的综合体，桥梁美学关注桥梁结构的艺术属性，工程科技关注桥梁结构的力学和技术问题，两个方面（学科或领域）都具有内生的创新欲望的本真。从桥梁结构的艺术属性等艺术理论和技术发展层面出发，分析桥梁美学和结构创新之间的依存关系和相互作用，阐述结构创新的技术意义和美学价值，讨论保护创新、鼓励原创等行业发展的深层次问题。

1）桥梁美学创作助力结构创新

桥梁工程师通常根据建桥条件，将技术合理可行的方案直接绘制成桥型布置图；而建筑师会根据基地条件，综合技术与艺术等因素，将构思方案用草图表现出来，再将满意的方案形成详细的布置图。两种工作方式表面上只是一步之差，实际上是两种思维方式：前者是单一的工程技术思维，后者是技术与艺术的综合创作思维。

桥梁美学创作是技术与艺术的全过程综合创作的复杂过程。

如何从桥梁结构设计思维方式上升到桥梁方案创作思维方式？①桥型结构体系及其力学原理是创作的（技术）思想基础。②桥型结构及其主要构件形式是创作的（结构）技术支撑。③成熟构造与关键技术是创作的（工程）技术手段。

不要将桥梁专业知识（各类桥型结构及其合理布置）成为你方案创作的思想束缚，使它们融会贯通，成为你的技术思想、技术支持。掌握的工程技术越多，美学创作思想越自由。

2）结构创新推动桥梁美学发展

桥梁造型创新源于结构创新，桥梁美学创作在许多时候需要创新的桥梁结构去实现我们的创意，这就是桥梁美学创作与桥梁结构及技术之间的互动和相互作用。

近年来，不少创新优美的桥梁获得行业内外的好评。比如，外倾式拱肋下承式拱桥——天津大沽桥（2003年）；独柱型桥塔、分体式钢梁超千米斜拉桥——香港昂船洲大桥（2009年）；空间格构式钢结构塔斜拉桥——太原祥云桥（2010年）；上下承混合体系钢桁架梁桥——日本东京港京门大桥（2012年）；空间肋片式风撑下承式拱桥——杭州九堡大桥（2012年）；独柱塔空间主缆自锚悬索桥——美国旧金山海湾东桥（2013年）；三分体钢箱梁结构——加拿大新尚普兰大桥(2018年)。

3) 结构创新解决系统性美学难题

举例说明我们常见的一些似乎是由种种客观建桥条件造成的桥梁造型不美观、比例不协调的问题,通过桥梁创新的布置或者使用创新的结构最终得以解决。

(1) 钢桁架桥的美学问题。钢桁架桥由于自重较轻、施工简便,杆件直接受拉与受压,能充分发挥材料性能,适用于跨径100～600 m的桥梁。200 m以下一般可采用简支钢桁架,跨径200 m以上的大跨径桥梁一般采用连续钢桁架桥或悬臂钢桁架桥。1889年,福斯桥实现了521 m的跨越,1974年日本建成的日本港大桥跨径也达到了510 m。

传统桁架桥在美学效果上较差,只有很少的、特别注意遵守良好的序列或规则设计,才能达到令人稍感愉快的视觉效果。"……弗朗西斯歌德桥,主跨360 m,建于1978年。这种桁架改变了斜杆方向,在下部甚至有副杆。上弦和下弦有水平风撑相连——一幅纠缠不清的画面!""诚然,如果人们从近处注视或从侧面注视同样的桁架结构(黑挪赛道桥),那么,由许多很不需要的连接杆件产生了视觉混乱,它是属于过时的设计时期的产物……"

2012年建成的日本东京港京门大桥则是日本现代大跨钢桁架桥的代表。该桥跨径为160 m+440 m+160 m,主通航孔宽310 m,主桁下净空高52.5 m。桥梁上方是日本羽田国际机场的航线,高度受到限制(98.1 m以下),所以不能采用悬索桥或斜拉桥等桥型。大桥采用了由4组、每组重4 000～6 000 t的三角形钢结构桥桁,从两侧支撑桥面的钢桁架梁桥型设计方案。该方案既能满足大型船只的通航需求,同时也不影响羽田机场起降航线的飞机正常起飞。两岸四组巨大的桁架如同两只隔海相望的恐龙。

该桥上部结构所用钢材,约有半数都采用BHS500钢材,缩小了构件截面并提高了制作性能。BHS500钢材与现有的SM570钢材都具有同样的抗拉强度570 MPa;前者的标准屈服点为500 MPa,后者的屈服点为430 MPa。

对比日本早期、近期的钢桁架桥可以看出,新建的京门桥采用了一字风撑、大尺寸杆件、高强度钢材,创新的钢桁架梁桥结构成为东京的新地标。

图3-33　日本东京港京门大桥

图3-34　加拿大新尚普兰(Champlain)大桥

(2) 中等跨径宽桥面斜拉桥的美学问题。对于100～300 m中等跨径、宽桥面(双向6～8车道或者外加双线轻轨)桥梁,此类规模的桥梁一般桥下净空高度不大。①如果采用钢桁架梁桥形式,会使桥梁显得庞大而笨重,桥下空间压抑;②如果采用整幅桥面布置,斜拉桥桥塔由于桥面宽、桥面高程相对较低等尺度限制而显得"矮胖""短腿",造型不美观;③中小跨径斜拉桥由于采用索与塔锚固方式不当,导致塔柱截面粗壮笨拙。

加拿大新尚普兰(Champlain)大桥主桥为独塔斜拉桥，跨径布置为 80.4 m＋124 m＋240 m＋84.4 m。桥面车道布置：6 车道公路，中间为大运量公共交通专用道，同时保证将来可以改为轻轨，两侧设置了自行车和行人的多用途道路。新尚普兰大桥造型富有含义，170 m 高的独塔由双柱组成，外形像音叉；上横梁外形为蝴蝶结，下塔柱与引桥桥墩一致内倾斜；全桥所有墩帽外形为 W 形，形成了大桥独特的建筑效果。

三分箱的分体式主梁采用钢一混凝土结合梁，横梁采用钢横梁，间距 12.6 m。斜拉索和桥塔采用预埋在混凝土中的索鞍锚固。在主梁横梁上采用靠近铁路桥的腹板 3～4 m 的位置锚固。

4）如何形成强大的结构创新能力和尊重原创的行业风气？

（1）大力培养具有技术与艺术综合素养的桥梁工程师和建筑师。作者自 2013 年开始基于桥梁与建筑交叉学科的系列理论研究，2016 年基本完成相关教材初稿，并开设面向土木的桥梁工程和建筑城规专业研究生的专业选修课起，至今已完成 6 个学期的课程教学，希望为培养桥梁与建筑、技术与艺术双重身份综合思维的创新型人才做贡献。同时，面向社会和行业，举办了多次不同规模的学术讲座和全国性专业培训，取得了良好的社会效益和业内反响。

（2）良好的外部环境和鼓励原创的机制体制。在行业内建立桥梁工程美学的工作组，加强从事这一领域的研究、教学、工程实践人员的交流和活动。桥梁杂志举办的桥梁科技创新大会桥梁美学专题分会场，是一个专题交流的很好的平台。及时宣传好作品、原创作品，让鼓励原创、摒弃抄袭和模仿在行业内蔚然成风。

参照建筑方案设计的相关工作内容和收费办法，将桥梁方案创作与概念设计工作结合在一起，通过概念设计工作保证了原创方案在技术上的一定深度及其可行性和安全性，通过原创方案的技术思想和桥型构思引领概念设计，赋予概念设计工作的意义、价值及必要性。

3. 当代前卫主义下的桥梁设计美学

这是一个有创造力的建筑师对桥梁设计美学的实践和思考，黄劭暐（扎哈·哈迪德建筑师事务所）从设计发生的起源，到针对桥梁造型及几何构图操作上发展相对应的解决之道，对设计理念和方法从建筑专业的视角做了系统的思考。

1）超越联结

设计的过程并非是一个完全的发明形式，而更像是形成一个形态发生（设计）的过程，是将最初直觉上选择的空间形式有系统地导入优化的过程。这种设计桥梁以及城市环境的逻辑方法，将最符合当今逐渐扩张和数码化、信息化社会。由于社会社群交流过程的多样性、复杂性和动态性所引发的设计的机会与挑战，设计本身将更加紧密地汇集至密集分层的城市及社群，因此设计可以促进并实现高效流通和交流。再者，为适应空间变换的发生，更增添了使用自由曲线来表达当下生活的活力和流动性。流畅的曲线有助于在面对日益复杂的情况下保持视觉易读性，并有利于对复杂空间的导航。

在一个概念的发展以及衍生的过程中，通过参数化设计的手法，在数字信息的环境下架构基本概念；从三维空间的直接表现来传达二维空间的线条界面。例如把水岸区域、桥梁以及城市环境，由统一的语言串联起来，呼应水域的动态美。统一流畅的几何美学重塑了水岸两侧的造型；为周边以城市生活、文化、环境及历史为主轴的城市空间，营造了流畅

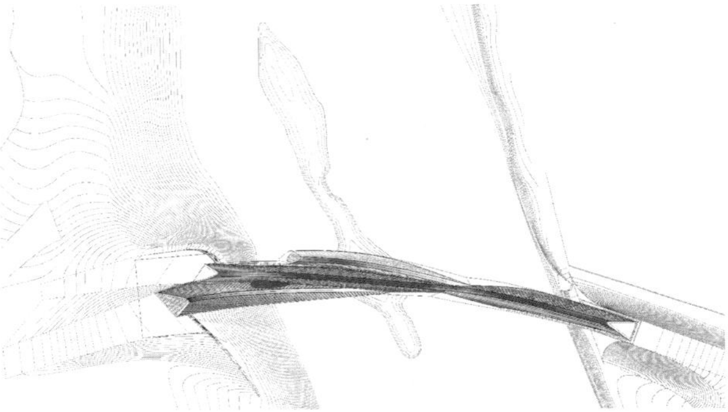

图 3-35　萨拉戈萨桥总体规划图

的美学语言。引桥端的景观联系与沿江区域互相呼应,为使用者形成独特的城市生活空间及体验(图 3-35)。

2）前卫思维

设计的总体规划方法源于根本的设计研究。以实验性的动态形式和空间特征结合对场地形式的操控,反应于如何整合生活空间和景观,以及思考流动的都市空间环境及其未来。于是,总体规划设计利用自然景观组成的空间形态,使桥梁设计灵活而不混乱。在信息化模型的环境下,将桥梁设计参数化及合理化,并且将其融入桥梁结构的设计。从设计构想到发展,桥体本身通过参数式设计将桥梁结构以及造型做深入的合理化。由于设计的原始模型由大量的概念几何构成,鉴于施工技术以及成本的考量,如何透过设计的合理化来优化并达到几何的流畅性是设计的一大课题。

3）适性适所

身为拥有广泛项目、丰富设计经验的设计师,从新的角度来看待桥梁基础设施项目至关重要：利用专业知识将基础设施设计与设计展览馆和博物馆般的访客体验相结合,以提升如机场和火车站的使用者体验;利用对群众及人员的分析了解来优化人群流线管理,并始终运用充分的技术技能和设计理念,去创造和提供巧妙的解决方案来精进传统桥梁基础设施设计。此外,管理复杂的基础设施项目是为了在多个专业之间创造平衡：建筑师应该是项目的基本方针的倡导者,也是项目利益相关者与其需求范围之间的调解人。设计师与客户一起参与设计过程,设计团队与更广泛社区的其他合作者保持交流,推动他们采用新的工作方式和思考切入点。本质上设计师的理念是在设计开发的各个阶段倾听、协作和挑战,将原本从项目及环境所理解的内容具象并满足需求且超越原先期望的设计。

4）都市演化

现在当下环境所面对的场所是以城市中心为主轴,通常是不规则的,并需要考虑许多不同的邻接关系。关注连续流畅的精神,挖掘城市现场的复杂性,以便设计的项目可以适应场地的复杂性。抽象的图形分析是任何设计项目的重要起点;而景观是非常重要以及作为提高地面渗透性和表面连续性的策略。

桥梁设计解决了许多常见的挑战,包括运输、城市基础设施和公共空间等。桥梁设计总体规划仍具有地域独特性,反映了每个利益相关者和群体社群,并通过广泛的设计论述来体现对区域的理解。一个充满活力的社群也是一个多元化的社区。同一类型的重复设计限制了使用者群体的规模,并在邻里创造了限制和不连贯的区域。所以考虑如何在整个城市网格系统上的分配功能也很重要。如在交通上,思考用户将如何通过和跨越该地区。从创造一个均匀的城市群集体的想法中得到启发,为桥梁总体规划设计提供了丰富的多样化功能,让城市群体通过创建功能重叠并产生丰富的组合,而远离传统的城市分区和功能的分离活动使用,并强调人群运动的连通性及流畅性,使人们依顺序穿越或停留。此外,建立一个密集有层次的活动,并鼓励充满活力的社群生活孕育而生。因此,成功的桥梁总体规划和设计是创造具有明确的共同分享空间，以期为城市发展创造坚实的空间基础。

3.3.3 当代桥梁美学“三个阶段”

捕捉桥梁美学信息，跟踪其历史变迁进程，从呈现复合多元美学内涵，到提出建筑美学在桥梁领域的应用发展，最后形成当代桥梁美学思潮。这是作者在编著《城市桥梁美学创作》《城市桥梁建筑理论》的过程中，并经过一段时间的思考，在 2020 年 8 月国际桥梁工程美学线上论坛做了《当代桥梁美学理论与实践》的报告，从而形成了当代桥梁美学“三个阶段”的观点。

所谓当代桥梁美学的“三个阶段”，即当代桥梁关于桥梁美学、建筑美学、艺术美学三者复合共存的美学内涵作为第一阶段，当代建筑美学在桥梁领域的探索发展作为第二阶段，当代桥梁美学总体架构形成作为第三阶段。这三个阶段本质上既是我们认识事物的一般过程，由表及里，层层深入，透过现象看本质，体现了我们认识桥梁美学从现代走向当代的历程；也是桥梁美学历史演进的客观规律，所经历的客观过程，由星星之火，至星火燎原，最终呈现成熟和完美的样式。

1. 复合型桥梁美学内涵

创作优美的桥梁的目的，是使我们生活中的交通便利、环境宜人。由此，桥梁创作这项活动建立了桥梁与人之间的关系，这个“人”包括创作者和参观者在内的所有人群。创作者在创作的过程中，他的思想、素养、背景、文化、技术都潜移默化地渗透进了创作对象之中——桥梁作品，我们说的作品的艺术风格，正缘于此。

美学是研究人与世界审美关系的一门学科。构筑桥梁美学内涵，研究的直接对象是桥梁，间接对象是人，是创作者及参观者。因此，讲清楚桥梁美学内涵，必须由表及里，直至“人”的思想。

桥梁美学、建筑美学与艺术美学的共同点在于都是应用美学，在于针对特定对象的美学问题研究。但是，桥梁与建筑都具有直接的功利性，即它们的使用价值，这使得它们在美学内涵上具有很多共性。又由于它们的功能与形式(结构)的差异性，使得二者在表达上和方法上具有极大的不同，许多时候甚至互不相通。另外，如绘画、雕塑、戏剧、音乐等艺术主要诉诸人们的精神，直接以使用功能创作的桥梁与建筑也不排斥诉诸人们的精神，这也是桥梁艺术属性的内涵所在。

从桥梁美学、建筑美学和艺术美学三者的理论研究对象与出处不难发现，它们构成了从个性到共性、从具体到抽象的逻辑关系。从三者的理论研究范畴看，三者的关系：艺术美学＞建筑美学＞桥梁美学，存在着一定的从属关系，由于是针对专门学科的应用，即艺术美学是美学在艺术(包含建筑)领域的应用研究，建筑美学是艺术美学一个特定的研究方向，桥梁美学又与建筑美学有着密切的历史渊源与现实发展关系。

在近现代桥梁发展过程中，特别是在当代，工程师的设计或者与建筑师合作的作品，或者建筑师独立创作的作品，使桥梁呈现出精彩纷呈、风格各异的美学与样式，也即三种美学思想与表现技法并存的现象。

从纵向维度看，我们将桥梁美学、建筑美学和艺术美学三者与桥梁相关的形式与内涵挖掘出来，它们揭示了桥梁美学内涵由结构的美，到结构的艺术，再到结构的思想及其隐喻的逻辑关系。同时，从横向维度看，桥梁美学、建筑美学和艺术美学全部或者部分又都是当下桥梁现实的、并存的三种美学现象与思想，三者互为补充，分别在适当的条件下存在和发展。综合纵、横两个维度，我们可以感受到桥梁美学内涵的复杂性、丰富性、开放性和包容性。

1）桥梁美学范畴的内涵

莱昂哈特教授在《桥梁建筑艺术与造型》一书中全面而详尽地阐述了桥梁美学内容，其中给出了目的与功能的满足、比例、序列、精炼的形式、与环境相结合、表面质地、色彩、特性、复杂性与多变性的魅力、组合的自然界等10个方面的美学特性引导的设计准则，以及关于拱桥、梁桥、斜拉桥、悬索桥和桁架桥等的桥梁美学设计准则。

从桥梁美学范畴研究结构的空间与造型问题，其核心是比例问题，桥梁在空间中的效果有比例的问题，桥梁造型的效果有桥跨布置、构件尺寸等方面的比例问题。正如莱昂哈特教授所说："达到建筑物美的必要的重要特性是在三维空间中有好的、和谐的比例。好的比例必须存在于建筑物的各个部分的相对尺寸之间，在其高度、宽度和长度之间，在实体与空白之间，在封闭面与敞开面之间，在阳光与阴影所引起的亮和暗之间，这些比例将传递均衡的效果。"比例问题，从表面上看很简单，这是个数字问题，以至于有的学者通过计算各个构件或一个构件各个部分的比例来评判结构是否符合美学要求。实际上，比例无处不在，它或显现、或隐含于我们观察的三维世界之中，比例的背后隐藏着创作者对形式的把握和美的感悟，即结构的空间与造型创作的整个过程中。

我们很难具体地讲清楚形式的把握和美的感悟问题，因为它们包含了太多的主观感性成分。因此，围绕从环境与桥型协调性、桥型结构协调性、功能与桥面协调性以及结构构件形式协调性等从总体到局部、从宏观到微观的四个层面，从桥梁美学范畴出发，辅以典型案例阐述，作为桥梁美学内涵组成部分。

2）建筑美学范畴的内涵

建筑美学是研究建筑及其环境美的本质及其规律，分析建筑相关要素之间的审美关系，研究建筑审美经验为中心内容，并且探索建筑艺术实践的一门学科(曾坚《建筑美学》)。

桥梁不同于建筑，不能将桥梁创作等同于建筑创作。但不可否认，桥梁与建筑存在着密切的历史关系、美学关系、艺术关系以及土木工程技术关系，许多桥梁具有建筑的元素与样式，以及建筑的理念与烙印。

建筑美学应用于桥梁，不应也不能全盘照搬和复制建筑设计技巧和创作方式，而是建筑美学思想与理念在桥梁领域的延伸和创新发展。这个创新发展不会自动发生，需要桥梁创作者认认真真研习建筑美学的理论与方法，在创作实践中不断摸索和发展，理论研究与实践积累相辅相成。建筑美学、建筑艺术为桥梁所吸收、所采纳，许多时候并不是具体的建筑样式和符号(古典桥梁中较多见)，在当代桥梁中，更多的是理念的应用，研究问题的思路、方法的应用，因而为当代桥梁的研究和创作开辟了一条有别于桥梁美学的新路径。

这里建筑美学范畴的内涵重点关注结果，即具有建筑美学内涵的当代桥梁是以一种什么样的外在和内在呈现出来的？包括建筑艺术、造型艺术、空间艺术和细节的艺术等四个方面，从四个方面的结果呈现中(即包含了建筑美学内涵的桥梁美学)品味它们的美学外在表现和内在特征。这是区别于桥梁美学范畴的内涵，也不同于艺术美学范畴的内涵部分，并与它们共同组成当代桥梁美学内涵的部分。

3）艺术美学范畴的内涵

建筑艺术属于艺术美学研究的对象之一，二者在理论上是从属的关系，在这里之所以将其并列、单列，主要着重二者在美学形式和现象、思想和内涵上的差异性及其在当代桥梁美学理论与实践上的特殊性，以说明其美学现象和内涵。或者说，针对桥梁有别于建筑的特殊性，从艺术美学出发，从零出发，希望原汁原味地、心无旁骛地研究和挖掘当代桥梁的艺术美学内涵，这些内涵虽然不会是艺术美学的全部，甚至有些还不是艺术美学的主流，却会是当代桥梁美学内涵的精华，是其中的思想性和精神活动最感染人的部分。确认了当代桥梁的思想和精神层面的内涵，有助于我们在更高的层级、更深的思想中思考、创新当代桥梁作品的内涵与形式，为城市带来变革性、引领性的理念和形式。

作者和许多业内人士一样，并不赞成将桥梁视作艺术品，但是不能否认桥梁尤其是当代桥梁具有艺术的属性。这样就可以明确了，当代桥梁不是艺术，但是具有艺术属性。

艺术是一种具有审美价值的形式或结构。无论是绘画、雕塑，还是戏剧、建筑，甚至音乐、舞蹈，都是以一种相对统一的、富有内涵的形式和结构呈现出来的，除了建筑和工艺这些特殊的形式之外，艺术主要诉诸人们的精神（万书元《艺术美学》）。万书元教授认为，就总体而言，艺术的基本工程要素大致可以约减为符码、意象、情感和意义四个单位。所谓自然生成，主要指符码和意象以及情感和意义的合成，并非人为拼贴，而是水到渠成的、自然的生成。

城市桥梁是跨越障碍的结构，它的目的是供车辆行人通行使用，世界上没有一座桥梁是为了供人们欣赏、审美而建设的。但是，桥梁的美与丑伴随着近现代桥梁发展的历史，是人们仅次于它的使用功能而被人们广泛关注和研究的内容。桥梁的艺术属性是它的尺度、结构、造型、色彩及其在所在环境等各项要素综合作用的客观结果。

桥梁具有艺术属性，具有艺术范畴的美学内涵，不仅仅具备了上述艺术的基本元素，即符码、意象、情感和意义这四个元素及其水到渠成的、自然的生成关系，还在于具有与艺术情境密切相关的特征。我们在逐步解决了衣食住行等人们的基础需求后，需要更多的是关乎美好生活的内涵建设，包括美好的生活环境、丰富的文化艺术活动等。这些物质和非物质环境氛围成为富有诗意和意味的桥梁艺术情境，成就了桥梁的艺术美学内涵的展示与实现。

2. 当代建筑美学在桥梁领域的探索和发展

在充分遵循桥梁结构科学技术规律的基础上，桥梁造型艺术具有不同于建筑艺术的无限的可能性和技术的创新性，这正是桥梁造型、美学创作的魅力所在。

通过一定逻辑关联，将建筑美学理论、思想引入桥梁，并不是要将桥梁像建筑那样设计，或者将桥梁设计得像建筑那样。而是在学习理解建筑美学理论基础上，将建筑美学思想精髓创造性地应用到桥梁的研究与创作中去。而这些正是建筑美学中属于艺术、哲学范畴的精髓所在。从而使桥梁不再是单一的结构技术，而是具有丰富的人文思想、地域特色、艺术气息与自然风味的，与当代高品质城市格调相吻合的城市文化艺术精品。

1）思想与理论

方案构思与创作的灵感来源于思想，无论技术与艺术，我们的思想有多深多远，方案的艺术感召力就有多大多广。建筑美学的思想与理论来自对现实的反思或不满、对未来的思考和希望，在许多时候，那些敢于挑战现实、善于分析思考的大师们的思想起到了引领我们城市发展方向的巨大作用，他们的思想理论成果具有普遍意义，不仅仅适用于建筑或城市规划，同样也适用桥梁甚至其他行业。

例如，“有机建筑”（Organic Architecture）是赖特所称的建筑观，即是一种由内而外的整体性组织，总体与各个局部之间存在着有机的必然的联系，像自然界生长的植物、生命体一般。运用有机建筑“一种由内而外的、自然界生长的整体性组织”等思想与理论，构建桥梁“有机建筑”的审美理念，追求结构、造型、隐喻、功能与环境等多方面有机统一的设计境界。卡拉特拉瓦设计了不少灵感来自大自然生命体的桥梁，如大家熟知的西班牙阿拉米罗（Alamillo）桥（图 3-36），主梁断面寓意模仿与当地文化传统契合的公牛头型，整体立面效果象征飞翔的天鹅。

图 3-36　西班牙阿拉米罗桥

图 3-37　法国米约高架桥

例如，地域主义的思想由来已久，在现代，地域主义已被广泛接受并深入人心，地域性是建筑的基本属性。在地域主义建筑美学中，通过建筑对地形环境的应对技巧和审美理念延伸的思想与理论，创新桥梁对地形环境应对手法及审美效果。法国建筑师诺曼·福斯特和工程师米歇尔·维洛热主持设计的法国米约高架桥因其取得与周围环境的自然和谐而被赞誉（图 3-37）。为了尽量减少对该地原有生态的影响，桥梁所在高速公路采用连续七塔八跨斜拉桥横跨 2 460 m 山谷，高耸的桥墩仿佛从秀美的山谷中自然生长出来一般。

2）艺术与形式

桥梁的形式本质上是结构，当代桥梁的结构是需要讲究其艺术性的。桥梁工程师在关注结构理论与工程技术时，往往会忽略桥梁的艺术与形式。由于专业设置和分割的原因，桥梁工程师缺乏这方面的专业学习和训练，没有能力去考虑桥梁的艺术与形式，导致桥梁失去了时代性、地域性和文化性。要改变这一状况，就需要我们学习和借鉴建筑美学，将建筑美学那些关于艺术与形式的理论和方法引用到桥梁上来。当然，这个引用绝不是照搬，而是需要研究桥梁的整体造型特点、主要构件的（如桥墩、拱肋、桥塔等）形体特征，创造性地引用，更多是理解之后的再创造，创造桥梁的艺术与形式。

例如，在新古典主义建筑美学中，抽象的古典主义以简化的方法，或者说用写意的方法，把抽象出来的古典建筑元素或符号巧妙地融入建筑中，使古典的雅致和现代的简洁得到完美体现。结合桥梁的基本结构形态，构建城市桥梁的新古典主义建筑美学的美学处理手法与审美追求。

常州市大仓路-芦墅路跨运河桥（图 3-38），其方案采用了与通常桥梁不一样的结构形式与桥面人行道的布置方法，人行道不是布置在桥梁梁体顶面，而是在箱梁底板设置挑臂作为人行通道。这样，通常市政桥梁的人行道在这里华丽转身为建筑的长廊，巧妙地隐去了与运河两岸建筑极不协调的桥梁厚重的结构梁体。这样的桥梁外观既不是那种拙劣的仿古建筑，又具有与运河风貌保护区协调的地方建筑的意味、韵律及尺度，是一种写意的修辞。

图 3-38　常州市大仓路-芦墅路跨运河桥

图 3-39　香港昂船洲大桥夜景

例如，在当代所有建筑流派中，最有资格获得“时代的歌者”这一称号的莫过于高技派。大跨度桥梁的结构是高技派可以施展其技巧的好题材，只不过此时的主角不是建筑师，而应该是桥梁工程师了。在技术主义建筑美学中，通过分析高技派对建筑新技术的应用与展示的技巧，形成城市桥梁对技术创新、技术审美的技巧与方法，为城市桥梁展示技术魅力与创新活力创造一种崭新的艺术形式。

香港昂船洲大桥(2009 年)是主跨 1 018 m 的超大跨度斜拉桥。世界上现有的超大跨径斜拉桥的桥塔大多是稳定性好的钻石形桥塔或者 A 形、倒 Y 形桥塔等，如日本多多罗大桥采用钻石形桥塔，法国诺曼底大桥和我国苏通长江大桥采用倒 Y 形索塔。而昂船洲大桥采用独柱烟囱形桥塔，挑战了独柱高塔静力、动力稳定与抗风、抗震等一系列世界级超千米斜拉桥的技术难题，从技术主义建筑美学的视角，获得了“一发千钧”高技术带给人们的震撼和惊讶。

3）方法与技巧

城市桥梁创作是技术与艺术的综合创作，其创作方法不是来自单一的工程技术考虑，需要关注桥梁整体造型及其每个组成部分的构件的形体与细节。这些需要我们从建筑美学那里学习不同流派、不同风格的构图、造型的方法与理念。这些方法与技巧的学习和运用，可以给我们带来不同于桥梁工程师设计的桥梁造型和效果。这将会改变桥梁工程师面对没有情感和美感的结构而不知所措、一筹莫展的被动局面。

例如，在新现代主义建筑美学中，通过构造方法的应用和发展，即将几何形体的拆分、组合、异构等技巧，从而实现建筑效果的诗情画意、精雕细刻的审美追求。桥梁的造型来自桥型结构，也来自整体与细部样式的构造和推敲，新现代主义建筑美学为桥梁创造更多既符合结构逻辑又令人耳目一新的时代造型开辟了一条新途径。

瑞士桑尼伯格桥(1998 年)为曲线矮塔斜拉桥，概念设计由克里斯蒂安·梅恩完成。主梁采用预应力混凝土结构，长 526 m，最大跨度 140 m，孔跨布置为 59 m＋128 m＋140 m＋134 m＋65 m。水平曲线半径 503 m，桥面高出谷底 50～60 m。主梁宽 12.378 m，桥塔最大高度 77 m。桥塔塔柱横向呈花蕊弧线形由谷底向上至桥面张开，立面上同样下窄上宽，使得总体布局上彰显优雅而挺拔。细部上，塔柱立面上的凹槽、断面上由三个矩形叠加而成，使塔柱简洁而不简单。主梁为简洁、整体性好的双边主梁形式。塔、梁、墩，所有的构件，简洁流畅的几何形式、精致的细部推敲、整体审美效果的思量，造就了桑尼伯格桥优雅精致的新现代主义美学典范(图 3-40)。

例如，在解构主义建筑美学中，对完整、和谐的形式系统的解构，不是一种表面上的破坏和推翻，解构是为了创新，解构是一种创新的手段。

图 3-40 瑞士桑尼伯格桥

图 3-41 阿布扎比的扎耶德大桥

位于阿布扎比的扎耶德大桥(Sheikh Zayed Bridge)是扎哈·哈迪德建筑事务所于 2010 年竣工完成的一个项目(图 3-41)。一组看似随意、即兴的水平延伸的连续折线成就了大桥的承重结构——折线形拱肋。反常规的拱桥及拱肋线型的布置思路，使大桥呈现出一种全新的、充满运动和旋律的、一气呵成的结构气势与美学效果。桥梁整体形式上有着强烈的非匀质的流动性特点，似乎游弋在某种虚幻空间中，加上绚丽的色彩灯光的效果，给人以非物质性的错觉。

当代建筑美学在桥梁领域的探索和发展，既是理论的思考和总结，也是实践的摸索和试验，实践的成功预示着建筑美学理论在桥梁领域创新发展的成功。

3.4 高水平竞赛成为当代桥梁美学"竞技场"

桥梁美学艺术越来越受到关注和重视，桥梁方案设计竞赛也必然越来越多。对业主来说，通过竞赛实现项目预期要求，对行业来说，通过竞赛推动技术进步、美学理论发展，对设计师们来说，通过竞赛提高创作水平，展现美学思想理念，在行业内崭露头角。

项目竞争、方案竞赛有利于提高行业总体专业水平。在充分竞争的市场环境中，设计企业为了获得项目，就会调动和发挥企业和设计师个人的最高水平投入到方案创作中去。

竞赛需要精心组织，评分规则的设计以及涵盖桥梁、建筑等多个专业的评委们的评审工作，确保优秀作品胜出，达到业主组织竞赛的目标。

一个城市想要获得优秀的桥梁作品，就需要精心组织策划桥梁方案竞赛，通过设计团队充分竞争获得理想方案。一家设计企业需要通过方案竞赛证明和展示实力，赢得竞争，获得利益。相反地，没有通过充分的竞争，局限于一两家设计院和几个方案比选的过程，确定的项目设计方案其总体水平和质量往往不如竞争、竞赛获胜作品。

德国施莱希工程设计咨询在有关结构优雅性的文章中也积极支持设计竞赛，认为培养人们有意识地去设计好的结构非常重要，这方面可以采取的措施包括设计竞赛。同时，建筑设计竞赛所邀请的团队中应该包括工程师，应针对基础设施尤其是桥梁开展更多的设计竞赛。

3.4.1　关于桥梁方案设计竞赛

桥梁方案设计竞赛是一项从准备竞赛资料、确定竞赛目标、确定奖金奖项、邀请和组织参赛团队、根据评审规则评委评分，公布竞赛结果等系统性工程。抓住和做好关键环节，使竞赛达到预期目标，工程建设才能按时间节点有序顺利地推进。

迄今为止，举办桥梁方案设计竞选的业主和采购机构并无公开出版的国内指南可用。联合国教科文组织（UNESCO）于 1978 年出版了旨在针对建筑与城市规划的设计指南，但它们极少被应用于桥梁方案设计竞选上。国际桥梁与结构工程协会 2016 年出版了《桥梁方案设计竞选指南》（IABSE）（*Guidelines for Design Competitions for Bridge*），简明扼要地阐述了方案竞选的组织、目标、评选、采购等一系列事项，可供参考使用。

1. 明确和制定方案需求目标

一种情况是为了避免业主对桥梁抱有很高的期望，但是由于方案需求、竞赛组织、参赛团队等原因，竞赛结果达不到预期目标；另一种情况是，竞赛结果在方案水平及其投资等方面，远超业主预期，使获奖作品难以付诸实施。

因此，因地制宜，实事求是，制定恰当的方案需求目标，高效率达到建设预期目标，避免时间、资源和资金的浪费。这里，作者结合国际桥协《桥梁方案设计竞选指南》中为何使用方案设计竞选的某些内容，制定了一个可供参考的桥梁方案美学景观需求等级表。表 3-2 中将美学景观等级分为一级至四级共 4 个等级，一级为最高级。

表 3-2　　桥梁方案美学景观需求等级

序号	桥梁方案美学景观需求	选项	选项	选项	选项
1	地标性、纪念性建筑、创新的桥型结构及造型，原创的、唯一性的桥梁，国际一流，城市或地区名片				√
2	视觉效果独特而美丽的桥梁，具有地方文化特色，原创的桥梁，国内获好评，有助于宣传开发项目			√	√
3	令人关注的、有创意的优美桥梁，获得地区居民喜爱，改善和提升周边环境质量的桥梁		√	√	√
4	根据建桥条件和环境，桥梁布跨和结构各类尺寸恰当，比例协调，造型优美	√	√	√	√
5	桥型和结构技术合理，满足交通、航道、水文等功能和技术标准的桥梁	√	√	√	√
6	桥梁方案美学景观需求等级（一级至四级）	四级	三级	二级	一级

明确和制定桥梁方案美学景观的需求是一件赛事的前提和核心，只有确定了目标，才能有针对性地开展竞赛相应的后续各项准备工作，包括参赛团队的资格、评委专家的专业

和层次、评审规则等一系列工作。

2. 评委及评审规则

确定了方案美学景观的需求后，了解和规定参赛团队的资格就变得非常重要了，也就是哪些团队被邀请参赛，哪些团队不被邀请。了解参赛团队这个领域的业绩和取得的成就，以及构成工程师和建筑师合作联合的机构公司等，因为这将关系到参赛团队最后是否能够提交业主需要的作品的关键环节之一。之后，评委及评审评分规则的相关工作摆到议程上来。

1）评委的专业背景及评审委员会的组成

不同专业背景的评委对桥梁及其美学景观有不同的认识和观点，即便是桥梁专业的专家教授，他们研究桥梁工程的不同领域，对桥梁的造型美观问题也有不同的认识。所以，遴选好评委专家，对于顺利开展评审工作，达到业主预期要求很重要。

作者曾经参加过一个桥梁方案的竞赛评审，共 7 位评委，只有 2 位桥梁专业专家，其他均为建筑、规划、景观等专业的专家，许多非桥梁专业的专家不能理解优美新颖的桥梁结构造型方案能够产生的环境景观效应及其对城市的影响力，可想而知，这样的评审结果与原先任务书的要求存在着较大的差距，甚至南辕北辙。现在很多地方上有一个错误的做法，认为景观要求高的桥梁一定要请建筑师，参赛团队是建筑师，评委专家也是建筑师，加上相关部门的组织工作是当地规划局，又都是建筑师和城乡规划专业人员，这样做的结果会出现两种令人遗憾的情况：一种是在结构上添加了很多不必要的东西而成为怪异的结构，另一种结果是，由于不懂结构而不敢深度触碰结构，只在简单梁桥结构上增加很多绿化、人行步道等附属功能，这两种情况都失去了桥梁方案应有的结构美、造型美。即便是桥梁专业评委，也需要引起注意的是他们的研究领域是不是与评审工作相关。在某个桥梁竞赛评审，评委中有多位当地的桥梁工程老专家，非常注重桥梁的安全和施工方法，但存在一个较大的误区，似乎结构复杂的桥梁其施工和安全难以保证，这样也会影响评审结果，使之达不到业主的预期要求。

2）评审评分规则

评委专业配备之后，需要制定评分规则，以均衡各个专业的评分权重，有利于贯彻竞赛目标，使参赛作品的最后得分更合理。

刘正光介绍香港昂船洲大桥竞赛的做法，制定比赛评分标准时，也讨论“技术分数”和“美观分数”间的适当比例。最后定为 70∶30，这个平衡点是否合适？事后分析，把百分比向上或向下调整 10%，都不影响比赛结果。某些时候把所有评委的分数取平均值并不合理，但是，各专业之间的权重取值需要因不同的项目和要求而采取不同的标准。

3）评审和创作的异同

评审不同于创作，创作需要收集和研习建桥资料，并经过较长时间的反复思考、构思，勾画草图，最后形成自己和团队满意的方案雏形，再经过深化完善方案等工作，直至完成所有需要提交的成果。而评审是根据较短时间内对资料的掌握和理解，在理解创作者思路和构思过程的基础上，基于评委自身的专业对作品的结构技术、艺术效果等方面进行综合研判和评价。一般地，评委评审可以得出作品好，好在哪些方面，不好的话，哪些方面存在问题，等等一系列评价。对作品的评价仅仅基于作品而做出的评论，如果作品本身距离业主需求甚远，这些评论可能无助于使该方案能够满足业主的需求。这就是评审和创作的不同之处。

但是，评委和评审的工作又很重要，这也是方案竞赛、创作工作的延伸和延续。因为许多时候的评审结果虽然并没有业主真正满意的方案，但是其中的某些作品距离业主的要求并不遥远，需要各参赛团队名次靠前的方案进行重新整合，或者针对入选方案需要局部进行调整优化。这时评委的点评和修改意见可能起到重要作用，使尚有一些缺陷的作品经过调整修改后成为完美的作品，成为能够最后被录用的方案。这体现出了评委评审的重要价值。

3. 参赛人汇报

在竞赛中，对参赛团队来说，好的作品和精彩的汇报都非常重要，二者缺一不可。参赛人简明扼要地汇报方案创作的逻辑推演、作品成果的关键技术和景观亮点、核心创新创意，打动评委，获得评委的认可，才能证明作品是成功的。一般汇报时间有限，10～20 min，使评委迅速进入你的创作思想推演过程，并对你的分析、思路，以及最后的成果予以认可就显得极为重要了。

汇报很重要，因为你的作品不仅仅面对桥梁专业的评委，还要面对其他专业的评委，需要通过你短短数十分钟的汇报，让非桥梁专业的专家清楚、理解你的创作思想、创意过程、结构技术水平及最终成果。

汇报是评委了解作品的重要渠道和过程，评委对你的创作思想和推演了解得越多越深，印象也越好，当然这是基于你的方案是真正的好作品。

好的作品，如果由于汇报不好，没有突出展示作品的亮点和创新点，很可能被埋没在参赛作品之中。相反，如果作品本身不佳，汇报很“精彩”，构思创意仅仅是一堆华丽空洞的说辞，牵强附会，也不可能打动评委。

4. 竞赛奖金设置

设计院、设计事务所都是企业，企业需要营利，企业经济效益和技术水平一般成正循环发展，也说明了市场的优质优价铁律。不要指望支付低廉的酬金获得高水平的方案，设计院和设计事务所都有经营部门根据项目的重要性和经济效益安排人力资源，面对低廉的报酬，一般不会安排高水平团队和技术骨干参赛。国内经常有某些设计单位为了获得项目而采用别人的方案照片用以应付业主，造成雷同的桥梁方案在国内多地开花的不良影响，这种现象应该被杜绝。

国内不少重要竞赛的奖金设置合理，评审过程严谨，评审结果具有公信力和说服力，获奖作品达到了主办方的预期和要求。

例如，东莞市滨海湾新区滨海湾大桥方案设计国际竞赛(2019)经专家评审委员会评审排名前五名的参赛单位，可分别按名次获得相应奖金：第二名奖金人民币捌拾万元整；第三名奖金人民币陆拾万元整；优胜奖(共两名，获第四、第五名的参赛单位)，均可获优胜奖金人民币叁拾万元整。获得设计竞赛第一名的设计机构优先获得后续深化设计任务，在结合专家评审意见和主办单位的要求完成整合深化工作后，递交成果达到整合深化要求且通过主办单位验收，可获深化设计费，深化阶段总费用为人民币壹仟万元整，不另设竞赛阶段奖金。

例如，雄安新区公开征集 59 座桥梁设计方案(2019)涉及启动区、容东及昝岗片区，启动区专业组采用国际征集方式，分两个小组。两组各通过资格预审评选出 5 家入围设计机构分别进行方案设计创作，最终通过公众投票和专家评审分别评选出一、二等奖各1名。容东及昝岗片区专业组采用国内征集方式，分两个小组。两组各通过资格预审评选3家入围设计机构分别进行方案设计创作，最终通过公众投票和专家评审分别评选出优胜奖1名。启动区公众组竞赛选取环金融岛的若干座桥梁，通过多家平台宣传广泛发动广大民众参与方案众创。根据公众方案的创意和水平，通过专家评审选出一、二、三等奖及优秀奖、参与奖若干名。本次征集活动总经费约为2 500万元，其中专业组方案补偿金和奖金共2 190万元，组织相关费用约为310万元。

3.4.2 挖掘和构建桥梁群与城市之间的非物质关系

桥梁群是城市中一个特殊的群体，这个群体和城市存在着千丝万缕的关系。在既有城市中，这个群体与城市的各个部分携手前进，成为城市的人文历史、科学技术、文化艺术，甚至日常生活的有机组成，所以，桥梁群体里有人文、有历史、有科技、有艺术、有生活。在新建城市(城区)里，通过城市规划城市设计构筑这种关系，桥梁群体方案设计就是要解构这种关系，重塑这种关系，实现这种关系，使桥梁群体在城市中发挥大于桥梁单体的功能和作用。

1. 深圳前海11座桥梁概念性方案设计(2013)

1）项目概况

深圳前海深港现代服务业合作区是位于深圳城市“双中心”之一的“前海中心”的核心区域，被定位为未来整个珠三角地区的“曼哈顿”。重点发展高端服务业、总部经济，旨在打造区域中心，并作为深化深港合作以及推进国际合作的核心功能区。深圳前海深港合作区的三条河道为这一区域提供了极为优越的景观条件。这11座桥梁地处双界、桂湾、铲湾三条水廊道，位于听海路、航海路、振海路、临海路等4条道路的交汇点上。铲湾河道位于开发区南部，连接前海湾与南山区。桂湾河道位于城市CBD中央，被“山”“水”合抱其间，双界河道位于海湾的北部(图3-42)。

2）国际招标目标

旨在结合前海水廊道、城市空间及道路、交通特征和管线需求等因素，寻求11座桥梁组合形态，形成若干主题，强调与城市建筑、环境、公共空间的融合、协调，注重城市空间的整体性，充分贯彻“以人为本”的理念，打破了盲目追求长、大、高、怪等结构，以及忽视与城市景观融合的做法。2013年，深圳前海管理局策划组织了前海深港合作区11座桥梁概念方案设计国际招标，整个招标经过资格预审、方案评审和方案整合等三个阶段。

3）招标成果

来自国内外27家设计团队参与了角逐，经第一轮的资格预审，评选出5家入围单位(美国林同棪国际、荷兰NIO、英国ARUP、荷兰联网建筑咨询、中铁大桥院)进行方案设计竞标。

本次招标共收集到约50个风格各异的桥梁方案。林同棪国际对各家入围单位的方案进行了整合，集各家设计理念之长，优选出若干套不同的方案组合，建立了前海桥梁库。

2013年12月，举办了《前海深港现代服务业合作区11座桥梁概念方案》技术交流会，各家设计单位的代表对桥梁方案的各个细节进行了深入的探讨和交流，为下一步前海桥梁建设以及相关市政基础设施建设奠定了扎实的基础(图3-43)。

图 3-42　11 座桥梁地理位置总平面

图 3-43　方案成果整合

2. 雄安新区59座桥梁方案征集(2020)

雄安新区启动区作为雄安新区率先建设的重点区域,承担着探索开发建设模式、先行先试政策措施、展现新区雏形等重任。启动区规划面积38 km^2,其中城市建设用地26 km^2,重点承接北京非首都功能疏解,突出创新特色,提供优质公共服务,集聚一批互联网、大数据、人工智能、前沿信息技术、生物技术、现代金融、总部经济等创新型、示范性重点项目,发挥引领带动作用;加强生态环境建设,打造韧性安全的城市基础设施,精心塑造城市特色,形成宜居宜业的现代化城市风貌。

1) 项目概况

为深入落实《河北雄安新区规划纲要》《河北雄安新区总体规划(2018—2035年)》相关部署,塑造启动区"中华风范、淀泊风光、创新风尚"的城市风貌,围绕"中西合璧、以中为主、古今交融"的建筑特色要求,充分发挥桥梁在城市空间形象塑造中的重要作用,组织开展本次桥梁方案征集活动,面向国内外设计机构征集优秀的桥梁设计方案。旨在汇集全球智慧,集思广益、博采众长,充分拓展设计思路,提高方案的创新性、开放性,把启动区城市桥梁打造为彰显中国特色、体现雄安质量、展示新区风貌的精品桥梁,更好地推动雄安新区建设成为高水平社会主义现代化城市,成为高质量发展的全国样板。

启动区桥梁方案征集专业A组为中华圆舞曲桥梁序列,选择环金融岛地区的21座典型桥梁,其中人行桥3座,车行桥18座;启动区桥梁方案征集专业B组为未来畅想曲桥梁序列,选择北部科创区的18座典型车行桥,部分桥需考虑路桥一体化(图3-44)。

容东片区选择重要节点的14座桥梁进行方案征集,14座桥梁整体分布呈现"两轴一连"的空间形态。昝岗片区共选择6座桥梁进行方案征集。

2) 方案征集总体要求

(1) 桥梁设计方案应充分贯彻《河北雄安新区规划纲要》《河北雄安新区总体规划(2018—2035年)》的指导思想,并以启动区控制性详细规划及城市设计成果的相关要求作为基本依据。

(2) 在桥梁景观风貌方面,应注重营造桥梁的城市空间形态,在桥梁设计方面应注重和谐统一,桥梁应与其周边环境和建筑风貌相呼应,同一组团及视觉通廊上的桥梁也应互相呼应,在变化中求统一,总体与个性相协调;桥梁造型应典雅、大方,低调又不失特点,避免怪异、夸张的造型。

(3) 在桥梁功能方面,桥梁设计方案应满足交通功能性要求,满足机动车、非机动车和人行通行要求,满足桥下通航和行洪等相关规范要求。

(4) 在桥梁技术方面,鼓励采用新颖的结构形式和景观造型,实践新理念、新材料、新工艺,体现时代创新精神,结构设计方案应安全、耐久、环保、经济,体现桥梁的结构美。

3) 方案征集结果概览

专业组征集活动得到了来自国内以及美国、德国、澳大利亚、法国、英国、荷兰、瑞士、西班牙、加拿大、阿联酋等国共110家知名设计单位的积极响应,通过资格预审评审会投票选出了16家入围设计机构进入正式设计创作阶段。经过两个多月的紧张设计,16家设计单位均按时提交了高水平的方案成果,均从空间形态、文化主题、景观美化等方面对桥梁序列进行了整体构思和系统安排,既突出了桥梁造型的美观新颖,也强调了桥梁与周边环境的协调融合,较好地体现了"中西合璧、以中为主、古今交融"的设计理念。

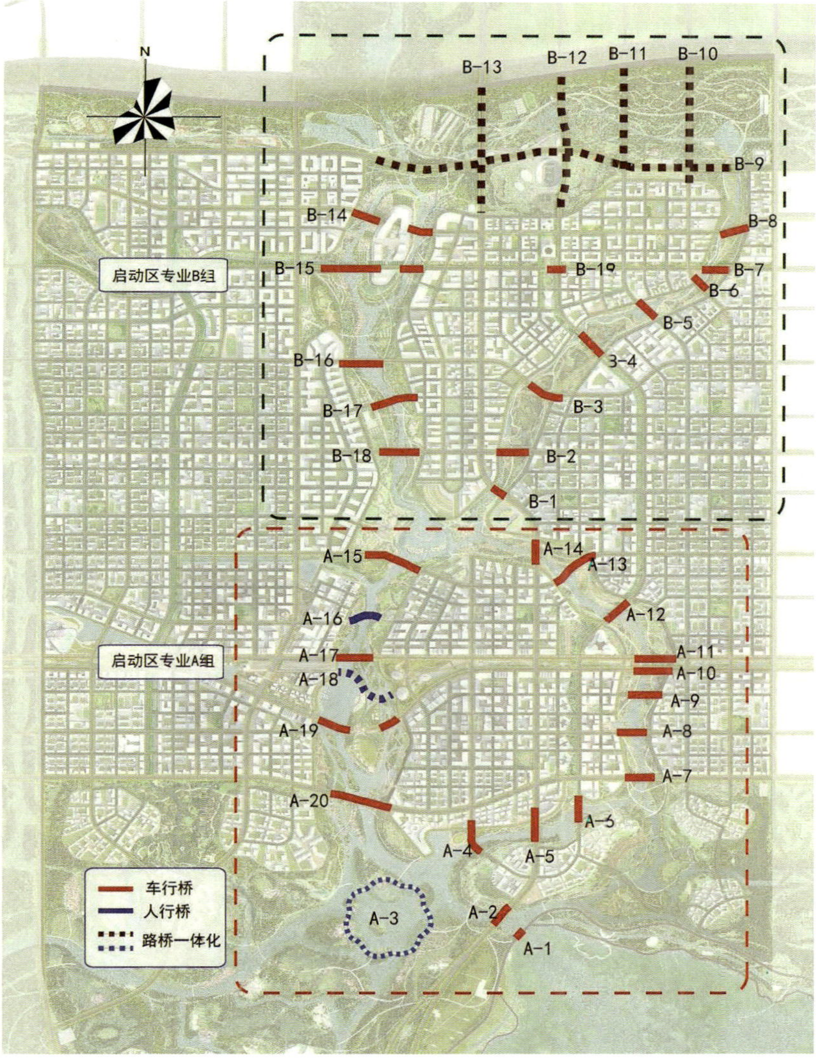

图 3-44　启动区桥梁总体布局图

公众组竞赛活动也获得了众多专业设计师、专业院校师生以及设计爱好者的关注，累计收到 153 组参赛设计作品，呈现出较高的整体设计水平，其中不乏富有创意、可落地实施的优秀作品。2020 年 5 月底，公众组方案终期评审会召开，会议邀请了 7 名建筑、桥梁、城市设计等领域的权威专家组成专家组，以独立打分方式评选出了一等奖 1 名、二等奖 2 名、三等奖 3 名、优秀奖 5 名，以及最佳组织奖 1 名、最佳创意奖 1 名、参与奖 20 名。

本次征集活动适逢全球疫情，各应征机构和设计师均克服了重重困难，表现出对雄安新区规划建设工作的充分重视。

4）方案征集评审感想

作者全程参加了征集活动专业组中期审查和终审，公众组评审，以及后续实施期间的深化设计评审。充分肯定各参加团队成果的同时，也有很多感想。

(1) 每个应征团队经过对上位规划与城市设计成果的理解消化，形成应征团队自己的设计理念、设计策略，之后把设计理念、设计策略落地到方案设计成果中。因此，由于设计理念、设计策略的不同，最终的方案设计成果也不同，甚至大相径庭。如有的应征团队主张桥梁融于自然，有的应征团队主张打造主轴线地标性桥梁，有的应征团队主张从文化隐喻推导桥梁造型，最后方案设计成果也就一目了然了。

(2) 完全同意设计任务书中所规定的一系列要求，其中，在桥梁技术方面，鼓励采用新颖的结构形式和景观造型，实践新理念、新材料、新工艺，体现时代创新精神，结构设计方案应安全、耐久、环保、经济，体现结构美。同时，桥梁造型应美观、大方，避免怪异、夸张的造型。

(3) 桥梁方案设计，需要桥梁工程师与建筑师(或景观设计师)紧密合作。任由其中一方单方面主导桥梁方案设计，都会影响设计成果达到设计任务书的要求和水准。如，有的建筑师或景观设计师大胆构思，天马行空，结果导致出现一些不合理的、夸张的、怪异的结构；有些建筑师过于保守，不熟悉桥梁结构，为了尽量少触碰桥梁结构，结果较多地运用了装饰的和附属的东西，而失去了在重要桥位需要展示桥梁结构应有的结构艺术魅力的机会；有的桥梁方案没有经过有经验的桥梁工程师的把控或验算，受力构件截面明显偏小，或者将有些适用于人行桥的桥型用到车行桥桥型上去，导致方案效果失去了真实性和可行性。

(4) 本次方案共征集 59 座桥梁，许多桥梁之间的距离比较近，在 200～400 m，桥梁群体的外在形体关系、内在逻辑关系就显得尤为重要，特别是启动区 A 组、B 组桥梁(图 3-45)。因此，在这里除了需要通过考虑每座桥梁桥位区域的城市空间、功能、周边建筑来决定桥梁的形体、功能和尺度外，还需要考虑桥梁与桥梁的关系。这个关系包括两个方面，一方面是外在的，属于视觉艺术范畴的关系，需要和谐、优美、有序；另一方面是内在的逻辑，包含了城市历史文化、城市故事。

在启动区，A 组、B 组桥梁群体的序列和气势将对整个区域产生重要影响，它既是城市形体、城市天际线的有机组成部分，又是城市文化、城市故事的载体、叙述者。世界上许多著名城市的桥梁群体是在少则几十年、多则几百年的时间内随着城市的发展建成的，这样的桥梁群体自然而然地成了历史的见证者，自然而然地成了城市文化、城市故事、科学技术发展的叙述者，这种桥梁群体文化功能体现在历史纵深维度上。而我们的桥梁群体文化功能应该体现在横向的、平面延展维度的文化叙述上。因此，设计任务书提出的“启动区桥梁方案征集 A 组为中华圆舞曲桥梁序列”及“启动区桥梁方案征集 B 组为未来畅想曲桥梁序列”。笔者认为：这是一个非常不错的从城市设计层面对桥梁群体提出的设计要求，关键是如何实现和落地这一设计要求；首先需要设计者充分挖掘城市设计、城市功能以及相关资料，特别是本区域的历史文脉，用来谱写“中华圆舞曲”和“未来畅想曲”的各个篇章，设计和构筑两支曲子的内涵。然后用桥梁结构的造型语言表达、展现各个篇章，让环金融岛地区和北部科创区奏响“中华圆舞曲”和“未来畅想曲”。当然，在这里，“曲子的内涵”和“桥梁结构的语言”二者之间需要反复推敲，使二者的自身内容都恰当而贴切，二者的关系巧妙而自然。

(5) 从总体上看，参赛各家都是认真投入的，其设计成果是值得肯定的，评审专家的观点理念也不尽相同。各家成果各有优缺点，即使排名第一，也不是所有方案都好，都可以付

图 3-45　启动区城市设计鸟瞰图

诸实施，排名后面的团队，也有一些方案和设计理念值得借鉴，具体的各家的问题和推荐方案都被记录在针对各家评审的意见中。最后实施方案的获得，个人意见认为不能从各家应征方案中简单地整合，而是需要从梳理设计理念、设计策略开始，进行整合与再创作。

3.4.3　方案竞赛促进结构创新、技术进步

桥梁方案是工程技术与美学艺术的综合体，二者不可分离，很难想象一个技术优秀的方案其外观造型很丑，或者外观造型优美的方案其技术方面不合理、不安全，优秀的方案大多是工程技术与美学艺术均有创新表现的方案。因此，桥梁方案竞赛不仅仅是造型美观方面的比赛，更是技术与艺术的综合比拼，不少竞赛获奖的方案都成为行业内结构创新、技术进步的标杆。如英国纽卡斯尔的盖茨黑德千禧大桥、中国香港汀九大桥和昂船洲大桥等都是方案设计竞选、桥型结构创新成功的案例。

1. 香港8号干线昂船洲大桥桥梁设计比赛(1999)

8号干线是一条连接香港大屿山与沙田横贯香港东西的主干道路,包括现有的往机场的北大屿山公路、青马大桥、汲水门大桥,以及青衣至长沙湾段和长沙湾至沙田段。

昂船洲大桥位于香港港口一个显著的位置,从维多利亚海港,西九龙市区及香港岛的山顶均可望到大桥,因此路政署首次以一项国际桥梁设计比赛的方式选出昂船洲大桥的初步概念设计方案。大桥的主跨将会超过1 000 m,如大桥以斜拉桥的形式兴建,建成后将极可能成为当时世界最大跨度的斜拉桥,是大跨度斜拉桥技术的一大突破,故发起国际性桥梁设计比赛可吸引全球知名的桥梁专家提供顶尖斜拉桥的设计及建造技术。

1) 国际桥梁设计比赛

这项分两个阶段的桥梁设计比赛在1999年11月正式接受报名。共由103家独立公司及设计师组成的31个来自世界各地的设计队伍报名。香港路政部门经过资格预审,邀请其中的16支设计团队参加第一阶段设计比赛。这16支队伍总共由64家独立公司及设计师团队组成,队伍的领导机构分别来自中国内地及香港特别行政区、芬兰、法国、德国、日本、挪威、英国和美国。在这16支队伍中,不乏我国知名的桥梁设计院和全球其他著名的桥梁顾问公司。相比之下,我国多年来所累积的斜拉桥经验已达到世界一流水平。

在比赛第一阶段,每支队伍最多可提交2个方案,结果有11支设计队伍提交2个方案,5支队伍提交1个方案,共收到27个不同的设计方案。其中,22个为斜拉桥,2个为悬索桥,3个为斜拉和悬索协作体系的桥梁。

香港路政部门邀请全球知名的桥梁专家和建筑师,组成两个评审委员会,分别是技术评审委员会和美学评审委员会。经过第一阶段的评选后,综合各方案在技术水平和美学方面的表现,结果选出5个优秀方案进入第二阶段的评比。每个进入第二阶段的设计方案将会获资助港币一百万元,作为准备更详尽设计和提交模型的部分费用。第二阶段亦由技术和美学评审委员会对5个方案评分和做出评语。但最终则会由一个以路政署署长为主席的行政人员小组,包括资深工程师和部分评审委员会人员,以投票方式选出冠、亚、季军的作品。冠、亚和季军的作品将可分别获得额外的一百万、三十万和二十万港币奖金。为公平起见,设计比赛是以匿名方式进行的。

2) 第一阶段设计比赛

参加第一阶段比赛的各方案,在概念和侧重点方面都有很大的区别。就斜拉桥方案而言,有传统的倒Y形、A形、H形等桥塔,也有较新颖的烟囱形、Y形、X形甚至羊角形等,斜拉索方面也各有不同,单扇至四扇的都有。钢箱梁有采用较传统的单箱设计,也有采用较创新的双箱设计和中间开槽的箱梁。悬索桥则避开传统的H形桥塔设计,采用较特别的A形或Y形桥塔,缆索的安排也十分特别。斜拉索和悬索协作体系方案混合了两类设计的较新概念,并采用自锚的形式,但却因此使桥索显得十分复杂。总体而言,方案提供了很多新构思、新技术、新材料的应用。

两评审委员会根据预定的评分准则进行评定,首先由技术评审委员会评分,方案必须达到一定的水平再交由美观评审委员会评分。两个委员会分别对设计方案的技术水平和美观性做出评分。在技术方面,评审对桥梁的结构表现(20%)、可建性(25%)、耐久性(20%)、工程造价(10%)和所需工期(25%)五方面进行评分。在美观方面,评审对桥梁本身的外形(50%)及它和周围环境的配合(50%)两方面进行评分。结果经过两评审委员会对第一阶段设计方案评分后，评分原则为技术/美观为 70/30 之比，路政部门选取了 5 个优秀的方案进入第二阶段比赛。

3）获选参加第二阶段的设计方案

第二阶段的五个设计方案均为斜拉桥，主跨为 1 000～1 019 m，全桥总长在 1 600 m 左右。他们的设计各有特色。

方案一是一座 A 形桥塔的斜拉桥，主跨 1 017 m，边跨分别为 292 m 和 321 m，总长度为 1 630 m。拉索以半扇形的形式布置，加劲梁在边跨和近桥塔 52 m 的主跨部分是混凝土箱梁，其余部分为双箱钢箱梁。桥塔的顶部是一个以不锈钢覆面包围的钢芯。整体而言，这方案在设计和施工上均为一个传统的方案(图 3-46)。

方案二是一座倒 Y 形桥塔的斜拉桥，其主跨是 1 000 m，边跨是 300 m，全桥总长度为 1 600 m。拉索以半扇形的形式分布并连接加劲梁的两边，每对拉索在中间由一个偏向器将拉索箍紧成一根锚至索塔。加劲梁和桥塔在近塔 100 m 的部分连成一体。加劲梁在边跨是混凝土箱梁，在主跨中央的 800 m 是钢箱梁。除了拉索的布置形式外，该方案是一个传统的设计(图 3-47)。

方案三是一座像烟囱形状桥塔的斜拉桥，桥塔上部的 112.5 m 是钢结构，以下的部分是混凝土结构。大桥主跨为 1 018 m，边跨分别为 298 m 和 300 m。全桥的总长度为 1 616 m，拉索以半扇形的形式布置，加劲梁在边跨和近桥塔 24 m 的主跨是采用双箱混凝土梁，在主跨其余部分则采用双箱钢梁，双箱钢梁由横梁连在一起。总体而言，这个方案在设计和施工上均为一个较新颖的方案(图 3-48)。

1. 图 3-46　方案一
2. 图 3-47　方案二
3. 图 3-48　方案三

方案四是一座 H 形桥塔的斜拉桥，桥塔在加劲梁以上不设横梁。大桥的主跨为 1 001 m，边跨是 300 m，全桥的总长度为 1 601 m。拉索以半扇形的形式分布于两个垂直的平面。全桥均采用钢箱梁，在边跨的钢箱梁加劲混凝土以增加重量来平衡主跨的恒载。由于桥柱离桥面特别高而且没有横梁，这个方案在设计和施工上显得较为特别(图 3-49)。

方案五是一座向内弯腿的 A 形桥塔的斜拉桥，其主跨为 1 019 m，边跨分别是 280 m 和 307 m，全桥的总长度为 1 616 m，拉索以扇形的方式分布，在索塔上部集中锚固在钢锚箱上，加劲梁由桥塔在垂直和侧面两个方向支撑。加劲梁在边跨和近桥塔 89 m 及 95 m 的主跨部分是混凝土箱梁，在主跨其余部分为钢箱梁，整体而言，这个方案在设计和施工上均为一个传统的方案(图 3-50)。

图 3-49　方案四

图 3-50　方案五

4) 第二阶段设计比赛

进入第二阶段比赛的队伍，他们的作品包括更详细的设计图纸、数据及模型。两评审委员会在 2000 年 8 月 16—22 日进行讨论和评定，并提交报告至行政人员小组讨论。最后以投票方式选出冠、亚、季军的作品。方案三大桥外形美观，给人留下了美好印象，而且桥塔的施工比较方便，获选为冠军。设计团队由 Halcrow Group Ltd(英国)、Flint & Neill Partnership(英国)、Dissing＋Weitling(丹麦)和上海市政工程设计研究院(中国)组成。亚军为方案五，季军为方案四，方案一和方案二获荣誉奖。

5) 总结

昂船洲大桥落成后成为香港的一个主要标志。大桥主跨超过 1000 m，这般大跨度的斜拉桥是一项世界纪录，亦是斜拉桥科技上的一大突破，设计和兴建昂船洲大桥是一项极大的挑战。对此项艰巨而复杂的工作，香港特别行政区路政部门全力投入，举办了这项国际性的桥梁设计比赛，以引入国际性竞争机制。本工程如按常规在本地招标设计，最多可提出和研究若干个设计方案，而且可能是比较保守的，但是透过设计比赛，我们一共收到 27 个来自世界各地不同的方案作为选择和参考。

2. 匈牙利布达佩斯多瑙河新桥国际设计竞赛(2017)

1) 竞赛与项目概况

2017 年，布达佩斯市政府宣布了一项国际建筑设计竞赛，政府希望在布达佩斯后工业南部地区的多瑙河上建立一座急需的新桥。政府认为新修建的道路、有轨电车、行人以及单车是有效减少交通堵塞的必要途径,有助于扩大并加快市区南部前工业区的发展。

在 17 个竞选者中,一等奖中标方案是 UN Studio 与 BuroHappold 工程公司的合作团队(曾负责完成位于鹿特丹的伊拉斯莫斯大桥工程);二等奖授予了两组参赛者,第一组由 Leonhardt, Andrä & Partner, Zaha Hadid Architects, Werner Consult and Smoltzcyk & Partner 组成,他们曾设计建成了位于阿布扎比的谢赫扎耶德桥;第二组由 Lavigne & Chéron Architects, Bureau d'Etude Greisch, Közlekedés Consulting Engineers and Geovil 组成,他们以设计法国的特伦兹桥而闻名。

按照优胜设计方案建成的新桥除了带来了交通便利之外,还与其周边的环境一起成为 21 世纪布达佩斯的象征。政府和市政议会正致力于将布达佩斯转变为一个宜居、受人喜爱以及健康的城市。

获得优胜的设计师们详细地介绍了他们的作品:"在向城市外移动或向桥梁靠近的过程中,220 m 跨度的斜拉桥结构确保了一个从各个水平上看都畅通无阻的景观,因此,一种新的城市图标将被创造,这将强调布达佩斯南部的发展。"

2) 第一名方案(图 3-51)

该方案由 UN Studio 设计,包含一个全长 500 m 的双门塔斜拉桥,结合了机动车道、电车道、人行道和自行车道。设计目标是新桥在不影响环境的同时扮演着一个城市大门的角色。通过避免使用天桥结构的驶出坡道和沿着新桥大门、桥墩的照明设备设计,新桥简洁优雅地以一个非常人性化的规模协调地坐落在周围景色之中。

带着城市设计的思想,设计者们不仅将这座桥梁设计成了 Ujbuda 和 Csepel 之间的可持续交通,同时也是通往城市的大门。

设计中的塔门由钢结构制成,表面带白色光泽,创造了一个空白的画布,被周边自然环境中变化的色调激活。220 m 的主跨拉索体系桥梁使得看向城市景观的视野不受任何阻碍,同时也给城市引入一个全新的结构桥型。

UN Studio 设计团队研究了包括桥梁背景的周围环境、比例的景观、城市规划、适应现有的约束、优化的桥型结构和布达佩斯的未来愿景,在一个 500 m 长的交叉路上同时适用于汽车、电车、自行车和行人。设计师在周边环境中进行了多种结构类型的测试,最后选择了合适的布局,从而突出其位置并有助于其未来的发展。本 · 范伯克尔曾说:"这座桥与布达佩斯和谐相处是至关重要的——它的大部分排布都归功于周围的景观以及城市未来的愿景。而且在桥面上方和下方都有着畅通无阻的视野。我们想让它作为通往城市的一个门户,就像一个诱人的手势。"

总体来说,这是一座主跨度为 220 m 的斜拉桥,从桥的多个层面都能一览无余地观景,同时也为布达佩斯南部的发展创造了一个新的城市地标。这种结构类型的建筑物对于布达佩斯来说是史无前例的。塔门是钢结构制作,白色涂漆,并有一层有光泽的外涂层。这样的外涂层可以反射周围的环境光彩,使其看上去一直在变化(图 3-52)。为了改善桥梁的设计过程、资金成本和全寿命成本,设计师们采用了最新的技术手段和建筑材料。

3) 第二名方案(图 3-53)

该方案旨在优化和突出城市内的特定物理环境和布达佩斯市的文化背景。多瑙河新桥的建筑设计是一个视觉上令人兴奋和结构创新的解决方案。它提供了超级刺激的驾驶体验,并在城市天际线上呈现了一个象征性的地标,这是专门为布达佩斯定制的方案。

设计最重要的元素是通过S形和顶部系杆拱对齐。在平面图中的S形曲率需要在多瑙河设置中间支撑,其桥墩正好是对准的拐点。对于顶部的支撑结构,采用2×244 m拱形解决方案,因为它是跨越指定河道最有效的跨度(图3-54)。

为了保证桥下最大的自由间隙,拱门与中心墩的偏差略微不对称,结果是在中心有更陡的拱腿、优化的V形墩,其宽度减小到与水中的桩帽相同的尺寸。

桥梁总长为830 m,最大跨度为244.17 m,拱高为50 m,桥面宽度为43.4 m。

4) 购买奖方案

(1) 建筑概念。多瑙河新桥跨越420 m宽的河床,位于Ujbuda区和Csepel岛之间的新公路连接处。布达佩斯的桥梁是城市全景的重要组成部分,它们将布达佩斯与议会和其他标志性建筑相提并论(图3-55)。

1	2
3	4
5	

1. 图3-51　第一名方案效果图
2. 图3-52　斜拉桥主梁剖面
3. 图3-53　第二名方案效果图
4. 图3-54　大桥平面呈S形
5. 图3-55　布达佩斯链子桥

尽管它们在结构概念上有所不同，但它们代表了城市中 3 个独特的桥梁系列，连续的上弦连接着布达和佩斯。新桥的目的是不仅在结构设计方面继续保留这一传统，而且具有适度的优雅、轻盈和动感的特点，作为布达佩斯现代桥梁精髓的体现。带有一个 80 m 高中央塔的自锚式悬索桥代表了这种传统的传承，伊丽莎白和自由桥梁的概念以全新的、独特的方式在一个新的位置上演变和扩展。

桥梁方案的形成是仔细推敲和广泛分析的结果，以确定在这个特定位置的优化结构和形式，当弯曲的多瑙河离开山丘城市，变得更宽、更不亲密时，周围的景观会发生变化。新桥结构的不对称性与自然岛屿岸边的不同特征和布达一侧密集的城市区域产生共鸣。中央塔的位置与附近的 KopasziGát 公园形成强烈的视觉联系，并使河流的外部曲线不受干扰(图 3-56)。

现在丰富的河边和 Csepel 岛上的大型绿地提供了一个独特的机会，以促进河流和新的城市结构之间的密切联系。除了提供优质交通解决方案的新桥梁主要功能外，桥梁应该是增强这种关系的完美工具，在两个景观河滨长廊之间建立人类规模的强大联系。通过这种方式，可以在布达河和沿着河流南部的 Csepel 岛尖端之间建立连续的绿化带。

除了一般的外观，桥梁的建筑方案强烈关注与人类的互动。目的是在桥梁结构、河流和移动的人之间创造有趣的、不断变化的空间关系，从而唤起情感并提供独特的个人穿越体验。同样重要的是将桥梁的周围环境有机地连接到该地区城市发展的高质量空间，特别是沿河流朝向 KopasziGát 和北部的 Csepel 公园区域。分离的上部结构在桥头提供了一个光照空间。作为布达河岸长廊的一部分，进场桥作为一个活跃的多功能广场，成为城市环境的有机组成部分，为桥梁的社会融合和可持续发展提供服务(图 3-57)。

图 3-56 独塔自锚悬索桥方案夜景效果图

图 3-57 独塔自锚悬索桥方案日景效果图

(2) 结构(图 3-58)。4.5 m 高的分离式双正交异性钢箱梁桥面板采用横梁连接成整体，通过垂直吊杆与主缆连接。在上部结构两侧之间有 8 m 宽的开口，使桥梁变得更轻，并且不会封闭下面的空间，这在布达一侧尤其重要，在那里桥梁继续建造设计的五跨引桥，由钢筋混凝土组成门式框架，采用细长的后张钢筋混凝土板。引桥桥梁分跨布置为 30.0 m＋45.5 m＋2×38.0 m＋33.0 m。引桥和主桥的总长度为 184.5 m＋5.0 m＋564.0 m＝753.5 m。

图 3-58　方案立面和平面布置图

3.4.4　方案竞选展现新理念、新思想

缺乏创意、模仿他人的作品是很难获得认可的。好作品来自对建桥条件的深度思考而产生的新理念、新思想。方案竞选在某种程度上是美学思想、创作理念的竞赛，新的理念、新的思想将给设计师带来崭新的思路，引导其创作出引起行业不小震撼或形成共鸣的桥梁形式和方案，这样的美学思想、创作理念及其作品也有利于提升行业水平。

所以，表面上，方案竞选是造型艺术、表现形式、美观效果的竞赛，实质上是设计思想、设计理念的竞争。所谓的外行看热闹，内行看门道就是这个道理。

1. 英国泰晤士河人行桥国际竞赛(2013，2019)

1）项目概况

2019 年 2 月 19 日，伦敦巴特西(Battersea)地区的 The Nine Elms Pimlico Bridge 人行桥项目宣布确认并将于 2021 年底前开工，造价为 4 000 万英镑(约合 3.5 亿人民币)。由于官方桥名待定，当地媒体临时用桥两岸的社区名称拼凑了这个长长的名字以便报道，中文全称可译为：九榆树-皮姆利科人行桥(简称“九榆树桥”)(图 3-59)。

伦敦泰晤士河中上游北岸的切尔西(Chelsea)、肯辛顿(Kensington)地区是伦敦最传统的城市中心区之一，金融业、零售业发达。而泰晤士河对岸的巴特西地区则是港口、仓库、中低端商贸和住宅集中的区域。该地区最明显的特征就是铁路与街道纵横交错，城市用地类型繁杂，其中还有一座著名的巴特西发电厂屹立在泰晤士河南岸，虽然已停用多年，但一直没有理想的投资与改造方案，以致该地区 30 年都没有大的发展，该地区地价也沦为伦敦二区最低的社区之一。

有了这座新桥，南岸的九榆树(Nine Elms)区未来将会是伦敦市充满活力的地段。20 000 个新住宅，25 000 个新工作和许多绿色空间以及高知名度的景点，还有一条长达 3 km 的泰晤士河堤甬道向公众开放，这成为泰晤士河南岸绿化带的延伸。该区域已经聚集了超过 10 亿英镑的资金将用于基础设施，包括九榆树桥、新的城市街道与公交线路的规划，

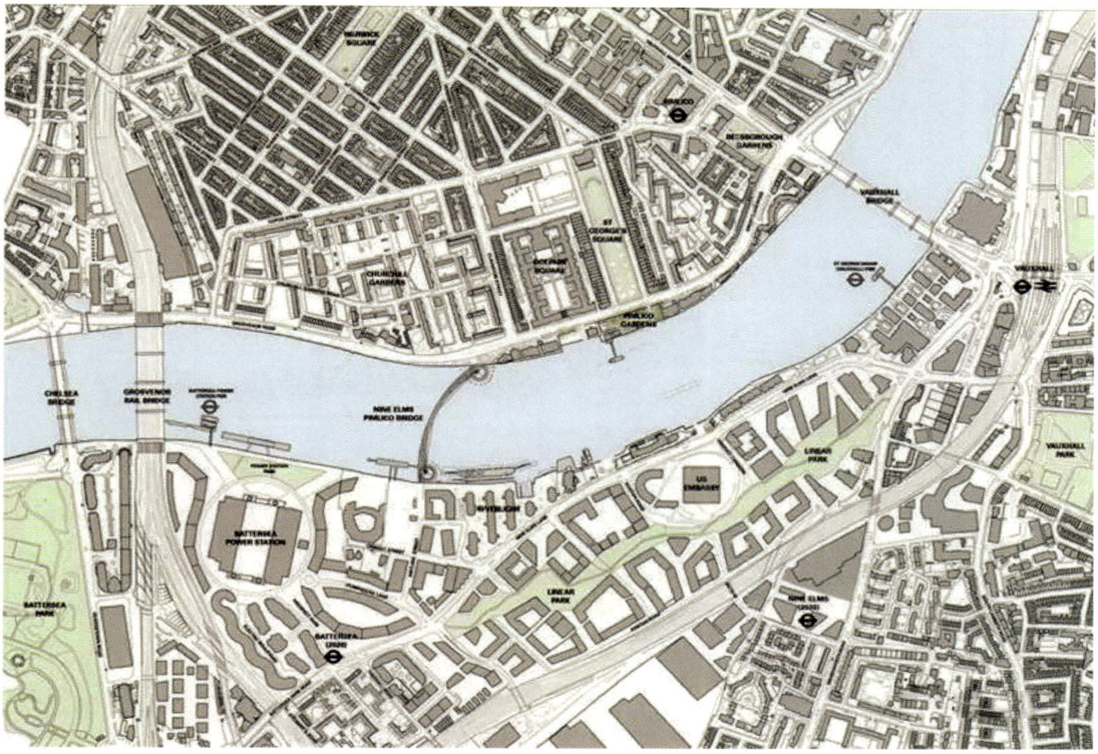

图 3-59　九榆树桥选址图

以及两座新的地铁站,2020 年地铁经过九榆树区并连接至全欧最繁忙的通勤点——克拉彭枢纽站(Clapham Junction)。

美国苹果公司(Apple)总部的迁入则是巴特西发电厂最大的利好消息,他们将承租整个巴特西发电厂作为新的英国区总部办公大楼。新的美国大使馆已于 2018 年迁往该区并正式对外开放,而最令英媒兴奋的消息则是来自中国的投资公司们已经对该地区的地产项目跃跃欲试。

2）搁置花园桥概念方案

2013 年,伦敦交通局就旨在改善横跨泰晤士河的人行通道公开招标,在世界范围内,吸引了建筑、艺术、结构等多个专业团队的目光,其中不乏世界著名设计团队。从世界各地提交的 70 多个方案中可以看出,方案总体水平较高,不乏充满建筑创意、艺术创作、结构创新方面的好作品。在第一轮评选中,选出了 4 个候选方案 021,025,047,080,以及 6 个入围方案 007,020,041,055,061,076(注：候选方案中的 25 号方案为最后实施方案)。最后,建筑师 Thomas Heatherwick 和活动家 Arup 推出花园桥的概念,跨经寺庙直到南岸,让人们看到一个郁郁葱葱的绿色空间计划,这一方案当时赢得了投标(图 3-60)。

为了保证九榆树桥的顺利开工,2017 年 8 月,伦敦市政府决定放弃昂贵的花园桥(Garden Bridge)项目,该项目仅前期就需要投入 7 000 万英镑。做出这个重大的决定花了伦敦新市长萨迪克・汗(Sadiq Khan)20 个月的时间来协调各方,但仍需支付投资方违约金 3 000 多万英镑。

图 3-60 被搁置的花园桥项目概念图

3）九榆树桥设计方案

新的九榆树桥要求连接泰晤士河南岸的九榆树区和北岸的皮姆利科（Pimlico）。项目位于伦敦市施工条件最苛刻的地区，施工要求不影响两岸的既有交通，在高度设计上必须能够满足桥下的通航力，整体施工在距河面 11 m 的空中完成，同时又不能产生太大斜度的坡道。因为九榆树桥的架设是为了满足步行、骑行以及其他非机动交通工具的通行，设计应确保双向通行的安全性。同时，应满足在桥两侧应给予足够的公共区域空间、造型流畅美观、和谐融入周围环境等要求，这些要素都给设计团队带来了许多挑战。

经过 1 年多的竞标角逐，伦敦政府在 2015 年年底宣布采用丹麦贝斯特鲁普团队（BYSTRUP Architecture Design and Engineering Co., Ltd.）的设计方案。团队成员中负责定价、环境、交通等事务的咨询方是 AECOM 英国公司；负责桥体施工、水下安全等课题的是丹麦 COWI 等几家非常有实力的国际公司。工程造价预算约 4 000 万英镑。

该团队在九榆树桥的官网（http://www.nineelmspimlicobridge.co.uk/index.html）自豪地表示："优雅而简单的设计使我们最终胜出。我们渴望创造一座真正美丽的桥梁，此方案正是这座桥应该有的样子。桥两端着陆点的轻巧处理方式是这个设计最大的亮点，我们把对周边的影响控制到了最低。此外，我们还考虑到了光线与水面、桥面纹理的律动关系，这既有趣又有创意。大型的人行桥必须是一个耐久的交通纽带，它是一片新的城市公共空间，应该是非常具有吸引力且最能够令人愉悦的场所。"（图 3-61、图 3-62）

伦敦市政部门在九榆树桥官网上评价道："贝斯特鲁普团队的作品优雅且富有表现力，设计与环境相适应。桥体设计体现了团队对行人和自行车基础设施设计有独到的见解，很高兴能够将伦敦市中心的重大项目交付给这样一支拥有规划和管理经验的团队。"

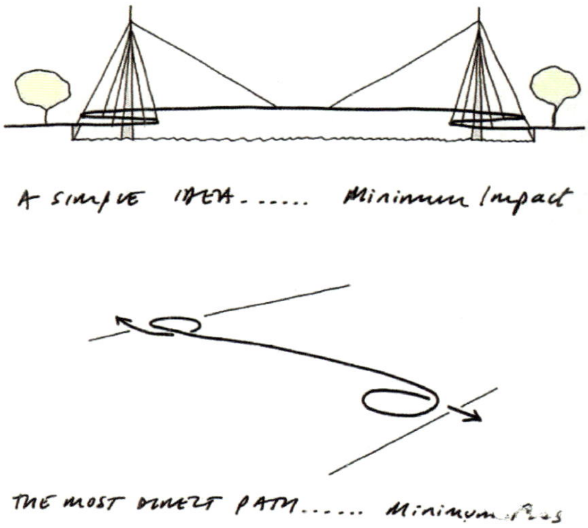

图 3-61 九榆树桥设计手稿

图 3-62 九榆树桥概念图

2. 东莞水乡功能区桥梁方案设计竞赛(2021)

1) 项目背景

东莞水乡特色发展经济区位于东莞市西北部，是东莞市的西北门户，地处粤港澳大湾区腹地、广深港澳科技创新走廊的地理中心，同时也是著名的岭南水乡，水生态资源丰富，岭南文化底蕴深厚，具有优越的区位交通优势和良好的生态文化优势。以水乡特色发展经济区定位打造成广东省幸福导向型产业集聚区、粤港澳优质生活圈特色区，集科创研发、智能制造、生态居住、公共服务为一体的水乡科创城。

水乡经济区水网纵横、桥梁较多。为高标准、高质量建设水乡经济区，提升建设项目的桥梁景观，东莞管委会决定开展东莞水乡经济区景观桥梁方案设计竞赛，邀请知名设计机构参与水乡特色发展经济区桥梁的方案设计，征集高水平的桥梁设计方案，强化经济区对外交通建设，提高经济区区位优势，增强经济区活力，打造独具水乡特色的标志性桥梁建筑，形成经济区特有的桥梁景观文化(图 3-63)。

2) 竞赛概况

本次桥梁竞赛活动对水乡功能区 3 座重要桥梁进行设计方案征集。水乡管委会高度重视设计创新的时代价值，旨以高水平设计创造高品质的城市空间，激活城市活力，推动水乡高质量发展。竞赛得到了国内外共 26 家设计单位(含联合体)的积极响应，经过两个多月的紧张设计，23 家设计单位(含联合体)共提交了 106 个方案成果，均从空间形态、文化主题、景观美化等方面对桥梁进行了整体构思和系统设计，既突出了桥梁造型的美观新颖，也强调了桥梁与周边环境的协调融合。5 月中旬，专家评审以投票方式评选出了每座桥梁的 6 个优秀方案。竞赛组织单位根据优秀方案的评审专家意见、相关职能部门意见以及优秀方案设计单位的综合实力等因素进行综合评价，确定了每个桥梁优秀方案的最终竞赛排名。

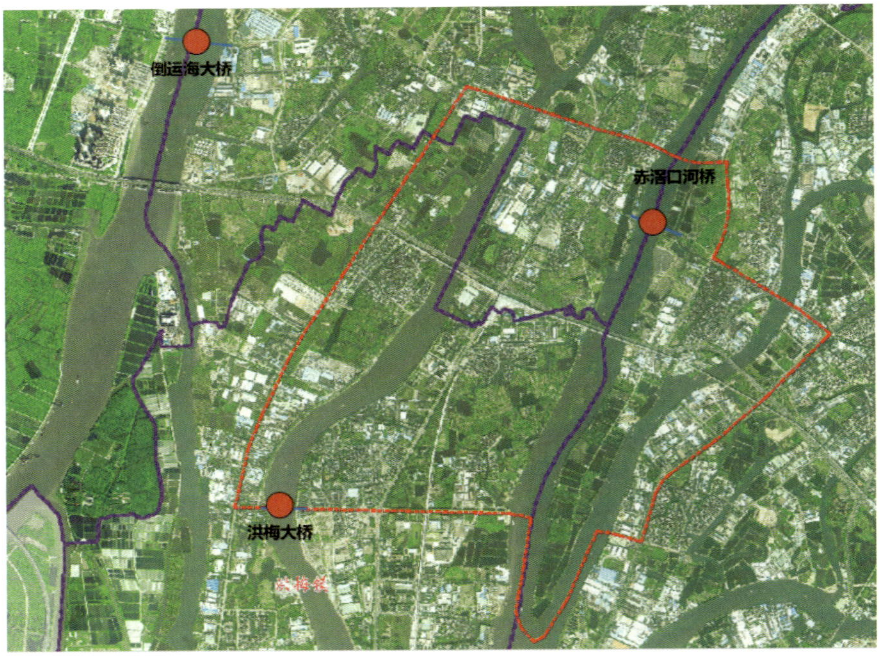

图 3-63 水乡经济区景观桥梁位置示意图

表 3-3 **桥梁基本信息表**

序号	桥名	车道数量	主桥桥长/m	预估总桥长/m	跨越水道	通航等级或净空	设计车速/($km \cdot h^{-1}$)
1	倒运海大桥	双向六车道	682	1 057	倒运海水道	不低于Ⅲ级航道	60
2	赤滘口河桥	双向六车道	480	770	赤滘口河	不低于Ⅶ航道	60
3	洪梅大桥	双向六车道	300	465	洪屋涡水道	不低于Ⅵ级航道	60

1 号桥倒运海大桥,第一名方案“银韵玉雪”(图 3-64),设计单位:林同棪国际工程咨询(中国)有限公司。2 号桥赤滘口河桥,第一名方案“水中明月”(图 3-65),设计单位:奥雅纳工程咨询(上海)有限公司。3 号桥洪梅大桥,第一名方案空缺。

图 3-64 1 号桥第一名方案“银韵玉雪”

图 3-65 2 号桥第一名方案“水中明月”

3.4.5 方案竞赛点燃城市建设激情

从交通功能上看，桥梁、道路是城市建设不可或缺的重要基础设施，从城市形象和人文内涵上看，一座优美的桥梁同样是城市需求若渴的建筑。而且，桥梁作品的美学景观水平越高，它产生的影响力、吸引力也越大，在桥梁方案美学景观划分的四个等级中，不同等级的作品会产生不同的影响力。世界级的作品产生世界级的影响力和关注度，这也是世界上不少著名的桥梁成为城市名片的原因。对新建城市城区来说，因地制宜制定桥梁方案需求等级，收获好方案、好作品，宣传和建设至建成，直至人们在优美环境中工作和生活，桥梁对城市建设发展的物质和精神作用是永恒的。

1. 东莞市滨海湾新区滨海湾大桥方案设计国际竞赛(2019)

1）东莞滨海湾新区

东莞滨海湾新区位于珠三角城市群东西岸交汇处，地处粤港澳大湾区核心圈的几何中心，毗邻港澳，紧连穗深，与前海、南沙等国家自贸片区紧密连接，由交椅湾、沙角半岛和威远岛三大板块组成，规划总面积达 84.1 km^2，是珠江东岸少有的可集中连片开发的战略性区域。新区拥有便利的海陆空立体交通网，一小时交通圈内机场、高铁、城际轨道、高速公路、港口码头等交通资源密集，可便捷通达广州、深圳、香港等湾区主要城市(图 3-66)。

图 3-66　东莞滨海湾新区城市设计

《粤港澳大湾区规划纲要》提出，支持东莞与香港合作开发建设东莞滨海湾地区，集聚高端制造业总部、发展现代服务业，建设战略性新兴产业研发基地。作为东莞“三位一体”都市核心区之一，新区被明确定位为粤港澳大湾区特色合作平台、粤港澳协同发展先导区、广深港澳科技创新走廊核心平台。

围绕东莞市委提出的“湾区都市、品质东莞”的战略任务和价值追求，新区明确了“粤港澳大湾区协同发展特色平台、珠三角核心区融合发展战略节点、东莞高质量发展创新引擎、滨海生态宜居智慧新城”的战略定位，确立了“一廊两轴三板块”空间格局、“一廊三绿心三水系”生态格局，明确了“集聚高端制造业总部、发展现代服务业、建设战略性新兴产业研发基地”三大产业定位，以人工智能、生命健康、高端电子信息技术、现代服务业为主攻方向，着力构建实体经济、科技创新、现代金融、人力资源协同发展的产业体系。

2）滨海湾大桥及竞赛概况

滨海湾大桥地理位置独特，位于伶仃洋交椅湾口，是新区滨海景观活力长廊的重要节点，是联系交椅湾板块与沙角半岛板块的重要通道，跨越约 450 m 宽的磨碟河，预估桥长 880 m，也是滨海湾新区规划建设跨度最大、国内桥面最宽的桥梁（图 3-67）。

图 3-67　滨海湾大桥地理位置

2019 年 1 月，为落实粤港澳大湾区战略，东莞市政府发布了滨海湾新区滨海湾大桥方案设计国际竞赛公告，吸引了来自法国、美国、丹麦、澳大利亚、中国香港等地方的 20 家桥梁设计领域知名设计机构（含联合体）。

经过激烈的角逐，最终由全国工程勘察设计大师何镜堂院士领衔的设计团队（广东省交通规划设计研究院股份有限公司与华南理工大学建筑设计研究院有限公司联合体）从中脱颖而出，以“玉兰桥”的方案拔得头筹（图 3-68）。

3）中标方案

“玉兰桥”方案设计理念为“丝路明灯、玉兰花开”，选取东莞市花“玉兰花”作为原创点，象征着滨海湾新区作为开路先锋所展现的奋发向上的精神和对美好事物的向往与追求（图 3-69）。该方案与东莞文化品位高度契合，与新区发展定位互相吻合，与城市生活环境充分融合。

落实“湾区都市、品质东莞”的工作要求，坚持以“世界眼光、国际标准、中国特色”为导向，努力将滨海湾大桥打造成粤港澳大湾区的新名片和未来新区的标志性建筑。

2. 成都高新区绛溪河 4 座桥梁概念设计方案征集(2019)

成都天府空港新城，简称空港新城，位于成都市东南部、简阳市西部，距成都市中心城区约 50 km，总规划面积约 483 km^2。空港新城聚焦“保障机场运行”“推动新城成势成型”两大核心任务，坚持“片区综合运营开发”理念集中资源集聚发展，促进“人、城、境、业”协调发展，致力于将新城建设成为世界公园城市典范，成为一座富有魅力的品质之城、活力之城、宜居之城。

上　图 3-68　滨海湾大桥效果图

下　图 3-69　滨海湾大桥概念生成演绎

对于一座城市、一个地区，桥梁的存在不仅仅是道路的延伸，在给人们带来便利的同时更承载着一座城市的历史与文化，成为一座城市的标志。

本次方案征集有 4 座大桥都位于空港新城。4 座桥将绛溪河两岸相连，未来将成为该片区重要的交通要道和城市景观。绛溪河四线大桥，桥梁长约 180 m，宽度 45 m；北一线跨绛溪河大桥，桥梁长约 280 m，宽度 45 m；东一线跨绛溪河大桥，桥梁长约 300 m，宽度45 m；西一线跨绛溪河大桥，桥梁长约 308 m，宽度 45 m(图 3-70)。

1）6 家设计团队脱颖而出

概念设计方案征集共有 43 家国内外知名机构报名应征，最终 6 家设计团队脱颖而出，分别是扎哈 · 哈迪德有限公司、德国的施莱希工程设计咨询有限公司、艾奕康有限公司、SGA＋奥雅那工程顾问联合体、法国 AREP VILLE、上海市政工程设计研究总院＋西班牙 CFC 公司联合体。

评审主要从桥梁造型、融入环境、交通系统、功能、结构、技术、文化和造价估算等 8 个方面进行评审，例如桥梁造型与周边环境的协调性、方案设计构思的新颖和独特性，是否与浅丘地形融合、与周边项目融合、与绛溪河公园融合，等等。

2）设计理念强调人与自然协调

德国施莱希工程设计咨询有限公司希望将北一线大桥建造成一座优雅纤细的桥梁，所以选择了大跨结构。设计中将桥塔偏置在机场一侧，但是在绛溪河上看，桥梁依然显得很居中。桥的设计展示一个开放的大门形象，看到它感觉可以看到家，通过它就好像回到家（图 3-73）。

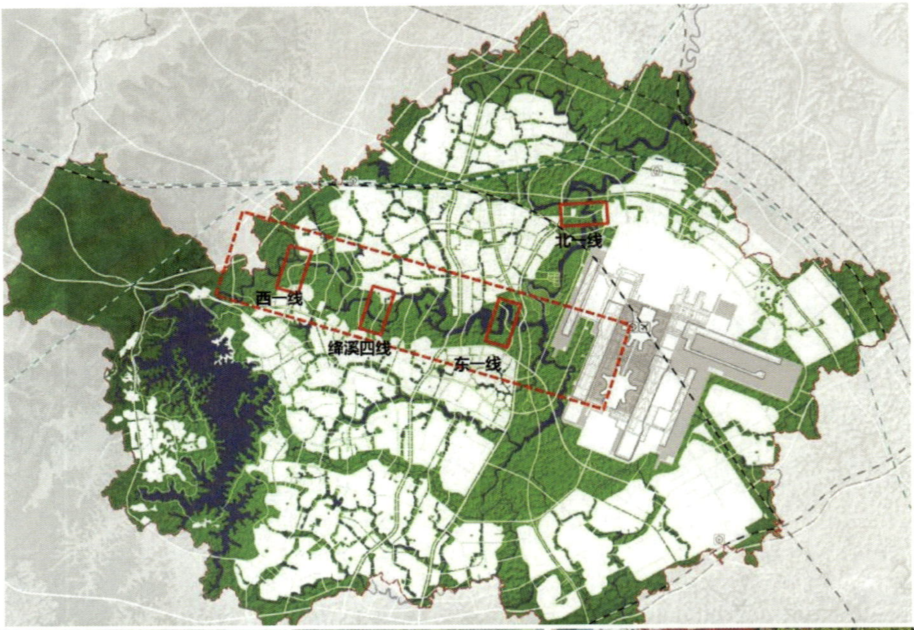

1	
2	3
4	5

1. 图 3-70　成都高新区绛溪河 4 座桥梁位置
2. 图 3-71　西一线跨绛溪河大桥　　3. 图 3-72　东一线跨绛溪河大桥
4. 图 3-73　北一线跨绛溪河大桥　　5. 图 3-74　绛溪河四线大桥

扎哈·哈迪德有限公司设计的西一线跨绛溪河大桥十分独特(图 3-71),不仅桥面走向适度弯曲并与灵动的水面相得益彰,而且两侧高达 30 m 的桥拱逐渐倾斜、慢慢合龙,在保障景观性的同时更是为车辆和行人提供了别样的通行体验。拱桥选材采用钢结构,就是用现代的风格与生态自然形成反差,让整个区域更加具有生机.桥下还留出空间,建设亲水公园、步行平台,让人与自然的联系更加紧密:“我们期望将这里创建为人与自然协调的高品质环境,不仅能突出美丽的自然风光,而且综合考虑车行和步行的需求,创造一个连通、低碳的城市区域。”东一线跨绛溪大桥如图 3-72 所示,绛溪河四线大桥如图 3-74 所示。

评审专家吴志强院士表示,空港新城四座桥建好以后,对成都整个东边的发展设立了一个非常高的标杆,空港新城 4 座桥将会是代表“世界眼光,国际标准,蜀都文化”的标志性作品。

本章参考文献

[1] 徐利平.城市桥梁美学创作[M].上海:同济大学出版社,2017.
[2] 万书元.当代西方建筑美学新潮[M].上海:同济大学出版社,2012.
[3] 徐利平.城市桥梁建筑理论[M].上海:同济大学出版社,2018.
[4] 邓文中.美观何价[M]//第二十届全国桥梁学术会议论文集(上册).北京:人民交通出版社,2012.
[5] 项海帆.中国桥梁[M].北京:人民交通出版社,2013.
[6] TANG M C. Forms and Aesthetics of Bridges[J]. Engineering, 2018,4(2): 267-276.
[7] 王应良.Michel Virlogeux:桥梁设计中的工程优雅性[J].桥梁,2018(5):70-72.
[8] 徐利平,张建龙,肖汝诚.桥梁与建筑交叉课程建设和创新型工科人才培养[J].高等建筑教育,2021,30(4):70-76.
[9] 徐利平.同济大学城市桥梁美学创作交叉课程建设[J].桥梁,2018(5):100-104.
[10] 张建龙,徐甘.基于日常生活感知的建筑设计基础教学[J].时代建筑,2017,5(3):34-40.
[11] 尹德兰.桥梁美的历程[J].桥梁,2019(2):28-33.
[12] 李亚东.从建筑美学看桥梁美学[J].桥梁,2019(2):22-27.
[13] 徐利平.桥梁美学与结构创新[J].桥梁,2020(1):84-89.
[14] 曾强,邱巧,赵青青.百年包豪斯给我们的启示[J].桥梁,2020(1):80-82.
[15] 徐利平.当代建筑美学在桥梁领域的探索和发展[M]//第二十四届全国桥梁学术会议论文集.北京:人民交通出版社股份有限公司,2020.
[16] 黄劭暐.当代前卫主义下的桥梁设计美学[J].桥梁,2019(2):42-45.
[17] 刘古岷,陈小兵.新世纪桥梁建筑艺术赏析[M].南京:东南大学出版社,2011.
[18] 国际桥梁与结构工程协会.桥梁方案设计竞选指南[M].张大文,译.北京:中国建筑工业出版社,2016.
[19] 刘正光.香港桥梁设计及工程管理[M].北京:清华大学出版社,2008.
[20] 陈业恺.方案确定!泰晤士河又添新桥!The Nine Elms Pimlico Bridge[EB/OL].(2019-03-01) https://www.sohu.com/a/298509220_317644.

第 4 章　当代桥梁美学主流思潮和特征

在业主和大众挑剔的眼光下，建筑师与桥梁工程师紧密合作，将建筑美学的思想理论、艺术形式、创作技法，创造性地融合进各式各样的桥型结构中，涌现出或精致优美、或别具地方特色、或创新的结构、或美轮美奂的装饰，一批代表性桥梁作品。

这些代表性桥梁作品既是当代建筑美学思潮在桥梁专业领域的创新发展成果，也是现代桥梁美学在新时期焕发出的新生命、新活力，凝练成为当代桥梁美学，更是当代桥梁美学主流思潮和美学特征的体现(图 4-1)。

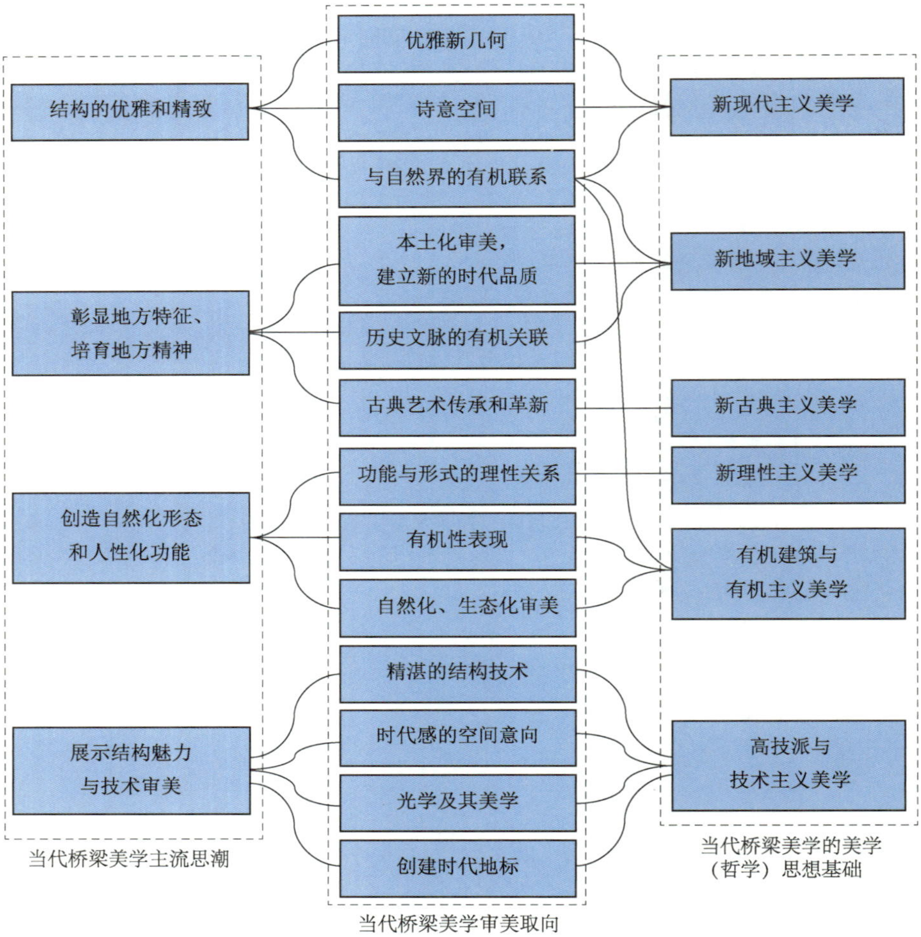

图 4-1　当代桥梁美学主流思潮和审美取向索引

一般地，建筑美学专著阐述各个美学流派时，常常采用逻辑和线索分析的方法，针对某个美学流派，由内而外进行抽丝剥茧的分析方法。本章采用由外而内的分析方法，即根据桥梁结构美学的外在特征表现，阐释其美学思想渊源。包括结构的优雅和精致，彰显地方特征、培育地方精神，创造自然化形态与人性化功能，展示结构魅力与技术审美，新的结构艺术与装饰艺术等五个方面。这是一种面向桥梁工程师所熟悉和容易接受的阐述方式，以桥梁结构及其美学表现（思潮）为主要线索，展示其美学思想和理念及其历史过程。其中涉及当代主流美学思想和流派的有新现代主义美学、新古典主义美学、新地域主义美学、有机建筑与有机主义美学、高技派与技术主义美学和新理性主义美学等。

4.1　结构的优雅和精致

同新现代主义与现代主义有着血缘关系、继承关系一样，当代桥梁美学关于结构的优雅和精致的审美倾向是现代桥梁美学在当代的继承和发展，并赋予了时代的美学思想和审美理念。

（1）继承。这是当代桥梁美学中与现代桥梁美学联系最紧密的美学思想，主张桥梁完全依靠自身的结构，实现其简洁、合理，比例协调、优美，造型新颖，富有魅力，与自然环境和谐等一系列美学准则或要求，反对任何多余的装饰和不必要的、画蛇添足的结构构件。

（2）发展。因为当代桥梁结构的优雅和精致，少了几分单调和呆板，多了几分灵动和活泼；少了“千桥一面”，多了“一桥一样”和多样性；少了唯一由技术决定结构构件及其截面式样的无变化，多了很多设计细节、多样的截面形式和造型；少了主要关注结构的力学和技术性，多了关注桥梁、桥面和桥下的诗意空间；少了主要从技术角度考量桥梁与自然的关系，多了从人文、美学、生态视角考量桥梁与自然的关系。

4.1.1　优雅新几何

桥梁的优美在于它的结构语言的表达与修辞技法。

新现代主义在继承现代主义设计语言的基础上，将这种语言发展得更加丰富、更有人情味，也更加精致化。桥梁的整体和细部需要从建筑语言学和修辞学的视角下功夫，总体把握并对细部精雕细刻，展现结构的优雅和精致。

1. **新现代主义美学**

自从温图利提出向现代主义挑战以来，设计上有两条发展的主要脉络，其中一条是后现代主义的探索，另外一条则是对现代主义的重新研究和发展，它们基本是并行发展的，被称为“新现代主义”或者“新现代”设计。虽然有不少建筑师在 20 世纪 70 年代认为现代主义已经到了“穷途末路”，认为国际主义风格充满了与时代不适应的成分，因此必须利用各种历史的、装饰的风格进行修正，从而引发了后现代主义运动。但是，有一些建筑师却依然坚持现代主义的传统，完全依照现代主义的基本语汇进行设计，他们根据新的需要给现代主义加入了新的简单形式的象征意义。如 R.迈耶、贝聿铭和日本的一批建筑师依然对现代主义美学一片痴心，他们以一大批优秀的作品获得了世界性的赞誉，新现代主义建筑获得的成功，引人深思。

新现代主义在时间维度上有着更深的延续性，不仅包括 20 世纪 70 年代等欧美建筑师的作品和日本新现代主义建筑师的作品，而且也包括了建筑师 90 年代以来的作品，甚至包括既反现代又反后现代的解构主义建筑师的作品。主要指 20 世纪七八十年代前后的建筑风格与流派。

美国建筑理论家查尔斯・詹克斯之所以把一批解构主义建筑师的作品称为新现代主义，主要是基于下述两点：

(1) 它们同现代主义美学有着一定的血缘关系，换句话说，它们是一种雅化的现代主义，或者是一种造反的、叛逆的现代主义，与现代主义美学本身脱不了干系。

(2) 它们有着与现代主义美学类似的抽象和纯净，很少装饰，也很少表现或营造文化情境。

新现代主义建筑师最令人折服的地方，就在于他们知道应该从现代主义美学中学习什么和拒绝什么，知道哪些必须继承，哪些必须摒弃，从而实现一种美学的超越。R.迈耶认为，现代主义建筑美学是一个“可供探索的无限的领域”“在我的建筑设计中，我所要扩展的和要认真推敲的，是我认为属于现代运动的基础的东西”。贝聿铭宣称“几何学永远是我的建筑的内在支撑”。现代主义的抽象方法，充分表现建筑化的纯净，是新现代主义坚定不移地发扬光大的内容。

新现代主义不是对现代主义的简单复制或延续，它包含了极丰富与多样的表现，在经历了社会、经济、文化和技术的历史变迁之后，它已经具有了新的内涵。

2. 整体和细部的语言和修辞

1) 新现代主义语言学和修辞学

同样是采用几何学形式，现代主义往往更多些呆板、机械、简单化，而新现代主义却更多些灵活、注重有机性、简洁而不简单。新现代主义建筑师称得上是时代卓越的修辞学家。他们善于通过对几何形体的分拆、穿插、叠加、并置甚至异构，建立起一套全新的逻辑体系和句法系统。他们是 20 世纪最后一批完美主义者。他们对细部的精心推敲，对整体审美效果的考量，绝不弱于新古典主义。

一般地，以建筑师 R.迈耶为代表的、具有“优雅新几何”风格(Elegant New Geometry)的作品被认为是新现代主义的典型。

R.迈耶的盖蒂中心(1997 年)(图 4-2)，作为一个充分雅化了的新现代主义建筑群，它精巧的细部处理、典雅的形式推敲、合乎理性的空间组织，都可以使人感受到古典建筑所特有的那种韵致。盖蒂中心非常成功，像一座神奇的城市矗立在山丘上，甚至被称作当代的雅典卫城，它吸引了无数的访问者，并为整个城市区域带来了新的性格特征。

2) 整体和细部的斟酌和推敲

19 世纪上半叶，建筑与语言的比拟非常流行，在许多建筑论述中，比较多地明确提出“建筑语言”“建筑字母”的命题。“……古典风格的庄严、哥特式的崇高、复兴式的优雅与阿拉伯的华美幻想……”英国建筑理论家斯克鲁登(Roger Seruton)认为，建筑学可以说基本上类似于语言，作为语言，必然有两种不同的语言特性——语法和意向。但是，不能简单地把建筑艺术看作是一种“象征主义”或“表意”的形式。建筑艺术表现为一种句法，建筑的各个部分以一种有意义的方法组合起来，建筑的整体含义又将反映和依靠各部分组合的方式。

一直到当代，在各类建筑风格流派中研究和应用不同形式的建筑语言，美国建筑理论家查尔斯・詹克斯把当代西方盛行的语言学和符号学的概念、方法引入建筑学，把建筑语

图 4-2　美国洛杉矶盖蒂中心

言与建筑看作是同等的事物。克里斯托弗·亚历山大的建立在模式语言基础上的建筑语言学具有方法论上的重要意义。荷兰建筑师赫尔曼·赫茨伯格从结构出发,他认为建筑秩序会产生意义,他指出:"每一个句子因构成句子的词而产生意义,同时每一个词又因作为整体句子的一部分而产生意义。当然,每一个好的设计都有一个统一独特的主题作为背景,一种由词汇、材料和建筑手法构成的统一性。"

新现代主义的设计师们的语言和修辞摒弃了多余的装饰、华丽的词汇,他们更多地灵活运用新几何学,以其精益求精的作风,展现灵活、简约、优雅和精致的风格。

无论梁桥、拱桥、斜拉桥还是悬索桥,一座桥梁及其环境一起,运用结构的语言及其修辞,完整抒发设计者的美好愿望,并能转达给观者。包括塔、梁、墩等所有结构的整体,构成一种清晰的主题,以及它们所有细部的修辞,塔、梁、墩、拱等主要构件的截面不要拘泥于呆板的、没有变化的结构样式,精心推敲截面几何形式,可以带来全新的形态。这种修辞服务于这样一个主题,或轻盈流畅,或不露声色,或优雅委婉,或自然融合……

这种服务于作者主题的整体和细部需要反复推敲、斟酌,首先是桥型结构的研究比选,同环境、同主题的关系,不满足于一个技术合理的桥梁结构。再是所有构建细部的推敲,使全桥是一个整体,整座桥梁是一篇风格一致、主题清晰的文章,整座桥梁的主题使读者一目了然。

例如,瑞士桑尼伯格桥(图 4-3)为曲线矮塔斜拉桥,桥塔呈花蕊状,概念设计由克里斯蒂安·梅恩(Christian Menn)完成,孔跨布置为 59 m+128 m+140 m-134 m+65 m。结构和技术产生的形式——四塔五跨连续矮塔斜拉桥结构,高墩矮塔,主梁位于半径 503 m 平曲线,桥面高出山谷 50～60 m。

桥塔塔柱横桥向呈花蕊弧线形由谷底向上至桥面张开,立面上同样下窄上宽,使得总体布局上彰显优雅而挺拔。细部上,塔柱外立面上的凹槽,横断面上由三个矩形叠加而成,使塔柱简洁而精致。主梁为简洁、整体性好的双边主梁形式,主梁宽 12.375 m(图 4-4)。塔、梁、墩,所有的构件,简洁流畅的几何形式,精致的细部、整体美学效果显著,造就了桑尼伯格桥简洁流畅、优雅灵动的新现代主义美学典范。

图 4-3　瑞士桑尼伯格桥

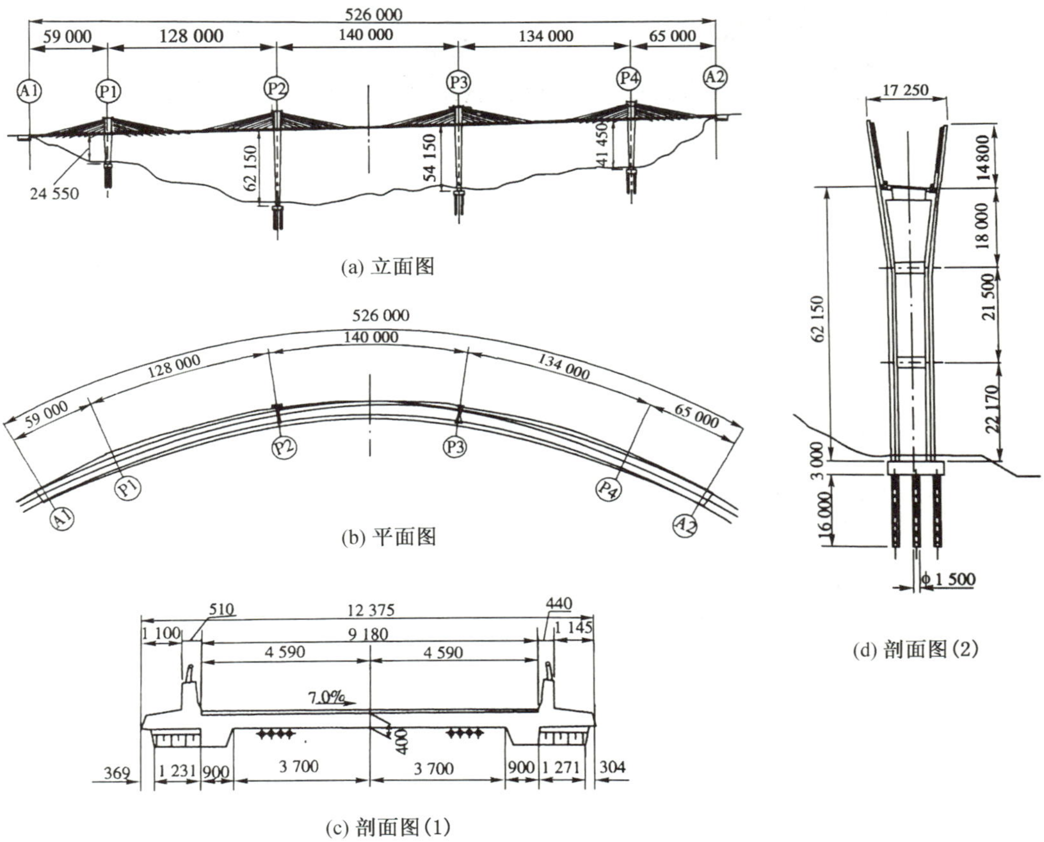

图 4-4　桑尼伯格桥立面、平面和剖面布置图

丹麦大贝尔特桥(Great Belt Bridge)，由 COWI 公司 Ostenfeld K 设计(1997 年)(图 4-5)，主跨 1624 m 悬索桥，桥塔高度为 258 m(是丹麦固定建筑的最高点)，桥面宽度为 31 m，主缆直径 827 mm，由 18648 根直径 5.38 mm 的钢丝组成。大桥锚碇结构形式独特，由锚室、散索鞍以及二者间的中空结构组成的混凝土三角形构架轻型锚碇(约 10 m 水深)，大桥还采用了利用缓冲器控制主梁动力位移等新技术。

在桥梁结构中，门式桥塔很常见，但是，将门式桥塔做得像大贝尔特桥桥塔那样的美学效果并不常见。矩形门式桥塔，桥面以下横桥向沿塔柱方向外侧加宽，这一局部的几何修辞，一举两得，一是增加了索塔横桥向强度和稳定，二是增加了门式桥塔的活力，动态的“活”来自静态的“稳”（图 4-6）。混凝土三角形中空锚碇更是绝妙的点睛之笔，锚碇是锚固主缆缆力，保证大桥安全稳定的关键结构，锚碇稳，则大桥稳。将重力式锚碇中间镂空，三角形结构传递主缆缆力是清晰明确的，但中间镂空后有举重若轻的效果，充分体现出设计者的几何美学功底（图 4-7）。整个大桥尺度非凡，塔、梁、墩、锚碇、大缆等结构无论整体还是细部，无论是单体还是整体，都经得起琢磨和挑剔的审视，这正是新现代主义美学所追求的终极目标。

图 4-5　丹麦大贝尔特桥

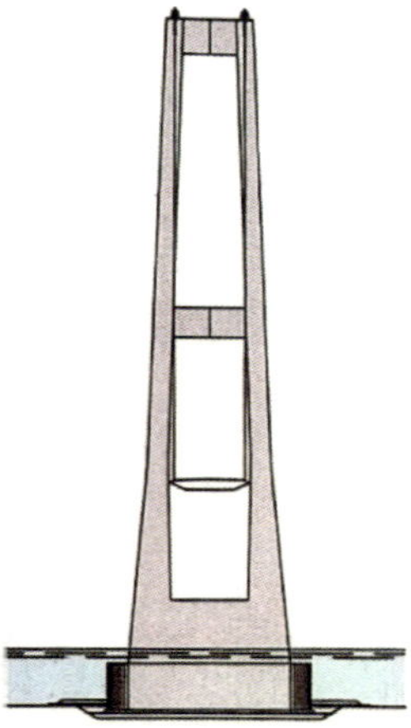

图 4-6　桥塔结构布置

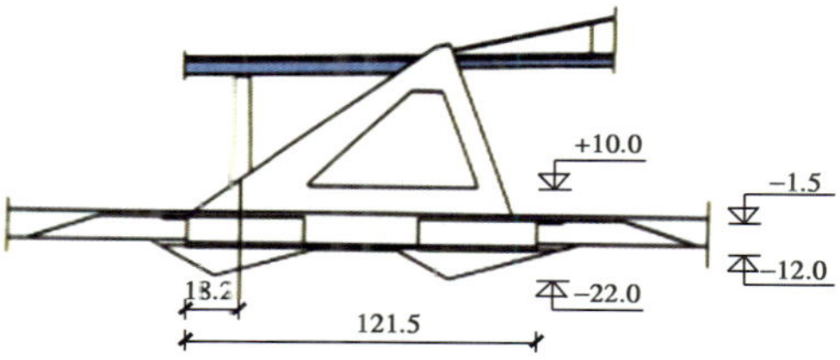

图 4-7　镂空三角形锚碇

法国米约高架桥由 Michel 完成概念设计，施工图由 Acadis 和比利时的 Greisch 等公司完成。主跨 342 m 的七塔八跨的多塔斜拉桥（图 4-8）。大桥全长 2 460 m，桥墩高 245 m，桥面以上塔高 90 m，独柱墩、独柱塔，单索面，整体的结构语言与山谷融合，简约干练，一气呵成，大气磅礴（图 4-9、图 4-10）。大桥的结构语言和宽阔的山谷一样有气势，加上大桥桥墩、桥塔、主梁精致的几何修辞，使桥梁和山谷融合在了一起，难怪福斯特说高耸的桥墩仿佛在山谷中生长出来一般。

重庆东水门长江大桥和千厮门嘉陵江大桥梭形桥塔，圆润的桥塔整体形态及其圆弧形的横截面，犹如温润的玉石一般高贵优雅（图 4-11）。东水门大桥有两座桥塔，两座桥塔上各有 9 对斜拉索，而千厮门大桥只有一座桥塔，上有 10 对斜拉索。3 座桥塔都是现浇的混凝土，高出桥面 100 m 左右。在横向上，即垂直于交通的方向上，其水面上的最低处塔宽为 18 m，并逐步增大至桥面板处的 35 m，塔顶的宽度为 7 m。平行于交通方向，塔呈锥形，从底部的 11 m 宽过度到顶部的 7.5 m 宽（图 4-12、图 4-13）。

灵活多变的几何形式不仅可以广泛应用于各类桥梁构件的整体造型及截面形态设计，更可以应用于各类桥梁结构主要构件的造型设计。比如斜拉桥、悬索桥桥塔及其主梁的空间造型，桥塔可以根据桥面布置及其受力关系，灵活设计其空间造型，使整座桥梁突显新颖性和灵动感。比如拱桥的拱肋结构外倾、内倾等空间造型的变化，拱肋几何外形的变化，即拱肋结构矢跨比的变化，将带给人们惊喜。

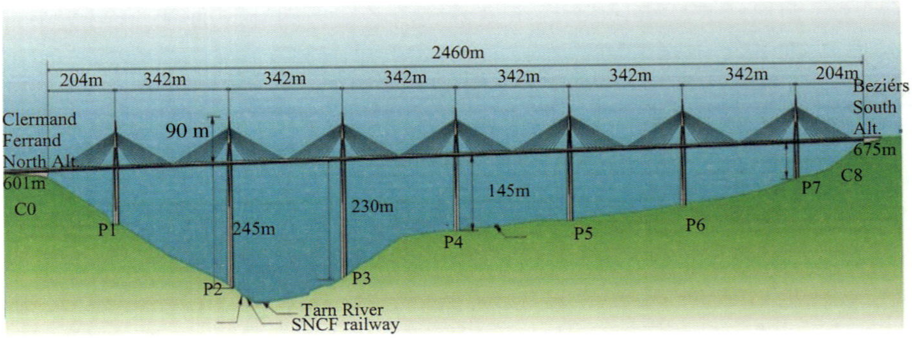

图 4-8　法国米约高架桥立面

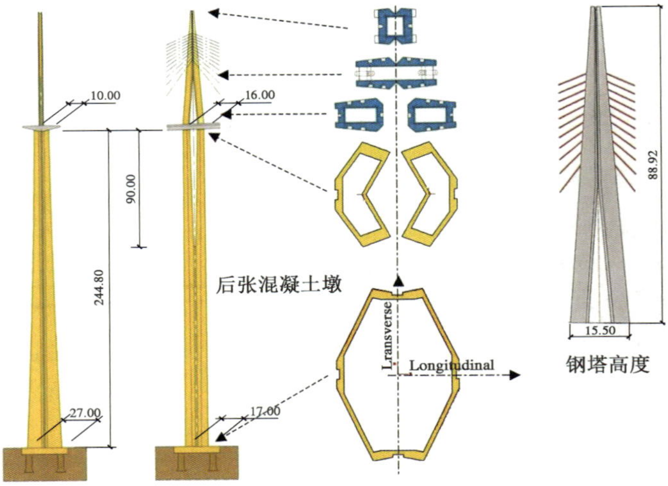

图 4-9　桥墩桥塔截面细节设计

图 4-10　塔梁墩细部照片

图 4-11　重庆千厮门嘉陵江大桥

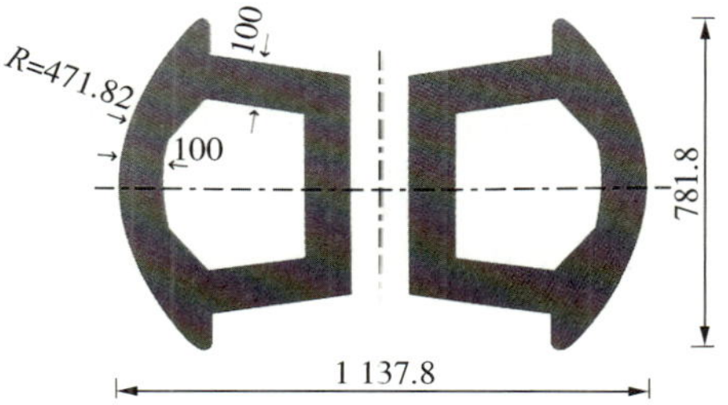

图 4-12　上塔柱横断面(单位：cm)

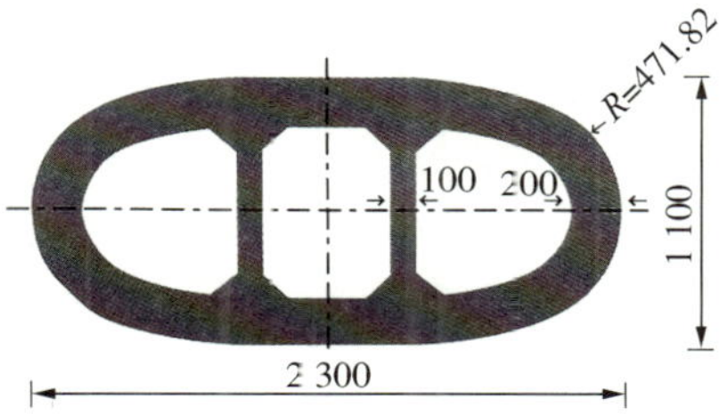

图 4-13　下塔柱横断面(单位：cm)

作者在上饶市信江旭日大桥方案创作时，将两跨斜跨拱桥的四片拱肋设计成错落有致的三种几何高度，顿时充满动感的飘带造型呈现在眼前，仿佛是飘带舞动的定格瞬间。加上同一跨内相交的两片拱肋之间设计厚度有三个层次的连接部分，这些细节的勾画突出了方案的构思主题(图 4-14)。

图 4-14　上饶市旭日大桥“舞动”方案

上饶市旭日大桥方案，桥梁跨径布置为 5×35 m(西引桥)＋60 m＋135 m＋135 m＋60 m(主桥)＋3×30 m＋4×35 m(东引桥)＝795 m。主桥为四跨连续下承式斜跨高低拱肋钢梁钢拱桥结构，拱肋三种高度，分别是 40 m，50 m，60 m，在中墩位置同一跨高低拱肋汇合于中分带，两跨拱肋形成两个方向扭转的“飘带”。

4.1.2　诗意空间

桥梁不仅仅为了拍摄好看，效果震撼，更重要的是人在桥上驾驶、行走，或在桥下休闲逗留的感受，以及人们感受到的整座桥梁在环境中的空间造型，使人感觉愉悦、舒适。新现代主义美学思想，就是充分利用桥梁结构、构件、拉索等部件，在桥面空间、桥下空间，以及整座桥梁的整体空间营造一种意味、一种美景。说新现代主义是抒情诗人、是当代的完美主义者，来自他们对空间的塑造的要求，追求诗情画意的审美效果，那种一丝不苟，甚至达到了有些挑剔、严苛的程度。

1. 新现代主义的诗意空间

从功能与形式的二元对立到对空间创造的关注，显示了当代建筑师从封闭走向开放的美学观，同时在具体设计中，它也有效避免了极端的功能主义或极端的形式主义。因为，建筑既然被定位为一种空间美学，它的终极效果就必须围绕建筑空间（包括周围的环境空间）的合理组织、巧妙调度与协调来实现。

新现代主义建筑师称得上是当代建筑领域快乐的抒情诗人。现代主义建筑那种冰冷的抽象，在新现代主义建筑师那里，变成了富有情感的诗意空间。R.迈耶的巴黎 Canal Plus 总部和德国法兰克福装饰艺术博物馆（Museum for Decorative Arts，1979—1985 年），以他惯有的白色饰面和严谨的线条，创造了一种珍珠般的美感；贝聿铭的卢浮宫玻璃金字塔（Le Grand Louvre，1983—1993 年）和香港中银大厦（Bank of China Tower，1982—1989 年），以玻璃为主要材料，通过巧妙运用自然和人工光源，创造了一种富有梦幻感的诗性意境。

光美学是新现代主义美学的一个重要组成部分。大多数新现代主义建筑师同时也是“光学”大师。R.迈耶就是这样一位善于塑造优美的光空间的大师。R.迈耶说过，他所要追求的是对现代建筑的温和的限制，追求用光塑造美的理想。他希望在纯形式原则内，创造一种空间的抒情诗。他的法兰克福装饰艺术博物馆，通过建筑正立面的树木在各个季节的色彩变化和阳光与建筑投影在各个季节的转换效果，创造了一种光的连续剧。阳光、树木、白色建筑，在气候的调度下，不断地给这个美妙的空间场所换上新装。甚至在同一天的不同时段，这个场所也会展示出不同的风致。

图 4-15　纪念馆

法国 H.希亚尼（Henri Ciriani）潜心分析现代空间的组织原则以及对形态学和美学的影响，力图挖掘现代空间的丰富潜力。他追求秩序和真实，偏爱光对空间的营造，并坚持建筑的形成必有原因，而非单纯形式。在他的作品纪念馆中，几何学、混凝土墙面、圆柱、漫游空间和光的变换维护了现代主义的价值和艺术观，他被看成正统的现代主义学究（图 4-15）。

2. 桥梁空间

桥梁空间有其区别于建筑的特殊性，建筑的空间很多时候是墙体围合而成，墙体的形状、材质及其窗户的采光决定了建筑空间的特征，建筑的空间大部分是由适用功能决定。桥梁是跨越结构，它的跨度、技术条件决定了采用梁桥、拱桥等不同的结构形式，而结构形式又决定了桥梁整体空间形式和桥面、桥下空间特征，似乎桥梁空间是被动的，由桥型结构决定。以往工程师所说的桥梁空间确实是这样形成的，因而也没有必要去研究它、关注它。

当我们需要关注桥梁空间时，不得不颠覆以往工程师的做法和技术路线，即在基于技术条件思考桥型方案的同时，考虑桥梁空间效果，并设法通过结构创造更宜人的空间。

空间既是一种景观，也是一种功能。

说它是一种景观，因为桥梁的诗意空间既包含了桥梁结构本身的艺术之美，也包含了桥梁与环境的协调之美。许多时候，一座跨径不大的桥梁，也能给城市环境带去独一无二的秀美景色。从一座桥梁到一个空间环境，这就是一座优秀的桥梁对城市的辐射作用，是其艺术价值、社会价值的体现。因此，许多时候在评判城市桥梁的经济指标时，不能就经济指标论经济性，而要综合评估它的艺术价值以及其给城市带来的无形资产。

说它是一种功能，桥面空间和桥下空间都是环境空间的组成部分，供人们交通行走、休闲游玩，优美宜人的空间是一幅画、一种美景，人们愿意在桥面、桥下逗留、交谈、发呆，享受生活、享受美景。相反地，嘈杂不安的桥面、脏乱差的环境，就无人问津了。

巴塞罗那博览会桥(Bach de Roda-Felipe Ⅱ Bridge，1984 年)，卡拉特拉瓦为巴塞罗那奥运会设计了本桥，拱桥净跨 52 m，桥面宽 25.8 m，主拱肋通过与副拱肋连接增强了桥梁抗扭转、抗倾覆能力。副拱肋向内倾斜，由短肋与主拱肋连接，担负旁边人行道和阶梯的荷载。阶梯附于副拱肋上，浑然天成(图 4-16)。

也许是巧合，卡拉特拉瓦设计的多座桥梁偏爱用白色，巴塞罗那博览会桥白色的主、副拱肋，与横向连系的短肋、吊索、桥面、栏杆、阶梯等一起，在蓝天、绿地衬托下，共同组成了一幅充满诗情画意的结构美景。远眺，简洁而优雅；近看，带圆弧边缘的三边形拱肋截面，不管是在白天太阳光下，还是在夜晚灯光照射下，它们都是光影清晰、明暗强烈。不得不让人赞叹这是一首结构的抒情诗，是一首桥梁的颂歌(图 4-17)。

卡拉特拉瓦设计的武汉花山新城桥梁，将桥梁创新的造型和运河景观作为一个整体通盘规划设计，桥下空间是桥梁的一部分，也是运河景观的一部分。

立琮路桥位于最东端，它由两个弧度相当漂亮的拱肋组成，优雅的拱形结构连接了河道两岸公园的空间和景观元素，使整个桥身弧度也极具张力。桥梁全长 115 m，宽 49.4 m，净高近 14 m。在桥面的部分，设计了双向四车道供汽车通行，同时两侧有专门的自行车道与人行道。除此之外，还在桥面偏下的位置设计了行人通道、赏景用的阶梯式通道，使散步的居民可以更快到达河滨公园的另一端(图 4-18)。

羡璧路桥位于中间，而且它是三座桥梁中体量最大的一座，是整个项目的焦点所在。它同样拥有两片诱人的拱形曲线，不同点是它们平行立于桥面中间，一侧吊杆交叉，将车道一分为二。桥面结构相应由两根分离的主梁组成，并形成一个宽阔的圆弧形中央开口。其中，利用中间的拱肋及交叉的吊杆营造出一个公共区域，不仅可供行人、自行车在桥面通过，还设有阶梯直接通往桥下的公园。通过精心设计的照明系统，在夜里这个公共区域形成了一个大教堂般的露天空间，可用于例如音乐会等文化娱乐活动(图 4-19)。

图 4-16　巴塞罗那博览会桥

图 4-17　拱肋和吊索构成的桥面空间

1 | 2
3 | 4

1. 图 4-18　立琮路桥日景
2. 图 4-19　羡璧路桥桥面效果
3. 图 4-20　羡璧路桥拱桥吊杆围合着弧形人行通道
4. 图 4-21　希琥路桥桥下空间

羡璧路桥总长 131.4 m，净高 62 m，单侧车行道宽度为 4.5 m，单侧非机动车道和人行道总宽度为 3.5 m，且在桥面靠近桥拱侧设有变宽的人行道(图 4-20)。

就体量而言，希琥路桥是三座桥梁中最小的一座，位于最西面。设计师根据桥位处 600 m半径的平面线形，设计了一座独一无二的不对称拱桥，单片拱结构倾斜布置于桥面一侧。希琥路桥的建筑意象类似一只手张开的手指，并支撑于桥面。抛物线拱，与 32 片横向桥肋和桥面一起，突出了桥的结构特点，创造了壮观的景色(图 4-21)。

希琥路桥拱肋跨度为 70 m，桥梁总长为 112 m，水面上总高度为 23 m，桥面宽度 21 m，双向 2 车道。与立琮路桥的拱肋结构类似，上拱受压，下拱受拉，与径向布置的吊杆一起位于同一个平面内，拱平面与水平面夹角为 58°。

4.1.3　与自然界的有机关联

自然界的含义不同于自然，自然界是指包括人类社会在内的整个客观世界，而“自然者，道也”。因此，这里与自然界的有机关联包含了物质世界和精神世界的关联。

关于桥梁与自然环境的关系问题有两种说法，一种是融合，另一种是对比。其实这些都是表象和外观，我们需要真正关注的是设计思想和处理手法，不可本末倒置。

桥梁结构的优雅源自桥梁与自然的一种综合了艺术审美、结构技术和物质协调的精神、技术和物质的多重关系。仅仅从技术层面思考设计很难让人感受艺术的影响力，也很难让人感受结构和技术的魅力。

从新现代主义注重与自然的融合、有机主义注重与自然的有机组织关系、地域主义关注地域自然特征和环境气质三个美学维度思考桥梁与自然界的有机关联问题，并由此提出了三种美学思想及其处理手法，需要我们细细品味三者之间的细微区别，感受其中蕴含的思想的光芒。

1. 新现代主义注重与自然的融合

新现代主义注重有机主义美学。在黑川纪章、槙文彦、安藤忠雄甚至矶崎新等人的作品中，人们容易看到这样两种倾向：一种是对建筑与自然融合的重视，另一种是对建筑造型有机意蕴(或者生命意蕴)的开掘。前一种倾向体现了新现代主义建筑师对生态问题的关注，这是新时代建筑的主题；后一种倾向体现新现代主义建筑师对建筑形式美的新看法和塑造这种形式美的新方法。

安藤忠雄的日本木材博物馆(日本兵库，1991—1994 年)(图 4-22)和京都大山崎山庄博物馆(日本京都，1991—1995 年)，矶崎新的 Yobo-kan 博物馆，黑川纪章的拜耳公司植物防疫中心(1987 年)，均属于前一种；而黑川纪章的东京规划“螺旋体城市”方案(1961 年)、矶崎新的北九州美术馆和九州市图书馆餐厅(1976—1978 年)则属于后一种。

图 4-22　日本兵库木材博物馆(右图为其平面位置)

桥梁与自然的融合属于前一种倾向，后一种倾向将在后面章节中专门叙述。新现代主义注重建筑与自然的融合，包含了技术与美学层面的双重思考，在从技术层面思考桥梁因地形地貌、研究结构形式和跨径布置等问题的同时，也需要思考其美学层面的问题，包括生态环境、艺术造型等，将这两方面的问题统筹考虑，从而获得桥梁在造型、技术、生态等多个层面真正与自然融合的方案。

贝聿铭设计的日本美秀美术馆(图 4-23)，其中的桥梁与其他部分(一个接待亭、花园、两个隧道以及一个艺术博物馆)共同组成一个综合体。设计者原本设想参观者以步行方式通过桥梁到达美术馆，但是该桥仍被要求设计成能够承受总轮重达到 12 kN 的两车道荷载。游客在进入隧道前需要从该处沿着蜿蜒的峡谷小道前行，走出隧道后便位于美秀美术馆桥上了，此时游客第一眼就看到了博物馆的入口。

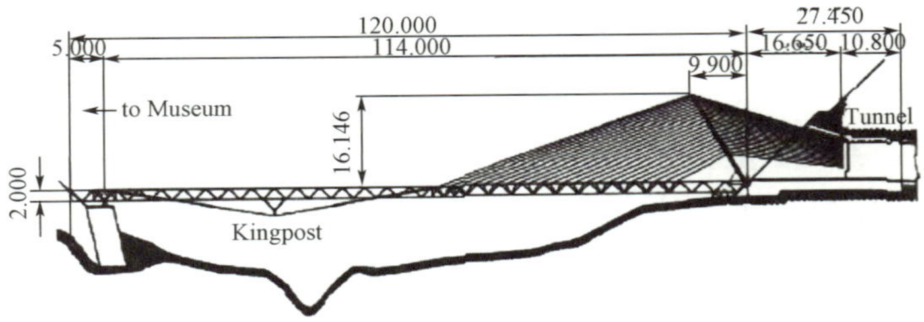

(a) 桥梁立面图

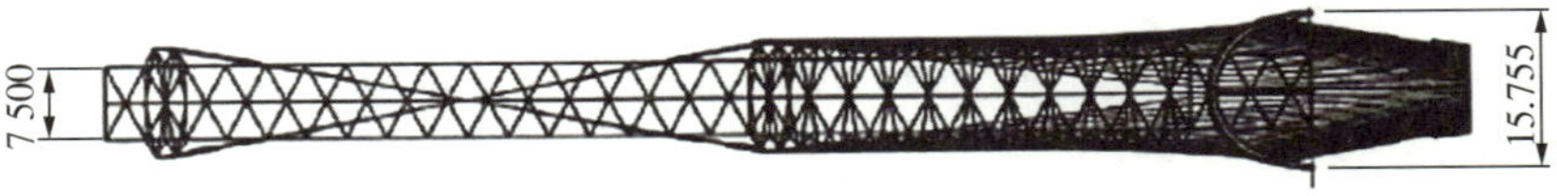

(b) 桥梁平面图

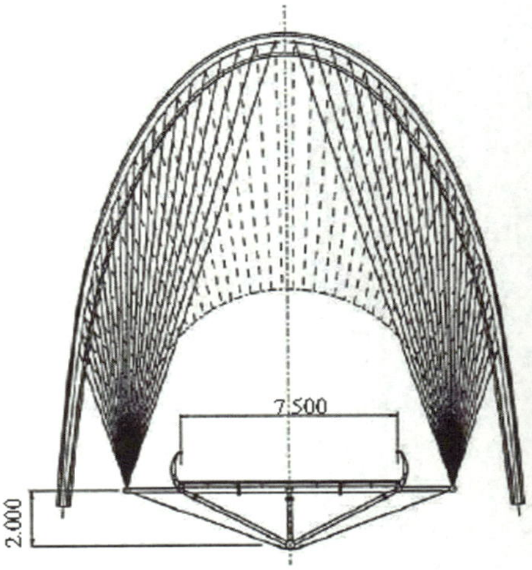

(c) 桥梁横断面图

(d) 鸟瞰图

图 4-23　日本美秀美术馆

出于对严肃性及壮观性的考虑,设计者对桥梁的外观和结构进行了仔细的研究。该桥跨越山谷时不采用中间支承,这使得其对该地的生态影响达到最小。主梁采用高度为 2 m 的钢桁架,被后张斜拉索从混凝土隧道根部向上悬吊着。同时该桥的设计和建造也形成了建筑设计与结构设计之间的过渡。桥梁结构工程师主要承担着桥梁的基本设计任务,而设计顾问们则对桥梁的许多方面提出了精益求精的意见。

桥梁设计中分别采纳了后张预应力桥、斜拉桥与悬臂桥等体系中的新颖成分,从而使桥梁成为视觉优美及高效的结构。在重力与作用于桥梁上的侧向力共同作用下,隧道主要承受弯矩而非拉力。

该桥主梁采用仅 2 m 高度的空间钢桁架,大部分桁架杆件采用钢管。桁架的横断面采用三角形构造,在 7.5 m 宽度的车道范围内分布着 3 根上弦杆以及 1 根下弦杆。水平、垂直和倾斜平面内的斜向支撑组成了完整的桁架断面。最大桁架杆件的直径仅有 267 mm。杆件直径的选择体现了杆件分布层次;特定层次的杆件其直径保持不变,而壁厚及钢号则随着荷载与性能指标而有所变化。各杆件管与管之间的连接一般使用全融透焊缝。在桥梁隐蔽处,采用适合于现场拼装的翼缘栓接法连接。

瑞士的塔米纳峡谷铁路大桥(Tamina Canyon Crossing, 2017 年)横跨塔米纳峡谷 200 m,桥长 473 m,主跨为 265 m,是一座非对称后张法预应力混凝土上承式拱桥(图 4-24)。拱上立柱的高度最高可达 4 m,且高度依次向拱顶中心位置逐渐减少至 2.05 m。主拱的截面宽度也是变化的,往 Berg 方向的拱截面最宽处为 6.95 m,最窄处为 5 m,另一侧的拱截面最大宽度为 9 m。主拱采用箱型截面。

图 4-24 瑞士塔米纳峡谷铁路大桥

为确保桥梁结构与周边自然环境的融合,需要高标准、谨慎地处理周边及当地环境的敏感要素。作为野生动物的栖息地,塔米纳峡谷的景观保护目标须严格执行。桥下沿峡谷两侧就是岩羚羊的栖息地,要求大桥的设计方必须考虑栖息地保护法,施工期间避免在峡谷较为陡峭的一侧或谷底进行活动。

塔米纳峡谷铁路大桥,采用拱上斜立柱和无中间短立柱的拱桥方案,在崎岖不平的阿尔卑斯山间,它优雅地跨越了峡谷两岸,使整个桥梁与周边的整体景观特征基本保持不变。通过采用不同跨度和矢跨比的两个半拱形成一个大拱,并与框架结构相结合,形成了独特的设计语言。

该桥被评选为 2018 年世界结构大奖(the Structural Awards 2018)最高奖(Supreme Award for Structural Excellence)和最佳公路/铁路桥梁奖。评委评价:"毫无疑问,这是一个优秀的工程解决方案,设计的优雅、简洁和经济性使我们印象深刻。我们注意到整个结构系统的效能,以及设计和周围环境的融合。水泥拱桥的设计很好地延续了克里斯蒂安·梅恩和罗伯特·马拉尔的传统。"

我国贵州大小井特大桥(2019 年)主桥采用主跨 450 m 上承式钢管混凝土拱桥,跨越大井河,全桥长 1 501 m,也是世界上山区最大跨径的上承式钢管混凝土拱桥,给大小井风景区添加一道亮丽的风景,同时对黔南州经济发展有着重要意义。

该桥本身成为当地景区的一道风景线。大小井特大桥建在布依族居住的大小井风景区。景区河水碧绿清澈，两岸的古榕树遮天蔽日，翠竹亭亭玉立，农田阡陌纵横，还有鬼斧神工的溶洞，神秘莫测的天坑。从远处观望大桥，整个大桥犹如一座“天桥”(图 4-25)。桥梁建设者们在“空中”修起了“天路”，在“天路”上建起了“天桥”。

图 4-25　贵州大小井特大桥

2. 有机主义注重与自然的有机组织关系

美国建筑师弗兰克・劳埃德・赖特(Frangk Lloyd Wright,1869—1959 年)的建筑思想与欧洲现代主义者的最大不同在于他对自然环境的关注，这是他的有机建筑的重要内容，他的有机建筑论是在他一生的生活、教育、工作的过程中逐渐发展、成熟起来的。

“有机建筑”(Organic Architecture)是赖特所称的自己的建筑观，即是一种由内而外的整体性组织，总体与每个局部之间存在着有机的必然联系，像自然界生长的植物、生命体一般，与它所处的环境密切协调，成为环境中和谐有机的组成部分，是土生土长的，真实、自然、本性的，它只能放在特定的环境中，为环境添彩，不能随意移植到世界上任何一处。

20 世纪 30—40 年代，赖特设计的一批作品，包括“美国风”住宅，能形象地反映他的有机建筑思想，其中最具代表性的是流水别墅和“西塔里埃森”。这一时期赖特思想成熟、手法丰富，对材料性能的把握能力和对形式的驾驭能力都相当高。

流水别墅(“Falling Water”, 1935—1937 年)在宾夕法尼亚州匹兹堡(Pennsylvania, Pittsburgh)东南康纳斯维尔市一个叫熊奔(Bear Run)的地方。那儿有山有水，密林环绕，一泓瀑布从石壁披挂而下。别墅局部高 3 层，采用钢筋混凝土结构。它的每一层平台连同周边上翻的栏板以及雨篷、遮阳架等水平形体各自向前、左、右三个方向悬挑出去，依靠墙和柱墩承托并锚固在山石上，瀑布就从这柱墩之间穿流而过。

流水别墅最成功之处在于与周围自然风景紧密结合。在远离尘嚣的山林中，它轻盈悬挑在流水之上，那些挑出的平台像是争先恐后地伸进周围的空间。混凝土板嵌入原有自然山石之内，形成光影斑驳的灰空间，其“土生土长”之感，是赖特对其“有机建筑”理论的良好诠释。

有机主义一方面吸取现代主义大师赖特和阿尔瓦尔·阿尔托(Alvar Aalto, 1898—1976 年)的经验,一方面广泛吸纳现代科技的成果,为当代建筑铸就一种新的价值体系,形成了一种新的美学维度。建筑在空间上与自然环境的关联,符合生态关系;在形式上,关注自然界生物和生命体,体现尊重生命的本质。

对于桥梁来说,与自然生态环境的和谐可以通过技术来实现,尤其是在跨越较长的低地、山谷、河道时,桥梁对附近自然生态的景观视域影响较大,于是设计师们会采用一种强调的手法,通过工程技术手段使桥梁与附近景观相互映衬,桥梁与自然生态环境相互融合,形成整体性有机组织的关系。由建筑师福斯特和结构工程师米歇尔·维洛热主持设计的法国米约高架桥常常因其取得与周围景观的自然和谐而被称赞。为了尽量减少对该地原有生态的影响,桥梁所在高速公路采用连续七塔八跨斜拉桥横跨 2 460 m 山谷,由 6 跨 342 m 及两个边跨 204 m。桥面至山谷最大高度 245 m,塔高 90 m,桥面宽度 32.05 m(图 4-26)。

桥梁自身也成为自然一景:人字形的桥塔两侧伸出密布的拉索,架立在高耸的桥墩之上,给人一种冲破云霄的高耸威严之感,同时使人感受到现代高技术支持下流畅的力度之美。该桥被认为是“一座翱翔在连接两个高地的深深峡谷中的优美纤细的桥梁,创造性地顶推施工推动了桥梁施工的技术进步”。

对于这种技术美与自然美的有机性处理,瑞士桑尼伯格桥同样堪称典范(图 4-27)。所不同的是,该桥采用矮塔斜拉桥体系,桥塔相对更低,并且分布在桥面的两侧向上舒展开。这种形式使得桥梁整体看上去更加自然流畅,同时又与周围茂密的乔木林相呼应。该桥跨径布置为 5 跨,最高桥墩处桥面至山谷高度 62 m,该桥被认为是“基于敏感风景区的一项精致的结构艺术创举”。

我国香丽高速公路虎跳峡金沙江大桥(2021 年),位于虎跳峡景区内,桥位处河谷深切,山势陡峭,桥面距江面 260 m。主桥采用 766 m 独塔单跨地锚式钢桁梁悬索桥(图 4-28)。

在金沙江虎跳峡上、下游 240 km 河段,对金沙江大桥的桥位进行比选。根据桥位区域特点分为 5 个区域,共比选了 27 个桥位。

图 4-26　法国米约高架桥

图 4-27　瑞士桑尼伯格桥

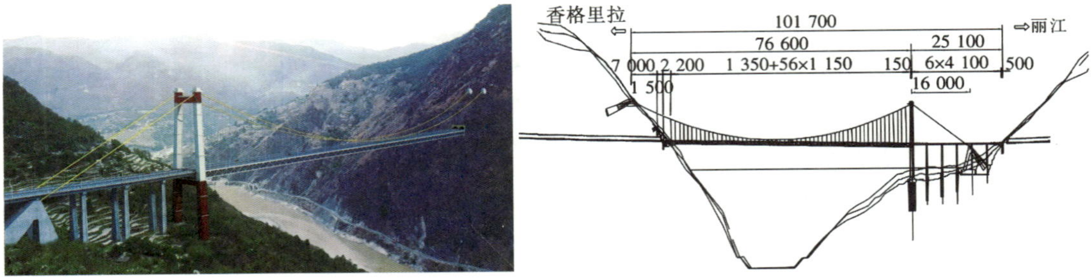

图 4-28 虎跳峡金沙江大桥(右图为该桥立面布置)

经过仔细勘察,发现丽江岸边,地质地形条件满足设立索塔的要求。而香格里拉岸山势陡峻,自然坡度均约 50°,无较缓台地,索塔要求的地质条件欠缺。加之山脚通行虎跳峡旅游公路,为保证施工安全,避免大桥的修建对旅游公路造成不利影响,同时还要避免对景区的自然环境造成破坏。所以,设计者大胆地提出直接将主缆通过索鞍支墩和锚碇锚于岩层中,取消索塔的设立。将主缆通过集主索鞍和散索鞍于一体的滚轴式复合索鞍转向散索后锚于岩层中,通过索鞍的滚动、滑动、转动来满足活载作用下的索鞍纵向移动。

深圳光明小镇马拉松山湖绿道上的人行悬带桥,一端连接光明绿道的主步道,跨越 30 m 深的山谷连接另一端的二级步道,总长约 100 m(图 4-29)。设计团队整体的设计意图是建造一座对整体自然环境影响最小、与大自然和谐共融的景观步行桥,结构轻盈通透。桥梁采用两跨体系,65 m+25 m,桥宽 2.6 m。两跨之间靠近主步道的一侧设置斜柱。斜柱的设置目的:一方面有效地减小了整体桥梁的跨度;另一方面有助于更好地控制桥面的最大纵坡。同时还可以构造出一个类似观景台的高点,站在此处可以将秀丽的山谷风景尽收眼底。两条悬带是桥梁的最主要受力结构,采用 Q690 高强度钢材,钢板带上为厚度 120 mm 的预制混凝土桥面板。图 4-30 为桥梁施工过程中的各个阶段。

图 4-29 深圳光明小镇人行悬带桥(右图为桥梁所在山区自然景观)

3. 地域主义关注地域自然特征和环境气质

地域主义并不是那种可以列出一系列标志性建筑活动与代表人物的建筑运动或建筑思潮,而是一种遍布广泛、形式多样的建筑实践倾向。地域主义并不是当代世界的产物。即使在 20 世纪,现代建筑在第二次世界大战后得到广泛传播,仍然有像芬兰建筑师阿尔托这样出色人物,其作品已经在建立有地方特征的现代建筑方面取得了极其可贵的成就。

关注地域自然特点的审美思潮是地域主义一种重要美学思想。在当代,地域主义以多种手法体现地方特色——有的利用建筑顺应或强化地形、地貌;有的凝聚场所精神,表现环

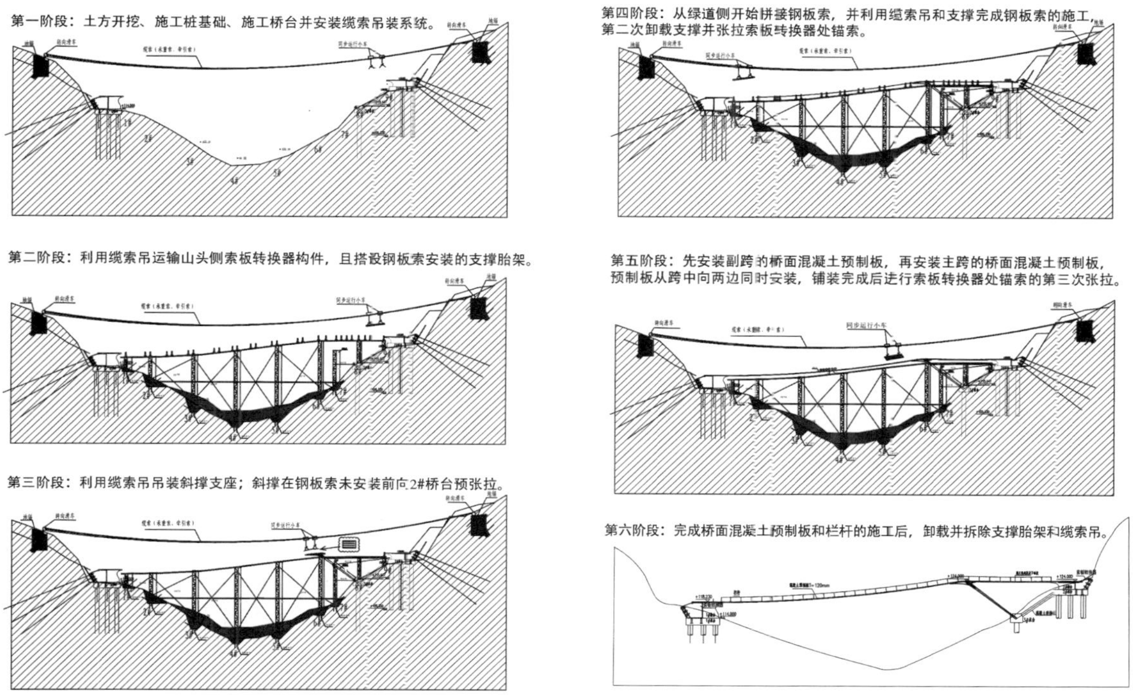

图 4-30　桥梁施工过程中的各个阶段

境气质；有的采取协调的手法，从环境的关联中表达地方文化内涵；更有的注重气候特点，从地方建筑中吸收成功的经验，从而使新建筑充满浓郁的地方文化气息。这四个方面的思想及表现存在着紧密的联系，这是仅仅定性的大致区分，有时很难严格区分。本节主要关注顺应或强化地形、地貌和凝聚场所精神，表现环境气质，后两方面的思想将在后续章节中阐述。

在我国，古代先哲们早就提出了“顺应自然”的哲学观。这种哲学观形成了中国古代建筑的人、建筑、自然融为一体的设计理念。它强调建筑与自然之间是一种崇尚自然又因地制宜的关系，从而达到一种共生共存的状态。这种建筑发展观与当代世界所倡导的可持续发展的、生态的、绿色的建筑思路不谋而合，落脚点都是寻求人、建筑、自然三者的和谐统一。

同样是崇尚自然，有机主义崇尚自然的核心是对自然的审美情节和由此萌发的关注自然、尊重自然的建筑思想。而地域主义崇尚自然的核心是从自然条件中寻找由此而生成的场所气息和文化积淀，从而实现地域主义的崇尚场所化、反对均一化的审美情节，进而激发人们尊重自然、维护自然的激情。

20 世纪 50 年代的葡萄牙与其他西方国家一样，在现代化的进程中其经济、文化等方面受到全球化浪潮的冲击，建筑亦受影响。而葡萄牙建筑师阿尔瓦罗·西扎(Alvaro Siza)的作品，却独树一帜地将建筑创作根植于传统文化与当地的地缘特征之中，强调建筑的场所精神，具有一种很深的乡土情结。如阿尔瓦罗·西扎的成名作品，波·诺瓦茶室(Boa Nova Tea House)，就是建筑强烈的地域性与场所精神的重要体现。该建筑白色外墙体与暖红色屋顶在视觉上十分突出，体现了阿尔瓦罗·西扎对传统建筑语汇的尊重。建筑顺应海湾错落基地的高低差设计使得建筑与周围自然环境契合与共生，仿佛是自然地表的延伸，体现了尊重环境的永续思维与强烈浓郁的人文关怀。

地域主义是现代化建筑对乡野自然、地域传统、人文气候的一种回应。建筑因场所而产生意义，同时又创造了新的意义。这种意义受乡土环境、地域文化的影响，在不同的传统语境下有着不同的解释，同时又赋予乡土文化以新的内涵。阿尔瓦罗·西扎曾说，在建筑设计中始终存在着“个体化形象表达与城市整体性统一的矛盾”，“在建筑与城市之间，从平衡中找到基调，是一名建筑师最重要的任务”。他还强调，新地域主义“出于对新旧不同价值的尊重，不是将新的要素强加于事物，而是通过理解与领悟，保证建筑的一致性与独立性。注重交流与融合，永不停止地变化以适应新的环境。”因此，地域主义不仅强调建筑自身的独特性与唯一性，同时还重视建筑与环境、城市主题的统一。而在对环境与城市主题的回应过程中，建筑与自然、人文对话，以获得自身的意义。

桥梁工程师一定会非常重视研究气候环境与地形地貌，对于桥梁来说，仅从技术视野研究这些自然条件是不够的，还必须从审美视野、艺术表现角度研究特定气候环境与地形地貌等条件下的方案形式与表现。关注那些试图从场地、气候、自然条件以及传统习俗和都市文脉中去思考当代建筑的生成条件和设计原则，使建筑获得场所感和归属感。

如山西临汾尧贤街跨涝河与汾河两座大桥的方案创作就是城市桥梁充分尊重地形环境，并获得很好审美效果的案例。涝河与汾河作为城市带状景观轴线，对形成城市的视觉走廊、丰富城市生态景观起到突出的效果。尧贤街及其两座大桥以结构的气势、力量的美连起两条景观走廊。两座桥梁的地形环境具有如下特点：①涝河与汾河在主河道两侧滩地规划有多座别具特色、体现山西文化的园林，在园林上空穿越而过的桥梁以水域和园林为背景，获得充分展示结构美的同时，使大桥与园林两种完全不同体量、不同结构布局的构筑物相得益彰；②涝河与汾河河床宽度分别有 600～700 m，非常特别的是它们的岸侧土体是几乎垂直的陡坎，桥面距离河床有 20～30 m 之高，如此特别的地形环境，若能创作好的方案，就能体现桥面上、下结构比例之美，桥梁与地形环境协调之美；③两座桥梁相距约1 km，它们结构、造型之间存在一定的相关性。

汾河桥所在桥位南起“樱花广场”，穿过园中的娥英湖，北接樱花大道，景观设计中各类樱花作为整个公园的基调特色，凸显了以樱花为景观主体，搭配疏密草地等其他花木，营造疏朗有致、浪漫淡雅的景观。桥梁方案结构体系为“三塔六跨”自锚悬索桥结构，跨径布置为 50 m＋80 m＋168 m＋168 m＋80 m＋50 m＝596 m，重点构思创作悬索桥的索塔造型，使桥梁能更好融入周围环境(图 4-31)。

同时，汾河桥也是游人赏花观景的聚集地，因此该桥作为园区的标志性建筑来定位。塔形方案突破了传统框框，力求创新，使之既能体现浪漫淡雅的环境文化氛围，又能与崇尚以人为本的时代风貌相融合，真正达到“桥景合一”的和谐境界。

索塔造型是自锚式悬索桥的景观根本，也是本桥方案构思的重点所在。桥塔造型的灵感源自小篆“合”字造型，犹如双手合拢状，同时配以弯曲绵延的主缆线形，自然地融入园区的优美景色中。方案蕴含临汾作为尧文化特有的“帝尧古都、和合华夏”文化精髓，同时又寓意临汾市社会经济、人与自然和谐发展。

涝河桥为呼应体育休闲公园简洁、清新的环境特点，达到景观效果的协调美观，设计综合考虑了主桥跨径的布置、主引桥的跨径比例等因素。桥梁造型灵感源自低飞掠过水面的白鹤，设计采用连续布置的 V 腿结构，通过 V 腿的厚度、宽窄变化，勾勒出一幅既简洁又极富韵律感的优美画面。V 腿结构如同一排凌空翱翔的白鹤，使体育休闲公园充满生机、

上　图 4-31　临汾市尧贤街洰河桥

下　图 4-32　临汾市尧贤街涝河桥

充满动感，展现出园区蓬勃发展、蒸蒸日上的繁荣景象，象征着圣洁、清雅、长寿（图 4-32）。

多跨 V 腿连续结构桥梁的布置具有层次感、线条流畅感和时代感。在此基础上，对传统 V 腿结构桥梁进行了结构创新和优化，使之最大限度地融入环境，成为体育公园的背景景观。桥跨布置为 4×30 m+3×30 m（北引桥）+55 m+3×90 m+55 m（主桥）+3×30 m（南引桥）=680 m。

在奥地利林茨西部，多瑙河大桥位于第二条南北走向的高速公路上。多瑙河大桥是一座真正的（即山上锚固于岩石地面）悬索桥。由于地形和地质条件的限制，主缆直接锚固在河岸两侧存在的陡坡上。为此，使用长度不超过 55 m 的预应力锚杆，每个锚杆都能传递 2 MN 的负荷，以确保高集中负荷转移到地下。

主缆可以在多瑙河峡谷的悬崖处直接锚固，不需要常规高架桥，所以 4 车道的高速公路桥将成为真正的悬索桥。大桥上部结构设计为钢箱梁结构，每根主缆由 12 根完全锁紧的重镀锌螺旋缆索组成，索夹是铸造构件（图 4-33）。

多瑙河大桥跨度 305.55 m，主缆长度 500 m，桥面宽度 22.45 m，主缆捆绑包括 12 根直径为 145 mm 的单根螺旋电缆，吊索螺旋绳直径为 95 mm。由于独特的环境，大桥是一个非常细长和透明的结构，完美地适应生态高度敏感的规划区域和多瑙河流域的美丽景观。多瑙河大桥将成为林茨新的标志性建筑（图 4-34）。

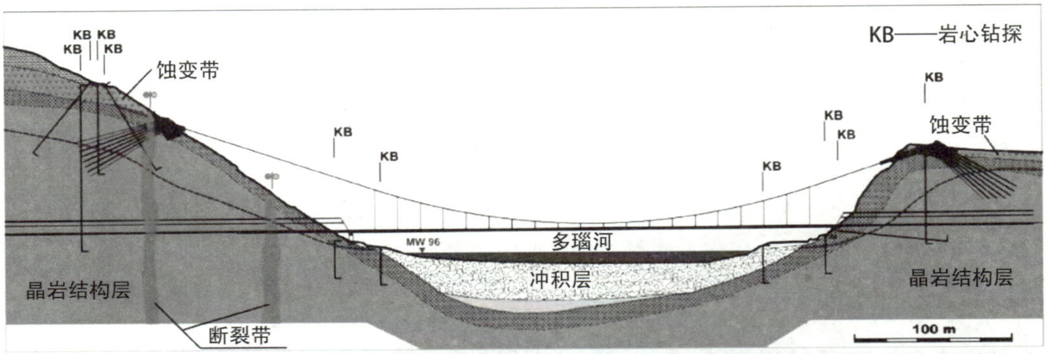

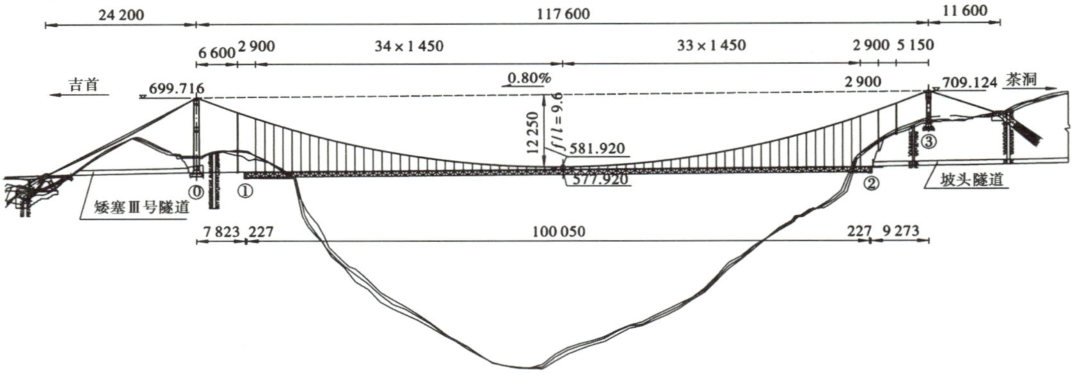

上　图 4-33　奥地利林茨多瑙河大桥立面布置

中　图 4-34　奥地利多瑙河大桥

下　图 4-35　湖南矮寨大桥立面布置

湖南矮寨大桥主缆的孔跨布置为 242 m+1176 m+116 m,钢桁加劲梁全长1000.50 m。主缆垂跨比 $F/L=1/9.6$,钢桁梁全宽 27 m,高 7.5 m。索塔采用钢筋混凝土门式索塔,吉首岸塔高 129 m,茶洞岸塔高 62 m。为克服地形、地质条件的限制,矮寨大桥设计了塔梁分离式悬索桥新结构。缩短了钢桁梁长度,减小了山体的开挖量,节省了投资(图 4-35)。

矮寨大桥采用了独特的主体结构艺术造型，其两侧山头依势而建的索塔、加劲钢桁梁直接与悬崖上的隧道相连，依地质地形条件巧妙设计的隧道错及重力锚均与周边秀丽的自然景观非常协调；桥塔顶端采用牛头图案，该图案为当地民族的崇拜物和吉祥物，象征着人民的谦和与善良、坚强与上进，两山对峙的牛角状桥塔与张拉的弧形悬索浑然一体，形成当地的标志性建筑物(图 4-36)。

图 4-36　湖南矮寨大桥

4.2　彰显地方特征，培育地方精神

与现代桥梁美学不同，当代桥梁美学注重地方特征与历史文脉的有机关联，这也成为当代桥梁工程师和建筑师追求新颖性和唯一性而愿意去着力的方面。桥梁的结构及其形态不同于建筑，因而桥梁的本土化审美、民俗艺术表现、历史文脉有机关联、培育地方形象和精神等需要我们不断探索其表现形式和地方内涵，以真正实现桥梁的场所感和地方性。

在建筑界，20 世纪 80 年代以来，西方建筑师在欧美以外的地区众多的国际竞赛中，一个共同的愿望是从地方文化中寻找设计灵感。在桥梁界，大致进入 21 世纪以后，这样一种新地域主义思想成为业主和设计师的普遍共识。

关注新地域主义，从环境的关联中表达地方文化内涵；注重气候特点及地方建筑，从而提取浓郁的地方文化气息，实现本土化审美及民俗艺术表现、地方文化的有机关联的美学思想。

4.2.1　本土化审美和建立新的时代品质

20 世纪 70 年代以后，新地域主义的探索已经遍布许多国家和地区。本土化审美与民俗艺术表现并由此建立新的时代品质，是新地域主义的美学思想与审美价值观。地域主义的思想由来已久，各个时代都有融合地方特征的建筑现象存在，构成每一个时代丰富多彩的建筑文化景观。

从地方文化中寻找设计灵感，为本土文化建立新的时代品质，成为当代桥梁设计创作的一条重要路线图之一，为设计师带来了令人兴奋的新构思，为业主带来了期盼已久的好作品。

1. 为本土文化建立新的时代品质

地域主义的思想由来已久，在西方建筑发展史上，各个时代都有融合地方特征的建筑现象存在，构成每一个时代丰富多彩的建筑文化景观。即便是在第二次世界大战后现代建筑得到广泛的传播，仍然有像芬兰建筑大师阿尔托等出色的人物，致力于创造有地方特征的现代建筑。

阿尔托是对本土化审美倾向产生较大影响的一位建筑师。在20世纪30年代后期，阿尔托在玛丽亚别墅等建筑中(图4-37)，通过适度折中的文化策略，既融合了现代文明，又表现了地方特色，表现出了与国际风格截然不同的审美取向。图4-38为圣安东尼奥图书馆。

图4-37 玛丽亚别墅

图4-38 圣安东尼奥图书馆

20世纪后半叶，现代建筑日渐国际化的趋势和“国际式”风格的无限蔓延、模仿，导致了建筑文化单一化和地方精神的失落。20世纪70年代后期佛朗哥时代结束后，受到来自美国、德国、英国和意大利等国现代建筑的广泛影响，西班牙建筑文化表现出对本土传统文化的自觉意识，新地域主义的建筑很快活跃起来。在与西班牙相邻的葡萄牙，以及北欧、荷兰甚至美国等地的一些建筑师也努力将建筑场地的特点、地方文脉与现代建筑的先进因素相结合，在环境中创造，又赋予环境以新的生命。

本土化审美是指追求建筑创作中注重对民族情感的体现和表达的审美倾向。它表现为对地域文化的尊重，刻意表现建筑文化的时空属性，特别是空间属性，并通过建筑的环境塑造、空间构成和细部处理等设计手法加以实现。在当代世界，本土化审美价值观广泛存在于一些具有丰富历史文化的国家。

新地域主义强调地域民族的历史传统和文化上的归属感，因此常常以有地域特色的传统符号作为设计主题的源泉，使人产生某种联想，从而产生一种从视觉到心理上的文化认同感。同时，新地域主义绝不仅此而已，它总是既体现相应场所精神，又积极地为本土文化建立新的时代品质。正如理论家弗兰普顿所揭示的地域主义隐含的一个辩证的特征，即它们是“已扎根的价值观和想象力结合外来文化的范例，自觉地去瓦解和消化世界性的现代主义”。

桥梁如何承载本土文化，激发本土情感，在许多时候需要创新的结构形式来契合能够承载本土文化的元素与要素，这成为桥梁创作的一项重要任务。

例如，越南岘港的龙桥(2013 年)就是以中华传统文化中的“龙”为主题设计建造的一座桥梁(图 4-39)。岘港的龙桥横跨在穿城而过的寒江上，是一座连接两岸城区的主要桥梁，也是充分反应岘港城市发达程度的标志性建筑。桥梁的龙体造型设计，满载了中华传统文化。其实，在岘港尤其在离岘港 30 km 的会安，到处可以看到中国特色的会馆建筑，源于曾经有很多华人在这里经商和居住。该桥创造性地将拱桥的形式与东方传说中“龙”的形象结合在一起，龙身(桥梁主拱)由 3 根拱肋组成，齿状的“鳞片”则构成拱肋之间的横向连系，由钢制的金属片拼成的“龙头”从桥头向上伸出。桥梁总长 666 m，桥梁宽度 37.5 m。不等跨的布跨形式使得“龙”的造型更加自然，从侧面看，桥梁就像一条正在贴水而行的巨龙(图 4-40)。这座桥梁利用桥梁的象征特点及纪念性的意义，与中华传统文化中的“龙”相结合，因此获得了非常鲜明的地域特色，具有很强的传统文化表现。该桥获得 2014 年度 IBC 尤金 · 菲戈奖。

图 4-39　越南岘港龙桥

图 4-40　拱肋结构细部构造

本土化审美是关注民俗、民风等传统的美学思潮在建筑设计观念中的表现。它关注本土文化和生活原型，运用隐喻象征等手法，并通过本土技术和材料，表述空间塑造中的设计思维，以更直观的方式来表达地方风貌、民俗民情和场所感，以丰富的色彩和独具个性的形式，并采用地方性符号与建筑方言，使之充满本土气息，通过渲染民俗民情，体现出一种与现代工业文明相疏离的牧歌情调和浪漫情怀。

本土化与民俗化审美所表现或暗示的原型，有物质层面的内容，如民居中的基本形态或建筑符号；也有文化层面的内容，如与本地的神话和民俗相关的象征。其原型往往带有独特的文化品格和个性，充满文化表征意义。本土主义寻找建筑原型和文化母体，是最重要的内容之一，它是衡量建筑师创作技巧的一个重要标志。一座优秀的桥梁需要通过挖掘民间文化的深层次内涵，并通过结合创新的桥梁结构艺术表达，唤起人们对它的热爱，因此而产生共鸣。

平塘特大桥位于贵州省黔南布依族和苗族自治州，平塘至罗甸高速公路横跨槽渡河峡谷，主桥为 249.5 m＋2×550 m＋249.5 m，桥梁全长 2 135 m，该桥为三塔双索面钢混组合梁斜拉桥。2019 年建成通车(图4-41)。

受当地少数民族文化启发，将其独有的服饰、舞蹈等元素融入了桥塔造型设计中，追求塔型与周边的自然景观相互映衬，建成一座兼具力量与美感的世界级桥梁。苗乡风情方案来自苗族服饰与色彩灵感抽象形成，造型以苗族服饰为设计元素，塔顶的构图设计形似当地包头巾的包叠方式，下塔柱的立面造型借鉴了对襟服装的领口、盘扣等设计手法（图4-42）。采用了不对称处理，在满足结构的条件下，富于地方特色。平塘特大桥采用三塔双索面钢混组合梁斜拉桥的设计，三座“裙摆”形桥塔的高度分别为320 m，332 m，298 m，依山势分布于峡谷之间，与主梁、拉索相互结合，形成了极具动感的桥梁整体造型。大桥获得第38届国际桥梁大会“古斯塔夫·林登少”奖。

图4-41　贵州平塘特大桥

图4-42　少数民族服饰与舞蹈

2. 从地方文化中寻找设计灵感

在现代，地域主义已被广泛接受并深入人心，地域性是建筑的基本属性。桥梁与地方人文传统、城市情感获得契合需要设计师有较高的人文素养与艺术才情。建筑和桥梁需要获得地方的认同，对于建筑师来说，一项重要的工作就是在设计构思时，要从地方文化中寻找设计的灵感。

阿根廷裔美国建筑师C.佩里（Cesar Pelli）设计的马来西亚吉隆坡的双塔大厦（1998年），就是用地方传统塔楼的意象，使现代摩天楼获得了地方建筑的共性。曾以设计巴黎蓬皮杜现代艺术中心而闻名的意大利建筑师R.皮亚诺，在西南太平洋新喀里多尼亚的努美阿半岛上设计了一座为纪念卡纳克独立运动领导人而建的芝柏文化中心（1998年），他从“棚屋”“森林”及“村落”中抽象出动人的现代工艺景观，把娴熟掌握现代技术的经验倾注到了对这个文明尚在形成的岛屿的自然环境与民间文化的现代诠释之中（图4-43）。

建于长沙梅溪湖的中国结桥则以中国传统元素中国结为设计灵感的源泉，桥梁与桥墩通过水平向、竖直向的相互交叉，同时选取同样的材料与颜色来减弱墩与梁之间的差异性，增强“结”的形象，具有鲜明的本土化和民俗化语言（图4-44）。

该步行桥共设有3条步行道、5个节点，从梅岭公园横跨支路九、龙王港河、梅溪湖路至银杏公园，全长183.95 m，相对高度20.425 m，由直线形“散步道”和拱形“登山道”多段桥身交叉组成。三条相互交错的路径实现梅岭公园、支路九、梅溪湖路、银杏公园的交通联系，是由枫林路至梅溪湖人行道南北向主通道的重要节点。

该桥由荷兰Next建筑事务所设计，其相互交织而又蜿蜒盘旋的设计灵感源于经典的魔比斯环和中国结。主桥采用异型钢桁架结构，外挂棕红色拉伸穿孔铝板，内置点光源若隐若现，随机变化，神秘而又极富现代感。

1. 图 4-43　芝柏文化中心
2. 图 4-44　长沙梅溪湖桥
3. 图 4-45　广州海印大桥

又如，1988 年建成的广州第四座横跨珠江的桥梁——海印大桥，海印大桥的北端旧时曾有羊城三石的海印石而得名“海印桥”。大桥为双塔单索面斜拉桥，主桥孔径布置为 35 m+85.5 m+175 m+85.5 m+35 m=340 m，全长 1 114 m，桥面设置 6 个车道，宽 35 m，塔高 57.4 m(图 4-45)。

广州别称“羊城”，由五羊传说而得名。汉族民间传说广州府五仙观，五仙人与羊司色，遗穗与广人，仙飞升而去，羊留化为石，广人因即其地祠之。五羊传说表现了古代汉族劳动人民开拓岭南的历史，海印大桥塔顶建筑造型像两只“羊角”，隐喻羊城传说。

上饶市信江是鄱阳湖水系五大河流之一，又名上饶江，古名余水，唐代以流经信州(今上饶)而得名信河，清代称信江。《信江词》是王赓言作的一首五言古诗，介绍上饶信江独特的地理风光，赞美“守诚信，乐知足”的纯朴民风，身为知府，当尽心尽责，使民众得以安居乐业。

信江词

凡水皆东流，此水独西走。
数折入鄱湖，汇泽出湖口。
每当暑雨时，涛起雪山陡。
万壑皆争鸣，声如虎豹吼。
玉带东城南，夹岸多杨柳。
宜雨复宜晴，鱼鸟乐渊薮。

颇怪名信江，潮汐曾未有。
何不名洙泗？道脉发源首。
何不名廉让？风俗移童叟。
或曰非是谓，其义别有取。
此邦人情朴，硁硁多自守。
无信民不立，有信交可久。
然诺重千金，要期无所苟。
肇锡此佳名，千古传不朽。
余本牧民官，循循期善诱。
防民如防川，何敢障以手。
因势而利导，不至虞掣肘。
作此信江词，浮以太白酒。

“涛起雪山”描写了信江在雨季白花花的浪花一波连着一波，波涛汹涌的壮观场景，作者用连拱形式描绘波浪的形态，一座拱肋线型新颖、结构流畅的拱桥屹立在信江之上，我们仿佛能听到“万壑皆争鸣，声如虎豹吼”。

方案名称为“涛起雪山”，主桥为四跨连续下承式异型提篮拱结构，钢梁钢拱，跨径布置为 60 m＋135 m＋135 m＋60 m(图.4-46)。

图 4-46　上饶市旭日大桥“涛起雪山”方案

4.2.2　历史文脉的有机关联

新地域主义对历史文脉的有机关联具有一整套完整、成熟的思想体系，它不仅注重“来龙”，而且解决了“去脉”，使得当代桥梁与历史文脉的联系成为有深度的思考，并结合当下的再创造。从历史文脉中思考当代桥梁的生成条件，这是对桥梁所处的时间和空间的思考，历史文脉既有有形的物质财富，也有无形的非物质财富；既可以是一种文化和生活方式，也可以是一种风貌和习俗，历史文脉的关联使得桥梁建筑深度扎根于地方，成为地方内部的一部分。培育具有当代特征的地方精神是这种有机关联的成果——再创造，地方历史文脉注入活力以后的新生，建立有形的地标、品牌的目的就是要建立无形的新形象、新精神。

1. 从历史文脉中思考当代建筑的生成条件

20 世纪 70 年代以来的新地域主义实践首先是对任何权威性设计原则与风格的反抗，它关注建筑所处的地方文脉和都市生活现状，比后现代主义所提倡的文脉主义要表现得更全面和深刻。后现代建筑师往往是将传统的形式作为符号，从历史中抽取出来用于新建筑中。而新地域主义则是关注那些试图从场地、气候、自然条件以及传统习俗和都市文脉中去思考当代建筑的生成条件与设计原则，使建筑重新获得场所感与归属性。

从行为建筑学的角度出发，从特定城市肌理、聚落环境以及建筑空间构成中，发掘形成这种环境、空间在行为学上的缘由，并以这种特定的行为模式为基点，寻求新的城市与建筑空间形态，使新旧建筑之间、建筑与环境之间达到某种空间意义上的默契。在更高层次上理解地域性建筑，以更贴近生活的姿态发展新型建筑空间。

无论从时间维度还是空间维度研究地方文脉，桥梁都只是其中一个点，然而是一个非同寻常的点，是一个必须谨慎对待和处理的点。因为有时它有着巨大的、傲立群雄的尺度；又常常与人亲密接触，使人们能从它的细节中感受它的亲和力；同时，更为重要的是它具备着不可或缺的功能——供人们交通出行。一定数量的桥梁在城市文脉的浩瀚历史与地域空间中仿佛是星空中一颗颗闪光的星星，在不同的空间叙述着不同的历史。桥梁的形式、文化与艺术就是城市文脉的延续和闪光之处，方案创作就是要创造性地处理这些关系与矛盾。

例如，常州市大仓路-芦墅路跨运河通道，南起勤业路，跨过京杭大运河及关河，北至关河西路，全长约 1.4 km。京杭大运河是世界上开凿最早、里程最长、工程最大的运河。本项目位于修建地段的核心区域，依据《常州市老西门历史地段修建性详细规划》，西仓桥、三堡街片区主要为漕运文化、商埠文化和市肆文化集聚地(图 4-47)。

本通道区域运河两岸有较多城市初期发展遗迹：三堡街、普济街、石龙嘴、沈氏宗祠、夏家大院等。其中西直街 506 号唐宅和西直街 500—24 里弄圆井两处三普资源点在本项目红

图 4-47　古运河两岸建筑风貌效果图

线范围内。作者希望通过古运河历史风貌区中心河段的桥梁，构思的方案既不类似廊桥，也不因现代大尺度的桥梁构件而完全割裂运河两岸与上下游风貌区的整体性和完整性，能较好地解决景观融合性和人行舒适性问题。更进一步的设想是：这座桥梁具有设计思想、设计手法和效果的唯一性、原创性，在保护区具有使游人流连忘返的魅力。这些构思理念与阮仪三教授对风貌保护区的规划修复要求及对这座跨运河的桥的期许是完全契合的。

桥梁方案采用了与通常桥梁不一样的结构形式与桥面人行道的布置方法，人行道不是布置在桥梁梁体顶面，与车行道在同一平面。而是在箱梁底板设置挑臂作为人行通道，通过设置悬臂长度不一的挑檐，近桥墩处增加人行道宽度，形成观景平台的功能，勾勒出建筑亭与廊的形与意。这种形式的人行道布置方式，在桥梁四周任何视角，都隐去了庞大而笨重的、满足车行桥梁需要的高达 2 m 多的桥梁上部梁体，取而代之的是运河上一道宜人的人行观景走廊。本方案使桥梁外观既不成为仿古的建筑，又具有古建筑的意味、韵律及尺度，是一种写意的修辞，使桥梁人行通道仿佛是水上人家的屋檐，这一道“水上人家的屋檐”既满足和方便了运河两岸行人通道的功能，又在空间上和时间上将风貌区的两岸建筑凝聚成一个整体。通过城市文脉的分析梳理，实现了现代桥梁与古运河两岸保护区建筑在空间上紧密联通的同时，在风格及形式上既有融合度又有差异性，延续了“现代与历史共生共存、和谐发展”的城市文脉(图 4-48)。

图 4-48　常州市大仓路-芦墅路跨运河桥梁(2019)

上海龙华港桥(2010 年)毗邻龙华古刹，横卧黄浦江畔，独特的地理位置注定了龙华港桥的不同凡响和别具一格：相传龙华港桥所在地——龙华港是黄浦江的龙头。坊间流传着“龙华十八湾”的传说：龙星转世为男童在龙华港入水化身为龙，向东游去，因听到母亲的呼声而回望十八次，黄浦江也因此生成了十八湾。其中最宽阔的一湾就是龙华港，又叫“长十八”，大船可以在这里掉头。

龙华港桥的外观设计正是从这一古老传说中汲取灵感，以“龙之脊”为原型，将区域的人文底蕴集合抽象化，以现代艺术的形式来呈现。白色桥身结构造型大气通透、轻盈美观，宛如一条长龙的脊背横卧于龙华港上方，继续诉说着那个古老的传说(图 4-49)。

龙华港桥全长 345 m，其中主桥长 165 m＝2×82.5 m。主桥为两跨变截面连续钢结构，并采用全焊接板桁结合形式。结构立面的变化根据景观线型的要求设计，自中间向两侧按曲线过渡，使桥墩和梁形成有机整体。

桥梁采用双层桥形式，做到人车分流。上层桥面为双向四车道并预留有轨电车道；下层桥面为人行和非机动车通道。下层桥身两侧设有规则几何形开孔，模拟“脊梁”形态，不仅方便观赏江景，更营造出桥体通透、轻盈的效果，与南岸耸立的海事塔形成纵横对比，为游客提供了一个明亮、舒适的休闲空间，也成为滨江地区的标志(图4-50)。

图4-49 上海龙华港桥夜景

图4-50 上海龙华港桥桁架侧面

2. 培育具有当代特征的地方精神

20世纪70年代末，挪威建筑理论家C.诺伯格·舒尔兹以现象学的观念构筑的“场所”理论。80年代，K.弗兰普顿教授发表的论述“批判的地域主义”等，都为理解新地域主义的美学倾向提供了认识上的理论指导。K.弗兰普顿总结了“批判的地域主义”倾向的7个特征，其中一个就是反对感情用事地模仿乡土建筑，而是要寻找乡土建筑的转移方式，要在世界文化的背景中培育具有当代特征的地方精神。当一定的外来影响作用于文化和文明时，一切取决于原有扎根的文化在吸收这种影响的同时，对自身传统进行再创造的能力。批判的地域主义概念所强调的就是这种“再创造的能力”。

广义地说，地方文脉是关于地方历史、文化、成就、人物，甚至包括空间在内的所有物质和精神层面的引以为傲的财富总称，桥梁与地方文脉的有机关联性也有着丰富多彩的形式、内涵及其表现技巧，同样，这种再创造具有了广泛的原材料资源。

正如卡拉特拉瓦在爱尔兰首都都柏林设计以爱尔兰著名作家塞缪尔·贝克特(Samuel Beckett，1906—1989年)名字命名的大桥(图4-51)时说：“像塞缪尔这样一位能为历史城市的蓝图做出贡献的艺术家是很少见的。我很荣幸能为都柏林设计两座标志性的桥梁。在设计詹姆斯·乔伊斯桥(图4-52)时，我与都柏林市民结下了深厚的情感，希望第二座桥能进一步加强我们之间的联系。我衷心希望塞缪尔·贝克特桥能成为代表都柏林过去和呈现其未来的一座纪念碑。”塞缪尔·贝克特，活跃于20世纪的爱尔兰著名作家，创作的领域包括戏剧、小说和诗歌，尤以戏剧成就最高。1969年，他因“以一种新的小说与戏剧的形式，以崇高的艺术表现人类的苦恼”而获得诺贝尔文学奖。詹姆斯·乔伊斯(James Joyce，1882—1941年)，爱尔兰作家、诗人，20世纪最伟大的作家之一，后现代文学的奠基者之一，其作品及“意识流”思想对世界文坛影响巨大。

2020年，江西省永新县举办永新古城文星桥国际设计竞赛评审会，来自英国伦敦DKFS建筑事务所的作品《永新之珍》成为设计竞赛冠军作品。永新是一座蕴含着“人文浓、历史红、生态美”独特基因的千年古城，拥有保存完好的明、清时期的大量建筑，以及延续至今的古城山水格局。在永新禾水河上，古时就存在一道“文星浮桥”，连通南北两岸。如今，在文星浮桥原址新建一座文星桥，旨在尊重历史文脉前提下进行现代演绎，打造沟通“山、水、城”的重要纽带，以此唤醒古城记忆，再现古城活力。

1 | 2
3
4

1. 图 4-51　爱尔兰塞缪尔·贝克特桥
2. 图 4-52　爱尔兰詹姆斯·乔伊斯桥
3. 图 4-53　江西省永新古城文星桥冠军作品外观
4. 图 4-54　江西省永新古城文星桥冠军作品桥面

竞赛以“BRIDGE-COMPLEX 桥综合体”为主题，超脱于常规的交通与观光的“桥”功能，力求多种可能性与落地性的“桥”设计，并且将“楼”作为重要节点融合其中，联动两岸的空间与生活。

冠军作品《永新之珍》方案设计围绕如何将新兴与现代的文化注入永新老城的概念而展开，意在将桥作为古今文化的载体，鼓励市民在使用城市枢纽的同时，领略永新浓厚的历史积淀。将新文星桥打造成永新禾水河上令人驻足的一座城市地标，以其优雅得体的设计吸引中外来客，体验永新之珍(图 4-53)。在新文星桥的设计中，着笔强调文星桥与禾水河两岸、永新老城以及远山的关系。希望通过巧妙运用建筑逻辑，将文星桥、禾水河畔子珍花园、临江楼以及新湘赣码头贯通为一体，打造成永新现代生活的标志，禾水河上的又一颗明珠(图 4-54)。

4.2.3 古典艺术传承与革新

作为对千篇一律的、无时空性的桥梁结构的反感，新古典主义注重古典元素、符号与现代技术的融合，采用装饰和革新的方法，让新建桥梁兼具典雅性和现代性。它既不是盲目的仿古和仿造，也不是烦琐的古典装饰，为一些特定的桥梁类型在当代桥梁美学大家族中赢得好口碑。

1. 新古典主义关注古典元素和符号及其与现代技术的融合

进入 20 世纪以来，随着新材料、新工艺、新技术的不断发展及新时代建筑美学理念的不断革新，现代建筑逐渐摒弃了古典建筑外表的浮夸装饰，而是强调自然地表现新材料本身的质感，同时也更加注重结构与造型的表现力，于是古典主义建筑逐渐在新时代中退出了历史的潮流。

然而，随着现代建筑初期发展过程中一些弊端逐渐显现，建筑形式逐渐趋于单调无趣，建筑亦变得冰冷而乏味，人们开始重新对现代建筑如何发展进行反思。从 20 世纪 50—60 年代起，在西方建筑界，一些有远见的建筑师开始了以反抗现代主义新传统为标的、后来被称为新古典主义的严肃的探索。它更多地被用来描述一种乐于吸收各种历史建筑元素并运用讽喻手法的折中风格，因此，也有称其为后现代主义、后现代古典主义。

一般把新古典主义建筑产生的大致时期定在 20 世纪 50—60 年代初。因为在这一阶段出现了几个重要的作品，比如爱德华・D.斯东的新德里美国大使馆(United States embassy New Dehli，1954 年)和布鲁塞尔博览会美国馆(1958 年)，菲利普・约翰逊的阿蒙・卡特西方艺术博物馆(Amon Karter Museum of West Art，1961 年)和内布拉斯加州大学谢尔顿艺术纪念馆(Sheldon Memorial Art Gallery，1958—1966 年)等(图 4-55、图 4-56)。这些作品虽然风格各异，但有一点是共同的：它们都突破了现代主义几何学定式，以浓厚的怀旧感情和大胆的革新精神对古典语汇做了新的阐释。

新古典主义寻求的是一种现代建筑的历史纵深感，探求建筑的历史连续性，因此在这些建筑身上总是可以投射出古典式的浪漫与和谐。在这里，比例、节奏等古典理论不是束缚建筑自由度的框架，而是建筑与场所、建筑与人们对话交流的一种语言，抑或是一种修辞手法。借助这一手法，建筑既表现出一种现代式的轻盈自由，同时又传达出对古典历史的怀念与回响。

图 4-55　新德里美国大使馆(1961 年)

图 4-56　内布拉斯加州大学谢尔顿艺术纪念馆(1966 年)

建筑师斯特恩曾将某些后现代建筑的特征总结为“文脉主义”“引喻主义”“装饰主义”,他们的实践呈现出的基本的共同特征:首先是回归历史,喜用古典建筑元素;其次是追求隐喻的设计手法,以广泛使用各种符号和装饰手段来强调建筑形式的含义及象征作用;再次就是走向大众与通俗文化,戏谑地使用古典元素,如商业环境中的现成品、卡通形象以及儿童喜爱的鲜亮色彩可以一并出现在建筑中;最终,后现代主义的开放性使其并不排斥似乎也将成为历史的现代建筑。

2. 古典元素给桥梁带来历史文脉和装饰美学

新古典主义建筑大体上可以分为两种类型,一种是抽象的古典主义,一种是具象的或折中的古典主义。抽象的古典主义以简化的方法,或者说用写意的方法,把抽象出来的古典建筑元素或符号巧妙地融入建筑中,使古典的雅致和现代的简洁得到完美的体现。

具象的古典主义既不是考据式的教条古典主义,也不是雅马萨奇式的写意古典主义。在这类建筑中,建筑师可以充分表现自己浓厚的古典文化情趣和深厚的古典建筑功力,换句话说,可以采用地道的古典建筑细部,但绝不是停留于亦步亦趋的模仿和抄袭。取精用弘,博采众长,色彩艳丽,装饰性强,是这类建筑的主要特点。

具象式古典主义与抽象古典主义的写意性不同,它具有工笔画的特点,比抽象古典主义更细致、更精美、更富丽、更庄重、更富有历史感。虽然相对于抽象古典主义来说,具象古典主义更尊重它所模仿或隐喻的古典原型,但它们在采用古典细部时,一般都比较随意,而且可以在一幢建筑中引用多种历史风格。所以,同样的具象古典主义,文丘里多采用杂凑式,斯特恩多采用夸张与扭曲式,摩尔与波菲尔则采用细致、隆重的纪念式。

相对于抽象古典主义,具象古典主义可采用的元素更多、范围更广,桥梁和建筑的符号、图像、节点、装饰似乎都可采用,但是用什么？怎么用？用在哪里？这些问题的处理是考验设计者艺术功底的。因为具象的符号更直观、更具视觉效力,用得好、用得巧,能起到画龙点睛的作用;反之,则不能达到想要的效果,甚至弄巧成拙。如上海恒丰路桥(1987 年)与徐浦大桥(1997 年)在塔顶上均采用建筑上屋檐的符号(图 4-57、图 4-58),由于屋檐在建筑平面上有一定长度和规模,而且具有屋檐的建筑一般也不是塔式高层建筑,大多是多层或小高层建筑，桥塔结构是细而高的柱式建筑物，塔顶“屋檐”符号演变为“帽子”，显然未能达到设计者的理想效果。采用建筑上柱式构造符号似乎更契合桥塔结构。

文莱淡布隆大桥(Brunei Temburong Bridge，2019 年)全线长 27 km，跨越文莱湾，是连接文莱穆阿拉区和淡布隆区的海上大通道。全桥跨越两个通航道，因此需要两座斜拉桥——文莱海峡大桥(145 m 主跨度)和东方海峡大桥(260 m 主跨度)。两处航道桥的桥塔将经典的伊斯兰建筑与 A 形桥塔的结构相结合，但显然复杂的几何形状通过直线和曲线在结构上得到解决(图 4-59、图 4-60)。

1. 图 4-57　上海恒丰路桥　　2. 图 4-58　上海徐浦大桥
3. 图 4-59　伊斯兰建筑元素　　4. 图 4-60　淡布隆大桥

淡布隆大桥的设计师们展示了创造力，并在大规模的工程中部署了创新的结构解决方案。设计者使用了伊斯兰建筑元素，大桥吸收了该地区伊斯兰建筑的影响效果，独特的塔形成为这组桥梁的一个亮点。

王峰山长江大桥桥塔也采用了地方建筑元素与符号(图 4-61)。

重庆寸滩长江大桥将巴渝文化与建筑结构融为一体。传统的巴渝建筑，是中国传统建筑的重要流派和分支。其穿斗抬梁、溜脊悬檐、退坡筑台、靠崖吊脚的建筑风貌特色，无不彰显了巴渝的文脉精魂。“一条石板路，千年磁器口”，磁器口古镇作为重庆古城的缩影和象征，街口的门楼则彰显了典型的巴渝建筑风格。

图 4-61　五峰山长江大桥桥塔

图 4-62　重庆寸滩长江大桥桥塔

寸滩长江大桥位于重庆市中心城区，是重庆机场专用快速路跨越长江的关键通道。该地锚式悬索桥主桥主跨 880 m。为使桥塔上下比例协调，突出桥塔的景观造型效果，将桥面以上塔高适度增大，主缆矢跨比采用 1/8.8，矢高 100 m。

寸滩长江大桥主塔造型萃取了巴渝经典门楼建筑元素，具有浓烈的传统人文含义与特征。大桥上横梁与中横梁之间镶嵌一个大大的“中国结”，寓意和谐团圆，其造型中隐含有篆体“巴”字图案，含蓄地表达了向“巴文化”致敬；桥塔设置多道横梁，塔柱与横梁穿插交织，象征着巴山渝水的文化交融，亦能凸显巴渝建筑的特色，更能使观桥者产生丰富的立体视觉感受。横梁飞檐翘角、错落有致的古风清韵，给人一种大气磅礴的气势与序列美感。主塔与主缆采用“中国红”色彩通体涂装，营造了鲜明的城市桥梁形象。塔身若干部位设有描金祥云图案，给桥梁带来一种云中仙境的视觉感受。横梁处“中国结”造型的下方装饰有金色的麦穗图案，令塔顶造型更加丰富细腻(图 4-62)。

4.3　创造自然化形态，人性化功能

形态和功能是桥梁方案重要的两个方面，桥梁的功能是供行人和车辆的通行，桥梁结构的功能是承受各种荷载，桥梁结构的形态决定了桥梁的形态，这样，桥梁结构在功能和形态之间建立了严密的联系，无论我们关注功能还是关注形态，最终根本都在于结构。

新理性主义抛开任何有关功能主义的浅薄幻想，使建筑回到建筑秩序的另一种形式，从生活中寻找各种形态和形态关系，并把结构作为形态的根本，认为功能适配形式，为构建功能与形式之间的优化和互动关系建立了理论的通道。

有机主义崇尚自然、关注自然，向自然界学习，构建人和自然的和谐关系。模拟自然界

生命体的有机形态及其机体组织，并从关爱人们居住环境出发，保护建立有序发展的生态系统。

4.3.1　功能与形式的理性关系

跳出功能与形式二元论，片面的功能决定形式论，狭隘的形式视野带来的弊端和危害都是极大的。当代桥梁美学具有广泛的形式观，新形式源于新功能，形式源于结构功能、形式源于使用功能、形式源于隐喻功能。开辟广泛的形式视野，广泛的形式来源于广泛的功能，广泛的形式需要经过严苛的美观审视，广泛的形式为我们获得满意的方案成为可能。

形式源于隐喻功能在其他有关有机主义、地域主义章节中讲解，这里主要就形式源于结构功能、形式源于使用功能展开。

新理性主义把结构视为建筑的根本，提出了形态学是生命以及使功能适配形式，形成了新理性主义理论的逻辑论证闭环。

对于桥梁来说，结构受力是一种结构功能，各种用途是另一种使用功能，而其形式就是结构本身，因此，就有了结构是功能，结构又是形式，功能和形式合二为一，即所谓功能和形式一体论。

1. 形态学是生命

阿尔多・罗西(Aldo Rossi)是意大利新理性主义理论的主要创立者之一，罗西认为，新理性主义的使命，就是要抛开任何有关功能主义的浅薄幻想，使建筑回到建筑秩序的另一种形式，从而寻找一种形态学关系。罗西在他 1966 年出版的《城市建筑学》一书中明确提出，建筑实际上是一座小城市，城市则是一座大建筑，建筑的类型决定着城市的形态结构，城市的形态结构受制于建筑的类型，因此，必须建立一套建筑类型学。

类型学是罗西新理性主义理论的核心，要弄清楚罗西的类型学，首先必须了解罗西的形态学定义。他说，形态学是生命，即由人类在其漫长的生活与艺术实践中，历史地、约定俗成地确定下来的各种形态和形态关系。在罗西看来，只有当建筑同那些在历史上被赋予特定意义的元素或形态学发生关系时，这种建筑才有可能是建筑，否则就不是建筑。罗西的类型学一方面以“模型—类型—模型”的循环变异手法进行选择和抽取最简形式，同时也是对最具典型性的人类情感和心理的一种发掘。

可以清楚地看出，在新理性主义那里，形态学是生命，因为形态是鲜活的、有情感的，对于建筑来说就像人的生命一样，是极其重要的。其中，核心是形态和形态的关系，以及由此而来的人类情感。

对于桥梁来说，结构是功能，结构也是形式，一直以来，桥梁工程师进行结构设计，也就完成了形式创造。但是，当人们不再满足于这种从结构到形式的两点一线式的、单调乏味的形式时，开始了寻求形式之路。新理性主义的形态学指出了一条寻找形态的道路，因为它的理性主义，符合桥梁工程师的技术思维和逻辑，桥梁工程师乐于接受。

例如，衢州书院大桥工程西起接亭川东路(九华北大道)，跨越衢江后与东岸书院西路相连，道路等级为城市次干道，道路红线宽 29 m，路线全长约 1.1km。浙江衢州市有 1800 年的历史，最早始建于 479—502 年的 8 座古舍书院，更是彰显衢州重学尚学的人文历史特色。大桥位于书院西路跨越 320 m 宽的衢江，东侧是衢州学院、衢州中学和幼儿园等学校，在城市规划中这片区域作为教育文化组团。在这样一个特殊的城市和桥位环境中构思桥梁方案，很多人会想到书的原型和意象，这是桥位环境所谓的形态关系所致的建筑形态，也是寄托设计者对大桥情感和记忆的原型和意象。但是书的形态很多，古代的竹简、书法、纸质的书本等(图 4-63)，我们采用什么原型及其形态作为桥梁方案的模型呢？

图 4-63　竹简和书画的各种原型和意象

沈阳动漫桥(2013 年)为跨越浑河的一座大桥，工程位于浑河城市段上游，鸟岛东侧，浑河动漫桥所在的道路是沈阳市东陵动漫产业园道路网规划中的一条贯穿南北的城市干道，北连沈棋路，南接沈抚 2 号线，是产业园南北联系的枢纽。大桥桥位处浑河水面宽约 680 m，桥轴线与河道中心线基本正交，视野宽阔，两岸树木丛生，伴随着北岸丛林中欧式别墅，风光恬静、优美；南岸是沈阳国际动漫城，园区以动漫为主体，具有研发、生产、商务、会展、休闲娱乐、文化旅游等辅助功能。

构思大桥方案时，希望桥梁结构简洁、流畅，一气呵成，使桥梁结构不破坏北岸别墅区的静谧和悠远，同时与南岸的动漫产业园遥相呼应。桥梁方案应达到既能体现静的悠闲、动的活泼，又使二者在整体环境中和谐共生。

考虑到桥位处宽阔的河道环境，主桥应具有适宜的体量尺度，在主桥长度布置上，以黄金分割作为主桥覆盖水面范围的控制条件，在高度上，对平坦地貌无天际线的空间做了必要的补充，构筑物宜突出桥面，但不宜过高，以获得三维空间上的构图平衡。

以多跨中承式连拱方案作为本项目的桥型结构，以舞动的飘带为设计主题，从跨径组合、矢跨比配置、结构体系及景观融合度等多方面进行分析、比选，确定采用无横向风撑的 6 跨中承式连拱体系。

6 跨连拱高低错落布置，线条流畅、结构简洁，传力路径明确。大桥整体造型似飘带轻盈飘逸，临水而动，动感十足，与动漫产业园的规划理念一脉相承。举头遥望，起伏的拱肋，动感的线条，宽阔的水面，自然、人文风光合二为一，让人心旷神怡(图 4-64—图 4-66)。

2. 把结构视为建筑的根本

建筑中的理性主义同哲学中的理性主义一样，有着悠久的历史。为了区别，当代理性主义被称为新理性主义。塞扎 · 戴利在给理性主义定义时说：“理性主义是所有法国哥特主义者、古典主义者和折中主义者所普遍具有的信念。”执这种信念者认为，建筑是装饰的或被装饰的结构物。柯林斯认为理性主义的“最佳定义”是“相信建筑形式本质上就是结构形式，而不论最后怎样精细加工和装扮这些基本的结构形式”。

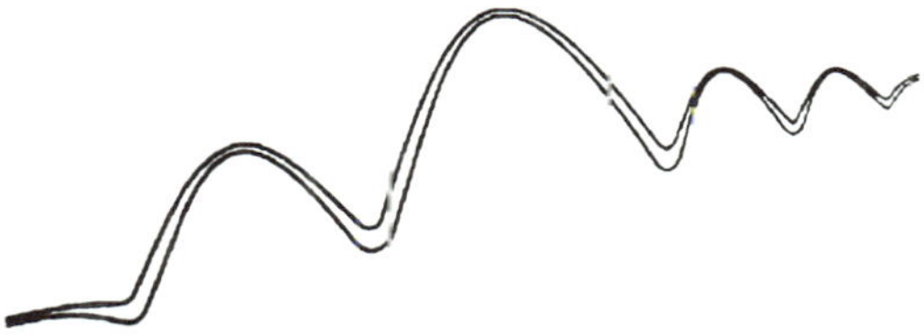

1. 图 4-64　飘带飘舞的瞬间
2. 图 4-65　特殊布置的连拱拱肋
3. 图 4-66　沈阳动漫桥(现名汽博桥)

理性主义总是把结构视为建筑的根本,因此,尊重建筑物构造的完美,寻找建筑与科学的结合点,创造有序的、合乎结构逻辑和规律的人为空间,一直是古往今来理性主义建筑师追求的目标。

新理性主义认为建筑形式本质上就是结构形式的理念应用于桥梁,不管形式来源于哪里,也不管是什么形式,最后都必须归于技术合理的桥型结构。当然,这个结构不一定是教科书里的、现存的、别人做过的结构,有时需要是再创造的结构。

西班牙的阿拉米罗大桥,其天鹅造型由一种创新的无背索斜拉桥结构实现其建筑形态。英国贝德福德蝴蝶拱桥,是一只张开翅膀飞翔的蝴蝶造型,采用外倾拱肋的拱桥结构实现其建筑形态。美国迈阿密"喷泉"大桥,其喷泉造型通过一系列由桥中心向纵、横方向跨越桥面的 6 根高矢跨比拱肋结构实现其建筑形态,喷泉的形态也类似于"航空公司地图",往返于迈阿密市中心的空中飞行路线。

以书院大桥为例,其桥墩构思方案来源于书的原型和意象。书的形态有很多,包括古代的竹简、书法、纸质书等,但所有形态都必须依靠桥梁结构来实现。作者采用翻开的书形态构成了两个 V 形桥墩作为桥梁上部梁体的支承结构,虽然将书的形态原型和桥梁结构建立了满意的联系,但是,作者仍感方案不够鲜明和有特色。经过多次修改将书本形态在横桥向出桥面功能宽度,使之形态更鲜明、更突出。

翻开的书本造型一方面和城市历史文化、桥位城市环境形成了有机联系,成为不可分割的一部分,另一方面也表达了寄予桥梁周边莘莘学子"学海无涯苦作舟、书山有路勤为径”，勤奋学习、奋发有为的情感(图 4-67、图 4-68)。

太原火炬桥(现名祥云桥，2010 年)位于火炬街跨越汾河，其索塔造型构思来源于火炬造型，初期构思了抽象的、写意的火炬造型，作为斜拉桥索塔还能够承受拉索索力的作用。设计师将火炬的造型取其意并简化如图 4-69 所示。通过与桥梁结构工程师的反复沟通，最后确定：将 3 根钢结构塔柱空间略微弯曲(而不是扭转)向塔顶集中并交织一起，中塔柱立于桥面分隔带，两侧的两根边塔柱立于桥梁外侧，主跨侧斜拉索为双索面，分别锚固在两侧边塔柱上，边跨为单索面，锚固在中塔柱上，如图 4-70 所示，3 根塔柱通过水平连接的撑杆和拉杆平衡拉索水平分力。经过这样处理后，使得索塔造型和受力都取得了满意的结果。

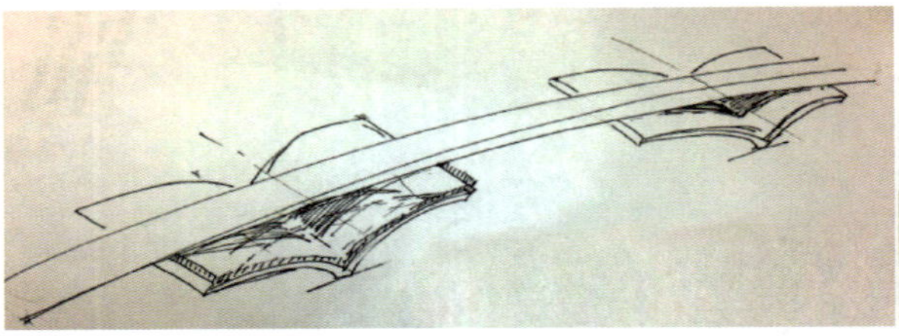

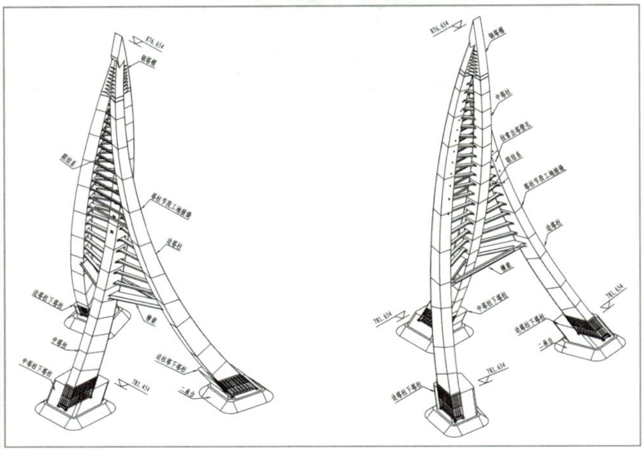

| 1 | 2 |
| 3 | 4 |

1. 图 4-67　翻开的书作为桥墩支承桥梁
2. 图 4-68　书院大桥 V 形桥墩
3. 图 4-69　火炬桥索塔火炬造型构思草图
4. 图 4-70　火炬桥索塔火炬造型结构设计

索塔火炬造型由 3 根弯曲的钢结构塔柱、水平连接杆和斜拉索共同构成了一个受力稳定、柔中带刚的标志性索塔结构，充分表现出结构的美和力学的美。通过火炬街进入美丽的太原市区。

3. 功能适配形式

罗西的新理性主义理论中，很明显地包含着一种非功能主义的美学倾向。他在《城市建筑学》中明确指出，在时间的演进过程中，功能主义标榜的“形式追随功能”，应该彻底颠倒过来，使功能适配形式。很明显，罗西想从理论上动摇功能主义的美学根基。而在设计中，罗西惯用的那种从记忆中和人类原型中抽取和寻找建筑意象、形式的方法，明确地表现了他的非功能主义美学思想。必须指出的是,所谓非功能主义,绝非是说罗西极端地不要功能,而是在功能与形式之间,更乐于把形式摆在第一位,而把功能摆在第二位。

对于桥梁来说,功能主要包括结构功能、使用功能,使功能适配形式,似乎与前述视结构为建筑的根本,任何形式都归于结构存在着矛盾,其实是一种逻辑的自恰和闭环。赋予以功能的形式才是有意义的,是理性的形式。

书院大桥方案的结构形式与桥梁的文化寓意产生了有机统一,并且通过超出桥面功能宽度两侧各 6 m 的宽度,使"翻开的书本"形态一目了然。但是,"翻开的书本"超出桥面 6 m 的宽度如果仅仅是为了造型需要,总有些许不圆满。使功能适配形式,把"翻开的书本"形式思考布局成一个对桥梁有意义的功能——观光平台,通过玻璃弧形的人行通道,将桥面人行道连接到"翻开的书本"顶面上,并且在"翻开的书本"上镌刻论语金句和衢州古地图,这个观光平台不仅供人们休闲观景,还可以在此了解城市历史文化。桥梁的人行通道使桥梁的各个部分得到充分地沟通,体现了功能、空间和寓意的有机整体性(图 4-71、图 4-72)。

法国克洛莫桥(Clos-Mcreau Bridge,2005 年)为双铰公路斜腿刚构桥,主跨跨度 85 m,米歇尔·维洛热担任独立审核。本桥在斜腿与箱梁悬臂交界部位开设行人上桥的入口,河两岸的行人可以通过设置在斜腿上的人行梯道到桥面,再在桥面上通过,到对岸的斜腿顶部桥面入口位置下到河对岸。桥梁设计充分利用结构形式设计,使用功能方便行人通行(图 4-73)。

1. 图 4-71　书院大桥 V 形桥墩顶面镌刻论语金句
2. 图 4-72　衢州书院大桥局部
3. 图 4-73　法国克洛莫桥

4.3.2 有机性表现的审美理念

前文所述新现代主义也具有有机主义美学思想，包括对建筑与自然融合的重视和对建筑造型的有机意蕴（或者生命意蕴）的开掘，这里主要介绍有机主义美学关于有机性表现的审美理念。

1. 有机主义推崇自然形态

前文阐述了有机主义注重与自然的有机组织关系，这里重点叙述有机主义注重建筑中的“有机性”，主要表现为对几何的厌恶和对自然形体的推崇。真正做到通过有机造型手法，既否定现代主义设计理性，又充分表现有机主义美学生命力的，其代表是斯特林、巴克斯特・富勒和西萨・佩里等人的设计。巴克斯特・富勒的蒙特利尔世博会美国主题馆（1967 年）（图 4-74），西萨・佩里的太平洋中心（1968 年），在艺术理想与建筑现实之间、在功能与美学之间，找到了准确的契合点。从形态构成上说是有机的，从空间结构上说是充分建筑化的，从审美效果上说是极具艺术表现力和感染力的。

这里没有任何为拟态而拟态、为隐喻而隐喻的强制性句法，也没有任何牵强附会。你完全可以漠视蕴含在建筑中的这种拟态或隐喻性，因为它们的艺术表现力和艺术感染力并不仅仅因为这些隐喻而存在。若有似无，似是而非，不期然而然，这才是最纯正、最自然、最具表现力的建筑隐喻的本性。朗香教堂是如此，悉尼歌剧院是如此，斯特林、巴克斯特・富勒、西萨・佩里也是如此。

弗兰克・劳埃德・赖特所称的“有机建筑”（Organic Architecture）是一种由内而外的整体性组织，总体与各个局部之间存在着有机的必然联系，像自然界生长的植物、生命体一般。有机建筑与有机主义建筑美学是现代建筑运动中另一种建筑创作潮流，有机主义建筑美学一方面给城市桥梁带来了更自然化的形态，另一方面给城市带来了更生态化的自然的人居环境。

古根海姆美术馆（The Guggenheim Museum，1941—1959 年）坐落在纽约第五大道，主楼是一个上大下小的白色钢筋混凝土螺旋形建筑，内部中央是一个带玻璃圆顶的圆筒形共享空间，周围有螺旋形坡道盘旋而上并逐渐放宽。美术作品沿坡道陈列，观众循着坡道边走边看，参观过程不因上下交通而中断。采光靠大厅上面的玻璃圆顶和沿坡道外墙的条形高窗实现。博物馆的办公部分也是以圆形为主，同展览部分并排摆放在一个基座似的形体上。

图 4-74　蒙特利尔世博会美国主题馆

图 4-75　古根海姆美术馆

古根海姆美术馆也是赖特在纽约设计的唯一建筑，从外观看，它的体形显得极为奇异，充满了流动、不对称、自由不拘的特点。其下小上大的螺旋形造型，其实与纽约的市容很不协调，但这恐怕也就是它的特点：标新立异，与众不同，建筑与古根海姆本人所收藏的现代艺术品一样，抽象、前卫。它唤起了人们对建筑内部空间精神感染力的重新重视，使赖特表现成为一个超越时代的预言者(图 4-75)。

卡拉特拉瓦是一位善于从大自然和生物体中寻找设计灵感的建筑师。他不仅善于从生物外部形态中获取建筑的形式表现灵感，也善于从生物的内部结构形式和运动方式中寻找一种最能体现生命规律和自然法则的结构方法。法国里昂塞特拉斯火车站(Lyon-Satolas, 1989—1994 年)是他的代表作之一。从建筑意象上说，它与埃罗・沙里宁德纽约环球航空公司候机楼颇有类似之处，因为它也呈一个展翅飞翔的大鸟的形状，包含了设计者对火车行驶速度的某种期望。然而，卡拉特拉瓦在多视点设计方面，在结构创意上，在细部的处理上，在灯光设计上，有许多独到之处。尤其是它的夜景设计，可以说是美轮美奂，异彩纷呈，伫立在这座建筑前，仿佛进入了仙境或童话世界。它是充分艺术化的，可是你在这里找不到任何与空间和结构无关的多余的装饰。和奈尔维(意大利建筑师)一样，卡拉特拉瓦也是学结构出身，他之所以能够如此巧妙地处理结构与形式、功能与美学的关系，与他的这种经历和知识背景显然大有关系。

2. 桥梁的有机性形态美学

各类生物、植物在自然界生生不息、繁衍生长，形态各异的动植物生命体是自然界生动活泼的主角。我们在赞美大自然、享受大自然的同时，也研究大自然、学习大自然，保护大自然，让桥梁也像大自然的生命体那样，多样、生动、和谐、生机盎然。

自然界里很多动植物给桥梁方案创作以灵感和启迪，它们优美的形态、有机的组织以及精神的、美好的象征等从外形和内涵都是桥梁有机性形态美学的组成部分。

卡拉特拉瓦还设计了不少灵感来自大自然生命体及其运动瞬间的形态的桥梁，如大家熟知的西班牙阿拉米罗桥(图 4-76)，主梁断面寓意模仿与当地文化传统契合的公牛头型，整体立面效果象征飞翔的天鹅。

英国贝德福德蝴蝶拱桥(Bedford Butterfly Bridge, 1977 年)，是一座位于贝德福德乌斯河上的步行桥(图 4-77)，该作品是 1995 年设计竞赛的胜出者，建设者希望新桥能促进河流周边的复兴并且成为城镇的地标。桥跨度 32 m，两个钢质的拱弧像蝴蝶翅膀一样倾斜着，行人走在桥上会有空间围合的感觉，同时又向天空开敞。本桥为一年一度的贝德福德赛舟会提供了一个很受欢迎的观众看台和非正式的主席台活动场所。

北京城市副中心运河商务区内的北关大道跨北运河桥(2017 年)，全长约 360 m，其中主桥长 213 m，宽 39.6～61.6 m。主桥为上承式双曲钢结构连拱桥，设计理念为“千荷泻露”造型(图 4-78)。

作为连接西岸众多遗址古迹的旖旎水乡和东岸现代都市的纽带，“千荷泻露”营造了水乡的文化意境，增强了生态感受。人行步道与观景平台设置为三层。上层的挑檐为下层游人提供了遮阳、避雨的功能，与之配合的一体化座椅从桥体中适时伸出，供游人休憩观景。平台边缘向上微微卷起，配合定制的护栏，充分保证游人的安全。桥梁最下端设置的“凝露台”为游人创造了妙趣横生的亲水体验。

1 | 2
3 | 4

1. 图 4-76　西班牙阿拉米罗桥
2. 图 4-77　英国贝德福德蝴蝶拱桥
3. 图 4-78　北京北关大道跨北运河桥
4. 图 4-79　迈阿密喷泉大桥

迈阿密喷泉大桥(2018 年),灵感来自迈阿密作为美洲中心的世界知名地位,迈阿密的发展和增长受到美国、加勒比海以及中南美洲各地区的影响。1930 年,泛美航空公司将迈阿密作为其全球总部,其终端设在当前的市政厅,并提供了初步的联系,为迈阿密的海滨带来了所有美洲的潜力。喷泉的设计象征着这些影响,类似于“航空公司地图”,描绘了往返于迈阿密市中心的弯曲旅行路径(图 4-79)。

喷泉恰被当地命名为迈阿密与几千年前与 Tequesta 印第安人开始的水的连接,并持续到今天,数以千万计的游客使迈阿密成为阳光、海滩、游轮、充满活力的休闲目的地。该桥的设计采用了来自该地区热带和城市环境的背景隐喻。

“喷泉”结构的高度恰好可以实现了由南向北、从高层建筑到表演艺术中心、从高到低的过渡。围绕广场上由喷泉大桥创造的公共聚集空间,并从多个视点创建景观视觉中心,更加突出了喷泉大桥的位置。

4.3.3　自然化生态化审美

有机主义崇拜自然,也关注和保护自然,其内容不仅包括形态上的有机主义,还包括理念上的生态主义,即生态建筑。

源于审美倾向的有机主义者担当起保护自然生态的历史责任,在保护自然环境的同时,也关注我们生活的城乡环境的生态。不仅表现在正确处理建筑物与环境的关系上和建筑物的自然形态上,还表现在构建营造我们赖以生存的居住环境的生态系统上。

1. 生态建筑

如果说赖特的“有机建筑”提出了人类社会与自然界和谐发展的自然观与建筑审美的

话,那么,生态建筑则初步形成了实现人与自然和谐发展的科学观与实践准则。生态建筑(arcology)是 20 世纪中叶出现的一种意在限制人类的掠夺性开发,以一种顺应自然的友善态度和展望未来的超越精神,合理地协调建筑与人、建筑与生物以及建筑与自然环境的关系的建筑。生态建筑一般包括绿色建筑、自然节能建筑和科技节能建筑。

1995 年,阿巴斯(Ambasz)在日本福冈市(Fukuoka)设计完成了一座集会议、住宅、办公为一体的国际大厦(Acros Fukuoka-Prefectural International Hall),无论从建筑造型、建筑体块组合,还是绿地的规划上,这都是他的生态建筑风格最突出的代表作品(图 4-80)。

这座建筑从底层起,各个楼层之前都设置了横向的绿化带,并有"之"字形的阶梯相互连接,给建筑外部多加了一个上下通道,使人们可以随时享受自然环境。各层单独的绿化带也起到收集雨水的作用,在每层建筑中形成一个小型的自然气候,有效地帮助室内调节干湿度,促进空气流通。在这座建筑中,首次体现出将覆土建筑形式与大型建筑项目结合的尝试,并获得了成功。建筑借助于大面积的立体绿化与临近的自然公园相协调,同时也给建筑内部带来生态化的使用空间,在自然与建筑之间建立了紧密联系。

图 4-80　日本福冈市国际大厦

图 4-81　台湾梅津栈道

2. 保护生态和生态美学

现代生态自然理念强调建于自然环境中的人工建筑应在最小范围内最低程度地影响自然环境,实现生态和谐的目的,而跨河越谷的桥梁更应该如此。因此,桥梁与环境的融合就成为同样重要的问题,也无时无刻不在考验着设计师的技巧与才情。一方面,设计师需要考察桥梁所在自然环境的地形地貌、植被覆盖、地理位置情况;另一方面,还需要结合考虑桥梁自身的结构逻辑,及对地形与气候的适应能力。

我国台湾的梅津栈道(2012 年),由黄声远建筑师事务所设计。由于交通的需要,需跨越河道修建一座人行桥,以方便附近小区居民出行,但不同于一般的设计思路,该桥设计者利用了一座已经存在的混凝土梁桥,将人行通道附属在已有桥梁之上。设计者充分考虑当地自然条件,"保留旧的都市纹理及有故事的事物,用简单的构材附加在日的大结构上细腻地展现出新面貌,新与旧看似合体交织,但又清楚地互相表述。"为使桥梁与自然生态更好地融合,绿意盎然的藤蔓植物沿桥跨铺展开来,使栈桥隐于绿意之中而形成一条绿色廊带。

岸边有参照农业系统的自动滴灌和喷雾装置，除了有滋润灌溉功能外，还可以增加空气湿度，提升穿行者的体验。一些藤蔓悬垂到桥下，悬挂的藤蔓间挂着几个秋千。所有这些元素都弱化了人行桥的存在，使其变成了环境中自然的一部分。由于其充满人性化的设计，该桥获得 2012 年中国建筑传媒奖的最佳建筑奖(图 4-81)。

又如，美国奥斯汀步行桥(Austin，Texas，2005 年)位于奥斯汀湖附近一个植被茂盛的地带，这里拥有遍地芦苇与湿地。现在已经发展成了白鹭、苍鹭和天鹅迁徙的中转站，所以，保护自然、保护水鸟，维护自然生态就成了工程师必须考虑的主要问题(图 4-82)。

奥斯汀步行桥是一座拱式结构桥，5 根钢管组成了两层主拱圈。钢管拱直径 127 mm，呈两种矢跨比布置，活泼而新颖。桥梁主跨 24 m，跨越 30 m 的湖区。在拱顶处 5 道钢管拱呈同平面布置，由拱顶开始向拱脚延伸，主拱逐步分离形成两层拱圈，在拱脚处形成上下两层起拱线支撑。长短不一、疏密有致的管状栏杆呈垂直布置，使人联想起了湿地中的芦苇；通透的人行道让人完全融于浩瀚的湖水湿地之中。这种别具用心的设计最大程度保护了自然景观。

1
3 | 4

1. 图 4-82　美国奥斯汀步行桥　2. 图 4-83　伦敦“花园桥”方案
3. 图 4-84　桥面效果

伦敦跨越泰晤士河的“花园桥”方案(图 4-83),由人称“当代达 · 芬奇”的设计师托马斯 · 希瑟威克操刀设计。根据设计蓝图,两个狭长的椭圆形“托盘”矗立在泰晤士河中,一道道优美的线条沿着托盘底部伸展开来,桥面上覆盖郁郁葱葱的林木,人行步道如锯齿般蜿蜒其中,因此得名“花园桥”(图 4-84)。设计者强调,这不是一座普通的步行桥,而是一座草木葱茏、荡涤人心的水上花园。桥上的花园由英国著名园艺师丹 · 皮尔逊设计,包括 200 多种树和其他 60 多种植物,全部是英国本土品种。托马斯 · 希瑟威克说:“花园是这座桥的主角,我们从传统过渡到现代,全世界没别的国家像我们这样痴迷花园。”

纽约高线公园(High Line Park,2014 年)是一个位于纽约曼哈顿中城西侧的线型空中花园。原来是 1930 年修建的一条连接肉类加工区和三十四街的哈德逊港口的铁路货运专用线,后于 1980 年功成身退,一度面临拆迁。

1999 年,高线公园附近居民约书亚戴维和罗伯特哈蒙德,发起成立了非营利组织“高线之友”(Friends of High Line,FHL),倡导保存高线公园并作为公共开放空间再利用。在纽约 FHL 组织的大力保护下,高线公园终于存活了下来,并被建成了独具特色的空中花园走廊。2006 年,高线一期景观工程开工,2014 年,工程第三段(最后一段)正式向市民开放。这座神奇的线型空中公园已成为肉品市场区和西切尔西地区的标志。为纽约赢得了巨大的社会经济效益,成为国际设计和旧物重建的典范(图 4-85)。

图 4-85　纽约高线公园

2019 年,首尔空中花园对公众开放(图 4-86),一个由 983 m 的高架桥改造而成的花园公共空间。废弃高架桥,重生为一条空中花园走廊,200 多个当地品种的树木、花草形成一条“植物图书馆”通道,供行人和游客驻足游憩。“空中花园以生动的植物百科形式,向公众展示了韩国自然遗产的部分精华。”

MVRDV 的设计将这座老旧的公共设施改造为一座全新的绿色地标,期望未来作为催化剂推动城市一角的绿化。“我们的设计将韩国自然遗产的部分精华,以生动的植物百科形式置于城市中心。主要理念是将城市居民与自然紧密联系起来,同时提供一个观望首尔火车站和崇礼门的绝佳视野。空中花园既是一座教育性的植物园,也是孕育各类物种的城市苗圃,未来随着植物生长繁茂,未来部分植物迁居可使绿色逐渐延伸到城市其他角落。”“所有植物被种植于不同大小和高度的盆栽,以不同科目来组织,通过韩文字母排序,形成别具一格的空间形态。”

图 4-86 首尔空中花园

4.4 展示结构魅力与技术审美

建筑中的所谓高技派(High Tech)在 20 世纪 60 年代已经出现,他们始于文化反叛,普遍持有技术乐观主义态度,崇尚科技,热衷于技术审美。到了 80 年代,逐渐转变为两个层面的综合,追求新技术、新材料和科技语汇的融合和应用。这一历史性的转变,为原本纯粹建筑领域的高技派,有望直面桥梁工程,并为工程师所热烈欢迎和欣然接受。体现在精湛的结构技术、时代感的空间意向、光技及其美学以及创建时代地标等几个方面。突出了其有别于其他美学思潮和流派的思想精髓。

4.4.1 精湛的结构技术

技术主义与高技派崇尚技术,从文化反叛为出发点,热衷于现代工业技术为建筑语言创造建筑形式,20 世纪 80 年代以后,追求技术内涵发展,实现建筑技术和形式的共同创新发展。这一高技派思想的新时代升华,为这一美学理念在桥梁领域的运用发展开辟了道路,刚好迎合了作为桥梁跨越障碍本身所需要的新材料、新技术的同时,带来了新时代行业的审美和社会共识。

1. 技术主义与高技派

作为当代建筑美学的一个组成部分,技术主义美学首先超越了现代主义的纯粹技术主义,视技术为人与自然、人与社会以及现实与未来之间的社会性的、人性化的和审美性的手段。当代技术主义美学一方面以一种确证人类科学技术智慧的方式,展示主体知识潜能的无限可能性;另一方面,以审美的方式为人类自身创造了一种在超时空的环境中表达自己的意愿能力、行为能力和审美趣味的智能系统。

20 世纪 60 年代,人类科学技术的又一次飞跃,为整个社会带来了技术乐观主义思潮,高技派倾向由此孕育产生。它一方面表现为通过积极开拓更复杂的技术手段来解决建筑甚至整个城市的问题,而另一方面表现为热衷于采用新技术带来的新美学语言,创造新建筑形式。

如果按 C.戴维斯(Colin Davies)所称早在 1779 年英国塞文河上的第一座铸铁桥的落成起就开始了高技派方式的形式表达,高技派倾向可谓历史悠久,因此就有了高技派作为每个时代的“歌者”的称号。

从 19 世纪 50 年代帕劳斯顿的水晶宫，到 90 年代的埃菲尔铁塔，再到 20 世纪 50 年代巴克明斯特·富勒(Richard Buckminster Fuller)的大地圆穹，直至 20 世纪 60 年代赫隆(Ron Herron)的“行走城市”(Walking City，1964 年)，高技派在每一个历史阶段，从来都是以领导建筑新潮的姿态，给建筑带来新的气象和新的希望。

高技派是以擅长巧妙、合理运用最新的科学技术而得名的，技术的进步性、材料的先进性和功能的合理性成为他们从事建筑设计的终极目标。高技派始终以一种从容和冷静的态度，把科技的内涵和文明的许诺铸造在那些工业巨构之中。因此，它代表了一种时代的理性与智慧，赞美与欢乐，一种探索无限的技术理性，一种挑战无限的欢乐。

高技派以精湛的结构技术，设计了一系列脍炙人口的作品。如皮亚诺与 R.罗杰斯设计的巴黎蓬皮杜文化艺术中心、福斯特设计的香港汇丰银行、皮亚诺设计的柏林波茨坦广场(1992 年)和日本大阪关西国际机场(1988—1995 年)等，这些作品或采取工业产品的造型，或采取化工厂或炼油厂的造型，通过抽象的语汇和机器构造的方式，充分体现了社会的进步与科技的发展，表现了建筑师们对科技进步的坚定信念，洋溢着昂扬的乐观主义。

从蓬皮杜文化艺术中心(图 4-87)和大阪关西国际机场(图 4-88)可以看出，20 世纪 80 年代以后，在经历并逐步认识了由种种对技术的盲目信仰带来的社会、环境与人类生存危机的问题以后，技术乐观主义有所降温，使西方建筑界冷静地看待技术对建筑的影响，不仅仅停留在形式上的表达，也更加客观地审视工业革命以来不断涌现的、强调新技术影响下建造方式与建筑美学转变的种种经验和探索。R.罗杰斯设计的伦敦劳伊德大厦(1978—1986 年)就是这个时期最重要的代表作。与蓬皮杜文化艺术中心相比，劳伊德大厦减弱了文化上的反叛姿态，多了建造技术上的精美追求，这可以看作是新时期高技派逐渐走向对技术自身美感表现的一种审美趋向。

图 4-87　巴黎蓬皮杜文化艺术中心

图 4-88　大阪关西国际机场

2. 技术精湛是由内而外的美学表现

毫无疑问，桥梁比任何一类建筑都更加依赖结构技术，也更加自然而然地体现结构技术，在应用结构技术的同时，也与生俱来地表现着结构技术，使人们享受技术带来的美学体验。创新的技术，包括结构、材料或施工技术等，具有表现力和影响力。因此，桥梁的技术主义美学自然成为工程师们水到渠成的必然，已经不需要像早期高技派建筑那样，去刻意寻找体现技术的原型和语汇，表达和营造技术的氛围。

当然，也不是所有桥梁都能体现技术主义美学，那些保守的桥型，前人反复做过的结构和技术，人们习以为常的结构形式都无缘于技术主义美学。技术精湛大多意味着前人没有做过的、原始创新的结构和技术，但并不一定是那些最大跨度和最高的桥塔；技术精湛意味着这类桥梁需要工程师们具有高超的专业水平，要花费更多的工夫去解决一般桥梁没有碰到和解决的技术问题；技术精湛意味着那些桥梁外在表现简洁优雅、纤细惊艳的结构，那些让人拍案叫绝的技术。例如香港昂船洲大桥——独柱烟囱型塔柱超千米斜拉桥(图 4-89)。

同时，独柱桥塔位于桥面中心，桥面钢梁为分体式钢箱梁，钢梁总宽 53.3 m。箱梁中间开槽有助于提高大桥抗风性能，也大幅度增加了桥面横梁的长度和受力，但可使桥面增添通透感和轻巧感，主跨 1018 m 的桥面犹如飘带飞越蓝巴勒海峡，精湛的结构技术再次得以炫示，人们无论驶过桥面，还是在岸边观赏这座大桥，都能被实实在在的高技术所吸引和感染。

美国得克萨斯新海港大桥是一座主桥为全长 993.04 m 的混凝土斜拉桥，桥跨布置为 248.41 m+504.44 m+248.41 m，塔高约 164 m。斜拉索为中央单索面(双索)，扇形布置。斜拉索采用创新的 FIGG 斜拉索索鞍系统，这是目前最先进、维护成本最低的斜拉索。斜拉索锚固系统位于桥面上，桥塔处不设锚固系统(图 4-90)。

图 4-89　香港昂船洲大桥夜景

图 4-90　美国得克萨斯新海港大桥

新海港大桥被期望建成科珀斯克里斯蒂港标志性建筑，设计中特别注重外形设计和照明设计。纤细的混凝土墩柱，外观为多面体；桥塔上部为棱台形，造型宏伟，并且可通过编程实现桥塔多样的照明样式，成为夜晚一道独特的风景；白色的斜拉索为梦幻的灯光照明提供了荧幕。

英国盖茨黑德桥抛物线型的钢拱肋和平面呈圆弧曲线的桥面，通过 18 根吊索，在桥面曲线主梁处锚固在内侧，整个结构体系受力清晰、稳定，组成一座可以竖转开启满足通航要求的优美的曲线人行桥。

法国米约高架桥(2004)全桥平面呈现一条直线，总长 2.5 km，七塔八跨独住高墩，最高桥墩 245 m，上端近桥面 90 m 处分叉成双肢。独柱桥塔近桥面处略微分叉，呈 A 形，塔高 90 m，单索面连续斜拉桥，脊骨形全封闭钢箱梁。整座桥梁高度凝练、简洁，似乎一气呵成，没有任何多余的构件，也没有任何构件可以删减和尺寸优化。

湖南张家界玻璃桥——云天渡(Yuntiandu Glass Bridge，2016 年)主桥跨张家界大峡谷，是空间索面大张开悬索桥结构。玻璃桥给景区带来了慕名而至的大量游客(图 4-91)。

该桥全长 536 m，桥面距离谷底 280 多 m。桥塔处主缆横向间距是桥梁跨中处的 6 倍，横向矢跨比为 1∶21，主梁高跨比为 1∶625。加劲梁总长 375 m，跨径 373 m，高 0.6 m，两端50 m 范围内为变宽段，桥面由 6 m 呈线形变化至 15 m。主纵梁横桥向间距 4.5 m，变宽段上下游外侧各增设 1 道边纵梁，横梁标准间距与吊索顺桥向间距均为 5 m。桥面共有 99 块玻璃，每块玻璃长 4.42 m、宽 3.01 m、厚 50 mm、重 1.5 t，设计荷载 800 人。

图 4-91　张家界玻璃桥

图 4-92　英国廷塔杰尔城堡人行桥

英国廷塔杰尔城堡人行桥(2019 年)横跨 190 in(约 58 m)宽的幽深峡谷，人行桥连接了位于大陆的 13 世纪的门楼以及向海面突出的嶙峋海岬上的庭院：被一分为二的廷塔杰尔城堡(图 4-92)。桥梁长度 68.5 m，跨中主梁厚度仅 17 cm，桥梁结构由两个长度约 30 m 的独立悬臂构成，这两个悬臂从两侧的陆地向中央延伸至交汇。由 Ney&Partner 和 William Matthews Associates 共同合作设计。桥的中心设计了一个宽 40 mm 的缝隙，以此来象征大陆与岛屿之间的过渡，以及当下与过去、历史与传说之间的联系。桥梁的优雅形态与绝美的景观相互交融，向游客们讲述着场地的历史。一方面，新建的人行桥能够维护城堡的考古学价值；另一方面，也是在向世人讲述其灿烂而充满想象力的故事。

4.4.2　时代感的空间意向

许多时候，巨大的钢构、大面积的玻璃等现代建筑材料让人望而生畏。但是，在技术主义美学高技派这里完全颠覆了人们的想象。

基于精湛的结构技术，运用结构和高技派惯用的建筑语汇，使得新材料、新科技展现无空间差别的时代感、科技感的同时，丝毫不失其人性化、艺术化的空间意向，丝毫不失现代人们需要的审美情感。

1. “移植”新材料新技术

英国建筑师福斯特是高技派代表人物之一，他对技术也持有明确肯定的乐观信念。他一直认为，技术是人类文明的一部分，反技术如同向文明本身宣战一样站不住脚。但他一直争辩他对技术的信念从没超出“适宜”的范围，而且其作品一直致力于用结构创造空间，其他技术的采用也围绕着这一目的。他自己这样解释道，他只是将用于诸如飞机制造、汽车工业中的新材料、新技术“移植”到建筑中，这种“移植”也只有在使用最适宜的方法、产生最大效益的情况下才采用。

高技建筑塑造了一系列富有强烈的时代感的空间意向。建筑师采用张力膜建成的轻量结构，或采用薄壳建成的大跨结构，或采用强力钢骨架建成的摩天大楼，使人明显感到科技把一种速度感和未来感铸进了空间创造之中。如美国丹佛机场(1993 年)、英国格林威治千年穹顶、意大利维纳弗罗实验室(Venafro，1992 年)等。这些新形式一方面塑造了一种在跨度上大大超过钢结构的巨构空间，另一方面为城市提供了新奇美妙、形态各异的景观造型。

英国建筑师 N.格瑞姆肖也是 20 世纪 80 年代起广受关注的高技派代表人，他最出色的作品是塞维利亚世博会英国馆(1992 年)。这个建筑在东南西北不同的方位，结合光照和温度，使用了水循环的水墙、吸收热量装满水的集装箱墙体，以及外张拉结构挂上白色 PVC 织物遮阳，三种不同形式的围护(图 4-93)。弯曲的桅杆上片片织物犹如白帆，充满了抒情的诗意。这个建筑虽然采用了看起来耗能的水瀑布以及大面积玻璃，但实际耗能量仅为一般同类建筑的 1/4。

图 4-93　塞维利亚世博会英国馆

科技使当代建筑的结构造型的选择越来越庞杂、多元，建筑的空间也越来越向多元化、杂交化方向发展。高技建筑的空间意向具有一种充满力度的雄奇和伟岸。赫尔穆特·雅恩(Helmut Jahn)说："每一代人都必须建造自己时代的城市。"高技派建筑师就是这样，始终站在时代的前列，以一种拥抱未来的热情，创造着合乎时代发展和科技发展的建筑，创造着大气磅礴的、新的功能主义空间和未来空间。在 20 世纪 90 年代后他所设计的建筑，在更深广的层面上体现了他追随和讴歌时代的热情，焕发出更美丽的诗情和才情。

高技派反对装饰，提倡纯净主义，反对与功能无关的多余的装饰，但丝毫不影响他们重视建筑的艺术效果。从某种意义上说，他们在艺术或审美上甚至比新古典主义更严苛。因为他们在不允许有额外装饰的前提下，同样要创造最佳审美效果。而要达到此目的，就必须调动金属工艺学、产品语义学和工业造型学等多种语汇，使这些语汇产生混声合唱。

2. 结构与技术创造时代空间

不同于新现代主义追求灵动活泼的几何造型和精致的细节设计，偏爱光对空间的塑造，以此塑造诗情画意的抒情空间。高技派更多运用新材料、新技术，甚至由其他科技行业"移植"建筑语汇构筑充满科技的、体现时代感的空间。

对桥梁来说，只有结构，似乎不存在什么空间，如果一定要说空间的话，那就是桥面空间。这种说法未免有些偏颇，持有这种观点的人往往会被束缚创作手脚、禁锢创新思路。

实际上，桥梁存在许多空间，就使用功能来说，供车辆通行的机动车桥面空间，供非机动车、行人通行的空间（许多是敞开的空间），这些使用空间并非永恒是在一个平面内布置，且车道在里侧，人非通道在外侧。如有双层公铁两用、双层车行桥面；如人行空间布置在车行空间的下层或与车行空间在一个平面，但是在双向车道的中间位置，等等。

就景观空间外形来说，桥梁的所有构件，包括塔、拱、主缆、拉索、吊杆等所围成的外观形态，也是使桥梁各具特色、相互有别的空间（大多是通透空间）。桥梁的两种空间是统一的，即功能空间和景观空间合二为一，形式与功能相统一。学习高技派美学思想和设计技巧，充分利用现代先进材料技术以及桥梁结构自身的空间形态，打造体现当代科技水平的新时代空间，展现当代桥梁一种新的美学维度。

太原市南中环桥主桥采用钢叠合梁组合式系杆拱体系，全长 300 m（图 4-94）。主跨 180 m，主桥为 4 根主副拱肋组合而成的下承式钢管拱桥，主拱向桥外侧倾斜 16°，副拱向桥外侧倾斜 26.82°，主拱与副拱之间采用密排微弯的工字形断面拉杆连接，既是主副拱肋之间的受力连接构件，又在空间形成了巨大而秀美的两轮弯月亮的造型。主拱之间通过斜拉杆与桥中央分隔带处的耳叉相连接。全桥共设 11 对斜拉杆，每 12 m 设置一对，副吊杆与斜拉杆一一对应。副吊杆悬吊起平面和竖向两个方向微弯的悬挑在外侧的人行道，构成了两个空间位置的行人通道，并与拱肋的月亮形造型上下呼应（图 4-95）。

新加坡双螺旋桥（2010 年）采用不锈钢钢管建造的两条螺旋曲线相互缠绕，盘旋成长达 280 m 的核心结构。不锈钢采用双相 2205（EN1.4462）牌号，这种耐腐蚀性能很高的不锈钢确保其在新加坡的湿热海洋性气候中至少 100 年的桥梁设计使用寿命期间，做到维护率低且美观耐用。双相不锈钢 2205 的高强度使设计者能设计出重量轻、持久性好的钢结构。桥梁全长 280 m，宽 6 m，可同时容纳 1.6 万人。

无论是从桥面，还是从 5 个观景平台望去，螺旋桥都使城市的天际线更加壮观。双螺旋中的内螺旋用于支撑遮阳的多孔玻璃和不锈钢网状天篷。不锈钢表面可产生绚丽的夜晚照明效果，因为它们能反射桥体中内置的、用于增强设计美感的特殊灯具的光线。桥上设有可让行人休息或眺望市景的圆形瞭望台，该处也是水上运动和烟花表演的最佳观景台（图 4-96）。

丹麦 KøgeNord 车站混凝土人行桥（2019 年）跨越最繁忙的高速公路，连接两条主要的火车线。桥梁全长 225 m，Cobe 和 Dissing＋Weitling 设计。全桥椭圆形相同截面，端部玻璃墙体，充满时代感的外形和内部空间，使得整座人行天桥与众不同，但却能够融入景观之中，每天有 10 万多名驾车者和乘客在此欣赏。设计者的目标是通过追求简单的标志性品质来体现公共基础设施价值并且激发人们对旅行的兴趣（图 4-97）。

以色列佩塔提克瓦（Petah Tikvah）人行桥（2005）（图 4-98），该斜拉桥平面呈 Y 形，主跨长 50 m，桥面宽 3.8 m，10 根拉索锚固在桥面中心，两侧 Y 形边跨跨度为 39 m，桥面宽 2.7 m，分别有 8 根拉索锚固在一侧，另外分别有 1 根拉索锚固在 Y 形两侧的桥台上，3 根背索垂直锚在地面。主梁为单根大圆管，变高工字梁悬挑形成桥面骨架，桥面板为玻璃。Y 形三端，分别连接医院、商场和公园。索塔三面受拉，倾斜设置，使受力完美平衡，索塔根部却较上端纤细。无论是索塔形式还是主梁结构，钢结构设计还是斜拉索空间布置，抑或是玻璃桥面，都充满了精湛的结构技术和时代感的空间意向。

1 | 2
3
4 | 5

1. 图 4-94　太原市南中环桥
2. 图 4-95　南中环桥拱圈和人行道造型
3. 图 4-96　新加坡双螺旋桥桥面空间(左)和夜景(右)
4. 图 4-97　丹麦 KøgeNord 车站混凝土人行桥
5. 图 4-98　以色列佩塔提克瓦人行桥

4.4.3　光技及其美学

光是一种建筑语言，勒·柯布西耶在他的《走向新建筑》中说："建筑是对在阳光下的各种体量做精炼的、正确的和卓越的处理。我们的眼睛天生就是为观看光照中的形象而构成的。光与影烘托出形象……"

作为一项科学技术之一的照明技术与其设备，高技派显然不会放过其作为时代象征的设计语汇和独一无二的技术美学的理念和手段。不同于新现代主义的光美学，高技派将光技及其美学发挥得淋漓尽致，光技作为一种不是装饰的装饰艺术，由此产生一种新的美学维度。

1. 光技是高技派另一种形式的装饰

光技的炫示使人们认识高技派美学的另一面，这就是功能主义和奢豪。光技是高技派建筑师用以补偿被压抑的装饰冲动的一种重要手段。它实际上是另一种形式的装饰，一种动态的装饰，一种高科技的装饰。高技派大致采用两种形式的光技手段：一种是通过结构或材料本身产生的光影效果和幻感，比如利用彩色玻璃幕墙或抛光金属面产生光感效应；另一种是采用色灯或其他高技术手段创造魔幻效果。

法国建筑师让·努维尔(Jean Nouvel)设计的巴黎阿拉伯世界研究中心(1981—1987年)属于两种高技派光技手段的第一种，建筑分为两个部分，半月形的部分沿着塞纳河的河岸线弯曲，平直的部分呼应着城市道路网络，中间有一个贯通顶部的露天中庭，最有表现力的地方是对南立面的处理：立面上有上百个完全一样的金属方格窗，平整光亮，它们被称为照相感光的窗格(photo-sensitive panels)；因为每一个方格窗按图案方式安排了大大小小的孔，而每一个孔洞如同一个照相机快门，孔径随着外界光线的强弱而变化，室内采光也得到了调控。整个立面似屏幕般变得活跃，象征着万花筒般神秘变换的阿拉伯世界(图 4-99)。

2. 桥梁的光技和材料的光影世界

随着照明技术和设备的发展，源自光美学的照明科技使桥梁进入了一个崭新的光影世界，加之一些建筑新材料的应用，高技派在桥梁工程领域开辟了一个新天地。

光技对桥梁的"装饰"与美化可谓是相得益彰，光技在桥梁上的施展空间与建筑相比，各有所长，毫不逊色。金门大桥桥塔挺拔的竖向线条和丰富的层次随光照移动而变幻莫测；福斯大桥、悉尼大桥等钢桁架桥梁，经光技渲染后结构的空间感与力度感别有洞天；香港昂船洲大桥烟囱型桥塔在夜色中，下部的混凝土段与上部的不锈钢段两种材质分别散发着温馨与奢华的光芒；巴塞罗那博览会桥白色的主、副拱肋，带圆弧边缘的三边形拱肋截面在色灯照射下，愈加突出了她的细腻与秀美；上海卢浦大桥巨大的钢箱拱肋在白光中，充满张力与庄重感，在彩色光中，却完全是另外一种表情，流光溢彩，愉悦之情溢于言表……

椒江二桥亮化景观分为平时和节日两种模式，平时通过采用智能 LED 灯具打亮桥塔，达到"上亮下暗"的艺术效果，营造出一个舒适的、富有意境的、耐看的、个性的夜景灯光，并杜绝了眩光，对索塔及拉索进行重点设计，表达了大桥的力与美，强调索塔的高度感。节日适当采用琥珀色、黄色光，营造节日气氛，以适当的微妙动态场景，确保行车安全。到了午夜，进入节能模式，整个大桥的景观照明亮度降低，只留关键部位的布光，桥体的造型特征依然得到体现(图 4-100)。

采用智能照明使索塔塔柱晶莹剔透，点光源沿全桥主梁外侧布置，勾勒出江面上 2 km

桥梁长度的轮廓，气势恢宏。更加特别之处还在于采用特殊 LED 布置将斜拉索索面由塔顶高处最亮，逐渐往下至桥面减弱亮度，整个索面在夜空中隐隐约约，若有若无，宛如远处的山峰。塔、梁、索在江面的倒影，使台州这样一座依山傍海、青山绿水的文化古城的夜色，在宁静秀美中透出些许奢华。

太原跻汾人行桥全长 1 053.2 m，主桥采用三跨“V 形刚构一连续梁”结构，主跨 125 m，主梁采用空间圆弧形钢梁（圆弧半径 283.5 m），梁高 2 m，桥面宽 7.6 m。设计者将原规划中并行的两座人行桥通过纽带的设计理念连接到了一起，形成了一座极具特色的双弧交叉空间交错、平面又有沟通平台的人行桥。双弧交叉的桥面与连续变化连接杆件，巧妙地形成了一个 DNA 分子的空间结构，配上可变色灯光，使桥梁夜景更富空间感、层次感和光技的魔力感（图 4-101）。

1. 图 4-99　巴黎阿拉伯世界研究中心
2. 图 4-100　椒江二桥夜景
3. 图 4-101　太原跻汾人行桥

宁波中兴大桥是世界上最大跨度的矮塔斜拉桥。在夜景照明上，桥梁主体采用投光的形式体现主桥大气简洁的造型美，平日模式以白光为主，展现了纯净的白色。周末及节假日模式下 LED 全彩投光灯进行缓慢的色彩变化。特殊节假日开启主塔窗口处摇头灯，进行光束图案变化，营造热烈的节日氛围。

桥侧的灯光起到串联作用，使桥在夜景中如长龙、如飘带腾空横跨河川之上。桥下部分利用科技感十足的线条灯，利用材质的反射营造出无界之感，带来了新的美感与科技体验。总体灯光结合不同场景模式演绎不同的光色，打造宁波夜景新地标（图 4-102）。

近年来，自动控制的动态 LED 等照明技术更使桥梁光技充满动感，展示城市的文化和精神，如图 4-103 所示为武汉长江二桥拉索索面灯光。

根据功能和受力，玻璃、不锈钢等材质的应用为桥梁特别是一些人行天桥带来了高技派的惊艳，如新加坡双螺旋桥采用不锈钢钢管作为受力结构，使桥梁的魅力为城市增添了一道亮丽的风景线。

英国 RIBA 铁路人行天桥方案竞赛，号称“为英国铁路寻找全新的无障碍人行天桥设计想法”。XING DESIGN 行之建筑设计工作室设计的指环天桥方案，在桥面两侧都提供了步行阶梯，自行车与行李的坡道能承载更多交通流量。在圆环内侧，还集成了机械导轨残障人电梯系统，这如同镶嵌在戒指上的宝石(图 4-104)。

1 / 2 | 3

1. 图 4-102　宁波中兴大桥夜景(左)和大桥下层人行道照明(右)
2. 图 4-103　武汉长江二桥拉索索面灯光
3. 图 4-104　英国人行天桥方案

4.4.4 创建时代地标

所谓地标，即代表一个时代，一个地方的形象和精神，是一种空间上的纪念碑、时间上的里程碑。地标建筑既不是自封的，也不是谁能指定的，而是行业和民众经过一段时间经历、感悟，逐渐形成的一种共识。

当代桥梁美学各种思潮和流派都产生过为人称道的地标性桥梁，高技派技术主义美学崇尚技术、技术乐观主义的思想，强调新技术、新材料，以及独树一帜的高技派建筑设计语汇，依靠精湛的桥梁结构技术，创建其独一无二的时代地标。

1. 高技派的超高建筑

赫尔穆特・雅恩(Helmut Jahn)说：“每一代人都必须建造自己时代的城市。”高技派建筑师始终站在时代的前列，以一种拥抱未来的热情，创造着合乎时代发展和科技发展的建筑。

随着时代的变迁，社会政治、经济、科技和审美的发展变革，会不断有新的地标诞生，但是以往的老地标仍然是历史的足迹,是人们心中不灭的记忆。

创造城市地标,展示一个国家和城市的经济实力,是高技建筑中超高建筑的重要任务,也是它们的“终极表情”。这类建筑对于增强城市的活力、提高城市的美学性质与城市市民的自信显然也具有积极意义的,已经建成的世界第一高楼迪拜哈里发塔(2010 年)和纽约世贸中心一号楼(1 World Trade Center),原称“自由塔”(Freedom Tower)(2014 年)(图 4-105、图 4-106),都是最好的例证。但是,这样的建筑却难免对城市的交通和环境产生负面影响,从另一个层面看,也容易引发无谓的效尤和攀比。

上　图 4-105　世界第一高楼迪拜哈里发塔

下　图 4-106　纽约世贸中心一号楼

2. 新技术新材料创造地标性桥梁

客观理性地看待桥梁作为地标性建筑的合理性和必要性。

某个城市或某个地区需要地标性桥梁建筑，作为一个易被人辨识、记忆的形象和标志来扩大它的影响力，提高知名度。不同时代有不同时代的技术发展、审美理念以及思想文化，会产生不同的地标性桥梁建筑，这对城市管理者和城市居民来说都是乐于接受、无可厚非的。

同时，也需要理性看待地标性桥梁建筑，地标性桥梁建筑并非一定是跨径第一或超大跨度桥梁。正确认识所谓跨径第一，不为获得跨径第一而布置跨径第一、但不合理、不经济的桥梁，这是一个桥梁工程师应有的职业操守。项海帆院士在《桥梁概念设计》一书中专门阐述了“创跨径记录的正确理念”指出：跨度的突破必须有其必要性和合理性；跨度的突破必须有其科学性和技术稳妥性；具有技术进步和技术创新的跨径突破是真正的“世界记录”。

同类桥梁中跨径第一通常只是为创造城市地标打下一个先天基础，跨径第一并非等同于地标建筑。如果技术与创意都非常平庸的一座某结构类型跨径第一的桥梁，很难成为人们心目中真正的地标；相反，国内外许多跨径不大，由于技术上的创新或艺术上的创意，而为人们所钟爱有加，成为城市或地区的标志性建筑，这样的例子不胜枚举。

当然，桥梁作为地标性建筑，并不是属于高技派的专利。作为地标性建筑的桥梁，它们或在工程技术方面，或在美学艺术方面，或在精神文化内涵方面，一定有其独一无二、独领风骚的特质。新现代主义、新地域主义、新古典主义、有机主义等，包括高技派技术主义美学在内，在各个历史时期都产生了不少有影响、获得业内外认可的地标性建筑

在近现代桥梁中，美国的布鲁克林大桥(1870—1883)在技术上是悬索桥的代表，英国的福斯铁路桥(1890)作为创世界跨径记录的双线铁路悬臂式钢桁梁桥，在技术上具有辉煌的成就，是钢桥设计的杰作。澳大利亚的悉尼港大桥(1923—1932)跨度达 503 m 的两铰中承式钢桁拱桥，作为澳大利亚的一个世界著名的标志，每年吸引着世界各地的游客。美国金门大桥(1933—1937 年)主跨 1280.15 m，开通时是世界第一跨度悬索桥，大桥以其杰出的技术成就和精致的桥塔艺术和橘红色桥体色彩，成为旧金山市乃至美国的地标性建筑。

在当代桥梁中，瑞士桑已伯格桥跨越山谷的四塔五跨连续矮塔斜拉桥，精美而协调的整体和细节设计，成为桥梁建筑的精品；日本多多罗大桥建成时是 20 世纪最大跨度斜拉桥，优雅精致的桥塔被誉为具有东方神秘的美感；香港昂船洲大桥以其创新的独柱烟囱型索塔而成为城市地标；上海卢浦大桥以其大跨度、简洁、充满时代感的钢箱提篮式拱肋而成为城市一个新的地标；西班牙阿拉米罗桥以其富有张力与动感、创新的无背索斜拉桥而成为城市的一个地标；英国盖茨黑德千禧大桥创新地采用了旋转的开启模式的斜、弯拱桥而成为城市的一个地标。

高技派技术主义美学地标性桥梁建筑有其鲜明的特点，沿袭高技派美学思想的理念和手段，充分利用当代新科技、新材料以及精湛的结构技术，运用现代科学和工业技术的语汇，展现技术创新成就的同时，不断造就技术美学、高技派理念的新作品、新标杆。

同香港昂船洲大桥类似，像烟囱型独柱桥塔突出显示超千米斜拉桥的技术带给我们的惊艳和震撼一样，2016 年深中通道设计方案国际竞赛中，丹麦 COWI 公司提出的双独柱桥

塔,空间主缆悬索桥方案胜出,评委会对它的总体评价是:结构体系合理,主塔造型简练,塔顶设计有特色,有标志性(图 4-107)。

法国米约高架桥结构为七塔八跨独柱高墩、独塔单索面斜拉桥。跨径布置 204 m+6×342 m+204 m,全桥连续长度 2 460 m,墩身高度 245～277 m 不等。脊骨形大悬臂钢箱梁高 4.2 m,宽 32.05 m,显得格外纤细流畅。墩上端分叉与独柱塔下端纵桥向分叉呈 A 形,塔和墩在桥面主梁刚好吻合对接,即满足了受力,又使造型上塔墩连贯顺畅。大桥由原来七塔八跨漂浮体系斜拉桥方案,后来改为塔、墩梁固结体系的多塔预应力混凝土斜拉桥方案,再后来桥墩上端分叉,设置支座,成为塔梁固结,墩顶支座的支承体系。全桥总体布置和细部造型设计经诺曼·福斯特之手,精心打造,并将主梁材料由预应力混凝土改为流线型钢箱梁,使大桥显得结构轻巧细致却不失坚固。在法国南阿弗翁地区的高原风情中,大桥凸显技术带来的气势、美感和震撼(图 4-108)。

上　图 4-107　深中通道桥梁分项第一名方案

下　图 4-108　法国米约高架桥

我国台湾淡江大桥(在建)主桥采用单塔柱非对称斜拉桥,创下全球单塔斜拉桥最长主跨的记录。主桥跨径布置为 2×75 m+450 m+175 m+75 m+70 m=920 m,主跨长

450 m，满足桥下航道净空需求（宽 400 m，高 20 m）。桥面总宽 44 m，配合中间塔柱设置空间需求，主梁采用两侧分离式钢箱梁，中间以横梁连接，梁高约 4 m，以流线型钢箱梁降低风阻力。主塔采用人形钢筋混凝土塔柱，人形塔柱底宽约 64 m（纵桥向），增加纵向稳定，塔柱高 175 m，桥面以上高 150 m，约为主跨 1/3，边跨采用横向 Y 形墩柱呼应人形主塔（图 4-109）。

淡江大桥具有柔和空间曲面形式的塔柱，从江面的分叉向上逐渐合龙，并挺拔、有力直冲云霄，体现了结构受力的合理性，整座大桥干练、通透、刚中带柔，柔中带刚。同时，惟妙惟肖地隐喻着台湾文化云门舞集的舞蹈，在光影婆娑中，似乎隐约可见舞者悦动的舞姿。纤细的桥塔、富有张力的拉索，体现了技术美学思想，呈现出充满时代感、崇尚科学技术的审美情节，带给人们一种兼容了当代科技的力量与地方文化艺术的综合审美体验。

对于一般跨径桥梁来说，精湛的结构技术和具有创意的造型设计相结合，突出技术美学和艺术美学的融合，方能获得人们的青睐。例如，伊拉斯穆斯大桥（the Erasmus Bridge）（1996 年），位于荷兰鹿特丹市，长 800 m，由鹿特丹市公共建筑部的本・范・贝克尔（Ben van Berkel）设计（图 4-110），该桥名来自著名的人文主义者和神学家 D.伊拉斯缪斯（1469—1536 年）。

上　图 4-109　台湾淡江大桥效果图

下　图 4-110　荷兰伊拉斯穆斯大桥

主桥是独塔双索面非对称斜拉桥，混凝土塔身高 139 m，造型新颖，充满了现代气息和进取精神。伊拉斯穆斯大桥塔身颜色雪白，造型简洁，远远望去，酷似一只优雅的天鹅浮于水面，惹人喜爱，被当地居民称为“天鹅桥”。在折线形桥塔的一端，布置着扇形的索面，连接着桥塔和桥面；而在桥塔的另一端，是两根分开的后拉杆，固定在桥台上。桥下因为经常有大型船只通行，所以将该桥设计成一座竖转式开启桥，当桥面开启后，大型船只可通行。大桥的开启部分为板梁式结构，紧邻后拉杆所在跨，在开启时需要平衡重来平衡主桥。

4.5 新的结构艺术与装饰艺术

桥梁工程领域对装饰一直持不同观点，现当代桥梁是反对装饰的，提倡结构自身的美学形态和比例和谐。但是，在当代桥梁美学中，确确实实存在着一些装饰艺术的桥梁，并且为人们所称颂。细究其原委，二者之间存在着质的差别，当代桥梁美学中的装饰艺术，采用当代装饰技术将结构、功能、艺术三者建立起某种符合当代审美的联系。这是一种和原结构融为一体的装饰，一种区别于假结构的装饰结构，一种富含多种装饰艺术思想和美学语言的结构。

为什么会在当代桥梁美学这个系统中出现关于桥梁结构及装饰艺术的一个分支？这里引用郑时龄院士《建筑与艺术》中的一段文字作为答案，并把文字中的“建筑”理解为包含了桥梁的“建筑”：“在后现代的语境下，艺术是一个开放的概念，新的艺术形式和艺术运动不断出现。就建筑与艺术的关系而言，艺术或者是建筑与城市的一部分，或者是建筑与城市的衔接和过渡的环节，或者起着阐释建筑、建筑与环境的作用。许多城市越来越重视文化的发展，大力资助公共建筑项目营造公共空间，越来越多的建筑师注重与艺术家的合作，更是推动了建筑与艺术的融合。艺术不再是静态的概念，人们不再以古典造型艺术来衡量建筑，建筑成为生活的艺术、实践的艺术和社会的艺术。同艺术一样，少数人享有建筑艺术的时代已经过去了，建筑成为大众都能参与的艺术。”

装饰艺术是艺术的一个门类，是一类综合的艺术，除了上述具有的开放性、社会性、公众性以外，同样呈现多种美学风格流派，相对于历史上的装饰艺术和结构艺术，这里洞察当代桥梁美学思潮和特征，提出新的结构艺术和装饰艺术的名词、概念进行系统探讨。

4.5.1 装饰艺术和结构艺术的历史变革

从现代桥梁美学创立以来，主张桥梁结构自身的结构美、力学美，反对桥梁结构施加任何多余的装饰，一直是现代桥梁美学思想的核心。

随着人类社会的发展，关于装饰艺术的审美心理学和社会学发生着巨大的变革。回顾装饰艺术和结构艺术的历史变革，及其历史根源和作品。试图从理论上洞察和解释当代桥梁美学中关于装饰艺术和结构艺术的产生原因、美学特征和发展趋势，为当代桥梁美学在这一方面的健康发展提供理论支持。

20 世纪 60 年代美国的戴维 · P.比林顿再次提出结构艺术的概念，既是对结构和结构工程师的称颂，又是对结构艺术家——结构工程师提出了系统性要求，为当代桥梁美学关于新的结构艺术的内涵发展提供了历史的启迪。

1. 新艺术运动

新艺术运动是欧洲第一场国际性的现代艺术运动和现代建筑运动。尽管“新艺术”运动反对历史主义形式，但并不排斥对传统艺术风格的借鉴，比如巴洛克风格和洛可可风格给予新艺术运动不小的影响和启发。在新艺术运动清新、自然的装饰风格中融入了它们的华丽和婉约，为新艺术的作品增添别样的情趣和美感。新艺术还非常注重从欧洲民族艺术形式以及国外的艺术风格中汲取营养，比如凯尔特人和撒克逊人的插图和首饰，以及日本的绘画艺术和装饰。

1）创造一种适应工业时代精神的装饰方法

新艺术运动旨在变革建筑形式，创造一种能适应工业时代精神的装饰方法，并且反对历史样式。新艺术运动的创始人之一，费尔德(Henry van de Velde，1863—1957 年)原是画家。当时，新艺术运动在绘画与装饰主题上喜用自然界生长繁盛的草木形状的线条，于是建筑墙面、家具、栏杆及窗棂等也莫不如此。

1884 年以后，新艺术运动迅速传遍欧洲、美洲。新艺术运动在建筑中的这种改革只局限于艺术形式与装饰手法，未能触及建筑的功能和形式等深层次关系，以及结合新技术的问题，因此在 1906 年左右便逐渐衰落。

巴黎亚历山大三世大桥于 1900 年落成(图 4-111)，全长 107 m，桥身由一个桥拱组成，为不影响两岸景观，桥的拱起弧度压得很低。作为当时法俄友谊的象征，桥以沙皇尼古拉二世的父亲亚历山大三世的名字命名。大桥将两岸的香榭丽舍与巴黎荣军院广场连接起来。桥上的灯具由小爱神托着，桥身是一群水生动植物图案和一组花环图案，构成大桥装饰的主题。左岸两座立柱上，有代表文艺复兴时期与路易十四时期的法国标志。桥的两端和两侧各有一个巨大的石柱，石柱上的镀铜骑士群雕像是极佳的艺术品。柱顶有象征着科学、艺术、工业与商业四组金色的骏马雕塑。

2）与建筑功能建立有机联系的新艺术造型

在“新艺术”运动的后期，以麦金托什为首的“格拉斯四人”设计集团、维也纳“分离派”和德国青年风格派开始转向直线的、简单几何的设计风格，只在局部以曲线作为辅助。

麦金托什(Charles Rennie Mackintosh，1868—1928 年)是英国新艺术运动的代表人物，他的作品格拉斯哥艺术学校的图书馆部分(1907—1909 年)反映了建筑功能同新艺术造型手法的有机联系，当时的维也纳学派与分离派也受到他的影响。

约瑟夫 · 霍夫曼设计的斯托克列宫基本采用立方形状，细节部分由少数精致的浮雕和立体雕塑装饰(图 4-112)。

与“新艺术”运动的其他设计师相比，他们的设计风格已经表现出工业化的特征。在这种艺术潮流的带动下，欧洲的桥梁建筑特点也表现出一定变化。直线和较规则的线条开始受到设计师的青睐，装饰上也趋于平实和朴素。位于斯洛文尼亚首都卢布尔雅那市的龙桥建成于 1901 年，跨越卢布尔雅那河，是三铰钢筋混凝土拱桥，跨径 33.34 m，其建筑风格是维也纳“分离派”(图 4-113)。其建筑设计师毕业于奥托 · 瓦格纳的学校，他设计了混凝土饰面、栏杆和龙雕像。位于该桥人行道起始位置的四座龙雕像引人注目，除此在桥上还有 16 座小龙雕像。虽然该桥的装饰明显多于同时期相近桥梁，但其装饰的特点和桥的整体是维也纳“分离派”风格。

1. 图 4-111 巴黎亚历山大三世大桥(左)和大桥外立面装饰局部(右)
2. 图 4-112 斯托克列宫
3. 图 4-113 卢布尔雅那市龙桥

2. 装饰艺术运动——装饰艺术与现代工业

1925 年,在巴黎举办了世博会专题博览会——装饰艺术展,主题是“装饰艺术与现代工业”,装饰艺术运动(Art Deo)因此得名并在欧美各国掀起热潮,且在美国达到高潮。装饰艺术运动对采用新材料、新技术的现代建筑和各种工业产品的形式美和装饰美进行新的探索,力求在维护机械化生产的前提下,使工业产品更加美化。装饰艺术运动是装饰运动在 20 世纪初的最后一次尝试,它采用手工艺和工业化的双重特点,采取设计上的折中手法,设法把豪华的、奢侈的手工艺制作和代表未来的工业化特征合二为一。然而装饰艺术运动的设计立场是为富裕的上层阶级服务的,与现代主义为大众服务截然相反,这也是其影响力和历史意义低于现代主义的原因,但是它们之间有着千丝万缕的联系。以美国为例,装饰艺术和现代主义互相影响,有些作品就很难说是单纯的现代主义还是装饰艺术风格。

装饰艺术的风格包罗万象,并不是一种统一的风格,其主要贡献是通过现代的材料和主题,以及简洁、样式化的手法赋予建筑现代、摩登的气息。装饰艺术运动主张机械化的美,以较机械式的、几何的、纯粹装饰的线条来表现,如扇形或辐射状的太阳光、齿轮或流线型的线条、对称简洁的几何构图等。装饰艺术运动在建筑上的表现是摩天大楼丰富的线条装饰与逐层退缩结构的轮廓、简单的几何外形、明亮对比的色彩、速度和力量的象征性。

在纽约,装饰艺术在那些遍地开花的摩天大楼中找到了一个极佳的结合点,使得整个 20 世纪 30 年代的纽约几乎成为装饰艺术的博览会。纽约的帝国大厦表现了典型的美国装饰艺术风格(图 4-114)。

图 4-114　美国纽约帝国大厦

图 4-115　美国金门大桥

在对待历史的态度上,装饰艺术运动反对照搬历史样式,但它却乐于借鉴新古典主义的各种造型元素和装饰手法作为创作题材。通过对历史样式的变形、重组,以几何化、抽象化的方式形成新的时髦情调。

1937 年,建成的金门大桥(图 4-115)桥塔高 227 m,四道水平横撑将塔柱分为四段,截面分段向上呈阶梯状逐渐减小,使塔柱呈多棱形态,且横撑间距向上逐渐减小,塔柱呈尖顶状。桥塔的分段式构图、尖塔顶阶梯状收紧、间距向上减小都体现了哥特复兴式的浪漫主义,融合了浪漫主义的古典审美情趣在现代桥梁建筑上的运用。没有古典的装饰,却将古典威严、厚重、均衡、和谐的精神以抽象的方式融入建筑中。横梁和塔柱上竖向的装饰,采用简单、规整、抽象的形式,传达了现代主义潮流中的古典审美情趣。

3. 结构艺术

工程结构也可以说是一门艺术形式,即结构艺术。最早由托马斯·特尔福德(Thomas Telford,英国)在 1812 年提出结构艺术的概念,至 20 世纪 60 年代开始,美国的戴维·P.比林顿教授再次提出了结构艺术的思想,认为以埃菲尔铁塔和布鲁克林桥为代表的大型结构工程体现了一种不同于建筑的结构艺术,平行于建筑并完全独立。工程结构艺术主要应用于桥梁、高楼和大跨度屋面,它们的可见形式就直接出于技术构思与结构工程师个人的经验和设想。

所谓结构艺术,也不是所有结构都能成为艺术。戴维·F.比林顿提出了结构艺术的三大主要理想——效率(efficiency)(最少量材料)、经济(economy)(最低的成本)和美观(elegance)(最大限度地表现美)。他指出,第一,由于新的工业用铁成本很高,19 世纪的工程师们不得不想办法尽量提高材料使用效率,比如在桥梁方面,他们得找到一种桥梁形式,这种结构形式必须能承受比以往任何时候都重的负荷——机车,而所用金属材料必须最少。第二,经济历来是结构艺术创作的先决条件,经济对于结构艺术的创作来说是刺激物,不是障碍物。第三,设计者的美学观必须支配最终设计,在不影响效率和经济的前提下,设计者有表现个人风格的自由。

戴维·P.比林顿由三大主要理想找到了三对结构艺术的标准:细薄与安全,总体(笔者注:总装)与成本,对比与相似。这里所说的细薄是指一项结构的构件,而不是指总的形式。例如,福斯湾桥表现了一种粗大的形式(特别是透视图),但它是由细薄的构件组成的(尤其从剖面看时)。更准确地说,细薄表现了节省材料的愿望,材料组成构件,而构件必须安全可靠,否则就不可能成为结构。首先,就结构艺术而言,效率意味着细薄与安全之间的微妙平衡。其次,讲求经济,就是期望施工简单、容易维护和有一个最后的完整形式,一项结构不可能轻易地一下建造起来,组装各种构件时会导致施工的复杂性,而安全往往依赖所有的构件共同起作用。设计者必须与建造者积极配合,这种合作意识是新艺术形式的中心与基础。最后,讲求工程美观,任何工程的最后形式作为人类工程与自然环境形成鲜明的对比。甘特桥和索尔吉纳托贝尔(Salginatobel)桥就是与自然环境相对比的思想的具体体现,它们毫不亚于其所在河谷的美丽景色。虽然与自然环境的对比怎么强调也不过分,但是从更深远的意义上来说还有一个表现和谐的问题。

戴维·P.比林顿还指出了结构艺术家必须有自己的风格,他说:特尔福德的桁架拱,埃菲尔的新月形拱,罗布林的对角拉索,马亚尔的透镜形拱,安曼的单支撑塔,梅恩的薄多边形拱,内尔维的肋材装配,艾斯勒的波形混凝土薄板,坎代拉的双曲抛物面以及汗的框架墙等,这些都是个人风格的标志。它们代表着有关的约束,具有普遍的吸引力,但首先是它们使公众感到欢乐,因为其设计者坚持了结构必须表现出个人风格的观点。当然,使结构表现出个人风格并不是随心所欲的。设计者经过长期而艰苦的研究,了解自然的规律;在创造形式的过程中,他们以其工程的美观使其他人感到惊奇。在技术的核心,他们在不否认工程的严格要求下创造出个人的风格。

4.5.2 桥梁结构与装饰艺术的新融合

当代桥梁美学中,为了加强桥梁的艺术性,在不违背桥梁结构美学、反对多余装饰等原则上,将创新桥梁结构与当代装饰艺术深度融合,在桥梁结构不经意间、丝毫不察觉被装饰的情况下进行装饰,起到画龙点睛、强化作品艺术美学的作用,成就作品创意独特、艺术主题鲜明、结构和装饰完美融合的装饰艺术。

与一般装饰艺术具有双重性一样,桥梁结构的装饰艺术需要依附并从属于桥梁结构,才能发挥其艺术价值;另外,装饰艺术的方法、技巧、流派等在相关艺术领域也具有其自身的艺术价值,即具有艺术独立性。

1. 结构和装饰融合产生一种新的结构艺术

新艺术运动时期,将结构与艺术融合作为一种新建筑形式的探索,西班牙建筑师安东尼奥·高迪(Antonio Gaudi, 1852—1926 年)努力探求一种与复古主义学院派全然不同的建筑风格。他以浪漫主义的幻想极力使塑性的艺术形式渗透到三维的建筑空间中去,还吸取了东方伊斯兰的韵味和欧洲哥特式建筑结构的特点,再结合自然的形式,精心地独创了具有隐喻性的新艺术形式,西班牙巴塞罗那的米拉公寓(Cass Mila,1905—1910 年)便是他的代表作(图 4-116)。

图 4-116 巴塞罗那米拉公寓

不同于 19 世纪末 20 世纪初新艺术运动和 1925 年开始的装饰艺术运

动，不同历史时期的建筑革新，那种对结构的纯粹的时代的艺术装饰和美化。也不同于戴维·P.比林顿在 20 世纪 60 年代所宣称的结构艺术，高耸结构和大跨结构通过自身的魔力散发出自成一体的结构艺术气息。

现代桥梁反对过度装饰几乎成为工程师和建筑师们的共识。在当代桥梁美学中，由于设计者认识到艺术的重要性，因而重新将结构与装饰艺术建立起一种新的联系。这里所指装饰并不是对桥梁结构特别是主体结构进行装饰，并不是那种覆盖结构的装饰或者在结构上画蛇添足的装饰，而是结合创意主题并采用装饰艺术在结构中进行"绣花"和"画龙点睛"，使桥梁结构凸显方案主题，使桥梁结构不再是枯燥无味的构筑物，而是充满灵气的艺术品。由此产生一种赋予结构具有浓厚艺术气息的新的结构艺术。

这种新的结构艺术具有如下特征：

(1) 桥梁结构仍然是作品的主体。

(2) 桥梁结构具有一定新颖性，具有装饰的需求。

(3) 桥梁结构与装饰艺术二者之间是融合的关系，不是附加的、附属的关系。

(4) 装饰形体具有局部遮蔽结构构件的功能。

2. 天津奉化桥"花瓣"拱桥结构

天津奉化桥全桥分成三跨，两个拱桥边跨 59 m 穿过花园，主跨为位于海河的跨径 139 m 的大拱桥。两个侧面的人行桥附加在主桥上，步行桥通往沿河的公园。桥梁上部结构主体为三跨连续中承式无推力拱，每跨拱由三道独立的拱组成，每个独立的拱又由三道箱型钢拱组成，箱型钢拱为三维曲线造型，而且箱顶板又呈弧形，箱型钢拱肋之间由几何形状各异的金属叶片(花瓣)连接，这些叶片可以限制钢拱条的局部翘曲。

桥梁结构设计基于双重考虑：受力与光线效果。最终的结果是一个复杂的结构：多重的拱形序列，以及连接起这些拱形的基本元素——所谓的"花瓣"，它们共同组成了稳固的结构体系。全桥有 27 道钢拱、68 片钢结构"花瓣"和 296 根吊杆。每片"花瓣"由两个钢制"三角形"组成，工程人员将它们戏称为"钢锅盖"。"钢锅盖"共有 36 种大小，最大的边长 7 m，重量近 3 t；最小的 3 m，重量不到 1 t，这些看上去轻盈灵巧的"花瓣"居然用去 280 t 左右的钢材。花瓣沿着拱形的连接处排列，组成了双重的弯曲表面。这些花瓣的制作是一个特别的过程，将先进的科技(强化聚合玻璃纤维树脂和金属结构)与熟练的手工艺相结合，64 个模型的制作都伴随着极为复杂和精巧的几何学。

东西向的花瓣在白天能捕捉到城市上空太阳的轨迹，在夜晚就成了巨大的光线散射器，将整座桥变成了一排漂浮在河上的光反射器。除了捕捉光线的变化之外，这些花瓣还能反射道路上形形色色的车辆的轨迹(图 4-117)。建筑师马克·曼朗在设计之初提出："希望通过奉化桥的设计，提供一个重新审视海河，并将其改变成优美的城市花园的机会。"

3. 加拿大卡尔加里和平桥钢螺旋结构和局部的玻璃覆盖

加拿大卡尔加里和平桥(2012 年)，业主对它有个特殊要求，就是绝对不能在弓河里打桩，而且不能挡住附近的 Eau Claire 停机坪，"这种近似变态的要求几乎扼杀了所有的支撑可能"，卡拉特拉瓦说。后来卡拉特拉瓦和他的团队巧妙地设计了一座网状的管型结构，全长 126 m。与其他桥梁不同，这座桥的钢螺旋结构支撑了其本身荷载，此外并不需要任何钢梁、拱架、线缆或隐藏在河堤下的墩柱等(图 4-118)。

图 4-117 钢拱与“花瓣”之间的关系

图 4-118 加拿大卡尔加里和平桥

AZURE 杂志认为“如此鬼斧神工的设计和工艺，绝对值得其他任何桥梁参考！”杂志推荐游客，特别是一些工程师们一定要去看看这座鬼斧神工的桥梁。

该桥全长 130.6 m(主跨 126 m)、总宽 8 m(净宽 6.2 m，3.7 m 人行道+2.5 自行车道)、总高 5.85 m，桥体主要由红色和白色的管状结构构成，连接市中心和王子岛公园，为一座行人和自行车专用桥，总投资 2 450 万美元(其中设计费 390 万美元)这大概是一般以钢结构的人行桥造价的 3 倍。

4. 深圳大鹏区葵坝路跨线桥“山海银叶”实施方案

葵坝路跨线桥是深圳国际生物谷坝光核心启动区标志性建筑之一。实施方案“山海银叶”为树叶形斜跨拱肋结构，桥梁跨越葵坝路和两侧大坑槽水干流、支流，总长度约 120 m，标准桥面宽度(跨中断面)24.5 m。

坝光盐灶村的古银叶树群落是我国乃至世界上迄今为止发现保存最完整、树龄最大(超过 500 年)的天然古银叶树群落。桥梁方案以古银叶树的一片树叶为设计原型，方案创作是桥梁结构技术和造型视觉艺术的综合创作，将结构、造型和隐喻三者融为一体(图 4-119)。

图 4-119 葵坝路跨线桥效果图

图 4-120 葵坝路跨线桥平面图

拱肋矢跨比 1/3.7，地面以上拱高 34 m，桥面以上拱高 27 m。斜跨拱肋由双肢钢箱截面拱肋组成，每肢拱肋截面宽 1.5 m，高 1.8(拱顶)～3.0 m(拱脚)变化。近拱脚处双肢钢箱合在一起组成单箱双室截面，向拱顶方向反弯曲线分开，至拱顶其分开至总宽为 15 m。双肢拱肋之间采用横向和斜向工字形杆件连接，使双肢截面形成整体拱肋结构，承担拱肋轴向压力和面外荷载(图 4-120)。

每肢拱肋外侧采用类似三角形风嘴形式装饰，风嘴尖角顺拱轴线方向上下沿曲线变化，形成像叶片边缘的卷曲形态，表现随风舞动的动感。同时又有利于减小横桥向风荷载。叶片之间采用双层 ETFE 半透明膜结构装饰，增强了建筑寓意的表达力和空间效果。通过在上下层膜之间安装灯光的处理，结合拱肋外侧和主梁外侧、梁格之间的泛光灯光处理，使叶片夜景更是玲珑剔透，充分展现了一座高科技的多趣的海边小城的夜景魅力。

4.5.3　桥梁装饰艺术的功能美学

装饰艺术(decorationart)在桥梁与建筑领域具有很长的历史，尤其在古代及近代桥梁中，各种艺术风格、流派的装饰艺术都能在桥梁与建筑中找到实证。装饰艺术作为注重视觉和造型艺术的一种艺术形式，一般很少顾及其实用功能，但是在当代桥梁美学中，一种采用当代结构、材料的大型结构装饰，在追求艺术形式审美的同时，兼顾其实用功能，因而大大增强了这类桥梁结构装饰艺术的价值和意义。

1. 桥梁结构装饰及其功能

装饰艺术需要同使用功能相结合，经过装饰艺术设计师的美化，在不改变使用功能的同时，注入了人们使用这一物品的情感，这是装饰艺术的一种使用功能。装饰艺术还有一种使用功能，即装饰艺术本身具有的使用功能，如下面的桥梁实例中桥梁顶棚的装饰设计，顶棚代表了整座桥梁的装饰艺术，它还具有为人们遮风避雨的使用功能。

装饰艺术在拥有某种使用功能时更重要的是赋予了人类情感和生命力，满足人们的某种需求。艺术通过特殊的语言表达情感活动，设计通过设计语言——材质、色彩、形体构造及整体设计传达它的功能目的和深层的文化含义，从而获得人们对设计的亲近感和信任感。

严格地讲，装饰艺术是观赏性大于功能性的艺术。装饰是一种艺术形式创造，但不能满足于形式，需要与功能相结合，甚至创造新功能，装饰艺术才具有生命力。如新艺术运动英国的代表人物麦金托什的格拉斯哥艺术学校图书馆部分(1907—1909 年)实现了建筑功能同新艺术造型手法的有机联系(图4-121)。

图 4-121　格拉斯哥艺术学校图书馆部分

当代桥梁美学中的装饰已不再是新艺术运动和装饰艺术运动时期的“艺术装饰”，而是更符合当代科技和审美的“结构装饰”，依靠当代声光等技术，采用新材料、新结构的造型艺术。不同于纯粹的装置艺术，它除了需要关注空间造型外，还需要与桥梁结构相融合，由此便产生了功能的需求，建立一种“结构装饰”的逻辑，强化了其存在的根基，不仅仅是作为艺术而存在，同时还具有某个功能而存在。

2. 新加坡亨德森桥兼具桥面休息空间功能的波浪装饰

新加坡亨德森桥是新加坡最高的人行天桥，衔接花柏山公园和直落布兰雅山公园。全长 274 m，最高点离开路面 36 m。桥身造型别致，犹如波浪一样后浪推前浪，有 4 个波峰和

3 个波谷，8 m 宽的桥面就在波峰浪谷之间穿过，给行人提供了观景的新高度(图 4-122)。

其波浪状的设计给人以视觉上的冲击力，动感十足。同时，在桥面上波峰处形成半包围的空间，游人在其间休憩观光，形成了在波峰波谷之间观景和休息的不同功能相协调(图 4-123)。

3. 深圳罗湖区仙台天桥膜结构顶棚

针对罗湖区大部分老旧天桥缺少遮阳挡雨设施和无障碍设施，部分人行天桥存在护栏高度过低和晚上照明不足等安全隐患，市民出行存在体验感不佳和便捷性不足等问题，罗湖区着手开展人行天桥景观改造工作，包括对原有天桥加建顶棚、垂直电梯，以及对天桥照明系统、桥体绿化、铺装栏杆等内容进行更新改造(图 4-124)。

1 | 2
3

1. 图 4-122　新加坡亨德森桥
2. 图 4-123　波浪形桥面休息空间
3. 图 4-124　深圳罗湖区仙台天桥改造

4. 泰州老城区五一路桥水上园林建筑方案

作为泰山公园优美园林建筑和生态环境的延伸和发展，五一路南官河桥与滨河步道、滨河绿地形成一个现代园林整体。桥梁采用三跨等高度预应力混凝土连续箱梁结构，横桥向外侧设置由箱梁底板悬挑的下层人行观光步道和观景平台。跨径布置为 30 m＋50 m＋30 m＝110 m，全桥跨过河道及两岸人行步道(图 4-125)。

作者采用波浪形园林建筑墙设置于上层人行道外侧作为栏杆，墙体厚 800 mm，高度

图 4-125　泰州老城区五一路桥方案

1.25～3.55 m，其中上部 800 mm 设置镂空菱形画格。桥面上层人行道通过波浪形园林艺术墙拱形门洞，到达观光平台，在人行步道拾级而上，可方便抵达观光平台。增添了行人的体验感和游园的乐趣。

波浪形园林艺术墙体作为一座结构简单的梁式桥梁的立面装饰，极大地改观了一般梁桥的造型效果，同时，通过开设园林式拱形门洞，发挥了其园艺功能，打造了一座兼具车辆交通功能的别具地方风格的水上园林。

4.5.4　装饰结构的艺术

运用结构材料对桥梁进行装饰，需要与桥梁结构相融合，需要与周边环境融合，需要保证装饰结构的安全耐久，更需要装饰结构的艺术形式具有吸引人的视觉魅力和丰富的人文寓意。这就需要借鉴相关艺术门类，如光效应艺术、大地艺术和装置艺术等的设计艺术和手法，或请艺术家、画家合作设计，充分展现当代桥梁美学中装饰结构艺术的独特魅力。

1. “装饰结构”艺术

装饰艺术设计需要利用现代科学技术手段，然而它的目的却始终是创造设计人的生活，引导人们新的建立在现代科学技术和生产力的基础上的生活方式。设计需要协调人与人的关系、人与环境的关系及人与物的关系。在人们不断追求高品质生活和环境的当下，对设计的态度的改变使设计有了更大的灵活性，它把理性的设计意图、内心的联想和感觉上的价值糅合在一起，进入了一个有着一切可能性的更广阔的与人交流的领域。

新材料和新结构的发展，在一些简单的桥梁结构上，采用结构或构件，甚至一些大型构件、较大规模的结构进行装饰。这种采用大型结构材料的装饰艺术，既是一种艺术，又是一种结构。

是艺术，因为它脱离桥梁结构的受力制约，给了装饰美学更大的表现舞台和施展空间。艺术的门类很多，但艺术有其基本元素，就总体而言，如果我们从非艺术的视角来观察作为审美共同体的艺术世界，那么，这个世界的基本构成要素大致可以约减为符码、意象、情感和意义四个单位。符码和意象共同构成能指，情感和意义共同构成所指。

是结构，因为这些“装饰结构”虽然不是桥梁结构的组成部分，但是它仍然具有结构的性质，需要关注它们的强度、刚度和稳定，以及耐久性等结构技术问题，需要进行结构力学计算，需要进行加工和安装方案研究。

装饰艺术和艺术同样具有艺术风格和流派，当代桥梁美学中的“装饰结构”艺术虽然不同于历史上任何一种艺术形式，但是，仍然可以找到类似的艺术形式及其发展沿革。为我们今天的理论研究和工程实践奠定基础。

郑时龄院士在《建筑与艺术》一书中叙述了1945年以来相继出现的各种流派的建筑艺术和艺术，其中光效应艺术（Op Art）、概念艺术（Conceptual Art）、装置艺术（Instalation）、大地艺术（Land Art）等门类和流派具有在建筑以外更广泛的应用。这里简述光效应艺术、大地艺术和装置艺术。

光效应艺术也称“光学艺术”或“视觉艺术”，是20世纪60年代流行于欧美的一种利用光学的感觉加强绘画效果的抽象艺术。这种艺术是建立在对抽象派和波普艺术反叛的基础之上的。它认为抽象派艺术太依赖画面偶然性的效果和任凭感情的冲动，而波普艺术又过于鄙俗，缺乏艺术的感染力。他们的目的是要通过各种不同的纹样和色彩，利用观众的视觉变化来造成一种幻觉效果。它的具体做法就是利用简单的几何形体的重复或中断，利用色块的补色关系和结构的连续与并列达到绘画的效果。他们常常使用直尺和圆规等工具，有的还可以进行大量的拷贝和复制（图4-126）。从事光效应艺术创作的画家比较完美地掌握了图案艺术的规律，能使作品产生千变万化的效果。光效应艺术的代表画家有意大利的比亚齐、英国的赖利、美国莱因哈特和诺兰等。

大地艺术是20世纪60年代末出现于欧美的美术思潮，由极少主义艺术的简单、无细节形式发展而来的。大地艺术家主张返回自然，以大地作为艺术创作的对象。他们或在广袤的沙漠上挖坑造型，或移山填海，或垒筑堤岸，活泼溅色遍染荒山。由于大地艺术家常以挖掘填埋工程形式出现，故又有土方工程或地景艺术之称。首次“在大地作品艺术展”于1968年在美国纽约的杜旺画廊举行。

在大地艺术家中，以定居美国的保加利亚人克里斯托（J·Christo）和美国罗伯特·史密森（R·Smithson）等最为著名。华盛顿越南阵亡将士纪念碑（Vietnam Veterans Memorial）是20世纪70年代“大地艺术”与现代公共景观设计结合的优秀作品之一。设计者林璎（Maya Lin）说，这个作品是对大地的解剖和润饰（图4-127）。

装置艺术始于20世纪60年代，也称为“环境艺术”，是指艺术家在特定的时空环境里，将人类日常生活中的已消费或未消费过的物质文化实体，进行艺术性地有效选择、利用、改造、组合，以令其演绎出新的展示个体或群体丰富的精神文化意蕴的艺术形态。作为一种艺术，它与20世纪60—70年代的“波普艺术”“极少主义”“观念艺术”等有联系。

美国艺术批评家安东尼·强森（Anthony Janson）对装置艺术的迅速兴起解释说，装置的意象，就连创作它的艺术家也无法完全把握，因此，“读者”能自由地根据自己的理解进行解读。就装置本身而言，它们仅仅是容器而已，它们能容纳任何“作者”和“读者”希望放入的内容（图4-128、图4-129）。

1. 图 4-126　光效应艺术案例
2. 图 4-127　大地艺术作品
3. 图 4-128　装置艺术作品
4. 图 4-129　装置艺术作品

装置艺术使雕塑变成人们可以进入的建筑，在雕塑中，观众对自身的感知完全得到改变。

2. 英国伦敦柯芬园渴望之桥

渴望之桥(2003)坐落于英国伦敦柯芬园，它是一座作为人行桥的连廊，连接皇家芭蕾舞学院与皇家歌剧院。由英国威尔金森艾尔建筑设计有限公司设计。它既是皇家芭蕾舞学院的一部分，也是一般民众在大街上就欣赏得到的建筑小品。渴望之桥连接了两栋建筑物不同的楼层，利用 23 个轻量的铝合金方框作为骨架，每一个相邻的方框皆旋转 4°，从这一端到另外一端，足足将整个骨架旋转了 90°，而且逐渐增加高度以连接不同高差，是一种非常轻盈、巧妙且低预算的设计。

渴望之桥的灯光设计利用内发光之二极体制造出柔和优雅的夜间景致，但不会对行人造成压迫，而且可以从街道上看到芭蕾舞者踮着脚、优雅地穿梭于学院与现实间的剪影(图 4-130)。

3. 美国加利福尼亚彩虹桥

位于美国加利福尼亚州的彩虹桥，在 2014 年被选中在长滩会议中心和长滩表演艺术中心这两个主要的长滩场所之间建立直接的、公共的联系。在桥梁建造之前，要在两个目的地之间移动，需要爬很多层楼梯，还要穿过一段以装货码头和暖通设备为主的海滨通道。最初提出的解决方案是在两个中心之间修建一条高架人行道，但在对该市发出的询价做出回应之后，人们更愿意接受这个更完整的公共设施(图 4-131)。

上　图 4-130　英国渴望之桥外景(左)和内景(右)

下　图 4-131　美国加州彩虹桥桥面(左)和桥外景(右)

该项目是一座壮观的 600 in 的人行桥，由 76 根定制焊接的弯钢肋构成顶部框架，约 1 200 m^3 的现浇混凝土构成底座。这座桥的顶棚采用了 3 500 个变色 LED 节点灯、100 个落地灯和 70 个泛光灯，所有这些灯都可以通过编程和同步音乐来产生不同的效果。

整个设计深受周围海滩环境的影响，因此这座桥被称为“激流”。船体状构造等结构元素与海浪的优雅和均匀结合在一起，而 LED 被固定在缆索上，传达出一种网状的感觉或船只的索具。

4. 美国艾奥瓦州栈桥步道

艾奥瓦州 Boone 县的栈桥步道，是由 RDG Dahlquist 艺术工作室的公共艺术家 David B. Dahlquist 对“召唤艺术家”竞赛的回应。David Dahlquist Studios 从当地源远流长的采矿历史中得到灵感，沿桥设置了 41 个钢架模仿矿轴，行人漫步桥上，仿佛深入矿井之中(图 4-132)。

纯粹的雕塑感，与其相对的是功能性或者是桥梁的结构体系，最终的设计质感极佳，或者就像把头放在相机对焦快门前一样。从侧面看很令人惊讶，你可以看到每个钢制拱门实际上相距有多远。看看夜间点亮的景观是很有趣的，他与众不同，充满了未来感。

5. 上海五角场“彩蛋”

上海五角场地下广场和人行地道起到了沟通五个方向的人行交通的功能。五角场的“彩蛋”(2005 年)被誉为“科技之门”,长 100 m,宽 45 m,高 15 m,由陈逸飞担任设计艺术总监。蛋体形象脱胎于中国传统的绘红彩蛋,借其孵化、孕育、诞生的含意,寓意杨浦乃科技孵化基地,其科技知识创新的明天将焕发勃勃生机。

“科技之门”有“横看成岭侧成峰”的韵味:从旁边看,它是一颗璀璨的彩蛋;从下仰视,它又是一道绚丽的飞云;在晴朗的日子里,“科技之门”的影子被阳光映在水面,斑驳多姿,引人无限遐想。它的当中是镂空的,表面覆盖了金属材料,有虚有实,虚实间采用了灯光效果,夜晚,上加上中环高架上通行车辆的车灯,十分亮丽;早晨,建筑也会在阳光的反射下闪闪发光,形成了建筑和雕塑的完美结合(图 4-133)。

巨大的彩蛋结构装饰艺术在弱化中环线高架桥梁与周边城市空间格格不入的不协调关系的同时,建筑外立面框架结构形式的彩蛋外表融合了周边建筑的风格。但是由于其椭圆体几何造型又明显区别于建筑的方块几何体,在空间中有着突出的视觉影响力,起到了将周边建筑群集中并融合构成城市整体大空间的作用。

6. 青岛珊瑚贝桥

青岛珊瑚贝桥位于西海岸新区灵山湾影视文化产业区,犹如一把银梭,将星光岛与灵山湾一桥相连(图 4-134)。

1 | 2
3

1. 图 4-132　艾奥瓦州 Boone 县的栈桥
2. 图 4-133　上海五角场中环线“彩蛋”装饰
3. 图 4-134　青岛珊瑚贝桥

珊瑚贝桥全长 290 m,桥梁上部结构采用“珊瑚贝”装饰拱,装饰拱如贝壳弧形成含珠之势,桥身镂空的肌理犹如一个绽放在西海岸巨大的贝壳弧,寓意吉祥、安全、聪明、美丽。珊瑚贝桥,将美丽的珊瑚形象与美好的寓意完美相融,展现出青岛独具特色的海洋文化。

本章参考文献

[1] 徐利平.当代桥梁美学理论与实践[J].桥梁,2020(6):88-92.

[2] 徐利平.城市桥梁美学创作[M].上海:同济大学出版社,2017.

[3] 徐利平.城市桥梁建筑理论[M].上海:同济大学出版社,2018.

[4] 郑时龄.建筑与艺术[M].北京:中国建筑工业出版社,2020.

[5] 万书元.当代西方建筑美学新潮[M].上海:同济大学出版社,2012.

[6] 郑时龄.建筑批评学[M].北京:中国建筑工业出版社,2001.

[7] 罗小未.外国近现代建筑史[M].2 版.北京:中国建筑工业出版社,2004.

[8] 王应良,高宗余.欧美桥梁设计思想[M].北京:中国铁道出版社,2008.

[9] 项海帆.中国桥梁[M].北京:人民交通出版社,2013.

[10] 万书元.艺术美学[M].北京:高等教育出版社,2011.

[11] 曾坚,蔡良娃.建筑美学[M].北京:中国建筑工业出版社,2010.

[12] 沈福煦.建筑美学[M].2 版.北京:中国建筑工业出版社,2013.

[13] 侯赛因纳伊姆.如何向大众展示桥梁的结构与美[J].桥梁,2019(3):90-95.

[14] 杨鸿波,曾明刚,杨健,等.平塘特大桥景观设计[J].公路,2019(9):49-52.

[15] 张强,重庆寸滩长江大桥,巴渝文化与建筑结构融为一体[J].桥梁,2019(5):74-79.

[16] Frederick Gottemoeller. Bridgescape: The Art of Designing Bridges[M]. Copyright by John & Sons. Inc., Printed in the United States of America, 1998.

[17] Klaus Idelberger. The World of Footbridges — From the Utilitarian to the Spectacular[M]. 2011 Wilhelm Ernst & Sohn, Verlag für Architektur und technische Wissenschaften GmbH & Co. KG.

第 5 章　方案创作与工程设计实践

当代桥梁美学理论与方案创作、工程设计实践之间存在着循环往复、滚动提高的关系。站在行业发展的视角来说，理论是基于学科历史、实践总结产生的，又对实践产生作用，使实践水平不断提高发展，并产生新的实践、新的理论。站在人才培养的视角，相关专业学生、新入职的工程师和建筑师，通过理论的学习，获得了站在前人实践和理论基础之上的“起跑线”优势，所谓的“站在前人肩膀上”的专业发展优势。

本章是作者主持或参与的相关工程的方案创作与工程设计实践，读者可以将本章介绍的工程方案中的美学理念和创作手法与第 4 章当代桥梁美学主流思潮和特征中的相关美学思想进行对照，进一步开展当代桥梁美学从美学理念到方案创作与工程实践的哲学思考、技术路线思考，有利于年轻的工程师、建筑师们尽快掌握基于美学理论的思考而产生工程方案创作灵感。

5.1　台州市椒江二桥

椒江二桥设计工作从工程可行性研究开始算起，从 2007—2009 年共 3 年。设计团队解决了一个又一个方案技术难题，比如桥位综合比选、桥型比选、斜拉桥的主梁断面比选、索塔塔型的比选、基础形式的比选以及江中试桩工程的开展，最终在施工图审查会上争议较多的国内最长的超长嵌岩端承桩技术和风险问题得以解决。

这些技术难题的解决和决策，依靠科学细致的大量研究和分析工作，依靠大胆而稳妥的工程试验和实践，依靠科学的指挥和决策。

斜拉桥的桥面高度由通航净高决定，桥面以上塔高由主跨跨径决定，主梁处塔柱横桥向间距由桥宽决定。在这些条件下，如何选择塔型，使其各部位尺度合理、比例协调，通过对各种塔型的美学设计和综合比较，最后选择采用钻石形索塔，并由此对索塔比例美的一些具体考量办法做了有益的探索。

主跨为 480 m 的斜拉桥，其主梁断面形式和材料选择多种多样，通过对混凝土双主梁、工字形边主梁组合梁、箱型边主梁组合梁、全封闭钢箱组合梁、半封闭钢箱组合梁以及全钢梁等断面试设计，分析其受力、抗风稳定和经济等指标，最后提出创新的半封闭钢箱组合梁断面的新概念。本项目 2021 年获上海市优秀设计一等奖。

5.1.1　项目概况

椒江二桥位于台州市东部临海市和椒江区境内，在椒江口老鼠屿位置跨越椒江，其桥位距上游椒江大桥约 7 km，离下游沿海高速公路（甬台温复线）桥位约 3.8 km。本项目路线起于临海杜桥镇与椒江前所街道交界处的道感堂村附近(K62＋294),即台金高速东延与75省道临时平面交叉口处,沿老路向南200 m后偏向西避开道感堂村至大树岙村西侧,于K64＋000处跨75省道,向南延伸接规划台东大道至老鼠屿,跨越椒江至浙江花蝶染料化工厂东侧,沿疏港大道(台东大道)线位向南,至终点太和二路,终点桩号为K70＋515,路线全长8.22 km。

1. 主要技术标准

(1) 公路等级:一级集散双向六车道公路。

(2) 设计速度:80 km/h。

(3) 桥梁结构设计基准期:100年。

(4) 汽车荷载等级:公路Ⅰ级;人群荷载标准值:2.5 kN/m^2。

(5) 主桥桥梁标准宽度:39.5 m。

(6) 抗震设防标准:按Ⅶ度设防。

(7) 抗风设计标准:运营阶段设计重现期100年,设计基本风速45 m/s。

(8) 设计水位:300年一遇设计洪水位6.75 m(高程为85国家高程系统),最高设计通航水位4.83 m,最低设计通航水位−2.92 m。

(9) 通航净空尺度和通航孔数量:一个主通航孔,10 000 t级(散)杂货船单孔双向航道净宽405 m,净高40 m;两个副通航孔,500 t级散杂船单孔单向航净宽75 m,净高19.5 m。

(10) 船舶撞击力标准:主桥的船舶撞击力标准如表5-1所列。

表5-1　设防船撞力标准

桥墩		船撞力/MN		荷载作用高度/m		
		横桥向	纵桥向	总高度	最高撞击位置	最低撞击高度
主桥	主塔桥墩	41.0	20.5	11.8	5.7	−6.1
	辅助墩	21.5	10.8	11.8	5.7	−6.1
	过渡墩	13.0	6.5	11.8	5.7	−6.1

2. 主要基础资料

(1) 大桥位于我国东部沿海城市,桥位距入海口约3.8 km。江水流域地表水水质较差,咸水,水质对混凝土结晶类腐蚀呈弱腐蚀性,对分解类腐蚀呈无腐蚀性,对结晶分解复合类腐蚀呈中等腐蚀性,将对工程建设产生不良影响,应采取安全防护措施。

(2) 椒江二桥桥轴断面处1∶2 000水下地形,图5-1为椒江二桥桥轴断面示意,桥位江面宽度约1 770 m,水下地形较为平坦,河槽呈“U”形,主槽宽度500 m左右。近年来,主河槽有向北略微摆动的趋势,河槽最深点高程约−8.4 m,南北主塔位置的现状床底高程分别为−8.2 m和−5.3 m。

(3) 本区域多年年平均气温17.0℃,年平均最高气温21.2℃,年平均最低气温13.8℃,极端最高气温40.3℃,极端最低气温−7.1℃。

(4) 台风是本区域一个重大气象要素。1949年后,登陆该区12级以上的台风13次,最大风力50.4 m/s,历年十分钟最大风速为25 m/s(1975年8月)。台风影响一般规律为平均每年1～2次,最多可达3～4次。

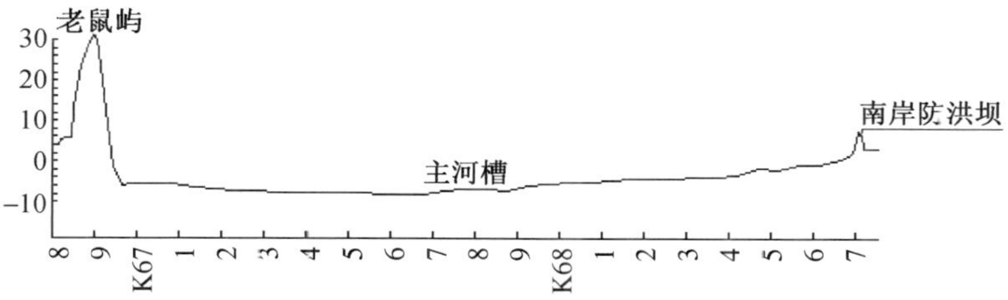

图 5-1　桥轴线河床断面示意图

(5) 年平均相对湿度 82%,每年 4～8 月较为湿润,6 月的平均相对湿度为 90%;冬季气候较为干燥,12 月至翌年 2 月平均相对湿度为 70%左右。

(6) 工程地质土层分布如下：弱风化凝灰岩覆盖层厚 120～135 m,③层以浅部各土层(约 46 m),物理力学性质极差,承载力低,不宜作为拟建大桥的桩基持力层;④层及其以下各土层(④层为含黏性土卵石层,⑤～⑨层为圆砾层,⑩层为黏土层,⑪层为圆砾层,⑫层为亚黏土,⑬层圆砾层,⑭层为亚黏土,⑮层含黏性土圆砾,⑯层为黏土,⑰层为含碎石亚黏土,强风化熔结凝灰岩,⑱层为全风化凝灰岩,⑲层为强风化凝灰岩,⑳层为中风化凝灰岩),性质均较好,均可作为拟建大桥的桩基持力层。

3. 桥梁总体设计

1) 主桥总体设计

根据河势、水下地形和航运安全等自然条件和技术条件,经济合理地确定恰当的主通航孔跨径是桥梁设计极其重要的工作。椒江二桥设置一个主通航孔,满足 10 000 t 级(散)杂货船单孔双向通航,航道净宽 405 m,净高 40 m;两个副通航孔,满足 500 t 级散杂船单孔单向通航,航孔净宽 75 m,净高 19.5 m。

根据 405 m 航道净宽要求,以及 25 m 桥塔承台宽度和约 2 m 防船撞装置的厚度要求,确定主通航孔跨径为 480 m。

主桥采用半封闭钢箱组合梁、钻石形索塔斜拉桥结构,跨径布置为 70 m＋140 m＋480 m＋140 m＋70 m,边中跨比为 0.437 5∶1,塔的高跨比为 0.318∶1。主桥中跨位于 R＝12 000 m 的竖曲线范围内,与两侧边跨顺接(纵坡 2.45%),桥跨布置如图 5-2 所示。

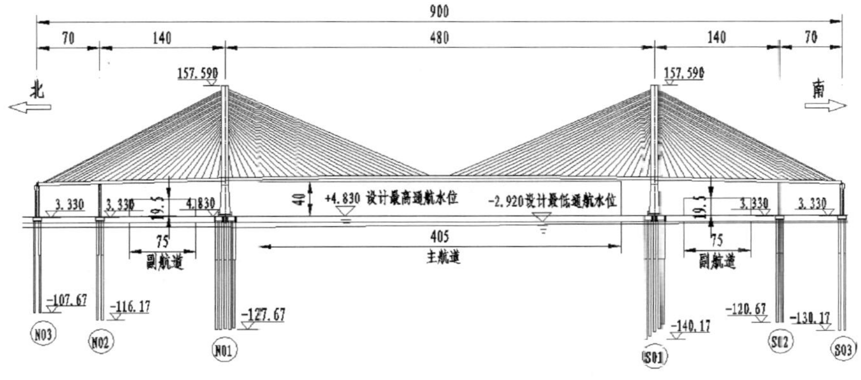

图 5-2　桥跨布置图(单位：m)

2）引桥总体设计

引桥设计总体方案。在与主桥衔接处墩身高度约 35 m 的江中区段采用悬臂施工的 80 m 跨径预应力连续刚构方案；在墩身高度 18～30 m 的岸上高墩区段采用 50 m 跨径的预应力连续箱梁；在墩身不高与引道衔接的矮墩区段采用 30 m 跨径的简支变连续组合小箱梁或预应力连续箱梁；另外，在跨越北岸规划道路跨径布置根据需要进行了局部调整，并采用斜交布置方式；在跨越南岸外沙路、75 南延接线及疏港大道处，亦根据需要进行了局部调整，以改善地面道路的行驶条件，减小桥梁跨径，节约工程造价；在南岸主线与 75 南延接线相接处的变宽段范围，采用了三跨 47 m 连续梁加两跨 53 m 连续梁方案，南岸主线采用分离式断面，分别接疏港大道左右幅。

江中引桥具体设计：北岸江中引桥（NS01 联）采用预应力混凝土变截面单箱双室连续刚构-连续梁组合结构，跨径组合从主桥侧起为 60 m＋4×80 m＋60 m＋45 m＝485 m，其中 N04～N08 墩为墩梁固接的连续刚构体系，N09 墩处为设置支座的连续梁体系。

左右幅均由一个单箱双室箱型截面组成，每幅桥宽 18.25 m。箱梁顶板宽 18.25 m，底板宽 13.25 m；箱梁根部梁高 4.5 m（N09 墩处为 3.0 m），跨中梁高 2.2 m，翼缘板悬臂长为 2.5 m。采用挂篮悬臂施工。

连续刚构 N04～N08 墩墩身宽 13.25 m，厚 3.5 m，采用八边形钢筋混凝土空心墩，高桩承台，群桩基础。为避免船舶撞击破坏，N04 墩墩柱从承台顶 8 m 范围为实心断面，N05～N08 墩墩柱从承台顶 5.6 m 范围为实心断面。N09 墩为实心墩，横桥向宽为 10.5 m，厚2.5 m。

为提高基础防船撞能力，将江中引桥左右幅的承台连为一个整体，承台厚 2.5 m，直径 1.5 m 钻孔灌注桩，按端承桩设计，桩进入中风化基岩不小于 2.3 m。

南岸引桥（左线 SZ01 联，右线 SY01 联）采用预应力混凝土变截面连续刚构，跨径组合为 60 m＋2×80 m＋60 m＝280 m，其中 SZ01 联在 S04 墩和 S05 墩之间桥宽从 18.25 m 加宽到 21.75 m，采用单箱三室断面，SY01 联在 S07 墩附近局部加宽，采用单箱双室断面，结构细部设计同南岸江中引桥。

图 5-3　椒江二桥实桥照片

5.1.2　索塔造型设计研究

斜拉桥的索塔形式是整座大桥力学性能的关键结构，也是整座大桥造型的关键结构，所以研究索塔造型设计对整个工程来说至关重要。

1. 索塔构思过程

构思本桥塔型方案时，必须考虑两个重要因素：一是美学因素，因为索塔是全桥最具代表性、最具影响力的构件，索塔美观与否在一定程度上决定整座斜拉桥景观效果。在建桥条件中，跨径决定塔高，通航净高决定桥面处横梁位置，桥宽决定桥面处塔腿间距(图 5-4)。这三大尺寸固定，塔型比例协调，符合了美学的某些基本法则。项海帆院士在《桥梁概念设计》中提出了四条基本法则，即多样与统一、比例与匀称、平衡与和谐、韵律与协调，使设计方案体现出创新美、统一美、比例美、平衡美、和谐美、韵律美和协调美。二是抗风稳定性因素，桥位处每年夏季台风频发，必须利用一切有利因素来提高结构的抗风能力，使其有一定的抗风安全储备。对索塔来说，一方面，塔型应能提供有利于抗风的空间索面，另一方面，索塔截面应尽可能减少横桥向、纵桥向风阻。

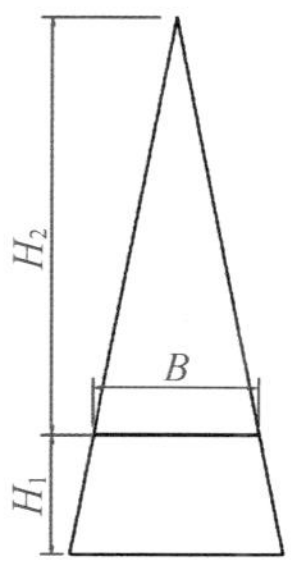

图 5-4　控制塔型的主要几何要素

首先分析索塔的单线条简图，考察其比例关系，以 A 形塔为例，如图 5-5 所示，桥面宽度(含非机动车道和人行道)为 39.5 m，索塔在横梁处宽度 B 为 42 m，通航净空高度为 40 m，下塔柱高度 H_1 约为 34 m，上塔柱高度 H_2 约为 116 m。在基本尺寸确定后，塔型结构可以在此 A 形塔基础上通过一系列演变和构思出各种塔型，并考察各种塔型的美学问题。A 形塔横梁以上和以下与塔柱所围面积比为1.5，比例较协调，但是，基础横桥向尺寸较大，可以考虑以下两种办法进行处理：

一是将下塔柱并拢，则衍生出钻石形塔，见图 5-5(b)，类似于日本生口桥。钻石形可以将塔头变换成倒 Y 形，见图 5-5(c)，则又形成一种新的钻石塔型，类似于杭州湾桥。这种塔型如果塔不够高则会在桥面上给人压迫感，因此可以考虑将单根上塔柱拆成为两根见图 5-5(d)，则压迫感明显有所缓和，类似于军山桥。如果拆开的距离再加大[图 5-5(e)]，则成了一种类似于 H 形塔的塔型，见图 5-5(k)。

二是将 A 形塔上塔柱略微分开，见图 5-5(f)，则下塔柱延伸下来的横向尺寸会明显减小，达到降低基础规模的效果。这种衍生的塔型如果将上塔柱继续延伸交于一点则又成为一种带上横梁的 A 形塔，见图 5-5(g)。因此塔型的演变可以说是千变万化，根据我们对结构、功能以及景观上的要求进行比选，就能得到最优的塔型方案。

其次，在索塔简图分析的基础上，对塔柱各部分合理比例和处理手法的资料进行了收集，并消化理解，一一分析已有的塔型的优缺点。对本桥索塔广泛征求意见，得到了比较适合本桥位客观条件的 10 种塔型，对这 10 种塔型做三维效果图小样，如图 5-7 所示。包括花苞形两个，钻石形三个，H 形两个，花瓶形两个，A 形一个，其中花苞形索塔是我们独创的新型桥塔。

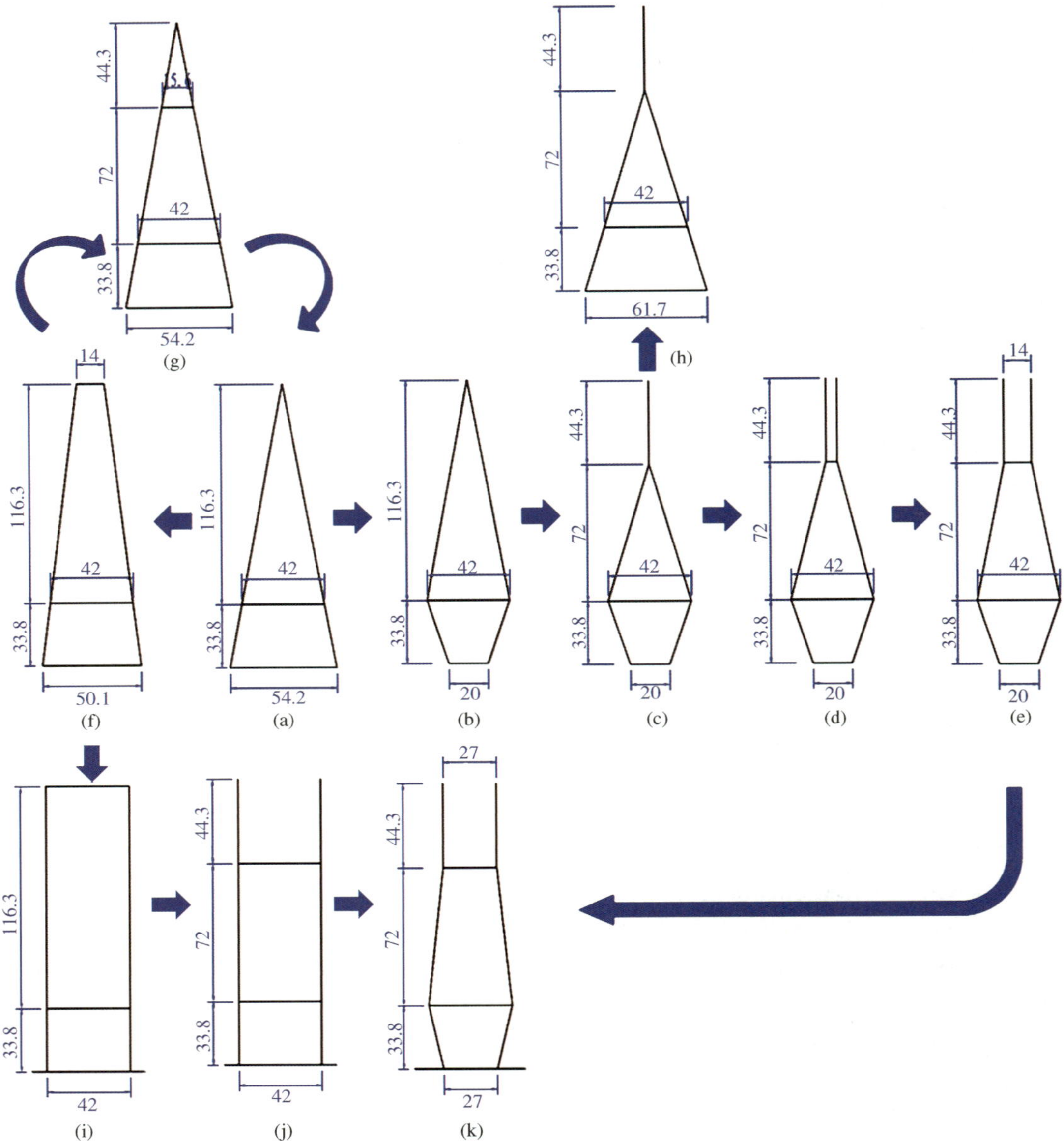

图 5-5　利用简图考察塔型的比例问题(单位：m)

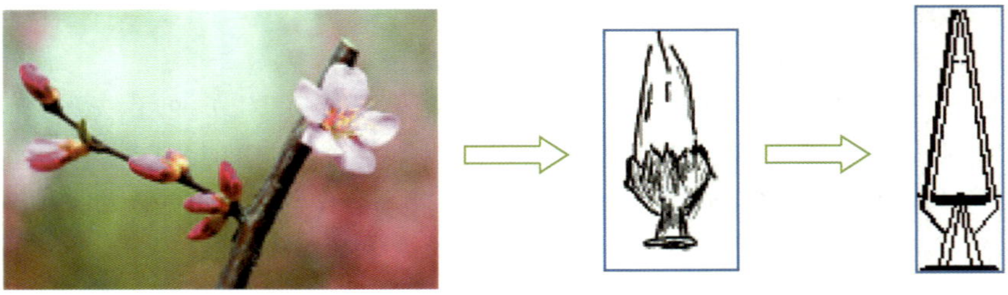

图 5-6　花苞形索塔的造型构思演变过程

花苞形塔的塔型构思如图 5-6 所示，由梅花的花苞经过抽象和演变而得到的。花苞形下塔柱截面有利于在各种水流方向减少阻水面积，从景观角度看，则刚好可以作为花苞外形的花托，和上塔柱一起形成花苞的整体效果，象征台州经济发展含苞待放，未来必将绽放出盛开的花朵。

花苞形塔吸收了钻石形和花瓶形塔的特点，具有良好的结构稳定性和抗风能力。最关键的是下塔柱部位虽然体量较大，但很好地适应了椒江口赶潮河段的特殊环境。这是因为赶潮河段的水流流向不仅受河势本身的影响，还与海潮的涨落有很大关系，因此本桥位处的水流方向非常复杂。根据这一情况，我们设计了圆端形的下塔柱来适应不同流向的水流，以最大程度减小桥对河势的影响，有利于保证通航安全。

（a）花苞形索塔　（b）花苞形索塔　（c）花瓶形索塔　（d）花瓶形索塔　（e）钻石形索塔

（f）钻石形索塔　（g）钻石形索塔　（h）H 形索塔　（i）H 形索塔　（j）A 形索塔

图 5-7　各种塔型效果图小样

在进一步的景观比较中，上塔柱的主要元素都是比较刚性和富有力度感，下塔柱的圆端形和这种刚性的效果不尽协调，因此将下塔柱改为接近圆端形的八边形，通过八边形的线条增加塔身的力度感。

塔形抗风稳定性研究：考虑到斜拉桥抗风需求，空间的斜拉索索面能有效且提高抗风稳定性，因此必须选择塔顶收口的塔型，即图 5-7 的(b)，(c)，(e)所示；图 5-7 中(d)，(g)虽然塔顶也是收口的，微弯的塔柱施工难度较大，且效果一般。

2. 对三种塔型的深入比较研究

经过对 10 种塔型的研究、比选，将塔型集中在钻石形、花苞形和花瓶形上。另外，我们根据顾问专家的意见对三种塔型做了进一步的深化设计和优化。

1) 钻石形索塔

空间索面的钻石形塔，由上、中、下三段塔柱和横梁以及索塔附属结构设施组成。其中上塔柱为锚索区塔柱，中塔柱为两个分离的倾斜塔柱，中塔柱的上部为锚索区，并在上塔柱处合并为一体。为减小基础尺寸，横梁以下的下塔柱向内倾斜收缩，底部设有塔靴与承台相连。上、中、下三段塔柱高分别为 20 m，98.56 m 和 36.208 m。基础顶面高程 4.83 m，塔顶高程 159.598 m，索塔总高度为 154.768 m，桥面以上索塔高度为 110 m，高跨比为 0.229。

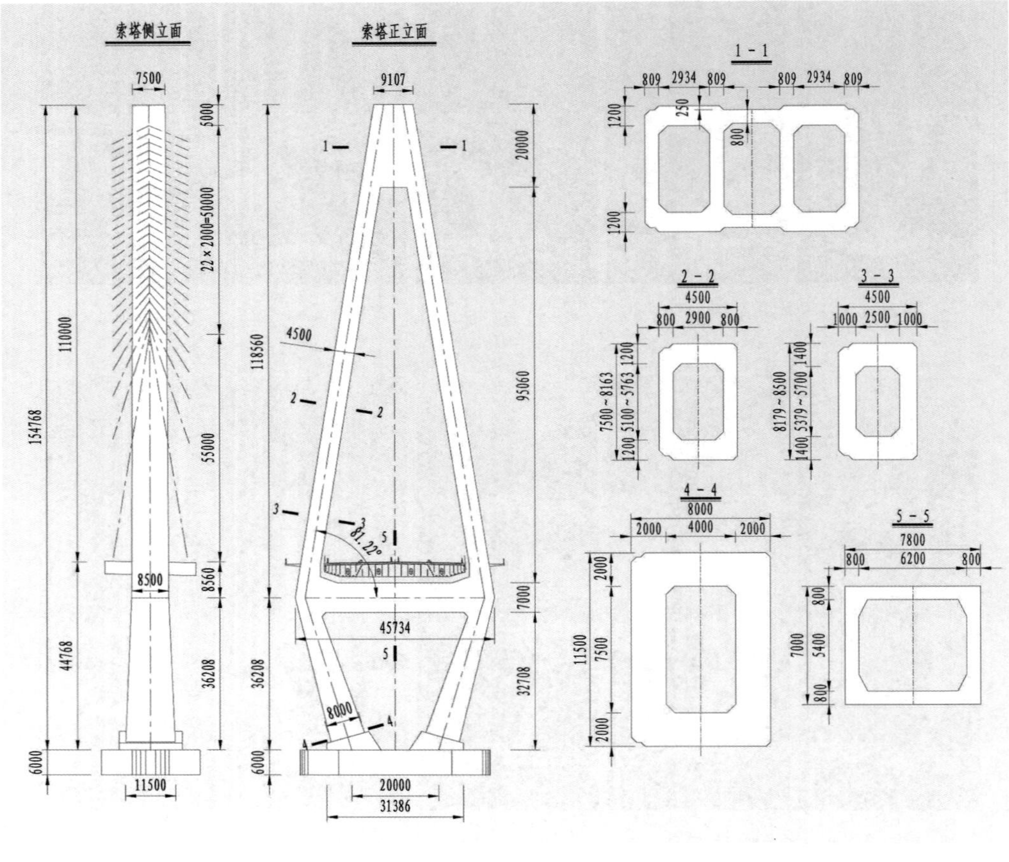

图 5-8　钻石形索塔一般构造

上塔柱和中塔柱顺桥向从 7.5 m 直线变化到 8.5 m；横桥向均为 4.5 m。下塔柱顺桥向尺寸从 8.5 m 直线变化到 11.5 m，壁厚 1.2 m；横桥向尺寸从 4.5 m 直线变化到 8 m，壁厚 1 m。

索塔在主梁下设一道横梁，横梁采用箱型断面，宽 7.8 m，梁高 7.0 m，顶底板及腹板壁厚皆为 0.8 m。在塔柱内与下横梁顶、底板及主梁横向抗风支座对应位置处设置三道横隔板，横隔板厚度均为 0.8 m(图 5-8)。

2) 花苞形索塔

空间索面的花苞形塔由上、下两段塔柱和横梁以及索塔附属结构设施(避雷设施、航空警示灯等)组成。上塔柱为分离的倾斜塔柱，其中上部为锚索区塔柱，下部在下横梁处伸入下塔柱。上塔柱高 117.6 m，下塔柱高 39.7 m，承台顶面高程 4.83 m，与最高通航水位齐平。塔顶高程 162.127 m，索塔总高度为 157.297 m，索塔在桥面以上高度为 112.529 m，高跨比为 0.234。拉索在塔上呈扇形布置，每个索塔共锚固 26 对拉索，拉索与塔柱中心线交点间距按 2 m 布置。

索塔上塔柱顺桥向宽度由塔顶的 7.5 m 直线变化到 8.5 m，下塔柱部分采用八边形的棱台与上塔柱的延伸部分相交。上塔柱倾斜角度为 81.22°。下塔柱的棱台由顶部的横桥向边长 11 m 渐变到塔底的 32 m，纵桥向由 10.5 m 渐变到 12 m。上塔柱采用矩形断面，在塔柱内侧设内折线倒角，在塔柱外侧设两重折线倒角，以增加线条，引起景观上的变化。上塔柱为单箱单室结构，横桥向壁厚均为 0.8 m，顺桥向壁厚均为 1.2 m，在上塔柱根部由于受力需要增加到横桥向 1.0 m，顺桥向 1.4 m；下塔柱横桥向壁厚均为 1.4 m，顺桥向壁厚均为 1.2 m。在上塔柱内采用环向预应力方式锚固斜拉索，在下塔柱底部 2.5 m 高范围内设计成实心断面，一方面可以防撞，另一方面可以减小承台到塔身之间的刚度差，避免塔身施工裂缝的产生(图 5-9)。

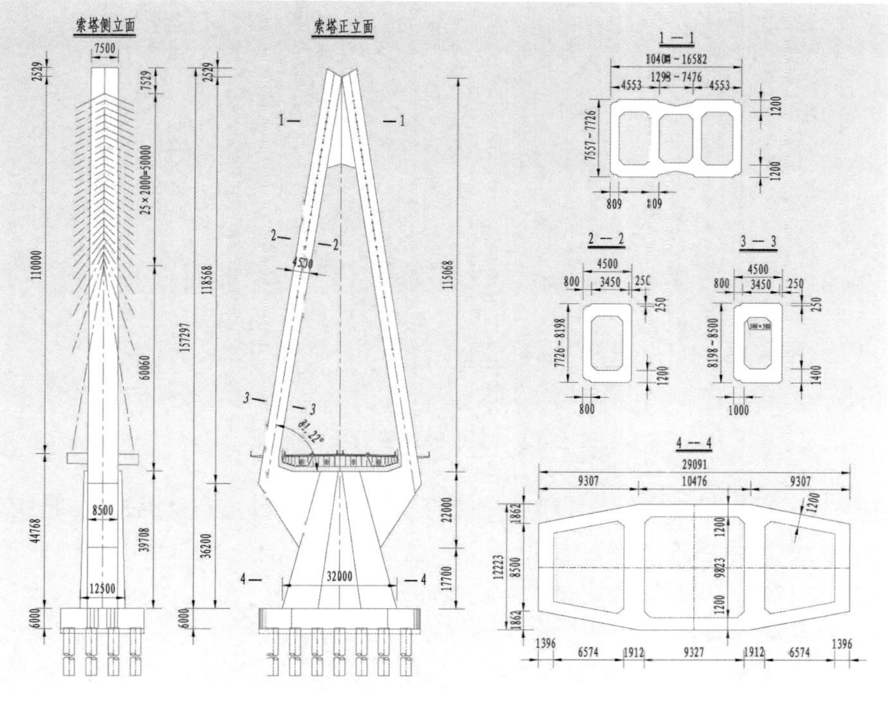

图 5-9 花苞形索塔一般构造

3）花瓶形索塔

空间索面的花瓶形索塔，由上、中、下三段塔柱、横梁以及索塔附属结构设施组成。上塔柱和一部分中塔柱为锚索区塔柱，上塔柱为两个分离的竖直塔柱，中部和底部各有一道横梁；中塔柱为两个分离的倾斜塔柱；下塔柱为整体倒梯形，整个索塔呈花瓶形。为减小基础尺寸，下塔柱向内倾斜收缩，底部与承台相连。上、中、下三段塔柱高分别为 40.77 m、74.29 m 和 39.71 m。基础顶面高程 4.83 m，塔顶高程 159.598 m，索塔总高度为154.768 m，桥面以上索塔高度为 110 m，高跨比为 0.229。

塔上索距为 2 m，桥面以上索塔顺、横桥向尺寸和宽度变化，以及壁厚变化皆与花苞形索塔相同。上塔柱和中塔柱顺桥向从 7.5 m 直线变化到 8.5 m，横桥向均为 4.5 m。下塔柱顺桥向尺寸从 8.5 m 直线变化到 9.5 m，壁厚顺桥向 1.5 m，横桥向 1 m，隔板厚 0.8 m；横桥向尺寸从 47.229 m 变化到 30 m。索塔构造如图 5-10 所示。

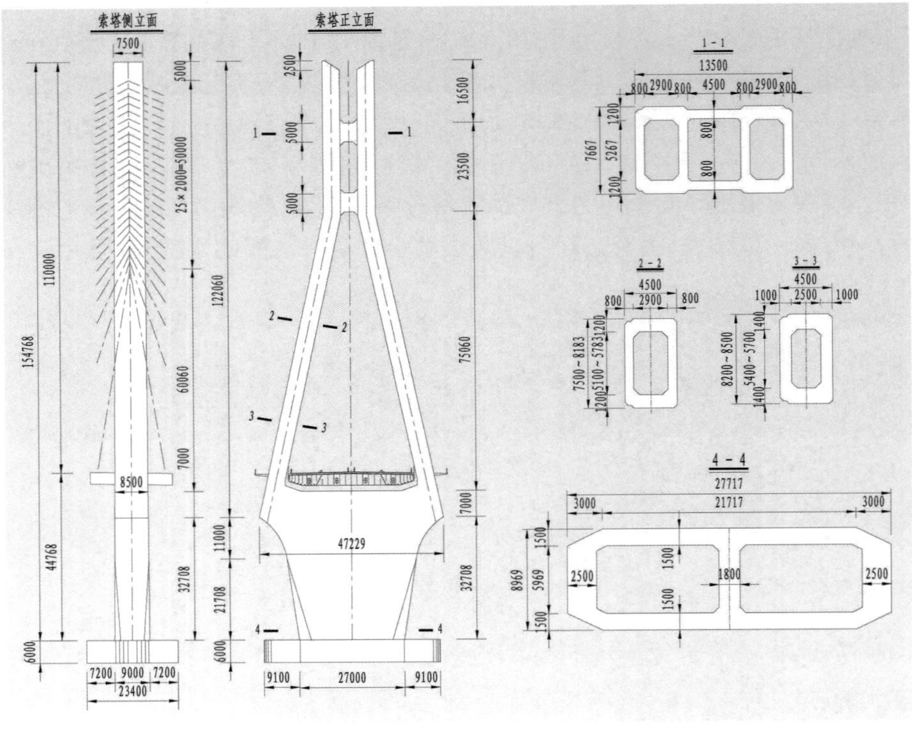

图 5-10　花瓶形索塔一般构造

在初步设计阶段，设计团队比较中意花苞形索塔(图 5-11)，专家比较倾向钻石形索塔，为此，将两种造型的索塔进一步深入比较研究。经过综合比较，钻石形塔造价最省、施工简便、工艺成熟，传力路径明确，因此作为本阶段的推荐方案。

3. 钻石形索塔的美学比例

大家普遍认为符合黄金分割比例的结构是美的。如图 5-5(e)，(j)，(k)所示，上、下横梁将塔柱一分为三，从桥面以上看，上、中塔柱长度之比为 0.615，塔柱的比例是协调的。但是，在某些情况下，其比例不能非常理想地满足黄金比例。我们认为可以考察其所围面积的面积比,使其尽可能符合黄金分割,这也是工程师和建筑师需要花工夫仔细分析研究的问题。如图 5-5(a)所示,横梁以上和以下与塔柱所围面积之比为 1.5,基本符合黄金比例,如图 5-5(h)所示,上、下面积比例为 0.863,景观效果较差。

图 5-12 为苏通大桥和南京三桥的索塔,分析这两座大桥索塔的比例。苏通大桥的索塔横梁长度 49 m(以塔中心线计,以下同),承台顶塔柱间距 62 m,塔柱总高度 300 m,分叉点至横梁处塔高 84 m,横梁至承台顶高度 60 m。这样,横梁将塔柱所围面积分成上、下两个区域,其面积比为 0.618,完全符合美学比例。南京三桥索塔总高度为 215 m,下横梁中心以下塔高 33 m,下横梁至桥面以上第 3 道横梁距离 83 m,桥面以上第 3 道横梁、下横梁、承台顶处索塔间距分别为 15 m、41 m、55 m。桥面上、下索塔所围面积比为 1.467,接近1.618。这两座大桥的索塔体现了比例美。椒江二桥的钻石形索塔同样体现了比例美(图 5-13)。

1. 图 5-11 花苞形索塔桥梁方案总体效果图
2. 图 5-12 苏通大桥和南京三桥的索塔
3. 图 5-13 椒江二桥钻石形索塔效果图

5.1.3 新型半封闭钢箱组合梁设计研究

现代组合梁斜拉桥的设计思想起源于德国的莱昂哈特(Leonhart),他在 1982 年领导完成的美国佛罗里达州跨越坦帕(Tampa)海湾主跨为 365 m 的阳光高架桥(Sunshine Skyway)的投标方案设计。采用了纵桥向两片钢主梁及横梁组成梁格,上缘通过剪力钉与预制混凝土桥面板结合成整体共同受力,而不再是初期“组合梁”将混凝土桥面板搁置在钢梁上仅仅承受局部荷载作用。这一设计思想成就了具有重要意义的现代组合梁斜拉桥的技术创新。虽然该方案没有被采用,但 1987 年通车的加拿大安纳西斯桥(Annacis Bridge)(主跨 465 m)的基本设计思想来自该方案,成为世界上第一座现代组合梁斜拉桥。

1983 年,在研究上海黄浦江大桥方案时,同济大学李国豪在国内首次提出组合梁斜拉桥方案,之后,上海南浦大桥、杨浦大桥、徐浦大桥、青州闽江大桥等一批组合梁斜拉桥相继建成。

1. 主梁概念设计

台风是椒江二桥所在区域重大灾害性气象要素,设计基本风速达 45 m/s。

对于 480 m 跨径的斜拉桥来说,钢箱梁、混凝土梁和组合梁斜拉桥各具特点、各有优势,且国内外均有工程实例。一般情况下,预应力混凝土梁最经济,如图 5-14(a)所示。但是,由于国内边主梁混凝土斜拉桥裂缝问题较普遍,而且这种断面颤震稳定性较差,所以一开始就放弃了混凝土主梁方案。

组合梁是最适合这一跨径范围的斜拉桥的主梁形式,方案的思路主要集中在组合梁上。首先考虑的是最常用的工字形边主梁组合梁,如图 5-14(b)所示。但是根据初步的计算结果,工字形边主梁上、下缘的钢板厚度已达 100 mm 和 125 mm。这样对材料性能及加工制作将提出很高的技术要求,施工难度也很高。因此考虑采用箱型边主梁方案以增大主梁截面积,如图 5-14(c)所示。通过试设计,主梁结构总体刚度及塔、梁内力均在规范允许范围之内。根据 CFD 计算得到成桥状态的颤震临界风速为 97 m/s,小于颤震检验风速 99.9 m/s,不满足抗风稳定性要求。

根据国内相关已有的桥梁资料,扁平钢箱梁斜拉桥抗风临界风速可达 120 m/s 以上。本桥采用全封闭钢箱梁方案肯定可以满足抗风稳定性要求,如图 5-14(d)所示,而且具有足够的安全储备。但是,钢箱梁方案用钢量最多,桥面铺装造价也比较高,并且钢桥面铺装与正交异性板的设计仍是一个没很好解决的难题。因此钢箱梁方案在这里只作为一个可供比选的后备方案。

我们从全封闭钢箱梁的流线型外形和箱型边主梁组合梁的经济性形成了全封闭钢箱组合梁的概念,如图 5-14(e)所示。通过对这一方案进行试设计,从静力计算结果看,全封闭钢箱组合梁结构总体刚度及塔、梁内力均在规范允许范围之内,但主梁下缘应力较低。这是由于底板厚度由构造要求控制,没有充分发挥组合梁底板钢材的材料性能。

由此我们可以取消一部分底板,以节省钢材用量,并且充分发挥底板钢材的作用,从而形成了半封闭钢箱组合梁的概念,如图 5-14(f)所示。

从静力计算结果分析,半封闭和全封闭钢箱组合梁二者主要是下缘应力相差较大,半封闭组合梁下缘应力可提高近 40 MPa,使底板钢材作用得到充分发挥。半封闭组合梁(结

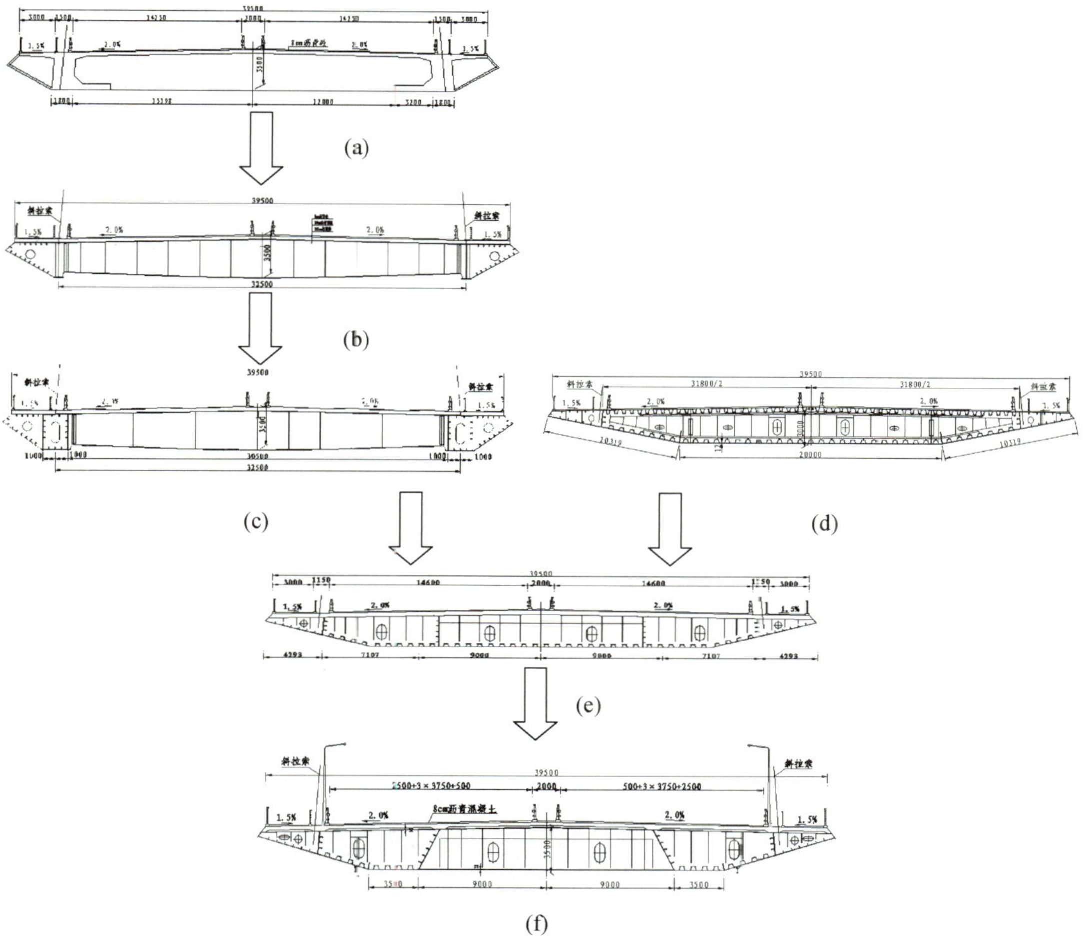

图 5-14　主梁结构概念设计思路

构主体部分)钢材用量指标比全封闭组合梁降低约 20.2%。

表 5-2 是各试设计主梁结构方案投资估算和颤震临界风速结果。整个主梁结构方案概念设计的过程,是在大量资料收集、分析的基础上,以各个概念的试设计结果为依据,最后形成半封闭钢箱组合梁这一创新的、符合建桥条件和设计理念的新型组合梁(图 5-15)。

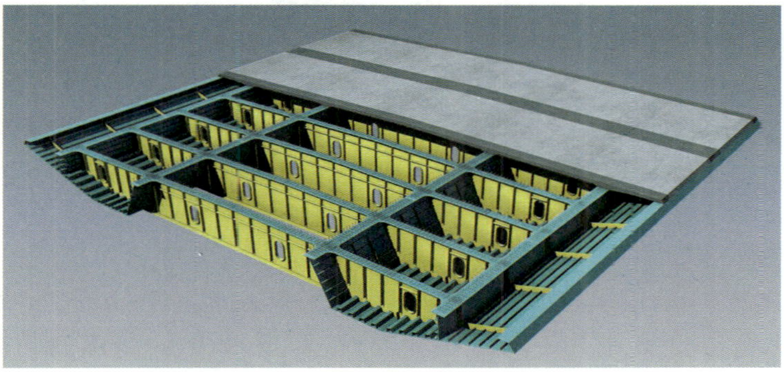

图 5-15　半封闭钢箱组合梁三维效果图

表 5-2　　各主梁结构方案斜拉桥试设计结果对比

主梁结构名称		建安费/亿元	颤震临界风速/(m·s^{-1})
混凝土梁	边主梁预应力混凝土梁	5.80	95
全钢梁	全封闭钢箱梁	7.49	120
组合梁	工字形边主梁组合梁	—	—
	箱型边主梁组合梁	6.52	97
	全封闭钢箱组合梁	6.88	—
	半封闭钢箱组合梁	6.60	126

2. 新型半封闭钢箱组合梁设计

新型半封闭钢箱组合梁主要轮廓尺寸为：含风嘴全宽约 42.5 m，不含风嘴顶板宽 39.6 m，底板宽为 3.22 m+4.26 m+4.26 m+3.22 m，中心线处高度 3.5 m(不含铺装)。主梁标准断面如图 5-16 所示。

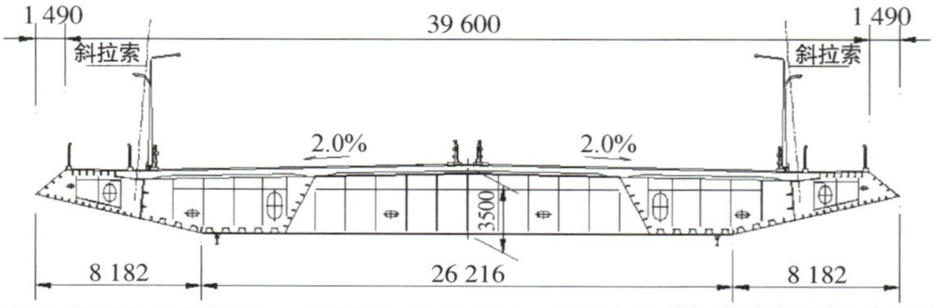

上　图 5-16　组合梁标准横断面(单位：mm)

下　图 5-17　椒江二桥施工照片

上翼缘板在顺桥向采用了全桥相同的 24 mm 板厚，宽度 800 mm，水平及斜底板采用了 16 mm、20 mm、30 mm 三种不同的钢板厚度，底板采用 U 形加劲肋加劲，基本间距

800 mm，加劲肋厚度 8 mm，外腹板厚均为 30 mm，内腹板厚均为 16 mm。横隔板标准间距为 4.5 m，非吊点处横隔板 12 mm 厚，吊点处 16 mm 厚。混凝土桥面板标准厚度 260 mm，在箱梁腹板及横梁的上翼缘设 140 mm 混凝土承托。

组合梁施工采用在钢梁节段上浇筑混凝土桥面板，再整体运输安装的办法，标准梁段采用桥面吊机施工，最大起吊重量约 370 t；边跨（过渡墩至辅助墩）梁段采用浮吊吊装，最大起吊长度 9 m，最大起吊重量约 476 t，梁段间采用高强螺栓连接（图 5-17）。

椒江二桥主桥采用的半封闭钢箱组合梁的结构形式，为世界首创的一种组合梁截面形式，有关查新也证实了国内外均未见与椒江二桥组合梁的结构形式相同的文献报道［教育部科技查新工作站 L14《科技查新报告》（2013 年 11 月 10 日）］。

椒江二桥半封闭钢箱组合梁钢材（Q345qd 和 Q370qd）指标为 379kg/m^2，C60 混凝土材料指标为 0.27 m^3/m^2，充分体现了这种组合梁优越的经济性。同时，与传统的工字形边梁的组合梁相比，具有更大的钢箱结构下翼缘面积和更大的截面抗扭刚度，从而有效提高抗风稳定性，此类断面形式可以应用于抗风要求高、跨径更大的组合梁斜拉桥，如 600～800 m 主跨，国内已有一些桥梁采用类似断面形式并相继建成通车。

5.1.4　超长嵌岩端承桩设计研究

桥址位于椒江入海口，弱风化凝灰岩覆盖层厚 120～135 m，且岩面倾斜，③层以浅部各土层（约 46 m），物理力学性质极差。对于这样的工程地质条件，如果采用摩擦桩基础，会出现桩基根数多而不经济，如果采用嵌岩桩基础，将会是世界上最长的嵌岩桩，设计计算理论难度和施工成桩风险不言而喻。

1. 桥梁基础研究比选

本桥位的地质条件较差，索塔位置淤泥层较厚（约 40 m），淤泥层以下主要为黏土层，土侧摩阻力偏低，还有部分含黏土的卵石层和圆砾层。在约 40 m 深的淤泥层中基本很难获得桩侧的摩阻力，也就是这部分的桩长基本是浪费的，因此摩擦桩很不经济。而且由于摩擦桩的桩距较大（>2.5 倍桩径），使得承台的体量也非常大。基岩走势呈西高东低，北塔处的基岩面平均埋深约－109 m，最大深度处约－116 m；南塔处基岩面平均埋深约－125 m，最大深度约－130 m。为弱风化凝灰岩，饱和单轴抗压强度样本平均值约为 22 MPa，是理想的嵌岩桩持力层。根据计算 2.5 m 桩径嵌岩桩的单桩容许承载力为 6 060 t。同样直径 2.5 m 的摩擦桩，桩长 108 m，进入强风化凝灰岩 1 m，其容许承载力为 2 610 t。之所以将强风化凝灰岩作为摩擦桩持力层，是因为强风化层以上为全风化层和黏土层，若将它们作为摩擦桩的持力层则单桩容许承载力会大幅下降（承载力减少约 500 t）。

为了深入研究比选基础形式，根据地质资料分别布置了摩擦桩和嵌岩桩如图 5-18、图 5-19 所示。摩擦桩采用 2.5 m 桩径，共 48 根，桩长 108 m。嵌岩桩采用变桩径，桩径从 2.9 m 变化到 2.6 m，24 根，北塔平均桩长约 115 m，南塔平均桩长约 135 m。经计算，单桩轴向受压承载力容许值为 68 230 kN，其中桩周土总侧阻力为 8 049 kN（12%）、嵌岩段总侧阻力 22 393 kN（33%）、总端阻力为 37 789 kN（55%）。考虑到超长桩施工有一定的风险，为以防万一，可以考虑增设备用孔的布置方案，如图 5-18 所示。

作为与桩基方案的比较，还进行了沉井方案研究。沉井总高 60 m，沉井底面标高－55.17 m，顶面标高＋4.83 m，沉井首节为 15 m 高的钢壳混凝土沉井，其余节段为 45 m 高

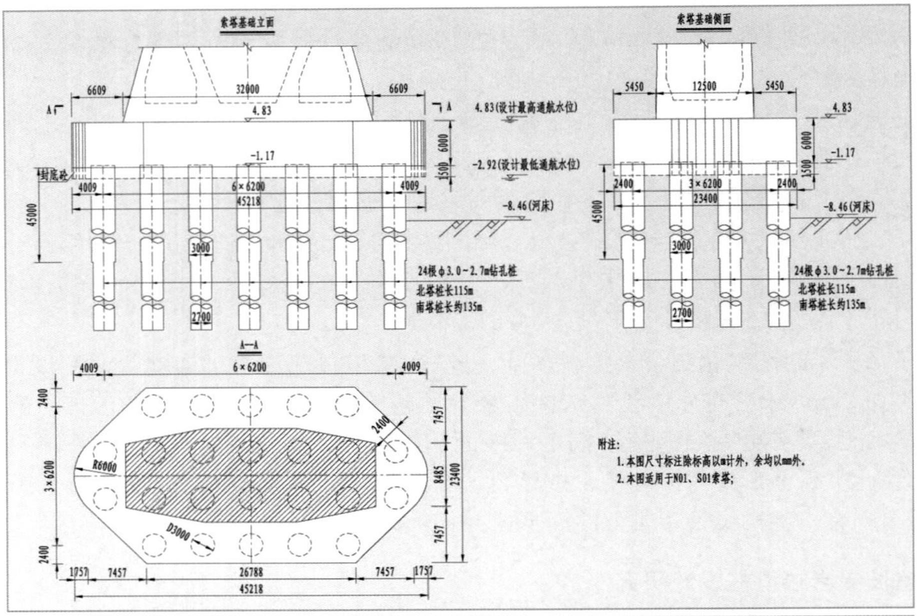

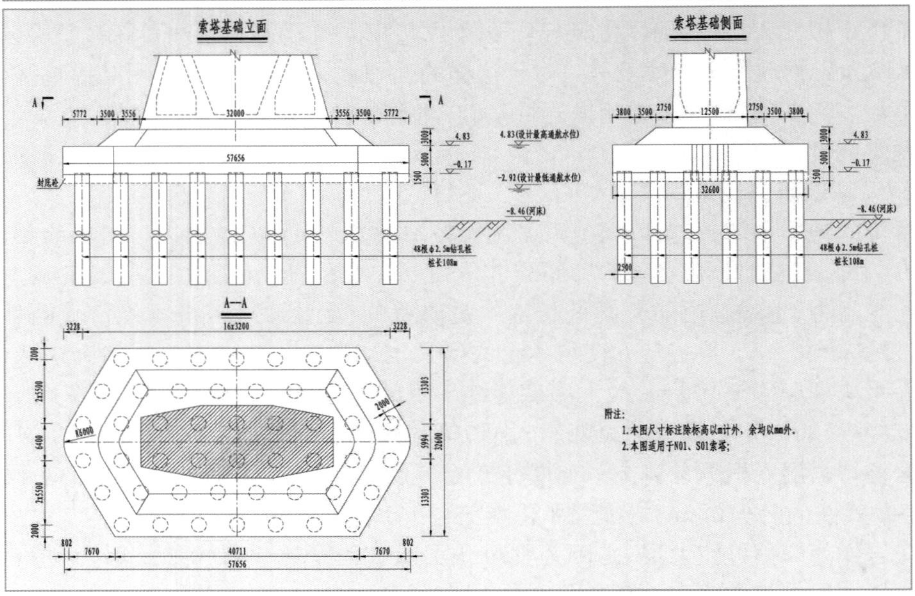

上　图 5-18　主墩嵌岩桩基础布置

下　图 5-19　主墩摩擦桩基础布置

的混凝土沉井，混凝土标号为水下 C35，刃脚处钢板壁厚 16 mm，其余钢节段处壁厚 8 mm，混凝土井壁壁厚 1.2 m，钢壳混凝土隔墙壁厚 8 mm。持力层为含黏性土圆砾(④$_2$ 层)，f_{a0} = 320 kPa(图 5-20)。

摩擦桩基础的优点是施工相对其他两种基础简单，缺点是工程量较大，阻水不满足浙江省的 7%的河道阻水面积要求，抗船撞力的能力一般；沉井方案的优点是整体受力性能好、抗船撞能力强，缺点是施工风险高、工期长，施工期间对航道影响大，工程量接近于摩擦桩，也比较大，基础沉降难以控制，阻水面积同样不满足要求；嵌岩桩方案的优点是工程量最少，阻水面积满足要求，缺点是最大桩长达到 140 m，施工难度大，超长嵌岩桩传力机理需要做专题研究，抗船撞力的能力一般。

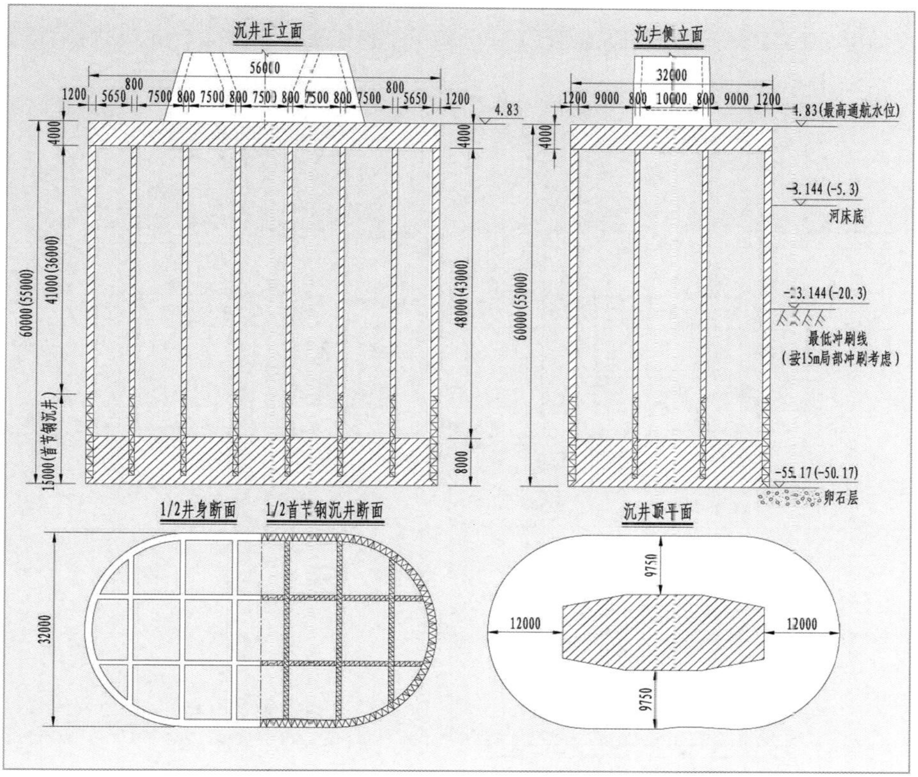

图 5-20　沉井基础方案

综上所述，虽然每种方案都有其优缺点，但综合台州地区的实际情况，最终采用嵌岩桩作为初步设计阶段的推荐方案。为了稳妥起见，当地施工图设计批复要求，先在江中开展非工程试桩施工，进行施工工艺、桩基承载力等方面的专题研究，试桩成功后，正式开始施工。

2. 超长嵌岩端承桩设计

在前面基础研究比选的基础上，确定了嵌岩桩基础形式，并优化了桩径、根数等参数。最后，主塔基础采用 30 根桩径 2.5～2.8 m 的钻孔灌注作为桩基础，北塔 N01 基础平均桩长 120.5 m，平均桩尖高程为－121.67 m，最大桩长 126.5 m，最低桩尖高程为－127.67 m；南塔基础 S01 平均桩长 129.3 m，平均桩尖高程为－130.47 m，最大桩长 139 m，最低桩尖高程为－140.17 m，采用端承桩，入岩深度不小于 3.5 m，基岩为⑨$_3$ 层的中风化凝灰岩，岩石单轴饱和抗压强度为 22 MPa(图 5-21)。

承台厚 6 m，承台顶高程为 4.83 m。承台平面呈尖端形，端部倒圆。承台顶设置分离式塔座。

辅助墩(N02,S02)和过渡墩(N03,S03)采用整体式基础。辅助墩基础为14根直径2.2～2.5 m钻孔桩,N02辅助墩桩长116.7 m, S02辅助墩桩长121.2 m。端承桩入岩深度不小于2 m,基岩为⑨$_3$层的中风化凝灰岩,岩石单轴饱和抗压强度22 MPa。承台呈圆端形,长44.25 m,宽9.75 m,高3.5 m,采用C35混凝土。过渡墩基础为10根直径1.9～2.2 m钻孔桩,N03过渡墩桩长130.7 m,进入基岩2 m,基岩为⑨$_3$层的中风化凝灰岩,岩石单轴饱和抗压强度22 MPa。承台呈圆端形,长35.35 m,宽9.35 m,高3.5 m,采用C35混凝土。钢护筒壁厚采用25 mm。

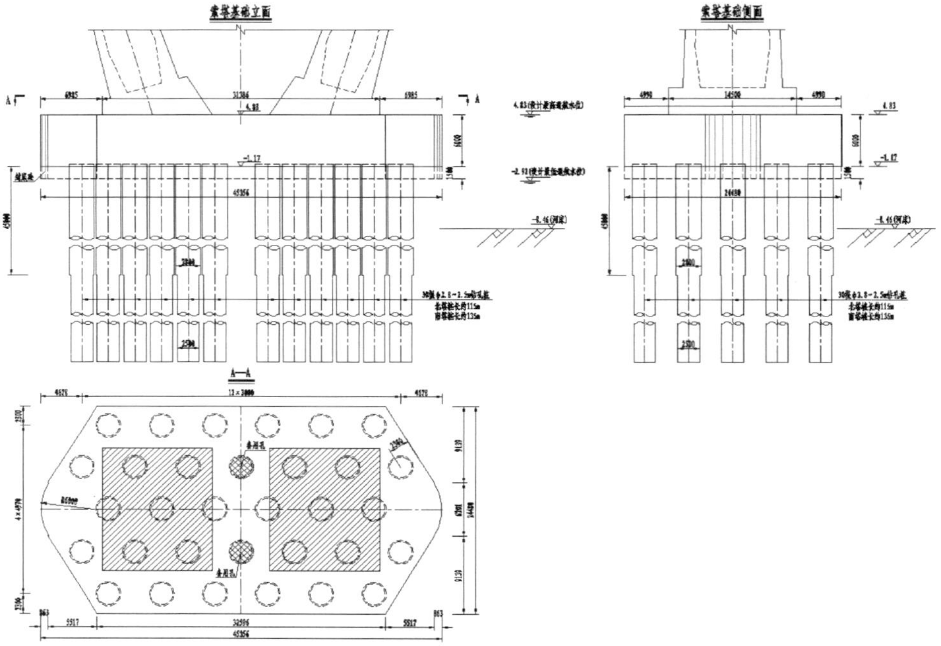

图 5-21　主墩桩基础设计

椒江二桥工程考虑到超长嵌岩端承桩的技术难度和施工风险,安排了专门的工艺试桩,试桩位于南主塔附近,设计桩长137 m,持力层为中风化凝灰岩。是目前国内最长的端承桩。直径采用2.5～2.8 m变径桩。

试桩主要采用了以下设备和措施:钻机采用韩国产RC-300型钻机,配套钻杆规格为330 mm×25 mm×3 000 mm,钻机扭矩为300 kN · m,最大钻孔深度为150 m。

护筒采用全长53.4 m的钢护筒,单根钢护筒重约72.54 t。根据设计要求及以往的施工经验,钢护筒直径为3.0 m,壁厚为18 mm,为了减小钢护筒施沉过程中的阻力,防止钢护筒底口变形,钢护筒底口设置刃脚,并在底口以上100 cm范围内护筒外侧加焊20 mm厚钢板进行局部加强。

考虑钻孔桩的施工特点及本工程地质情况,选择PHP淡水泥浆作为试桩钻孔施工用浆。钻孔施工前对配置的泥浆进行试配试验,为了保证施工各阶段的泥浆性能指标,在钻孔施工过程中对泥浆性能指标定期进行检测。开钻施工期间每小时检测一次,等泥浆性能稳定后每4小时检测一次,并根据钻进过程中地层变化情况增加检测频率。

钻孔选择了两种钻头：一种是单环四翼刮刀钻头，用于在淤泥、黏土、砂性土、圆砾及卵石等地层中钻进；另一种是滚刀钻头，用于在凝灰质岩层中钻进。试桩最终钻至标高−132.88 处，满足设计要求进入弱风化不少于 3.5 m 的要求，于 2009 年 12 月 18 日完成混凝土浇筑，意味着目前国内最长的超长嵌岩桩成功成桩。

5.1.5　多级多功能防船撞系统设计研究

椒江下游段航道繁忙，大桥设有一个 10 000 t 级(散)杂货船单孔双向主航道，两个 500 t 级散杂船单孔单向副通航孔，为了有效保护船只和桥梁的安全，大桥设计了多形式多功能防船撞系统。

1. 多级主动防撞系统

桥梁船撞风险评估与预警是桥梁多级主动防撞系统的核心。利用距离、航速、航向、最近会遇点、达到最近会遇点时间等实测数据，主动提醒船舶违规操作，实时评估船撞风险，主动预警船撞危险、自动报警船撞事故，转变桥梁“被动抵抗”局面，实现“主动防御”功能。以实时监控桥区船舶航行情况、主动提醒船舶违规操作(超速、偏航等)、实时评估船撞风险、主动预警船撞危险、最大限度避免船撞事故、自动报警船撞事件以及全程记录船撞事件。

椒江二桥多级主动防撞系统分为三个层次/子系统，即桥区船舶航行监控、桥梁船撞风险评估与预警、桥梁船撞监测与灾后评估。

2. 主墩防船撞设施

主桥主墩(N01，S01)采用防撞钢套箱作为防撞设施。防撞设施的设计与承台的施工相结合，即防撞设施既作为船舶撞击承台的保护设施又作为承台施工时的钢套箱。防船撞钢套箱总高 9.5 m，高出承台以上 1 m，伸到封底混凝土以下 1 m。横桥向由于船撞力较大，钢套箱厚度为 2.5 m，顺桥向厚度为 1.7 m(图 5-22)。

桥墩防撞设施可能遭受的波浪冲击力较大，为了减少波浪力，采取消波措施，在设施外壁开设消波孔，在水位较低时，消波孔可明显减少波浪的撞击力；采用折线型设施外形，在波浪与设施撞击过程中使水流改变方向。采取消波措施后，防撞设施船撞消能性能不会明显变化，但可减少波浪对设施的冲击力(图 5-23)。

图 5-22　主墩防撞钢套箱

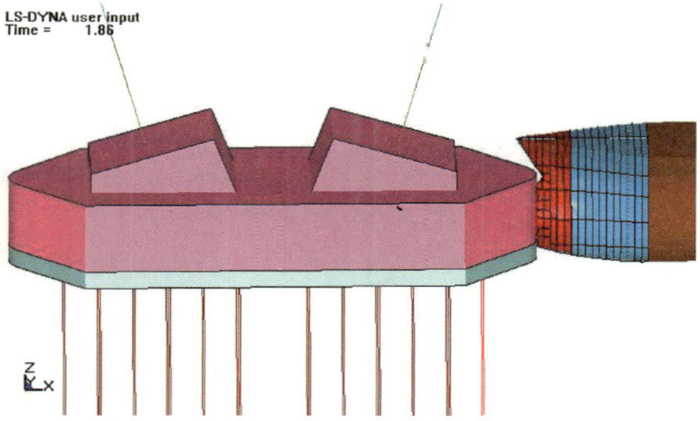

图 5-23　船撞动力分析模型

防撞设施的设计考虑了防撞体在船舶撞击破损后防撞设施可以分类型进行维修替换。

本防撞设施的主体结构采用 Q235C 钢，主要采用 10 mm 钢板和型钢。采用焊接方式连接。

防撞橡胶件采用耐老化的氯丁橡胶，安装在防撞设施和桥墩承台之间，改善防撞设施与桥墩承台的接触性能。

3. 辅助墩防船撞

辅助墩防船撞采用橡胶护舷方案。一方面减小船撞力，另一方面起到保护船舶和承台局部结构的作用。采用 D500H 形橡胶护舷。尺寸为 500 mm×500 mm×1 500 mm，端距 100 mm，孔距 325 mm，设计压缩量为 50%，反力为 686 kN，吸收能量为 47 kN · m，性能公差要求在正负 10%以内。

在船撞概率较大的辅助墩端部采用竖向紧密排列布置，在辅助墩两侧采用横向三排的布置方式，间距 900 mm。

4. 北岸非通航孔桥墩

为保障进出海螺水泥公司码头的船舶及桥梁安全，其影响范围内的北侧非通航孔桥墩按 5 000 t 级海轮考虑防撞标准。在距离桥梁结构物 100 m 左右范围内设置长度为 500 m 的柔性防撞设施。经多方案比较，提出了两种柔性防撞设置方案，最后推荐采用浮筒拦截链方案作为实施方案(图 5-24)。

图 5-24　非通航孔防撞拦截装置

针对码头船舶防撞问题所推荐的柔性防撞方案，建立较为精细的有限元模型，模拟了 2 种不同速度(1.1 m/s 和 2.0 m/s)下满载 5000DWT 船舶撞击柔性防撞设施的中部的工况，结果表明，该装置能将船舶速度降为零，说明该装置能有效地拦截失控船舶。

5.2　衢州市书院大桥

2015 年 5 月，衢州市市政工程管理处开展了“书院大桥概念性设计方案征集”，从应征方案中筛选出 3 个方案，经过公示，确定“柯城书语”方案作为主桥方案。2017 年 12 月，该桥建成通车。

书院大桥最终实施的方案是最不起眼的、最经济的方案，却是最具特色的、独具创造力的、令人耳目一新的方案。本项目 2020 年获上海市优秀设计一等奖。

5.2.1　项目概况

1. 工程范围

本工程由书院大桥主桥及两侧引道、引桥工程组成，工程西接亭川东路（九华北大道），穿衢职院，跨越衢江后，在衢江东岸与现状书院西路（衢江北路）相接，路线全长 1.16 km，其中主桥长 300 m，引桥长 395 m（图 5-25）。

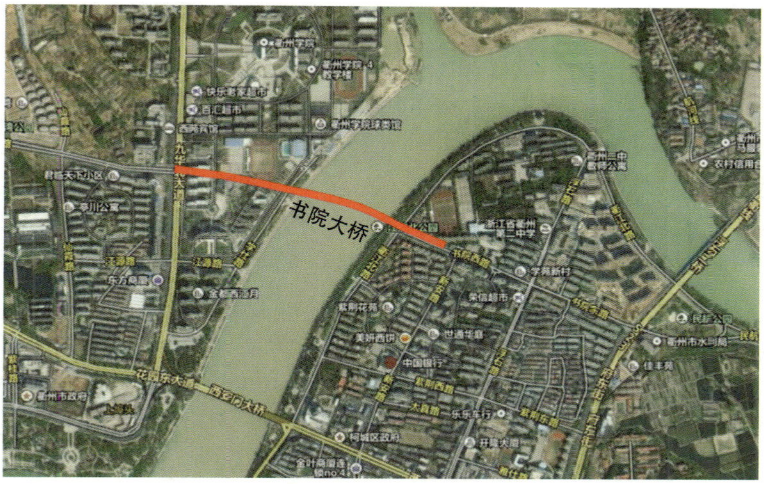

图 5-25　桥位区域地图

书院大桥工程道路等级为城市次干道，道路红线为 29 m，双向 4 车道，两侧设非机动车道和人行道。

2. 主要技术标准

（1）道路等级：城市次干路。

（2）设计速度：$V=50$ km/h。

（3）桥梁规模：大桥。

（4）设计基准期：100 年。

（5）荷载等级：城-A 级；人群：按《城市桥梁设计规范》（CJJ 11—2011）取用。

（6）航道等级：Ⅳ级航道，按Ⅲ级航道控制河上构筑物；通航净空为 7.0 m；净宽为 110 m。

（7）设计洪水位：$P=1\%$。

（8）地震烈度：基本烈度Ⅵ度，地震加速度峰值 $0.05g$，场地特征周期 0.35 s。

（9）环境类别：Ⅰ类环境。

（10）防撞栏杆等级，依据《公路交通安全设施设计规范》（JTG D81—2006），本桥防撞栏杆的防撞等级取为 SB，SBm 级。

3. 自然地理条件

1）地形地貌

衢江蜿蜒穿越浙西金衢盆地，河谷为冲洪积平原，一般河床宽 100～300 m，最宽处可达 700 m 左右，拟建位置河床宽约 320 m。河床以卵石层为主，局部河段（上游西安门大桥、衢江大桥、附近浮石大桥）河床见基岩出露。由于下游塔底水利枢纽蓄水，河道形成信安湖，且河道内经整治后地势较平坦，水深 2.00～5.5 m，早晚水位高差约 0.60 m。河流两岸均为冲洪积平原，地势较平坦，一般高出水面 3～8 m。两岸建有百年一遇的高标准防洪堤。

2）气象水文

拟建桥梁工程区所在地属亚热带季风气候，夏季长，冬季短，四季分明。初夏有梅雨，盛夏有伏旱，夏秋有台风，深冬有寒潮。冬夏季风交替明显，气候温和湿润。多年平均气温为 16.0～19.0℃，一月最冷，平均气温为 4.5～5.3℃，七月最热，平均气温为 27.6～29.2℃。年平均降水量 1 692.2 mm，年最大降水量 2 464.5 mm，年最小蒸发量 804 mm，无霜期较长。夏秋有台风、暴雨等，易引起洪涝灾害。

衢江上游有衢州水文站，集水面积 5 424 km^2，设立于 1930 年，观测项目有水位、流量、降水、泥沙等。据衢州水文站实测资料统计分析，1958—2000 年平均径流量 61.9×10^8 m^3，年悬移质输沙量 113.5×10^4 t，推移质按悬移质的 20%计算，衢州站年总输沙量为 136×10^4 t。

历年最大流量 8 500 m^3/s；历年最高水位 65.68 m（85 国家高程，下同）；多年平均流量 208.3 m^3/s；多年平均水位 59.37 m；历年最低水位 55.39 m。

3）工程地质

桥址区勘探深度以内的地基土分为 2 个工程地质层组，细分为 4 个工程地质层，现将各地质层按岩土成因时代由新到老顺序介绍如下：

③$_2$ 卵石层（Q_4^{al+pl}），灰黄、黄褐色，湿～饱水，稍密～密实。层厚 0.70～4.20 m，地基承载力基本容许值［f_{a0}］＝300 kPa，桩侧摩阻力标准值 q_{ik}＝80 kPa。

④$_2$ 强风化泥质粉砂岩（K_2^j），紫红色，砖红色，强风化状。层面埋深 0.70～4.20 m，层厚 0.80～3.60 m。地基承载力基本容许值［f_{a0}］＝300 kPa，桩侧摩阻力标准值 q_{ik}＝70 kPa。

④$_3$ 中风化泥质粉砂岩（K_2^j），紫红色，砖红色，中风化状。层面埋深 3.00～5.80 m，地基承载力基本容许值［f_{a0}］＝1 000 kPa，桩侧摩阻力标准值 q_{ik}＝100 kPa。

④$_4$ 微风化泥质粉砂岩（K_2^j），紫红色，砖红色，微风化状。层面埋深 15.00～19.30 m，地基承载力基本容许值［f_{a0}］＝1 500 kPa。

5.2.2 方案创作构思

方案竞赛通过两轮评审和公示，10 多家设计院有 30 多个方案，经过专家评审选出前 5 名优胜方案进入第二轮评审，下面的推荐方案为最终实施方案，比较方案也是进入前 5 名方案之一的优胜方案。

1. 推荐方案（柯城书语）创作设计

1）方案构思

本方案的灵感来源于悠久的书院文化，V 形墩巧妙地运用了“书”的设计元素，如一本翻开的书卷跃然江面，供过往的行人驻足观景，同时在 V 形墩的中间设置了景观弧形主楼梯，行人可下行至 V 形墩顶部的观光平台，可观赏也可品读篆刻在 V 形墩表面的历史故事。

桥梁结构线条简洁明快，远远望去，大桥似依托于两本古书之上，古朴却不乏灵动的造型表达着“书本托起两岸沟通的桥梁”的寓意，其形虽简，语义不凡（图 5-26、图 5-27）。

图 5-26　方案效果图（全景）

图 5-27　方案效果图（局部）

衢州以其悠久的历史文化故事吸引着四方来客。书院大桥的“书”墩，将成为展示这些趣闻轶事的平台，正如一本承载着历史的古书一般，向人们传递着故事。本方案在满足交通需求的同时，完美地与桥位周围环境及衢州书院文化融合在一起，成为书院路上经典而又别具一格的标志性建筑。

2）方案设计

该方案主桥采用三跨 V 形刚构加挂孔结构体系，跨径布置为 75 m＋150 m＋75 m＝300 m。中跨设置 60 m 钢箱梁挂孔。V 形刚构和主梁采用变高度预应力混凝土箱梁（图 5-28、图 5-29）。

V 形刚构墩梁固结，抗弯刚度比较大，可以抵抗施工过程中较大的不平衡弯矩及运营时活载或者其他作用产生的弯矩。中跨的 60 m 钢箱梁挂孔释放了因预应力、混凝土收缩徐变及温度所产生的巨大水平推力和弯矩，整个结构受力合理。

横断面布置为：3 m（主道）＋4 m（非机动车道）＋15 m（机动车道）＋4 m（非机动车道）＋3 m（主道）＝29 m（图 5-30）。

主梁宽度 29 m，V 腿宽度 41 m，人行观景廊道宽度 2 m，V 腿宽出的部分作为景观平台（图 5-31）。

2. 比较方案创作设计

1）方案构思

自古以来，人们就崇尚依山傍水的生活。衢州秀外慧中的山水、华夏的“扇”文化在这里得到了充分诠释。

本方案采用两跨连续空间异型三角系杆拱结构，吊杆采用扇形布置，充分融入了斜拉桥的刚性元素，将拱桥的柔美与斜拉桥刚性之美充分融合，刚柔并济。拱的山水造型，与拉索的“扇”形，是田园风光与书院气息、自然景观与人文景观完美体现。

比较方案以衢州的山水为方案的寓意，采用两跨不对称斜拱形成新颖独特的桥梁造型，给人自然流畅的视觉感受，有山的挺拔、明快，又不失水的舒缓，散发着悠悠、恬静慢城的气息。自然景象与人文景观相互融合，使桥在景中，景由桥生，与衢州的地域文化相结合（图 5-32）。

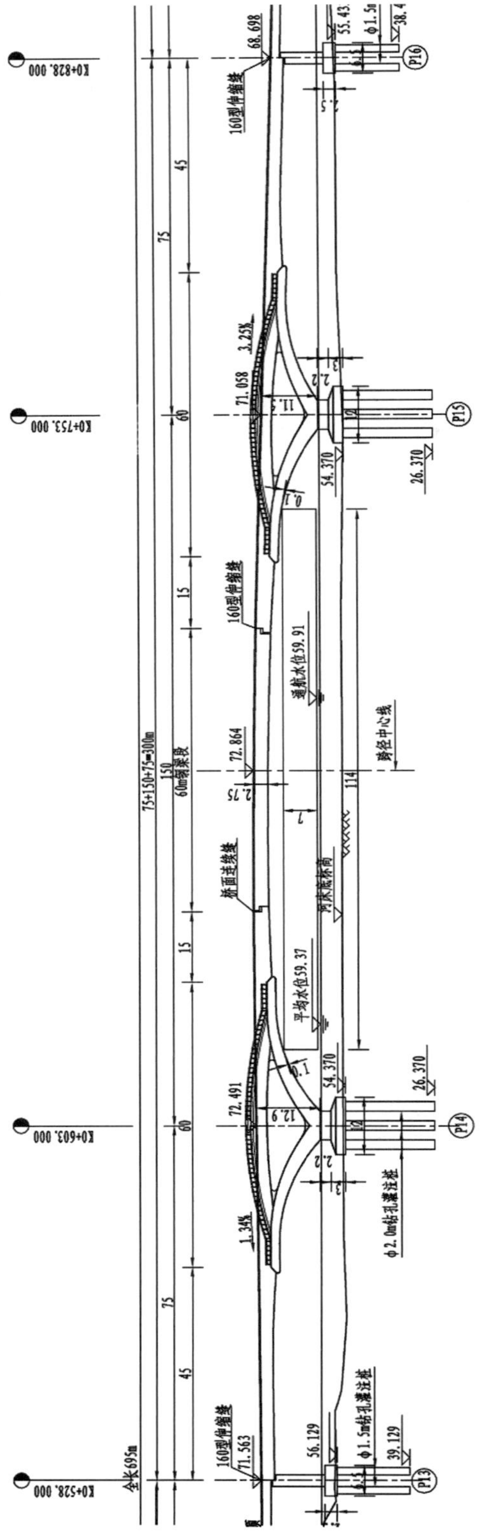

图 5-28　主桥立面布置图

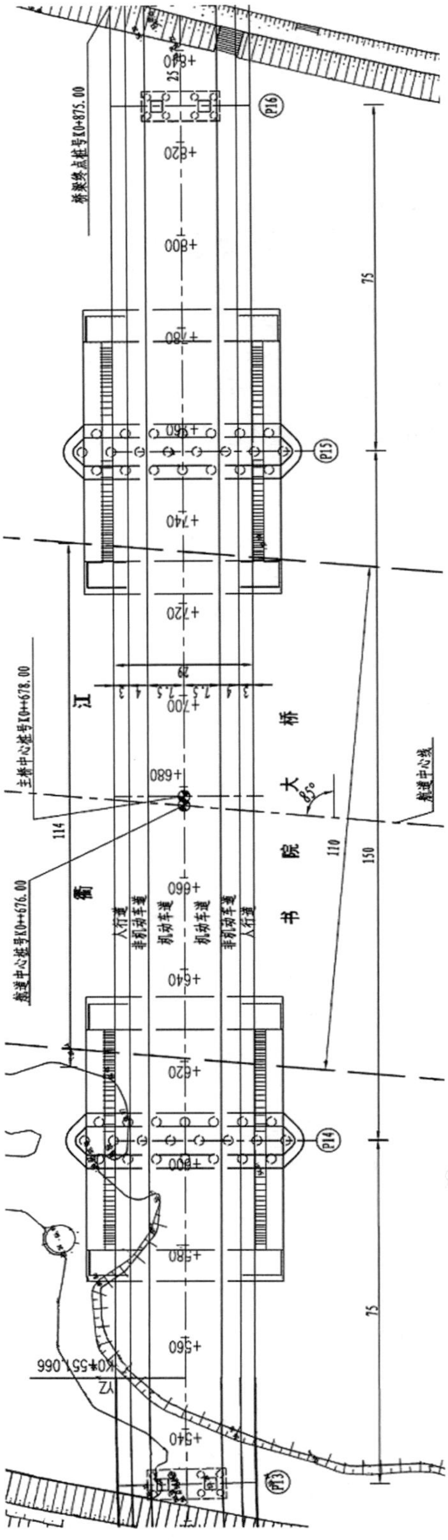

图 5-29　主桥平面布置图

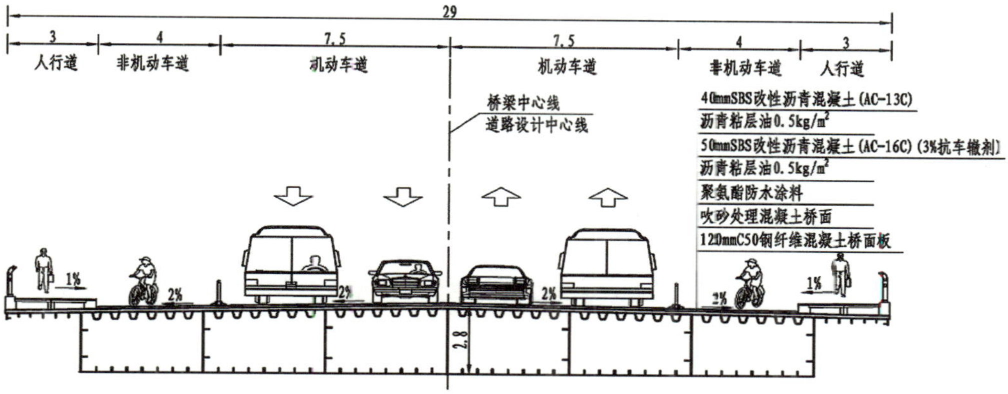

图 5-30　主跨钢箱梁横断面布置

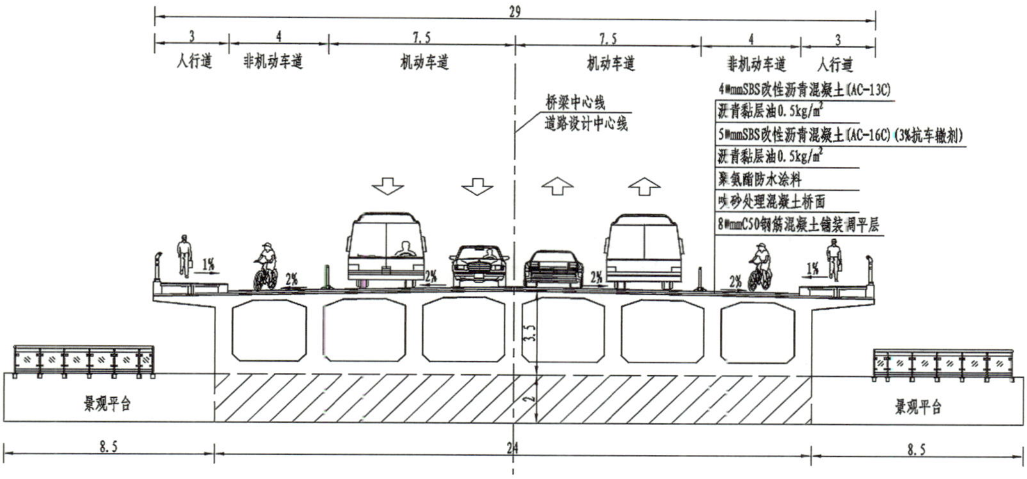

图 5-31　主桥 V 腿与主梁结合处断面图

图 5-32　比较方案效果图

2）方案设计

该方案采用四跨连续下承式空间异性三角系杆拱结构体系，拱主跨跨径 150 m，次跨为 80 m，主桥总长为 280 m。引桥跨径布置，与推荐方案基本一致。

主桥跨径布置 30 m＋150 m＋80 m＋20 m＝280 m；采用拱梁固结体系；拱为六边形钢箱截面，梁为双边箱截面。主拱位于 150 m 主跨，副拱位于 80 m 次边跨。主跨单侧钢箱梁采用 12 根吊杆，集中锚固于主拱拱顶。次边跨单侧钢箱梁采用 6 根吊杆，集中锚固于副拱拱顶。主跨梁上吊杆间距为 9 m；次边跨梁上吊杆间距为 6.5 m。基础采用钻孔灌注桩基础（图 5-33、图 5-34）。

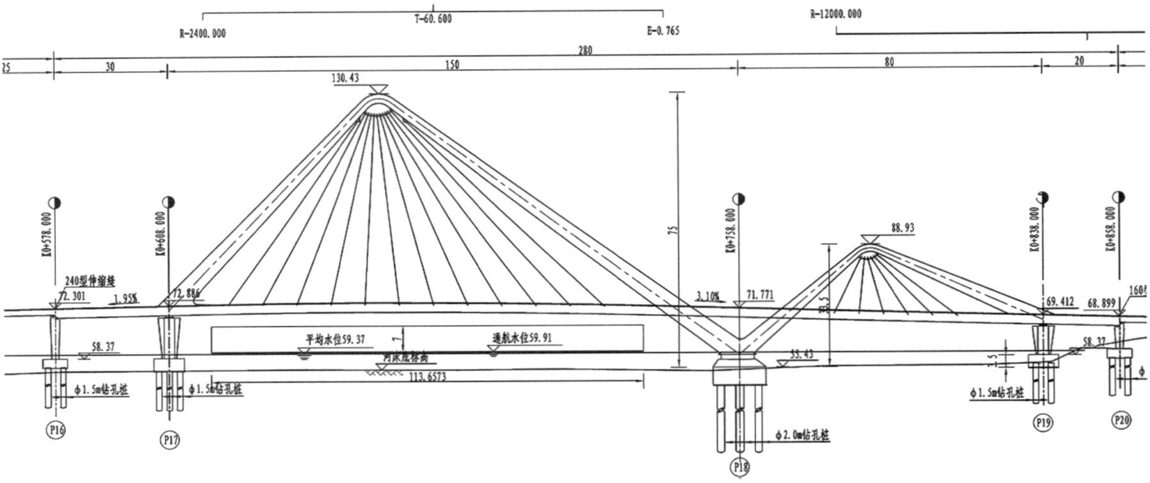

图 5-33　比较方案立面布置图

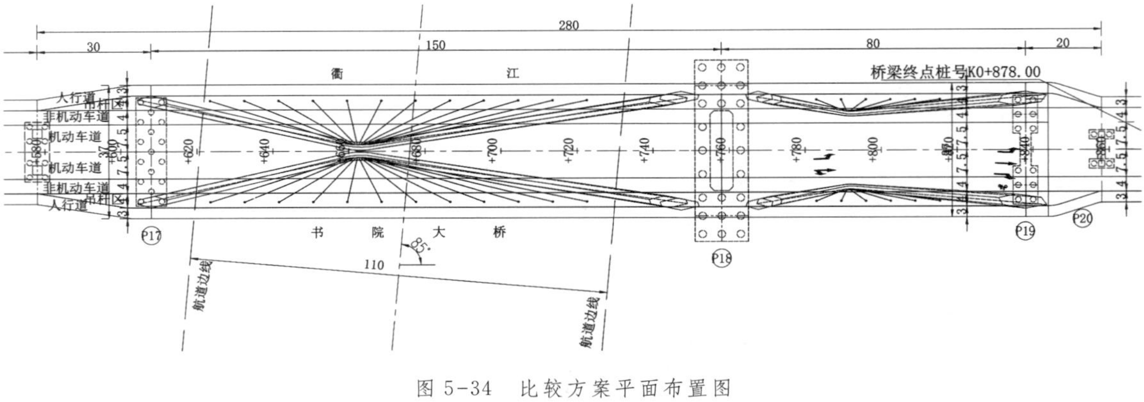

图 5-34　比较方案平面布置图

该结构受力与传统拱梁结构受力存在以下特点：①本桥拱结构采用两直杆组成的三角拱形式，与传统的抛物线或悬链线拱结构线型不同，直杆拱的合理拱轴线就是直线。因此，本桥设计特点应尽可能使吊杆锚固于直杆拱的顶端，而非直杆中间。②本桥采用大小不同拱肋，一般大拱产生的水平力较大，小拱产生的水平力较小，如何平衡大小拱产生的不同水平分力也是本设计的一个关键点和难点。本桥设计采用钢梁作为系杆平衡拱肋产生的水平力，并通过拱梁固结形式，以平衡大小拱肋产生的不平衡水平力。

桥面布置：3 m(人行道)＋4 m(吊杆区)＋4 m(非机动车道)＋15 m(机动车道)＋4 m(非机动车道)＋4 m(吊杆区)＋3 m(人行道)＝37 m(图 5-35、图 5-36)。

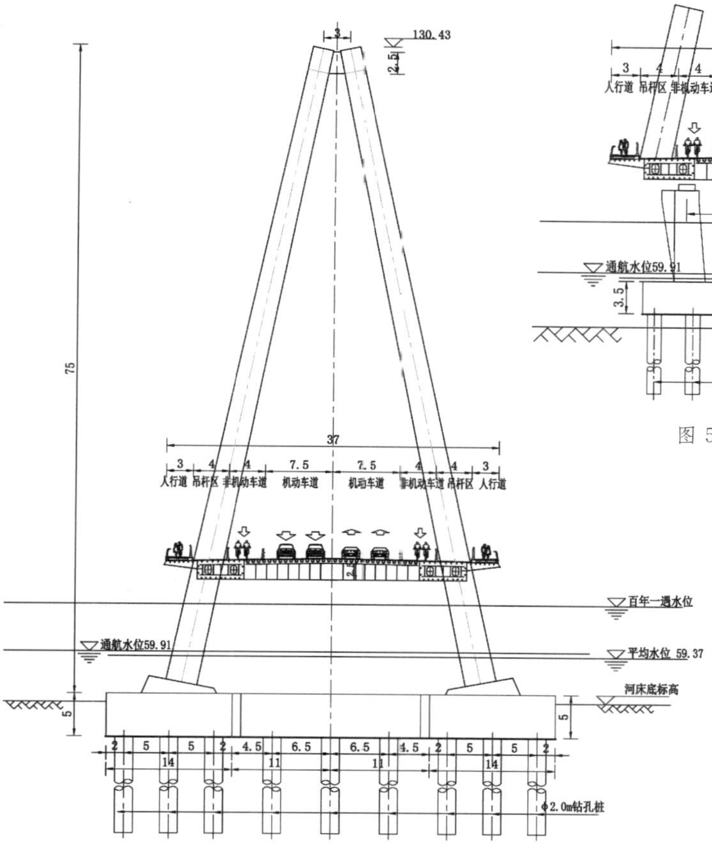

图 5-35　主跨跨中断面

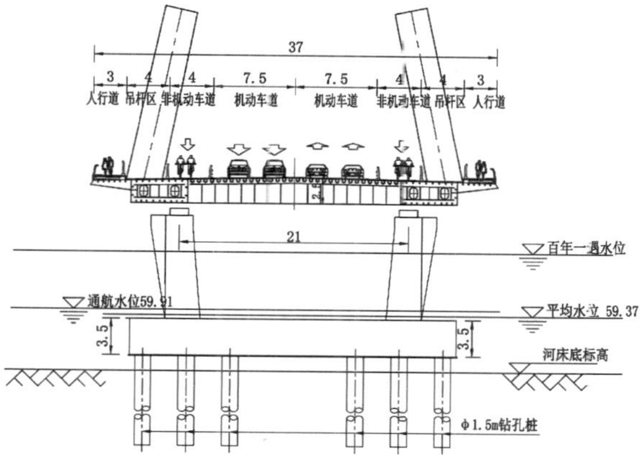

图 5-36　边跨跨中断面

5.2.3　推荐方案结构研究与设计

看似不起眼的梁桥结构，其实结构设计和力学性能还是比较复杂的，也倾注了设计团队大量的精力和智慧，这样一座 V 墩结构的梁式桥梁，需要主跨设置挂孔，才能释放温度影响；还包括宽出桥面的、水平展开的 V 形结构的受力和变形问题，及其与桥面箱梁的固结构造和节点受力问题等，需要反复进行方案比选和斟酌。

1. 推荐方案详细设计

1）预应力混凝土主梁与 V 腿结构

主桥上部结构除中跨跨中采用 60 m 的钢箱梁挂孔外，其余均采用变截面全预应力混凝土箱梁结构，V 腿长 60 m，两端各 30 m。

上部箱梁桥面全宽 29 m，采用直腹板单箱六室箱型断面，顶板宽 29 m，V 腿及梁下景观平台宽为 41 m，底板宽 24 m，悬臂长度为 2.5 m。边支点梁高 2.5 m，与景观平台结合处梁高 3.5 m，V 腿三角区上部梁高 2～3.5 m，景观平台端处高 1.8 m，与梁重合 0.8 m，V 腿底部截面高约 3.5 m。悬臂端梁高 3 m；边跨顶板厚 0.25 m，V 腿三角区箱梁顶板厚 0.45 m，悬臂端顶板厚 0.25 m；边跨底板厚 0.22～0.40 m，V 腿三角区箱梁及悬臂端底板厚 0.25 m；腹板厚 0.5～0.80 m，V 腿三角区箱梁腹板厚 0.8 m。支座横向中心距 8 m。边支点梁高 2.5 m，挂孔钢箱梁梁高 2.75～3 m。结合段按照全预应力构件计算，每道腹板内配置 8 束 17 Φ^s15.2 钢绞线(图 5-37、图 5-38)。

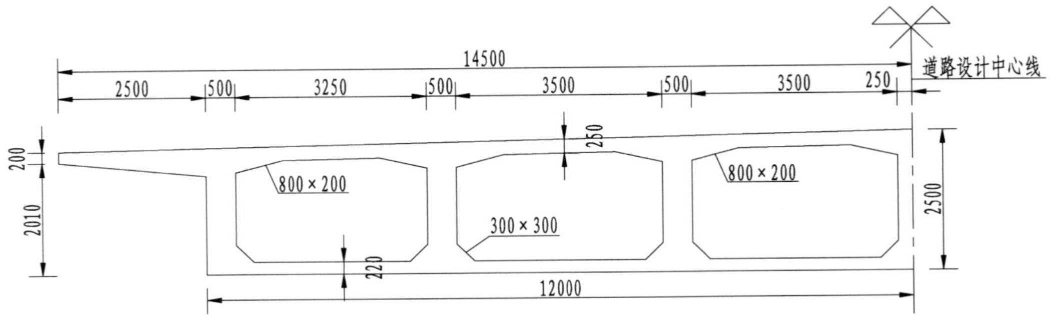

图 5-37　1/2 边跨箱梁断面

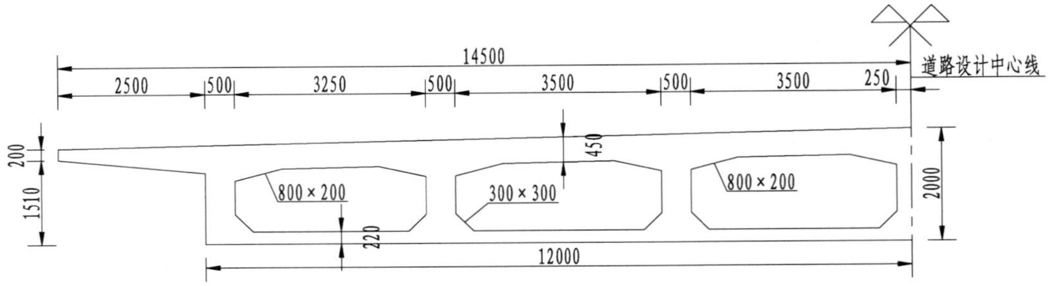

图 5-38　1/2V 腿三角区上部箱梁断面

上部箱梁与 V 腿结合处设横梁，结合段的主面图如图 5-39 所示，横梁分别宽 1.5 m 和 3 m。结合段的断面图如图 5-40 所示。

2）挂孔钢箱梁(图 5-41)

挂孔结构采用跨径 60 m 的变高度钢箱梁，主梁横向尺寸为 2.5 m(挑臂)＋6×4.0 m(单室宽度)＋2.5 m(挑臂)＝29.0 m。支点附近梁高约 3 m，跨中梁高 2.750 m，底板线型以圆弧过渡；箱梁沿纵桥向分为 5 个节段，腹板厚度 24～16 mm，底板厚度 14～18 mm，沿纵桥向每隔 3 m 设置一道空腹隔板，每隔 9 m 设置一道实腹隔板。桥面板采用钢-混凝土组合结构，下层为 10 mm 厚钢箱梁顶板，上层为 120 mm 厚 C50 钢纤维混凝土桥面板，二者通过剪力钉形成一个整体。支点处采用牛腿与混凝土箱梁连接。

3）主墩(图 5-42)

主墩采用承台桩基础，承台设为三层，顶层宽度 6.2 m，底层宽度 12 m，中间为过渡层。承台上方与 V 腿基座相接，下方布设 22 根 ϕ2.0 m 钻孔灌注桩。

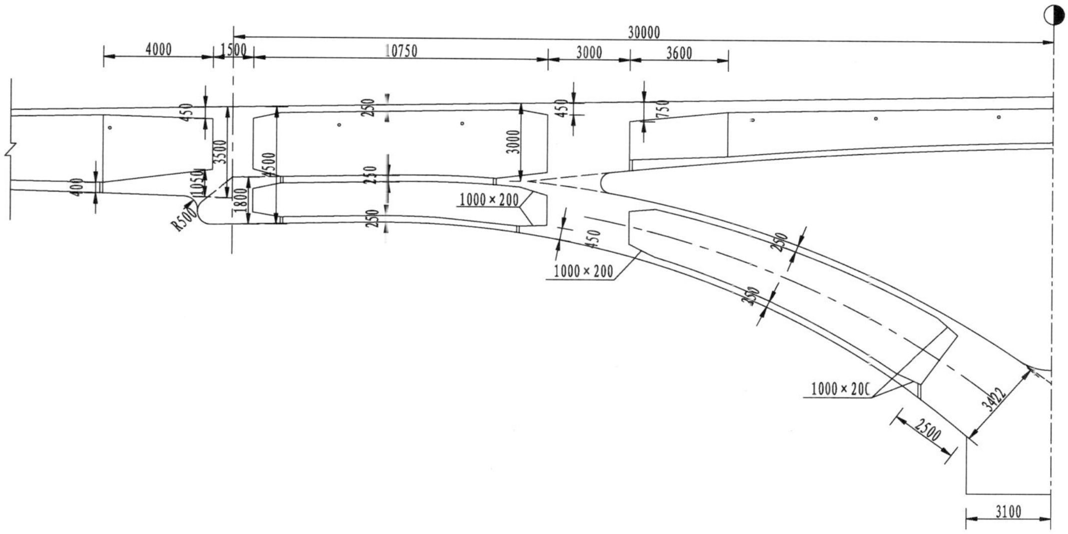

图 5-39　V 腿与箱梁结合处立面

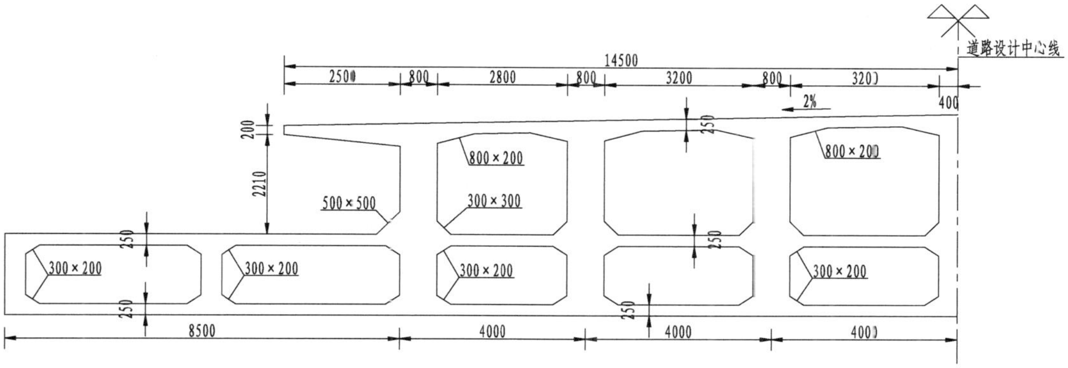

图 5-40　V 腿与箱梁结合处断面

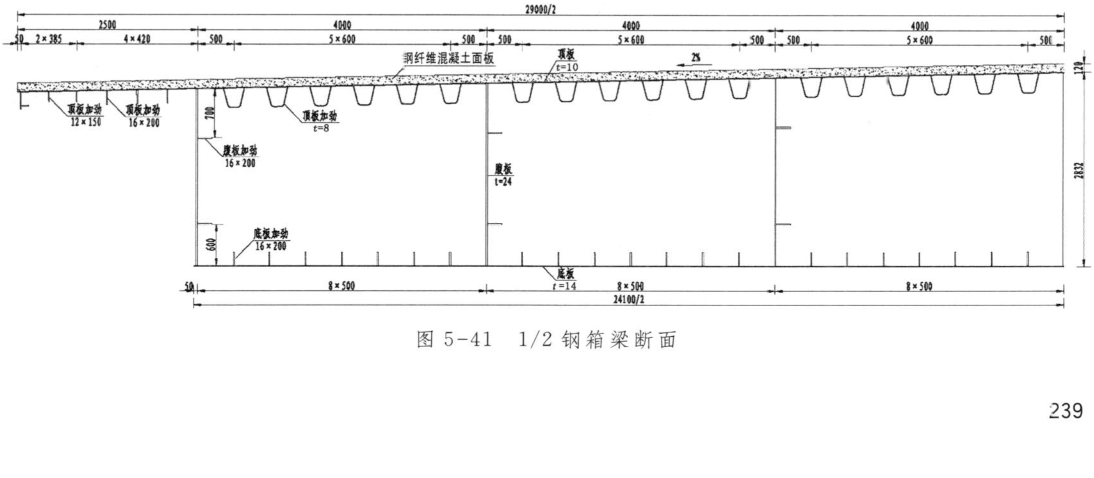

图 5-41　1/2 钢箱梁断面

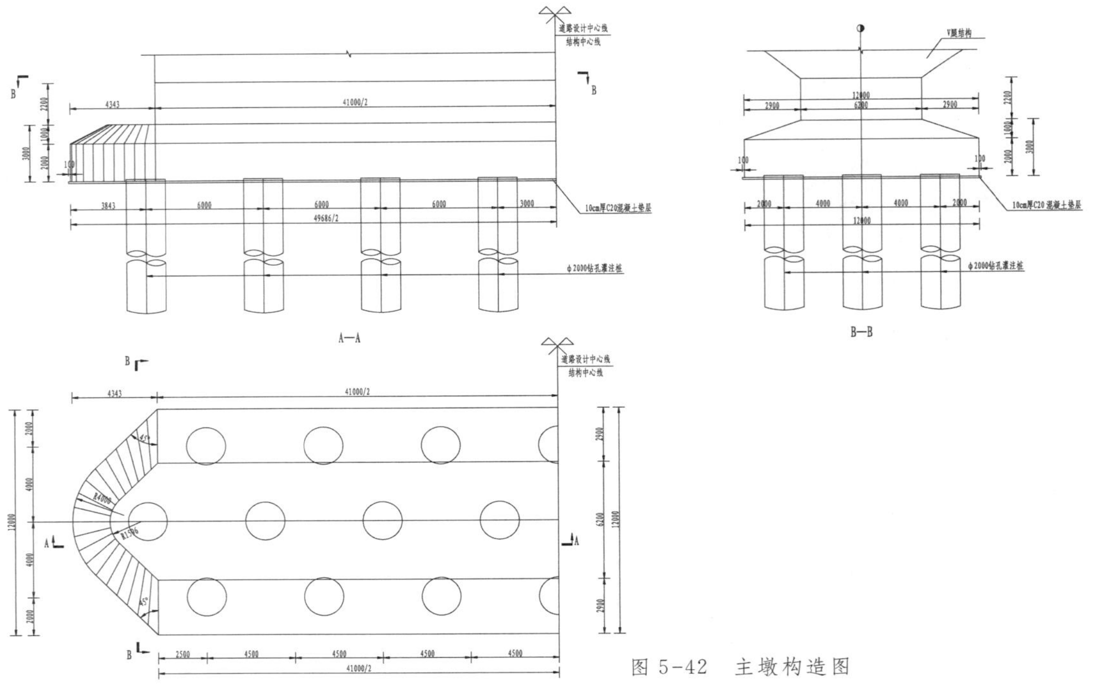

图 5-42　主墩构造图

承台采用防撞设计，考虑导流作用，端部为三角形倒圆角。

2. V 形墩结构研究

V 腿宽度大于上部主梁宽度，V 腿既要承担上部主梁传递来的恒载和活载，又要承担作用于 V 腿外挑部分的观景平台的荷载，结构形式和受力状况较为复杂；V 腿纵桥向尺寸 62.5 m，横桥向尺寸 41.0 m，空间受力特性较为明显，常用的杆系有限元计算方法能否反映结构的真实受力状况有待验证。

结合本桥弧形 V 腿形成的空间板壳结构特点，需要对以下构件节点进行相应的受力性能分析。

(1) 弧形 V 腿和上部主梁结合段的受力性能分析，主要包括纵桥向应力在截面上的分布和弧形 V 腿景观平台外挑产生的横桥向的应力及其分布。

(2) 自主梁与弧形 V 腿结构结合处起至弧形 V 腿结构与桥墩结合处纵桥向应力的扩散情况，以及桥墩墩底竖向应力分布。

采用通用有限元软件 ANSYS 建立混凝土实体模型，其中混凝土采用 8 节点 Solid45 单元模拟，预应力钢束采用 Link8 单元模拟。取东侧 V 形刚构与主梁为整体研究对象，建模范围从墩底至桥面，纵桥向从挂孔下牛腿至边墩支点(图 5-43)。

边界条件：在墩底处设置固定约束，在边墩支座处设置竖向约束。

施加荷载：结构一期恒载、二期恒载(包含装饰用大理石重量)、预应力效应。

1) 结构变形

实体模型和杆系模型计算出的结构关键点的变形如表 5-3 所示。可见无预应力状态下，实体模型和杆系模型关键点位移基本相同；有预应力状态下，两种模型在边跨跨中位移基本一致，牛腿处位移出现了方向相反的情况。但考虑到位移绝对值较小，且该位置处于预应力钢束的起点，两种模型模拟局部预应力损失的方法存在差异，可以认为二者的变形仍然保持一致。实体模型结构竖向变形见图 5-44。

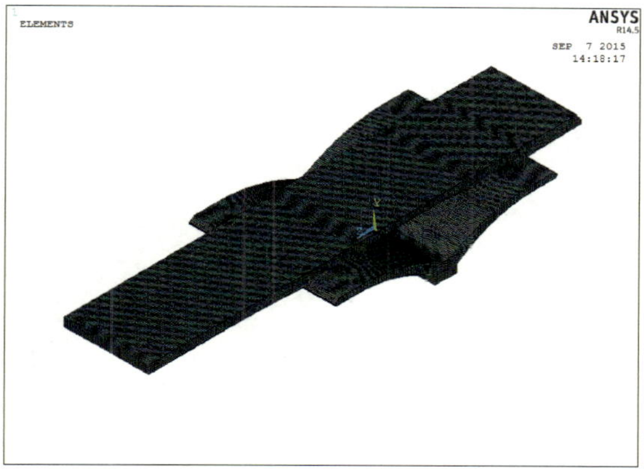

图 5-43　ANSYS 建立的有限元实体模型

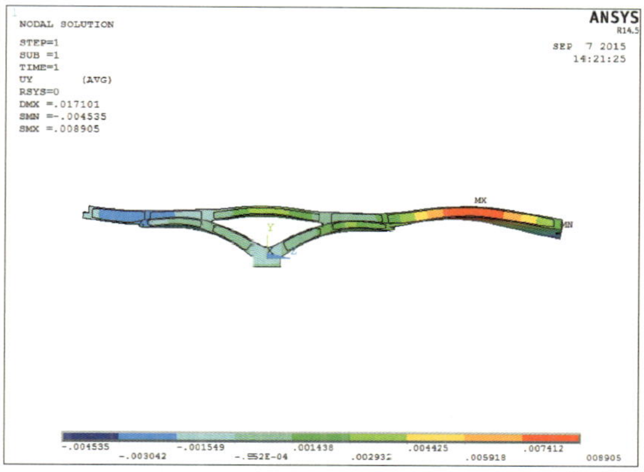

图 5-44　实体模型结构竖向变形（单位：m）

表 5-3　**实体模型与杆系模型结构关键点位移对比**　单位：mm

内容	实体模型		杆系模型	
	边跨跨中	牛腿处	边跨跨中	牛腿处
无预应力	40	151	45	148
有预应力	−8	6	−11	−4

注：位移方向以竖直向下为正。

主梁内预应力施加前后弧形 V 腿挑臂端部竖向位移见表 5-4。

表 5-4　**预应力施加前后弧形 V 腿挑臂端部竖向位移**　单位：mm

内容	无预应力	有预应力
位移	62	3

注：位移方向以竖直向下为正。

可见预应力效应使得 V 腿挑臂角点处抬高 59 mm。

2）弧形 V 腿纵桥向应力

为反映弧形 V 腿纵桥向应力在横截面的分布情况，沿纵桥向按一定间距截取多个截面查看应力分布，截面位置如图 5-45 所示。其中 1—7 号、22—28 号截面反映的是主梁与 V 腿结合段的应力分布状况，8—21 号截面反映的则为 V 腿下部应力分布情况。实体模型纵向应力分布状况见图 5-46。

主梁与弧形 V 腿结合段，由于结构具有一定的对称性，此处仅列出 1—7 号截面纵桥向应力分布图，限于篇幅仅列出具有代表性的 1 号、7 号截面。

1 号截面（图 5-47）应力分布较不均匀，集中于主梁及主梁下部 V 腿范围，V 腿挑臂部位应力较小。主梁上缘应力约为－6.5 MPa,下缘约为－4.5 MPa;挑臂段平均应力为－1.5 MPa,在挑臂端部下缘出现 1.5 MPa 的拉应力;主梁腹板应力分布较为均匀。

7 号截面(图 5-48)横梁处截面,顶底板及腹板中应力分布已较为均匀,主梁上缘应力约为－6.5 MPa,下缘约为－6.0 MPa;箱室中截面平均应力较低,约为－1.0 MPa,部分箱室角点有少许拉应力;V 腿挑臂段平均应力为－3.5 MPa,且下缘应力大于上缘应力。

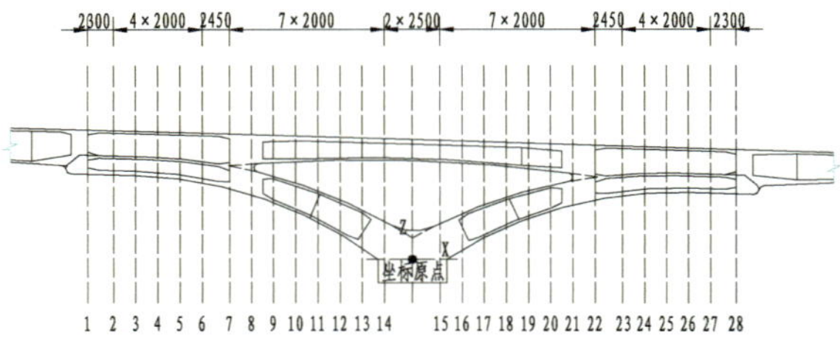

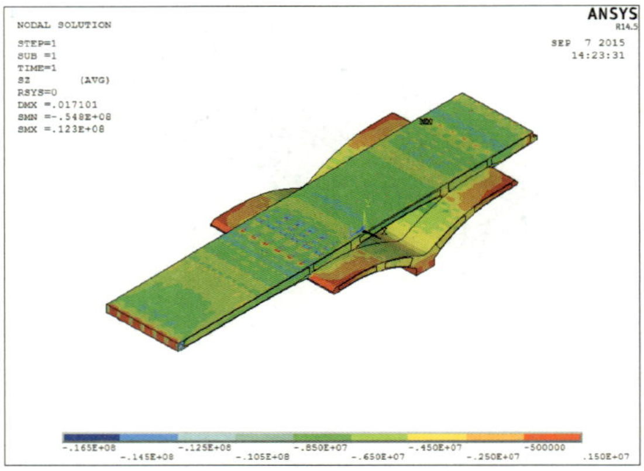

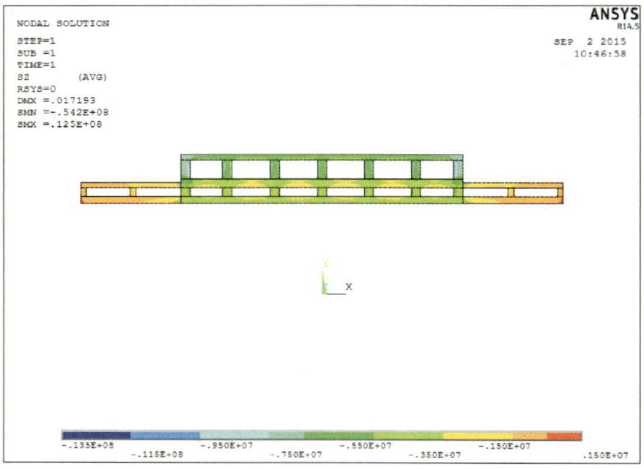

1	2
3	4

1. 图 5-45 纵向应力计算截面位置
2. 图 5-46 半桥模型纵桥向应力(单位:Pa)
3. 图 5-47 1 号截面纵桥向应力(单位:Pa)
4. 图 5-48 7 号截面纵桥向应力(单位:Pa)

可见压应力主要分布在主梁及主梁下部 V 腿范围内,在 V 腿挑臂范围内压应力较小;从 1 号截面到 7 号截面,截面应力分布由不均匀趋于均匀。

取主梁及主梁下部 V 腿范围内截面为对象,读取截面顶部(主梁截面)平均应力和底部(V 腿截面)平均应力,与杆系模型计算结果比较,结果列于图 5-49。

可见应力变化趋势是相同的。实体模型计算的应力值略小于杆系模型计算的应力值,原因为杆系模型截面仅考虑主梁及主梁下部 V 腿范围,未计入弧形 V 腿挑臂范围的截面,使得截面刚度偏小。

弧形 V 腿部分，由于结构具有一定的对称性，此处仅列出 8—14 号截面纵桥向应力分布图，限于篇幅仅列出具有代表性的 9 号、13 号截面。

9 号截面主梁截面应力分布均匀(图 5-50)，V 腿截面中出现了比较明显的应力集中现象，表现为靠近结构中心线处应力水平较高，向两侧方向应力水平逐渐降低，且底板应力显著高于顶板应力。应力最大处为底板顶面，约为 −15.0 MPa；顶板平均应力约为 −8.0 MPa，底板平均应力约为 −12.0 MPa。腹板中应力也从中心向两侧递减。V 腿挑臂中应力约为 −7.0 MPa。

13 号截面 V 腿底板变厚(图 5-51)，应力水平降低。顶板平均应力约为 −4.5 MPa，底板平均应力约为 −2.5 MPa，底板顶面局部应力水平较低；V 腿挑臂中平均应力与主梁下 V 腿应力水平相近。

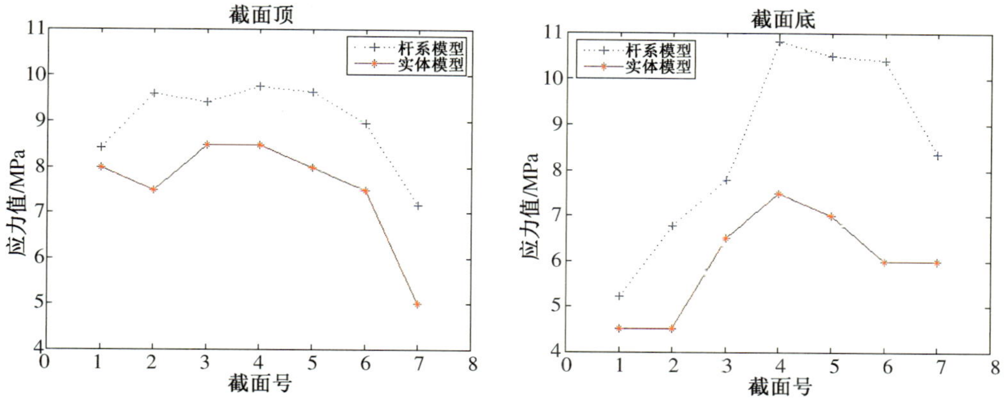

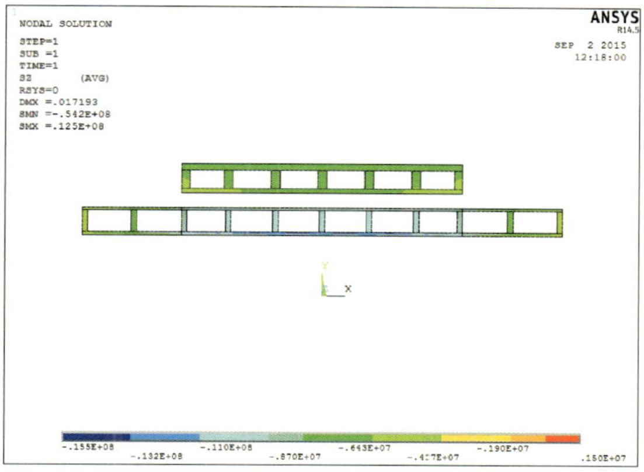

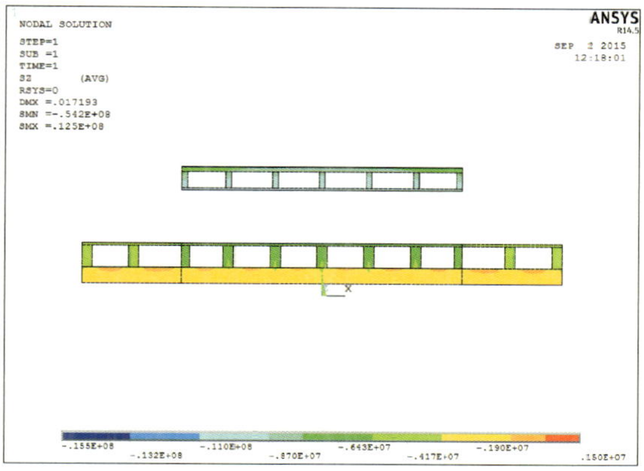

1. 图 5-49 实体模型和杆系模型截面平均应力对比(单位：MPa)
2. 图 5-50 9 号截面纵桥向应力(单位：Pa)
3. 图 5-51 13 号截面纵桥向应力(单位：Pa)

8 号截面为横梁截面，应力分布较为均匀；距结合段最近的 9 号截面应力分布最不均匀，最大值出现在该截面底板处，为 15.0 MPa，应力水平较高，可考虑增加底板厚度。从 9 号截面到 14 号截面，截面应力由不均匀趋于均匀，截面平均应力水平也逐步降低。

3）弧形 V 腿横桥向应力

在弧形 V 腿悬臂单侧景观平台施加模拟人行桥及行人效应的荷载 216 kN，沿横桥向按一定间距截取多个截面查看横桥向应力分布，截面 *A*、*B*、*C* 位置如图 5-52 所示。

截面 *A*（图 5-53）在 V 腿下部箱室周围出现拉应力，主要集中在顶板顶缘和横梁局部，拉应力值约为 2.0 MPa。横梁中段拉应力数值较小。桥墩处以受压为主。

截面 *B*（图 5-54）拉应力出现在顶板和底板顶缘，拉应力值约为 2.0 MPa，横梁附近拉应力减小或消失。截面 *C*（图 5-55）应力分布情况与截面 *B* 相似，拉应力分布区域减小。

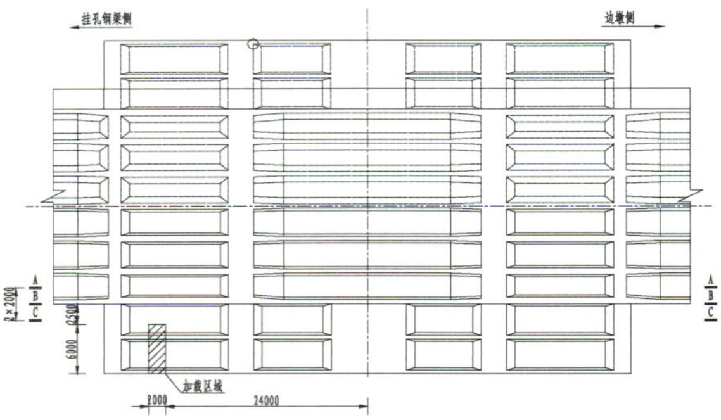

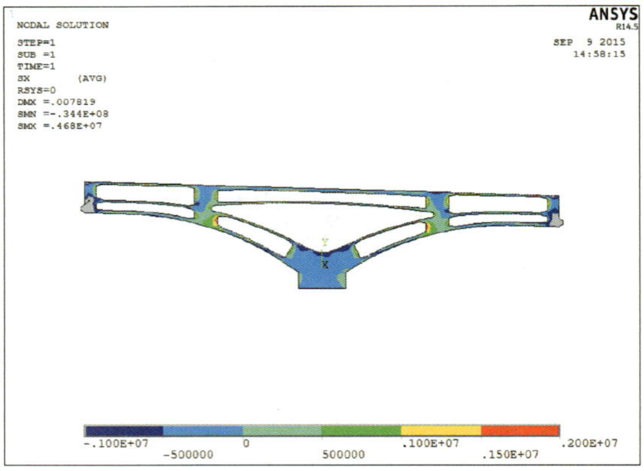

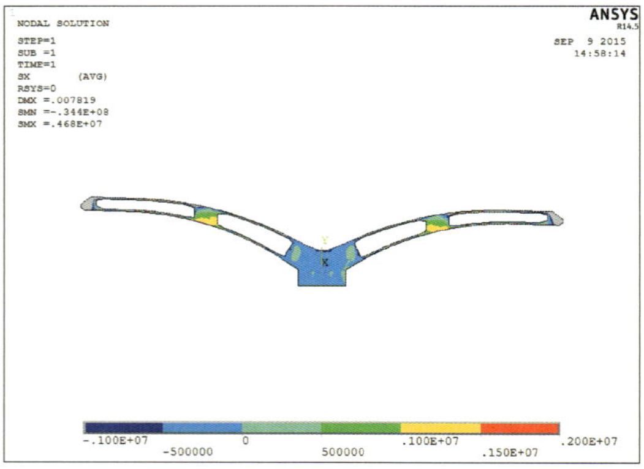

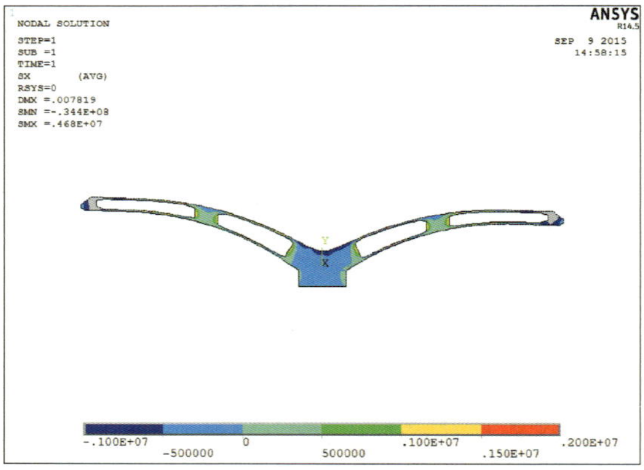

1	2
3	4

1. 图 5-52　横向应力计算截面位置
2. 图 5-53　截面 *A* 横桥向应力（单位：Pa）
3. 图 5-54　截面 *B* 横桥向应力（单位：Pa）
4. 图 5-55　截面 *C* 横桥向应力（单位：Pa）

可见，弧形 V 腿横桥向悬臂根部顶板最大拉应力约为 2.0 MPa，假设截面顶板竖向平均拉应力 2.0 MPa，顶板厚度 250 mm，则每延米结构总拉力为（2.0×250×1 000）MN＝500 000 MN。假设开裂后拉力均由钢筋承担，开裂截面钢筋拉应力 110 MPa，计算需钢筋面积为 500 000÷110＝4 545 mm^2，该处实际配筋为 Φ32@150，钢筋面积为（$\pi\times32^2/4$）×（1 000/150）＝5 362 mm^2＞4 545 mm^2，故受拉区配筋满足要求。

施工和建成后的桥梁如图 5-56—图 5-58 所示。

1 图 5-56 分段吊装主跨钢箱梁施工　　2 图 5-57 大桥建成后照片

3 图 5-58 大桥夜景

5.3 常州市西仓桥

一座小桥折射出美学思想、设计策略对于创新创意的理论指导意义。西仓桥是一座位于常州市内京杭古运河风貌保护区(阮仪三先生主持的)内的别具特色的一座桥梁。设计之初我们就摒弃从单一的空间维度出发,采用仿古廊桥造型谋求视觉上的所谓协调的思路。取而代之的是在时间和空间上两个维度的综合思维:以独创的方式既在空间维度保持和谐(人行道从箱梁底板悬挑,隐去高大的桥梁梁体结构),又在时间维度延续历史文脉,书写城市新时代篇章。在现代城市和历史保护区之间架起了一座无形的桥梁,实现了历史、当下和未来的交流与传承。该桥于 2019 年建成通车。

5.3.1 工程概况

常州市大仓路-芦墅路跨运河的西仓桥位于江苏省常州市中心城区古运河之上,南起勤业路,北至关河西路,其间跨越京杭古运河及关河,全长约 1.4 km。根据常州市城市总体规划,大仓路—芦墅路为城市次干路,道路红线宽度 24 m,设计速度为 40 km/h(图 5-59)。

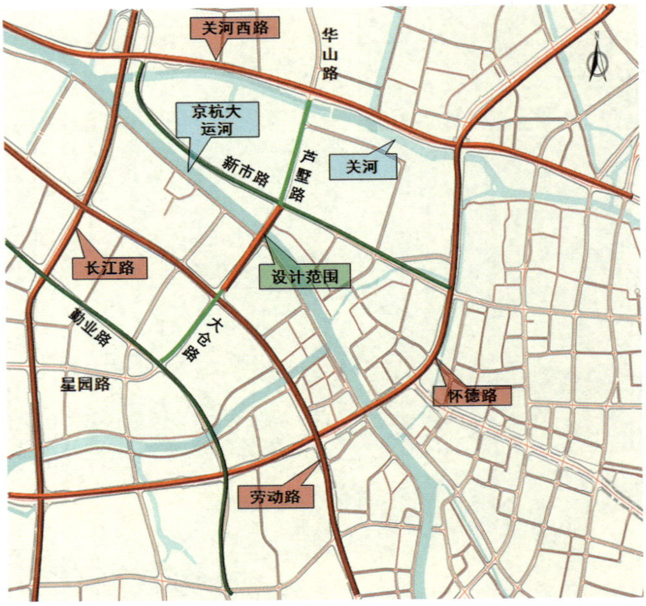

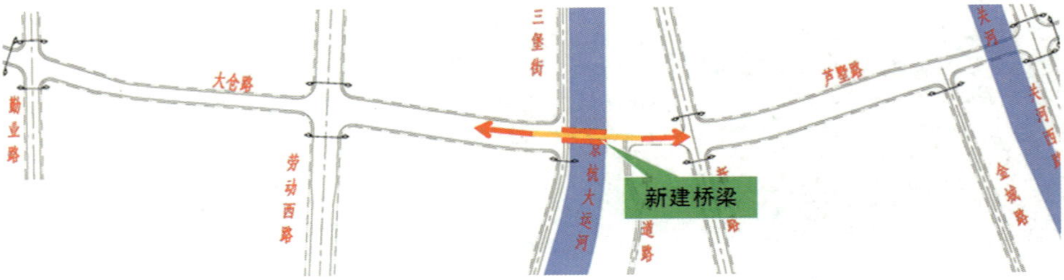

上 图 5-59 项目区域位置

下 图 5-60 桥梁平面路线

全线设置 4 个交叉点,最小圆曲线半径 400 m,最大圆曲线半径 1 500 m。桥梁与相交道路(除三堡街外)均采用平交沟通(图 5-60)。

1. 主要技术标准

(1) 道路等级:城市次干路。

(2) 设计车速:V=40 km/h;辅道车速,V=30 km/h。

(3) 主体结构设计基准期:100 年。

(4) 结构设计安全等级:一级。

(5) 结构耐久性：按Ⅰ类环境设计。

(6) 汽车荷载：城—A 级；人非荷载：按照《城市桥梁设计规范》(CJJ 11—2011)取用。

(7) 抗震设防标准：基本烈度为 7 度，工程区域地震动峰值加速度为 0.10g。

(8) 桥面宽度：双向四车道＋人非交通。

(9) 台后填土控制高度：≤3.5 m。

(10) 净空要求(不含照明等设施的高度)：机动车道≥4.5 m，三堡街≥3.5 m，非机动车道和人行道≥2.5 m，西直街≥2.5 m。

(11) 通航要求：目前运河无通航要求，仅考虑小型游船通航，规划要求河道中心梁底高程≥6 m。

2. 自然条件

(1) 地形地貌。常州地处长江下游三角洲苏南平原，地貌类型属冲积平原，境内地形复杂，山区平圩兼有。东临太湖，北枕长江，西倚茅山丘陵，南接天目山麓，境内地势西南略高，东北略低，高低相差 2 m 左右。

桥梁拟建场地地形比较平坦，自然地面黄海高程一般在 3.86～4.30 m。

(2) 气象条件。常州属于北亚热带海洋性气候，常年气候温和，雨量充沛，四季分明。春末夏初时多有梅雨发生，夏季炎热多雨，最高气温度常达 36℃以上，冬季空气湿润，气候阴冷。地貌类型属高沙平原，山丘平圩兼有。南为天目山余脉，西为茅山山脉，北为宁镇山脉尾部，中部和东部为宽广的平原、圩区。

(3) 水文条件。大运河常水位为 1.88 m(黄海高程，下同)，根据常州水文站资料，本地区历史最高洪水位为 1931 年的 3.70 m；近年为 1991 年的 3.63 m；本场地属于常州市城市防洪二类地区，抗洪水位为 3.90 m。

(4) 地震烈度。常州市属于中国东部扬子古陆江南块褶带，地壳厚度 36～37 km，历史上属于少震区。本地区抗震设防烈度为 7 度，工程区域地震动峰值加速度为 0.10g；本场地类别为Ⅲ类，土层无液化。

(5) 地质条件。拟建场地北侧为现状运河路路边绿化带，南侧为仓库。本次最大钻探深度 42.50 m 范围内的土层均为第四纪全新世(Q_4)及晚更新世(Q_3)冲沉积层。根据钻探资料，构成拟建场地的土层主要为第四纪全新世(Q_4)的填土、淤泥质粉质黏土、粉质黏土；晚更新世(Q_3)的粉土、粉砂和粉质黏土。根据钻探资料，自上而下土层共被划分为 8 个大层，其中第②层又被划分为 2 个亚层。

5.3.2　项目背景

1. 京杭大运河

常州市大运河始建于公元前 495 年，是重点文物保护单位之一。拟建桥梁处大运河为老运河段，目前河道已不通航，以观光旅游为主，两岸分布有众多工业设施。

大运河是常州城市最具文化积淀的历史元素，是集常州城市历史、文化、地理、经济等资源于一体的城市综合符号。2 000 多年来，古运河形成了常州粉墙黛瓦、小桥流水的城市文化特色。商贾贸易、运河漕运，以后随运河而兴起的民族工商业铸就了现代常州经济的发展。

京杭大运河是一条古老且充满文化底蕴的河，是一条迄今仍在发挥着航运、灌溉、旅游、防汛、抗洪、供水、养殖等经济效益的河，因此需要平衡保护和发展的关系。

图 5-61　京杭运河常州段现状

大仓路-芦墅路跨运河桥梁的建设，需运用动态发展的设计理念，兼顾运河遗产保护、运河本体发展、滨河区域功能提升、居民生活质量提高等，多方位思考，综合考虑保护和发展的关系。

京杭大运河流经常州市中心地段，它具有重要的历史价值。京杭大运河常州段是运河商旅文化的突出代表，是唯一历史水利设施的真实遗存地；是常州市区仅存的、规模较大、传统里坊保留较多、工业遗产丰富的运河历史地段；是常州运河在历史不同时段，功能与空间变迁的时代见证(图 5-61)。

在水运繁荣的古代，京杭大运河给常州带来的便利运输条件，使常州的经济繁荣，商贾云集，孕育了丰富的运河文化。常州在历史上主要经历了宋元城史文化、明清漕运文化、近代民族工商业、发展等历史阶段。

2. 老西门地段

明代，正统五年(1440 年)为解决常州漕运储存，在运河两端分建东西两仓，西仓前设运粮码头。正统十二年(1447 年)建广济桥(西仓桥)。后在南运河汇流处建成石龙嘴水利工程(即大运河与南运河分水墩)，用以调解长江、太湖、滆湖三方来水的水量与流速。本区段成为著名的运河古驿和漕运繁华之地(图 5-62)。

清代，城内商业贸易区向西扩展，西门外形成米市、豆市集散地，商旅云集，西仓街、三堡街河段粮船如梭，两岸店铺林立。设有米市码头、豆市码头、南运码头。

清末，西仓桥地段成为常州府的西门户和重要的商业区，豆、米、木、钱、典，百业兴盛，祠庙、会馆众多，商贾云集。随着近代工业、航运、交通、市政的起步，西门外陆续开设轮船码头和机器工厂等。

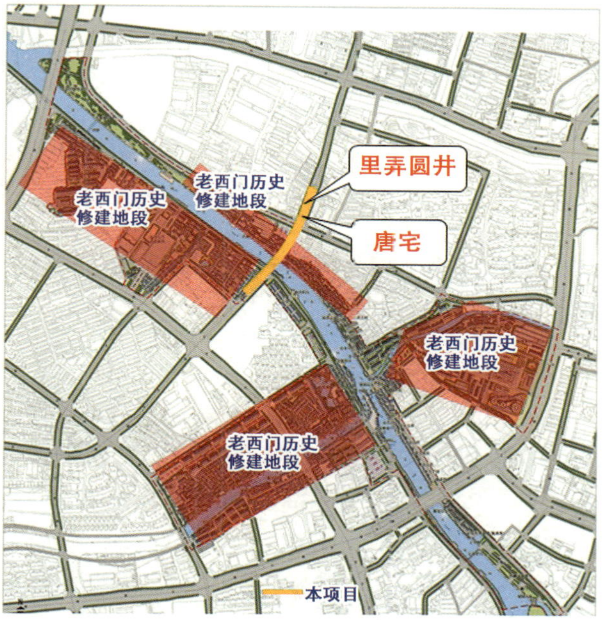

上 图 5-62 1949 年以前西仓桥地段运河的繁忙景象

下 图 5-63 常州市老西门历史修建地段示意图

常州老西门历史地段，现状比较破旧，道路狭小，根据保护规划，老西门历史地段的建筑群落会被重新规划和修葺，届时重现常州西运河的繁盛景象，展示常州悠久的历史文化底蕴(图 5-63)。

本项目位于修建地段的核心区域，依据《常州市老西门历史地段修建性详细规划》，西仓桥、三堡街片区主要为漕运文化、商埠文化和市肆文化。

修建区域运河两岸存有较多城市初期发展遗迹：三堡街、普济街、石龙嘴、沈氏宗祠、夏家大院等。其中西直街 506 号唐宅和西直街 500—24 里弄圆井两处三普资源点在本项目红线范围内，工程实施时，两处三普资源点需拆除，工程实施完成之后可以移位复建。

本项目建设的重要出发点是保留运河两岸街区风貌的完整性，不拆迁、移建大量历史建筑。桥梁的建筑高度需要以强化城市整体风貌、不对原有历史风貌形成较大干扰为目标。

3. 风貌保护区规划

1）遗产边界

京杭大运河穿越常州老城区，有优越的漕运条件，孕育了常州的千年文化。常州历史上，不同时期形成了不同的城市文化，分别有宋元城史文化、明清漕运文化、近代民族工商业、新中国成立初期工业文明。

目前常州市被评为全国文化名城，京杭大运河常州段现被列为国家文物，运河历史文化被选为世界非物质文化遗产。根据申遗文本，大运河常州城区段的遗产区边界为：沿线两侧均以古运河、江南运河岸线向南北两侧外扩 5 m 为界；缓冲区边界为遗产区整体外扩 30 m 为界（图 5-64）。

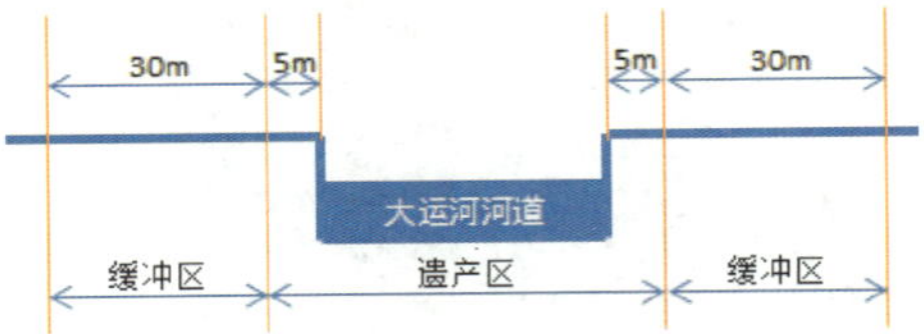

图 5-64　遗产边界示意图

2）保护区规划

根据《大运河（常州段）遗产保护规划》，大运河河道的保护区划根据评估划定重点保护区或是一般保护区，在大运河河道重点保护区和一般保护区外应划定建设控制地带，根据不同的保护区划提出不同的保护和管理要求。

“老西门历史地段”应通过文化产业、休闲商业、旅游观光、生态居住等现代城市综合服务设施的营建（图 5-65）：

图 5-65　规划西仓桥周边

（1）再现常州城西运河盛景，重塑大运河商旅文化空间。

（2）作为千年常郡历史文化保护与可持续利用的重要载体。

（3）通过合理有序的更新建设活动，激发城市滨水空间活力，提升常州城市文化与风貌景观，彰显新时代历史名城的文化竞争力。

3）保护规划建议

拟建桥梁工程将穿越以下地区：世界遗产“中国大运河常州城区段”的保护区和缓冲

区；全国重点文物保护单位“中国大运河常州段”的文保单位保护范围及建设控制地带；常州历史文化名城的“三堡街—西直街”历史地段的保护范围。在进行桥梁方案设计时，应全方位、多方面论证，确保遗产安全和风貌协调。

对于现代城市中的历史地段这样“活的遗产”的保护，应尊重适度的变化，强调城市历史的可读性。在历史环境中进行新的建设，应通过高水平设计和高质量的施工来塑造新的时代风格，反对模仿历史风格的设计。让能够反映时代文化的当代建筑，成为历史性城市景观价值的有益补充。

历史风貌保护规划对新建工程提出下列建议：

(1) 尽量减小对沿岸景观连续性的割裂。

(2) 人非交通尽可能便捷。

(3) 体现我们这个时代的高品质设计，不应简单复古。

5.3.3 隧道方案设计

鉴于古运河风貌保护区对城市发展的重要意义和价值，如何在满足现代城市交通发展，服务民生和保护历史非物质文化遗产之间取得双赢，研究大仓路—芦墅路跨运河通道，隧道方案可以对风貌保护区没有任何干扰，又满足了城市交通的需求。

1. 隧道方案总体布置

隧道设置在大仓路—芦墅路上，起于劳动西路，沿大仓路—芦墅路下穿三堡街、京杭大运河、新市路，至金城路接地(图 5-66、图 5-67)。

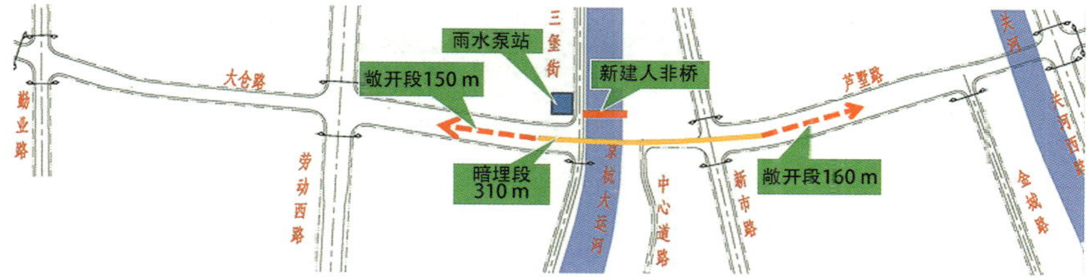

图 5-66 总体布置图

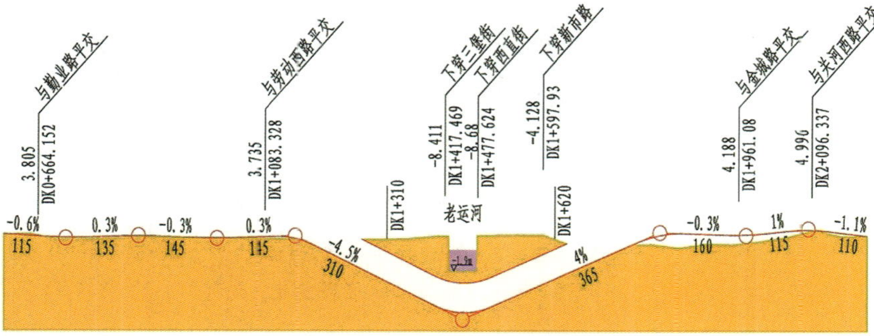

图 5-67 纵断面布置图

隧道采用两孔、双向四机车道规模。

隧道暗埋段长度为 310 m(K1+310—K1+620),南侧敞开段长为 150 m(K1+160—K1+310),北侧敞开段长为 160 m(K1+620—K1+780)。隧道拟采用明挖法施工,隧道总长为 620 m。纵断面标高主要受京杭大运河古河道河底标高控制,按河底高程−1.9 m、覆土 1.0 m 考虑。

在大仓路西侧三堡街南侧设置雨水泵房一座。隧道北侧设置一座人行桥以供行人与非机动车过河。

2. 隧道结构设计

暗埋段采用两孔矩形现浇钢筋混凝土箱型结构。根据道路及建筑设计要求,结构净宽为 8.25 m×2=16.5 m,净高 5.3 m,中隔墙宽 0.6 m,箱涵顶、底板和侧墙宽度为 0.8 m(图 5-68)。

敞开段采用现浇钢筋混凝土 U 形槽结构。根据道路及建筑设计要求,结构净宽 8.25 m ×2=16.5 m。结构底板、侧墙宽度根据侧墙高度变化为 0.5~0.8 m(图 5-69)。

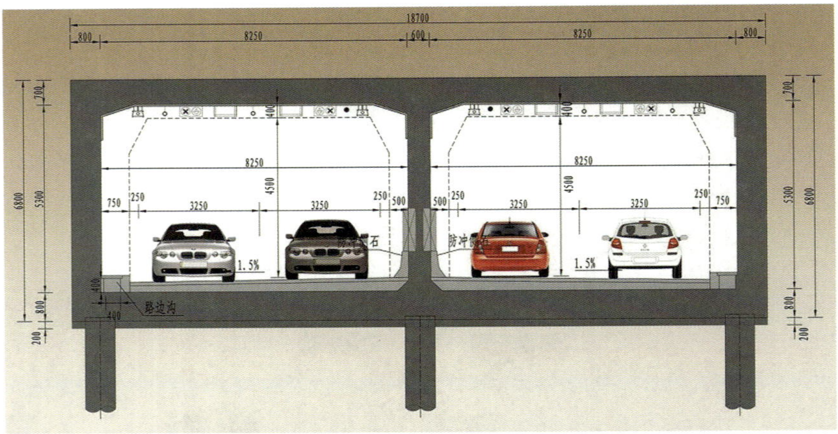

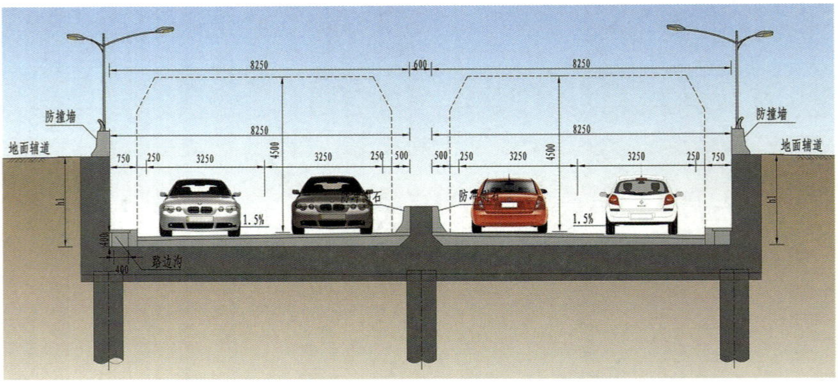

上　图 5-68　暗埋段标准横断面

下　图 5-69　敞开段标准横断面

本工程隧道在地下水位线以下,且最小覆土深度只有 1 m 左右,对抗浮较为不利。如采用自重抗浮,底板与侧墙厚度需要增加到 1.2 m 左右,较不经济,故拟采用抗拔桩抗浮,抗拔桩采用钻孔灌注桩,桩径 0.8 m,桩长桩距待计算确定,均匀布置。

3. 隧道方案优缺点

方案的优点：路过车辆从隧道穿过历史风貌保护区，对该区风貌的影响很小；不占用河道断面，有利于城市防洪和通航；唐宅、里弄圆井等文物点在隧道建成后可原位复建。

方案的缺点：交通组织上不能与新市路平交，区域沟通功能差；施工过程中需要破除运河驳岸，开挖运河河床，对古运河文物本体有较大的侵扰；工程规模大，大开挖施工，对周边环境影响大；施工工期相对较长，如在 2016 年年初开工，2017 年 7 月竣工通车，不能及时缓解 2016 年怀德北路地铁施工造成的交通压力；需要设置雨水泵房等配套设施；运营风险高，后期维护费用高；工程造价较桥梁方案高很多。

5.3.4 桥梁方案创作思考

由于造价高且不利于周边交通等缺陷，否定了隧道方案。之后，需要专注于深入研究桥梁方案，如何将一座服务于现代交通的车行桥梁和古运河风貌区建立风貌关系和历史逻辑？这成为桥梁方案设计的一大难题。当时，政府主管部门曾经悲观地说，如果不能破解这个难题，这座桥就不建了。

1. 特殊布置的变高度连续梁

1）方案构思

在不同的历史时期，城市建设都将留下建设的作品，也就留下了不同时代的文化、审美、技术和风貌，它体现了城市的文化价值和历史脉络，这是城市发展和建设的客观规律，也是城市及其建筑、桥梁设计的逻辑。但是，这些不同时代的作品在保留时代映像的同时，需要协调彼此之间的空间和形体关系，使得彼此之间有种默契，这种默契在不同的城市、同一个城市不同的地区互不相同，这种默契最终构成了城市独一无二的风貌。

具体到西仓桥，就是希望它是一座现代的桥梁，但又必须和运河周边建筑风貌、尺度相融合。跨运河的车行桥梁需要 2～3 m 高度的梁高，如此庞大的梁体，在这里显然是不能接受的。于是，想到了将人行道板从箱梁底板悬挑出来，这样，在运河水面上仿佛是一条如同周边两层楼民居的阳台走廊，不见了车行桥的梁体；而且也方便了运河两岸人流上下桥，不用爬楼梯到车行桥的桥面高度了；在车行道桥面高度，非机动车及行人可以通过镂空的栏杆，观看桥梁外侧运河风光。在这样一个大思路下，再请建筑师仔细设计人行通道的栏杆、顶棚，以及两岸上下桥的楼梯建筑样式。

本方案采用了传统的民居建筑元素，如坡屋顶、山墙、廊道等，选材上采用铝镁锰合金板和钢化玻璃做屋顶。传统的造型和现代的材料使桥梁具有传统建筑之形和现代建筑之实。该方案在主桥每个桥墩的两侧各设一个建筑单体，单体内有长凳，便于行人观景和休息。廊道内局部位置设景观池，为行走在廊道里的行人提供一些微景观，增加游玩的乐趣。廊道立面上采用栅格的形式，使桥梁视觉更通透，减少机非道路视觉的遮挡。桥面上机非道路分隔栏上种植绿色植物或花卉，可缓解通行者的视觉疲劳，也可增加桥梁景观效果（图 5-70、图 5-71）。

本方案整体建筑风格古朴，与周围古建筑群落风格协调，采用现代建筑材料，又区别于周边建筑环境，桥梁与周边环境融合较好。

本方案建安费为 2 686 万元。

上　图 5-70　方案鸟瞰图

下　图 5-71　方案平视效果

2）结构布置

主桥为三跨变高度预应力混凝土连续梁桥，跨径组合为(26＋30＋26)m＝82 m，梁高为1.4～2.2 m，箱宽为 19 m，采用单箱四室直腹板断面，箱梁底板挑臂作为人行通道，通道标准宽 2.5 m，在桥墩建筑单体处加宽至 3.5 m(图 5-72—图 5-74)。

人行通道在桥梁两侧对称布置，边中墩处两侧各设置一个建筑单体，中墩处建筑单体设有长凳，可做观景台，也可供人休息用；边墩建筑单体作为楼梯间，供游人上下桥，与地面人行系统联通。建筑单体立面采用格栅形式，格栅为 80 mm×580 mm 木板，采用铝镁锰合金板做屋顶。建筑单体之间的廊道，采用合金板做格栅柱，规格为 50 mm×300 mm，合金板和钢化玻璃为屋顶。

引桥采用等高度钢筋混凝土连续梁，西侧为 2×22 m，东侧为 1×22 m。梁高为 1.4 m，桥面宽为 19 m，采用单箱三室斜腹板断面。台后填土高度西侧为 3.5 m 左右，东侧为3.2 m 左右。

主桥中墩采用双柱墩，下接承台和 8 根直径 1.2 m 钻孔灌注桩；主桥边墩和引桥桥墩采用双柱开花墩，下接承台和 6 根直径 1.2 m 钻孔灌注桩。主引桥墩承台厚 2.0 m，桥台承台厚 1.5 m，下接 7 根直径 1.0 m 钻孔灌注桩。

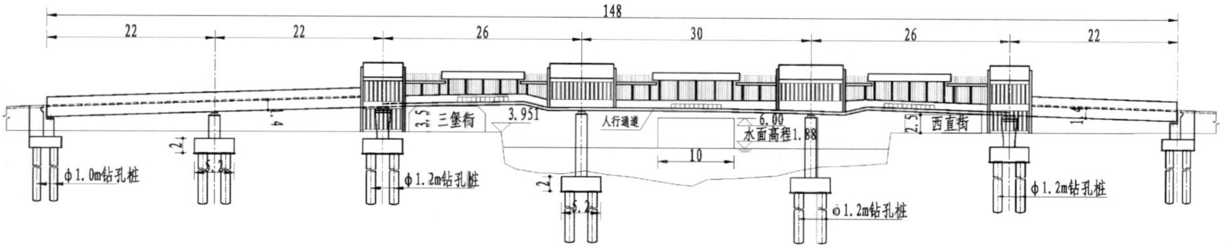

图 5-72　桥梁方案立面布置图

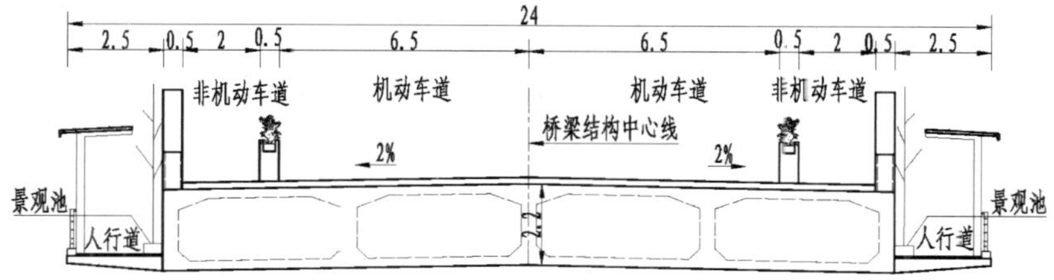

图 5-73　主跨跨中横断面

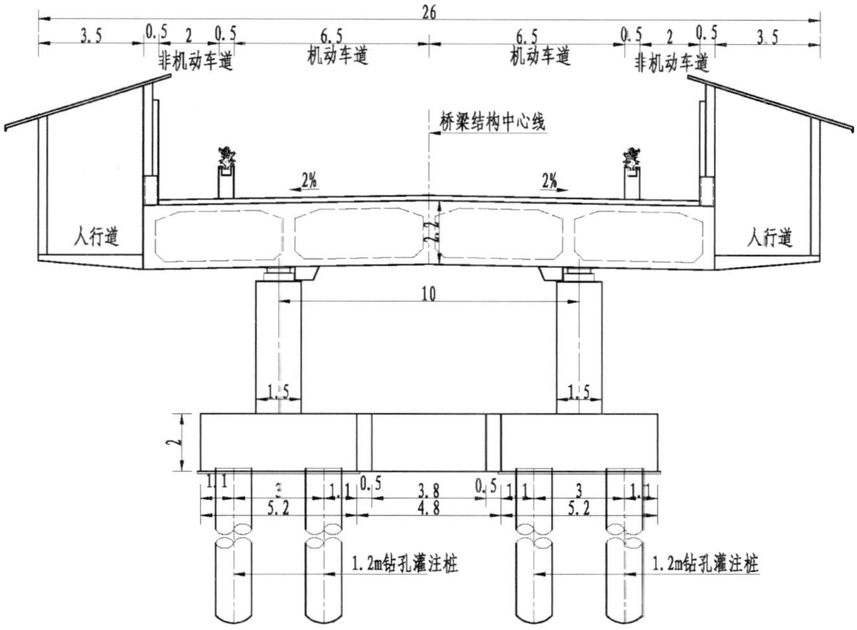

图 5-74　中墩位置横断面

3）建成实景

方案完成后，在初步设计和施工图设计阶段，对很多细节、材料进行了反复调整和优化，最后形成了各方都比较满意的实施方案（图 5-75、图 5-76）。

2. 其他桥梁方案

在研究桥梁方案期间，设计团队成员各抒己见，大家从不同视角、不同理念思考，形成

上　图 5-75　西仓桥犹如水上民居，不见了庞大的梁体的踪影

下　图 5-76　桥梁夜景

了多个方案。

(1) 现代风格装饰的梁式桥梁(方案二)。本方案桥梁设计均采用了古建筑元素和现代建筑材料。建筑风格为现代；廊道连续为整体，坡屋顶采用变坡设置，在跨中变坡设置坡度由朝外侧渐变为朝内侧；在中墩与驳岸间设有亲水平台，一则增加了行人游玩的亲水性，再则缩短了行人过河距离，对行人更为便捷(图 5-77)。

本方案建安费为 2 745 万元。

(2) 不对称 T 构梁桥方案(方案三)。桥梁处于历史风貌区，由于建筑环境特殊，可考虑采用小体量的结构形式，朴素的装饰，使桥梁不起眼地通过风貌区，不致对风貌区景观产生干扰。

该方案采用了简洁、轻盈的 T 构预应力混凝土梁。不对称的结构布置、变化的梁高、玻璃栏杆、护栏灯等设计使桥梁显得轻盈、通透。该设计方法减小了建筑体量，使桥梁体量较好地融入周边建筑环境之中，不突兀，不会吸引游人目光(图 5-78)。

本方案建安费为 2 454 万元。

(3) 带肋悬臂钢箱梁桥(方案四)。该方案的设计构思与不对称 T 构梁桥相同，采用简

上　图 5-77　现代风格装饰的梁桥(方案二)
中　图 5-78　不对称 T 构梁桥(方案三)
下　图 5-79　带肋悬臂钢箱梁桥(方案四)

洁、轻盈的结构,小体量的结构形式,平淡的装饰,不致对风貌区景观产生干扰。

本方案跨径布置和梁高与方案三均相同,不同的是方案四采用钢结构箱梁和钢墩,钢箱梁悬臂肋板之间采用钢包板,把悬臂下缘分割为多个空腔,空腔中可设置照明灯带,可增加桥梁夜景效果(图 5-79)。

本方案建安费为 3 222 万元。

(4) 月亮形系杆拱桥(方案五)。一般拱桥均为多跨过河,需在运河中落墩,对运河本体有不同程度的损害,考虑到大运河历史文物的重要性,采用一跨过河的形式跨越运河。

该方案的设计创意来源于月亮,双拱肋的造型像一轮弯月,寓意“运河新月”。双钢管拱肋之间采用穿孔钢板连成一体,增加了拱肋的整体稳定性,也增强了景观效果。该方案配合景观照明,可自成一景,夜晚如一轮弯月,冉冉升起于运河之上(图 5-80)。

本方案建安费为 3 954 万元。

(5) 钢桁架梁桥(方案六)。本方案采用一跨过河的形式跨越运河,结构造型加入了江南传统民居的坡屋顶建筑元素,采用现代的高强度钢材,桁架和梁体均采用钢结构。从整体造型上看,该方案是一座现代与古典相结合的桥梁,自成一景,具有江南古韵的味道(图 5-81)。

本方案建安费为 5 196 万元。

下　图 5-80　月亮形系杆拱桥(方案五)

下　图 5-81　钢桁架梁桥(方案六)

5.4　深圳坝光环坝路葵坝路跨线桥

2018 年 5—8 月由深圳市大鹏新区建筑工务署组织了深圳国际生物谷坝光核心启动区环坝路市政工程葵坝路跨线桥景观方案设计竞赛活动,作者团队参加了方案设计竞赛,参赛方案“山海银叶”最终获得有关各方认可并确认为实施方案。由同济设计集团交通规划设计院与北京市市政工程设计研究总院有限公司联合完成后续深化设计工作。2021 年 5 月召开环坝路跨线景观桥初步设计专家评审会,同年 9 月完成施工图设计。

5.4.1　项目概况

环坝路位于坝光片区外围沿山而建的一条外环路,环坝路景观跨线桥为跨越葵坝路所设，是深圳国际生物谷坝光核心启动区环坝路市政工程的重要节点。

1. 区域规划

深圳国际生物谷以坝光为核心启动区，地域范围覆盖东部沿海大鹏、盐田及坪山地区。坝光片区位于大鹏半岛东北部，西南临排牙山，东北与惠州大亚湾相接。背山面海，相对独立，距葵涌约 7 km、距大鹏约 8 km(图 5-82)。

坝光生态资源丰富，山峦环绕、植被葱郁，海湾风光秀丽、岸线蜿蜒，古树和村落相映成趣。岸线分布有古银叶群落、红树林及生态湿地等重要生态要素(图 5-83)。

深圳国际生物谷作为国家自主创新示范区的重要区域，要按照“有质量、有速度、高水平、国际化”标准和“三优”(生态优先、保护优先、产业优先)、“三高”(高质量、高标准、高端发展)、“三低”(低成本、低冲击、低碳绿色)原则进行规划建设，构建深圳发展湾区经济的新引擎，建设国家自主创新示范区的先进区。

上　图 5-82　坝光片区区域范围

下　图 5-83　坝光片区生态资源分布

坝光核心启动区规划布局的基本理念(图 5-84)：

(1) 恪守生态为重、保护优先的基本原则，充分利用坝光得天独厚的生态资源优势，瞄准国际一流的建设标准，顺应后工业化时代产城高度融合、绿色宜居的发展趋势，积极探索低成本、低冲击、低碳绿色的新型开发模式，建设具有国际竞争力的滨海生态科学小城。

(2) 突出产城融合。科学规划、有序开发城市空间，促进特色学院、科研机构、产业载体与生活社区的协同互动，实现产业功能与综合服务功能、产业聚集与城市建设的有机融合。为科学家、工程师、产业白领的工作生活提供优质服务和优良环境，打造后工业化背景下产业与城市高度融合的全球生物产业发展新高地。

(3) 突出国际化。立足国际视野，注重满足全球高端人才在产业、生活、科研、教育等方面的高品质需求，在空间环境、建设标准、生活服务等方面，提供国际一流水平的创业平台和服务环境，吸引全球高端生物科技人才、顶尖基础科学研究与技术研发机构进驻集聚，构建富有魅力、充满活力的滨海宜居宜业国际化社区。

(4) 突出绿色宜居。倡导绿色低碳理念，注重保护生态环境，突出湾区生态滨海休闲特色，利用绿色低碳、生态循环、低冲击开发技术，构建绿色建筑、绿色交通、绿色市政、绿色管理等生态系统，营造生态化的环境体系和人性化的交流空间，提供高标准的特色服务和高品质的生活体验，实现城市生活绿色化，打造国际化绿色低碳生活体验区。

图 5-84 坝光片区规划鸟瞰图

(5) 突出“三低”开发。探索低成本、低冲击、低碳绿色的开发方式，最大限度地利用坝光生态禀赋资源优势，降低区域开发成本。创新土地开发与管理理念，实现低成本开发、低成本运营，营造具有国际竞争力的低成本创业环境和产业发展环境。

2. 自然条件

自然条件包括地形、地貌、气候、水文、工程地质，以及桥梁跨越的大坑槽河道。

(1) 地形、地貌。项目所在地区沿海海岸地貌，多为高山陡坡，区域内地形西北、东南两端低，中间高，地势整体较平坦，由南至北外围有高速，周围坡度较大。线路走廊分为两大地貌单元——滨海堆积洼地区和剥蚀低山丘陵区，并以后者为主，地质条件较好。场地内由西北向东南方向有多条水系，雨水就近排入水系。

东片区现状高程落差大，桥位处地面标高 13～35 m，最高道路标高 23 m。

(2) 气候、水文。项目所在地区属亚热带季风性气候，常年盛行东风、东南风。年平均风速为 4 m/s；年平均气温 22.3℃，最高气温大于 30℃的天数为 132 天。降水主要集中在夏季和秋季，每年 4—9 月为雨季，年降雨量为 1 924.7 mm，且 6—9 月间多为台风型暴雨，日最大降雨量为 385.8 mm，全区日平均最大降雨量为 282 mm，小时最大降雨强度为 99.4 mm。

沿海流域面积为 2.13 km²，发源于大坑槽。河道大致走向为西北—东南向，西北起大坑槽，向东南流经盐坝高速、坝核公路、坝光村和西乡路后，在下楼阁汇入大亚湾。河流长度为 3.25 km。河道平均比降为 113.76‰。河段规划防洪标准为重现期 20 年。

(3) 工程地质。桥基岩土大体可分为 12 层，自地面向下各层情况除了由上往下素填土(Q_4^{ml})、碎石(Q^{dl+pl})、砂质黏性土(Q^{dl+el})外，包括：

全风化花岗岩($\gamma_5^{2(3)}$)，厚度 2.60～28.80 m，地层编号为⑥$_1$。

碎块状强风化花岗岩($\gamma_5^{2(3)}$)，厚度 0.50～51.00 m，地层编号为⑥$_{2s}$。

碎块状强风化变质砂岩，厚度 7.60～19.20 m，地层编号为⑥$_{2ss}$。

土状强风化花岗岩($\gamma_5^{2(3)}$)，厚度 3.40～51.90 m，地层编号为⑥$_{2t}$。

夹层状中风化花岗岩($\gamma_5^{2(3)}$)，厚度 0.70～33.80 m，地层编号为⑥$_{2z}$。

中风化花岗岩($\gamma_5^{2(3)}$)，岩质较硬。局部岩块略偏于微风化，强度较高。局部分布，层厚极不均匀，厚度 1.00～43.70 m，地层编号为⑥$_3$。

强风化花岗岩($\gamma_5^{2(3)}$)，判定为碎块状强风化。零星分布，层厚极不均匀，厚度 0.80～13.20 m，地层编号为⑥$_{3s}$。

夹层状微风化花岗岩($\gamma_5^{2(3)}$)，岩质坚硬。锤击声脆。零星分布，厚度 1.00～4.50 m，地层编号为⑥$_{3w}$。

微风化花岗岩($\gamma_5^{2(3)}$)，岩质坚硬。锤击声脆。岩芯呈短柱状为主，沿节理裂隙见铁质渲染现象。风化稍强。零星分布，最大揭示厚度为 5.80 m，地层编号为⑥$_4$。

从岩土层分布特征及物理力学性质指标分析，对大桥而言，填土、碎石土、砂质黏性土，不具备作桥梁基础持力层；全风化至强风化花岗岩较软弱，适宜作摩擦桩基础持力层；中层至微风化花岗岩强度较强至强，适宜作端承桩基础持力层。

(4) 大坑槽水。大坑槽水流域面积 2.13 km²，河长 3.25 km，比降 113.76%。

大坑槽水分干流和支流两个水形态，干流水形态分自然潮汐段、水岸休闲段(人工壅水)和石滩浅溪段三种，河底宽度 8～65 m；支流水形态分商业退台端(较宽水面)、自然缓坡段(较窄水面)两种，河底宽度 4～25 m(图 5-85)。

3. 主要技术标准

(1) 道路等级：城市主干路。

(2) 设计使用年限：100 年。

(3) 设计安全等级：Ⅰ级，相应的结构重要性系数 $\gamma_0=1.1$。

(4) 环境类别：Ⅲ类，作用等级 C 级。

(5) 桥涵设计洪水频率：1/50。

(6) 设计车速：40 km/h。

(7) 汽车荷载：城-A 荷载。

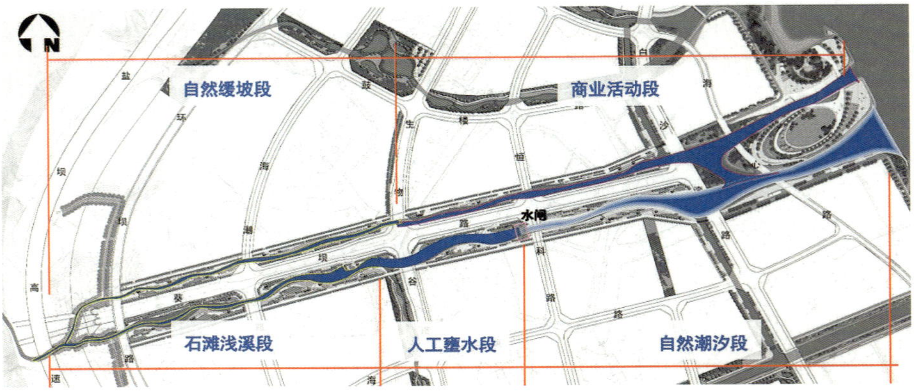

图 5-85　大坑槽水平面

(8) 人群荷载：2.4 kPa。

(9) 地震作用：设计采用地震动峰值加速度为 0.1g，抗震设防烈度 7 度。

(10) 桥面防水等级：Ⅰ级。

(11) 防水层使用年限：15 年。

(12) 护栏防撞等级：HA 级。

5.4.2 自然人文与片区规划

深刻把握城市片区自然人文关键要素与规划设计精神，是城市桥梁创作、形成方案构思的重要基础工作和有效途径。

1. 自然人文

深圳国际生物谷以坝光为核心启动区，现状坝光村是深圳最美的客家村落之一，位于深圳市龙岗大鹏新区葵冲办事处东部，盐坝高速的终点站。

1) 人文历史

坝光村原名坝岗村，因在本地客家话里面“岗”与“光”发音非常相近，后来坝岗就被叫成坝光。村里居住着多个姓氏的客家人，是名副其实的客家村。300 多年前，村里的祖先从粤东河源紫金来到这里定居，繁衍后代，形成了 18 个村落。他们以农为业，渔、盐为辅，营建了一个美丽的家园。

三面环山、一面向海的坝光村是生态走廊。村落里一片静谧。芭蕉林、灌木丛、银叶树、长满绿草的滩涂与远方蔚蓝的海岸线相映成趣。在盐灶自然村，一头在滩涂上食草的黄牛与一只白鹭和睦相处，略显静寂的村落中偶尔可闻几声犬吠。

坝光村背山靠海，风光秀丽，至今仍保留着较为原始的地形地貌。百余座老宅虽已人去楼空，但仍保存完好。老宅后面层峦叠嶂，树林茂密，海岸绵长(图 5-86)。

2) 自然生态

(1) 古树之村。村里的古树众多，品种珍贵，大树的树龄都可达百岁以上。有两三处树林格外引人注目。

坝光盐灶村后有一处银叶树群，据说是世界上仅中国、日本、印度才有的珍稀树种，已经被列为“国家珍稀植物群落保护小区”的重点保护对象。300 年树龄的大树，树围巨大，能达四五米，它的根部成板状裸露在外面，虬龙似的扭曲、伸展、盘错，几乎有 2 m 高，本身就好像一幅惊心动魄的巨大雕塑(图 5-87)。

另一处是通往坳仔村的，上百棵樟树头尾相接，彼此扶持，拥抱着生长在一起，整个村子都仿佛沉浮在一片樟树叶子的绿荫里。

在坝光，南方常见的百年大榕树更是随处可见，有 1 株古榕树长了 250 年，它与众不同，独木成林，叶茂枝繁，沉沉的根须飘摇垂地。

坝光的沿海滩涂长满了红树林，大约有 200 多亩(1 亩＝666.67 m^2)，那时候有几千只白鹭在这里安家，成群结队地飞来飞去，非常壮观。

上　图 5-86　坝光村民宅
下　图 5-87　古银叶树

(2) 海趣之村。离开坝光树林向前几百米，便可以看到海，海岸线绵延 13 km。这个海湾由于地理因素，滩浅且相对封闭。因为原始，海滩上才有自然原本的记录。坝光沙滩上的贝壳又大又多，可以满足城市人对自然的渴望。这里的贝壳形状完整而多样，还有别处难寻的种类。

然而看海最美的时间段，还是傍晚时节。如果天气晴好，夕阳闪着金色渐渐西沉，地平线从炽烈的白金光芒变成黄金似的橙色，尔后是醺醺然的红色，沉默的紫色，夕阳沉入大海，夜幕降临了。

坝光坳仔码头，是典型的渔人码头，每天从早到晚，都可以看到渔民售卖刚刚出海捕捞回来的新鲜海产，有时还有些渔人自做的观赏品——鲜活珊瑚、海马、海星等。另外，还可以从码头坐快艇出海，在海中央的渔排上或者海岛上吃海鲜，十分有趣。

坝光是一个充满野趣的地方，如果以轻松的心态对待这个知名度尚不算高的地方，把一向忙乱的脚步放慢，配合上坝光慢悠悠的节奏，这样来感受坝光仿佛被时光遗忘的美。

2. 片区规划

1）规划目标

坚持生态优先、可持续发展原则，维护片区生态格局稳定，积极运用建筑、交通、市政等领域的新理念、新技术，合理配置完善的配套服务设施，构建——凸显山海特色的绿色生态湾区；比肩全球高度的生命科学小城(图 5-88)。

图 5-88 核心区城市规划与设计

2）规划创新点

（1）生态低碳。生态先决，环境友好，界定发展前提。从生态保护入手，定增长边界，定空间结构。维护片区整体基本生态格局的安全和稳定；保持海湾和内部水系等生态廊道及边界的原生态；保护银叶林群落等重要生态要素的完整性和多栏性。

(2) 弹性生长。契合本底，构建环湾组团空间结构。适应发展条件和未来的不确定性，采用动态生长的弹性结构；环湾区布局复合功能单元，易于近期启动和远期有序推进。规划总用地面积 940.89 hm²，建设用地面积 587.4 hm²，建设规模总量 555.33 万 m²。

(3) 公交城区。公交主导，慢行优先，绿色出行，高效复合。全面创新交通模式，真正实现公交社区和绿色交通的理念。

(4) 刚弹结合。刚柔并济，灵活有效导控开发实施。针对片区现状特征，适应未来开发实际需要，采用单元控制和地块控制两种方法对片区进行刚弹结合的控制指引。

3. 城市设计

城市桥梁不仅需要满足城市交通功能，还需要满足城市设计相关的空间、景观等城市功能。本区域城市设计围绕三个主题：生态湾区、多趣小城和创新聚落(图 5-89)。

图 5-89　葵坝路景观主轴城市设计效果图

1) 生态湾区

自然化、友好型的融洽生态边界；水为脉、绿交织的复合生态网络；优保护、易融合的重要生态斑块；低冲击、低成本的绿色基础设施。

2) 多趣小城

和谐独特的依山傍水的小城，拥有安全健康的绿色全覆盖交通，多元优质的国际化公共服务。将场地特色、场所特色和人的感知结合起来研究，营造多趣味、高活力的城市空间体验。场地特色诸如滨海、靠山、临街、标志和动线等，场所特色如海边小城、山边小城、街边小城、特色建筑和绿色交通等，人的感知如绿色海滨、蓝色海滨、彩色海滨，看得见的山、靠得近的山，可歇可逛、林荫覆盖、活力四射，标志性建筑、天际轮廓线、阶梯式界面，纯低碳、高可达性、小尺度高密度等。

(1) 海边小城。规划布局了 10 km 长、50 m 宽以上、全公共、纯慢行、高度可达的滨海休闲带；在滨海带设置绿道、人行栈道，倡导滨海区域的纯慢行；并在滨海带设置了丰富的功能活动，能满足不同人群的多样需求，打造多彩的滨水生活。

基于岸线特征划分类型保护利用，结合丰富的滨海植被，形成连续的生态化绿色滨海景观带。设置连续的滨海绿道、观景栈道与平台，创造海与人的多样互动体验。

在海岸带重点布局公共服务设施，使滨海景观空间和多样服务功能相结合，形成多彩的滨海生活体验，形成段落特色（海趣观赏体验、滨海活力展示、古树古村文化体验、滨海休闲体验、滨海生态保护）。

(2) 山边小城。可观——看得见的山，可近——靠得近的山，可游——进得去的山。

5.4.3 方案研究与创作构思

葵坝路跨线桥项目定位为深圳国际生物谷坝光核心启动区标志性建筑之一。业主对项目的要求和期待，反映了片区领导和建设者的心声，凝聚了老百姓的愿景，也是方案创作者努力的方向。

1. 方案研究与构思

业主对该跨线桥方案的设计提出了前瞻性、创新性、生态性、功能性、系统性、可建性等一系列要求和设计目标，结合核心区的城市规划设计，桥梁方案研究与构思需要建立在这些信息综合考量和理解的基础之上，通过研究桥梁与城市历史文脉、桥梁与城市自然生态、桥梁与城市产业、桥梁与城市空间城市生活、桥梁造型艺术与技术创新等方面的理论问题，逐步形成方案创作思想，产生方案的灵感，最后在脑海中产生方案的雏形。

1）桥梁与城市历史文脉

地域主义建筑美学重视桥梁与城市历史文脉的关系，研究和重视适合地方环境的、反映地方人文的形态和习俗。坝光村的民居、生产活动、生活习俗等都是值得设计团队关注、重视的内容。依山傍水的村落、海边码头的长桥，都可以成为方案构思的源泉（图 5-90、图 5-91）。

图 5-90 坝光村渔人码头

图 5-91 依山傍水民居

坝光村是最大的一个行政村，面积多达 39 km^2，常住人口占全镇常住人口的四分之一。加上外来人口，全村人口有 2 400 余人。按照旅游生态村的定位，区、镇都对坝光村环境保护给予了高度关注，引进项目或是企业一直坚持环保一票否决制。无论在盐灶村，还是人流量相对较多的坝光小码头，都没有一家工业企业或是肆意排放的污水。村委所管辖的 18 个自然村中，没有一家厂房。村里新旧 15 家厂房全部都在镇里的奔康工业区内。村里主要收入来源是厂房出租和耕地出租，耕地出租主要用来种红薯和养虾。

为积极响应环保要求，坝光村集体没有一家海洋养殖场，村里先前的水上餐厅也早已被清理关闭。还有六七家海上养殖户以及约20家养虾户，但这些养殖基本上不会产生污染。

2）桥梁与城市自然生态

桥梁与城市自然生态的关系，形式多种多样，可以将桥梁设计成富有绿植的花园桥梁，掩映在城市森林之中；可以采用原生态的材料如木材、竹、石材等建造或装饰成生态桥梁；也可以采用各类源自大自然的生物、植物的原型和灵感打造桥梁的形态，隐喻生态之含义。

区域自然生态，最著名的无疑是天然古银叶树群落，位于坝光社区盐灶村。

这片2.8 hm^2 的古银叶树群落，是我国乃至世界上迄今为止发现的保存最完整、树龄最大的天然古银叶树群落。该片银叶树群落林相完整，树冠浓密整齐，其中树龄超过500年的银叶树有1棵，树龄200年以上有近30棵，每棵树高度都在20 m以上，胸径800 mm以上，最粗的胸径为1 300 mm，并且具有典型的板根现象。

整个古银叶树群落连同其周边其他红树，构成了一个完整的湿地生态系统，是深圳宝贵的自然遗产，具有极高的生态保护和科学研究价值。

银叶树为红树林湿地主要红树植物之一，因叶子背面呈银灰色而得名，是红树林家族中的一员，因其生长于高潮线附近的海滩内缘，不惧盐碱，水陆两栖，故称半红树（图5-92）。

图5-92 枝繁叶茂的银叶树

半红树是稀有珍贵树种，常绿乔木，梧桐科，银叶树属；其花红褐色，瓮状，无花瓣；其果咖啡色，木质，外皮有海绵组织，能漂洋过海，故又称海漂植物。

3）桥梁与城市产业

桥梁与城市产业的关系，既是一种工程技术的关系，也是一种艺术造型隐喻的关系。建造桥梁一种是采用就地取材的方法，在历史上，多座著名的桥的建造就是就地取材，并建成了适合地方材料的独特桥型；另一种则是城市产业内涵与桥梁艺术造型建立了具有寓意的表达关系，这是一种艺术创作和艺术加工的关系。

2013年9月，市政府常务会审议通过《深圳国际生物谷总体发展规划》，明确了产业发展思路和整体空间框架。根据《深圳国际生物谷总体发展规划（2013—2020年）》部署，深圳国际生物谷以坝光为核心启动区，地域范围覆盖东部沿海大鹏、盐田及坪山地区。

深圳国际生物谷将坚持大科学引领、大数据支撑、大产业发展、大健康服务的理念，创新发展生命信息、生物医学工程、生物医药与高端医疗、生命健康服务、生物资源开发、生物环保与制造等重点领域，促进科学发现、技术发明、产业发展、普惠民生的协同联动，构建具有国际竞争力的生物产业体系，建设成为国际领先的生物科技创新中心、全球知名的生物产业集聚基地。其中，坝光片区作为生物谷的核心功能圈层，将聚合全球优质创新资源，着力培育并引进国际一流科研团队、研发机构和创新平台，实现产业集聚发展，打造全球著名的生物科技和产业园区。

4）桥梁造型艺术与技术创新

桥梁是结构的艺术，还在于桥梁的受力结构与艺术造型是一一对应关系，结构即艺术，艺术即结构。不像建筑那样，许多时候建筑的造型与建筑的结构是各自独立的，结构工程师为建筑师的建筑设计配结构。从这个角度讲，具有优美造型的桥梁方案创作比建筑创作还要困难。但是，无论是建筑还是桥梁，创新的艺术造型在特定的环境中形成了著名的地标(图 5-93、图 5-94)。

图 5-93　法国罗浮宫金字塔

图 5-94　美国纽约 WTC 交通枢纽站

因而，世界上许多具有艺术创意的标志性桥梁往往伴随着高超的结构技术创新成就。例如卡拉特拉瓦设计的西班牙阿拉米罗大桥，其标志性的天鹅造型，其实也是无背索斜拉桥结构的创新设计。

2. 方案创作

桥梁方案研究与构思需要建立在上述信息综合考量和理解的基础之上，通过研究桥梁与城市历史文脉、桥梁与城市自然生态、桥梁与城市产业、桥梁与城市空间城市生活、桥梁造型艺术与技术创新等方面的问题与相互关系，产生方案的灵感，逐步形成方案创作思路，最后形成方案雏形。

1）地方元素的提炼与表达

坝光国际生物谷核心区源自具有优良生态的渔村，这是坝光核心区的历史脉络和宝贵财富。鱼米富饶，生活富足，是老百姓美好生活的写照和期盼，我们希望方案中隐含欢乐的渔乡生产生活的意境。

优良的自然生态，闻名于世的古银叶树群落是坝光自然资源的又一宝贵财富，银叶树的树叶图案成了某些特定场所的 logo，我们也希望方案中能够展示这个特定的元素，这是方案具有地域性、标志性的重要方面。

城市规划与设计中描绘的海边小城、山边小城的美好生活，产城融合发展，国际生物谷产业发展带来了人们美好生活的经济动力。

DNA 是当代生命科学、基因工程的重要代表和象征符号。海边小城，大海、沙滩、阳光构成了人们美好生活的景象，点燃了人们生活的激情。

通过上述地方特征元素的感悟和提炼，别具特色和原创的桥梁方案在脑海中依稀显现——具有特殊造型的拱肋形体的拱桥(图 5-95)。

2）桥梁造型与城市形态综合关系

（1）桥梁跨度。桥梁跨越葵坝路和两侧大坑槽水干支流，总长度约120 m，如果跨径过小（之间设置桥墩），桥梁整体结构过于单一，体量和尺度过小，难以成为片区有造型特色的标志性建筑。在小跨径桥梁上采用一些装饰结构形成特定的造型，也可以获得一些出色的效果（国外有些案例），但是总体上品质和效果均不如真实的较大跨度桥梁结构的效果，因为真实的、创新的桥梁结构具有技术和艺术双重魅力。

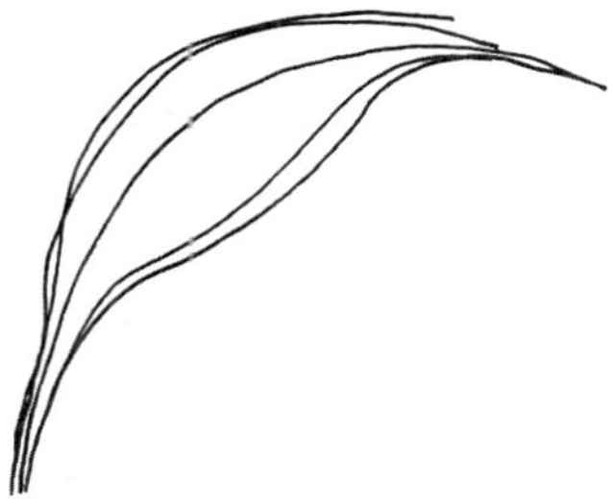

图5-95　原创的拱肋

因此，本方案采用整个拱肋一跨跨过葵坝路和两侧大坑槽水干支流，总跨度约120 m，并将原桥梁起始点沿桥轴线向南移15 m，使桥梁跨度基本对中下面的道路与两侧的河流。这样的大跨径布置使桥梁结构的气势充分得以显现，桥下净空的长度和高度比例仍然在恰当的范围内。另外，由于桥梁总长仅120 m，由此增加的投资有限。

（2）拱肋布置。桥面功能总宽约为21.5 m，包括两侧人行道和车行道，无论采用单承载面拱还是双承载面拱，在桥梁正立面方向，即沿葵坝路景观主轴正方向上，会略显呆板和单薄。因此，采用斜跨桥面，使拱肋沿景观主轴方向充分体现造型的空间层次，以及拱肋在城市空间中的造型效果和体量。

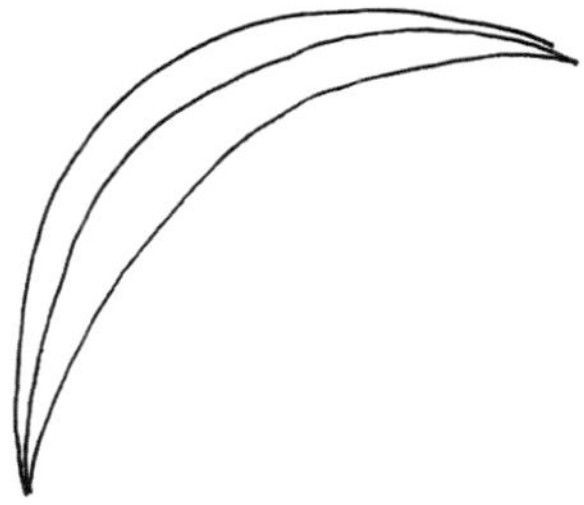

图5-96　两根外倾的平面拱肋造型乏味而侵占桥面净空

（3）拱肋样式。常见的拱肋结构造型与体量过于单薄，不可能实现上述作者希望表达的鱼跃、树叶、DNA和滑翔伞等造型及其隐喻。作者创造性地采用双曲拱肋结构，即第一曲线是拱平面内的抛物线拱轴线布置，第二曲线是拱平面外的双肢拱肋结构构成叶片反弯曲线的造型。而不是简单地采用两根拱肋分叉分别外倾的设计（图5-96），这样虽然会增加一些钢结构加工制作的难度，但是，拱肋造型柔美和顺，具有极强的艺术属性，完美地实现了作品想要表达的意境。这种原创的创意，增添了方案的艺术价值和影响力，同时也因其创新的双曲拱肋结构而具有了重要的技术意义，因而具有了真正意义上的原创性和标志性。

（4）拱轴线矢跨比。拱肋结构的矢跨比是一个重要的力学参数，也是一个重要的造型参数。一般拱桥的矢跨比为1/6～1/5，如果采用1/6，地面以上拱肋高度21 m，桥面以上14 m，当采用斜跨布置时，无论拱肋还是吊杆都会影响桥面人行和车辆净空高度。所以，一般斜跨拱肋矢跨比较大，有的甚至达1/2，拱肋结构过于高耸、高大会显得突兀，与周围环境失去协调性。

经过多种矢跨比比较，综合近桥空间和远距离空间的造型效果，桥面以上拱肋高度和地面以上拱肋高度，以及桥面上拱肋净空、倾斜吊杆处桥面净空等因素，最后确定矢跨比为1/3.7，地面以上拱肋高度34 m（拱肋中心线位置，下同），桥面以上拱肋高度27 m（图5-97）。

3）桥梁空间是城市公共空间的组成部分

桥梁的空间由桥面空间与桥下空间组成，由于桥梁结构的体量和复杂的工程技术原

上　图 5-97　方案空间效果小样
下　图 5-98　桥面上吊杆空间布置形成的拉索空间效果

因，它们又是城市在该区域重要的公共空间。

在桥面上，斜跨的拱肋，空间布置的吊杆，由于整个桥面位于圆弧曲线，为了保证倾斜的吊杆不影响行人和车辆通行净空，一部分吊杆布置在人行道外侧，一部分吊杆布置在人行道内侧，形成了桥面上别具特色的拉索空间效果(图 5-98)。

桥下位于景观主轴，特别是葵坝路两侧大坑槽水河道、绿化和人行步道的景观设计，是海边小城、山边小城、街边小城的重要体现和区域。桥梁结合吊杆布置的需要，各在桥梁一端采用人行道和车行道分离，最大距离约 4 m，其中采用钢横梁连接两侧桥面，形成桥面镂空、上下采光的桥下空间效果，避免了我们通常见到的桥下漆黑一片的情况。实现了桥梁上、下空间的沟通，营造出桥下同样宜人的空间效果(图 5-99)。

5.4.4　结构研究与设计

方案进入实施阶段，在前期方案创作、方案深化设计的成果基础上，针对限制性条件如大坑槽水干支流的现状与规划断面、景观平台位置、工业用地红线等，通过对主跨跨径、河

图 5-99　钢梁的梁格和镂空的桥面，营造出桥下宜人的空间

道与主跨的关系、推力基础规模和形式等进行了反复研究、多方案比选，逐步形成了充分满足限制性条件、推力基础经济合理可靠、景观造型较理想的最后实施方案。

1. 总体布置与结构设计

跨线桥位于环坝路中心桩号 K3＋851 处，桥跨总长 120 m，桥梁总宽 27.7 m。桥梁方案采用斜跨双曲空间拱桥，桥跨总长 120 m，拱跨 126.6 m，拱肋矢高 42 m。拱肋矢跨比约 1/3.01，地面以上拱高 42 m，桥面以上拱高 33.5 m（图 5-100、图 5-101）。

桥梁位于 R 为 415 m 圆曲线段，道路横坡设置为 1%单面坡（西向东）。标准桥面宽度 3.5 m（人行道（含栏杆））＋3.1 m（吊杆区）＋15.50 m（车行道（含护栏））＋2.1 m（吊杆区）＋3.5 m（人行道（含栏杆））＝27.7 m（图 5-102）。

总体设计优化和关键技术研究主要包括桥面布置及吊杆优化、主梁结构比选、根据地质条件深化推力基础设计等。确定吊杆布置形式，主梁采用钢箱梁形式，推力基础采用整体箱式地下连续墙基础。

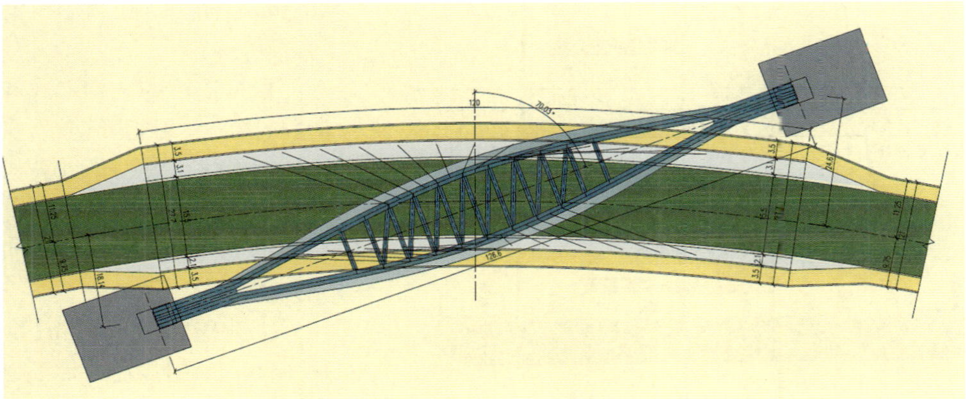

图 5-100　桥梁平面布置

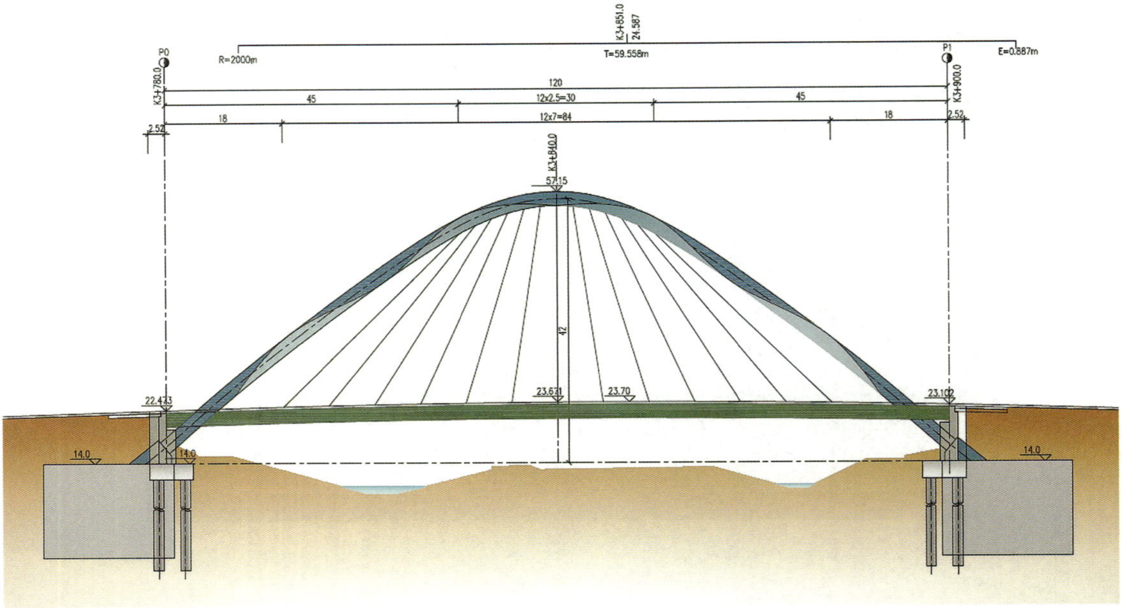

图 5-101　桥梁立面布置

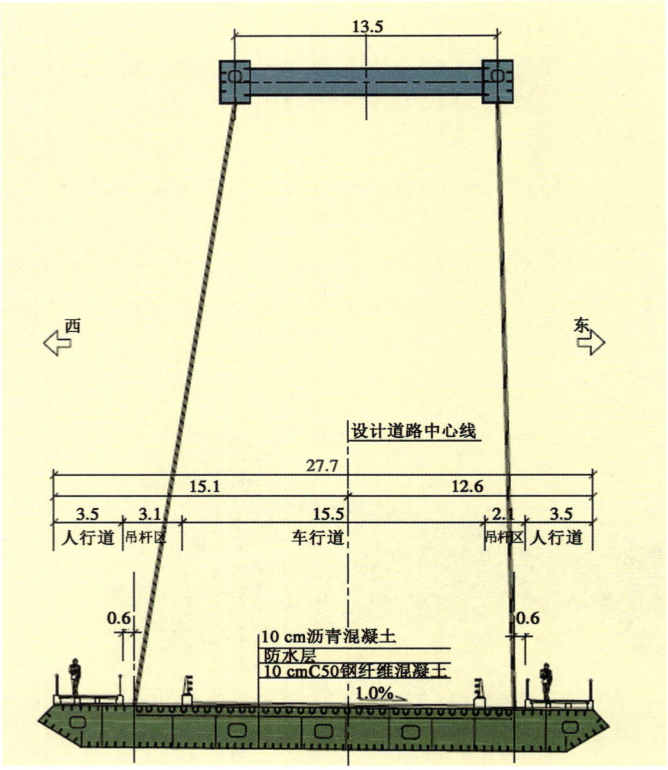

图 5-102　桥梁横断面布置

桥梁结构主要分为拱肋、吊杆、主梁、拱肋基础、桥台及桥面附属设施。

主拱采用叶片形双曲拱肋结构，双肢面外曲线拱肋通过横向桁架连接成整体，保证了拱肋的受力安全和稳定，双片拱肋在桥面处合并。拱肋共设吊杆 13 对，吊杆桥面张拉端间距 7.0 m（沿道路中心线），吊杆拱肋端间距 2.5 m，吊杆呈空间扇形布置。

1）拱肋

根据本桥的结构形式和跨径情况，拱肋采用矩形钢箱，拱轴线采用抛物线（八次）。双肢拱肋对称布置，拱顶双肢中心间距 13.5 m，双肢采用横撑连接（图 5-103）。

拱肋跨径 126.6 m，拱肋矢高 42 m，矢跨比 1/3，地面以上拱高 42 m，桥面以上拱高33.5 m。

主拱钢箱等截面，内高 2.2 m，宽 1.5 m，采用有 Q420qD 钢板，钢板有 Z 向受力要求。主拱钢箱顶、底、腹板根据受力需求设计，顶、底板厚度 50 mm，腹板厚度 40 mm；拱肋内部设置 25×260 mm 纵向加劲肋，顶、底板布置 1 道，腹板布置 3 道；箱室内间距 1.5 m 设置 1 道横向加劲肋，吊杆处设置横隔板；横向加劲肋与纵向加劲肋共同作用，保证拱肋局部稳定(图5-104)。

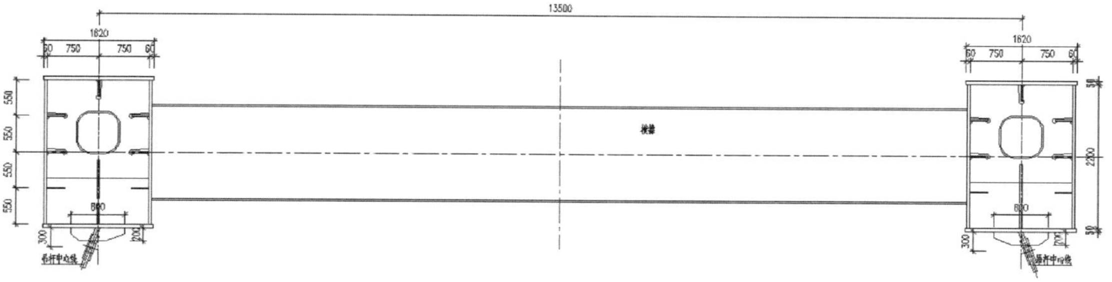

图 5-103　拱顶横断面

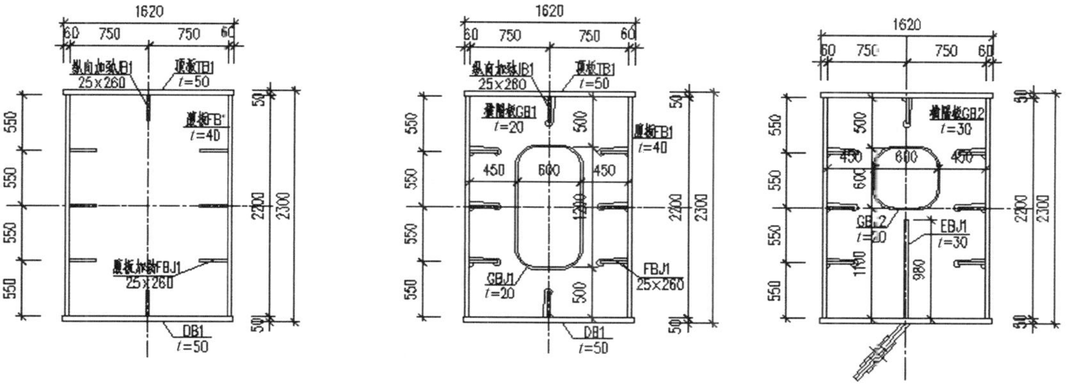

(a) 一般断面　　(b) 横向加劲　　(c) 吊杆处拱肋横断面

图 5-104　拱肋单肢横断面图

主拱双肢合并后，与拱顶高度一致，均为 2.2 m，宽 4.0 m，采用有 Q420qD 钢板，Z 向受力要求。钢箱顶、底、腹板根据受力需求设计，顶、底板厚度 50 mm，腹板厚度 45 mm；拱肋内部设置 25×300 mm 纵向加劲肋，顶、底板布置 5 道，腹板布置 3 道；箱室内间距 1.5 m 设置 1 道横向加劲肋(图 5-105)。

2）主梁

主梁桥面全宽 27.7 m，单箱 5 室断面，箱梁内高 2.2 m。箱梁设置 4 道竖直腹板，钢箱外侧设置风嘴。吊杆主梁端锚固位置与边腹板及横隔板对应设置，横隔板间距 3.5 m，吊杆间距 7 m。吊杆采用叉耳式锚固。主梁钢结构采用 Q345qC 钢材。

主梁顶板厚 16 mm，底板厚 16 mm，腹板厚 14 mm，吊杆对应边腹板厚度 25 mm。主梁桥面板采用正交异性桥面板，车行道设置 U 形加劲肋，加劲肋间距 0.6 m。人行道设置板肋，尺寸 20×240 mm，加劲肋间距 0.45 m。沿纵向设置桥面横向加劲肋，间距 1.75 m。主梁底板设置板肋，尺寸 25×300 mm，加劲肋间距 0.6 m(图 5-106、图 5-107)。

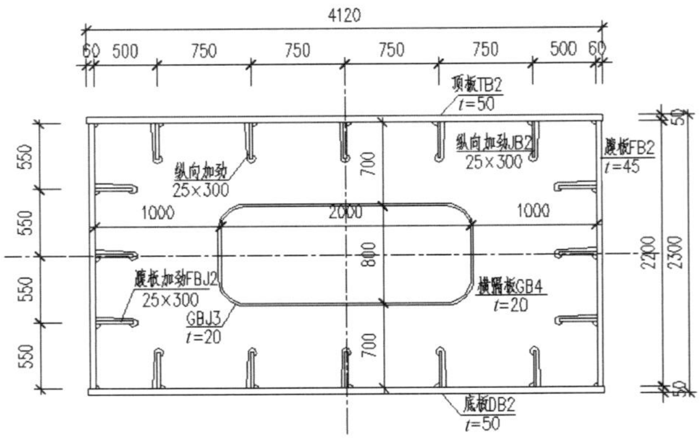

图 5-105 拱脚标准横断面图

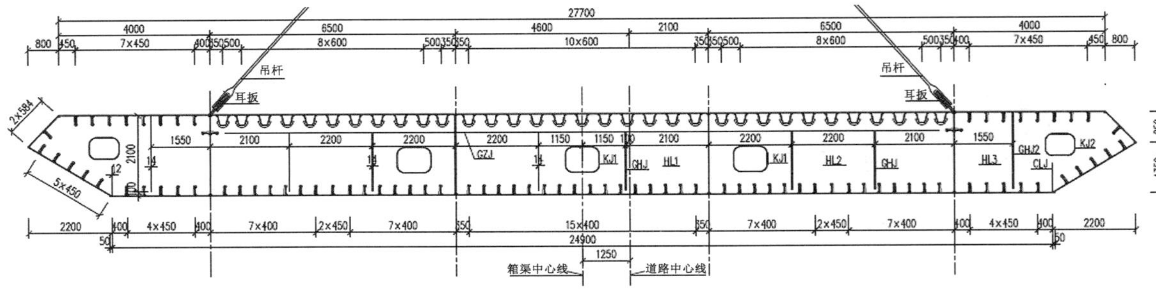

图 5-106 主梁横断面图(横梁处)

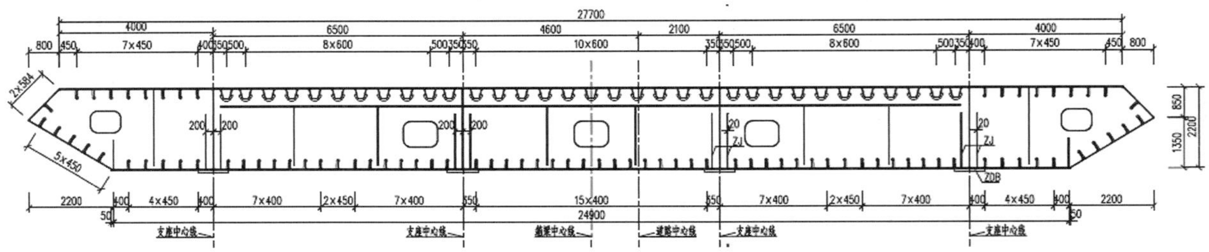

图 5-107 主梁横断面图(支点处)

主梁与拱肋之间设置抗风支座,约束主梁横向位移,同时改善拱脚横向水平力。

3) 吊杆及锚固

吊杆选用 PES(C)-7-129 平行钢丝束,标准抗拉强度 $\sigma=1\ 860$ MPa。弹性模量为 2.05×10^5 MPa。镀锌钢丝绞成缆后涂防腐涂料,浇包聚酯纤维带、热挤高密度黑色 PE 和彩色 PE 护套、外包风雨振螺旋线。其技术条件应符合《斜拉桥用热挤聚乙烯高强钢丝拉索》(GB/T 18365—2018)要求。

拉索采用冷铸锚,梁端为张拉端,采用叉耳+单螺杆+冷铸锚,拱肋端为固定端,采用叉耳+冷铸锚(图 5-108)。

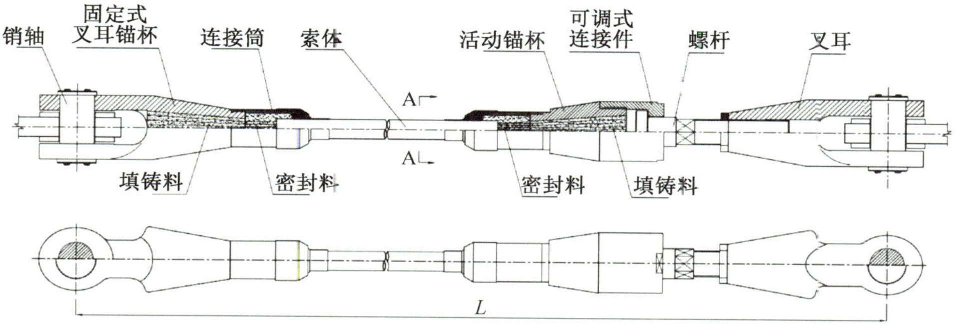

图 5-108　吊杆构造示意图

2. 上部结构总体计算

1) 计算模型

采用 Midas Civil 2019(V2.2)进行静动力分析,主拱、主梁、横梁、纵梁和横撑均采用空间梁单元模拟,吊索采用桁架单元模拟。全桥网格模型如图 5-109 所示,模型渲染图如图 5-109 (b)所示。

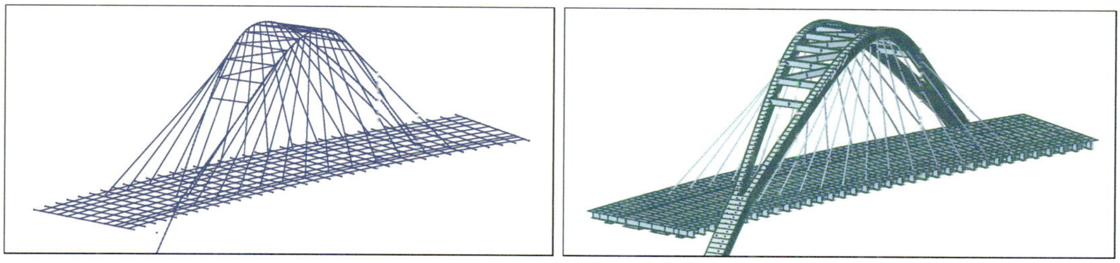

(a) 网格模型图　　(b) 模型渲染图

图 5-109　计算模型图示

2) 荷载工况

恒载：一期恒载,包括拱肋、吊杆、主梁、横梁,按照实际断面尺寸计取;二期恒载,铺装按实际计;防撞栏杆按 7.5 kN/m 计;人行道栏杆按 2.5 kN/m 计。

设计活载：车辆荷载标准按《城市桥梁设计荷载标准》确定为城-A 级。横向按 4 车道考虑,相应的折减系数按规范取定,计入汽车冲击力和制动力。人行荷载取3.5 kN/m²。

温度荷载：体系温差,整体升降温 25℃;主梁梯度温差,钢梁顶板正温差+14℃(考虑 80 mm 沥青铺装);钢梁顶板负温差+7℃。

风荷载：考虑桥面高度处为 29.8 m/s 的运营风和百年一遇(v=37.5 m/s)的设计基本风速两种情况,按照风的方向与桥梁轴线的相对关系,又分为顺桥向风荷载和横桥向风荷载。

支座沉降：基础沉降按 2 cm 考虑。

荷载组合：组合一,恒载+沉降+汽车活载+汽车冲击力;组合二,恒载+沉降+汽车活载+汽车冲击力+温度荷载;组合三,恒载+汽车活载+汽车冲击力+汽车制动力+温度荷载+桥面风速 25 m/s 的运营风;组合四,恒载+百年一遇的静阵风荷载。

3) 基本组合包络效应

(1) 主梁。主梁采用 Q345qC 钢材,在最不利组合下,最大压应力 88 MPa,最大拉应力为 165 MPa。满足规范要求(图 5-110、图 5-111)。

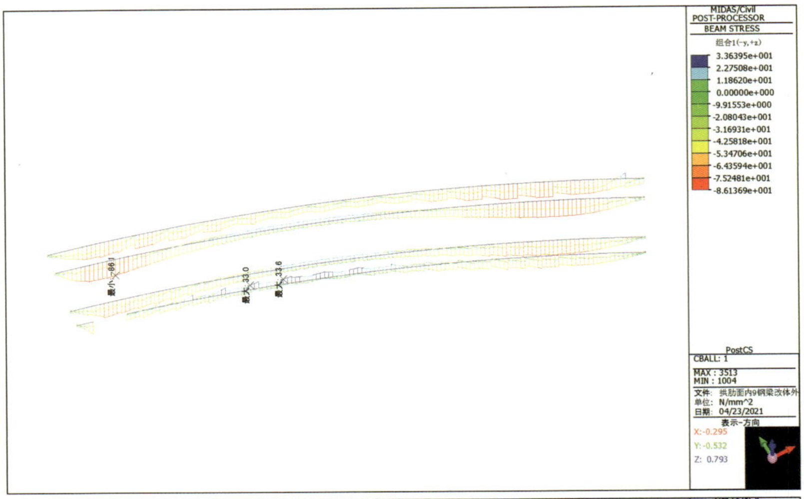

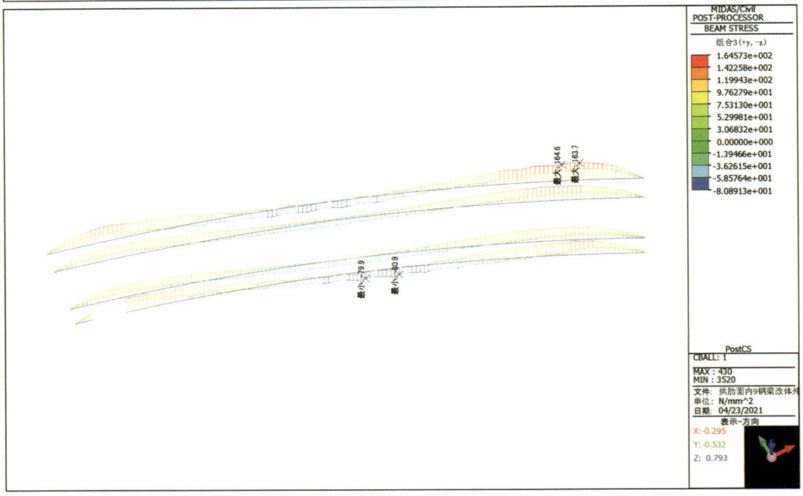

上　图 5-110　基本组合主梁截面上缘应力

下　图 5-111　基本组合主梁截面下缘应力(MPa)

(2) 拱肋。拱肋采用 Q420qD 钢材,在最不利组合下,最大压应力 256 MPa,最小应力为 43 MPa。满足规范要求(图 5-112、图 5-113)。

(3) 拱肋横撑。横撑采用 Q345qC 钢材,在最不利组合下,最大压应力 161 MPa,最大拉应力为 174 MPa。满足规范要求(图 5-114)。

(4) 主梁横梁。横梁采用 Q345qC 钢材,在最不利组合下,最大压应力 163 MPa,最大拉应力为 140 MPa。满足规范要求(图 5-115、图 5-116)。

(5) 吊杆。吊杆最大拉力为 2 374.4 kN,拉索标准破断力 7 802 kN;选用的拉索规格在最大索力工况下安全系数均大于 2.5,满足规范要求(图 5-117)。

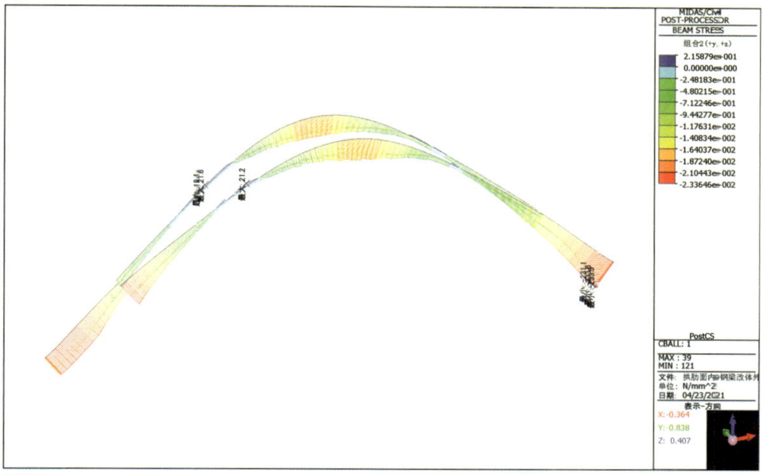

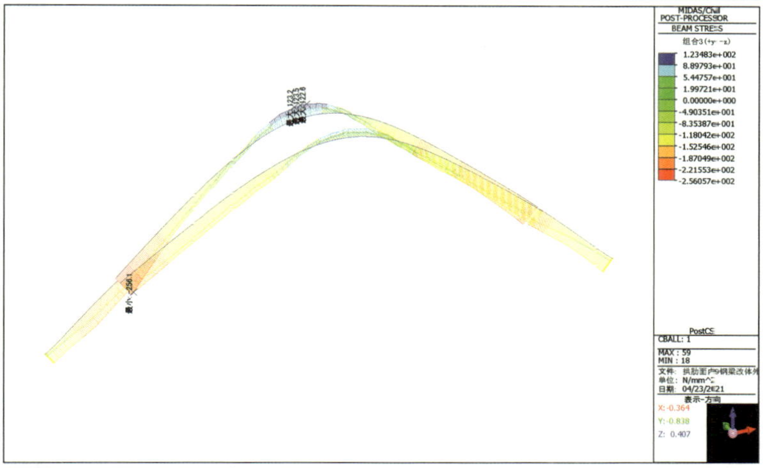

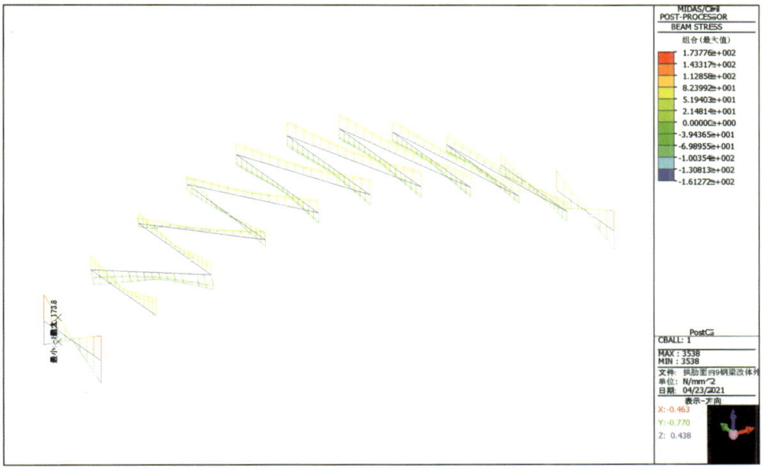

上　图 5-112　基本组合主拱截面上缘应力(MPa)

中　图 5-113　基本组合主拱截面下缘应力(MPa)

下　图 5-114　基本组合横撑最大应力(MPa)

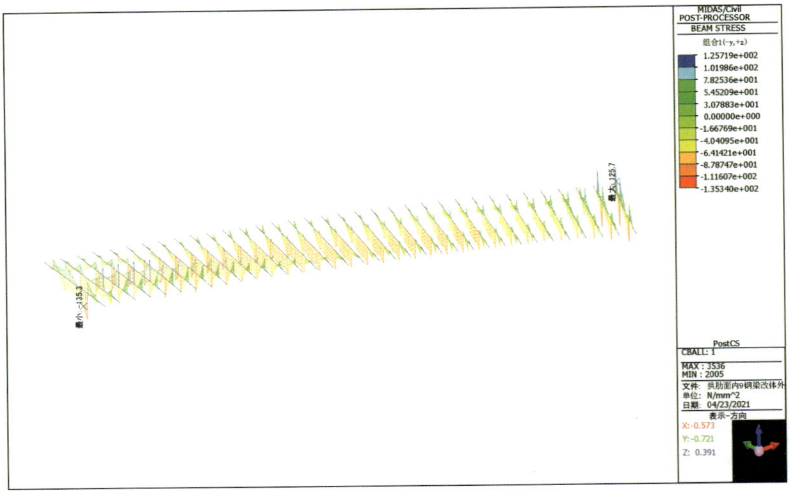

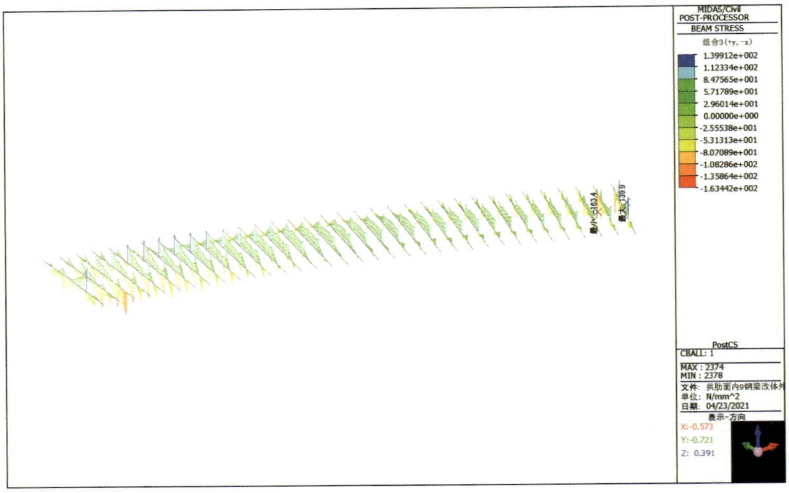

图 5-115　基本组合横梁上缘应力(MPa)

图 5-116　基本组合横梁下缘应力(MPa)

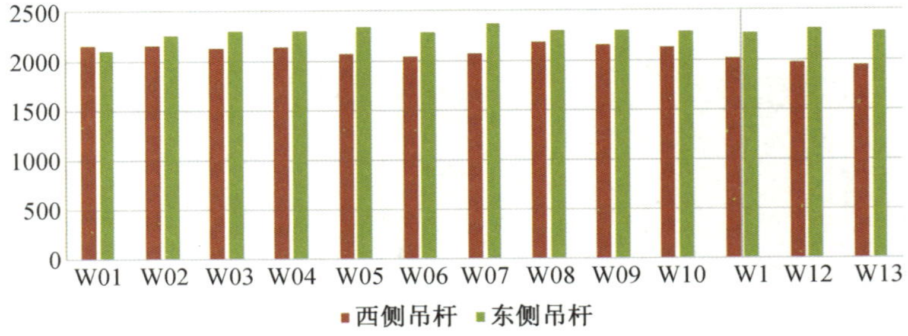

图 5-117　基本组合吊杆力(kN)

4）拱脚反力

成桥拱脚反力具体数据见表 5-6(坐标系见图 5-118)。

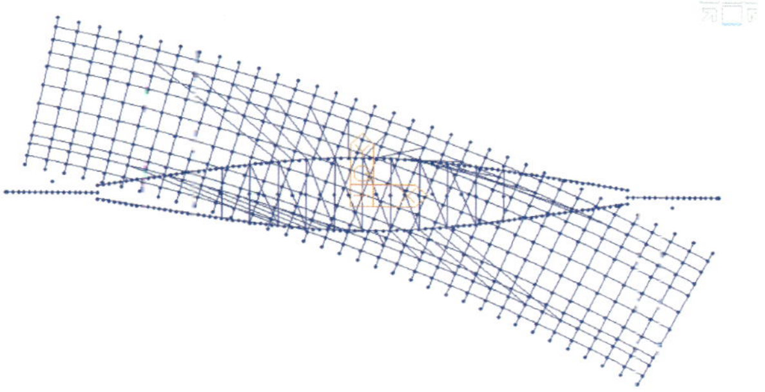

图 5-118　坐标系方向示意

表 5-6　　**成桥拱脚反力汇总表**

拱肋	F_X/kN	F_Y/kN	F_Z/kN	M_X/(kN·m)	M_Y/(kN·m)	M_Z/(kN·m)
南侧拱脚	26 378.4	−27.8	22 521.2	25 361.8	14 683.4	−16 705.5
北侧拱脚	−26 378.4	27.8	22 417.7	10 159.0	−16 769.5	131 88.0

表 5-7　　**标准组合拱脚反力汇总表**

拱脚	标准组合	F_X/kN	F_Y/kN	F_Z/kN	M_X/(kN·m)	M_Y/(kN·m)	M_Z/(kN·m)
南侧拱脚	包络(最大)	29 952.5	2 401.5	24 832.2	36 888.0	29 530.5	9 065.6
	包络(最小)	25 331.0	−397.4	22 273.0	−493.9	4 318.3	−25 118.3
北侧拱脚	包络(最大)	−25 370.7	443.0	25 012.2	39 969.3	−6 680.5	43 373.6
	包络(最小)	−30 185.5	−2 739.4	22 153.4	−3 070.7	−31 219.3	2 868.3

5）结构刚度

活载竖向向上位移 16 mm，活载竖向向下最大位移 49 mm，累计活载竖向挠度 65 mm，挠跨比 1/1 846，满足规范要求。

6）拱肋整体稳定

通过表 5-8 计算结果可知，拱肋最小稳定安全系数为 12.75，满足规范要求。

表 5-8　　**拱肋整体稳定计算结果**

工况号	失稳模态特征	阶数	λ
1	拱肋面外失稳	1	15.09
2	拱肋面外失稳	1	12.78
3	拱肋面外失稳	1	12.75
4	拱肋面外失稳	1	15.05

经全桥验算，主拱、拱间系梁、吊杆、主梁、横梁等均满足材料强度要求，结构刚度性能较好。整体计算结果表明，方案桥型结构力学性能良好。

抗震计算结果表明(略)，E_2 地震作用下桥墩以及桩基结构基本保持在弹性状态；通过采用拉索减震支座，主梁纵向位移为 0.2 m，地震位移合理可控，满足抗震设防要求。

3. 推力基础研究与设计

斜跨拱肋为有推力结构，可靠安全的基础形式是本项目的关键技术之一。由于基岩埋深起伏较大，较多部位中风化花岗岩埋置较深，推力基础结构形式通过沉井、地连墙和大直径群桩基础形式等的综合比较，最后确定受力安全合理、经济性优良、施工安全可靠的地连墙基础。

1) 地质条件

桥位地层较复杂，主要地层包含素填土、全风化花岗岩、强风化花岗岩、中风化花岗岩，中～微风化岩面起伏大，球状风化体(孤石或夹层)发育，工程地质条件复杂。

南拱座处承台底面以下地层大部分处于强风化花岗岩(土状、碎石状)，内含中风化夹层。局部钻孔至－40 m 处仍未见中风化花岗岩岩面。局部中风化花岗岩岩面较高。区域内中风化花岗岩岩面变化剧烈。

南拱座处大部分区域中风化岩面位于－36～－30 m，西侧局部岩面变化剧烈，基础范围内岩面由－18 m 变化至 0，东侧局部钻孔钻至－40 m 仍未见中风化岩面。南拱座处基础嵌岩难度较大(图 5-119)。

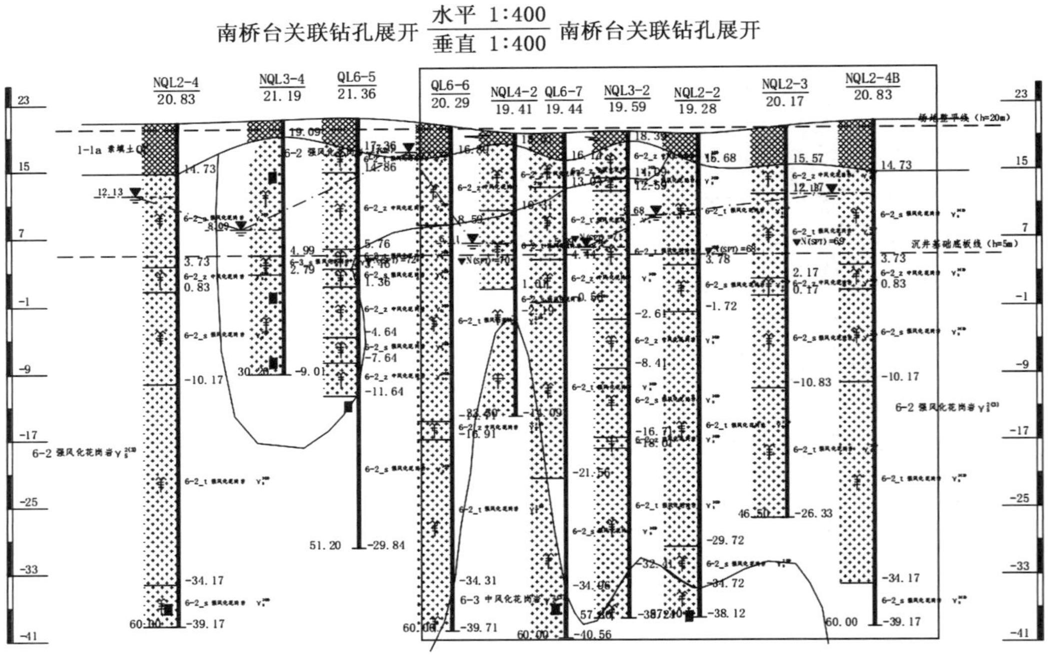

图 5-119　南拱脚位置地层分布

北拱座处承台底面以下地层大部分处于强风化花岗岩(土状、碎石状)，局部存在全风化花岗岩。

北拱座处中风化岩面由西北向东南逐渐降低，由＋2 m 变化至－20 m，岩面变化较剧烈。但均具有嵌岩条件，(NQL9－4、QL2－3 钻孔岩面较深)(图 5-120)。

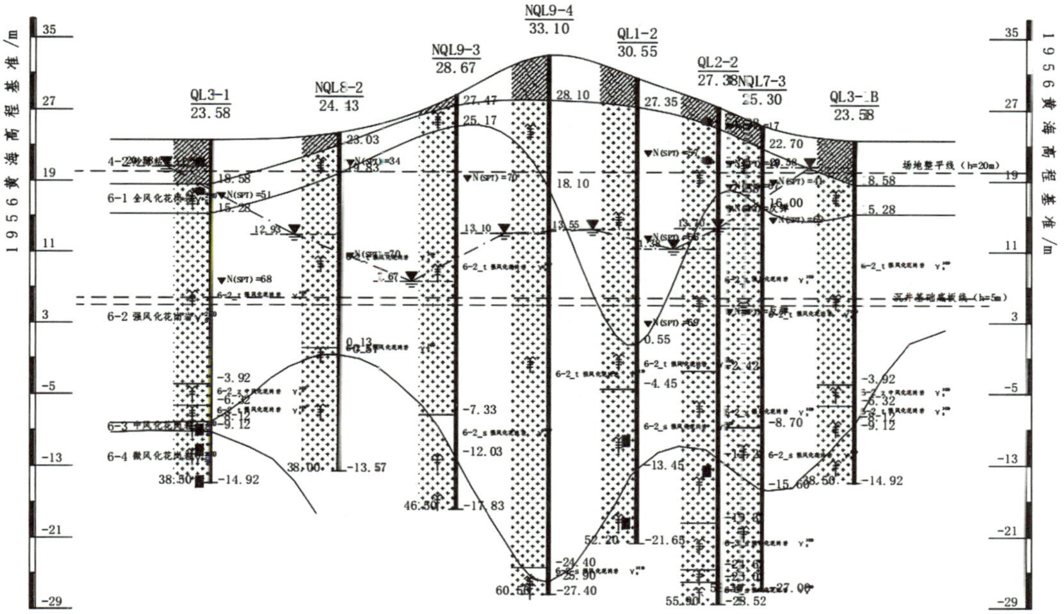

图 5-120　北拱脚位置地层分布

2）拱脚支反力

斜跨拱桥水平推力较大，且主要以顺桥向推力为主，拱脚处反力如表 5-9 所示。同时考虑南北侧拱座基础顶回填至设计标高(17.5～22.4 m)后的回填土重。

表 5-9　　　　拱脚支反力

位置	荷载	F_X/kN	F_Y/kN	F_Z/kN	M_X/(kN·m)	M_Y/(kN·m)	M_Z/(kN·m)
南侧拱肋	1 恒载	26 593.8	−25.9	22 297.1	26 535.3	−4 342.5	−20 671.7
	2 活载(最大)	2 429.5	385.4	1 896.8	1 949.7	2 707.2	93.1
	基本组合包络(最大)	39 994.7	3 459.4	33 060.6	46 400.6	3 581.4	2 497.7
	标准组合包络(最大)	30 198.5	3 015.6	24 865.9	37 414.5	4 614.9	8 553.3
	2 活载(最小)	−0.7	−252.9	−0.7	−273.6	−0.3	−1 287.2
	基本组合包络(最小)	33 736.8	−772.6	28 995.3	8 204.5	−21 889.7	−36 970.5
	标准组合包络(最小)	25 283.9	−558.0	21 890.0	10.7	−18 895.0	−29 913.3
北侧拱肋	1 恒载	−26 593.8	25.9	22 193.6	15 118.9	2 181.0	17 394.5
	2 活载(最大)	0.0	429.2	2 033.3	1 436.6	3.1	1 225.9
	基本组合包络(最大)	−33 718.2	1 043.0	33 351.3	50 851.4	19 033.6	57 718.3
	标准组合包络(最大)	−25 259.3	730.3	25 101.3	44 587.3	16 735.4	50 354.0
	2 活载(最小)	−2 586.6	−86.1	0.0	−2 828.1	−2 544.0	−2 661.8
	基本组合包络(最小)	−40 450.6	−3 696.7	28 844.8	6 443.7	−5 797.3	10 707.4
	标准组合包络(最小)	−30 548.5	−3 304.0	21 768.0	2 709.7	−6 282.6	6 458.0

3）地下连续墙推力基础设计

承台尺寸为 16.5 m・11 m・5 m，承台下设“日字形”井筒式地下连续墙基础，地下连续墙横桥向宽 10 m，顺桥向长 15.5 m 地下连续墙墙厚 1 m。南北侧拱座地下连续墙墙深均为 23 m(图 5-121)。

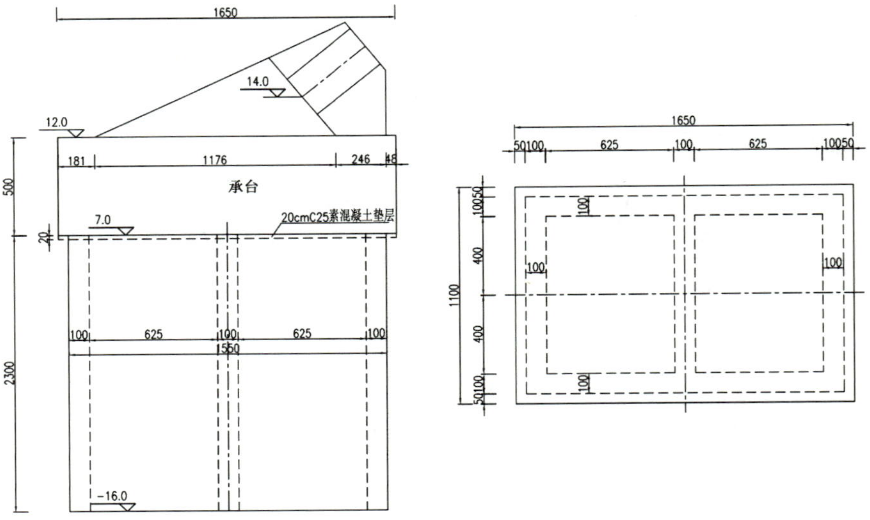

(a) 地连墙基础立面图　　(b) 地连墙基础平面图

图 5-121　地下连续墙基础

南侧拱座地下连续墙基础，基础基底大部分位于强风化花岗岩岩层，西侧中部局部存在中风化花岗岩。

北侧拱座地下连续墙基础，基础基底大部分位于强风化花岗岩岩层，西北侧局部位于中风化花岗岩层。

地下连续墙分为 A 类、B 类、C 类三类地下连续墙，并通过刚性接头将 6 片地下连续墙连为整体。

4）土弹簧模型分析

目前国内对于地下连续墙基础的应用较少。本次计算参照日本经验，按照桩基础的计算方法，把基础看作是弹性体，考虑基础正面的被动土抗力和侧面的摩阻力，进行基础变位和承载能力计算。分别采用土弹簧模型和实体三维模型进行建模分析。

采用 Ansys Workbench 进行空间实体模型验算。土体与地连墙均采用实体单元模拟，结构与土体相互作用采用单向受压接触单元模拟。土体参数选择如表 5-10 所示。

表 5-10　　土体参数

地质土层性质	重度/(kN・m^{-3})	黏聚力/kPa	内摩擦角/(°)	泊松比	变形模量/MPa
强风化花岗岩(土状)	20	25	25	0.3	110
强风化花岗岩(岩状)	21	50	35	0.25	280
中风化花岗岩	22	200	40	0.2	3 000

土弹簧模型核算(弹性桩)分析结果如下(图 5-122、图 5-123)。

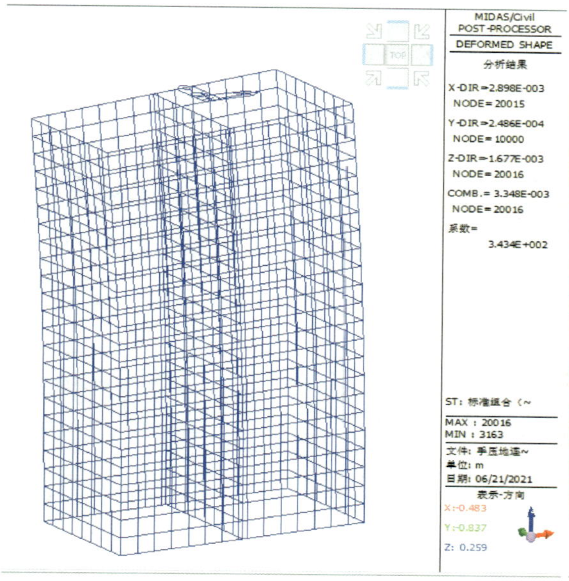

图 5-122　位移示意图

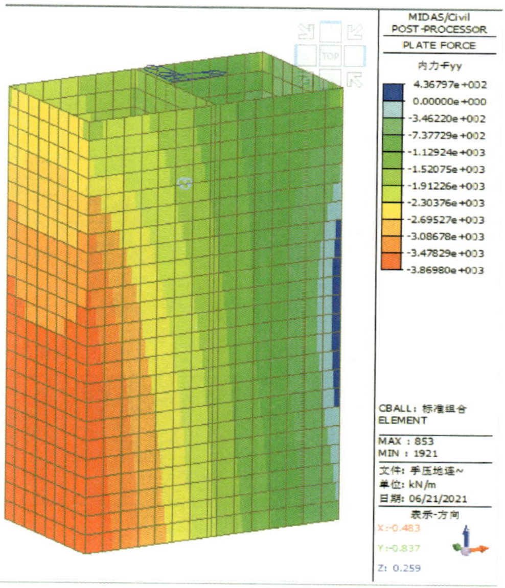

图 5-123　轴力示意图

表 5-11　　标准组合下拱脚位移

M 法建模	南侧拱座基础/mm			北侧拱座基础/mm		
	U_x	U_y	U_z	U_X	U_Y	U_Z
标准组合	2.89	0.25	3.3	2.82	0.45	2.6

表 5-12　　标准组合下拱脚基地反力

M 法建模	南侧拱座基础/kN		北侧拱座基础/kN	
	R_a	R	R_a	R
标准组合	32 844	26 450	33 883	26 810

土弹簧模型核算(刚性桩)分析结果如下:

考虑此处中风化岩面东西向变化较大,且只是局部基底处存在中风化花岗岩,故地下连续墙基础按支撑在非岩石上刚性桩进行核算。计算采用《公路桥涵地基与基础设计规范》(JTG D 3363—2019)附录 Q 相关规定进行核算(图 5-124)。

表 5-13　　标准组合下拱脚位移

M 法建模	南侧拱座基础/mm	北侧拱座基础/mm
	U_x	U_X
标准组合	1.79	1.82

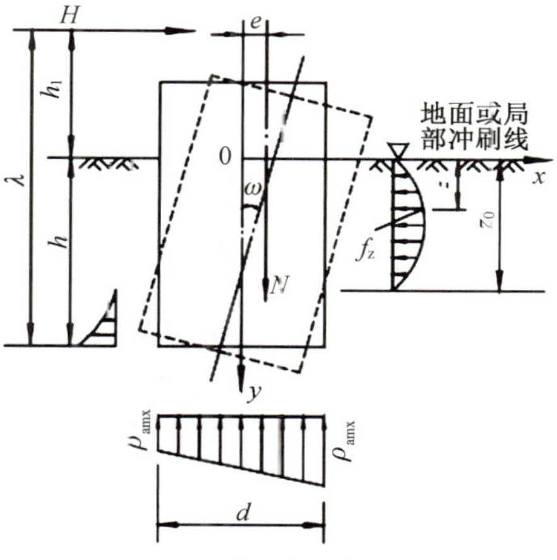

图 5-124　刚性桩受力图示

表 5-14　　标准组合下拱脚基地反力

M 法建模	南侧拱座基础/kN		北侧拱座基础/kN	
	R_a	R	R_a	R
标准组合	33 883	26 810	32 844	26 400

表 5-15　　标准组合下土体水平抗力

M 法建模	南侧拱座土体水平抗力/kN		北侧拱座土体水平抗力/kN	
	$P_{承载力}$	P_z	$P_{承载力}$	P_z
标准组合	410	336.8	443.3	327.6

表 5-16　　标准组合下拱座抗剪承载力

M 法建模	南侧拱座抗剪承载力/kN		北侧拱座抗剪承载力/kN	
	$V_{承载力}$	V	$V_{承载力}$	V
基本组合	62 302	39 995	62 302	40 451

表 5-17　　标准组合下拱座抗弯承载力

M 法建模	南侧拱座抗弯承载力/kN · M		北侧拱座抗弯承载力/kN · M	
	$N_{承载力}$	N	$N_{承载力}$	N
基本组合	531 000	84 848	372 000	89 061

5）实体三维模型

采用 Ansys Workbench 进行空间实体模型验算。土体与地连墙均采用实体单元模拟，实体单元共 275 766 个。

计算位移云图如图 5-125 所示，基础最大位移为 5.8 mm。

土体最大压应力出现在地连墙背墙侧，为 150 kPa。

地连墙主拉应力出现在地连墙前墙底部，大小为 1.3 MPa，地连墙主压应力出现在地连墙背墙底部，大小为 4.2 MPa(图 5-126)。

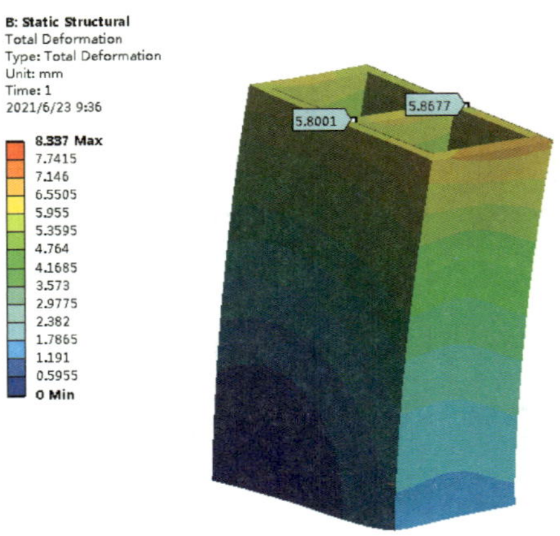

图 5-125　地连墙基础墙体位移

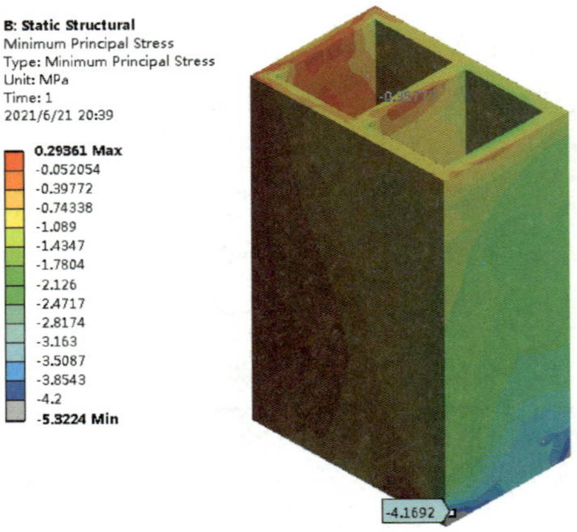

图 5-126　地连墙基础墙体主压应力

计算结果表明，地连墙推力基础提供抗推力稳定，拱脚位移可控，结构安全。

5.5　东莞市滨海湾新区滨海湾大桥方案

2019 年 1 月，为落实粤港澳大湾区战略，市政府发布了东莞市滨海湾新区（以下简称“新区”）滨海湾大桥方案设计国际竞赛公告，吸引了来自法国、美国、丹麦、澳大利亚、中国香港等地的 20 家桥梁设计领域知名设计机构（含联合体）。作者团队与华设设计集团合作参加了这项国际方案竞赛，竞赛成果于 2019 年 3 月完成。

5.5.1　相关规划和建设条件的分析理解

对相关规划和建设条件的分析理解是启动方案创作工作的前提条件。对基础资料掌握和理解得越全面、深入，越有利于正确理解设计意图，避免出现由于对基础资料理解有误而导致方案创作方向性偏差。

1. 项目概况

新区由交椅湾、沙角半岛和威远岛三大板块组成，规划面积 83.2 km²，位于粤港澳大湾区珠江口城市群东岸和西岸交汇处，毗邻港澳，紧连穗深，与前海、南沙等地自贸区紧密连接，是东莞市对外开放的重要窗口地区。规划建设市新区，是东莞市落实国家粤港澳大湾区战略、主动融入广深科技创新走廊建设的具体实践。

滨海湾大桥处于新区规划内湾以及滨海景观长廊的重要节点位置，上跨磨碟河入海口，是联系新区交椅湾板块与沙角半岛板块的重要通道，是新区规划建设跨度最大的桥梁，该桥将被作为地标性建筑物来高规格打造。

2. 自然条件

1）气象

该项目地处亚热带地区，属亚热带海洋性季风气候，长夏无冬，日照充足，雨量充沛，温差振幅小，季风明显。年平均气温 21.6℃，1 年中最冷为 1 月，最热为 7 月，历史年最低气温－1.9℃（1963 年 1 月 15 日），年最高气温 38.2℃（1980 年 7 月 10 日）。年平均日照总时数 1 953.5 小时，日照率 44.8%。其中，2000 年，日照时数最多，达 2 059.5 小时，占全年可照时数的 46%；最少是 1997 年，仅有 1 558.1 小时，占全年可照时数的 35%。一年中 2—3 月日照最少，7 月日照最多。平均年降雨量 1 896 mm，最多为 1997 年，年雨量2 074.0 mm；最少为 1996 年，只有 1 547.4 mm。（1996—2000 年）每年 6 月前多为锋面雨，7 月以后以台风雨为主。降雨年内分布不均匀，85%集中在 4—9 月，其中 4—6 月为前汛期，雨量约占 46.7%，7—9 月为后汛期，台风降水活跃。10 月至第二年 3 月为少雨季节。常年风向以偏北风为主南偏北风频率 48%，偏南风频率 24%，年平均风速 2.3 m/s，历年平均最大风速 18 m/s，台风平均每年 2 次，最多年达 7 次（1967 年），风力最大可达 11 级，对南部地区影响较大。

2）地形、地貌

在地质构造上，该项目位于罗浮山断裂带南部边缘的北东向博罗大断裂南西部、东莞断凹盆地中。地势东南高、西北低。地貌以丘陵台地、海陆交互沉积平原为主，丘陵台地占 44.5%，海陆交互沉积平原占 43.3%，山地占 6.2%。东南部多山，尤以东部为最，山体庞大，集中成片且起伏较大，海拔多在 200～600 m，坡度 30°左右，银瓶嘴山主峰高 898.2 m，是东莞市的最高山峰；中南部低山丘陵成片，为丘陵台地区；东北部接近东江河滨，陆地和河谷平原分布其中，海拔 30～80 m，坡度小，地势起伏和缓，为易于积水的埔田区；西北部是东江海陆交互沉积而成的三角洲平原，是地势低平、水网纵横的围田区；西南部是濒临珠江口的江河海陆交互沉积平原，地势平坦而低陷，是受潮汐影响较大的沙咸田地区。

拟建工程位于东莞市滨海湾新区，西起虎门镇滨海大道、东至交椅湾大道。原始地貌为东江冲积的三角洲平原。勘察期间测得拟建道路地面标高（钻孔孔口标高）介于－0.24～11.72 m，最大相对高差为 11.96 m，平均相对高差为 3.17 m，地势起伏。

3）水文

根据沙角波浪潮位站 1985—1987 年观测，该水域夏季偏南风时风浪较大，主导风向为东南，东南偏南，南。平均风速 5.4～8.9 m/s，最大风速为南风 23.3 m/s，风浪频率为 15%～30%，平均波高 0.3～0.4 m，最大波高 1.2 m。本海区潮汐属不规则半日混合潮型。在一个太阴月中，随着朔望月周期变化，本海区也有一个由大潮到小潮、再由小潮到大潮的月变化规律。海域属弱潮区，潮差相对较小，平均潮差为 0.86～1.69，最大潮差 2.29～3.36 m。潮差具有由东向西逐渐递减、由湾口向湾顶逐渐递增的特点。由于地处伶仃洋东侧湾顶，湾内水深较浅，涨潮槽是湾内水流运动的主要通道。落急时段，虎门落潮小部分向交椅湾分流，沿涨潮槽下泄，往复流特征明显。涨急时段，来自暗士顿水道的涨潮流沿矾石水道上溯至交椅湾前沿后，部分沿涨潮槽经交椅湾上溯至虎门口与川鼻水道的涨潮流汇合，并在虎门口川鼻深槽东侧形成缓流区。落转涨时段，来自东部的涨潮流沿交椅湾涨潮槽到达交椅湾内后，转向西北流动，与虎鼻深槽落潮流相汇，部分随落潮流向外海流去，在涨潮槽与川鼻水道间形成半封闭的逆时针环流。本次勘察期间，水位埋深在 0～9.30 m，平均 1.37 m；水位标高在－0.24～3.00 m，平均 1.80 m。

位于内伶仃洋口、西海堤南侧的赤湾站及位于茅洲河口外的舢舨洲站是本工程的潮位分析代表站。

4）工程地质

经本次勘察揭露，按地层成因类型和岩土层性质，场区内的第四系地层自上而下分为填土层（Q^{ml}）、第四系海陆交互沉积层（Q^{mc}）、残积土层（Q^{el}）及下古生界（P^{zl}）花岗岩。具体地层分布为①$_1$填筑土、①$_2$杂填土②$_1$粉砂、②$_2$淤泥、②$_3$粗砂②$_4$粉质黏土②$_5$黏土②$_6$中砂②$_7$淤泥②$_8$粉质黏土②$_9$黏土②$_{10}$粗砂、②$_{11}$砾砂、②$_{12}$中砂、③砂质黏性土④$_1$全风化花岗岩④$_2$强风化花岗岩④$_3$中风化花岗岩。

④$_3$中风化花岗岩：黄、灰白、麻灰色，矿物风化迹象明显，节理裂隙较发育，岩块敲击声脆，手折不断，合金钻具可钻进，岩芯呈块状及柱状。该层层顶标高－49.82～－8.68 m，平均－36.67 m；揭露层厚 2.00～10.40 m，平均 9.35 m；层顶埋深 15.50～51.60 m，平均 38.58 m。根据室内土工试验及现场标贯试验，结合地区经验，建议本层地基承载力基本容许值[f_{a0}]＝1 700 kPa。

桥位处各地基土分层地基承载力基本容许值[f_{a0}]及钻（冲）孔灌注桩桩侧土的摩阻力标准值 q_{ik}、桩端处土的承载力容许值 q_{rk} 见岩土工程勘察报告。

5）地震

场地地震设防烈度为Ⅶ度，设计基本地震加速度值取 0.10g，地震动峰值加速度 0.125g；场地覆盖土层总体属软弱土，场地类别为Ⅲ类，为抗震不利段，设计地震分组为第一组，建筑设计特征周期为 0.45 s。

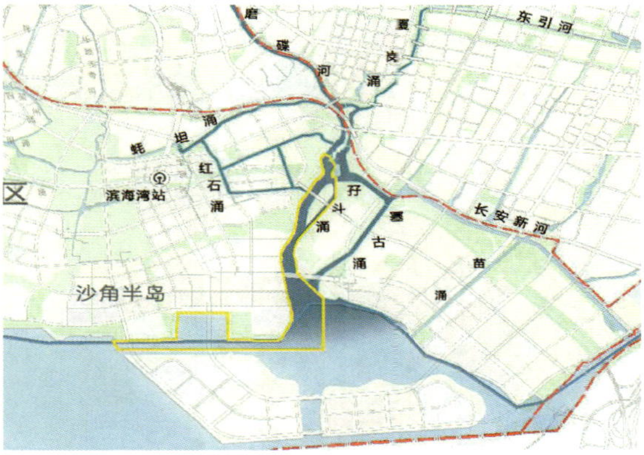

图 5-127　磨碟河等水网平面

6）磨碟河

磨碟河位于虎门镇与长安镇交界处，属于东引运河一段，流经虎门、长安、新区至虎门镇磨碟口处汇入珠江口，磨碟河片区涉及长安镇、虎门镇和新区三个行政区域(图5-127)。

拟建桥位处磨碟河平均高潮位 1.37 m，平均潮位 0.57 m，平均低潮位 −0.23 m，河底高程 −1.74 m。

磨碟河入海口海堤堤顶布置8 m 宽巡堤路，高程 4.50 m，其上设 0.6 m 高防浪墙，防浪墙顶高程 5.10 m，防浪墙与植草槽结合。结合现场地质条件及景观需求对海堤拟采用生态混凝土护坡，坡上种植水生植物，高程2.90 m 布设 5 m 宽亲水平台，高程 −0.70～1.80 m 采用红树林防护，抛石护脚(图 5-128)。

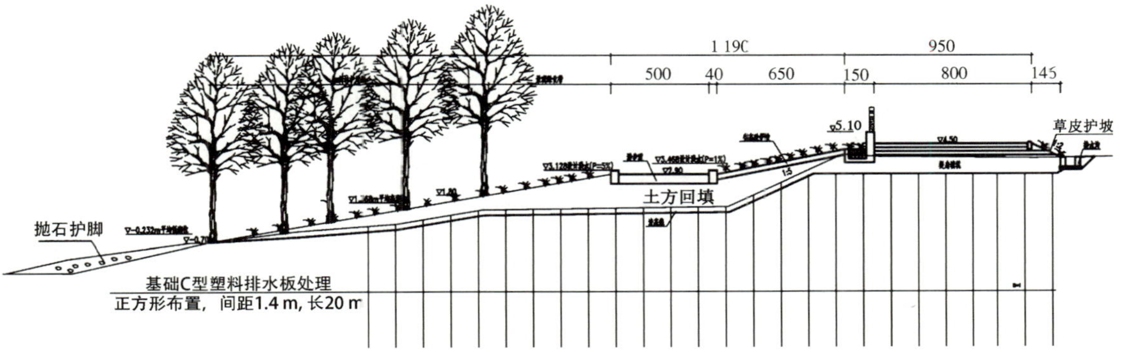

图 5-128　磨碟河入海口海堤断面布置

3. 城市规划与设计

1）城市总体规划

采取组团开发、轴带串联的空间发展思路，形成“一廊、两轴、三板块”的空间发展格局，打造兴业宜居智慧湾区新城和东莞经济发展新引擎。

一廊：滨海景观长廊，串联“山海河林田草”生态系统。两轴：城市中轴线，联通中心城区；城市发展功能轴，串联三板块核心功能区。三板块：交椅湾板块、沙角半岛板块、威远岛板块，集聚高端制造业总部、发展现代服务业、建设战略性新兴产业研发基地。综合新区空间资源特征，形成了十大功能分区(图 5-129)。

2）综合交通专项规划(图 5-130)

(1) 构建新区便捷交通体系。

① 推广绿色低碳的公共交通：建立和完善现代公交体系，2035 年公共交通(不含出租车)出现占机动化出行比例不低于 50%。

② 构建布局合理的干道系统：完善“三横六纵”的新区骨干路网，串联三板块，加强与周边地区的交通联系。

③ 强化支路网建设：按照城市街道理念高标准设计，提高路网密度，合理设计道路宽度。

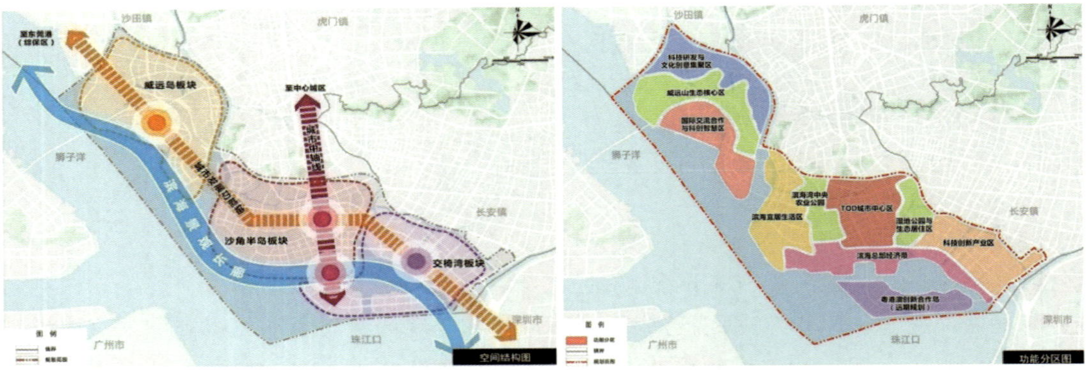

上　图 5-129　城市总体规划
下　图 5-130　综合交通专项规划

(2) 创建绿色智能交通系统。

① 绿色交通：打造以人为本的慢行交通体系。依托山水资源，构筑新区特色与品质的宜行慢行交通网，形成休闲与通勤两类慢行路网，实现新区绿色出现比例不低于 70%。

② 智能交通：构筑智慧交通系统的大脑，实现多元数据融合，打造智慧调控、智慧公交、智慧道路、智慧停车、无人驾驶等示范应用。

3) 滨海景观长廊规划设计(图 5-131)

湾区岸线新典范：支撑粤港澳大湾区 320 km 岸线升级。

东莞岸线新地标：与中心城区、松山湖构筑东莞大城形象的关键一环。

新区创新触媒：通过高品质的公共空间提升新区创新竞争力。

4）起步区城市设计(图 5-132、图 5-133)

建设初期：一心两翼，三轴三廊。产业导入、人口导入和城市骨架。

建设成熟期：一心一翼，山海新城。城市名片、城市特色和场所记忆。

上　图 5-131　滨海景观长廊规划

中　图 5-132　滨海湾城市发展动态结构

下　图 5-133　城市设计鸟瞰图

5）磨碟河片区入海口规划(图 5-134、图 5-135)

基于场地特征及周边自然文化资源，形成了“一心一廊三带”的总体结构，其中入海口片区规划为“一心”，即活力绿心。活力绿心位于河海交汇之处，成片的生态绿洲、独特的大岗山风貌，开阔的田园景观为其成为区域核心提供了绿色生态基础；西面的滨海湾站 TOD 都市区，南面的粤港澳合作岛，东部的国际科技创新合作区，三区交融于此，整体带动中心区块活力发展。

图 5-134 磨碟河片区总体规划

图 5-135 磨碟河片区入海口规划

4. 主要技术标准

(1) 道路等级：城市主干路。

(2) 设计行车速度：60 km/h。

(3) 设计车道：双向 8 车道。

(4) 桥梁设计荷载：城-A 级。

(5) 人群荷载：按相关规范取值。

(6) 桥梁设计基准期：100 年。

(7) 桥梁结构设计使用年限：100 年。

(8) 地震动峰值加速度：0.125 g。

(9) 设计安全等级：一级。

(10) 设计洪水频率：特大桥 1/200。

(11) 通航标准：不低于Ⅳ级。

(12) 环境类别：Ⅲ类。

(13) 抗风等级：可抵抗十六级台风。

(14) 滨海大道标准横断面(图 5-136)：3 m(人行道)+1.5 m(树池)+2.5 m(非机动车道)+1.5 m(绿化带)+7.5 m(辅道)+5 m(主辅分隔带)+15 m(主车道)+8 m(中央分隔带)+15 m(主车道)+5 m(主辅分隔带)+7.5 m(辅道)+1.5 m(绿化带)+2.5 m(非机动车道)+1.5 m(树池)+3 m(人行道)=80 m。

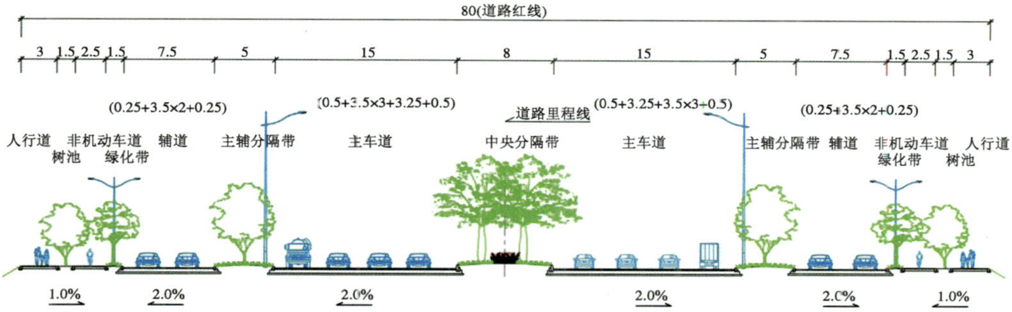

图 5-136　滨海大道标准横断面

5. 总体设计要求

1）总体要求

(1) 研究上位规划和相应专业专项规划。分析研究桥梁和周边用地的关系以及在整个城市中所起到的作用，对滨海湾大桥进行总体设计，确定桥梁的整体主题风格风貌，塑造滨海新区形象特色，提升新区的城市品质与文化品位。

(2) 方案在均衡、比例、韵律、故事性等方面须体现出特色和美感，突出桥梁建筑艺术，与城市景观环境相融合，展现滨海城市风貌，体现地域文化内涵。

2）景观要求

(1) 结合城市总体规划、城市设计以及道路纵向景观特征等，选择适宜的桥梁建筑风格。

(2) 保持滨海体系的连续性，不仅是交通系统的功能连续性，更是空间形态的视觉连续性，并与流动变化的景观体验相呼应协调。

(3) 注重夜间景观设计，包括灯光布设方案。

3）功能要求

(1) 机动车道、非机动车道以及人行道宽度满足规划要求。

(2) 桥梁平面基本服从路网规划，对认为必要的调整应做说明。

(3) 研究河流的规划及现状水文情况，对桥梁行洪能力、抗洪能力、未来通航能力要充分考虑，并具有可实施性。

(4) 桥面设计高程基本符合规划竖向高程要求，对认为必要的调整应做说明。

(5) 滨海湾大桥通航等级不低于Ⅳ级。

4）桥型结构要求

(1) 充分考虑景观要求和建设条件，对桥梁的选型、色彩外立面、材质的选择要有详细说明，并提供比选方案，进行经济分析。

(2) 对于特殊造型的桥梁应提出可实施的结构分析，对桥梁结构及造型影响较大的建筑材料、施工工艺、施工设备应有充分的说明。

(3) 进行桥梁全生命周期的技术经济评价，对建设造价及运营管养费用进行必要的说明。

(4) 桥面宽度由设计单位综合考虑车道数、道路等级、设计车速、成本控制及景观特色等来拟定，桥塔高度受深圳空港的高度限制。

5.5.2 桥梁方案整体考虑和总体设计

根据前述相关规划和城市设计，我们从桥梁功能与城市功能、桥梁空间与城市空间、桥梁景观与城市景观，桥梁文化与城市文化四对关系叙述桥梁方案的整体考虑。

1. 桥梁功能与城市功能

滨海湾大桥除了行人车辆通行的交通功能外，还应有运用结构造型诠释城市功能区规划布局的符号功能，供行人休憩观光的公共空间的功能。

滨海湾大桥是诠释城市功能和特征的地标性符号，成为湾区门户会客厅、岭南世界级水岸特色建筑的组成部分

2. 桥梁景观与城市景观

无论从所处地理位置还是结构特点，桥梁景观既是城市景观的组成部分，又是有别于城市的特殊景观。因此，滨海湾大桥应在尊重城市空间的同时，结合磨碟河生态湿地景观充分彰显桥梁景观。

3. 桥梁空间与城市空间

城市不同的功能布局呈现不同的空间特征。滨海湾大桥是联系交椅湾板块与沙角半岛板块的重要通道，需要运用结构的艺术展示桥梁空间的魅力，与交椅湾板块和沙角半岛板块城市空间共同构成新区特色鲜明、多姿多彩的山海新城。滨海湾天际线见图 5-137。

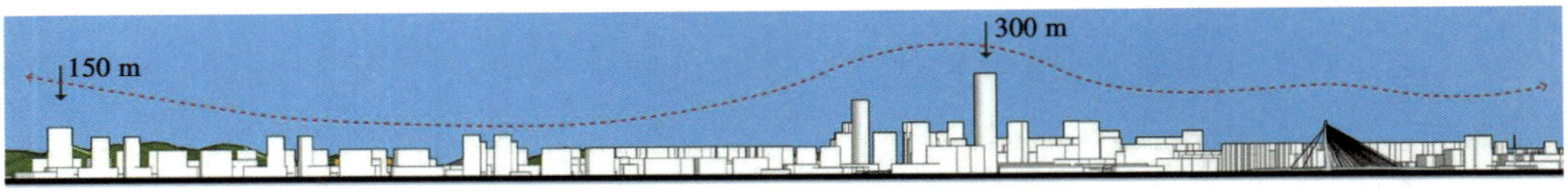

图 5-137 滨海湾天际线

4. 桥梁文化与城市文化

东莞市有 1 700 多年的郡县史，是岭南文明的重要发源地。滨海湾大桥桥梁文化需要“内外兼修”，“内修”就是要挖掘东莞厚重的历史文化，以隐喻的手法艺术地表现文化和故事；“外修”就是要科学合理、巧妙地通过结构技术展现艺术造型，使二者的融合浑然天成，天衣无缝，杜绝牵强附会和生搬硬套。

岭南文化大体分为广东文化、桂系文化和海南文化三大块，主要以属于广东文化的广府文化、客家文化和潮汕文化为主体融会贯通，但又各自具有独立的风格、精神而区别于南方文化。

广东省评出粤菜、粤剧、广东音乐、广东镬耳屋、黄埔军校旧址、端砚、开平碉楼、广交会、孙中山、六祖惠能等岭南文化的十大名片。岭南文化与建筑风光见图 5-138。

5. 桥梁线路总体设计

1）总体平面设计

平面线位按规划要求进行布设。路线在与教育路平交后，逐渐收缩断面，将辅路车辆过渡至主线，而后采用机非分离桥梁跨越东环一路及磨碟河入海口，至巡堤路后落地，与福海路平交，通过交叉与原断面进行过渡（图 5-139）。

2）总体纵面设计

图 5-138　岭南文化与建筑风光

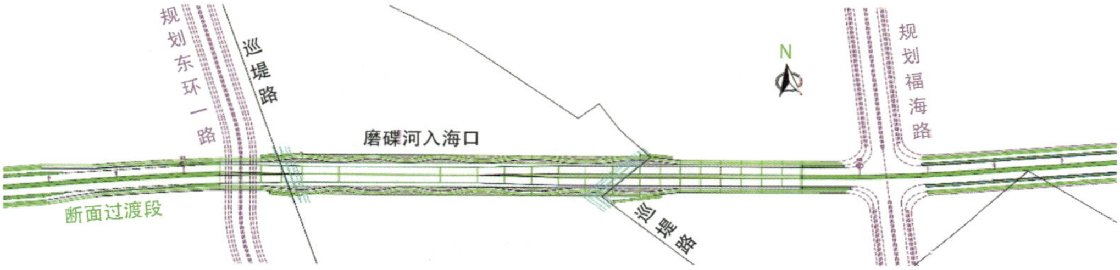

图 5-139　路线平面设计

路线在教育路交叉口后起坡，采用 2.1% 上坡跨越东环一路及磨碟河入海口，而后采用 2.4% 下坡落地并与福海路平交，凸曲线半径 $R=3\ 800$ m，两侧凹曲线半径为 $R=12\ 000$ m 及 $R=6\ 500$ m（图 5-140）。

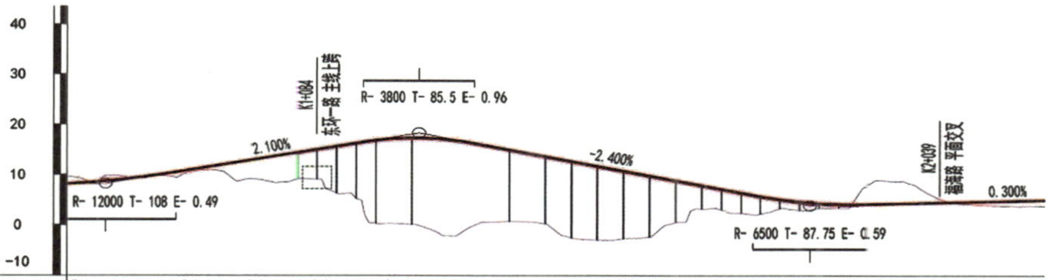

设计高程/m	8.19	9.31	11.22	13.32	15.42	17.24	16.83	14.52	12.12	9.72	7.32	5.09	4.20	4.44	4.74	5.04
地面高程/m	9.66	9.30	10.78	8.97	7.16	0.32	-1.94	0.71	-2.86	-1.92	3.26	3.38	3.45	8.04	4.08	3.83
里程桩号	K0+700	8	9	K1	1	2	3	4	5	6	7	8	9	K2	1	K2+200

图 5-140　路线纵断面设计

5.5.3 桥梁建筑景观方案和结构方案

在以桥梁与城市的功能、空间、景观与文化等四对关系思考作为桥梁方案整体考虑之后，将通过方案构思、桥梁建筑景观艺术等的阐述，层层深入直至完整的方案呈现出来。

1. 桥梁方案构思“五四六一”

1）“五区联动”确定桥梁公共空间和形态特征（图 5-141）

“五区”是指沙角商务活力起步区、交椅湾产业起步区、磨碟河生态湿地康养区、沙角粤港澳文化交流活动区、滨海湾大桥交通与公共空间活动区。桥梁近城临水、绿树环抱的生态环境优势、视线开阔的地理位置优势，决定了在五区联动中，它是具有吸引力的，具有近悦远来的城市公共空间的特点。

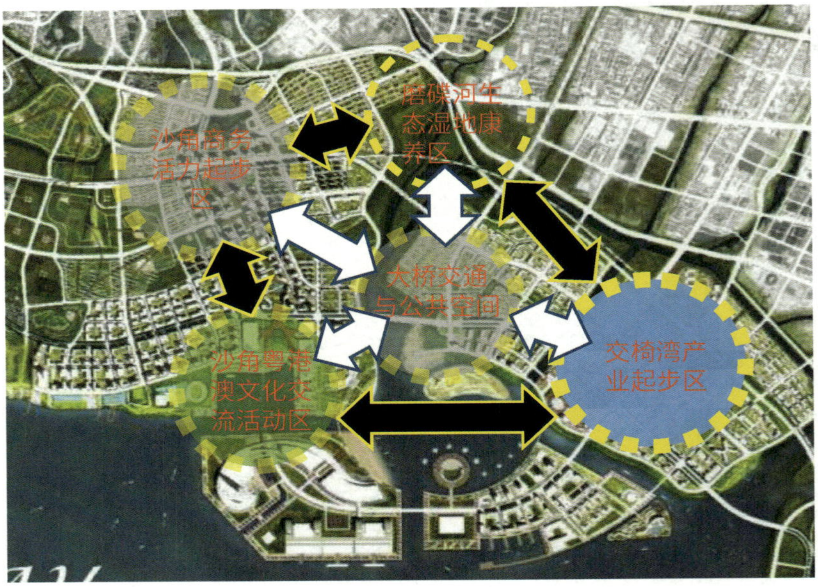

图 5-141 “五区联动”示意图

（1）桥梁与生态湿地的联动，在形态上要采用有机主义建筑美学理念，结构线条柔美纤细，桥梁曲线结构与生态湿地相得益彰；在空间上，桥面是生态湿地的有机组成，桥梁与湿地的行人沟通便捷。

（2）桥梁与沙角商务区、交椅湾产业区的联动，为在城市工作生活的人们提供别样的休闲、聊天、发呆、观景等亲近大自然的公共空间。因此桥梁需要能让人们愉悦的造型，作为人们愿意逗留的场所。

（3）桥梁与粤港澳文化交流活动区的联动，应是文化活动场所的组成，而赋予了文化的基因，需要文化的寓意，有故事的内涵。

2）“四轴交汇”推导桥梁城市功能与标志性造型（图 5-142）

滨海湾大桥位于沙角起步区的文化创新轴、都市商务轴以及滨海大道交通主轴和磨碟河生态景观轴四轴交汇处。

（1）桥梁具有重要的交通功能，大量的交通途径大桥，大桥造型需要给人留下兴奋和难

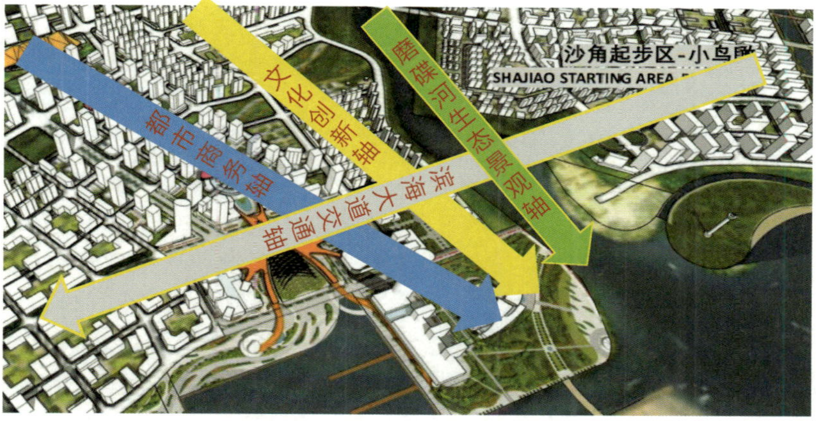

图 5-142　“四轴交汇”示意图

忘的印象。

(2) 桥梁在造型上不仅需要与磨碟河生态景观融为一体，还需要成为生态景观的一个重要组成部分和制高点、观景台。

(3) 文化创新轴和都市商务轴意味着有大量的人流在工作购物之余需要寻找惬意舒适的落脚点，大桥造型需要吸引人，使人心情愉悦，享受大自然，享受磨碟河生态美景。

3) “六链要隘”确立桥梁门户形象与岭南文化内涵(图 5-143)

(1) 滨海湾景观长廊具有极高的定位：湾区门户会客厅，岭南世界级水岸。并且赋予其丰富的内涵和实施路线图：

超级堤，生态安全弹性的韧性堤岸；

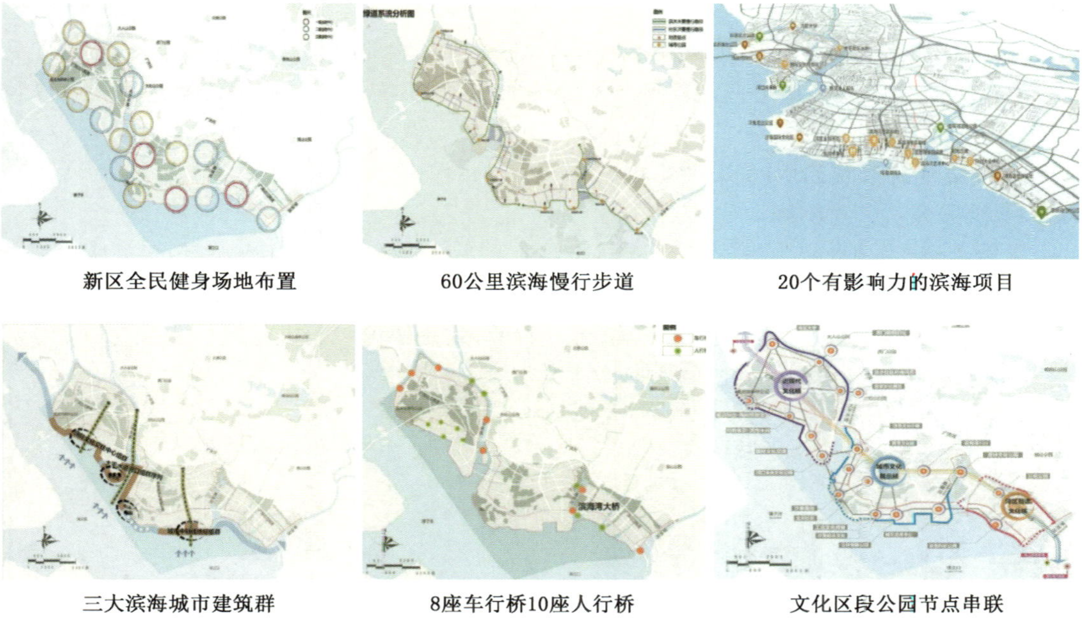

图 5-143　“六链要隘”

运动廊，倡导全民健身的运动水岸；

活力城，激发创新灵感的创新长廊；

门户岸，彰显地标门户的都市城岸；

慢行径，亲海观海触海的最美慢道；

人文链，激活展示历史的人文项链。

(2) 无论从城市功能、活力场所、建筑空间尺度、艺术影响力，还是从赋予人文历史隐喻与内涵等视角，滨海湾大桥都是城市中不可多得的新时代展示机会，因此技术创新、艺术创意、展示造型魅力与文化内涵是大桥必须具有的基因。

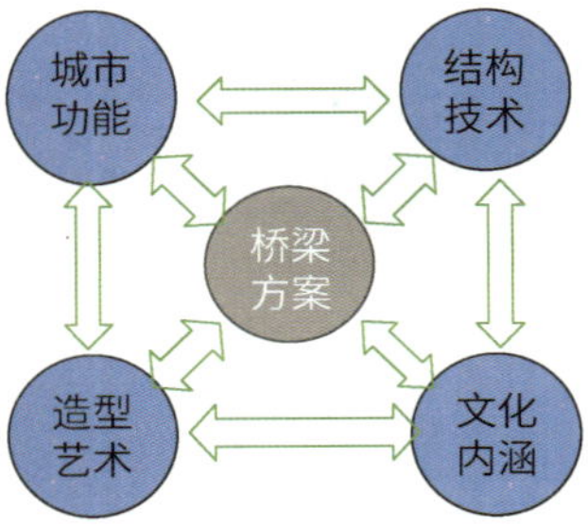

图 5-144　功能、结构、造型和文化四者融合

4) 功能、结构、造型和文化四合一(图 5-144)

滨海湾大桥主线 8 车道，另外考虑两侧人行道和非机动车道，桥面比较宽，给桥型方案创作带来了较大的挑战。许多时候宽桥会导致上部结构造型不美观。但是，也给我们创作真正原创方案带来了机会，可以通过整幅或多种分幅处理办法来满足结构布置和造型的需要，具有极大的灵活性和可变性。

桥梁造型与结构是天然的统一体。桥梁造型是桥梁献给城市的独一无二的艺术，其优美的造型与生俱来是艺术、美好、优雅和文化的象征。桥梁造型不是结构之外附加的东西，是结构自然形成的，不能为了造型设计一个不合理、不安全的“结构”。因此，桥梁的造型艺术本质上是结构艺术，当然适当的结构装饰应该是结构的“锦上添花”，不是“画蛇添足”。

桥型结构是整个方案的关键，一方面，结构关系到桥梁的安全性、耐久性、实用性和美观，是所有需求和诉求的基础和根本；另一方面，桥型结构就是造型艺术，这是桥梁方案创作区别于建筑创作最重要的核心。因此，开始构思方案时就必须将功能、结构、造型和文化整体地、通盘地考虑。

新区是粤港澳大湾区的重要组成部分，滨海景观长廊是新区门户会客厅，桥梁建筑艺术表达地方文化内涵是通过造型视觉艺术的抽象和隐喻、文化符号的提炼和应用等手法实现的。

2. 桥梁建筑景观艺术(图 5-145)

1) 桥梁建筑创意演绎

东莞素有“粤剧之乡”的美誉，是粤剧的发祥地。粤剧(Cantonese Opera)名列国家级非物质文化遗产名录和世界非物质文化遗产名录。粤剧名列岭南十大文化名片之首，流行于珠三角、粤西等地，享有“南国红豆”的美誉。“舞水袖”是粤剧唱念做打的标志性功夫。

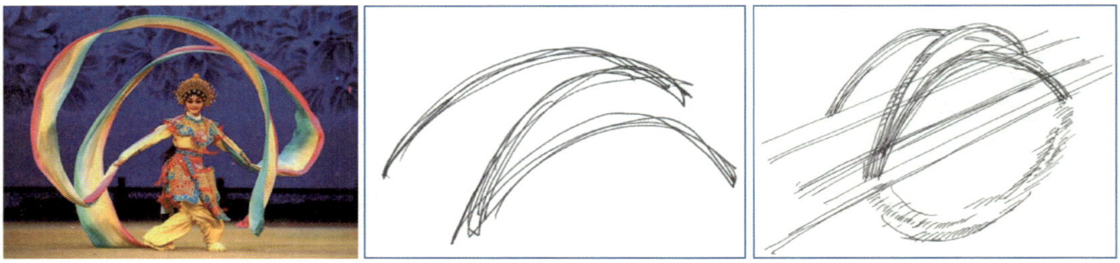

图 5-145　桥梁建筑创意演绎

桥面上空中飘舞的水袖造型，加上水中倒影，二者若隐若现，相映成趣，美轮美奂，仿佛优美的旋律萦绕在珠三角滨海湾上空。这种半实半虚相互合成的造型艺术，既是一种桥梁结构艺术隐喻地方文化的手法，又是现实与历史、文化与生活的完美融合。

我们采用拱桥的拱肋结构隐喻空中飘舞的水袖造型。滨海湾大桥双向8车道，加上两侧人行非机动车通道，横桥向采用三幅斜跨拱桥的特殊布置。这种特殊的布置使横向并排的三座拱桥的拱肋在空间巧妙地两两连续，形成了一气呵成空中飞舞的“水袖”造型艺术。

2）桥梁建筑景观艺术

（1）拱肋截面造型艺术。适合本桥跨径的拱肋截面形式有钢管混凝土截面、钢管桁架、钢箱截面等形式。考虑到斜跨拱肋具有一定的面外分力作用，拱肋截面除了需要一定的截面高度外，还需要一定的截面宽度，为了契合“秀舞”的造型主体，采用两个八边形钢箱和中间箱体组成的三室钢箱截面，这栏拱肋在轴线方向具有较多的线条轮廓，在光照和灯光下，层次分明，形如空中飘舞的彩带。

（2）拱肋细节艺术。适当的拱肋细节装饰设计有助于进一步体现桥梁建筑景观艺术，使整体与局部、结构与艺术更好地融为一体，彰显精致和完美的桥梁建筑风格。在拱肋横向外侧采用顺截面八边形方向的尖圆弧装饰钢板，在拱肋截面高度形成上下两个层次，结构显得纤细飘逸；在两个八边形截面之间采用波浪形装饰钢板，将较宽的钢箱截面中间显现出沿拱轴方向波浪形分割，又一次暗示了方案创作的主题思想。

（3）夜景灯光艺术。城市夜景是城市生活的重要组成部分，桥梁夜景是桥梁不可或缺的景观。配合拱肋整体造型与局部细节设计的艺术需要，采用在索区桥面安装泛光灯投射拱肋和吊索，和拱肋上下表面波浪形装饰板内装LED变色灯照射拱肋上下面凹槽两种办法，形成行云流水、动感飘逸的“舞水袖”的建筑效果，随着赤橙黄绿青蓝紫灯光色彩的流动和变换，3根首尾相连的拱肋仿佛飘浮在磨碟河、滨海湾上空，感受粤剧深厚优雅的艺术人文气息。

3）桥梁建筑空间艺术（图5-146）

（1）桥梁整体环境空间。滨海湾大桥紧邻磨碟河生态湿地，在桥梁与桥下磨碟河景观这样小空间范围内，需要统筹布局，磨碟河入海口海堤堤顶巡堤路、防浪墙、生态混凝土护坡、亲水平台以及红树林防护、方便行人上下桥沟通的通道造型与布局设计等功能性设施应与景观设计整体考虑，成为桥梁周边景观的组成部分。实现交通功能的同时，体现建筑艺术的价值。

（a）桥梁整体环境空间

（b）桥梁吊索结构空间

（c）桥面公共活动空间

图5-146　桥梁建筑空间艺术

(2) 桥梁吊索结构空间。许多时候索结构桥梁在桥面上形成的特殊造型的空间索面将成为桥面上一道特殊的风景线。斜跨拱桥由于拱肋与桥面斜交,在行车行人方向,桥两侧的索面自然形成横向不对称的空间曲面,别有一番体验。加之方案主车道桥采用减小拱肋面外分力的空间扭转型吊索布置方法,空间索面更是变幻莫测,令人期待。

(3) 桥面公共活动空间。滨海湾大桥紧邻磨碟河生态湿地,在两侧的人行和非机动车桥面适当布置一些绿化休憩的场所,使桥梁在功能、造型和生态景观上成为生态湿地的一个组成部分。避免了一座纯交通功能的桥梁结构物割裂磨碟河生态景观。无论是生态湿地一侧的桥面,还是滨海湾区一侧的桥面,令人愉悦舒适的桥面空间成为大桥近悦远来的网红打卡地之一。

3. 结构方案与关键技术

1) 桥梁总体布置

滨海湾大桥工程范围从 K1+050 至 K1+940,全长 890 m。其中桥梁从西桥台 K1+054 至东桥台 K1+914,桥梁长度 860 m。工程向西上跨东环一路,平交教育路,向东平交福海路,东环一路满足 4.5 m 桥下净空高度。

滨海湾大桥分西引桥、主桥和东引桥工程(图 5-147、图 5-148)。

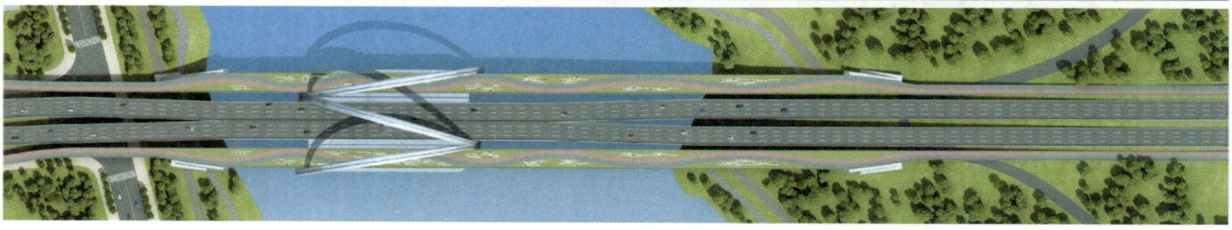

上　图 5-147　全桥立面布置图

下　图 5-148　全桥平面布置图

2) 主桥总体布置

主桥为斜跨拱与连续梁组合结构体系,跨径布置为 55 m+150 m+55 m,总长 260 m。横向分为一座主线桥和两座人非桥,共三座桥梁。中跨跨中桥面高程 14.375 m。

主线桥斜跨拱肋采用抛物线拱轴线,斜向跨径 155.77 m,拱高 65.62 m,矢跨比 1/2.37;人非桥斜跨拱肋采用抛物线拱轴线,斜向跨径 151.60 m,拱高 55.62 m,矢跨比 1/2.73。

主线桥吊索每侧桥面 13 根,全桥共 26 根,吊索拱上水平间距 4 m,梁上间距 8 m;人非桥吊索每侧桥面 15 根,全桥共 60 根,吊索拱上水平间距 4 m,梁上间距 8 m。

主线桥和人非桥主梁均采用中跨钢-混组合梁,边跨预应力混凝土箱梁混合梁形式,跨中梁高 2.5 m,主墩支点梁高 4.5 m。

桥墩采用倒梯形带斜切面体的板式桥墩,承台埋置河床下,有利于减小水阻力。

斜跨拱肋基础采用混凝土沉井基础,持力层为④$_3$ 中风花岗岩,埋深约 30 m,全桥共 4 个。其他主墩和过渡墩基础分别采用直径为 2 m 和 1.5 m 的钻孔灌注桩基础,持力层为④$_3$ 中风化花岗岩。

3）斜跨拱肋吊索布置(图 5-149)

斜跨拱肋吊索布置直接关系到结构受力和吊索空间造型，根据主线桥和人非桥不同的桥梁宽度采用不同的布索方式，既有利于拱肋受力，又有利于营造动感、变化的结构空间。

人非桥桥面宽度 16 m(含绿化带)，桥面较窄，采用一般拱桥垂直竖向布置吊索的方式，吊索垂直于拱肋平面向外的分力较小。外观上简洁通透，拱肋斜跨桥面仍能构造富有韵律的吊索空间造型。

主线桥 8 车道，桥面宽度 32 m，如果仍采用人非桥那样的布索方式，会产生较大的拱平面外分力，而且主线桥荷载大，吊索力也较大。因此，采用新颖的扭转型布索，减小了吊索拱肋面外分力；又营造了一种新颖的吊索空间造型，当吊索 LED 灯依次亮时，形成了空间旋转的艺术效果，仿佛是粤剧中空中旋转棍棒的舞台打戏艺术；并且与人非桥形成了主次分明、灵动飘逸的效果。

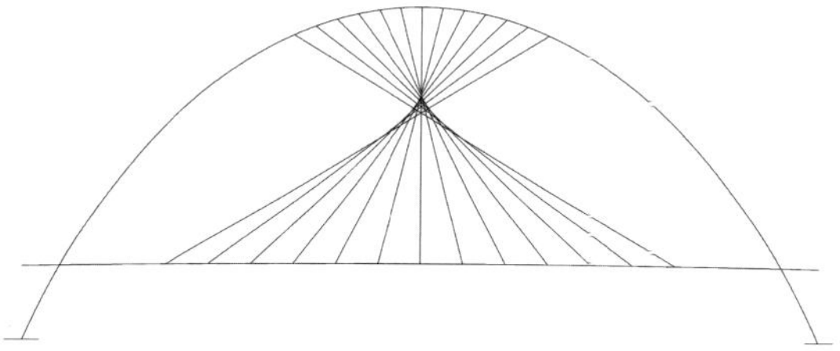

(a) 主线桥立面

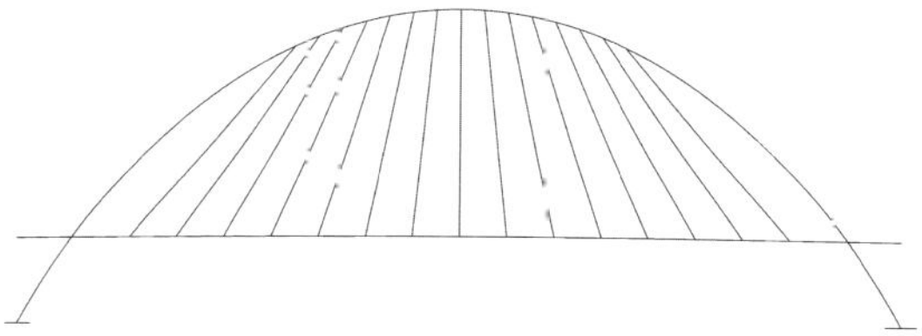

(b) 人非桥立面

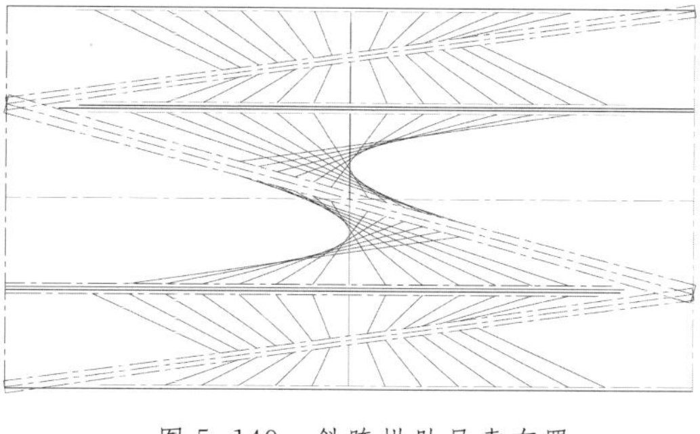

(c) 人非桥平面

(d) 主线桥平面

(e) 人非桥平面

图 5-149　斜跨拱肋吊索布置

4）主桥主梁结构设计(图 5-150)

主线桥和人非桥主梁均采用组合梁和预应力混凝土梁混合梁形式，三跨跨径组合为 55 m＋150 m＋55 m＝260 m，主跨跨中 120 m 长为钢混组合梁，其余均为预应力混凝土箱梁，二者之间设置钢混接头。

主线桥钢混组合梁采用单箱五室截面，梁高 2.5 m，顶面宽度 40.12 m(含横向两侧挑臂边箱和吊杆锚箱)，组合梁混凝土桥面板厚 260 mm，钢箱梁底板厚度 25～35 mm；主线桥预应力混凝土梁采用单箱三室截面，腹板与组合梁腹板对齐，跨中梁高 2.5 m，主墩支点梁高 4.5 m。箱梁顶面宽度 32.2 m，两侧悬臂各 2.1 m。

人非桥钢混组合梁采用单箱双室截面，梁高 2.5 m，顶面宽度 22.42 m(含横向两侧挑臂

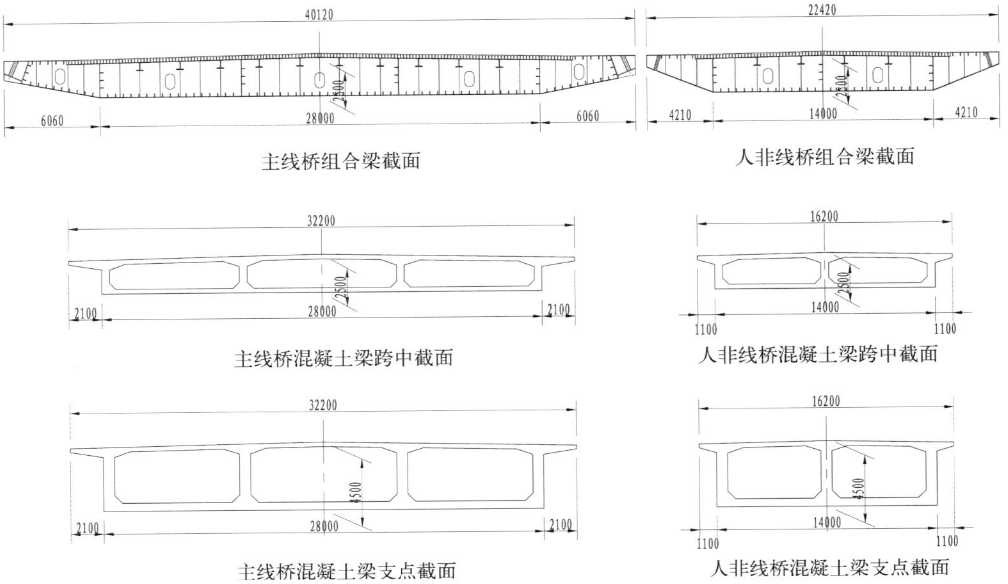

图 5-150　主桥主梁结构设计

和吊杆锚固构造)，组合梁混凝土桥面板厚 260 mm，钢箱梁底板厚度 25～30 mm；人非桥预应力混凝土梁采用单箱双室截面，腹板与组合梁腹板对齐，跨中梁高 2.5 m，主墩支点梁高 4.5 m。箱梁顶面宽度 16.2 m，两侧悬臂各 1.1 m。

5) 斜跨拱肋结构设计(图 5-151)

斜跨拱肋结构采用双八边形钢箱组成的哑铃形钢结构截面，水面以上 6 m 处设置钢混

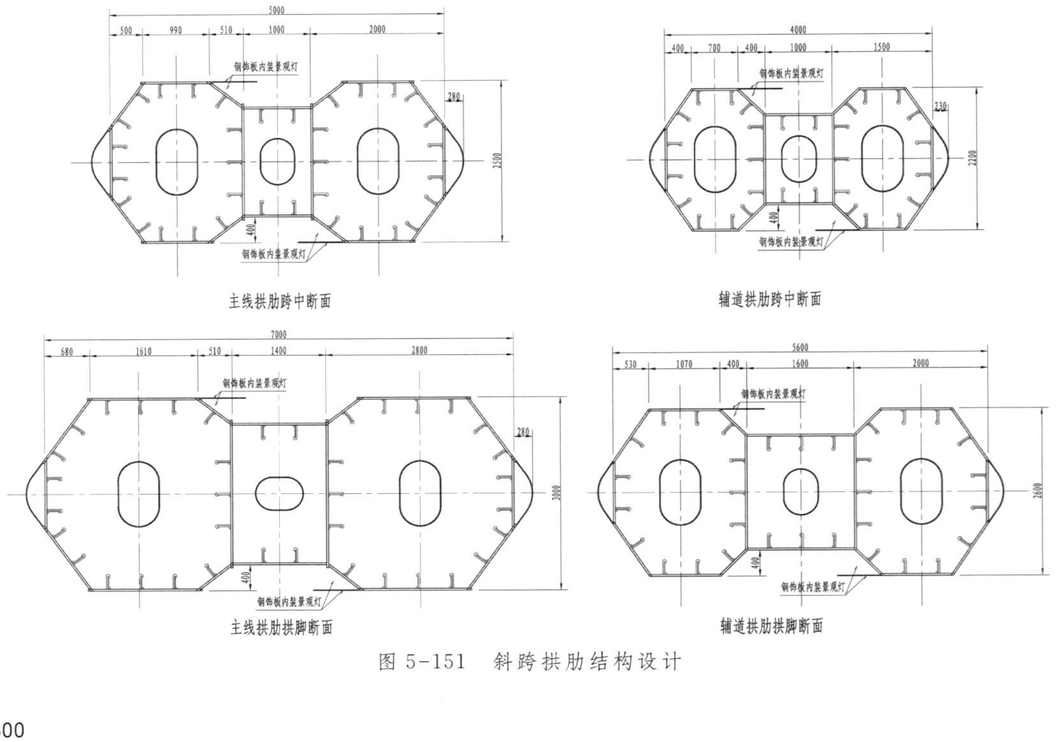

图 5-151　斜跨拱肋结构设计

接头，该截面以下采用相同形状和尺寸的混凝土拱肋，以利于拱肋耐久性。

主线桥梁拱肋截面尺寸：拱顶截面外轮廓高 2.5 m，总宽 5 m（不含侧面尖圆弧装饰尺寸），拱脚截面外轮廓高 3 m，宽 7 m，单个八边形钢箱尺寸按此比例变化。拱肋截面主要钢板厚度 30 mm，局部 40 mm。

人非桥梁拱肋截面尺寸：拱顶截面外轮廓高 2.2 m，宽 4 m（不含侧面尖圆弧装饰尺寸），拱脚截面外轮廓高 2.6 m，宽 5.6 m，单个八边形钢箱尺寸按此比例变化。拱肋截面主要钢板厚度为 25～35 mm。

6）拱脚推力与基础设计

主桥设置 4 个小型沉井基础，为了尽量减小倾覆力矩，拱座对基础采用偏心布置，后部井孔填片石注浆压重，使恒载状态下基底应力趋于均匀。主线桥沉井平面尺寸为 20 m×20 m，高 30 m，拱座顺桥向设置 6 m 的偏心；人非桥沉井尺寸为 20 m×15 m，高 30 m。拱座顺桥向设置 4 m 的偏心。沉井持力层均为④-3 中风化花岗岩。具体尺寸如图 5-152 所示。

计算结果表明，两种小型沉井基础基底承载力、抗倾覆、抗滑移稳定等均满足规范要求。在结构详细设计阶段将进一步研究在主梁底缘布置拱肋系杆拉索平衡推力，免去小型沉井基础的技术方案。

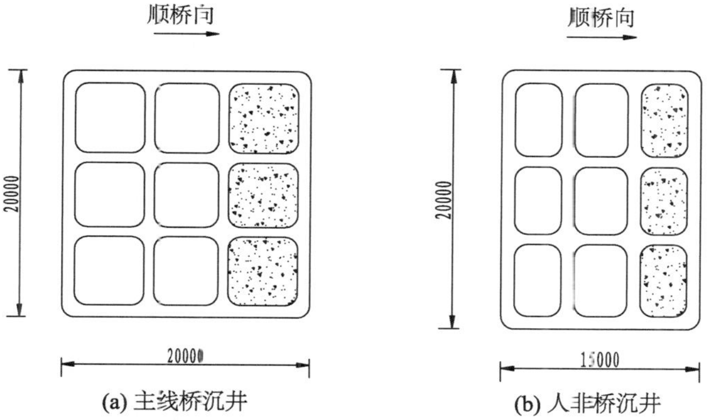

图 5-152　沉井基础设计

4. 方案创新创意特点

1）横桥向三幅两两耦合的斜跨拱桥结构技术（图 5-153）

根据桥梁功能和文化创意需要，形成了原创的横桥向三跨两两连接的斜跨拱桥，呈现给滨海湾新区全新的、简洁大气的桥梁建筑艺术。桥梁结构是永久的，结构艺术是永恒的。

一般斜跨拱桥由于吊索拱平面外分力较大，所以通常需要较大的拱肋截面满足面外受力和稳定的需要，或者采用较小的吊杆力。而本方案拱肋两两首尾相连，增加了拱肋的面外约束，有利于增加吊索索力和拱肋面外稳定，这种创新的斜跨拱桥在受力和结构技术方面呈现良好的力学性能。

2）斜跨拱桥采用空间扭转型吊索布置技术（图 5-154）

主线桥梁采用扭转型吊索布置，在拱桥吊索布置中属创新。这种布索方式非常适合斜跨拱桥的拱肋与桥面斜交的空间关系，在造型上，扭转型吊索布置形成自然有序的空间扭曲的索面，不同的视角呈现不同的索面形式，别有一番体验的趣味。

上　图 5-153　“袖舞”方案效果图

下　图 5-154　空间扭转曲面吊杆布置

更重要的是，这种布索方式极大地减小了吊索力在拱平面外的分力，增加了拱肋的稳定性和吊索的效率。

3) 空间连续的 3 根斜跨拱肋寓意“水袖”造型艺术(图 5-155)

首创的横桥向 3 根首尾相连的拱肋结构纵桥向水平延展 150 m，横桥向 80 m，两侧拱肋高度 55 m，中间拱肋高 65 m，和磨碟河约 500 m 的水面宽度配合得当，又能在滨海大道、沙角板块和交椅湾板块城区之间充分展现“水袖”的空间尺度和城市艺术，简洁大气，富有创意的地标性桥梁建筑，具有满满的地方特色和岭南文化底蕴。

灵感源自发祥于东莞、盛行于珠三角以及粤西地区的粤剧“舞水袖”的舞台造型艺术，如今呈现在滨海湾上空，寓意东莞人民将以“谁持彩练当空舞”的豪迈气概迈进新区建设的新时代。

4）钢箱拱肋结构特殊的截面造型烘托了方案创作主题(图 5-156)

结构的细节是整体造型不可或缺的有机组成。采用双八边形钢箱组成的哑铃形拱肋截面，在顺桥方向展现多组曲面和线条，配合了空中飘舞的“水袖”创意。拱肋截面侧面的尖圆弧装饰和拱肋顶底面波浪形装饰钢板，使拱肋结构显得轻盈纤细，动感十足。白天，层次分明，飘逸秀气；夜晚，赤橙黄绿青蓝紫，色彩变幻，像“水袖”在舞动。

上　图 5-155　方案“水袖”造型艺术

下　图 5-156　行车方向方案效果图

5.5.4　主桥结构计算和投资估算

通过对结构的总体计算来确定方案的基本结构性能，保证方案的可行性和合理性。

1. 计算模型和计算参数

1）计算模型

全桥模型如图 5-157 所示，计算模型由单梁模型组成，全桥共有 1 017 个节点以及

1 329 个单元，此方案主梁虽有 2%的双向横坡，但计算时不考虑横坡效应，按平坡设计。全桥支座采用程序自定义普通支座单元进行模拟，其下部节点约束按实际约束进行设置，上部节点为桥梁上部结构单梁模型的节点。桥梁整体坐标系的选取为：原点设在桥梁一侧的中心点，方向规定根据右手规则，x 方向沿桥梁纵向，y 方向为竖直向上，z 方向沿桥梁横向。

钢箱梁底板厚度采用 25～35 mm，拱肋钢板厚度采用 30 mm，局部 40 mm。

2）约束条件

主桥横桥向有 3 个支座，辅桥横桥向有 2 个支座，主、辅桥均为 3 跨连续梁桥，因此模型在模拟时支座按常规 3 跨连续梁桥支座约束方向进行设置，支座纵桥向约束设于左中墩处；方案主、辅拱肋为无铰拱，拱脚处为全固结约束支座。支座约束情况如图 5-158 所示。

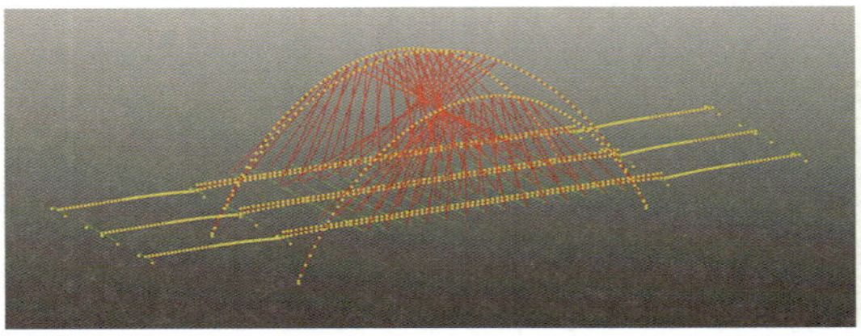

图 5-157　计算模型

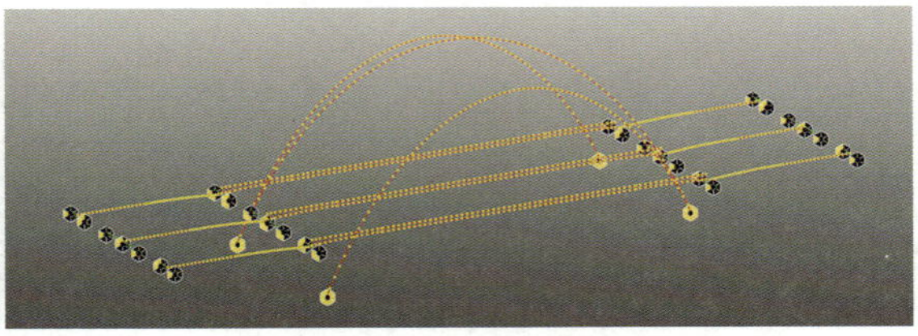

图 5-158　支座约束情况

在计算结果中应力以拉应力为正、压应力为负；轴力以受拉为正、受压为负；弯矩画在受拉一侧。部分控制性技术指标的计算结果见下文。

2. 成桥状态计算

成桥徐变十年钢结构主要应力状态(图 5-159、图 5-160)。

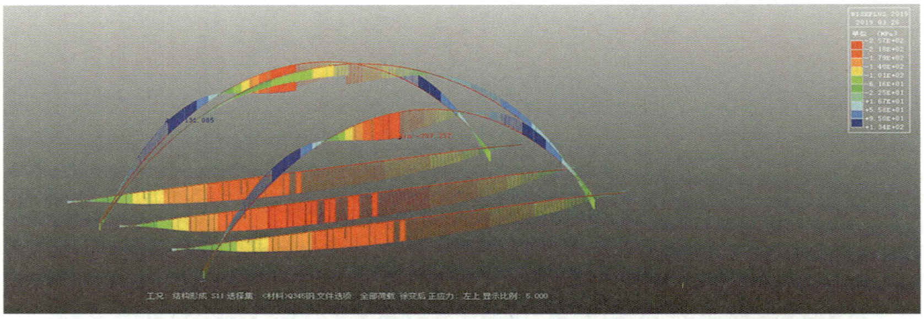

图 5-159　钢结构截面上缘正应力云图(MPa)

图 5-160　钢结构截面下缘正应力云图(MPa)

1）主拱肋

跨中截面上缘正应力约为－197.3 MPa，下缘正应力约为 123.5 MPa；近 1/4 跨截面上缘正应力约为 72.3 MPa，下缘正应力约为－132.4 MPa；拱脚截面上缘正应力约为－65.9 MPa，下缘正应力约为 7.9 MPa。

2）辅拱肋

跨中截面上缘正应力约为－257.2 MPa，下缘正应力约为 218.2 MPa；近 1/4 跨截面上缘正应力约为 134.1 MPa，下缘正应力约为－186.4 MPa；拱脚截面上缘正应力约为－93.7 MPa，下缘正应力约为 42.0 MPa。

3）主桥中跨钢箱梁

跨中截面上缘正应力约为－233.0 MPa，下缘正应力约为 242.5 MPa；支点截面上缘正应力约为 18.2 MPa，下缘正应力约为－24.2 MPa。

4）辅桥中跨钢箱梁

跨中截面上缘正应力约为－210.7 MPa，下缘正应力约为 235.0 MPa；支点截面上缘正应力约为 22.3 MPa，下缘正应力约为－33.5 MPa。

3. 使用阶段计算

1）承载能力极限组合状态下结构的内力包络状况

（1）主拱肋：跨中截面轴力作用为受压，其轴力最大值为 46 629.6 kN；弯矩作用内侧受拉，弯矩最大值为 208 510.3 kN · m；近 1/4 跨截面轴力作用为受压，其轴力最大值为 44 043.8 kN；弯矩作用外侧受拉，弯矩最大值为 171 244.3 kN · m。拱脚截面轴力作用为受压，其轴力最大值为 46 454.5 kN；弯矩作用内侧受拉，弯矩最大值为 94 227.2 kN · m。

（2）辅拱肋：跨中截面轴力作用为受压，其轴力最大值为 15 423.2 kN；弯矩作用内侧受拉，弯矩最大值为 90 032.6 kN · m；近 1/4 跨截面轴力作用为受压，其轴力最大值为 25 368.3 kN；弯矩作用外侧受拉，弯矩最大值为 76 684.7 kN · m；拱脚截面轴力作用为受压，其轴力最大值为26 307.2 kN；弯矩作用内侧受拉，弯矩最大值为 50 648.9 kN · m。

（3）主桥中跨钢箱梁：跨中截面轴力作用为受拉，其轴力最大值为 162 688.4 kN；弯矩作用下侧受拉，弯矩最大值为 912 053.4 kN · m。支点截面轴力作用为受拉，其轴力最大值为 3 480.5 kN；弯矩作用上侧受拉，弯矩最大值为 129 340.2 kN · m。

（4）辅桥中跨钢箱梁：跨中截面轴力作用为受拉，其轴力最大值为 73 585.0 kN；弯矩作用下侧受拉，弯矩最大值为 455 302.2 kN · m。支点截面轴力作用为受拉，其轴力最大值为 1 185.9 kN；弯矩作用上侧受拉，弯矩最大值为 90 954.9 kN · m。

2）频遇值组合结构的应力包络状况

（1）主拱肋：跨中截面上缘正应力最大值约为－87.6 MPa，最小值约为－225.9 MPa，下缘正应力最大值约为 148.1 MPa，最小值约为 13.6 MPa；近 1/4 跨截面上缘正应力最大值约为83.5 MPa，最小值约为－12.2 MPa，下缘正应力最大值约为－48.9 MPa，最小值约为－149.4 MPa；拱脚截面上缘正应力最大值约为－7.2 MPa，最小值约为－103.2 MPa，下缘正应力最大值约为 40.0 MPa，最小值约为－53.7 MPa。

（2）辅拱肋：跨中截面上缘正应力最大值约为－214.7 MPa，最小值约为－274.2 MPa，下缘正应力最大值约为 236.2 MPa，最小值约为 177.4 MPa；近 1/4 跨截面上缘正应力最大值约为147.1 MPa，最小值约为 105.7 MPa，下缘正应力最大值约为－158.6 MPa，最小值约为−206.3 MPa；拱脚截面上缘正应力最大值约为−65.5 MPa，最小值约为−114.9 MPa，下缘正应力最大值约为 59.2 MPa，最小值约为 12.7 MPa。

（3）主桥中跨钢箱梁：跨中截面上缘正应力最大值为−228.8 MPa，最小值为−245.6 MPa，下缘正应力最大值为 263.1 MPa，最小值为 236.4 MPa；支点截面上缘正应力最大值为 21.5 MPa，最小值为 13.4 MPa，下缘正应力最大值为−23.7 MPa，最小值为−25.2 MPa。

（4）辅桥中跨钢箱梁：跨中截面上缘正应力最大值为−207.6 MPa，最小值为−215.2 MPa，下缘正应力最大值为 246.7 MPa，最小值为 228.4 MPa；支点截面上缘正应力最大值为 25.2 MPa，最小值为 17.4 MPa，下缘正应力最大值为−33.1 MPa，最小值为−34.2 MPa。

3）准永久值组合状态结构的应力包络状态

（1）主拱肋：跨中截面上缘正应力最大值约为−99.2 MPa，最小值约为−210.1 MPa，下缘正应力最大值约为 135.4 MPa，最小值约为 25.8 MPa；近 1/4 跨截面上缘正应力最大值约为77.8 MPa，最小值约为−7.0 MPa，下缘正应力最大值约为−54.3 MPa，最小值约为−140.3 MPa；拱脚截面上缘正应力最大值约为−20.3 MPa，最小值约为−83.7 MPa，下缘正应力最大值约为 23.3 MPa，最小值约为−39.4 MPa。

（2）辅拱肋：跨中截面上缘正应力最大值约为−218.8 MPa，最小值约为−271.6 MPa，下缘正应力最大值约为 232.9 MPa，最小值约为 181.9 MPa；近 1/4 跨截面上缘正应力最大值约为142.2 MPa，最小值约为 111.1 MPa，下缘正应力最大值约为−166.1 MPa，最小值约为−200.0 MPa；拱脚截面上缘正应力最大值约为−78.8 MPa，最小值约为−103.2 MPa，下缘正应力最大值约为 48.7 MPa，最小值约为 24.5 MPa。

（3）主桥中跨钢箱梁：跨中截面上缘正应力最大值为−231.1 MPa，最小值为−238.6 MPa，下缘正应力最大值为 250.2 MPa，最小值为 242.4 MPa；支点截面上缘正应力最大值为 18.6 MPa，最小值为 18.2 MPa，下缘正应力最大值为−24.1 MPa，最小值为−24.6 MPa。

（4）辅桥中跨钢箱梁：跨中截面上缘正应力最大值为−209.6 MPa，最小值为−212.3 MPa，下缘正应力最大值为 238.4 MPa，最小值为 234.9 MPa；支点截面上缘正应力最大值为 22.6 MPa，最小值为 22.2 MPa，下缘正应力最大值为−33.3 MPa，最小值为−33.9 MPa。

4）在弹性组合状态下结构的应力包络状况

（1）主拱肋：跨中截面上缘正应力最大值约为−82.3 MPa，最小值约为−246.8 MPa，下缘正应力最大值约为 163.8 MPa，最小值约为 5.3 MPa；近 1/4 跨截面上缘正应力最大值约为85.1 MPa，最小值约为−20.6 MPa，下缘正应力最大值约为−42.2 MPa，最小值约为−158.3 MPa；拱脚截面上缘正应力最大值约为 12.1 MPa，最小值约为−127.6 MPa，下缘正应力最大值约为 60.2 MPa，最小值约为−73.6 MPa。

（2）辅拱肋：跨中截面上缘正应力最大值约为−213.0 MPa，最小值约为−296.3 MPa，下缘正应力最大值约为 255.6 MPa，最小值约为 175.9 MPa；近 1/4 跨截面上缘正应力最大值约为159.6 MPa，最小值约为 104.2 MPa，下缘正应力最大值约为−157.3 MPa，最小值约为−223.0 MPa；拱脚截面上缘正应力最大值约为−66.7 MPa，最小值约为−130.6 MPa，下缘正应力最大值约为 72.7 MPa，最小值约为 12.3 MPa。

（3）主桥中跨钢箱梁：跨中截面上缘正应力最大值为−227.8 MPa，最小值为−254.1 MPa，下缘正应力最大值为 274.0 MPa，最小值为 235.8 MPa；支点截面上缘正应力最大值为

22.6 MPa,最小值为 12.4 MPa,下缘正应力最大值为−23.7 MPa,最小值为−25.9 MPa。

(4) 辅桥中跨钢箱梁:跨中截面上缘正应力最大值为−207.2 MPa,最小值为−218.1 MPa,下缘正应力最大值为 251.3 MPa,最小值为 228.0 MPa;支点截面上缘正应力最大值为 26.2 MPa,最小值为 16.4 MPa,下缘正应力最大值为−33.1 MPa,最小值为−34.8 MPa。

4. 桥梁结构刚度验算

结构在车道荷载作用下的竖向位移状况:

(1) 主拱肋:在 1/4 跨径位置处结构有上挠,其上挠值约为 22 mm;在跨中位置处结构有下挠,其下挠值约为 42 mm。

(2) 主梁:主桥中跨跨中位置处有下挠,其下挠值约为 96 mm,为主跨的 1/1 562,桥梁具有非常优良的结构刚度;主桥边跨跨中下挠值约为 9 mm。

5. 吊索索力和拱肋稳定分析

(1) 稳定分析。采用 WISEPLUS 软件提供的弹性稳定分析功能对该方案施工过程的前 3 个阶段进行稳定性分析,其中施工阶段一拱梁一次落架并施加拉索初张力的状况下拱肋处于最不稳定状态,WISEPLUS 软件可以自动计算拱肋在相应施工状态下的稳定系数并给出其失稳模态图。

在施工阶段一拱梁一次落架并施加拉索初张力的情况下,结构一阶失稳模态系数为 17.558。在施工阶段二拉索单元激活的状态下,结构一阶失稳模态系数为 29.461。在施工阶段三成桥二期荷载下,结构一阶失稳模态系数为 21.231。

(2) 吊索索力。拉索模型单元布置图见图 5-161,成桥十年索力图见图 5-162,使用荷载极限组合索力图见图 5-163。

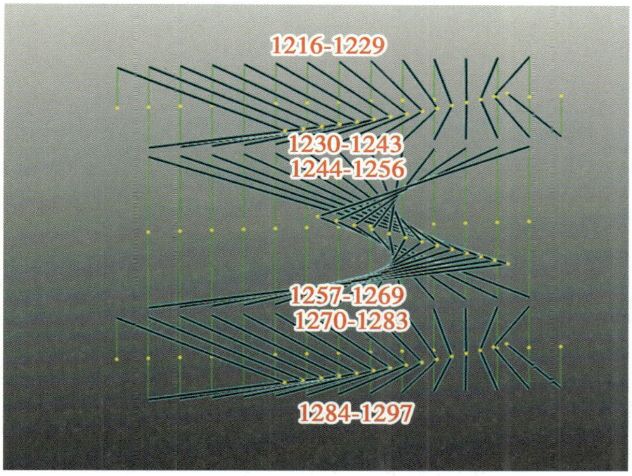

图 5-161 模型拉索单元布置图(单元号从左向右依次增大)

6. 投资估算

工程建安费估算按工程范围 890 m 计,其中桥梁长度 860 m,引道长度 30 m。方案工程造价估算见表 5-18。

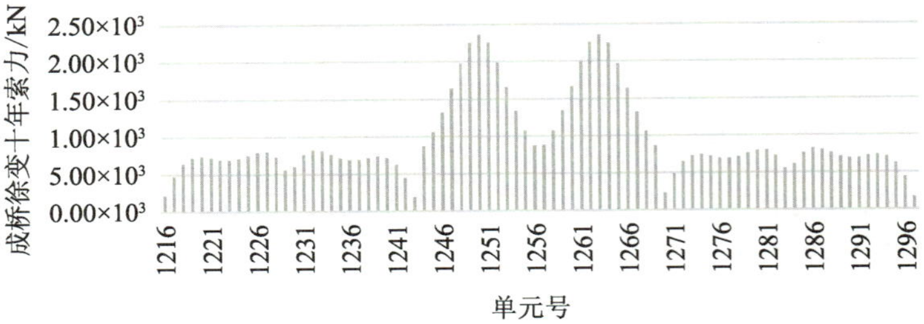

图 5-162　拉索成桥徐变十年索力图

图 5-163　使用荷载极限组合拉索索力最大值包络图

表 5-18　　方案工程造价估算

桥梁	项目/单位	西引桥	主桥	东引桥	引道	合计	总计
主线桥梁	桥面面积/m²	3 840	8 320	15 360	960	28 480	工程范围：890 (m) 建筑面积：51 680 m² 建安费总计：46 824 万元
	建安指标/(元·m⁻²)	5 000	20 000	5 000	500	—	
	建安费/万元	1 920	16 640	7 680	48	26 288	
人非桥梁	桥面面积/m²	2 400	8 320	12 000	480	23 200	
	建安指标/(元·m⁻²)	5 000	16 000	5 000	500	—	
	建安费/万元	1 200	13 312	60 00	24	20 536	

5.6　上海市嘉松公路黄浦江大桥

2020 年是“十三五”的收官、“十四五”布局的关键时期。为推动“十四五”重大工程顺利启动，加大郊区交通设施的支持保障力度，上海市政府制定了一系列政策调整，嘉松公路纳入了 2020 年市重大工程中，2020 年年底开工。

2019 年 12 月，上海市发改委委托评估单位组织专家对可行性研究报告进行评审。在前期的桥型方案论证会以及可研报告评审会上，专家们都认可了嘉松公路黄浦江大桥是“十三五”规划在黄浦江上游的最后一座跨江大桥，希望这座大桥使黄浦江上的悬索桥桥型实现零的突破。作者非常认可这样的想法，同时认为，大家对这座悬索桥寄予了厚望，因此在设计阶段对大桥桥型必须予以充分的重视，希望大桥能给人耳目一新的造型，不辜负大家对它的期望。

5.6.1　项目概况

嘉松公路(塔闵公路—叶新公路)规划为主要干线,道路等级为二级公路,是上海西翼地区南北向重要的通道,是串联西部新城群重要的南北贯通道路,是松江新城“五横六纵”骨架路网的重要组成部分,同时也是松江新城与老城之间的便捷通道。

1. 项目概况

嘉松公路越江新建工程北起会平路,南至松金公路,桩号范围 K6+275—K8+100,包含金平路及松金公路交叉口,路线全长 1 825 m。全线跨越夏昭浜、向阳四号河、黄浦江、迈进河、黄泥泾河共 5 条河道。桥梁工程包括主线跨越黄浦江大桥 1 座,另含 4 座地面桥,分别是夏昭浜桥、向阳四号河桥、迈进河桥和黄泥泾河桥。

2. 建桥条件

1) 地形、地貌及两岸现状

上海地区纬度适中,濒临海洋,位于长江三角洲入海口东南前缘,成陆较晚,除西、南部有零星剥蚀残丘外,均为坦荡的平原。根据现场勘察及踏勘,拟建工程沿线地势总体平坦,稍有起伏,沿线地面标高一般在 2.79～3.61 m。

根据工程所处位置,按上海地貌单元分区图,工程沿线属湖沼平原 Ⅰ-2 区地貌类型。两岸多为农田,有几个村镇,河网密布,鱼塘众多;桥位下游 300 m 为大涨泾航道,下游450 m 为著名渡口米市渡,下游约 3 km 处为建成通车的松卫公路黄浦江大桥(松浦三桥)。

桥位所处区域属于黄浦江上游水源保护区,桥位离黄浦江饮用水取水口较远,区域中河道水质为Ⅱ类保护水体。

2) 气候气象

春夏季多东南风,冬季多东北风、西北风,距地面 12 m 处的平均风速为 3.1 m/s,平均最大风速为 30 m/s,极大风速为 34.7 m/s。根据 23 年资料,共受台风影响 54 次,平均每年 2.4 次,受台风影响的季节为每年 5～11 月,其中 7～9 月最多。

根据统计分析,上海嘉松公路黄浦江大桥处的最大风速一般不会大于 35.0 m/s。

年平均气温 15.7℃,夏季气温最高为 40.2℃(1934 年 7 月 12 日),冬季气温最低为 −12.1℃(1983 年 1 月 19 日)。月平均最高气温 27.8℃(8 月),月平均最低气温 3.5℃(1 月)。

3) 水位

利用米市渡水文站的潮位资料计算得水文站 300 年一遇($P=0.33\%$)高潮位值为 4.45 m,由于桥位距离米市渡水文站较近,以此作为本桥设计潮位。

根据《上海市内河感潮航道通航水位分析与确定专题成果修正说明》(上海市水文总站,2015 年 3 月),黄浦江(巨潮港—分水龙王庙)设计通航水位如下:最高通航水位4.31 m,最低通航水位 1.43 m。

4) 工程地质与桩基持力层建议

拟建场地的 23 m 浅土层以软黏土为主,因此 23 m 浅土层一般不宜作为拟建桥梁的桩基持力层;⑥层暗绿色粉质黏土、$⑦_1$ 层草黄色砂质粉土虽然具有一定的强度,但是厚度较小且层面埋深较浅,单桩提供的承载力相对较有限;$⑦_2$ 层草黄～灰黄色粉细砂、$⑧_3$ 层蓝灰～灰黄色黏土、⑨层灰黄色粉细砂、⑩层蓝灰～灰黄色粉质黏土的强度相对较高,分布相对较为稳定，其中⑨层厚度较薄，根据结构荷载特点和类似工程经验，一般引桥采用$⑦_2$层作为桩基持力层，主桥采用⑩层作为拟建桥梁的桩基持力层。

3. 主要技术标准

(1) 桥梁结构设计基准期：100 年。

(2) 桥梁主体结构设计使用年限：100 年。

(3) 结构设计安全等级：一级，结构重要性系数为 1.1。

(4) 汽车荷载：公路-Ⅰ级；人群荷载：大桥为 2.5 kN/m^2，地面桥梁为 3.0 kN/m^2，梯道为 3.5 kN/m^2。

(5) 环境类别：Ⅰ类环境。

(6) 抗震设防标准：本工程地区的地震动峰值加速度 0.1 g，地震基本烈度 7 度。

抗震设防类别：黄浦江大桥为 A 类，地面桥梁为 C 类。

抗震措施设防烈度：黄浦江大桥为 8 度，地面桥梁为 7 度。

(7) 通航标准：本桥为Ⅲ级航道通航标准；最高通航水位 4.31 m；最低通航水位 1.43 m；双向通航孔净宽不小于 150 m；通航净空高 10 m。

(8) 设计基本风速 32.8 m/s，场地的地表类别为 B 类。

(9) 桥梁护栏防撞等级：本桥主线防撞栏杆的防撞等级取为 SA，SAm 级，辅道防撞栏杆的防撞等级取为 SB 级。

5.6.2 城市规划情况

根据上海市政府提出的《上海市城市总体规划(2017—2035)》，城市格局形成多中心模式，新城充分发展，与中心城区形成两级中心，新城承担着部分全市性城市功能，中心城与新城间、新城之间的经济和交通联系仍将有一定幅度增强。在嘉定、青浦、松江、南汇、南桥等新城中心，形成相对独立完整的多中心功能体系，提升新城中心的综合性服务功能和对于近沪地区城镇的服务和辐射能力，使新城中心达到市级副中心的能级水平。

1. 松江区总体规划

松江区是上海辐射、服务长三角地区的西部综合性门户节点区域，是长三角地区重要的休闲度假旅游胜地和高等教育基地，是上海建设国际经济中心的重要组成部分和国际贸易中心的重要功能拓展区，是与上海国际化大都市相匹配的社会主义现代化新郊区。

松江区具有以下城市职能：

(1) 上海经济发展的重要基地。

(2) 与上海工业新高地相配套的上海参与全球竞争的先进制造业基地，与上海构筑人才新高地相一致的“产学研”一体的综合教育基地，与上海都市旅游发展相适应的功能集聚的现代休闲旅游基地，与上海率先基本实现农业现代化要求相匹配的都市型农业发展基地。

(3) 田园风光与城市景观交相辉映，历史文化与现代文明相互融合，实力较强、功能完善、环境优美、社会和谐、生活富裕，与上海国际大都市相匹配的社会主义现代化新郊区，充分展示 21 世纪上海郊区实力和水平的上海西南片区一颗“璀璨的明珠”。

2. 空间结构

根据《松江区城乡总体规划暨土地利用总体规划(2016—2040 年)》，规划提出松江区远景常住人口规模为 180 万人，为长三角综合性节点城市，是上海全球城市的重要组成部分，以高新智造、休闲旅游为支撑，打造具有历史文化底蕴和自然山水特色的宜居之城。规划形成“一轴一带、五廊四片”的空间结构，“一轴”为沪杭发展轴，属于长三角区域的发展轴线，具体走向：九亭、新桥—松江工业区—松江新城主城—松江科技园区—新浜，“一带”为嘉松发展带，是上海市西翼地区的发展轴线，具体走向：松江新城—佘山国家旅游度假区—青浦新城—嘉定新城(图 5-164、图 5-165)。

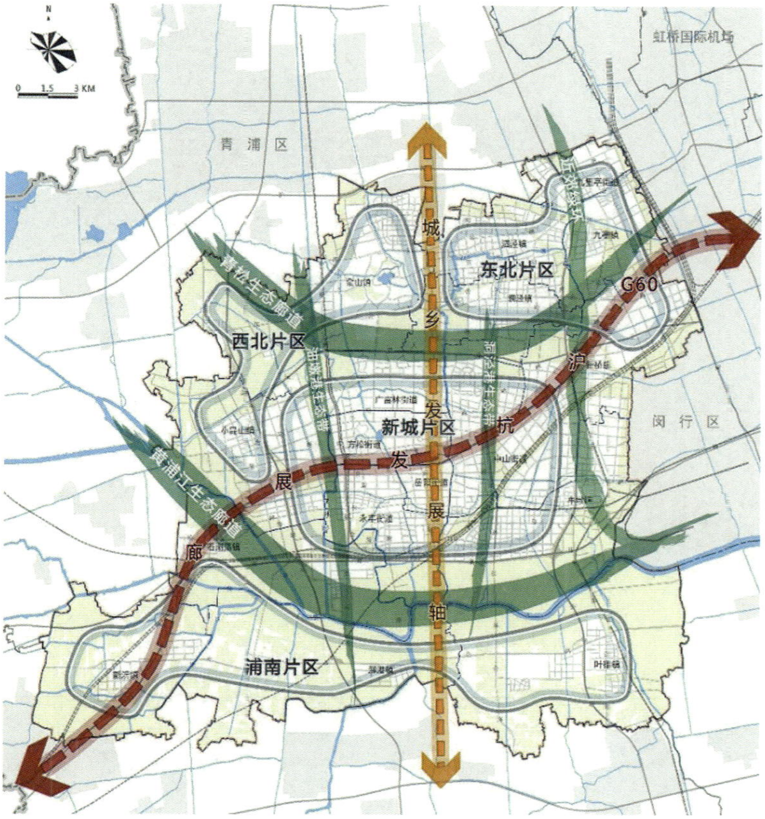

图 5-164　松江区空间结构规划图(2016 年新总规版)

3. 郊区越江通道

到 2020 年，郊区黄浦江上将规划 15 处通道，其中高速通道 5 条，非高速通道 10 处。具体如下(图 5-166)：

(1) 5 条高速通道，34 个车道。郊环隧道(A30 越江)：6 车道，规划；闵浦大桥(A15 越江)：8 车道，已建；奉浦大桥(A4 越江)：4 车道已建，4 车道规划；松浦二桥(A5 越江)：6 车道，已建；横潦泾大桥(A30 越江)：6 车道，已建。

(2) 10 处非高速通道，54 个车道。芦恒路越江(隧道)：8 车道，在建；闵浦大桥(放鹤路越江)：6 车道，已建；闵浦二桥(沪杭公路越江)：4 车道，已建；闵浦三桥(昆阳路越江)：6 车道，已建；松浦大桥(车亭公路越江)：4 车道，改建中；松浦三桥(沪松公路越江)：6 车道，已建；松浦四桥(嘉松公路越江)：6 车道，规划；松浦五桥(辰塔路越江)：6 车道，已建；虹梅南

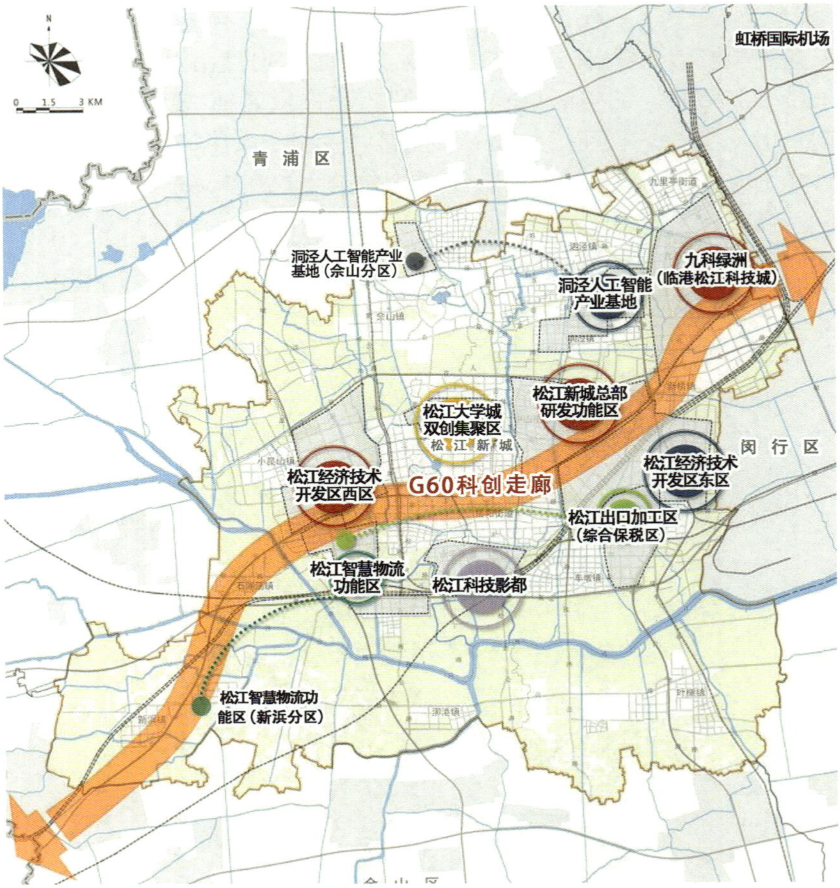

图 5-165　松江区 G60 科创走廊空间结构规划

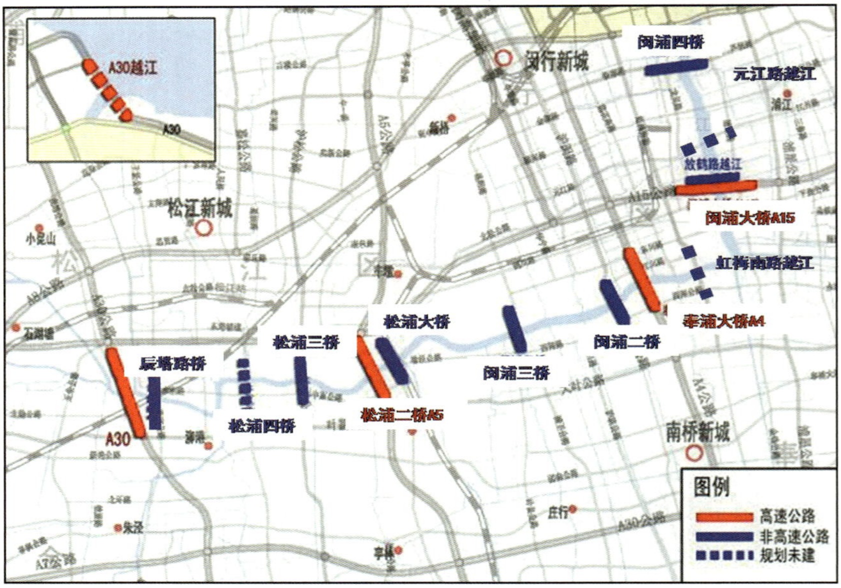

图 5-166　郊区越江通道分布图

路越江(隧道)：6 车道，已建；元江路越江：4 车道，规划预留，有待进一步研究论证后明确。

4. 桥位区域相关规划

(1) 松江南站大型居住社区规划。松江南站大型居住社区规划范围为北至沪杭铁路—北松公路，西至毛竹港，南至申嘉湖高速公路(S32)，东至北泖泾。总面积约 13.62 km²，规划人口约 21.0 万人。并成为“海绵城市”“综合管廊”试点区(图 5-167)。

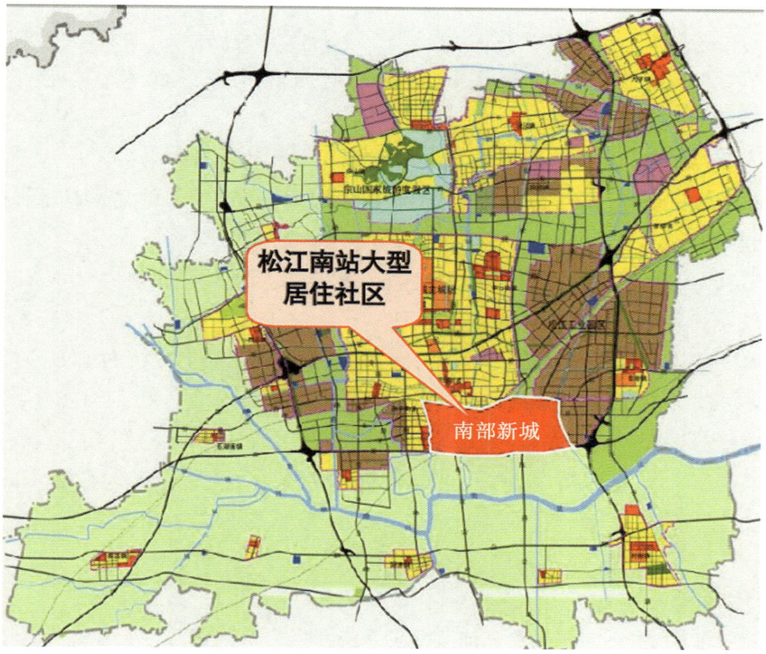

图 5-167　松江南站大型居住社区规划

(2) 松南郊野公园规划。松南郊野公园规划面积 25 km²，规划定位为滨江生态森林型郊野公园，组织森林游憩、自然科普、浦江游览、水乡体验等休闲活动(图 5-168)。

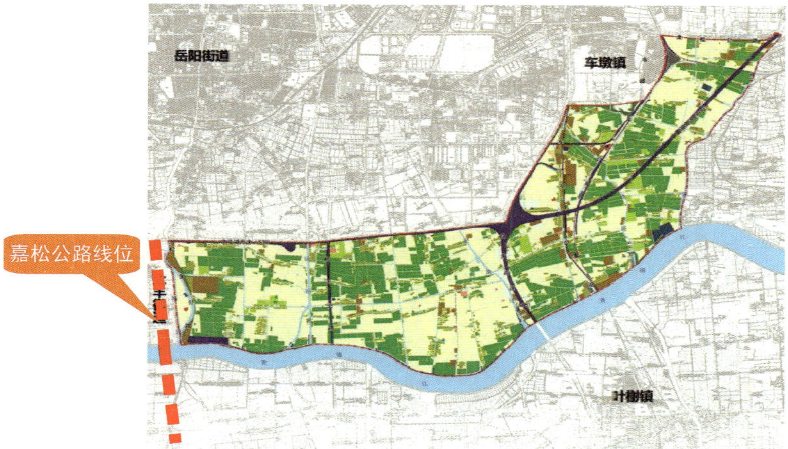

图 5-168　松南郊野公园规划

松南郊野公园位于本次嘉松公路工程的东面，其西边界与嘉松公路线位最小距离仅260 m。

5.6.3 方案构思与创作

2020年3月，受上海市政工程设计研究总院委托，作者对大桥桥型方案创作进行了研究，鉴于实际设计进度已至初步设计阶段，方案创作工作主要集中在原来门式桥塔基础上的塔形方案创作，这样可以对整个大桥既有设计工作影响最小。希望大桥桥塔能给人新意，与我们见到的那么多的门式塔有区别，既要有松江地方文化特色，又要有松江新城新时代气息。

1. 桥梁美学考虑

一座优美的桥梁跨径分布过渡自然协调，桥面上、下结构尺度比例协调，桥梁各个构件形状和尺寸和谐有魅力。

桥梁主跨336 m，净空高10 m，桥面净空高度与主跨跨径比例＝10∶336＝1∶33。一般地讲，主跨和通航净高的正常比例在15～18，最大不应超过20。

桥面宽度和桥塔高度比例＝35.6∶84.8＝1∶2.4。一般地讲，H_2/B 达到4以上（H_2 为桥面以上塔高，B 为桥宽），使塔形有挺拔之感。

根据本桥的主跨跨径、桥面高度和桥面宽度等主要几何尺寸，可以看出存在一些美学比例不佳的“先天”因素。桥型方案创作研究应在造型艺术、结构形式和布局等方面设法规避结构比例方面的一些缺陷，扬长避短，更为重要的是将这些努力转化为方案的特色。

2. 方案创作目标

松江区，历史文化悠久，有着“上海之根”的称呼。古建筑有全国重点文物保护单位唐代陀罗尼经幢、宋代兴圣教寺塔（方塔）、佘山天文台、广富林遗址等。市级重点文物保护单位明代照壁、秀道者塔，还有初建于1863年的佘山天主教堂等。

依托深厚的历史文化底蕴和得天独厚的地理区位优势，现代的松江区更是一派生机勃勃的全方位发展态势。人文优势逐渐显现，生态环境明显改善，成为上海郊区新城发展的领跑者。

至2035年，基本建成“科创、人文、生态”的现代化新松江。围绕“松江创造”，坚持高质量发展，成为上海具有全球影响力科技创新中心的重要承载区。人文优势更加突出，环境品质全面提升，重要发展指标达到全市领先水平，成为产城融合、生态宜居的现代化新区。至2050年，全面建成“科创、人文、生态”的现代化新松江，成为上海卓越全球城市的重要支撑区。

面对这样一个历史文化深厚、充满发展生机的城区，希望这座新建的大跨度桥梁，是一座：

体现当代建筑美学风尚的新时代桥梁；

具有区别于其他桥梁样式和造型的地标性建筑；

承载地方文化记忆的有温度的城市桥梁；

融合造型艺术创意的技术创新的桥梁。

在初期多个构思的基础上，经过反复比较、筛选，最后集中在两个各具特色、不同创意思路、不同美学风格的方案成果。

3. 窗花造型塔自锚悬索桥(方案一)

大桥北邻松南枢纽，东接松南郊野公园，它们将共同见证新时期的松江区建设新成就。松江需要一座具有地方文化特色的现代地标性城市桥梁。

1) 方案一桥型构思过程

我们希望得到的塔的造型是这样的：完全服务于塔柱的横向受力需要，造型优美，让人耳目一新，是体现一种地方文化艺术的诗情画意，一种隐喻。而且，不为表达地方文化的某个元素，而是在结构上做任何“手脚”。这种表达是抽象的隐喻，是“鬼斧神工”之作。

希望桥塔具有地方文化情感，造型现代、语言丰富、构图大气。经过大范围的“撒网式”搜索，最后聚焦到了江南建筑随处可见的窗格建筑艺术以及中国结样式(图 5-169)。

图 5-169　方塔公园、醉白池和江南民居

如图 5-170 所示，因结构而生，又不露声色地契合了江南民居窗格艺术和中国结的样式，自然地隐喻吉祥平安的美好祝福以及对地方的浓情厚谊。

大桥周边环境空旷，桥塔体量巨大、语言艺术丰富以及中国红的色彩，而成为一座地标性建筑。

在此基础上，对窗花图案进一步深入比较，探讨对图案优化的可能，如图 5-171 所示，着重从图案的整体效果考查如下几个方面的因素：图案区域的范围在整个塔高范围内比例合适；希望窗花图案简洁大气，不是为了装饰而装饰。

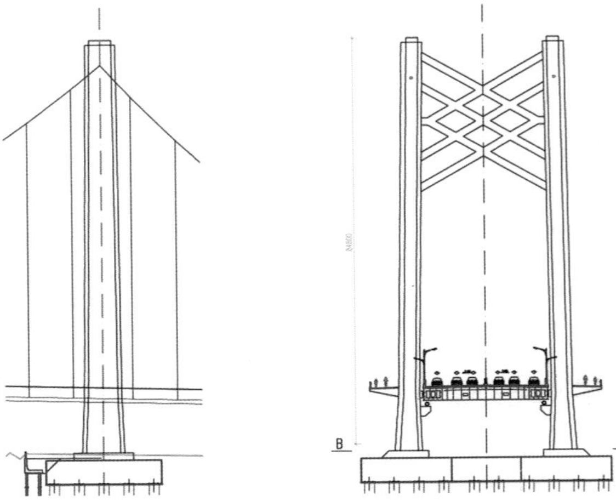

图 5-170　窗花造型桥塔

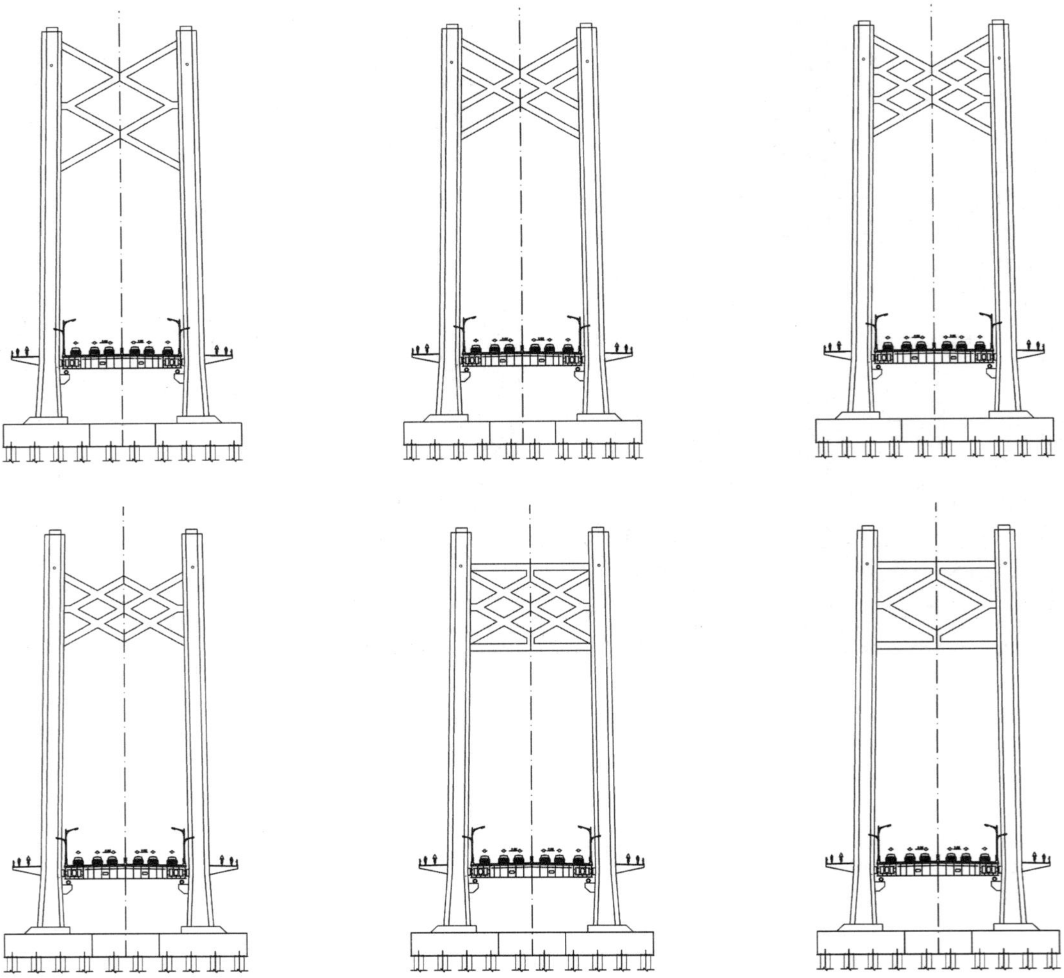

图 5-171　对窗花图案的深化比较

2）方案一桥型构思结果

（1）将抽象的窗花造型作为塔柱间的横向受力结构，弱化了桥塔高宽比例不佳的视觉效果。

（2）抽象的窗花体现了江南的建筑文化和桥塔结构的巧妙结合，地域主义建筑美学风格体现了地标性建筑的地方文化的情怀。

（3）对桥塔色彩进一步推敲比选，使之在体现地方文化的同时，不失时代气息。

“窗含西岭千秋雪，门泊东吴万里船。”这是一种抽象和写意的修辞手法，展现厚重的地方文化积淀，抒发对历史文化的深情厚谊，也因此成就了别具匠心的桥塔风格（图 5-172）。

虽然松江区著名的历史文化名胜众多，江南古建在众多名胜中随处可见。但是经过二度创作加工，并与大桥桥塔结构天衣无缝地融合，成就了地标性的桥塔艺术造型（图 5-173）。

上　图 5-172　窗花造型桥塔方案夜景效果图

下　图 5-173　窗花造型桥塔方案日景效果图

虽然江南建筑窗花艺术并非松江区独有，但是以古建窗格为艺术原型，并融合了中国结元素的现代桥塔结构，它是独一无二的(图 5-174)。

4. 方案二独柱塔空间主缆自锚悬索桥

日新月异的松江新城需要一座体现现代技术成就的新时代标志性桥梁(图 5-175)。

针对桥面净空高度小、主跨跨度大的总体布置特点，希望采用独柱塔、空间主缆的自锚悬索桥形式，规避桥面以下塔柱短的比例缺陷，增添其跨越黄浦江的结构气势。

图 5-174　窗花造型桥塔方案鸟瞰效果图

图 5-175　松江区新风貌

大桥是城乡发展主轴上的历史性节点，是 G60 科创走廊上的创新技术标志工程。

桥型方案二构思：

(1) 采用独柱型桥塔，避免门式桥塔高宽比的美学比例缺陷，凸显塔柱的结构气势。

(2) 独柱型桥塔四面设置布置灯光的凹槽，顶端设置透明玻璃幕墙段，体现现代感和艺术细节，避免因独柱而略显单调乏味。

(3) 采用分体钢箱梁桥面，中间开槽，避免因桥面高度较低而形成的比例不佳、桥下压抑之感。

这是技术主义建筑美学和高技派的手法，强调结构之势，施展光学技巧，又注重细节推敲。彰显大桥结构艺术给人的震撼力。

“愿乘冷风去，直出浮云间。”一座充满现代感和时代气息的大桥连接两岸的松南郊野公园和新建村生态保育现代农业，为松江区乃至全上海的市民提供了一个休闲娱乐的好去处(图 5-176—图 5-178)。

上　图 5-176　独柱塔空间主缆悬索桥方案夜景

下　图 5-177　独柱塔空间主缆悬索桥方案日景

图 5-178　独柱塔空间主缆悬索桥方案近景

5.6.4 结构详细设计

方案创作阶段不需要对结构的详细设计，但是，方案创作阶段需要设计者对方案的重要技术问题做到心中有数，并对关键技术问题有所交代。部分初步设计和施工图设计中大桥主体结构的设计细节如下。

1. **总体布置**

嘉松公路新建桥梁工程包括 K6＋545.662—K7＋969.462 主线桥，全长约1.424 km，桥梁面积约为 4.97 万 m^2。

主桥采用双塔双索面钢箱梁自锚式悬索桥，跨径布置为 130 m＋336 m＋130 m＝596 m。主桥范围纵坡±2.49％，沿主跨中心线对称，最高点位于主跨中心线处，顶点高程 20.344 m，竖曲线半径 6 000 m。主桥平面位于直线段(图 5-179)。

桥梁横断面为整幅布置，双向六车道＋两侧慢行道：0.5 m(风嘴)＋0.25 m(护栏)＋3.5 m(慢行道)＋1.5 m(锚固区)＋0.5 m(防撞护栏)＋11.75 m(机动车道)＋0.6 m(中央分隔护栏)＋11.75 m(机动车道)＋0.5 m(防撞护栏)＋1.5 m(锚固区)＋3.5 m(慢行道)＋0.25 m(护栏)＋0.5 m(风嘴)＝36.6 m(桥梁总宽)。

主桥约束体系为在主塔及边墩位置各设置 2 个竖向支承支座，所有支座均为纵向活动，主塔和边墩各设置两个纵向阻尼装置，边墩各设置两个横向阻尼装置；主梁在每个主塔处各设置 2 个横向抗风支座。

北岸引桥总长度为 354.4 m，共 12 跨，跨径布置为 28.4 m＋2×30 m＋28 m＋3×29 m＋2×29 m＋30 m＋28 m＋35 m＝354.4 m。南岸引桥总长为 473.4 m，共 16 跨，跨径布置为 35 m＋28 m＋2×29 m＋28 m＋4×29 m＋4×30 m＋29 m＋30 m＋29.4 m＝473.4 m。

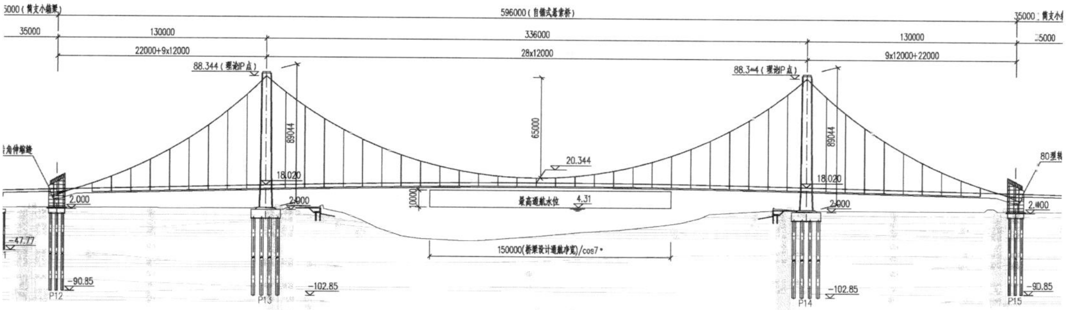

(a) 立面

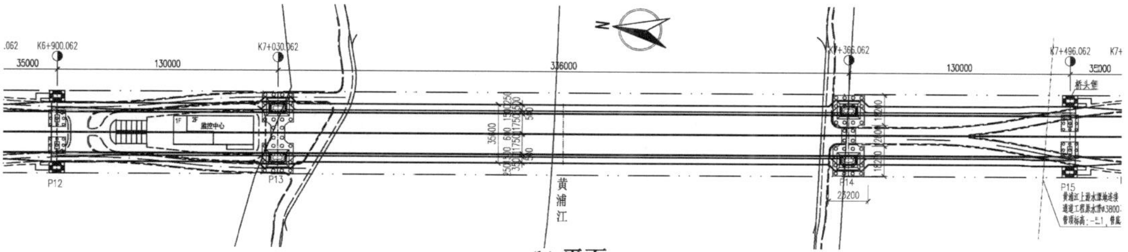

(b) 平面

图 5-179　主桥总体布置图

2. 主塔

主塔采用独创的门式塔，窗花形横撑。在主梁下方设置牛腿(图 5-180)。

单个塔柱由塔座、下塔柱、中塔柱、上塔柱、塔顶段、塔顶装饰段组成，塔高 89 m。塔座高度为 1.5 m，塔座界面由 13.5 m(顺)×10.5 m(横)渐变到 10.5 m(顺)×7.5 m(横)。下塔柱截面尺寸由 8.5 m(顺)×5.5 m(横)渐变到 7.5 m(顺)×4.2 m(横)，高度 12 m，塔壁厚度在下塔柱底部 3 m 范围内渐变到 1.25 m。中塔柱截面尺寸由 7.5 m(顺)×4.2 m(横)渐变到 7.102 m(顺)×4.2 m(横)，顺桥向和横桥向壁厚均为 1.0 m；上塔柱截面尺寸为 7.102 m(顺)×4.2 m(横)渐变到 6.129 m(顺)×4.2 m(横)，顺桥向和横桥向壁厚均为 0.75 m；塔顶段截面尺寸为 6.129 m(顺)×4.2 m(横)渐变到 6.0(顺)×4.2 m(横)，高度为 6.0 m，截面为实心截面，以承受索鞍传递的巨大压力；塔顶装饰段采用钢结构，高度 5.656 m。

两个塔柱之间采用独创的窗花形图案横撑进行连接，截面为矩形截面，截面外形尺寸为 1.2 m(高)×2.5 m(宽)，顶板、底板和腹板均为 20 mm。主塔塔柱主体材料为 C50 高性能混凝土。窗花形横撑和塔顶装饰段采用 Q345qD 钢。

主桥墩号范围 P12～P15。主墩采用哑铃形承台，承台基础采用直径 2.0 m 钻孔灌注桩，桩长 100 m。边墩采用左右分离式承台，基础采用直径 1.5 m 钻孔灌注桩，桩长 90 m。边墩承台平面构造尺寸为 10 m×10 m(横×顺)，厚 3.0 m，单个承台桩基础为 9 根直径 1.5 m的钻孔灌注桩。主塔承台平面构造尺寸为 49.2 m×18.2 m(横×顺)，厚 5 m，单个承台桩基础为 36 根直径 2.0 m 钻孔灌注桩。每根桩均需要采取桩端后压浆，提高单桩轴向受压承载力。

3. 主梁

主桥主梁采用钢箱梁＋正交异性组合钢桥面板，钢箱梁为 P-K 断面形式。标准段主梁

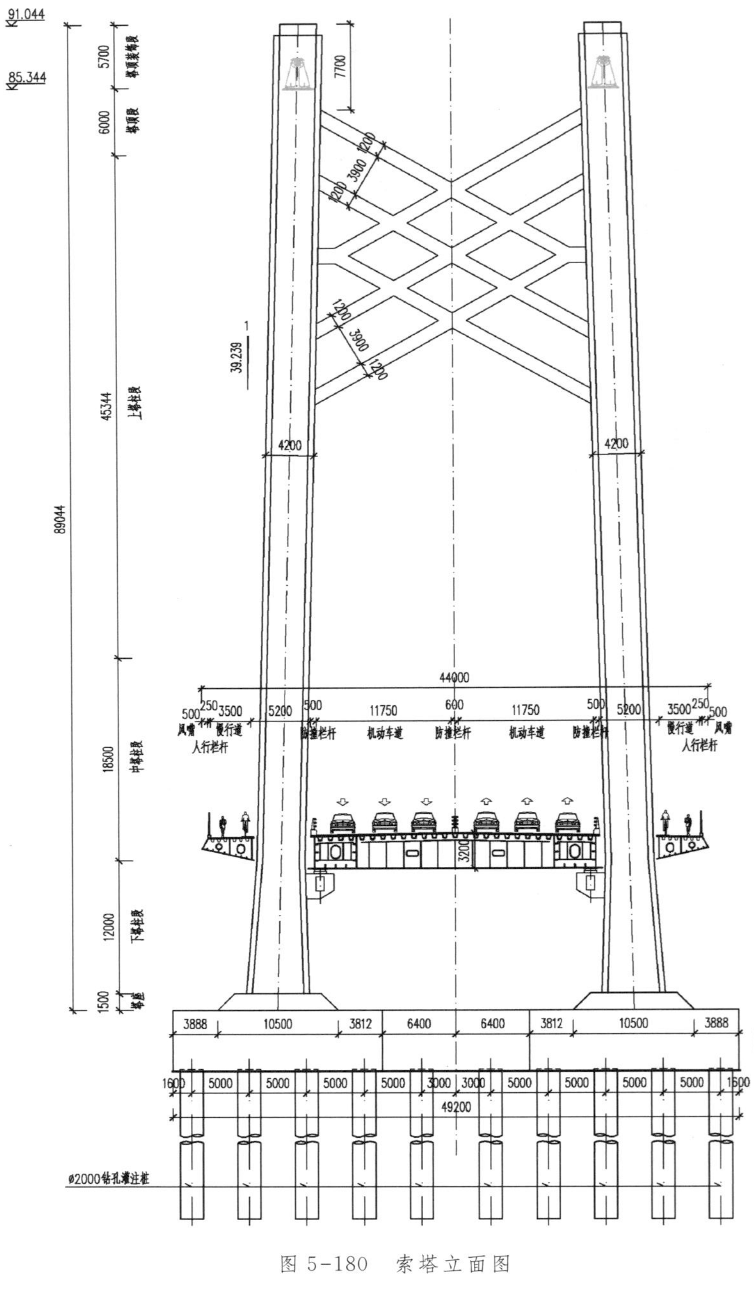

图 5-180　索塔立面图

全宽 36.6 m(含风嘴),顶板宽度 35.6 m,单个箱室底板宽 4 m,风嘴宽度 0.5 m。道路中心线处梁高 3.26 m,钢梁梁高 3.2 m,上设 6 cm UHPC 层与钢桥面组成正交异性组合钢桥面板。钢梁主要材质为 Q345qD(图 5-181)。

钢梁是由主纵梁(闭口箱梁)、横隔板、挑梁组成的双主梁梁格体系。其中纵梁标准节段为 12 m,每间隔 4 m 设置一道横梁和挑梁,吊索用钢锚箱锚固于钢挑梁上。

(1) 主纵梁。钢箱梁两侧设箱型断面纵梁,纵梁中心间距 20.8 m,标准节段 A3 箱梁道

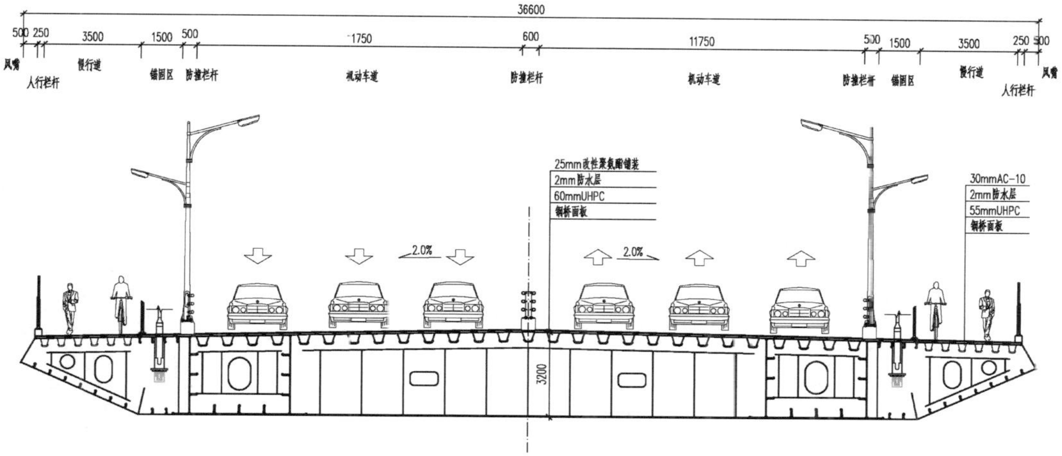

图 5-181　主桥一般断面图

路中心线处高度 3.2 m,长度 12 m。钢箱梁顶板厚 14 mm,纵梁处局部加厚至 25 mm;底板厚 50 mm,腹板厚 30 mm。顶板车行道范围设置大 U 形肋,板厚 8 mm,上宽 450 mm,下宽 240 mm,高 300 mm,人非车道设置小 U 形肋,板厚 8 mm,上宽 300 mm,下宽 170 mm、高 280 mm;底板设置 25 mm 厚加劲肋,高度 300 mm;腹板设置 20 mm 厚加劲肋,高度 250 mm。钢主梁采用 Q345qD 钢材,根据受力特点腹板有 Z 向要求。双主梁每 2 m 设置一道横隔板,横隔板厚 14～20 mm,并设置过人孔。

(2) 主纵梁间横隔板。双主梁内每间隔 4 m 设置一道横隔板。根据在桥面系中所处的位置,横隔板分为吊点处横隔板、非吊点处横隔板和塔处横梁。

吊点处横隔板,跨中梁高 3.2 m,长度 17.14 m,采用工字形断面。底板尺寸为 800 mm×35 mm,腹板厚 20 mm。腹板上设置竖向和水平加劲肋。

非吊点处横隔板,跨中梁高 3.2 m,长度 17.14 m,采用工字形断面。底板尺寸为 800 mm×35 mm,腹板厚 14 mm。腹板上设置竖向和水平加劲肋。

塔处横梁采用箱型断面,跨中梁高 3.2 m,长度 17.14 m。底板尺寸为 2 600 mm×35 mm,腹板厚 16 mm,腹板间距 2 m。箱内设置隔板,厚度 14 mm,间距 2.0 m。

(3) 挑梁。边跨钢梁由于顶推要通过主塔,主纵梁外侧的挑梁在主梁顶推到位后方可安装,挑梁作为本桥的重要受力构件,应采取切实措施保证现场焊缝质量。中跨为全截面顶推和吊装,挑梁在工厂与主梁一同制造。

挑梁腹板分为吊点挑梁和非吊点挑梁,腹板厚分别为 20 mm 和 14 mm。挑梁外侧设置风嘴,与主纵梁形成抗风性能好的 P-K 断面。

(4) UHPC 桥面板。UHPC 桥面板采用分段现浇,待 UHPC 桥面完成大部分收缩后现浇接缝。钢梁与 UHPC 桥面之间利用焊钉连接,非栏杆范围焊钉采用 Φ13 mm 圆头焊钉,高度 40 mm;栏杆范围采用 Φ16 mm 圆头焊钉,高度 100 mm。焊钉纵向采用 150 mm 的间距。

(5) 主缆锚固区设计。混凝土主缆锚固区总长 21.1 m,锚固段梁高由标准段 3.2 m 增加到 6.0 m,桥宽为等宽 36.6 m。主缆与主梁夹角约为 18°,主缆通过锚固端顶板的开孔进入锚固端箱室结构内部，经过散索套后散开为单股索股，锚固在锚固梁端大横梁上。主缆散索的距离约为 11 m，索股最大散开角度约为 12.5°(图 5-182)。

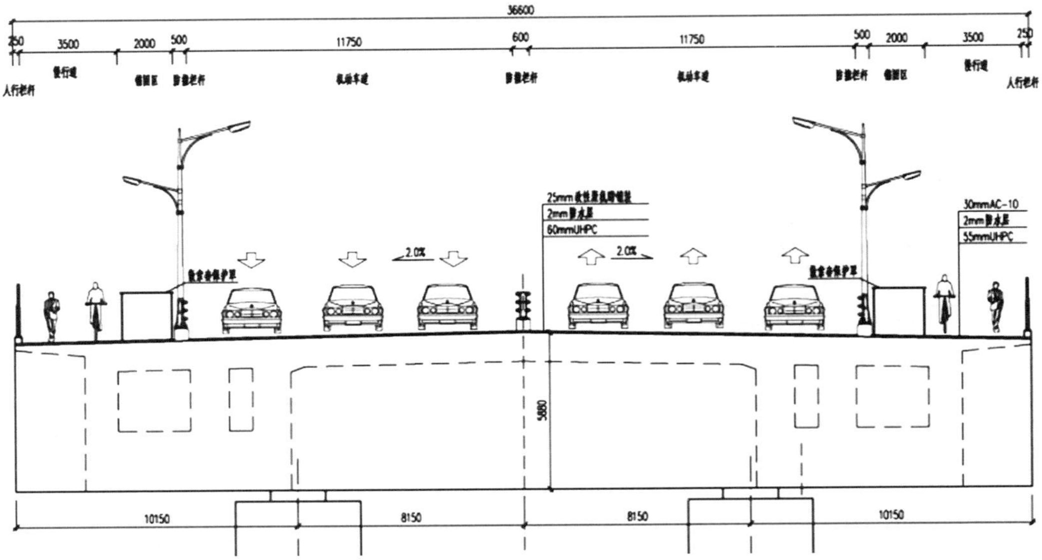

图 5-182　主梁边墩处断面图

4. 缆索系统

(1) 主缆系统。主缆采用 PPWS 法施工，工厂预制平行钢丝索股，现场在猫道上逐股安装架设。

主缆共 2 根，每根主缆中含 37 股平行钢丝索股，每股含 127 丝直径为 5.5 mm 的镀锌铝镁合金钢丝，抗拉强度≥1 860 MPa，每根主缆共 4 699 丝，竖向排列成尖顶的近似正六边形。紧缆后为圆形，其直径为 416.3 mm(索夹内)和 421.5 mm(索夹外)。

在主梁两端，主缆经散索套发散成 37 个索股，锚固在端横梁上，锚固中心间距 500 mm。

索股两端锚头采用热铸锚，在锚杯内浇注锌铜合金使主缆钢丝与锚杯相连。主缆在主塔鞍室及散索套保护罩入口处采用喇叭形缆套密封防护，主缆上方设置检修道。

(2) 吊索系统。根据吊索和索夹的受力特点，并综合考虑吊索和索夹的材料性能、制造、加工、安装、维护、后期更换等影响因素，设计本桥时，吊索上端与索夹为销接式连接，下端与主梁采用锚箱连接。

吊索：采用垂直吊索形式，每个吊点共 2 根吊索，吊索采用预制平行钢丝束股外包 PE 进行防护，钢丝采用直径为 Φ7.0 mm 的镀锌铝高强度钢丝，抗拉强度≥1 770 MPa，临近锚固区的吊点布置 2 根 91 Φ7.0 mm 高强度镀锌铝平行钢丝，其余吊点均布置 2 根 73 Φ7.0 mm 高强度镀锌铝平行钢丝。

吊索锚头：吊索上下锚头均采用冷铸锚，上锚头由锚杯与叉形耳板螺纹连接，下锚头采用张拉端锚具与主梁钢锚箱连接。

(3) 主索鞍系统。主索鞍鞍体采用全铸结构。鞍体下设不锈钢板-聚四氟乙烯板滑动副,以适应施工中的索鞍顶推作业。

为增加主缆与鞍槽间的摩阻力,并方便索股定位,鞍槽内顺桥向设竖向隔板,在索股全部就位并调股后,在顶部用锌块填平,再将鞍槽侧壁用螺栓夹紧。

塔顶设有顶推反力架。反力架悬出塔顶以外,以便安置顶推千斤顶,鞍体顶推就位后将悬出反力架部分割除。

(4) 散索套系统。散索套可分为等直径的摩阻段和变直径的散索段,每段均为上下对合结构,并用高强螺杆连接。为保证在高强螺杆作用下散索套能箍紧主缆,在两半间留有适当的缝隙。散索套摩阻段的作月是防止主缆索股径向散开时,索力撑顶散索套向缆径较小的方向滑动。散索套与主梁之间设置单向滑动支座连接。

(5) 索夹系统。索夹采用上下对合的结构形式,上、下两半索夹用螺杆相连并与主缆夹紧,接缝处嵌填橡胶防水条防水。索夹壁厚均为 40 mm。

全桥索夹共分三大类:①连接主缆与吊索的有吊索索夹;②散索套入口处的封闭索夹;③主索鞍出口处安装缆套的锥形封闭索夹。

由于吊索拉力及主缆倾角不同,所需夹紧力不同,索夹长度和螺杆数量均不相同。为便于制造和施工,销接式吊索将相近长度索夹并为 6 类,由于吊索与主缆交角的变化,同一组吊索索夹耳板孔眼位置略有变化。

索夹材料采用 ZG20Mn,索夹的上下两半应配套加工。为使吊索索夹紧固螺杆受力均衡,销孔中心及索夹中心均位于吊索中心线的延长线上。在索夹螺杆端部设有防水螺母,索夹上、下部分接缝处嵌橡胶防水条防水。

5. 施工方案

自锚式悬索桥的特点是主梁承担主缆的拉力,总体施工顺序必须先梁后缆,最后进行体系转换,完成主桥安装。根据本桥特点,主梁可以采用两种施工工艺:①整体顶推方案;②顶推+斜拉法施工方案(图 5-183、图 5-184)。

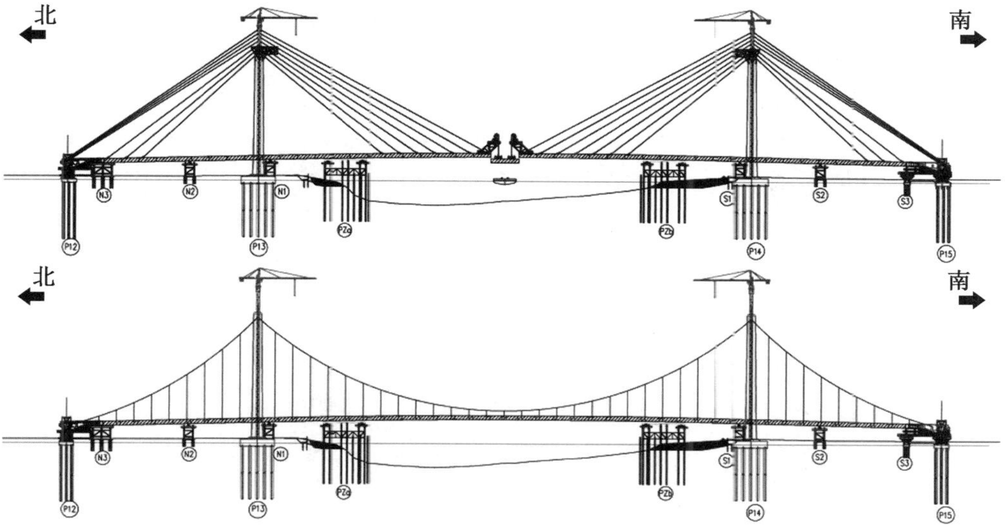

上　图 5-183　利用临时索塔和拉索安装主跨跨中部分钢梁节段

下　图 5-184　主梁合龙后进行主缆吊索安装和张拉,完成体系转换从可实施性、对通航影响、经济性、施工成熟度、施工难度等方面综合考虑，设计阶段暂定推荐方案二，后续实施阶段施工单位可以根据自身条件从经济性、可实施性、对通航影响等方面进行综合考虑，选择最适合的施工方案。

5.7 衢州市霞飞路衢江大桥

衢州市霞飞路衢江通道原由上海市隧道工程轨道交通设计研究院研究设计隧道过江方案，后来由于过江隧道造价高等原因改为桥梁越江方案，受上海隧道院委托，作者团队于2020年12月至2021年3月开展桥梁方案创作设计研究，经过多轮多个方案汇报、修改补充、再汇报等工作，最后确定了“衢州有礼”双塔三跨自锚悬索桥方案，方案由戴利民完成构思创作。霞飞路衢江大桥工程于2021年8月开工建设。

5.7.1 项目概况

本项目起点在松园村附近与S305平面交叉，桩号K0＋000，路线在松园村西侧穿过，设置桥梁上跨沿江公路、衢江，与江滨西路平交，对现有的霞飞路进行改造后至东迹大道，下穿衢宁铁路、浙赣铁路后在美卓矿机厂西面穿过，下穿杭长高铁后利用桥梁上跨童家山水库再根据规划线位至天湖南路，最后利用一段霞飞中路至终点与320目追平面交叉，桩号K6＋950。项目全长6.950 km，实际实施里程全长6.620 km，其中新建段5.955 km，老路利用段0.665 km。其中，跨江大桥桥位平面见图5-185。

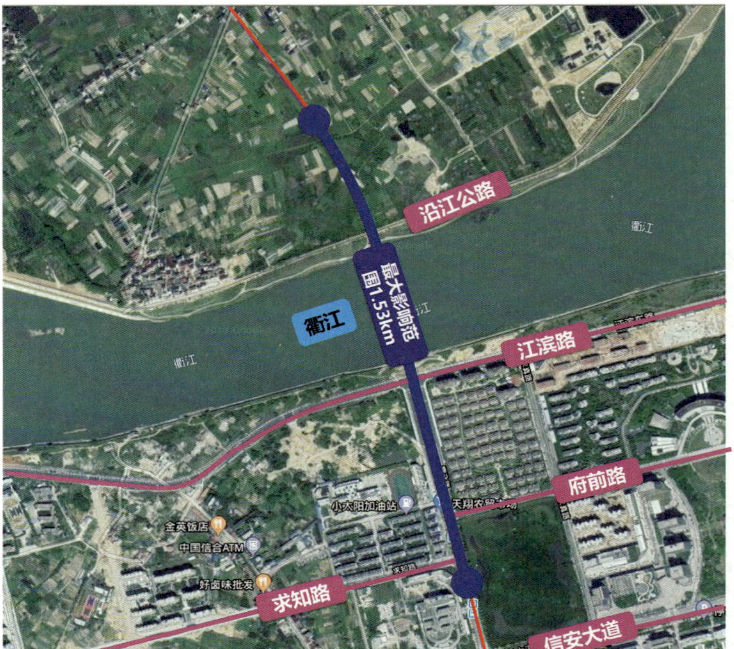

图5-185 桥位平面图

跨衢江设霞飞大桥，其主桥桥型采用自锚式悬索桥，总长 284 m，跨径布置为 68 m＋148 m＋68 m＝284 m。

1. 主要技术标准

(1) 道路等级：一级公路兼城市道路；行车速度：60 km/h。

(2) 主桥标准宽度为双向六车道整幅布置：2.5 m(人行道)＋3.75 m(非机动车道)＋3.0 m(索区)＋11.5 m(机动车道)＋2.0 m(中央分隔带)＋11.5 m(机动车道)＋3.0 m(索区)＋3.75 m(非机动车道)＋2.5 m(人行道)＝43.5 m。

(3) 桥梁横坡：采用双向 2％横坡。

(4) 设计洪水频率：1/50，50 年一遇洪水位：61.50 m。

(5) 航道等级：Ⅲ级航道(规划)，通航净宽≥110 m，通航净高≥7.0 m；设计最高通航水位为 55.1 m(85 高程)；设计最低通航水位为 53.0 m。

(6) 桥梁荷载等级：公路Ⅰ级(汽车)，人群按《公路桥涵设计通用规范》(JTG D60—2015)取用。

(7) 桥梁设计安全等级：一级，结构重要性系数 1.1。

(8) 抗震设计：抗震设防烈度Ⅵ度，基本地震动峰值加速度 0.05 g。

(9) 环境类别：Ⅰ类环境。

(10) 风速：地表类别为 B 类；基本风速(100 年重现期)27.3 m/s(规范值)；施工阶段设计风速按 20 年重现期计取。行车风速 25.0 m/s。

(11) 防撞等级：SB、SBm 级。

(12) 设计基准期：100 年。

2. 自然地理条件

(1) 气象、水文。拟建工程区属温暖湿润的亚热带季风气候，全年主导风向为北风，夏季主导风向为西北风，最大风速 17.0 m/s，平均风速 1.0 m/s。年平均气温 16.4℃，绝对最高气温 41.3℃，绝对最低气温－11.2℃，最热月平均相对湿度 81％，最冷月平均相对湿度 79％。多年平均降雨量 1 900.1 mm，最大年降雨量 2 808 mm，最大日降雨量 205.5 mm。云雾多、日照少，年平均雾日为 88 天，年日照率为 40％，为全省日照时间较少的地区。气候温和，雨水充沛，四季分明，气温垂直差异十分明显。冬季冷，春季冷暖空气交替频繁，雨水明显增多，夏季 6—7 月为梅雨季节，雨量大，易造成洪涝灾害，梅雨期后，以晴热天气为主，易发生旱灾，秋季以晴天少雨为主，常有秋旱现象，深秋天气晴好，气候宜人，冬季冷空气活动频繁，天气湿冷。

工程区内水系属钱塘江水系，主要河流为衢江。衢江为雨源型山区性河流，源短流急，河床比降大，水量充沛，洪枯水位变化明显，含砂量少。洪水暴涨暴落，流速快，冲击力大，对桥梁、沿河工程有较大的危害。

(2) 地形地貌。衢州市处在浙江省中西部金衢盆地西端，以衢江为轴心南北对称展开，整个地区的地势南北高、中间低，中部沿江两岸为河谷平原，地势较平坦，是金衢盆地的重要部分，分布着大片丘陵。东毗龙游，南邻遂昌，西连常山、江山，北与淳安、建德接壤。

拟建工程位于衢州市衢江区、金衢盆地西端边缘，主要为衢江两岸冲洪积平原地貌，地势较平坦。

童家山水库段以构造剥蚀地貌为主，坡度较缓，地形坡度 20°～30°，最高海拔约为

102.50 m，区内山体植被发育，局部出露强-中风化岩。

3. 工程地质

工程区勘探深度范围内的地基土共分为5个工程地质层组，细分为10个工程地质层，现将各工程地质层按岩土成因、时代由新到旧顺序分述如下：

(1) 第①层杂填土层(Q_4^{me})：色杂，以灰褐、灰黄色为主，稍湿，松散。主要由黏性土、卵砾石、砂、碎石、混凝土碎块等建筑垃圾及少量生活垃圾组成。该层分布于拟建线路沿线表层，层厚0.20～7.20 m。

(2) 第②$_0$层淤泥质粉质黏土(Q_4^f)：黄褐色、灰褐色，饱和，软可塑—软塑状。该层仅TC6探槽揭露，层厚1.70 m。推荐地基承载力基本容许值[f_{a0}]=80 kPa，钻孔灌注桩桩侧的摩阻力标准值q_{ik}=15 kPa。

(3) 第②$_1$层粉质黏土层(Q_4^{al+pl})：灰黄、黄褐色，湿，可塑。切面光滑，干强度中等。局部内含少量砾石，粒径以2～10 mm为主，含量5%～10%。该层分布于冲洪积平原浅部，顶板埋深0.00～3.80 m，层厚0.40～3.90 m。推荐地基承载力基本容许值[f_{a0}]=160 kPa，钻孔灌注桩桩侧的摩阻力标准值q_{ik}=40 kPa。

(4) 第②$_2$层粗砂层(Q_4^{al+pl})：灰黄、黄褐色，湿—饱水，松散。分布于冲洪积平原浅部，顶板埋深0.50～1.90 m，层厚1.00～4.50 m。推荐地基承载力基本容许值[f_{a0}]=140 kPa，钻孔灌注桩桩侧的摩阻力标准值q_{ik}=35 kPa。

(5) 第②$_3$层卵石层(Q_4^{al+pl})：以灰黄色为主，湿—饱水，稍密—密实。主要由卵石、砾石及中粗砂组成，卵石直径一般在20～60 mm，含量50%～70%，次磨圆状。砾石含量20%～25%，余为中粗砂。该层分布于冲洪积平原浅部及河床上部，顶板埋深0.00～6.50 m，层厚0.30～15.00 m。推荐地基承载力基本容许值[f_{a0}]=300 kPa，钻孔灌注桩桩侧的摩阻力标准值q_{ik}=80 kPa。

(6) 第③层含砾粉质黏土层(Q_3^{pl+dl})：灰黄、黄褐色，稍湿，可塑。切面光滑，干强度中等。含少量砾石，粒径以2～10 mm为主，含量15%～20%。该层分布于山前及山间洪坡积坡地上部，顶板埋深0.00～7.20 m，层厚0.60～7.00 m。推荐地基承载力基本容许值[f_{a0}]=170 kPa，钻孔灌注桩桩侧的摩阻力标准值q_{ik}=40 kPa。

(7) 第⑨层含砾粉质黏土层(Q^{el+dl})：灰黄、黄褐、浅紫红色，稍湿，可塑。切面光滑，干强度中等。普遍内含少量砾石，砾石粒径以5～10 mm为主，含量15%～20%。该层分布于残坡积坡地上部及山体表部，顶板埋深0.00～1.60 m，层厚0.50～3.40 m。推荐地基承载力基本容许值[f_{a0}]=170 kPa，钻孔灌注桩桩侧的摩阻力标准值q_{ik}=40 kPa。

(8) 第⑩$_1^1$层全风化泥质粉砂岩(K_2^j)：砖红色，全风化状。岩石风化蚀变极其明显，原岩结构已完全破坏。取芯呈砂土状。该层分布于冲洪积平原、洪坡积坡地、残坡积坡地下部及山体上部，顶板埋深1.00～5.60 m，层厚0.60～1.40 m。推荐地基承载力基本容许值[f_{a0}]=180 kPa，钻孔灌注桩桩侧的摩阻力标准值q_{ik}=40 kPa。

(9) 第⑩$_1^2$层强风化泥质粉砂岩(K_2^j)：砖红色，强风化状。钻进速度快，岩芯破碎，呈碎块状，节理裂隙发育，不规则状，部分裂隙具铁猛质渲染。该层分布于冲洪积平原、洪坡积坡地、残坡积坡地下部及山体上部，顶板埋深0.00～15.70 m，层厚0.20～1.90 m。推荐地基承载力基本容许值[f_{a0}]=300 kPa，钻孔灌注桩桩侧的摩阻力标准值q_{ik}=70 kPa。

(10) 第⑩$_1^3$层中风化泥质粉砂岩(K_2^j)：砖红色，中风化状。岩石较新鲜，原岩结构清晰，未见明显风化蚀变，节理裂隙不发育，钻进速度较快，岩芯完整，呈柱—长柱状为主，局部因机械破坏原因呈碎块状，节长 80～600 mm，R_{QD}=75%～95%。岩体较完整，属软岩，岩体基本质量等级为Ⅳ级，层理产状 9～15°∠28～31°。该层分布于冲洪积平原、洪坡积坡地、残坡积坡地下部及山体上部，顶板埋深 0.00～16.50 m，最大揭露厚度 30.40 m。推荐地基承载力基本容许值[f_{a0}]=1 000 kPa。

5.7.2 方案构思与创作

经过多轮方案汇报、再补充方案、再汇报等的程序性工作，从 2020 年 12 月开始持续了 3～4 个月时间，直至最终确定方案。基于对衢州衢江上既有桥型方案的调查，这次方案构思创作，桥型方面包括了梁式桥梁方案、自锚悬索桥方案、鱼脊梁桥方案和钢桁架拱桥方案等；主桥跨径布置包括了满足双向合孔航道和分孔通航等情况，以适应多种桥型方案的跨径布置。这里介绍两个悬索桥方案和一个鱼脊梁桥方案的构思创作。

1. 方案总体构思

方案创作总体思路：融合青山绿水城市生态环境，展现南孔圣地历史名城人文气息，表达现代衢州城市生活精神风貌。

(1) 融合青山绿水城市生态环境(图 5-186)。衢州是一座生态山水美城。因山得名、因水而兴，仙霞岭山脉、怀玉山脉、千里岗山脉将衢州三面合抱，常山江、江山江、乌溪江等九条江在城中汇聚。

青山绿水围绕着的城市，我们的桥梁不是去“造山”“造水”。而是以山为背景，以水为环境，挖掘历史人文内涵，美化现代城市生活，与生态环境协调融合，尊重、敬畏、呵护我们的自然生态。

(2) 展现南孔圣地历史名城人文气息(图 5-187)。衢州是一座历史文化名城。有着 6 000 年的文明史，1800 年的建城史，历史上儒风浩荡、人才辈出，素有“东南阙里、南孔圣地”的美誉。

上　图 5-186　衢州自然人文风光
下　图 5-187　衢州历史名胜古迹

无论什么造型的城市桥梁与衢州厚重的历史人文相比，都是苍白和肤浅的。因此，我们的桥梁首先需要做好桥梁自己的事：研究桥梁跨度、高度和江面宽度等城市空间尺度，创作结构优美、比例协调、造型精致的桥梁。正可谓“腹有诗书气自华”。

此外，让我们的桥梁造型展现那种与衢州历史人文一脉相承的诗情画意和特质。

(3) 表达现代衢州城市生活精神风貌(图 5-188)。衢州之美，美在文旅。在“行歌不知远，落日呼野渡”的三衢大地，中国乡土最原始的清新文旅风貌赓续千年。2019 年 1 月 1 日，“南孔圣地 · 衢州有礼”城市品牌宣传片强势登陆央视。

图 5-188　衢州现代城市风貌

“好听，好看，好玩，好吃”的“四好”衢州，正在成为“活力新衢州美丽大花园”文旅品牌，成为衢州打造“幸福产业”的最好载体。

我们的桥梁需要展现现代衢州城市的生活内涵和精神风貌。

2. 衢州有礼——自锚悬索桥方案

(1) 桥型方案设计定位。通过对传统悬索桥桥塔的分析，在充分掌握不同塔型及吊索体系的结构形式基础上，遵循创新的设计理念，以衢州当地文化为创作主题，在保证结构合理的前提下，采用线、面的有机组合，形成独具特色的桥型结构方案。

(2) 桥型方案构思。衢州是圣人孔子后裔的世居地和第二故乡，是儒学文化在江南的传播中心。

近年来衢州市政府大力推动优秀传统文化创造性转化、创新性发展，结合创建全国文明城市，全力打响“南孔圣地 · 衢州有礼”城市品牌。

本方案以衢州有礼为主题，拟将衢州最具特色、最富代表性的文化元素深度融合，将衢州的历史、现在和未来有机结合，打造“一座最有礼的城市”这一鲜明亮丽的文化主题，向全国乃至全世界展示“衢州印象”。

礼者，人道之极也(《荀子 · 礼论》)。衢州的礼是人文之礼。纯朴、包容、好客、友善、感恩、尊重，是衢州民风最具识别性的标志。

方案以衢州城市品牌标识——“作揖礼”为构思元素，以桥梁结构的形式，以最直观的拱手礼形象，代言“礼”文化的博大内涵(图 5-189)。

(3) 桥型方案布置研究。在桥型方案具体布置时，考虑到塔的高度和主桥在江中的尺度比例等问题，进行了三种桥型布置形式的比较研究。

① 第一种桥型布置是带有三角形锚跨的三跨连续独塔自锚悬索桥。

主桥跨径选择：本桥位处河道宽约 350 m，桥梁的上部建筑覆盖尺度宜控制在水面宽度的 0.6～0.7，以达到与水面宽度比例和谐；因航道净宽要求 110 m，结合桥墩宽度因素，并

图 5-189　“衢州有礼”塔形构图创意

考虑预留一定的通航宽度余量，确定主跨跨径为 150 m。

总体布置：本桥采用 3 跨连续独塔自锚式悬索桥布置，主跨 150 m，边跨 68 m，一侧边跨采用 30 m 的三角形锚跨，结构新颖，受力合理；两侧引桥结合地形，采用标准跨径 25 m 的混凝土连续梁结构(图 5-190)。

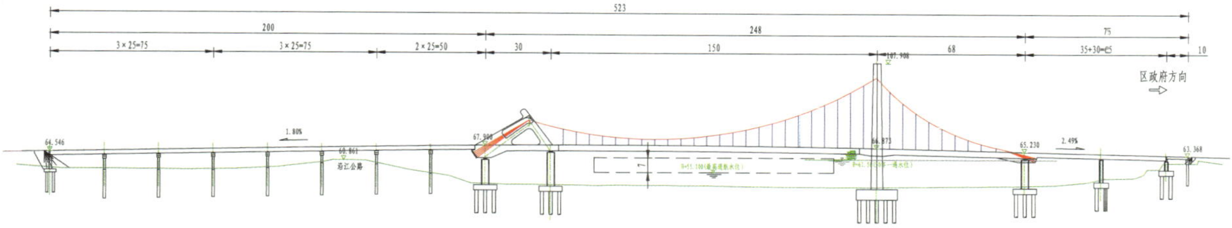

图 5-190　三跨连续独塔自锚悬索桥布置

索塔采用分离式弧形塔柱，两片塔柱间通过球体联结为一个整体。索塔总高60.533 m，桥面以上高度 40.15 m，塔顶标高 107.9 m，满足航空限高要求。索塔采用全钢结构，六边形断面。塔顶顺桥宽 3.5 m，塔底顺桥向宽 5.5 m(图 5-191)。

主跨主梁采用钢-混凝土组合梁，分离式双箱布置，梁高 2.8 m(含铺装)，宽 44.5 m。边跨及锚跨主梁为预应力混凝土结构，梁高 2.8 m(含铺装)，宽 44.5 m，单箱多室断面(图 5-192)。方案效果图见图 5-193。

② 第二种桥型布置是两跨连续对称布置独塔自锚悬索桥，主跨跨径为 2×100 m。

总体布置：采用独塔两跨连续对称布置的自锚式悬索桥，主跨 100 m；两侧引桥结合地形，标准跨径采用 30 m 的混凝土连续梁结构(图 5-194、图 5-195)。

③ 第三种桥型布置是 3 跨连续双塔自锚悬索桥。

主桥跨径选择：因航道净宽要求为 110 m，结合桥墩宽度因素，并考虑预留一定的通航宽度余量，确定主跨跨径为 150 m。

总体布置：本桥采用 3 跨双塔自锚式悬索桥布置，主跨 150 m，边跨 68 m；两侧引桥结合地形，标准跨径采用 25 m、30 m 的混凝土连续梁结构(图 5-196)。

图 5-197、图 5-198 为方案不同视角效果图。

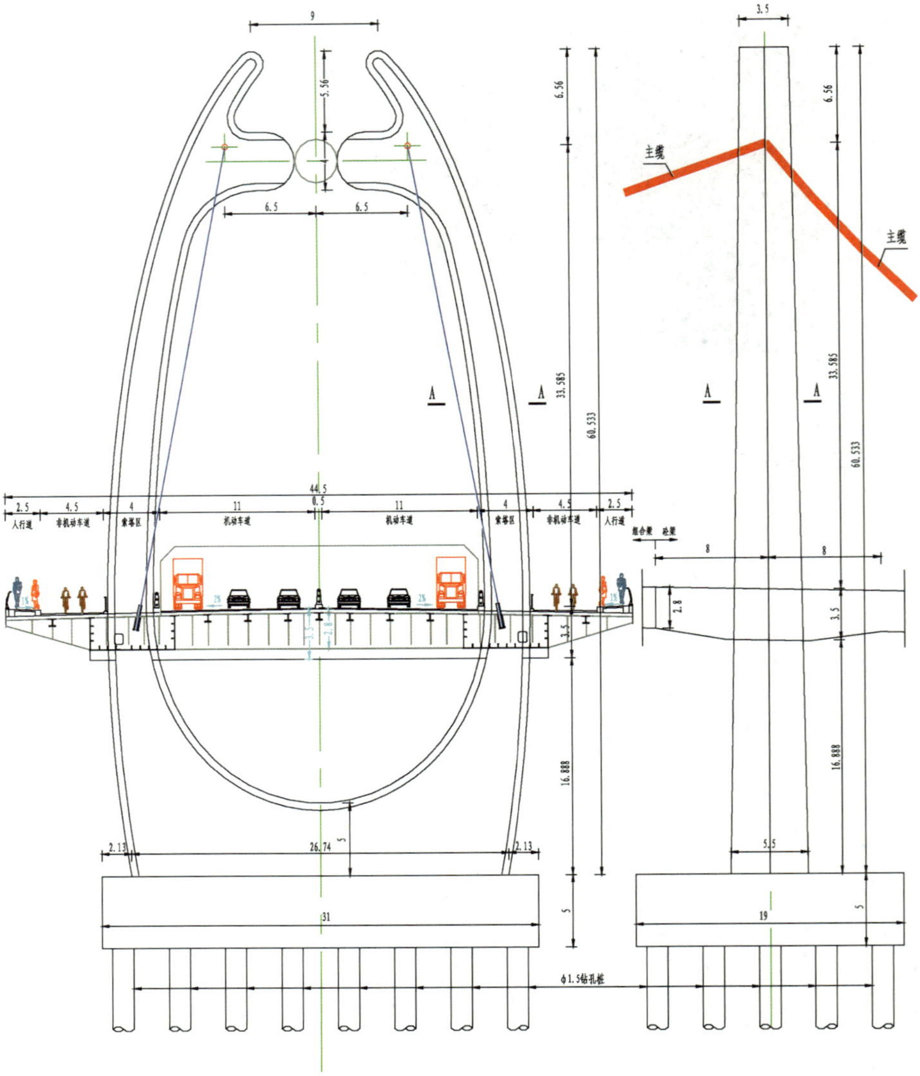

(a) 主塔立面图　　(b) 主塔侧面图

图 5-191　桥塔处桥梁横断面布置

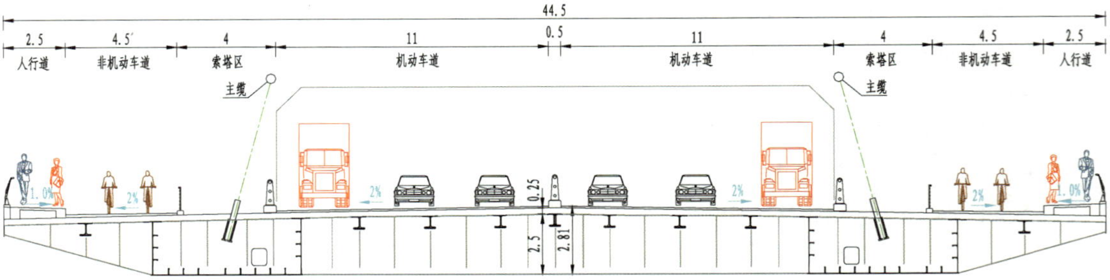

图 5-192　主梁横断面图

图 5-193 带三角形锚跨的三跨连续独塔自锚悬索桥方案效果图

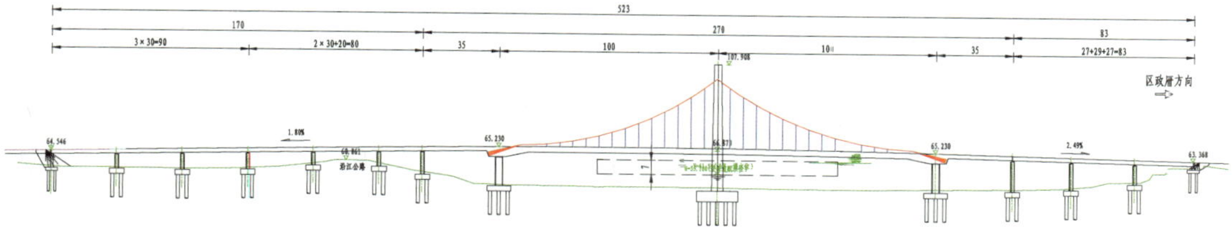

图 5-194 两跨连续对称布置独塔自锚悬索桥立面布置

图 5-195 两跨连续对称布置独塔自锚悬索桥方案效果图

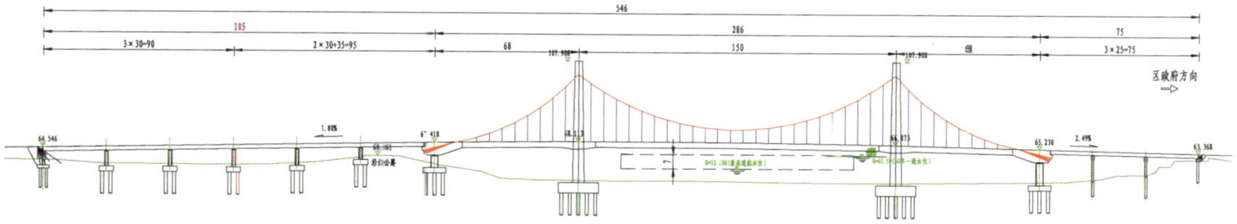

图 5-196 3 跨连续双塔自锚悬索桥立面布置图

上　图 5-197　3 跨连续双塔自锚悬索桥方案效果图

下　图 5-198　3 跨连续双塔自锚悬索桥方案桥面效果

(4) 3 种桥型方案布置比较。3 种桥型方案布置综合性能比较见表 5-20。

表 5-20　**3 种桥型方案布置综合性能比较**

桥型方案	第一种桥型布置方案：独塔＋三角锚跨自锚悬索桥	第二种桥型布置方案：独塔两跨自锚悬索桥	第三种桥型布置方案：双塔三跨自锚悬索桥
跨径布置	30 m＋150 m＋68 m＝248 m	100 m＋100 m＝200 m	68 m＋150 m＋68 m＝286 m
结构创新及特点	三角锚跨结构，桥梁受力介于自锚与地锚悬索桥之间。受航空高度限制，矢跨比确定为 1∶8.6	常规独塔对称布置，矢跨比 1∶6.1	常规三跨对称布置，矢跨比 1∶5.5
航空限高	塔顶标高 107.9 m<航空限高(标高)108 m，满足要求		
运营期对航道影响	单孔双向通航，满足要求	索塔位于河道中央，双孔单向通航，需与航道及水利部门协调。	单孔双向通航，满足要求
施工期对航道影响	支架施工对航道影响大，临时地锚施工对航道影响相对较小		

（续表）

施工方法	常规先梁后缆，采用支架施工。 或非常规的先缆后梁，采用临时地锚施工（适用于航运繁忙的航道）		
施工周期/月	28	25	29
相对造价	中	较低	较高
景观功能	较好	较好	好

最终确定第三种桥型布置为实施方案。

3. 琴音雅韵——自锚悬索桥方案

方案创作与设计包括对桥型结构综合考虑、研究桥梁艺术造型策略、分析方案结构和技术设计。

(1) 对桥型结构综合考虑。桥位处江面宽 340 m，通航孔宽 110 m，高 7 m。桥面设双向 6 车道和人非通道，总宽 40 m，以及航空限高 108 m。根据这些桥梁基本尺度及要求，考虑能够体现桥梁空间各方向尺寸协调的桥型。

结合衢江上现有桥梁的桥型结构情况，希望桥式丰富多样，避免造型雷同和单一。现有衢江大桥为单承载面下承式系杆拱桥，书院桥为书本造型 V 形墩梁式桥。

斜拉桥桥型由于航空限高要求而不可取，矮塔斜拉桥塔形结构尺度较小，在桥宽和江面宽度等空间效应下显得欠缺气势和空间协调性。

无论考虑衢江上桥型多样性，还是桥位空间结构尺度美学比例，自锚悬索桥都是比较合适的桥型。

(2) 研究桥梁艺术造型策略。悬索桥塔形创作是方案造型艺术的关键，根据方案创作总体思路，融合了历史名城文化气息，体现了桥塔的庄重和雅致。表达现代城市精神风貌，桥塔造型艺术需要隐喻城市文化主题。

进而想到了衢州"琴棋书画"，如果桥塔展现"琴"的意境，那么，书院大桥的"书"，烂柯山的"围棋仙境"，以及衢州城市风景如"画"的美景。衢州作为历史名城，集齐了"琴棋书画"，实属实至名归(图 5-199)。

回溯时间轴，衢州古琴文化山高水长，涌现出了赵抃、徐仲、江朝宗、毛敏仲等在中国琴学史上有影响力的著名琴人，他们的作品对后世影响深远，雅风留香。衢州书画同样源远流长，南齐时，徐伯珍以箅箬学书而工楷隶，名载史册，两宋时期衢州书画艺术的发展进入鼎盛时期。

圆润的桥塔仿佛是合上的琴盒，隐含精致的大提琴轮廓，若有若无，美轮美奂。双塔设计，人们仿佛可以听到她们合奏的一曲"好听衢州"悠扬美妙的旋律，在此共享音乐盛宴(图 5-200)。

(3) 分析方案结构和技术设计。桥梁总长度 501 m，其中主桥长度 341 m，跨径布置为 30 m＋68 m＋150 m＋68 m＋25 m＝341 m。南北引桥长度分别为 50 m 和 110 m，跨径布置分别为：北引桥，2×25 m＋2×30 m＝110 m；南引桥，2×25 m＝50 m(图 5-201)。

主桥结构为拱型桥塔双塔空间主缆自锚悬索桥，引桥结构采用预制小箱梁。

桥梁北侧跨过大堤后接地，南侧与江滨路平交。

主跨 150 m 满足航道宽 110 m，高 7 m 的通航要求(图 5-202)。

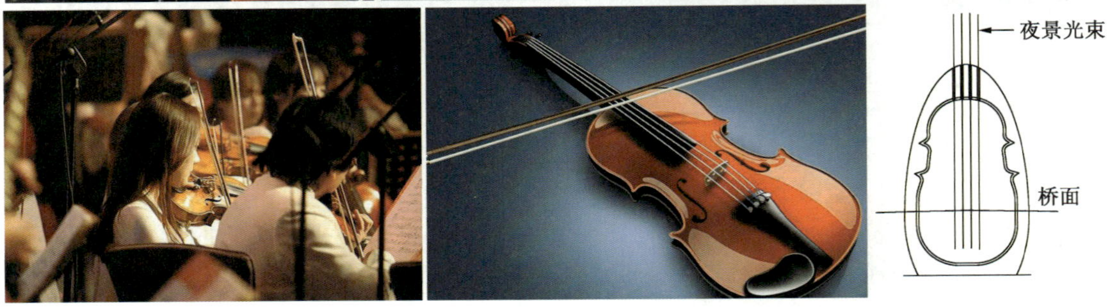

上　图 5-199　琴棋书画意境

中　图 5-200　“琴音雅韵”桥塔方案演绎

主桥设置塔区和吊索区，桥梁宽度为 44.5 m，引桥桥梁宽度为 36.5 m。

主桥结构双塔空间主缆双索面自锚悬索桥，5 跨连续漂浮体系，主跨矢跨比 1/5。

主梁除 30 m(25 m)辅跨和主缆锚固区段采用 C50 预应力混凝土双边箱梁外，其余均采用双边箱钢梁与混凝土桥面板组合梁。在组合梁与预应力混凝土梁之间设置钢混结合段连接。吊索间距 6 m。

拱形桥塔桥面以上采用钢结构，桥面以下采用混凝土结构，在二者之间设置钢混结合段连接。主桥和引桥桥墩基础采用直径 1.5 m 钻孔灌注桩，桥台基础采用直径 1.0 m 钻孔灌注桩。

主桥由于设置塔区和吊索区，桥梁宽度为 44.5 m，在主桥辅跨设置桥面变宽度 S 弯曲线，变化到引桥宽度 36.5 m(图 5-203)。

在桥塔处，人行道设置 90 度角观景平台，增加悬挑宽度 4 m，桥面平面造型与桥塔提琴轮廓造型形成呼应。主梁桥面在塔柱处开孔，桥面上下塔柱连续贯通，形成自锚悬索桥漂浮体系。

椭圆形桥塔内设大提琴造型内轮廓，寓意“琴音雅韵”桥梁方案主题，构筑衢州“琴棋书画”历史人文内涵(图 5-204)。

桥面以上桥塔结构采用钢结构，桥面以下采用混凝土结构，在二者之间设置钢混结合段连接，梁底设水平系梁。

承台以上桥塔高度 53.81 m，塔顶标高 106.467 m。

桥塔纵桥向塔顶宽度 3 m，塔底宽度 5 m。桥面处桥塔横桥向总宽度 30 m，承台处宽 24 m。

主梁采用双边箱钢混组合梁形式，主梁桥中心梁高 2.75 m，其中 2.5 m 为钢梁高度，

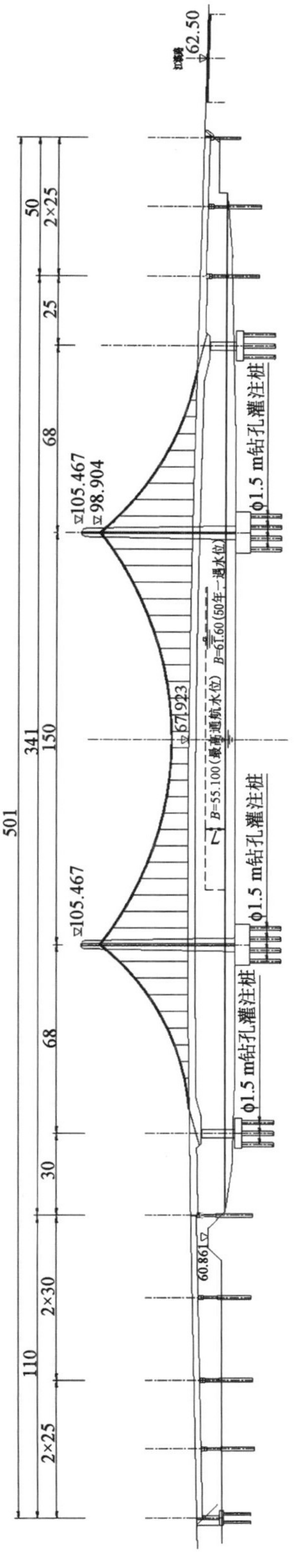

图 5-201　方案总体布置图

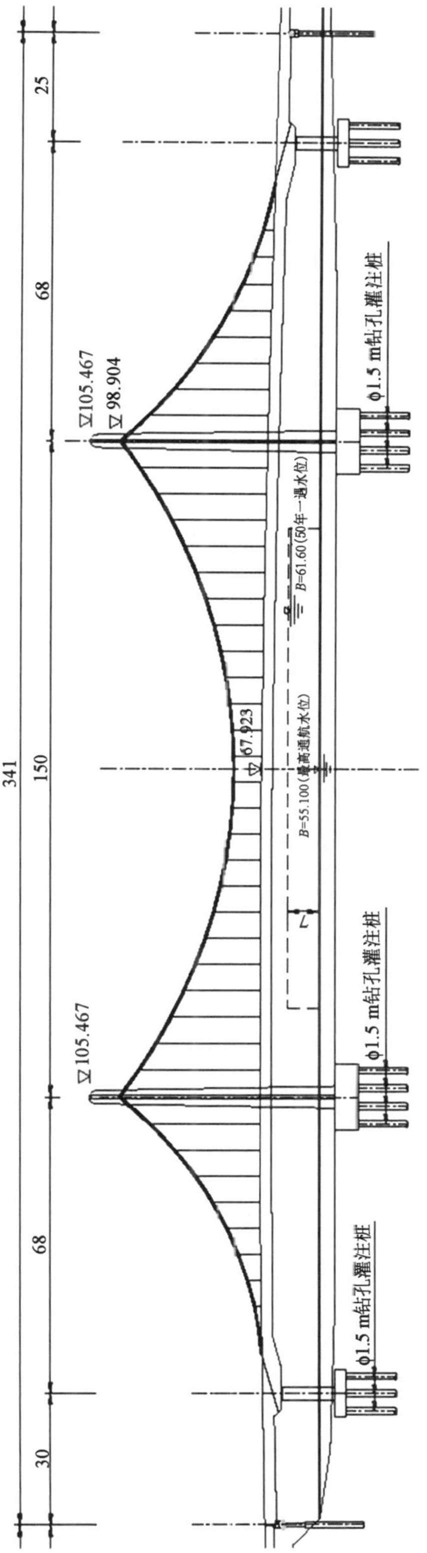

图 5-202　主桥立面布置

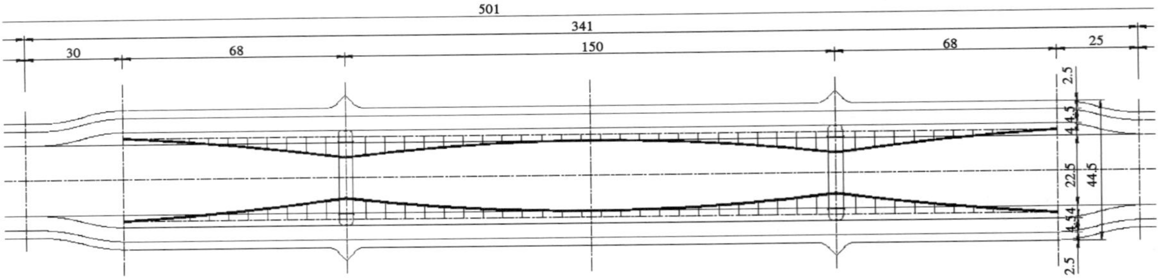

图 5-203　主桥平面布置

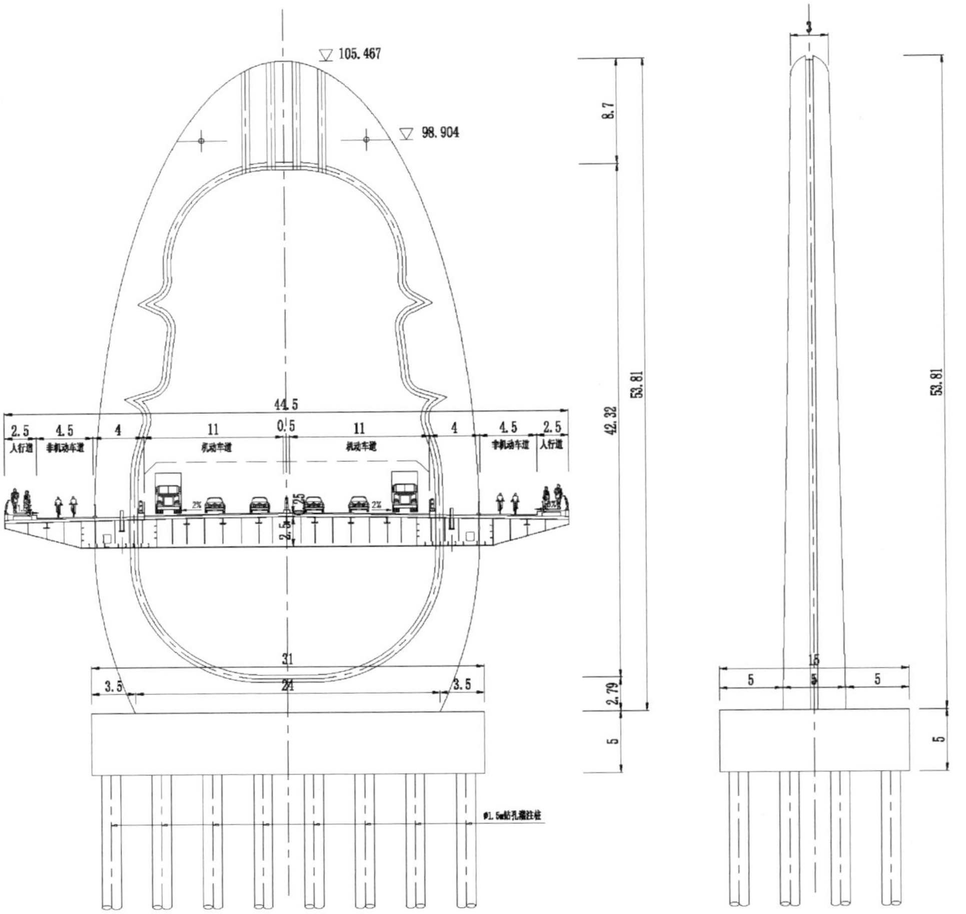

图 5-204　桥塔布置图

25 cm 为 C50 预制混凝土桥面板厚度(图 5-205)。

单个钢箱梁宽度 6 m,外侧悬臂长度 6 m,双边箱间距 20.5 m,箱梁总宽度 44.5 m。

与吊索间距一致,主梁实腹式横隔板间距 6 m,其间设置一道横向加劲。

主梁 30 m(25 m)辅跨及主缆锚固区段采用 C50 预应力混凝土双边箱梁形式,外形轮

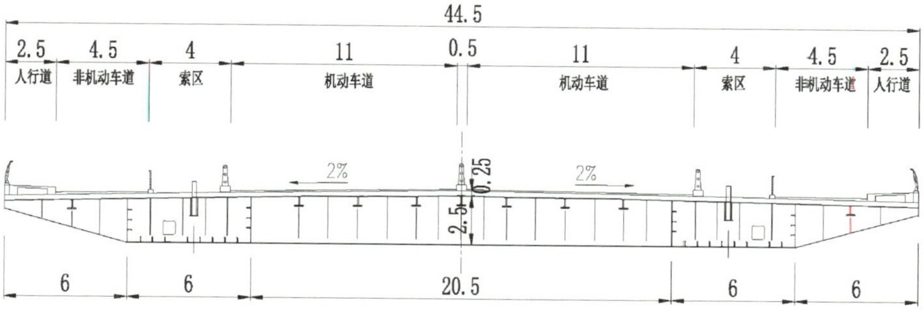

图 5-205 主梁断面布置图

廓尺寸与组合梁相同。与组合梁连接部位设置钢混接头过度。

主缆锚固区主梁梁高 3.9 m，一般梁高 2.75 m。

自锚悬索桥丰富了衢江上的城市桥梁结构类型，椭圆形桥塔典雅庄重，琴形内轮廓精致秀美，寓意衢州"琴棋书画"人文底蕴(图 5-206)。

图 5-206 方案日景效果图

别具特色的"琴音雅韵"的大桥设计创意，由于巧妙隐喻了衢州源远流长的古琴文化，深度呼应了"好听衢州"的主题活动，而成为衢州独一无二的新时代标志性桥梁(图 5-207)。

节假日，"琴音雅韵"的四束光束仿佛跳动的琴弦，优美的旋律萦绕在衢州节日的夜空(图 5-208)。

4. 水曲山隗——鱼脊连续梁方案

(1) 设计构思。从造型艺术角度看，衢州三山合抱，九江汇聚。本方案桥面以上的鱼脊墙犹如连绵起伏的山峦，蔚为壮观，与自然山水融为一体，大桥仿佛是自然环境的有机组成部分。

又如粉墙黛瓦的民居，满是温馨。鱼脊墙的造型上避免了一般连续梁桥桥面空旷乏味的路面状况。水曲山隈四五家，夕阳烟火隔芦花，方案描绘了一幅山清水秀的生态城市的生活场景(图 5-209)。

上　图 5-207　方案桥面行车效果图

中　图 5-208　方案夜景效果图

下　图 5-209　衢州山水造型意境

从城市功能和周边环境看，大桥紧邻规划中的衢江樟潭历史文化街区。樟潭古街历史悠久，人文荟萃，通过保护与开发建设，形成“一带、一街、四区”为特色的古街空间格局。区内建有咸丰九年的经正讲堂、清末的福建花厅、民国的梅州花厅等历史保护建筑(图5-210)。

大桥的结构尺度考虑了与历史文化街区、建筑的空间布局和尺度的协调关系，鱼脊墙在结构尺度上能形成较好的协调关系，在造型上与古建筑产生呼应关系。

从技术角度看，满足通航要求的主跨 150 m 三跨连续梁，支点梁高达 8 m，显然不能满足桥面标高和桥头江滨路平交连接的要求，所以需要设法降低梁高。鱼脊连续梁为我们提供了一个技术与造型一揽子解决的方案，通过桥面以上的鱼脊墙与下部箱梁形成整体截面，共同参与受力，降低下部箱梁高度，经济合理(图 5-211、图 5-212)。

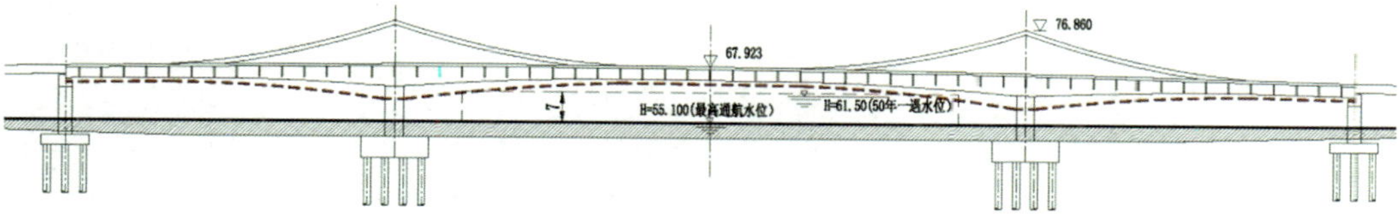

1
2
3

1. 图 5-210　桥位周边城市规划与功能
2. 图 5-211　鱼脊连续梁与普通连续梁梁底曲线比较
（图中红色虚线为桥面高程相同时，普通预应力混凝土连续梁梁底曲线）
3. 图 5-212　鱼脊连续梁横断面图
（鱼脊墙配置预应力钢束并与下部箱梁形成整体截面）

(2) 桥型布置。主桥采用鱼脊梁结构，跨径布置为 68 m+150 m+68 m，主跨一跨跨越主航道，鱼脊墙桥面以上高 10 m，宽度下部 2 m，上部 1.6 m，鱼脊墙内布置预应力钢束。主桥采用单箱三室预应力混凝土变高度箱梁截面，中支点处梁高 5.0 m，跨中梁高 3.0 m(图5-213)。

引桥采用 30 m 预制小箱梁。桥梁全长约 501 m，建安费约 2.2 亿元。

鱼脊墙丰富了宽阔的桥面造型的同时,在桥面上隔离了行人与机动车,使桥面的各个通道互不干扰(图 5-214)。

上　图 5-213　方案立面渲染图
中　图 5-214　方案桥面效果图
下　图 5-215　方案日景效果图

这是一个在造型艺术上成为衢州山水有机组成部分的方案，一个与衢江樟潭古街协调融洽的方案，一个在技术上巧妙降低了主梁结构高度的新型连续梁桥方案，鱼脊墙减小了三跨连续梁主梁高度(图 5-215)。

5.7.3　结构研究与详细设计

钢结构拱形桥塔的受力和钢混接头等构造设计以及主梁的横断面设计，既要满足主梁和桥塔塔柱的相互关系，又要满足主缆在梁端锚固、吊杆在梁上锚固等传力和构造的要求，以及施工方面的要求，结构研究与详细设计包含一些主要的设计考虑和计算成果。

1. 总体设计(图 5-216)

主桥桥型采用自锚式悬索桥，跨径布置为 68 m＋148 m＋68 m＝284 m。结构体系为塔梁分离、塔墩固结形式，塔梁之间设置支座和纵向阻尼器。

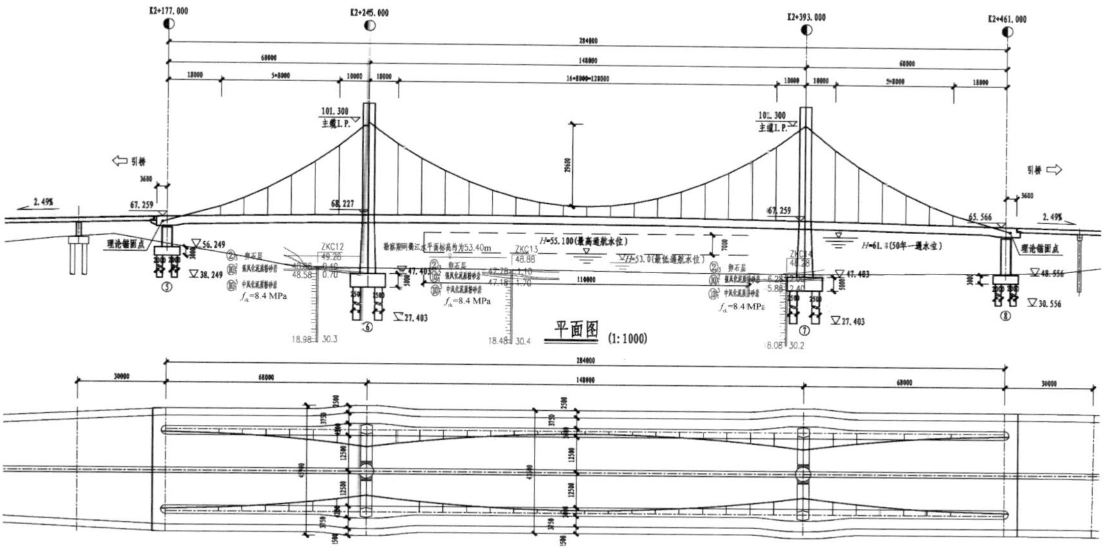

图 5-216　主桥总体布置图

大桥横向布置 2 根空间主缆，跨中矢跨比 1/5。主缆塔顶处横向中心间距 17.2 m，跨中横向中心间距 27.0 m，锚点横向中心间距 27.2 m；主梁采用双边箱截面，全钢结构，道路中心线处主梁高 2.8 m，标准断面全宽 43.5 m；桥塔采用椭圆形索塔结构，下塔柱为混凝土结构，上塔柱及横梁均采用钢结构。主桥桥塔高 60.5 m，下塔柱混凝土塔高 19.47 m，钢塔柱高 41.03 m，桥面以上高 39.786 m，桥面以下高 20.713 m。主塔基础采用 12 根Φ2.5 m灌注桩基础，桩长 16 m；过渡墩采用 2×2 根 Φ2.0 m 灌注桩基础。

2. 索塔(图 5-217)

全桥共设两座索塔，索塔结构设计为椭圆形塔，每座索塔包括 2 个塔柱、1 个上横梁。在主梁高度区域的塔内壁处，设置主梁横向抗风支座及竖向支墩(牛腿)，上横梁位于索鞍下方与索鞍底对齐。

两个索塔构造基本相同，塔高均为 60.5 m，外形轮廓为椭圆形，考虑景观效果，上横梁

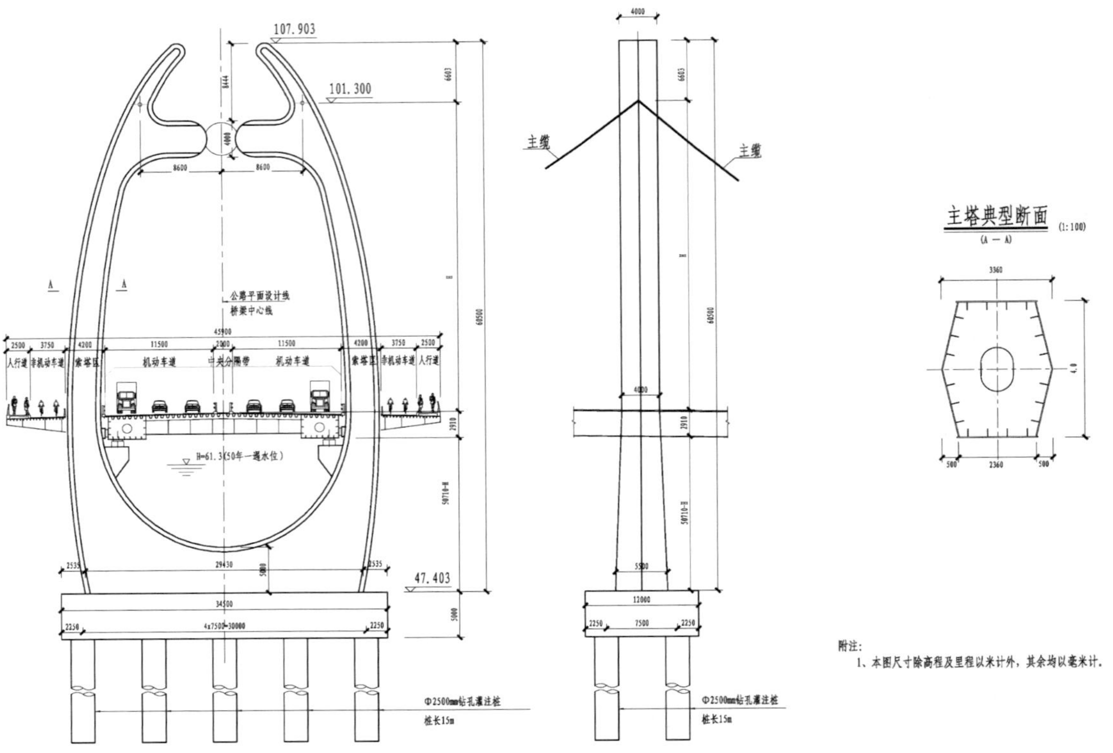

图 5-217　索塔一般构造图

中部设置装饰球结构。

塔柱按结构形式分为混凝土段、结合段与钢结构段。混凝土塔柱段设置预应力，上端锚固在结合段内，下端锚固在混凝土下塔柱内。结合段采用剪力钉＋开孔板连接件＋预应力，下塔柱混凝土内的主钢筋上穿至结合段内。

塔柱按施工顺序分为混凝土下塔柱段、混凝土现浇段、上塔柱钢结构段，上塔柱＋横梁等钢结构建议采用整体竖转施工。

(1) 结合段。结合段为钢与混凝土组合结构，连接件采用剪力钉＋开孔板连接件＋预应力，受拉区拉应力由钢绞线束承担.结合段形式为钢结构内填混凝土形成组合结构，钢塔柱通过承压板向混凝土传力。

结合段内的剪力钉主要布置于周壁板、加劲肋板。

结合段钢绞线束分内、外两层，外层采用 15 股 ϕ^s15.2 的钢绞线束，每个塔柱 20 束，内层采用 12 股 ϕ^s15.2 钢绞线束，每个塔柱 12 束。

(2) 钢结构段。塔柱采用六边形截面，钢结构塔柱为单箱双室截面，索鞍底部节段设置格栅以承担主索鞍局部压力。钢塔柱底部截面横桥向宽 3.5 m(位于椭圆中心位置)，向上以椭圆线型宽度渐变，在上横梁处以 5.0 m 的圆弧连接，顺桥向等宽 4.0 m。横隔板标准间距为 2.5 m。

上横梁采用矩形截面，高 4.0 m，宽 4.0 m。上横梁主结构采用变高度矩形截面，横梁中间部分主结构高 1.44 m，隐藏于装饰球内。

(3) 节段划分。索塔柱结构划分为 9 个节段(单肢)，由下到上分别为 1 个钢混结合段、8 个钢结构节段，其中 5 个中塔柱节段、1 个上横梁节段、2 个塔顶节段。

混凝土下塔柱及结合段的混凝土结构为实心截面。

结合段钢结构周壁板板厚 40 mm，承压板厚 50 mm，横隔板厚 25 mm，加劲肋采用板式，尺寸为 250 mm×25 mm；节段 1～4 周壁板厚 40 mm，横隔板厚 20 mm，加劲肋与结合段相同；节段 5～6 周壁板厚 35 mm，横隔板、加劲肋与节段 1 相同。节段间连接方式为焊接。

3. 主梁(图 5-218)

主梁为双边箱钢箱梁，由标准段(包括中跨跨中区)、主塔区、主缆锚固区三部分组成。

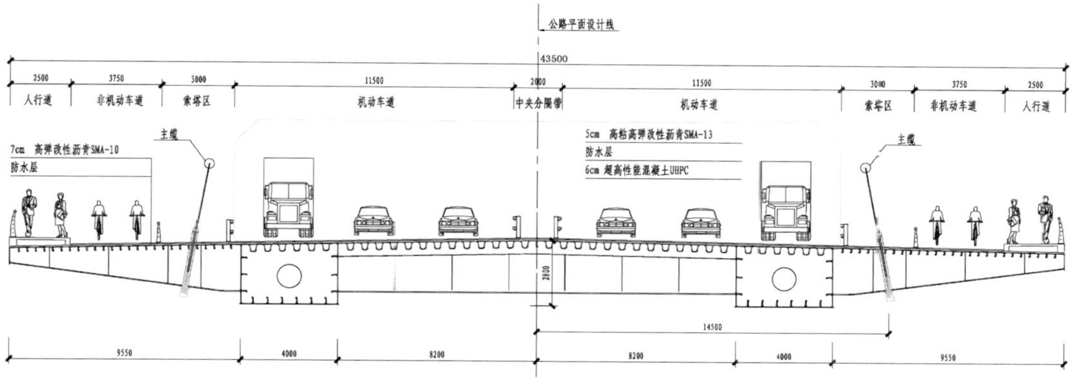

图 5-218　主梁一般断面图

主梁标准梁段长 205 m，道路中心线处主梁高为 2.8 m，标准断面全宽 43.5 m。主梁钢结构由纵梁(闭口箱梁)、桥面板、挑臂组成双主梁梁格体系。其中，主梁标准节段长 8 m(除中跨跨中段 13 m 外)，每间隔 4.0 m 设置一道横梁(贯穿纵梁、桥面板和挑臂)，两横梁之间位于纵梁内设置一道横隔板。

主梁采用钢桥面板，上铺超高性能混凝土(UHPC)铺装。

主梁横桥向设两个箱型断面纵梁，中心距 20.4 m，标准节段中心高度 2.596 m，长度 8 m(除中跨跨中段 13 m 外)纵梁顶板厚 25 mm，底板厚 25～40 mm，腹板厚 20 mm。底板设置 20 mm 厚度加劲肋，高度 250 mm；腹板设置 18 mm 厚度加劲肋，高 220 mm；顶板加劲采用厚 8 mm，开口 300 mm，高 280 mm 的 U 形肋，U 形肋间距 600 mm。纵梁横隔板厚 16 mm。

桥面板顶板厚 16 mm，采用厚 8 mm，开口 300 mm，高 280 mm 的 U 形肋，U 形肋间距 600 mm。位于道路中心处设置一道板肋，厚 20 mm，高 250 mm。

挑臂顶板厚 16 mm，采用厚 12 mm，高 150 mm 的板肋，板肋基本间距 370 mm。

4. 主要计算成果

自锚式悬索桥主缆的成桥线型及内力，与吊杆的张拉力大小密不可分，同时要受到加劲梁上主缆锚固点变位的影响，因此，若要精确计算主缆成桥线型与内力，需要在计入吊杆和加劲梁影响的全结构中来进行。本计算采用模拟全结构的空间模型，考虑几何非线性的空间有限元方法，同步迭代求解主缆的成桥线型与内力以及吊杆的张拉力。而吊杆张拉力的确定要兼顾优化加劲梁的受力(图 5-219)。

图 5-219　全桥几何模型透视图

运营阶段主要考虑以下 3 种组合方式：

基本组合 1：1.1(1.2×恒载+1.4×活载)；

基本组合 2：1.1(1.2×恒载+1.4×活载+1.05×制动力+1.05×温度+0.825×有车风)；

基本组合 3：1.1(1.2×恒载+1.05×温度+1.4×百年风)。

(1) 整体刚度。主跨跨中活载(汽车+人群+非机动车)竖向挠度为 0.046/−0.213 m。边跨跨中挠度为 0.058/−0.065 m。

根据《公路悬索桥设计规范》，悬索桥加劲梁由车道荷载频域值引起的最大竖向挠度值不宜大于跨径的 1/250，本桥最大竖向挠度值为 1/695。加劲梁在风荷载作用下，最大横向位移不宜大于跨径的 1/150，本桥为 1/74 000，本桥刚度满足设计规范要求。

(2) 主缆。主跨、两边跨主缆的无应力长度分别为 162.617 5 m，79.240 1 m 和 80.000 7 m。

根据成桥状态下的主缆线型，通过倒拆分析，可进一步求得空缆线型以及索鞍预偏量。北塔顶索鞍的偏移量为 0.4292 m，南塔顶索鞍的偏移量为 0.4745 m。

在恒载以及 3 种荷载组合中，主缆的最大轴力 $N=33\ 548.7$ kN，主缆截面积 $A=42\ 585\ \mathrm{mm}^2$，相应的应力值：$\sigma=N/A=33\ 548.7\times10^3/42\ 585=787.8$ MPa。

主缆应力验算安全系数：1 960/787.8=2.488>1.86，满足规范要求。

(3) 吊杆。恒载吊杆内力见图 5-220。

图 5-220　恒载下吊杆内力图(单位：kN)

在上述组合中，标准吊杆单元的最大轴力 $N=2\ 330$ kN，索塔两侧第 1 根吊杆最大轴力 $N=2\ 856$ kN，尾杆最大轴力 $N=2\ 368$ kN，则相应的应力值及其安全系数均满足规范要求。

根据钢结构规范，采用疲劳荷载模型 I 时，正应力常幅疲劳极限：

$$\Delta\sigma D=0.858\times 160=137.28\ \text{MPa}$$

则吊杆应力幅：$\sigma_{pmax}-\sigma_{pmin}=21\ \text{MPa}<1.0\times 137.28/1.35\times 1.0=101.7\ \text{MPa}$

满足规范要求。

(4) 主梁。加劲梁在恒载及各个组合工况下的应力如表 5-21 所列，表中应力以拉应力为正，压应力为负。

表 5-21　加劲梁在恒载及各组合工况下的应力　　单位：MPa

工况	钢梁最大应力		
	上缘正应力	下缘正应力	剪应力
恒载	−26.6	−33.2	20.8
基本组合 1	−75.9	−124.8	61.5
基本组合 2	−89.0	−151.6	65.6
基本组合 3	−53.3	−73.7	33.2

钢桥面板不仅作为桥面系直接承受车轮荷载，还要作为主梁一部分与主梁共同受力，常规是将桥面板按 3 个基本结构体系进行受力分析。

结构体系 Ⅰ 是将顶板和纵肋组成的结构看成主梁组成部分，参与主梁共同受力。上述采用梁单元的总体分析就是解决桥面作为体系 Ⅰ 的受力问题，而研究表明钢桥面板在体系 Ⅲ 下的应力较小，可以忽略不计。

结构体系 Ⅱ 是由纵肋、横肋和顶板组成的结构系，顶板被看成纵肋、横肋上翼缘的一部分。对钢桥面板在体系 Ⅱ 下的受力常用的计算方法为梁格法，但该方法忽略了平板的剪切刚度，计算结果误差较大。为此，采用空间板单元，进行钢桥面板在体系 Ⅱ 下受力分析。模型计算长度取 3 个标准段长度 24 m。

在轮载作用下，钢桥面板在体系 Ⅱ 下的最大正应力为 −73.9 MPa，在叠加体系 Ⅰ 下钢梁上缘最大应力为 −89.0 MPa，则桥面板最大压应力为 −162.9 MPa。

计算结果表明，加劲梁上、下缘正应力均能满足规范要求。

(5) 索塔。主塔钢结构部分在恒载及各个组合工况下的应力如表 5-22 所列，表中应力以拉应力为正，压应力为负。

表 5-22　主塔钢结构部分在恒载及各组合工况下的应力　　单位：MPa

工况	正应力				剪应力	
	河跨内侧	河跨外侧	岸跨内侧	岸跨外侧	顺桥向	横桥向
恒载	−61.6	−66.2	−101.9	−60.5	0.0	21.4
基本组合 1	−105.8	−95.4	−162.3	−89.6	3.0	33.9
基本组合 2	−127.6	−115.7	−179.1	−121.8	4.9	37.1
基本组合 3	−102.9	−110.8	−157.6	−113.6	2.6	32.1

计算结果表明，主塔钢结构部分应力均能满足规范的要求。

5.8 泰州市老城区护城河三座桥梁

泰州是中国历史文化名城，有文字记载的历史可以追溯到 2 000 多年前的西周初年。泰州老城区发展的两个特征是：在时间上不是停滞的，而是绵延不绝两千年发展的；在空间上不是封闭的，而是乘势而为不断拓展的。

保护和发展是一个永恒的主题，也是一个动态的过程，二者既矛盾又统一。老城区护城河上新建三座桥梁，其方案构思创作需要抓住平衡点以保护好城市风貌，看准突破口以不断注入新活力、新动能。保护和发展是护城河上新建桥梁设计的难点和重点。

5.8.1 项目分析研究

分析项目的背景，研究泰州老城区的发展历史、现状和规划愿景，从中挖掘新建桥梁对城市发展除了改善交通功能以外的潜在的、深层次功能，充分发挥当代桥梁美学对城市风貌、文化、精神等多方面的巨大作用。

1. 项目背景

为缓解泰州城市中心区交通拥堵问题，凸现凤城河与南官河双水绕城的自然人文特色，市政府召开专题会议。计划建设邑庙街跨凤城河桥梁，降低迎春路东侧跨凤城河通道饱和度及鼓楼路北侧跨河通道压力；建设东西向五一路、暮春街跨南官河桥梁，为迎春路西侧跨南官河通道交通进行分流，缓解向西交通出行压力。改善市民出行条件，提升泰州城市空间品质，体现“一桥一景、多元和谐、绿色智慧、开放共享”的流域桥梁系统。由泰州市市级政府投资项目集中建设中心主办的“泰州市老城区桥梁景观设计方案创意有奖征集”活动并于 2021 年 4 月 7 日—5 月 15 日开展。

(1) 活动背景。

海陵城千年历史展风光婥影，凤城河双水绕城筑江左胜境。古来城里春流曲曲迷，舟穿万柳出长堤。今朝清风习习、游客济济、车流滚滚、生活悠悠。凤城河是泰州的母亲河，“城在水中，水在城中”的复式城河，千年传承。泛舟河上，可以充分领略“州建南唐”的厚重历史。南官河与凤城河一水相依，共同形成泰州主城区的环城河。以水定城，以水兴城。

桥梁是公共交通的枢纽节点，也是城市风貌的焦点。本次征集活动，将围绕疏解老城区交通的三座桥梁建筑景观设计展开，设计方案应当与泰州市人文风貌与城区特色充分融合，达到既能缓解城市交通压力又能为城市增添文化景观的目的。

(2) 拟建桥梁具体位置(图 5-221)。

邑庙街东延跨凤城河、接东风路：规划为城市次干道，道路标准红线宽度 25 m。本次征集活动以凤城河桥为主，其他两座桥为辅(图 5-222)。

五一路西延跨南官河、接江州路：规划为城市次干道，其中江州路—青年路段，道路标准红线宽度 35 m(图 5-223)。

暮春街西延跨南官河、接江州路：规划为城市次干道，道路标准红线宽度 25 m(图 5-224)。

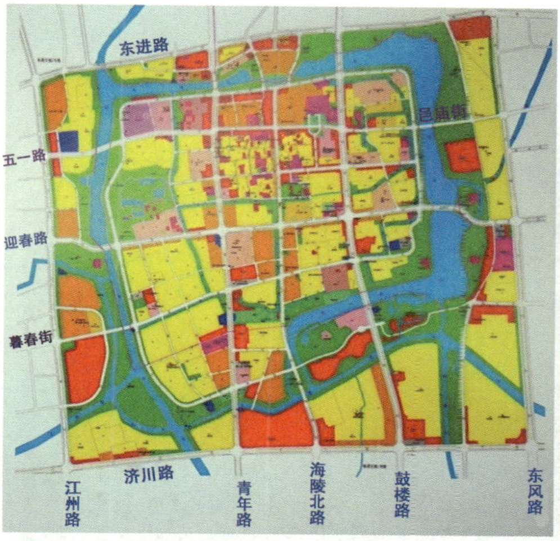

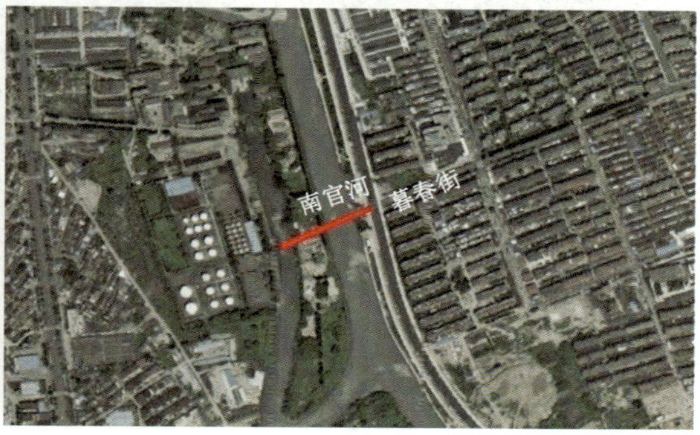

1 | 2
3 | 4

1. 图 5-221　泰州老城区及三座桥梁位置
2. 图 5-222　邑庙街跨凤城河桥位置
3. 图 5-223　五一路跨南官河桥位置
4. 图 5-224　暮春街跨南官河桥位置

2. 项目分析

秦称海阳，汉称海陵，州建南唐，文昌北宋。南唐时(公元 937 年)为州治，取"国泰民安"之意，始名泰州。泰州人文荟萃、名贤辈出，"儒风之盛，素冠淮南"。

泰州市老城核心区以居住、行政办公、文化科研、医疗卫生、商业商务为主，区域内规划人口 8.24 万人，行政办公、商业服务主要集中于五一路、鼓楼路、海陵路沿线区域。

(1) 桥梁与城市。

泰州核心区城市的布局和风貌是 2 100 年历史的积淀、浓缩，随处可以感受到厚重的文化底蕴(图 5-225)。

在时间轴上，桥梁形式谱写了桥梁功能和技术发展的历史。

在空间上，桥梁与城市、与建筑相辅相成，续写城市的风貌、城市的文化。

2 000 年时间跨度内的桥梁与桥梁，记录了城市社会、政治、经济、科技、文化发展的历史进程。形成了一个特殊的群体——桥梁群体(图 5-226—图 5-228)。

在这个群体中的每一座桥梁，都记录着她独一无二的功能、文化、艺术、技术。桥梁群体是社会发展历史的博物馆、纪念碑。

我们当下建造的桥梁同样需要，也必须反映时代文化、审美、技术，当然还需要融合城市空间、城市风貌。

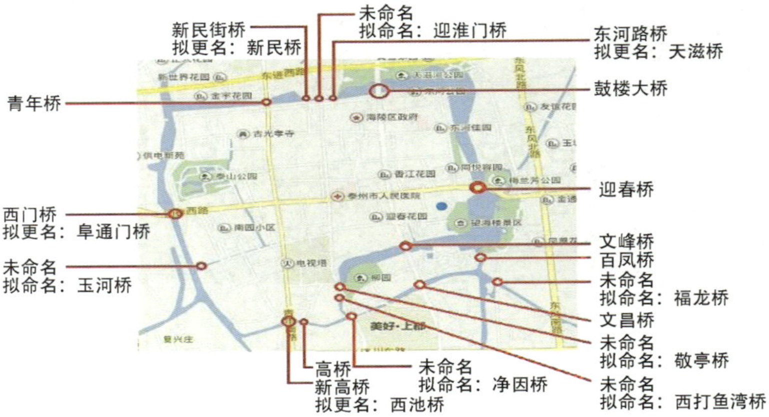

1. 图 5-225 凤城河迎春桥与望海楼远景
2. 图 5-226 泰州老城区护城河桥梁
3. 图 5-227 鼓楼大桥
4. 图 5-228 文峰桥

由于社会经济、桥梁技术以及设计理念等多方面的原因，泰州老城区现有桥梁大部分是上承式拱桥、小跨径梁桥等结构形式。

和现阶段整个城市的景观品质、建筑和街道风貌相比较，无论从桥梁结构技术还是桥梁美学品质来看，都显得单调和落后。

(2) 桥梁与凤城河景区。

凤城河风景是国家 AAAA 级旅游风景区，融自然景观和人文特色于一体，吸引了来自世界各地的旅游爱好者前来旅游观光。

南做国粹，北做繁华，东做生态，西做前卫。

凤城河“碧水绕城”的自然生态景观，让人难以忘怀其厚重的历史，望海楼、戏曲三家村、佛教庙庵群落、盐税建筑遗存……

凤城河北段，具有体现时代风貌、当代技术的桥梁，反映泰州历史文化。

图 5-229　凤城河景区旅游导览图

3. 方案创作思考

(1) 泰州老城区护城河三座桥梁设计是一项非常困难的工作。

我们既不希望将这些桥梁设计得落入俗套，变成一座常见的仿古桥梁，缺乏时代感、新鲜感，让人提不起精神。也不愿意将这些桥梁设计成过于现代感、时尚气息浓郁的大跨高耸的结构物，这样会与泰州城市风貌和格局不协调，甚至会破坏城市风貌。

(2) 设计之前需要认识和思考泰州这座具有 2 000 多年历史的城市。

泰州是一座历史文化名城。古城在时间上不是停止的，而是经过了绵延不绝 2 000 年历史长河的发展。各个时代都留下了作品和痕迹。同样，我们这个时代仍然需要留下我们的智慧。

古城在空间上不是封闭的，在城市的东西南北不断拓展延伸。正如凤城河景区确定的设计理念那样，“南做国粹，北做繁华，东做生态，西做前卫”。

(3) 保护和发展是一个永恒的主题，保护什么？怎么发展？

泰州城市规划的相关文件给出了答案(图 5-230)：

重视历史文化和风貌特色保护。要统筹协调发展与保护的关系，按照整体保护的原则，切实保护好城市传统风貌和格局。

要加强对重要地段建筑高度、体量和样式的规划引导和控制，做好城市整体设计，延续城市文脉，突出滨江水乡古城的城市风貌特色。

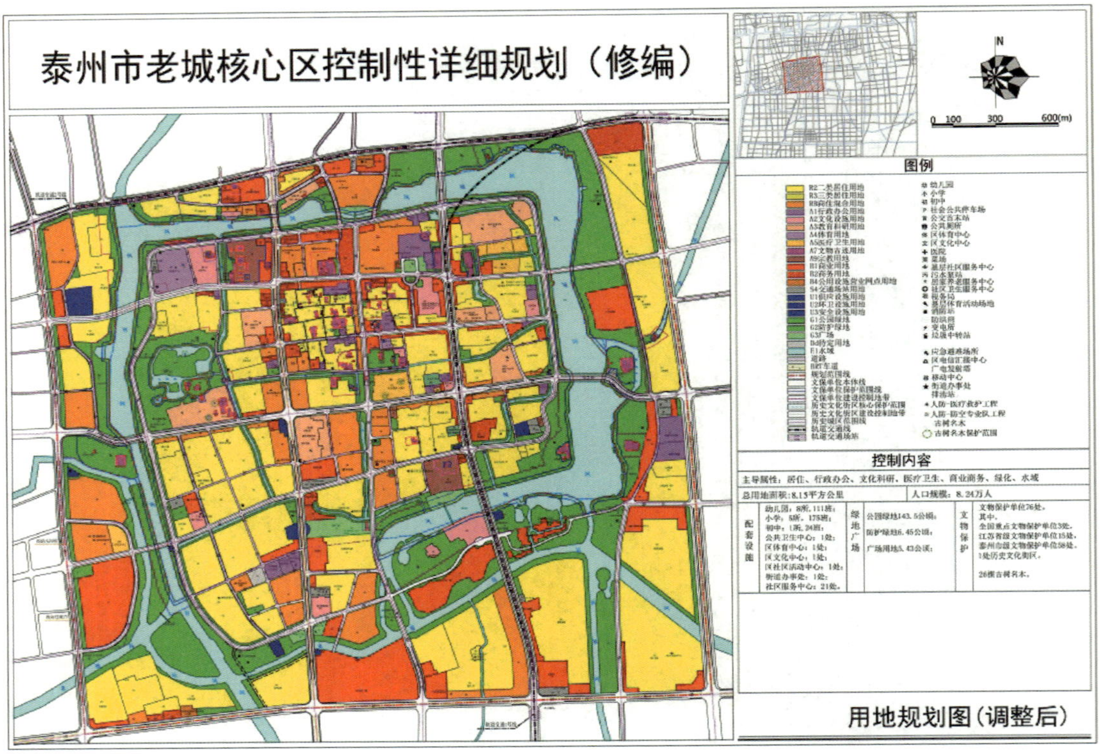

图 5-230　泰州市老城核心区控制性详细规划

4. 设计原则与设计策略

(1) 设计原则。根据上述设计思想和设计策略，形成如下设计原则：

① 桥梁拥有适当表现现代性和时代性的元素，体现泰州古城在时间上的绵延性、空间上的连续性。

② 桥梁具有合适的体量和尺度，既要体现地标性建筑，一桥一景，给城市带来新景观；又要与核心区风貌和格局相融合。

③ 采用体现地域主义美学的设计手法，既融入古城，又彰显地方文化，体现桥梁特色和

标志性。

(2) 设计策略。在一系列资料研读和方案创作思考过程中，我们形成了这样一个设计策略：采用地域主义民俗化审美策略。突出地方特色和地方文化表现——以其浓厚的地方文化样式成为一座座地标性桥梁。同时，淡化其现代性表现——使桥梁既可以更好地融入泰州城市风貌，又能体现时代特色和现代风貌。

(3) 技术路线。

① 结合城市规划和城市设计，三座桥梁需要功能和景观创新。

城市桥梁方案创作需要结构技术、城市功能、造型艺术的通盘研究、综合创作。

如果说满足车辆、人行和非机动车通行的交通功能的桥梁设计是 1.0 版本的话，20 世纪桥梁美学设计是 2.0 版本，始于 21 世纪的城市桥梁美学综合创作则是桥梁设计的 3.0 版本。

邑庙街桥需要成为凤城河景区空间上的向北新延伸，成为品质和文化上的新惊喜。

五一路桥希望成为滨河绿带和市民广场的有机组成部分，成为一座水上现代园林建筑。

暮春街希望成为受周边居民欢迎的景观优美、功能便捷的新的聚集场所，从而带动周边的兴盛和发展(图 5-231)。

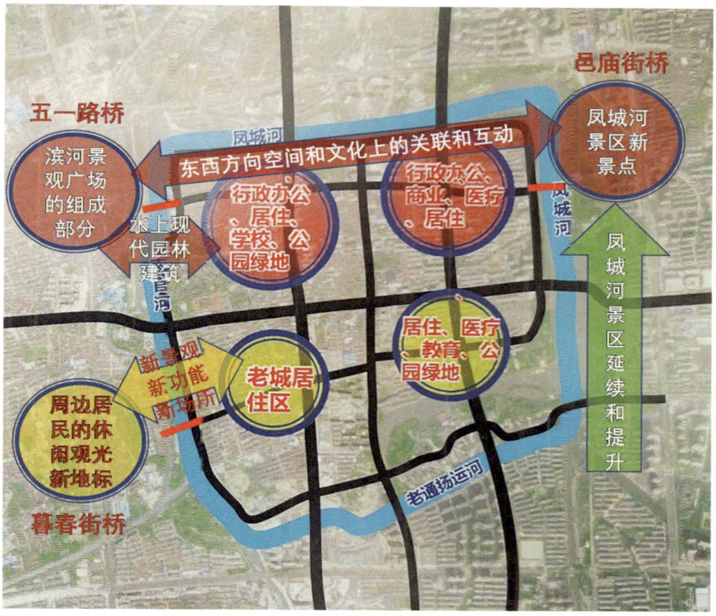

图 5-231　三座桥梁的功能与景观与城市规划城市设计关系

② 结合桥梁群体和城市桥梁属性，三座桥梁需要结构和造型创新。

结构新颖、造型优美的城市桥梁会引得居民和游客慕名而来，许多优秀的桥梁成为城市的名片。

出于保护老城区城市风貌的目的，城区既有桥梁大多为低调普通的上承式拱桥或梁式桥梁。本次方案创作力求突破这一保守思维，使三座桥梁成为护城河上新时代的风尚。

5.8.2 邑庙街桥梁方案构思创作

邑庙街跨凤城河桥梁是三座桥梁中地理位置最重要的一座，位于凤城河景区北延核心区域，在桥梁造型和提升老城区东北区域城市品质、城市活力的同时，也为凤城河景区北延段增添新的亮点和内涵。

1. 技术资料

邑庙街凤城河桥梁主要技术标准：

邑庙街东延跨凤城河、接东风路，规划为城市次干道，道路标准红线宽度 25 m。

桥梁标准宽度 25 m，双向四车道加两侧 2.5 m 非机动车道和 3 m 人行道。

桥位处河道宽约 90 m，桥梁接地面高程 6.2 m，河道常水位高程 2.41～2.61 m，洪水位高程 4.72 m，河床底高程－0.69 m(图 5-232、图 5-233)。

2. 方案构思

桥梁是结构的艺术。

一声凤鸣，天空出现了一只腾飞的凤凰，水面上仙气缭绕，飞舞的凤凰降临凤城河，化作一座具有浓郁地方文化色彩、别具造型风格特色的现代技术桥梁——无背索矮塔斜拉桥(图 5-234)。

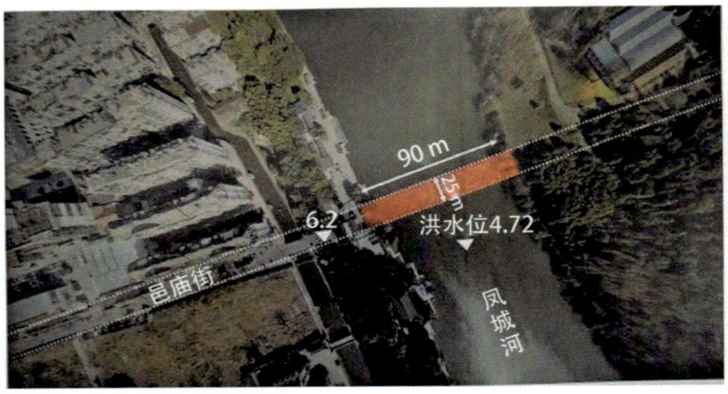

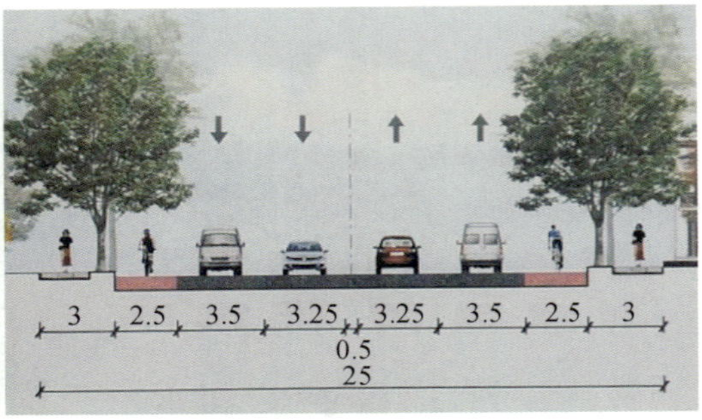

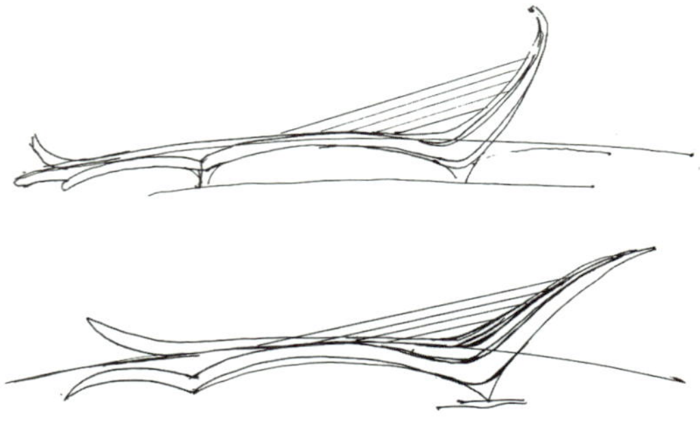

1. 图 5-232　桥梁平面位置示意图
2. 图 5-233　桥梁横断面技术标准
3. 图 5-234　桥梁方案构思草图

凤凰展开的翅膀化作一排支承桥面的拉索，飘逸的羽毛或化作连接桥面的人行道，或化作沟通岸边人行步道的人行坡道，或化作索区分隔带的艺术装饰。

方案名称取自大型户外水上实景光影秀“幸福水天堂”第一部分“凤舞初曦，洪荒始创”之“凤舞初曦”。

3. 总体布置

无背索矮塔斜拉桥方案跨径布置为 30 m＋50 m＋30 m＝110 m，跨过河道及两岸人行步道。桥面以上塔高 17 m，矮塔倾斜布置，与桥面倾斜交角 35°。每侧桥塔横桥向呈人字形布置，跨过桥面人行道和滨河步道上桥坡道(图 5-235)。

不计滨河步道上桥坡道时(边跨)，桥梁宽度 28.0 m，计入滨河步道上桥坡道时(中跨)，桥梁宽度 30.8 m。主梁采用预应力混凝土变高度箱梁，支点梁高 3 m，跨中梁高 1.5 m。

桥面设置双向四车道，及两侧各 2.5 m 非机动车道，3 m 人行道，1.5 m 观光步道。观光步道连接西侧滨河步道，至跨中及桥塔段与桥面人行道合成整体。东侧桥头设置人行楼梯上下桥，连接东侧滨河步道(图 5-236—图 5-238)。

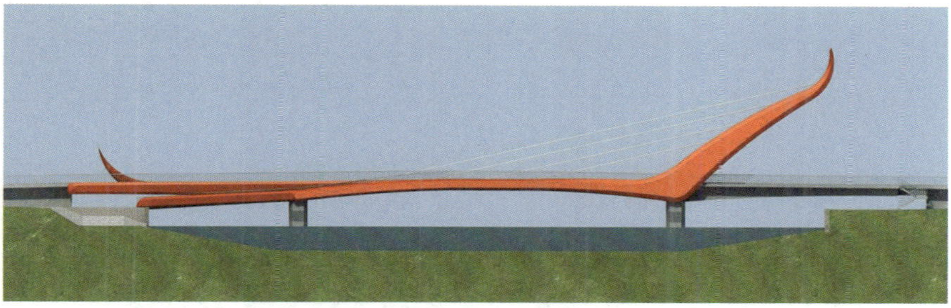

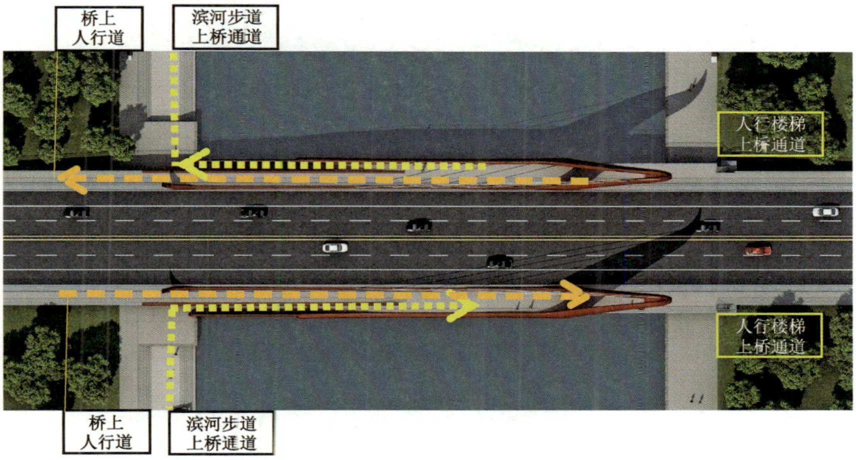

上　图 5-235　方案立面布置图
下　图 5-236　方案平面布置图

4. 方案特色

(1) 特色之一。“凤舞初曦”是一座具有浓郁地方文化和审美情趣的现代桥梁。桥梁造型为凤凰的抽象构图，讲述着“凤舞初曦，洪荒始创”的历史传说，成为凤城河景区北部的新地标(图 5-239)。

(2) 特色之二。高度适当的曲线形倾斜矮塔化身昂首仰望的凤凰柔美的身躯，“凤舞初曦”是一座具有合适体量和尺度，与泰州城市风貌相融合的现代桥梁(图 5-240)。

(3) 特色之三。“凤舞初曦”是一座文化创意、桥梁功能和结构技术三位一体、综合创作的现代桥梁。

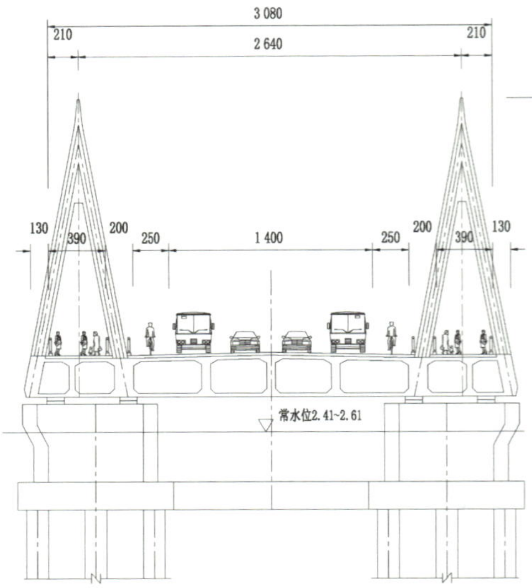

图 5-237　桥塔位置桥梁横断面图

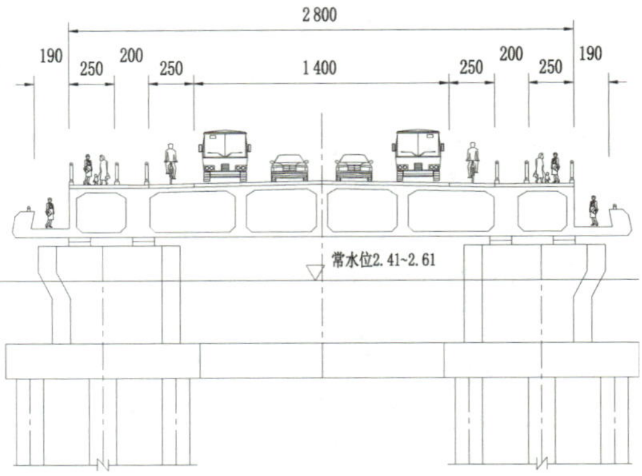

图 5-238　西侧主墩位置桥梁横断面图

上　图 5-239　桥梁造型源于凤凰的抽象构图

下　图 5-240　桥梁具有合适的体量与尺度

倾斜布置的矮塔无背索结构，变高度连续梁梁底曲线，以及桥面人行道和滨河步道上桥坡道的空间多层次的布局，实现了文化创意、桥梁结构、交通功能三者综合构思创作。

(4) 方案色彩考虑。根据地方文化，考虑两种色彩方案。一是中国红的色彩大气庄重，与古城、古建筑协调统一。二是凤凰黄(佛光黄)也是一个很有特色、切合方案创作主题的色彩方案(图 5-241)。

图 5-241　凤凰黄(佛光黄)色彩方案

5.8.3　五一路桥梁方案构思创作

五一路南官河桥的重要性体现在两个方面：一是特殊的地理位置和城市布局，它与邑庙街凤城河桥位于老城区东西方向一条连通的城市道路上，分别位于东西两端跨越护城河；二是通过道路桥梁的新建，带动该区域城市的发展振兴，树立新的城市形象。

1. 技术资料

五一路南官河桥梁主要技术标准：五一路西延跨南官河、接江州路，规划为城市次干道，其中江州路—青年路段，道路标准红线宽度 35 m。

桥梁标准宽度 35 m，双向四车道加两侧 3.5 m 非机动车道和 3.5 m 人行道。

桥位处河道宽约 100 m，桥梁接地面高程 6.6 m，河道常水位高程 2.41～2.61 m，洪水位高程 4.72 m，河床底高程－0.69 m(图 5-242、图 5-243)。

2. 方案构思

五一路桥比邻泰山公园。泰山公园是全市最古老、面积最大的公园。终年芳草满园，落英缤纷，树木参天，郁郁葱葱。岳武穆祠屹立在泰山顶上，在树木浓荫的庇护下，每日迎送朝晖夕阳。

作为泰山公园优美园林建筑和生态环境的延伸和发展。五一路南官河桥与滨河步道、滨河绿地形成一个现代园林整体。

一座解决交通功能的城市桥梁，在这里化身现代水上园林建筑。

我们需要一座现代的、与泰州城市风貌融合的、建筑尺度协调的水上园林建筑——一座专属于泰州的、独一无二的园林样式的城市桥梁。

为此，长廊、石拱桥、九曲桥、圆形门洞、窗花、观景平台等这些园林建筑元素进入了脑海(图 5-245)。

结合城市桥梁的交通功能和结构技术，运用这些园林建筑元素创造一座原创的现代水上园林建筑。

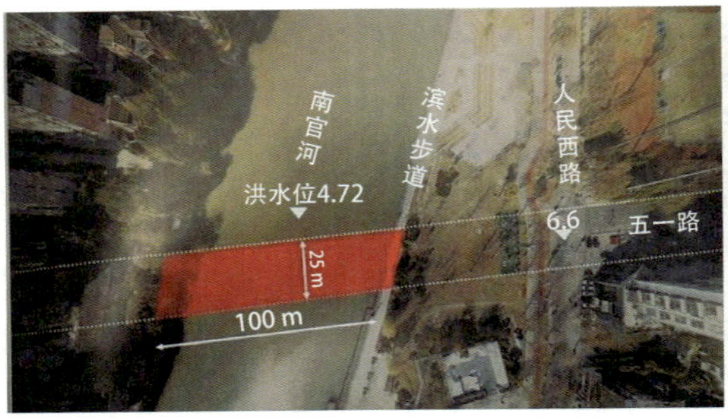

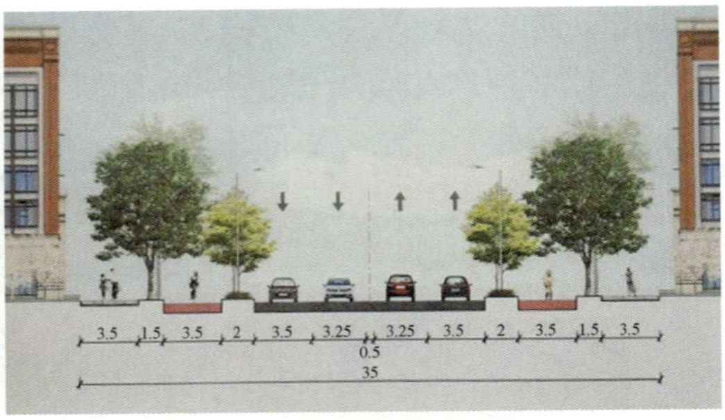

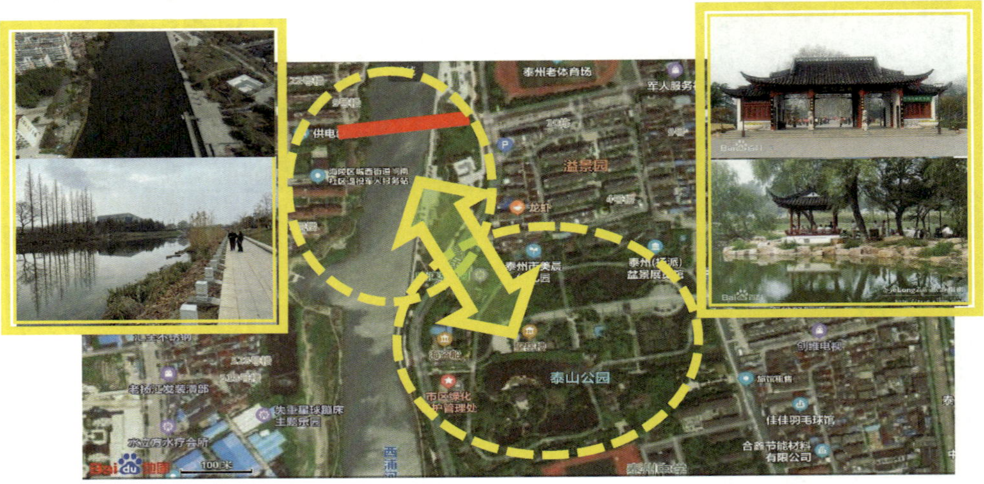

1. 图 5-242 五一路桥平面位置
2. 图 5-243 五一路横断面
3. 图 5-244 方案构思分析图

图 5-245 园林建筑与文化元素

经过反复打磨，一座具有交通功能的城市桥梁，一座属于泰州老城区的现代水上园林建筑，跃然纸上(图 5-246)。

桥梁呈现这样一种诗情画意：

桥头看月亮如画，桃畔听溪流有声。

桥廊风爽堪留客，波底星光可醒龙。

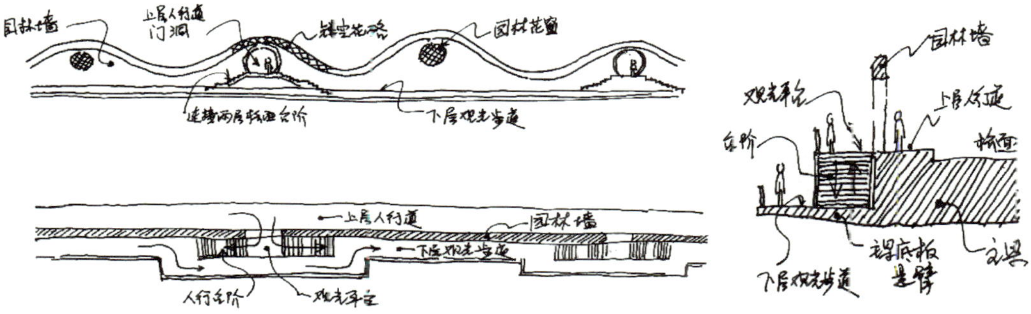

图 5-246　方案构思草图

3. 总体布置

桥梁采用三跨等高度预应力混凝土连续箱梁结构，横桥向外侧设置由箱梁底板悬挑的下层人行观光步道和观景平台。跨径布置为 30 m＋50 m＋30 m＝110 m，全桥跨过河道及两岸人行步道(图 5-247、图 5-248)。

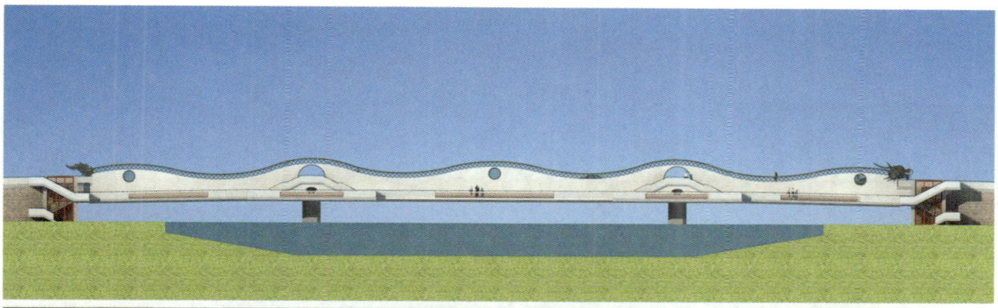

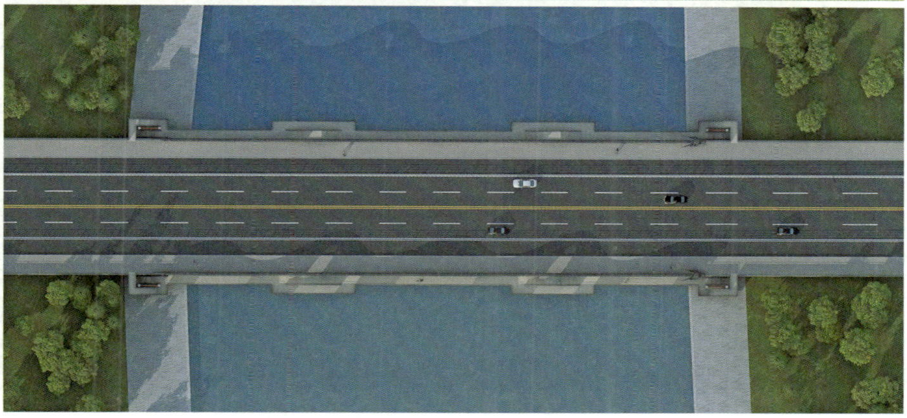

上　图 5-247　方案立面渲染图

下　图 5-248　方案平面渲染图

主梁采用三跨连续预应力混凝土等高度箱梁，箱梁一般位置宽度 33.6 m，观景平台楼梯处宽度 37.6 m，梁高 2.5 m(图 5-249、图 5-250)。

横桥向由箱梁底板悬挑设置下层人行景观步道，一般位置悬臂长度 2 m，墩顶景观平台位置悬臂长度 4 m，景观平台连接上层桥面人行道。

波浪形园林建筑墙设置于上层人行道外侧作为栏杆，厚度 800 mm，高度 1.25～3.55 m，其中上部 800 mm 设置镂空菱形画格。

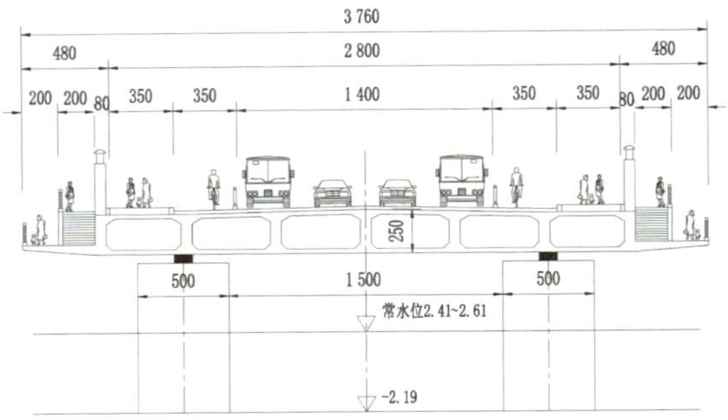

图 5-249　主墩处桥梁横断面图

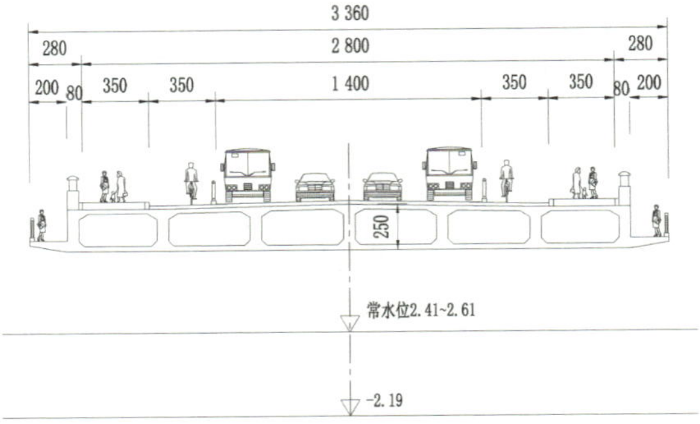

图 5-250　主跨跨中横断面图

4. 方案特色

(1) 特色之一。将长廊、石拱、九曲桥、圆形拱门、窗花、观景平台等园林建筑元素与桥梁结合，将园林建筑的功能及文化，与桥梁结构及其交通功能天衣无缝融合在一起。

一座交通功能的城市桥梁，化身一座颇具泰州地方建筑文化特色的现代水上园林建筑。一座全新的城市桥梁诞生了(图 5-251)。

图 5-251　一座车行桥梁化身成为现代水上园林建筑

(2) 特色之二。在结构处理和功能布置方面，巧妙利用箱梁底板悬挑作为下层人行观光步道，除了方便两岸步道游人过河外，桥面上层人行道通过波浪形园林艺术墙圆形拱门，在下层人行步道拾级而上，可方便抵达观光平台。

上下不同功能的两层人行道既可方便地沟通，又被波浪形园林艺术墙相隔，在营造了全桥园林艺术造型的同时，增添了行人的体验感和游园的乐趣(图 5-252)。

图 5-252 桥上行走享受游园的乐趣

(3) 特色之三。利用上、下层桥面的高差，桥梁外立面高耸的、颇具气势的波浪形园林艺术墙，刚好成为桥上人行道波浪起伏的建筑艺术栏杆，给桥面的行人和车辆平添了几分动感和艺术气息(图 5-253、图 5-254)。

图 5-253 方案夜景效果图

图 5-254　桥面与波浪形园林艺术墙的效果

5.8.4　暮春街桥梁方案构思创作

暮春街南官河桥位于老城西南角居住区，桥梁方案构思创作需要立足桥位区域的居住性城市功能，并呼应整个老城区古建筑空间位置的大格局，抓住它的居民区和古建筑的特殊语境，展开方案构思创作工作。

1. 技术资料

暮春街南官河桥梁主要技术标准：暮春街西延跨南官河、接江州路，规划为城市次干道，道路标准红线宽度 25 m。

桥梁标准宽度 25 m，双向四车道加两侧 2.5 m 非机动车道和 3 m 人行道。

桥位处河道宽约 140 m(包括河心岛)，桥梁接地面高程 5.8 m，河道常水位高程 2.41～2.61 m，洪水位高程 4.72 m，河床底高程－0.69 m(图 5-255、图 5-256)。

2. 方案构思

暮春街南官河桥位于老城居住区，从整个老城区布局看，东面比邻凤城河景区核心区，南山寺、文昌阁、望海楼、老街等名胜古迹依次延展(图 5-257)。

暮春街南官河桥梁希望营造安居乐业的温馨感，成为受居民欢迎的逗留休闲的场所。

暮春街南官河桥桥位处，河中有河心岛，利用河心岛的地形布置一座板拉桥结构，吻合了前述营造房屋结构、隐喻安逸、温馨的设计意图(图 5-258)。

在横桥向，布置桥塔的上横梁，仿佛隐约可见一幅木结构牌楼的造型。

在设计细节方面，不刻意模仿房屋结构或牌楼结构，力求符合板拉桥结构受力。做到桥梁结构造型优美、简洁大气，实现抽象和隐喻的方案创作意图(图 5-259)。

玉宇琼楼天上下，长虹飞渡水中央。

上下影摇流底月，往来人渡境中梯。

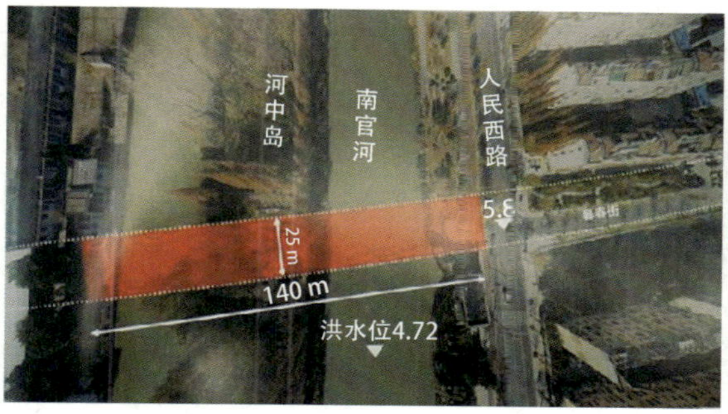

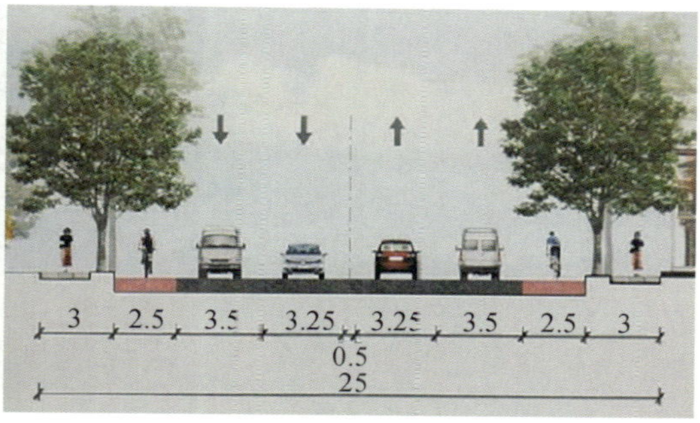

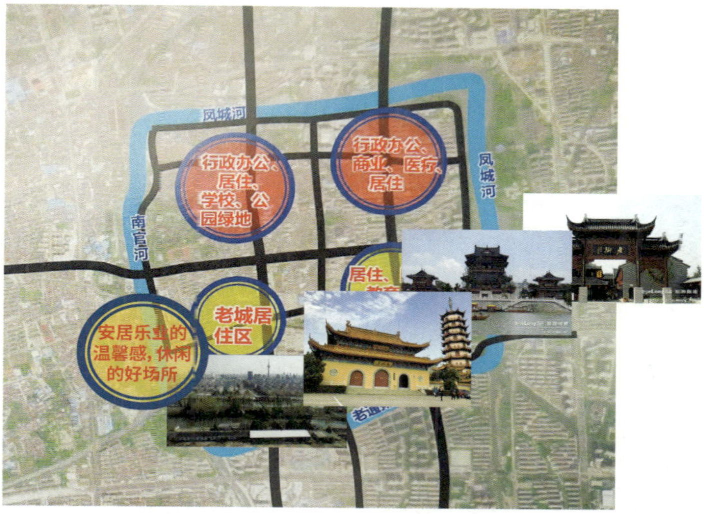

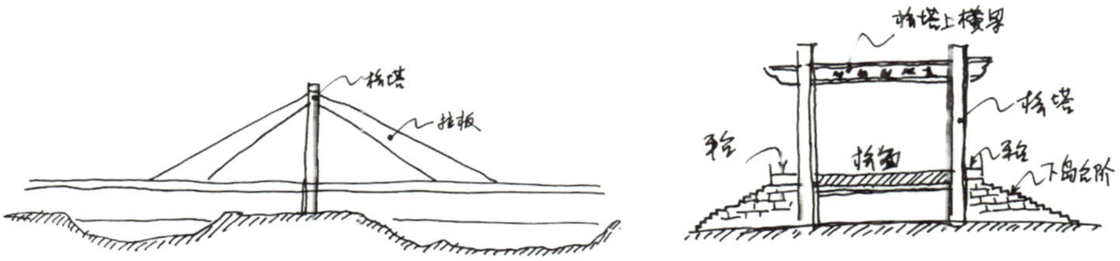

1	2
3	
4	
5	

1. 图 5-255　暮春街桥平面位置
2. 图 5-256　暮春街横断面布置
3. 图 5-257　方案构思与城市环境分析图
4. 图 5-258　桥型构思与造型意向
5. 图 5-259　桥梁方案构思草图

3. 总体布置

桥梁采用独塔预应力混凝土板拉桥结构。跨径布置为 15 m+65 m+65 m+15 m=160 m。桥塔设置于河心岛陆地，采用门式桥塔，现状地面以上桥塔高度 30 m，桥面以上塔高 23.8 m。桥塔外侧设置观景平台，平台连接人行楼梯，可以直接下至河心岛(图 5-260、图 5-261)。

采用门式桥塔，地面以上桥塔高度 30 m，桥面以上塔高 23.8 m，纵桥向塔柱宽度 3～5 m，横桥向 2.8 m，桥塔上横梁高 3.6 m。拉板对称布置跨中 30 m+35 m 处，板厚 1.8 m。主梁采用预应力混凝土单箱六室截面，宽度 30.6 m，梁高 2.2 m(图 5-262、图 5-263)。

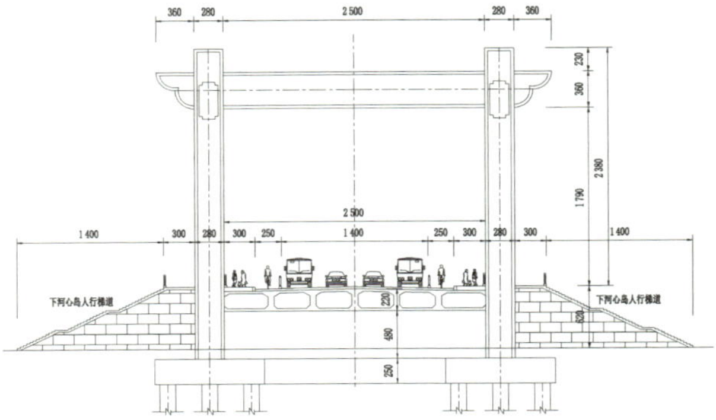

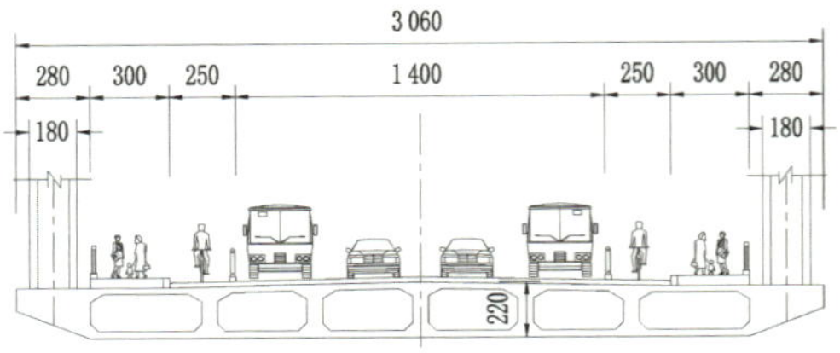

1
2
3 | 4

1. 图 5-260　桥梁方案立面渲染图　　2. 图 5-261　桥梁方案平面渲染图

3. 图 5-262　桥塔处桥梁横断面　　4. 图 5-263　桥梁跨中横断面

4. 方案特色

(1) 特色之一。独塔板拉桥结构，暗红色的涂装，使人联想到木结构建筑，给人一种温馨的感觉，也契合了泰州老城区老建筑的风貌(图 5-264)。

上　图 5-264　木结构样式的桥塔契合老城区建筑风貌

下　图 5-265　门形桥塔营造一种建筑样式

(2) 特色之二。桥面上的门形桥塔，营造一种牌楼的构图，成为西南方向跨越护城河、进出老城区的一座地标(图 5-265)。

(3) 特色之三。随着南官河两岸和河心岛的开发建设，一座暗红色的现代板拉桥，仿佛木结构建筑，屹立在宽阔的水面上，掩映在绿树环抱的翠绿之中，成为老城居住区的一景，居民闲暇游玩的好去处(图 5-266)。

图 5-266　暗红色的现代板拉桥成为老城区的标志

5.8.5　三座桥梁方案构思创作汇总与综述

三座桥梁方案构思创意、结构布置和投资估算汇总见表 5-23，一桥一景提升城市品质。

表 5-23　　三座桥梁方案简介汇总

邑庙街凤城河桥——凤舞初曦	五一路南官河桥——桥廊风爽	暮春街南官河桥——玉宇琼楼

凤凰展开的翅膀化作一排支承桥面的拉索，飘逸的羽毛或化作连接桥面的人行道，或化作连接岸边滨河步道的坡道，或化作索区分隔带的艺术装饰。凤舞初曦，洪荒始创。	结合城市桥梁的交通功能和结构技术，运用长廊、石拱、九曲桥、圆形拱门、窗花、观景平台等园林建筑元素创造一座独一无二的现代水上园林建筑。 桥廊风爽堪留客，波底星光可醒龙。	利用河心岛的地形布置一座板拉桥结构，吻合了营造地方建筑文化、隐喻安逸、温馨的设计意图。在横桥向，设置桥塔上横梁，仿佛木结构牌楼。玉宇琼楼天上下，长虹飞渡水中央。
无背索倾斜矮塔斜拉桥结构，跨径布置：30 m＋50 m＋30 m＝110 m。 桥梁宽度：30.8 m	等高度三跨连续梁结构，横桥向底板悬挑设置下层人行景观步道，跨径布置：30 m＋50 m＋30 m＝110 m。 桥梁宽度：33.6 m～37.6 m	独塔预应力混凝土板拉桥结构。 跨径布置：15 m＋65 m＋65 m＋15 m＝160 m。 桥梁宽度：30.6 m
建安费估算：3 388×2.0＝6 776 m 万元	建安费估算：3 840×1.0＝3 840 m 万元	建安费估算：4 896×1.8＝8 813 万元

泰州是国家历史文化名城，长江三角洲地区重要的工贸港口城市。认真落实创新、协调、绿色、开放、共享的发展理念，认识、尊重和顺应城市发展规律，坚持经济、社会、人口、环境和资源相协调的可持续发展战略，提高新型城镇化质量和水平，统筹做好泰州市城乡规划、建设和管理的各项工作，逐步把泰州市建设成为经济繁荣、和谐宜居、生态良好、富有活力、特色鲜明的现代化城市。

凸现凤城河与南官河双水绕城的自然人文特色，改善市民出行条件，提升泰州城市空间品质，体现“一桥一景、多元和谐、绿色智慧、开放共享”的流域桥梁系统。

本次方案创作力求有所突破，在保护城市风貌、控制桥梁尺度的同时，进行结构和造型创新，使三座桥梁成为护城河上桥梁群体的明珠、城市的亮点(图 5-267)。

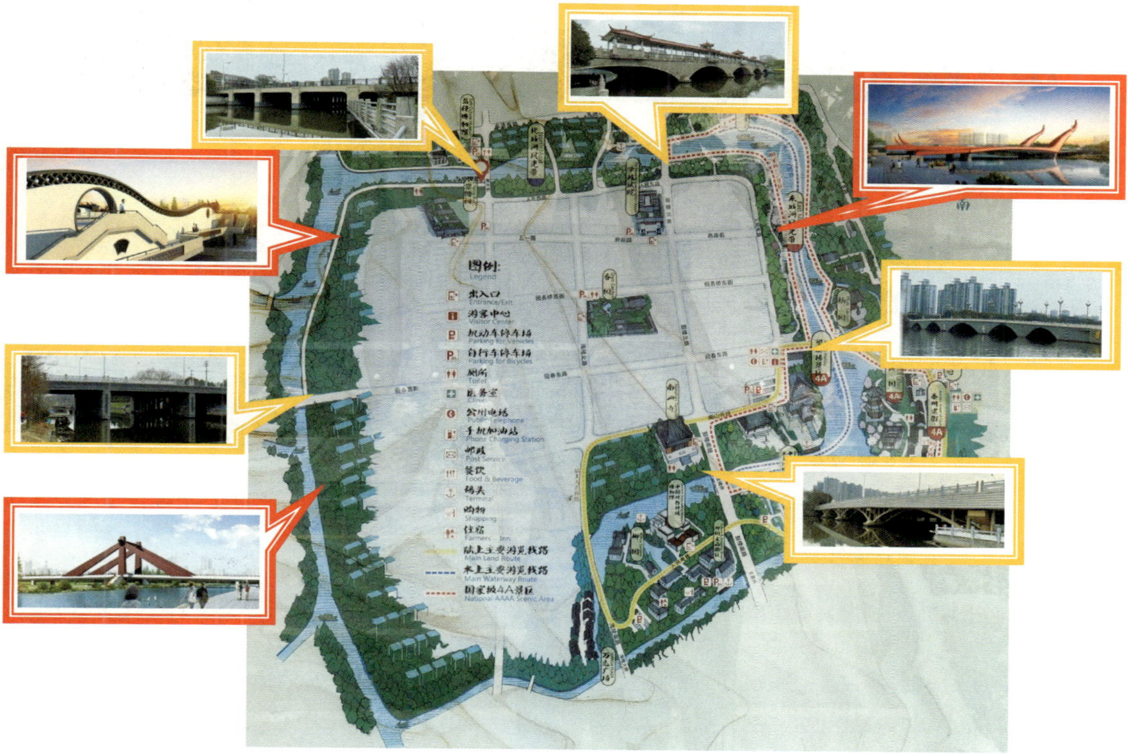

图 5-267　新建三座桥梁与既有桥梁对老城区综合影响分析

本次方案创作的重要特点是将桥梁结构、造型艺术、城市功能、历史人文隐喻等多个层面综合考虑，整体呈现创作意图(图 5-268)。

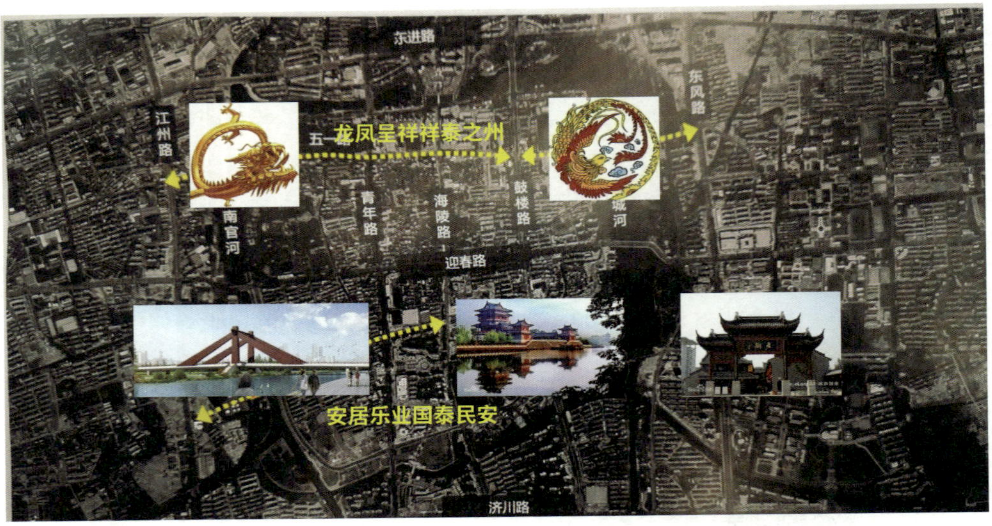

图 5-268　桥梁方案与城市发展愿景

本章参考文献

[1] 椒江二桥建设指挥部.椒江二桥工程设计施工关键技术[M].北京：人民交通出版社股份有限公司,2015.

[2] XU Liping, DAI Limin, GUO Long. New Type of Composite Girder Design and Research on Key Mechanical Behavior of JiaoJiang Second Bridge[C].2019 International Conference on Composite Material,Polymer Science and Engineering (CMPSE2019):165-173.

[3] 陈自能.衢州某大桥 V 型刚构挂孔研究[J].中国公路,2017(8):102-103.

[4] 李君凤.V 型墩景观桥总体结构设计及计算分析[J].城市道桥与防洪,2017(5):100-104.

[5] 同济大学建筑设计研究院(集团)有限公司.常州市太仓路-芦墅路跨运河通道设计方案研究[R].2015.

[6] 上海同济城市规划设计研究院有限公司,常州市太仓路一芦墅路跨运河通道方案历史遗产与城市风貌影响评估[R].2015.

[7] 上海市政工程设计研究总院(集团)有限公司.嘉松公路越江新建工程初步设计[R].2020.

[8] 北京市市政工程设计研究总院有限公司,同济大学建筑设计研究院(集团)有限公司,深圳国际生物谷坝光核心启动区环坝路市政工程.施工图第三册[M].葵坝路景观跨线桥[R].2021,7.

[9] 上海市隧道工程轨道交通设计研究院,衢州市交通设计有限公司.S305 省道衢江区松园至上田铺段改建工程施工图设计[R].2021.

[10] 同济大学建筑设计研究院(集团)有限公司.泰州市老城区景观桥梁设计方案[R].2021.

图片来源索引

图编号	图片来源
图 1-1	http://mms2.baidu.com/it/u=3534232050,1749867707&fm=253&app=138&f=JPEG&fmt=auto&q=75? w=667&h=500
图 1-2	http://mms1.baidu.com/it/u=975975176,4031341752&fm=253&app=138&f=JPEG&fmt=auto&q=75? w=500&h=335
图 1-3	http://mms0.baidu.com/it/u=2093365619,3261502055&fm=253&app=138&f=JPEG&fmt=auto&q=75? w=751&h=500
图 1-4-1	http://mms1.baidu.com/it/u=903538482,2941198274&fm=253&app=138&f=JPEG&fmt=auto&q=75? w=701&h=500
图 1-4-2	http://mms1.baidu.com/it/u=2352928800,2767705598&fm=253&app=138&f=JPEG&fmt=auto&q=75? w=658&h=470
图 1-5	https://www.walesonline.co.uk/special-features/amazing-welsh-landscapes-valentines-day-8579348
图 1-6	http://www.open-image.org/qwotwiiu/
图 1-7	http://blog.sina.com.cn/s/blog_51d3fda30101e68j.html
图 1-8	http://blog.163.com/h_ping/blog/static/21866603320135161138l6829/
图 1-9	http://mms2.baidu.com/it/u=1852798463,2865991915&fm=253&app=120&f=JPEG&fmt=auto&q=75? w=644&h=358
图 1-10	http://mms2.baidu.com/it/u=1355498847,3387643080&fm=253&app=120&f=JPEG&fmt=auto&q=75? w=660&h=420
图 1-11	http://mms2.baidu.com/it/u=2554128484,3026751963&fm=253&app=138&f=JPEG&fmt=auto&q=75? w=500&h=333
图 1-12	http://mms0.baidu.com/it/u=3151534067,639490389&fm=253&app=138&f=JPEG&fmt=auto&q=75? w=480&h=360
图 1-13	http://mms2.baidu.com/it/u=2796499229,855803419&fm=253&app=138&f=JPEG&fmt=auto&q=75? w=682&h=335
图 2-1	http://mms0.baidu.com/it/u=4052589163,4280336963&fm=253&app=138&f=JPEG&fmt=auto&q=75? w=766&h=204
图 2-2	http://mms2.baidu.com/it/u=2889341290,3129001120&fm=253&app=138&f=JPEG&fmt=auto&q=75? w=500&h=333
图 2-3	http://mms0.baidu.com/it/u=2630306495,3174049565&fm=253&app=138&f=JPEG&fmt=auto&q=75? w=749&h=500
图 2-4	http://mms1.baidu.com/it/u=1004443466,816900635&fm=253&app=138&f=JPEG&fmt=auto&q=75? w=375&h=500
图 2-5	http://mms1.baidu.com/it/u=1528011183,3675495840&fm=253&app=138&f=JPEG&fmt=auto&q=75? w=540&h=495
图 2-6	http://mms2.baidu.com/it/u=1027771658,3786495529&fm=253&app=138&f=JPEG&fmt=auto&q=75? w=500&h=375
图 2-7	http://mms1.baidu.com/it/u=1759859590,4014095288&fm=253&app=138&f=JPEG&fmt=auto&q=75? w=600&h=382
图 2-11-1	http://mms1.baidu.com/it/u=2950410727,1466558134&fm=253&app=138&f=PNG&fmt=auto&q=75? w=690&h=460
图 2-11-2	http://mms1.baidu.com/it/u=3962883248,2787617884&fm=253&app=138&f=PNG&fmt=auto&q=75? w=600&h=400
图 2-11-3	http://mms1.baidu.com/it/u=2875871848,3102737677&fm=253&app=138&f=JPEG&fmt=auto&q=75? w=500&h=333
图 2-22	http://mms1.baidu.com/it/u=2091543727,4201220093&fm=253&app=138&f=JPEG&fmt=auto&q=75? w=500&h=375
图 2-25	http://mms2.baidu.com/it/u=4192338083,45702772&fm=253&app=138&f=JPEG&fmt=auto&q=75? w=740&h=398
图 2-28	http://mms2.baidu.com/it/u=3348695455,2639269794&fm=253&app=138&f=JPEG&fmt=auto&q=75? w=882&h=500
图 2-29	http://mms0.baidu.com/it/u=845505577,1659228214&fm=253&app=138&f=JPEG&fmt=auto&q=75? w=500&h=276
图 2-30	http://mms1.baidu.com/it/u=2410432271,2161767596&fm=253&app=138&f=JPEG&fmt=auto&q=75? w=450&h=364
图 2-31	http://mms0.baidu.com/it/u=3603791194,2564963688&fm=253&app=138&f=JPEG&fmt=auto&q=75? w=500&h=375
图 2-32	http://mms0.baidu.com/it/u=3112253897,1704210778&fm=253&app=138&f=JPEG&fmt=auto&q=75? w=500&h=368

（续表）

图编号	图片来源
图 2-33	http://mms2.baidu.com/it/u=1205100180,600464029&fm=253&app=138&f=JPEG&fmt=auto&q=75? w=640&h=480
图 2-34	http://mms1.baidu.com/it/u=3438938184,3143295219&fm=253&app=138&f=JPEG&fmt=auto&q=75? w=946&h=500
图 2-35	http://mms0.baidu.com/it/u=2267554598,2668559215&fm=253&app=138&f=JPEG&fmt=auto&q=75? w=600&h=398
图 2-36	http://mms1.baidu.com/it/u=909212519,2321528030&fm=253&app=138&f=JPEG&fmt=auto&q=75? w=670&h=376
图 2-37	http://mms1.baidu.com/it/u=2845616528,2576908570&fm=253&app=138&f=JPG&fmt=auto&q=75? w=666&h=500
图 2-38	http://mms1.baidu.com/it/u=209258602,2666973180&fm=253&app=120&f=JPEG&fmt=auto&q=75? w=1200&h=800
图 2-39	http://mms2.baidu.com/it/u=4077518632,185231100&fm=253&app=138&f=JPEG&fmt=auto&q=75? w=640&h=480
图 2-40	http://mms1.baidu.com/it/u=977346237,4289579423&fm=253&app=120&f=JPEG&fmt=auto&q=75? w=1005&h=702
图 2-41	http://mms2.baidu.com/it/u=4049129906,1947416234&fm=253&app=138&f=JPG&fmt=auto&q=75? w=890&h=500
图 2-42	http://mms2.baidu.com/it/u=3404771569,92167689&fm=253&app=138&f=JPEG&fmt=auto&q=75? w=500&h=282
图 2-43	http://mms2.baidu.com/it/u=1663932724,423911261&fm=253&app=138&f=JPEG&fmt=auto&q=75? w=793&h=500
图 2-45	http://mms1.baidu.com/it/u=770136409,864059469&fm=253&app=138&f=JPEG&fmt=auto&q=75? w=500&h=300
图 2-46	http://mms0.baidu.com/it/u=2787591359,401547286&fm=253&app=138&f=PNG&fmt=auto&q=75? w=667&h=500
图 2-47	http://mms0.baidu.com/it/u=3791735622,1249484838&fm=253&app=138&f=JPEG&fmt=auto&q=75? w=785&h=413
图 2-49	http://mms1.baidu.com/it/u=153064441,3446278756&fm=253&app=120&f=JPEG&fmt=auto&q=75? w=1200&h=800
图 2-50	http://mms2.baidu.com/it/u=4119696729,3054826260&fm=253&app=138&f=JPEG&fmt=auto&q=75? w=500&h=500
图 2-52	http://mms2.baidu.com/it/u=2704328342,3230493572&fm=253&app=138&f=JPEG&fmt=auto&q=75? w=640&h=360
图 2-53	http://mms2.baidu.com/it/u=961950010,767180133&fm=253&app=138&f=JPEG&fmt=auto&q=75? w=640&h=360
图 2-58	http://mms0.baidu.com/it/u=2956890388,2134574247&fm=253&app=138&f=JPEG&fmt=auto&q=75? w=889&h=500
图 2-59	http://mms2.baidu.com/it/u=1995122681,3593633491&fm=253&app=138&f=JPEG&fmt=auto&q=75? w=667&h=500
图 2-60	http://mms1.baidu.com/it/u=23455911,2448292531&fm=253&app=138&f=JPEG&fmt=auto&q=75? w=500&h=281
图 2-62	http://mms0.baidu.com/it/u=3627469446,3358704544&fm=253&app=138&f=JPEG&fmt=auto&q=75? w=681&h=429
图 2-63	http://mms2.baidu.com/it/u=1212941299,2079413421&fm=253&app=120&f=JPEG&fmt=auto&q=75? w=1080&h=717
图 2-64	http://mms2.baidu.com/it/u=2444813327,1940450258&fm=253&app=138&f=JPEG&fmt=auto&q=75? w=500&h=281
图 2-65	http://t13.baidu.com/it/u=1519669169272836991 3,945343258695327015&fm=3008&app=3011&f=JPEG
图 2-66	http://mms2.baidu.com/it/u=3527076514,891916495&fm=253&app=120&f=JPEG&fmt=auto&q=75? w=640&h=400
图 2-68	http://mms1.baidu.com/it/u=3951647533,2944482743&fm=253&app=120&f=JPEG&fmt=auto&q=75? w=901&h=500
图 2-69	http://mms0.baidu.com/it/u=3716395925,66866672&fm=253&app=138&f=JPEG&fmt=auto&q=75? w=750&h=500
图 2-70	http://mms2.baidu.com/it/u=3944919112,3176023147&fm=253&app=120&f=JPEG&fmt=auto&q=75? w=1393&h=800
图 2-71	http://mms1.baidu.com/it/u=811186571,4239914307&fm=253&app=120&f=JPEG&fmt=auto&q=75? w=550&h=305
图 2-76	http://mms2.baidu.com/it/u=2442611224,3345035029&fm=253&app=138&f=JPEG&fmt=auto&q=75? w=550&h=366
图 2-78	http://mms0.baidu.com/it/u=466774739,2344632377&fm=253&app=138&f=JPEG&fmt=auto&q=75? w=750&h=500
图 2-79	http://mms1.baidu.com/it/u=844599367,4141022808&fm=253&app=138&f=JPEG&fmt=auto&q=75? w=750&h=500
图 2-81	http://mms2.baidu.com/it/u=4100924400,1256866257&fm=253&app=138&f=JPEG&fmt=auto&q=75? w=600&h=400
图 2-82	http://mms1.baidu.com/it/u=1312222077,344557537&fm=253&app=138&f=JPEG&fmt=auto&q=75? w=500&h=505
图 2-83	http://mms1.baidu.com/it/u=2750126189,2530797840&fm=253&app=138&f=JPEG&fmt=auto&q=75? w=480&h=384
图 2-86	http://mms1.baidu.com/it/u=2806711158,3877776630&fm=253&app=138&f=JPEG&fmt=auto&q=75? w=500&h=374
图 2-87	http://mms2.baidu.com/it/u=1653584424,375534732&fm=253&app=138&f=JPEG&fmt=auto&q=75? w=915&h=500

（续表）

图编号	图片来源
图 2-88	http://mms1.baidu.com/it/u=1045960627,1812377240&fm=253&app=138&f=JPG&fmt=auto&q=75? w=493&h=395
图 2-89	http://mms0.baidu.com/it/u=245980242,2069284413&fm=253&app=138&f=JPEG&fmt=auto&q=75? w=500&h=312
图 2-90	http://mms2.baidu.com/it/u=1080602442,1906186138&fm=253&app=120&f=JPEG&fmt=auto&q=75? w=650&h=407
图 2-91	http://mms2.baidu.com/it/u=3679587578,2813449648&fm=253&app=138&f=JPEG&fmt=auto&q=75? w=690&h=296
图 2-93	http://mms1.baidu.com/it/u=2752133154,926634190&fm=253&app=138&f=JPEG&fmt=auto&q=75? w=658&h=395
图 2-95	http://mms2.baidu.com/it/u=3293221934,2471156470&fm=253&app=138&f=JPEG&fmt=auto&q=75? w=749&h=500
图 3-2	http://mms2.baidu.com/it/u=4023343447,3731758884&fm=253&app=120&f=PNG&fmt=auto&q=75? w=540&h=201
图 3-5	http://mms0.baidu.com/it/u=1449217404,387880342&fm=253&app=138&f=JPEG&fmt=auto&q=75? w=640&h=391
图 3-6	http://mms2.baidu.com/it/u=907279057,3950968021&fm=253&app=138&f=JPEG&fmt=auto&q=75? w=500&h=290
图 3-8	http://mms1.baidu.com/it/u=2621535944,1658350402&fm=253&app=138&f=JPEG&fmt=auto&q=75? w=666&h=500
图 3-9	http://mms2.baidu.com/it/u=946981831,1580616754&fm=253&app=138&f=JPEG&fmt=auto&q=75? w=625&h=500
图 3-13	http://mms1.baidu.com/it/u=3490762198,2783469779&fm=253&app=138&f=JPEG&fmt=auto&q=75? w=500&h=350
图 3-16	http://mms0.baidu.com/it/u=3913627428,628946998&fm=253&app=138&f=JPEG&fmt=auto&q=75? w=891&h=500
图 3-17	http://mms1.baidu.com/it/u=1613582056,2538593987&fm=253&app=138&f=JPEG&fmt=auto&q=75? w=548&h=328
图 3-18	http://mms2.baidu.com/it/u=2911622455,3454783446&fm=253&app=138&f=JPEG&fmt=auto&q=75? w=829&h=500
图 3-19	http://mms0.baidu.com/it/u=3099687494,2299266668&fm=253&app=138&f=JPEG&fmt=auto&q=75? w=398&h=500
图 3-22	http://mms2.baidu.com/it/u=1370952307,640562813&fm=253&app=138&f=JPEG&fmt=auto&q=75? w=667&h=500
图 3-23	http://mms2.baidu.com/it/u=1282486915,2466455671&fm=253&app=138&f=JPEG&fmt=auto&q=75? w=500&h=234
图 3-24	http://mms1.baidu.com/it/u=2382640135,3065333696&fm=253&app=138&f=JPEG&fmt=auto&q=75? w=370&h=253
图 3-31	http://mms1.baidu.com/it/u=901598594,3527979967&fm=253&app=138&f=JPEG&fmt=auto&q=75? w=500&h=375
图 3-36	http://blog.sina.com.cn/s/blog_6d7f2c320100mfso.html
图 3-37	http://mms0.baidu.com/it/u=2573933374,3274285581&fm=253&app=138&f=JPEG&fmt=auto&q=75? w=500&h=332
图 3-39	http://www.precast.com.cn/index.php/pic_ppt-id-415.html
图 3-41	http://mms0.baidu.com/it/u=3812703100,80818186&fm=253&app=138&f=JPEG&fmt=auto&q=75? w=825&h=500
图 3-51	http://mms0.baidu.com/it/u=1309644595,2177820346&fm=253&app=138&f=JPEG&fmt=auto&q=75? w=500&h=340
图 3-52	http://mms2.baidu.com/it/u=539095198,1178230376&fm=253&app=138&f=JPEG&fmt=auto&q=75? w=640&h=421
图 3-53	http://mms1.baidu.com/it/u=1965967613,3529627180&fm=253&app=138&f=JPEG&fmt=auto&q=75? w=906&h=500
图 3-54	http://mms2.baidu.com/it/u=2560055396,3858617569&fm=253&app=138&f=JPEG&fmt=auto&q=75? w=841&h=500
图 3-56	http://mms2.baidu.com/it/u=2596409037,2335257635&fm=253&app=138&f=JPEG&fmt=auto&q=75? w=751&h=500
图 3-57	http://mms1.baidu.com/it/u=1306357568,4061524518&fm=253&app=138&f=JPEG&fmt=auto&q=75? w=668&h=500
图 3-63～65	https://news.sun0769.com/photo/dg/202106/t20210617_16181325.shtml
图 3-66～69	https://bhwxq.dg.gov.cn/zwgk/tzgg/content/post_23050.html
图 3-70～74	https://baijiahao.baidu.com/s? id=1638870825408808720&wfr=spider&for=pc
图 4-2	http://mms0.baidu.com/it/u=235098264,3120877881&fm=253&app=138&f=JPEG&fmt=auto&q=75? w=720&h=480
图 4-5	http://mms2.baidu.com/it/u=2033661171,4202025602&fm=253&app=120&f=JPEG&fmt=auto&q=75? w=700&h=461
图 4-10	http://mms2.baidu.com/it/u=1134398284,220340215&fm=253&app=138&f=JPEG&fmt=auto&q=75? w=500&h=500
图 4-11	http://mms0.baidu.com/it/u=2108983536,2343076833&fm=253&app=138&f=JPEG&fmt=auto&q=75? w=500&h=500
图 4-15	http://mms2.baidu.com/it/u=1110061678,3894018533&fm=253&app=138&f=JPEG&fmt=auto&q=75? w=509&h=500

（续表）

图编号	图片来源
图 4-16	http://www.archreport.com.cn/show-6-3008-1.html
图 4-22	http://mms1.baidu.com/it/u=1835354102,3545805909&fm=253&app=138&f=JPEG&fmt=auto&q=75?w=531&h=500
图 4-23d	http://mms1.baidu.com/it/u=4029812647,1446015076&fm=253&app=120&f=JPEG&fmt=auto&q=75?w=500&h=676
图 4-24	http://mms2.baidu.com/it/u=2095460282,2529732559&fm=253&app=138&f=JPEG&fmt=auto&q=75?w=920&h=460
图 4-28	http://mms0.baidu.com/it/u=1899569005,2196480162&fm=253&app=138&f=JPEG&fmt=auto&q=75?w=500&h=326
图 4-29	http://mms2.baidu.com/it/u=3223518658,950426832&fm=253&app=138&f=JPEG&fmt=auto&q=75?w=499&h=281
图 4-34	http://mms1.baidu.com/it/u=1133069311,1340040388&fm=253&app=120&f=JPEG&fmt=auto&q=75?w=1080&h=675
图 4-36	https://baike.baidu.com/pic/%E7%9F%AE%E5%AF%A8%E5%A4%A7%E6%A1%A5/8011657/0/03087bf40ad162d94b6f0a491edfa9ec8b13cde6?fr=lemma&ct=single
图 4-47	http://design.cila.cn/news21365.html
图 4-38	https://www.vcg.com/creative/1001872530
图 4-39	https://www.alotrip.com/vietnam-news-travel/dragon-bridge-da-nang-received-three-best-designing-awards
图 4-40	https://www.alotrip.com/vietnam-news-travel/dragon-bridge-da-nang-received-three-best-designing-awards
图 4-41	http://mms1.baidu.com/it/u=3701026940,3649159432&fm=253&app=120&f=JPEG&fmt=auto&q=75?w=641&h=352
图 4-42	http://mms1.baidu.com/it/u=1436248524,3358317606&fm=253&app=138&f=JPG&fmt=auto&q=75?w=500&h=500
图 4-43	http://mms0.baidu.com/it/u=2201869963,2033953416&fm=253&app=138&f=JPEG&fmt=auto&q=75?w=603&h=411
图 4-44	http://weibo.com/p/1001603918147978701050?from=singleweibo&mod=recommand_article
图 4-45	http://www.quanjing.com/topic/377846.html
图 4-49	http://mms0.baidu.com/it/u=3988576384,2803673429&fm=253&app=138&f=JPEG&fmt=auto&q=75?w=640&h=411
图 4-50	http://mms2.baidu.com/it/u=3110230320,2775658943&fm=253&app=138&f=JPEG&fmt=auto&q=75?w=500&h=332
图 4-51	http://mms1.baidu.com/it/u=917858061,3247970730&fm=253&app=138&f=JPEG&fmt=auto&q=75?w=640&h=427
图 4-52	http://mms1.baidu.com/it/u=324976708,2578058947&fm=253&app=138&f=JPEG&fmt=auto&q=75?w=500&h=222
图 4-53	http://mms2.baidu.com/it/u=1283372295,2619454986&fm=253&app=138&f=JPEG&fmt=auto&q=75?w=500&h=201
图 4-54	http://mms2.baidu.com/it/u=3757987985,2458237181&fm=253&app=138&f=JPEG&fmt=auto&q=75?w=1080&h=428
图 4-55	http://tc.wangchao.net.cn/baike/detail_2015522.html
图 4-56	https://en.wikipedia.org/wiki/Sheldon_Museum_of_Art
图 4-57	http://blog.sina.com.cn/s/blog_5da731890100bqm0.html
图 4-58	http://blog.163.com/zeng_yong_he/blog/static/1845410912016311439112 10/
图 4-61	http://mms0.baidu.com/it/u=2638706358,2709508825&fm=253&app=120&f=JPEG&fmt=auto&q=75?w=600&h=400
图 4-63-1	http://mms2.baidu.com/it/u=972027366,2447979131&fm=253&app=138&f=JPEG&fmt=auto&q=75?w=376&h=460
图 4-63-2	http://mms0.baidu.com/it/u=421811970,444369527&fm=253&app=138&f=JPEG&fmt=auto&q=75?w=692&h=418
图 4-63-3	http://mms2.baidu.com/it/u=1134850226,1417134743&fm=253&app=138&f=JPEG&fmt=auto&q=75?w=650&h=487
图 4-68	http://mms1.baidu.com/it/u=3440423827,3771102746&fm=253&app=138&f=JPEG&fmt=auto&q=75?w=600&h=260
图 4-74	http://www.022meishu.com/Design/2015/05-21/18841_0.html
图 4-75	http://www.mafengwo.cn/sales/2155647.html
图 4-78	http://mms2.baidu.com/it/u=1526840555,3276461104&fm=253&app=138&f=JPEG&fmt=auto&q=75?w=680&h=479
图 8-79	http://mms0.baidu.com/it/u=2532297599,4004348767&fm=253&app=138&f=JPEG&fmt=auto&q=75?w=705&h=468
图 4-80	http://www.chinabaike.com/t/9789/2013/0831/1471549.html
图 4-81	http://design.cila.cn/sheji8130.html
图 4-82-1	http://www.sohu.com/a/166035026_656548
图 4-82-2	http://www.sohu.com/a/145996840_479408

（续表）

图编号	图片来源
图 4-83	https://www.33iq.com/group/topic/33580/
图 4-84	http://mms2.baidu.com/it/u=1855430137,3955017729&fm=253&app=138&f=JPEG&fmt=auto&q=75? w=620&h=413
图 4-85-1	http://mms1.baidu.com/it/u=448108297,1516756692&fm=253&app=138&f=JPEG&fmt=auto&q=75? w=658&h=395
图 4-85-2	http://mms2.baidu.com/it/u=1800236772,2289322977&fm=253&app=138&f=JPEG&fmt=auto&q=75? w=600&h=316
图 4-86-1	http://mms2.baidu.com/it/u=700532058,2572408181&fm=253&app=138&f=JPEG&fmt=auto&q=75? w=750&h=500
图 4-86-2	http://mms1.baidu.com/it/u=3278591230,2016164843&fm=253&app=120&f=JPEG&fmt=auto&q=75? w=750&h=500
图 4-87	http://mms0.baidu.com/it/u=1519932576,16881581&fm=253&app=138&f=JPEG&fmt=auto&q=75? w=1000&h=500
图 4-88	http://mms2.baidu.com/it/u=308824838,2824550407&fm=253&app=138&f=JPEG&fmt=auto&q=75? w=560&h=373
图 4-90	http://mms1.baidu.com/it/u=4043117282,3887274147&fm=253&app=138&f=JPEG&fmt=auto&q=75? w=739&h=500
图 4-91	http://mms1.baidu.com/it/u=2516147920,2374839679&fm=253&app=138&f=JPEG&fmt=auto&q=75? w=640&h=435
图 4-92	http://mms2.baidu.com/it/u=1164009100,87719612&fm=253&app=120&f=JPEG&fmt=auto&q=75? w=1067&h=800
图 4-93	http://mms0.baidu.com/it/u=2493982369,1447618740&fm=253&app=138&f=JPEG&fmt=auto&q=75? w=736&h=498
图 4-96-1	http://www.mafengwo.cn/i/5608331.html
图 4-96-2	http://bbs.cnhubei.com/forum.php? mod=viewthread&tid=3105676
图 4-97	http://mms0.baidu.com/it/u=3532537903,161433097&fm=253&app=138&f=JPEG&fmt=auto&q=75? w=500&h=500
图 4-98	http://mms2.baidu.com/it/u=1235310786,1216052106&fm=253&app=138&f=JPEG&fmt=auto&q=75? w=600&h=450
图 4-99	http://mms2.baidu.com/it/u=3258115171,3197554242&fm=253&app=138&f=JPEG&fmt=auto&q=75? w=666&h=500
图 4-102-1	http://mms2.baidu.com/it/u=2948500684,4249881317&fm=253&app=138&f=JPEG&fmt=auto&q=75? w=500&h=236
图 4-102-2	http://mms1.baidu.com/it/u=109687650,2808298008&fm=253&app=138&f=JPEG&fmt=auto&q=75? w=640&h=357
图 4-103	http://mms2.baidu.com/it/u=3840323136,2750053380&fm=253&app=138&f=JPEG&fmt=auto&q=75? w=640&h=326
图 4-104	http://mms0.baidu.com/it/u=326785135,2436440062&fm=253&app=138&f=PNG&fmt=auto&q=75? w=648&h=411
图 4-106	http://mms0.baidu.com/it/u=3726342323,818361758&fm=253&app=138&f=JPEG&fmt=auto&q=75? w=640&h=427
图 4-110-1	http://mms0.baidu.com/it/u=2783889717,598808343&fm=253&app=138&f=JPEG&fmt=auto&q=75? w=800&h=326
图 4-110-2	http://www.mafengwo.cn/mdd/detail.php? mddid=11101
图 4-111-1	http://mms1.baidu.com/it/u=1921655173,2451956881&fm=253&app=138&f=JPEG&fmt=auto&q=75? w=630&h=331
图 4-111-2	http://mms0.baidu.com/it/u=1783484087,2058315558&fm=253&app=138&f=JPEG&fmt=auto&q=75? w=767&h=500
图 4-112	https://baike.sogou.com/v40620108.htm
图 4-114	http://mms0.baidu.com/it/u=2587241630,156532101&fm=253&app=138&f=JPEG&fmt=auto&q=75? w=680&h=452
图 4-115	http://mms2.baidu.com/it/u=2376630653,4278957685&fm=253&app=138&f=JPEG&fmt=auto&q=75? w=500&h=280
图 4-116	http://mms0.baidu.com/it/u=1811775384,2052104687&fm=253&app=138&f=JPEG&fmt=auto&q=75? w=500&h=328
图 4-117	http://mms2.baidu.com/it/u=3386732986,2378394395&fm=253&app=138&f=JPEG&fmt=auto&q=75? w=600&h=399
图 4-118	http://mms0.baidu.com/it/u=1265527091,1765055356&fm=253&app=138&f=JPEG&fmt=auto&q=75? w=751&h=500
图 4-121	http://mms2.baidu.com/it/u=1367644490,2421803672&fm=253&app=138&f=JPEG&fmt=auto&q=75? w=500&h=264
图 4-122	http://mms1.baidu.com/it/u=3141095610,3699453914&fm=253&app=138&f=JPEG&fmt=auto&q=75? w=500&h=316
图 4-123	http://mms2.baidu.com/it/u=861834056,557812915&fm=253&app=138&f=JPEG&fmt=auto&q=75? w=500&h=354
图 4-126	http://mms0.baidu.com/it/u=1110291019,2296402189&fm=253&app=138&f=JPEG&fmt=auto&q=75? w=547&h=500
图 4-127	http://mms1.baidu.com/it/u=116201695,4116805448&fm=253&app=138&f=JPEG&fmt=auto&q=75? w=450&h=327
图 4-128	http://mms0.baidu.com/it/u=578223589,3933050934&fm=253&app=138&f=JPEG&fmt=auto&q=75? w=680&h=450

（续表）

图编号	图片来源
图 4-129	http://mms1.baidu.com/it/u=3311175138,560564175&fm=253&app=138&f=JPEG&fmt=auto&q=75? w=580&h=297
图 4-130-1	http://mms1.baidu.com/it/u=655984989,959934466&fm=253&app=138&f=JPEG&fmt=auto&q=75? w=485&h=283
图 4-130-2	http://mms2.baidu.com/it/u=1252367781,2511317335&fm=253&app=138&f=JPEG&fmt=auto&q=75? w=500&h=316
图 4-131-1	http://mms2.baidu.com/it/u=1674454085,2949597047&fm=253&app=138&f=JPEG&fmt=auto&q=75? w=668&h=500
图 4-131-2	http://mms2.baidu.com/it/u=4158144426,2090846925&fm=253&app=138&f=JPEG&fmt=auto&q=75? w=683&h=500
图 4-132	http://mms1.baidu.com/it/u=356250479,1328887923&fm=253&app=138&f=JPEG&fmt=auto&q=75? w=720&h=480
图 4-133	http://mms1.baidu.com/it/u=1078140700,4251463623&fm=253&app=138&f=JPEG&fmt=auto&q=75? w=541&h=327
图 4-134	http://mms2.baidu.com/it/u=3787432542,2174588622&fm=253&app=120&f=JPEG&fmt=auto&q=75? w=640&h=395
图 5-86-1	http://mms1.baidu.com/it/u=1179292730,3743396625&fm=253&app=138&f=JPEG&fmt=auto&q=75? w=499&h=319
图 5-86-2	http://mms1.baidu.com/it/u=377763394,806025563&fm=253&app=120&f=JPEG&fmt=auto&q=75? w=643&h=460
图 5-87	http://mms1.baidu.com/it/u=2734532672,1172290199&fm=253&app=120&f=JPEG&fmt=auto&q=75? w=640&h=480
图 5-90	http://mms1.baidu.com/it/u=944600695,556388955&fm=253&app=138&f=JPEG&fmt=auto&q=75? w=750&h=500
图 5-91	http://mms2.baidu.com/it/u=1035091935,2574531098&fm=253&app=138&f=JPEG&fmt=auto&q=75? w=640&h=403
图 5-92	http://mms1.baidu.com/it/u=1017254679,2477942808&fm=253&app=138&f=JPEG&fmt=auto&q=75? w=667&h=500
图 5-93	http://mms2.baidu.com/it/u=3456050886,2193376692&fm=253&app=138&f=JPEG&fmt=auto&q=75? w=670&h=477
图 5-94	http://mms2.baidu.com/it/u=910782154,212688356&fm=253&app=138&f=PNG&fmt=auto&q=75? w=639&h=421
图 5-138-1	http://mms0.baidu.com/it/u=49535146,338763364&fm=253&app=138&f=JPEG&fmt=auto&q=75? w=700&h=407
图 5-138-2	http://mms2.baidu.com/it/u=617562160,2889767549&fm=253&app=138&f=JPEG&fmt=auto&q=75? w=500&h=333
图 5-138-3	http://mms1.baidu.com/it/u=2290532758,2414484676&fm=253&app=138&f=JPEG&fmt=auto&q=75? w=500&h=309
图 5-138-4	http://mms1.baidu.com/it/u=1452135135,2671411465&fm=253&app=138&f=JPEG&fmt=auto&q=75? w=640&h=450
图 5-138-5	http://mms0.baidu.com/it/u=1148709887,119420075&fm=253&app=138&f=JPEG&fmt=auto&q=75? w=750&h=500
图 5-138-6	http://mms1.baidu.com/it/u=3448255699,942774226&fm=253&app=138&f=JPEG&fmt=auto&q=75? w=640&h=373
图 5-145-1	http://mms1.baidu.com/it/u=1168538701,1161932974&fm=253&app=138&f=JPEG&fmt=auto&q=75? w=629&h=500
图 5-146-3	http://mms1.baidu.com/it/u=3943042043,1250266894&fm=253&app=138&f=JPG&fmt=auto&q=75? w=500&h=333
图 5-169-1	http://mms0.baidu.com/it/u=1277939440,1605425554&fm=253&app=138&f=JPEG&fmt=auto&q=75? w=500&h=375
图 5-169-2	http://mms1.baidu.com/it/u=481990455,2214444929&fm=253&app=138&f=JPEG&fmt=auto&q=75? w=499&h=374
图 5-169-3	http://mms0.baidu.com/it/u=2553593645,2298459719&fm=253&app=138&f=JPEG&fmt=auto&q=75? w=600&h=401
图 5-169-4	http://mms2.baidu.com/it/u=3519536314,2614647674&fm=253&app=138&f=JPEG&fmt=auto&q=75? w=751&h=500
图 5-175-2	http://mms2.baidu.com/it/u=1321327612,535327398&fm=253&app=138&f=JPEG&fmt=auto&q=75? w=781&h=500
图 5-175-3	http://mms1.baidu.com/it/u=3045440698,4066051966&fm=253&app=120&f=JPEG&fmt=auto&q=75? w=640&h=425
图 5-175-4	http://mms1.baidu.com/it/u=189624219,1173667475&fm=253&app=138&f=JPEG&fmt=auto&q=75? w=640&h=480
图 5-186-1	http://t13.baidu.com/it/u=16455270588878386613,17103483574365228798&fm=3008&app=3011&f=JPEG
图 5-186-2	http://mms0.baidu.com/it/u=3852999998,1149787988&fm=253&app=138&f=JPEG&fmt=auto&q=75? w=640&h=401
图 5-186-3	http://mms2.baidu.com/it/u=4037812957,1242819642&fm=253&app=138&f=JPEG&fmt=auto&q=75? w=600&h=400
图 5-187-1	http://mms2.baidu.com/it/u=2636546651,2187644070&fm=253&app=138&f=JPEG&fmt=auto&q=75? w=444&h=333
图 5-187-2	http://mms2.baidu.com/it/u=2298687861,3534596343&fm=253&app=138&f=JPEG&fmt=auto&q=75? w=768&h=400
图 5-187-3	http://mms0.baidu.com/it/u=1384729584,229468499&fm=253&app=138&f=JPEG&fmt=auto&q=75? w=750&h=500
图 5-188-1	http://mms2.baidu.com/it/u=2587786186,3134847638&fm=253&app=138&f=JPEG&fmt=auto&q=75? w=751&h=500

（续表）

图编号	图片来源
图 5-188-3	http://mms0.baidu.com/it/u=2556486322,2082607337&fm=253&app=138&f=JPEG&fmt=auto&q=75? w=500&h=500
图 5-189-1	http://mms1.baidu.com/it/u=2792625554,918569073&fm=253&app=138&f=JPEG&fmt=auto&q=75? w=640&h=480
图 5-199-1	http://mms0.baidu.com/it/u=2435848803,735624353&fm=253&app=138&f=JPEG&fmt=auto&q=75? w=749&h=500
图 5-199-2	http://mms2.baidu.com/it/u=2059266584,558960655&fm=253&app=120&f=JPEG&fmt=auto&q=75? w=640&h=426
图 5-200-1	http://mms1.baidu.com/it/u=1839031551,2672379560&fm=253&app=138&f=JPEG&fmt=auto&q=75? w=699&h=500
图 5-200-2	http://mms1.baidu.com/it/u=351310735,549499280&fm=253&app=138&f=JPEG&fmt=auto&q=75? w=691&h=500
图 5-209-1	http://mms2.baidu.com/it/u=1410367796,2560093850&fm=253&app=138&f=JPEG&fmt=auto&q=75? w=800&h=400
图 5-225	http://mms2.baidu.com/it/u=4168284528,561016813&fm=253&app=120&f=JPEG&fmt=auto&q=75? w=640&h=226

声　明

本书稿在收录、编辑过程中，除编者根据各种资料汇编而成的文字，所用资料均标明出处及作者。本书的部分图片来自网络，无法及时联系到图片作者，在图片索引中均已标明图片来源，若有相关事宜需要处理请与同济大学出版社联系。

后　　记

始于 20 世纪 40 年代德国的弗里茨·莱昂哈特开启的桥梁美学似乎和我们当下的桥梁工程实践存在着脱节。我便在前些年萌生了从国家城市建设实际需求出发，寻求桥梁与建筑的交叉学科，开展桥梁方案创作的理论和方法的系列研究，出版了《城市桥梁美学创作》《城市桥梁建筑理论》两本专著，旨在像建筑师进行建筑创作那样，帮助和指导工程师进行桥梁方案创作。在编写过程中，感觉到在桥梁工程实践中出现了一系列新的美学理念和审美取向，以往的桥梁美学理论无法解释当下工程实践中存在的某些审美现象，更不要说指导当下的工程美学实践，当代桥梁美学理论存在着系统性空缺的问题。

怀揣这一想法，直至 2020 年春节，由于突如其来的新冠肺炎疫情致使春节漫长的假期及其随后的线上教学春季学期，我有时间进一步深入思考，逐步形成了基本思路，进而完成了《基于桥梁与建筑整体视野下的桥梁美学理论研究》一文，刊登在《公路》(2021 年 3 月第 3 期)上。随后受邀参加桥梁杂志举办的线上桥梁工程美学国际论坛(2021 年 8 月 15—16 日)，作报告《当代桥梁美学理论与实践》，并将报告整理成文《当代桥梁美学的理论与实践》，刊登在《桥梁》(2020 年第 6 期)杂志上。至此，基本形成当代桥梁美学理论体系、历史背景、形成过程及其理论架构、主流思潮等整个系统的框架和内容，至 2021 年暑假前后基本完成主体部分书稿。

当代桥梁美学属于人文学科，有它的学科属性和作用，与工科理论不同。在众多的理论意义中，最为重要和显著的在于建立桥梁方案创作者的美学思想体系和人文素养内涵。当代桥梁美学回归了美学学科的本质属性，作为工科专业的桥梁工程师、建筑师需要顺应美学的学科属性，学习并理解它，为方案创作工程实践打下美学的思想基础。

徐利平

2021 年 10 月于同济